权威·前沿·原创

皮书系列为
"十二五""十三五"国家重点图书出版规划项目

以色列蓝皮书

以色列发展报告（2018）

ANNUAL REPORT ON ISRAEL'S NATIONAL DEVELOPMENT (2018)

主　编／张倩红
副主编／张礼刚　艾仁贵　马丹静

社会科学文献出版社
SOCIAL SCIENCES ACADEMIC PRESS (CHINA)

图书在版编目(CIP)数据

以色列发展报告.2018/张倩红主编.--北京:社会科学文献出版社,2018.10
（以色列蓝皮书）
ISBN 978-7-5201-3371-5

Ⅰ.①以… Ⅱ.①张… Ⅲ.①以色列-研究报告-2018 Ⅳ.①D738.2

中国版本图书馆 CIP 数据核字（2018）第 199928 号

以色列蓝皮书
以色列发展报告（2018）

主　　编 / 张倩红
副 主 编 / 张礼刚　艾仁贵　马丹静

出 版 人 / 谢寿光
项目统筹 / 郭白歌
责任编辑 / 范明礼　郭白歌

出　　版 / 社会科学文献出版社·人文分社（010）59367215
　　　　　地址：北京市北三环中路甲29号院华龙大厦　邮编：100029
　　　　　网址：www.ssap.com.cn

发　　行 / 市场营销中心（010）59367081　59367018
印　　装 / 三河市龙林印务有限公司

规　　格 / 开本：787mm×1092mm　1/16
　　　　　印 张：30.5　字 数：508 千字
版　　次 / 2018 年 10 月第 1 版　2018 年 10 月第 1 次印刷
书　　号 / ISBN 978-7-5201-3371-5
定　　价 / 89.00 元

皮书序列号 / PSN B-2015-483-1/1

本书如有印装质量问题，请与读者服务中心（010-59367028）联系

▲ 版权所有 翻印必究

以色列蓝皮书编委会

主　　编　张倩红

副 主 编　张礼刚　艾仁贵　马丹静

编　　委　（按姓氏音序排列）

艾仁贵　陈天社　傅有德　胡　浩　黄民兴
刘百陆　马丹静　潘　光　宋立宏　肖　宪
谢志恒　徐　新　杨　光　殷　罡　张　平
张礼刚　张倩红　钟志清
Jerold Gotel　　Paula Kabalo　　Meron Medzini
Aryeh Tepper　　Carice Witte

课题组成员　（按姓氏音序排列）

艾仁贵　邓　伟　邓燕平　韩博雅　贾　森
孔　妍　李大伟　李　桥　李舒扬　梁明辉
刘洪洁　刘丽娟　刘蔚然　马丹静　屈林晓
疏会玲　宋瑞娟　王　宇　吴丁洋　向　洋
谢志恒　杨　彪　杨依然　伊蒙蒙　臧德清
张经纬　张礼刚　张倩红　张淑清　章　波
Shaul Chorev　　Oded Eran　　Roi Feder
Amos Gilead　　Ehud Gonen　　Aron Shai
Laura Shenkar　　Robert Singer　　Tommy Steiner

主要编撰者简介

张倩红　教授、博士生导师，郑州大学副校长，享受国务院特殊津贴，兼任国家社会科学基金学科规划评审组委员、中国中东学会副会长、中国世界近现代史学会副会长、中国中外关系史学会副会长、河南省历史学会会长等职。主要从事犹太—以色列及中东问题研究，出版《以色列史》《犹太史研究新维度》《犹太文化》《以色列经济振兴之路》等10多部学术著作，在《历史研究》《世界历史》《史学理论研究》《世界宗教研究》等刊物上发表论文百余篇。

张礼刚　教授、博士生导师，河南大学历史文化学院副院长、河南省高校人文社会科学重点研究基地河南大学以色列研究中心执行主任，兼任中国中东学会理事、中国宗教学会理事。曾赴以色列本·古里安大学和美国布兰代斯大学做访问学者。主要研究领域为近现代犹太史，参著《犹太教史》等3部著作，在《世界历史》《世界民族》《宗教学研究》等刊物上发表论文20多篇。

艾仁贵　河南省高校人文社会科学重点研究基地河南大学以色列研究中心副教授，曾赴以色列巴伊兰大学交流访问。重点研究领域为当代以色列社会文化与安全战略，参著《犹太文化》（第二作者）等4部著作，出版《犹太人与现代资本主义》等译著，在《世界历史》《史学理论研究》《世界宗教研究》《世界民族》《西亚非洲》《国际安全研究》等刊物上发表论文30多篇。

马丹静　河南省高校人文社会科学重点研究基地河南大学以色列研究中心副教授，中国社会科学院俄罗斯东欧中亚研究所法学博士，以色列本·古里安大学博士后。主要研究领域为以色列政治与社会，参与翻译《耶路撒冷三千年》（第二译者），在 World History Studies、《学海》等刊物上发表论文多篇。

摘 要

2017年，内塔尼亚胡政府的施政方略没有大的改变，以色列国内局势整体稳定，但同时存在一系列不确定因素。经济方面，2017年GDP增速略有放缓，但仍保持在3.4%，旅游业和高科技领域仍是经济亮点；社会方面，以色列政府积极推进社会整合，大力消除贫困，失业率处于历史最低，民众幸福指数维持在较高水平，国家的创新活力依旧；政治方面，以色列社会融合及国家治理面临更大的挑战，针对内塔尼亚胡的腐败指控不断升级，以色列政局的不确定性在增加；安全方面，由于美国总统特朗普承认耶路撒冷为以色列首都并宣布将美国驻以色列大使馆从特拉维夫迁往耶路撒冷，引发了巴以局势的新一轮动荡；外交方面，面对日益复杂的地缘政治环境，以色列继续推行务实灵活的外交政策，积极发展与美国、欧盟等传统友好国家或地区的关系，同时努力改善与沙特等逊尼派阿拉伯国家的关系，重视发展同中国、印度、日本等亚洲国家的关系。

2017年中以双边交往继续保持良好态势，政治、经贸、人文、创新等领域的交流与合作取得新的成就。双方加强发展战略对接，在共建"一带一路"的框架内，稳步推进重大合作项目，拓展两国务实合作的深度和广度。在中以建交25周年之际，以色列总理内塔尼亚胡对中国进行了正式访问，两国政治互信加深。2017年中以双边贸易继续保持稳步增长，进出口总额达131.21亿美元，同比增长15.6%，中国作为以色列在亚洲的第一大贸易伙伴、全球第三大贸易伙伴的地位进一步得到巩固。人文交流方面，中以高等教育合作稳步推进，签署了多项校际合作协议。尤其值得指出的是，中以创新合作迈向新的高度。2017年3月21日，中国国家主席习近平与到访的以色列总理内塔尼亚胡在北京联合发表《中华人民共和国和以色列国关于建立创新全面伙伴关系的联合声明》，宣布双方建立创新全面伙伴关系（innovative comprehensive partnership），以色列成为继瑞士之后第二个同中国发展以"创新"为标志的伙伴关系国家。

基于以色列在中东地区与国际事务中的重要影响力，以及加强中以双边交流合作、推进中以创新全面伙伴关系的现实需要，本课题组以河南省高校人文社会科学重点研究基地河南大学以色列研究中心研究人员为主，组织国内相关研究力量，同时吸收了中以学术交流促进协会（Sino-Israel Global Network & Academic Leadership，SIGNAL）推荐的外国智库专家和学者，共同推出了《以色列发展报告（2018）》。本报告为教育部国别和区域研究委托课题、国家社科基金重大项目"犹太通史"（15ZDB060）的阶段性成果。

本报告由总报告、专题篇、创新篇、外交篇、中以关系篇与附录六个部分组成。第一部分为总报告，概括了2017年以色列的社会、经济与政治状况，对这一年以色列的总体形势与基本国情进行了评估和分析，全面梳理了2017年全球犹太人的发展状况。第二部分为专题篇，分别阐述了2017年以色列的经济发展、安全形势，以及以色列的海洋问题、贫困问题、汉语教学情况等。第三部分为创新篇，具体围绕特拉维夫的智慧城市建设、特拉维夫都会区高科技创业生态系统、以色列创新文化的独特基因、以色列的军事工业体系等方面展开。第四部分为外交篇，分析了以色列的外交形势，以及以色列与美国、法国、沙特、日本等国的关系。第五部分是中以关系篇，对中以关系70年历史进行了回顾，探讨了中以关系的新进展、以色列与"一带一路"倡议、中以劳务合作、中资企业投资以色列等。第六部分是附录，收录了2017年国内以色列研究述评、2017年以色列大事记以及以色列国内主要统计资料。

总之，本报告选取当今以色列的热点问题、重大事件以及基本国情进行剖析，运用定量与定性相结合的方法，从宏观和微观的角度对2017年以色列的经济概况、社会动态、政治走向与外交关系等方面进行了深入系统的探讨，尤其对创新创业、以色列与"一带一路"倡议给予了重点关注，对于全面认识与理解当今以色列社会、加强中以交流与合作有着重要的资讯作用与参考价值。

关键词：以色列　国内形势　对外关系　中以关系　"一带一路"倡议

目 录

Ⅰ 总报告

B.1 2017年以色列的社会、经济与政治
.... 张倩红　刘丽娟　邓燕平 / 001

B.2 2018年全球犹太人状况
.... 〔以〕罗伯特·辛格（Robert Singer）/ 034

Ⅱ 专题篇

B.3 2017年以色列经济发展报告 .... 宋瑞娟 / 056

B.4 2017年以色列安全形势报告 .... 刘蔚然 / 075

B.5 西奈半岛恐怖主义活动与以色列的反恐应对…… 张经纬　谢志恒 / 093

B.6 海洋作为以色列力量的重要组成部分
.... 〔以〕沙乌勒·科勒夫（Shaul Chorev）
　　　　　　　　　　　〔以〕埃胡德·高恩（Ehud Gonen）/ 113

B.7 以色列的贫困问题及其应对举措 .... 邓燕平 / 130

B.8 以色列汉语教学的发展状况及面临的问题
.... 王　宇　杨依然　向　洋 / 157

Ⅲ 创新篇

B.9 特拉维夫的智慧城市模式及其建设路径 …………… 艾仁贵 / 173

B.10 特拉维夫都会区的高科技创业生态系统 …………… 刘洪洁 / 196

B.11 "水魔法师"：以色列独特创新文化的起源

……………………………〔美〕劳拉·申卡尔（Laura Shenkar）/ 219

B.12 以色列的军事工业体系及其特征 ………………… 宋瑞娟 / 231

Ⅳ 外交篇

B.13 处于关键战略节点的以色列

………………………〔以〕阿摩司·吉利德（Amos Gilead）

〔以〕汤米·斯坦纳（Tommy Steiner）/ 254

B.14 2017年以色列与美国的关系

………………………………〔以〕奥代德·埃兰（Oded Eran）/ 265

B.15 当前的以色列与法国关系 ……………………………… 杨 彪 / 272

B.16 以色列与沙特关系的改善及其动机 …………… 谢志恒　李 桥 / 288

B.17 以色列与日本关系：历史与现状 ……………… 伊蒙蒙　贾 森 / 306

Ⅴ 中以关系篇

B.18 中以关系70年历史回顾（1948～2018）

……………………………………〔以〕谢爱伦（Aron Shai）/ 326

B.19 2017年中国与以色列的关系 …………………………… 章 波 / 335

B.20 以色列对中国"一带一路"倡议的响应
………………………………〔以〕罗伊·费德尔（Roi Feder）/ 350

B.21 "一带一路"倡议视野下的中以劳务合作
……………………………………………………张礼刚 屈林晓 / 363

B.22 中资企业在以色列：投资环境及风险评估 …………… 邓 伟 / 379

Ⅵ 附录

B.23 2017年国内以色列研究述评 ………………… 吴丁洋 韩博雅 / 399

B.24 2017年以色列大事记 ………………………………… 梁明辉 / 423

B.25 以色列主要统计数据 ………………………………… 马丹静 / 433

Abstract ………………………………………………………………… / 453

Contents ………………………………………………………………… / 456

皮书数据库阅读 **使用指南**

总 报 告

General Reports

B.1 2017年以色列的社会、经济与政治

张倩红 刘丽娟 邓燕平*

摘　要： 2017年以色列面临着更为复杂的国际形势与地缘政治环境，恐怖主义威胁有上升趋势，但整体看来，政治局势稳定，安全局面可控，就业率、物价、收入水平、教育惠及程度等民生指标向好，国民自豪感及幸福指数排名仍居于高位；国内生产总值以3.4%的速度保持增长，宏观经济指标与财政金融环境良好，创新型经济体的活力依旧。但是，《犹太国家法案》再掀波澜，总理腐败案进一步发酵，来自伊朗、巴勒斯坦、叙利亚等方面的挑战上升，以色列的国际形象遭遇更多质疑，这一切严重考验着内塔尼亚胡政府的政治智慧。本报告以社会状况、经济形势与政治局势等为观测点，描述2017年以色列的总体形势与基本国情，展现了当前以色列社

---

* 张倩红，郑州大学教授；刘丽娟，郑州大学外语学院讲师；邓燕平，郑州大学历史学院犹太—中东史方向博士生。

会发展的基本动态。

关键词： 以色列　总体形势　内塔尼亚胡政府　地缘政治

2017年，内塔尼亚胡政府在内政方面整体上延续了2016年的大政方针，采取了比较稳健的政治策略，兼顾不同政党利益，维系多元政治特征。经济上，加强基础建设，优化经济结构，调整利率，稳定物价，继续以高科技产业带动出口，提升经济创新能力；在国家安全领域倾注全力，最大限度地打击恐怖主义势力，满足民众的安全诉求；在对外政策上，以色列继续推行积极的防御主义外交，以谨慎的态度应对复杂的地缘政治环境。总结当今以色列的国情动态，分析其发展诉求与国民关切，对于深化中以关系，推进"一带一路"框架下的中以创新合作，都有着深刻的必要性与现实性。

一　社会篇

（一）以色列的人口状况

现代以色列国是世界范围内犹太人的主要居住地，是唯一一个以犹太人为主体的国家。根据2018年4月的最新统计数据，世界范围内犹太人总数为1451.1万人，与2016年的1441万人相比，总人口有所增加。犹太人在世界范围内分布比较广泛，其中以色列和美国聚集了83%的世界犹太人口，其余的国家则集中了17%的犹太人口。① 以色列境内的犹太人口在世界犹太人口中的比重有所上升，而美国犹太人在世界犹太人口中的比重有所下降。作为由多元族群构成的移民国家，受传统的生育观念和以色列政府鼓励移民政策等因素的影响，以色列总人口继续保持增长态势，根据以色列中央统计局（Israel Central Bureau of Statistics）发布的数据，截至2017年年底，以色列境

---

① "Jewish Population by Country," Wikipedia, https://en.wikipedia.org/wiki/Jewish_population_by_Country.

内人口总数达到879.3万,其中犹太人有655.6万,占总人口的74.6%,阿拉伯人有183.7万,占总人口的20.9%,其他族裔有40万,占总人口的4.5%。在过去一年中以色列的人口增长1.9%,其中82%(18万新生儿)由人口自然增长造成,18%(2.7万人)来自国际犹太移民。① 移民主要来自俄罗斯(约占27.1%)、乌克兰(约占25.5%)、法国(约占13%)和美国(约占9.8%)。

以色列有44%的人口居住在15个相对较大的城市。在以色列,人口超过10万人的城市属于较大的城市。以色列人口密度为每平方公里387人,在世界上排名第34位。人口排在前十位的以色列城市为耶路撒冷、特拉维夫、西耶路撒冷、海法、阿什杜德、里雄·莱锡安(Rishon LeZiyyon)、佩塔提克瓦、贝尔谢巴、内坦亚、霍伦(Holon)。耶路撒冷是世界上最古老的城市之一,犹太教、基督教和伊斯兰教三大宗教的圣城,约有88.2万居民。特拉维夫是以色列的金融中心,有41.7万居民。特拉维夫都市区居住着346万人,占以色列总人口的39%。② 以色列平均每名妇女生育3.11个孩子,在发达国家中维持着较高的水平,OECD发达国家的平均每名妇女生育1.7个孩子,以色列极端正统派犹太人和阿拉伯人有很高的人口增长率。以色列建国初的人口寿命女性为67.6岁,男性为64.9岁,而最新的数据分别为84.2岁和80.6岁,比上一年有所增长。③ 根据《世界概况》对2017年以色列总人口的不同年龄段构成的分析,0~14岁的人口占27.51%,其中男性116.84万人、女性约111.49万人;15~24岁的人口占15.53%,其中男性约65.86万人、女性约63.07万人;25~54岁的人口占37.17%,其中男性约157.72万人、女性约150.78万人;55~64岁的人口占8.46%,其中男性约34.49万人、女性约35.73万人;65岁及以上的人口占11.33%,其中男性约42.17万人、女性约

---

① "Population of Israel on the Eve of 2018 – 8.8 Million," Israel Central Bureau of Statistics, December, 2017, http://www.cbs.gov.il/reader/newhodaot/searh_ topic_ hodaot_ eng. html? year = 2017&topic = 1.
② "Israel Population 2018," *World Population Review*, http://worldpopulationreview.com/countries/israel-population/.
③ 《以色列人口突破880万,人口出生率据发达国家最高》,《以色列计划》,2018年4月25日,https://mp.weixin.qq.com/s/6Y5DO3W7AJcBOUCf0P3NoQ。

51.83万人。① 根据1982年维也纳老龄问题世界大会的确定,60岁及以上老年人口占总人口的比例超过10%,意味着这个国家或地区进入严重老龄化。由以色列的年龄结构可知,以色列社会面临人口老龄化的挑战。

此外,根据联合国公布的《2018年全球幸福指数报告》(*World Happiness Report 2018*),在全球158个国家和地区中,以色列的国民幸福指数继续位列第11位,排名没有变动;排名前10的国家分别为芬兰、挪威、丹麦、冰岛、瑞士、荷兰、加拿大、新西兰、瑞典和澳大利亚。德国、美国、英国、法国分别位列第15位、第18位、第19位、第23位。② 根据联合国发布的《人类发展指数报告(2016)》(*Human Development Report 2016*),在全球188个国家和地区中,以色列的人类发展指数位列第19位;位列前位的国家有挪威、澳大利亚、瑞士、德国、丹麦、新加坡、荷兰、爱尔兰、冰岛、加拿大、美国等国。③

(二)以色列的民生问题

以色列政府继续致力于采取积极有效的措施解决民生问题,进一步完善社会福利体系,建立保障人民基本生活和维护社会稳定的国家安全网,进一步促进社会融合和族群团结。总体来看,当前以色列社会在就业率、教育保障、医疗保障、住房供应等方面出现积极的变化。具体而言,主要表现在以下几个方面。

在就业方面,就业问题是关乎国计民生的大事,就业率的高低不仅是经济发展好坏的晴雨表,更是衡量人民生活水平高低的风向标。就业状况是各国政府在经济建设过程中关注的焦点问题之一,受宗教因素和恶劣的周边环境因素的影响,以色列的就业问题尤显复杂。据以色列中央统计局的数据,2017年,15岁及以上劳动力人口的失业率为4.2%,同比下降0.6%。15岁及以上劳动

---

① "Israel Age Structure (2018)," *The World Factbook*, https://www.indexmundi.com/israel/age_structure.html.
② John F. Helliwell, Haifang Huang, Shun Wang & Hugh Shiplett, *World Happiness Report 2018*, New York: Sustainable Development Solution Network, 2017, p.20, https://s3.amazonaws.com/happiness-report/2018/WHR_web.pdf.
③ *Human Development Report 2016*, New York: United Nations Development Programme, 2016, p.200.

力人口的就业率为 61.3%，同比增长 0.2%。25~64 岁群体中的失业率为 3.7%，同比下降 0.4%。25~64 岁群体中的就业率为 77.1%，同比增长 0.5%，其中犹太人的就业率（82.1%）明显高于阿拉伯人的就业率（54.6%）。① 长期以来，以色列阿拉伯裔女性和哈雷迪（Haredi）进入劳动力市场的整合问题是以色列经济发展面临的一个主要问题。近年来以色列阿拉伯裔女性与犹太女性的就业差距正在不断缩小。首先表现在以色列阿拉伯裔女性就业人数及就业率的提高，据以色列中央统计局的数据，2017 年以色列阿拉伯裔女性就业人数为 158000 人，比 2016 年增加 16000 人；以色列 15 岁及以上阿拉伯裔女性的就业率为 26.4%，同比增长 1.8%；25~64 岁阿拉伯裔女性群体的就业率为 34.0%，同比增长 2.5%。② 以色列阿拉伯裔女性接受高等教育的人数不断增多以及从事教育职业的比例明显高于犹太女性。陶伯社会政策研究中心（The Taub Center for Social Policy Studies）的研究显示：大部分以色列阿拉伯裔女性在攻读教育学学位，其中穆斯林女性的比例为 42%，贝都因女性为 46%。相比之下，攻读教育学位的阿拉伯基督教和德鲁兹女性约 20%，犹太女性为 16%。在从事的职业方面，与攻读的学位相对应，从事教育工作的以色列阿拉伯裔女性的比例尤其高。据统计，25~35 岁拥有学位的穆斯林、贝都因和德鲁兹女性从事教育工作的比例分别为 60%、80% 和 59%，其人数是从事同类型工作且拥有学位的犹太女性的四倍还多。③ 犹太女性攻读学位的专业选择比阿拉伯裔女性更加分散、更加合理。造成以色列阿拉伯裔女性更多选择教育专业以及从事教育职业的原因：一是较低的心理测验成绩使阿拉伯女性进入学术研究领域；二是语言障碍，从事教育行业可以在阿拉伯教育系统内工作，而其他领域则需要熟练的希伯来语；三是教育职业可以允许阿拉伯女性

---

① "Labour Force Survey Data, December, 4th Quarter and Annual data of 2017," Israel Central Bureau of Statistics, January 31, 2018, http：//www.cbs.gov.il/reader/? MIval = cw_ usr_ view_ SHTML&ID = 417.
② "Labour Force Survey Data, December, 4th Quarter and Annual data of 2017," Israel Central Bureau of Statistics, January 31, 2018, http：//www.cbs.gov.il/reader/? MIval = cw_ usr_ view_ SHTML&ID = 417.
③ "Closing the Gaps? The Achievements of Arab Israeli Women," Taub Center, March 18, 2018, http：//taubcenter.org.il/closing-the-gaps-the-achievements-of-arab-israeli-women/.

在距离住所比较近的地方工作。① 值得关注的是，45~54 岁没有学位的以色列阿拉伯裔女性就业率从 10% 上升至 20%，而拥有学位的以色列阿拉伯裔女性就业率保持在 75% 左右。拥有学位的以色列阿拉伯裔女性的就业率远高于没有学位的女性，更多接受高等教育预示着未来她们将可以更好地融入劳动力市场。②

过去几年中年轻的哈雷迪男子和女性的就业率有较大幅度的增长，造成此种现象的原因有以下几点：一是高房价带来的经济压力，哈雷迪的收入与住房成本之间每月相差 3200 新谢克尔；二是政府削减了对多子女家庭的儿童津贴，儿童津贴的削减对于长期以来依靠其生活的哈雷迪家庭无疑影响巨大；三是国外捐赠的增长赶不上人口的增长，造成了哈雷迪家庭收入的减少。巨大的生活压力迫使哈雷迪走出经学的象牙塔，去寻找更多的收入来源。2008~2013 年利特瓦克（Litvak）年轻男性的就业率从 18% 增长到 25%；哈西德（Hasidim）年轻男性的就业率从 25% 增长到 35%；塞法尔迪（Sephardic）年轻男性的就业率从 31% 增长到 40%；巴德教派年轻男性的就业率从 38% 增长到 46%。2008~2013 年利特瓦克年轻女性的就业率从 70% 增长到 77%；哈西德年轻女性的就业率从 54% 增长到 67%；塞法尔迪和巴德教派年轻女性的就业率从 64% 增长到 74%。③ 财政部的报告显示：以色列极端正统派妇女在进入劳动力市场方面取得了进展，已经超过了政府设定的 2020 年达到 63% 的目标，哈雷迪男子的就业进程缓慢，仍"远离政府目标"④，因此，哈雷迪融入劳动力市场需要一个长期的过程。

在教育方面，重视教育是犹太民族生命力得以长期保持的根源之所在，以

---

① Hadas Fuchs, Tamar Friedman Wilson, "Arab Israeli Women Entering the Labor Market: Higher Education, Employment, and Wages," Taub Center, March 2018, http://taubcenter.org.il/wp-content/files_mf/arabisraeliwomeninthelabormarket.pdf.
② 〔以〕索珊娜·所罗门：《阿拉伯裔以色列女性开拓教育和工作新局面》，《以色列时报》2018 年 3 月 6 日，http://cn.timesofisrael.com/阿拉伯裔以色列女性开拓教育和工作新局面/。
③ Eitan Regev, "Patterns of Haredi Integration into the Labor Market: An Inter-and Multi-Sector Analysis and Comparison," in Avi Weiss, ed., State of the Nation Report: Society, Economy and Policy in Israel 2017, Jerusalem: Taub Center for Social Policy Studies, 2017, p. 101.
④ Shoshanna Solomon, "Bid to Boost Employment of Ultra-Orthodox Men is Stalling, Report Says," The Times of Israel, September 26, 2017, http://www.timesofisrael.com/bid-to-boost-employment-of-ultra-orthodox-men-is-stalling-report-says/.

色列的教育体系主要由普通教育和宗教教育两个子系统构成。以色列的教育经费主要来源于政府的财政拨款。2016年的以色列国民教育支出总计948亿新谢克尔，占国内生产总值的7.8%，同比增长5.0%，人均国民教育支出增长3.0%。21.9%的国民教育经费来自家庭，78.1%的经费来自政府机构。① 从2000年到2016年，教育部的预算实际增长了86%。在职教学人员的数量增长了55%，班级人数增加了34%，学校的学生人数增加了30%。在整个教育体系中，每个学生的支出都有所增加。② 以色列政府上调犹太学校资金预算，将2017年的犹太宗教学校的资金预算提高5000万新谢克尔，约合1350万美元，创下历史新高。2012~2013年，未来党的前财政部部长亚伊尔·拉皮德（Yair Lapid）曾推行削减犹太学校预算的教育政策，在此期间犹太学校的学生数量减少了8%。极端正统犹太教党派反对拉皮德削减资金预算的做法，其在重返联合政府后推翻了这一做法。以色列政府也恢复了对未就业犹太学校学生的收入补贴，并取消了正统犹太教男性需要事先证明曾经努力就业才能领取子女日托补贴的规定。③ 研究报告显示，尽管以色列犹太人和阿拉伯人教育体系之间存在长期的预算不平等，但教育水平间的显著差距已逐步缩小。④

在医疗保健方面，根据以色列中央统计局的数据，截至2016年年底，以色列国民卫生保健支出总额为903亿新谢克尔，占国内生产总值的7.4%，同比增长3.7%，其中24%的经费来自健康税，38%来自政府预算，36%的经费来自个人资金，2%的经费来自国外捐赠。⑤ 总的来说，在过去的20年里，医

---

① "National Expenditure on Education in 2014 – 2016," Israel Central Bureau of Statistics, August 20, 2017, http://www.cbs.gov.il/reader/newhodaot/searh_topic_hodaot_eng.html?year=2017&topic=6.

② Nachum Blass & Yossi Shavit, "Israel's Education System in Recent Years: An Overview," Taub Center, December 21, 2017, http://taubcenter.org.il/israels-education-system-in-recent-years-an-overview/.

③ 〔以〕苏伊·苏克斯：《以色列犹太学校资金预算创历史新高》，《以色列时报》2017年3月8日，http://cn.timesofisrael.com/阿拉伯裔以色列女性开拓教育和工作新局面/。

④ 〔以〕多夫·利伯尔：《研究称以色列犹太人和阿拉伯人部分教育差距基本消除》，《以色列时报》2017年9月3日，http://cn.timesofisrael.com/研究称以色列犹太人和阿拉伯人部分教育差距基本消除/。

⑤ "In 2016, the National Expenditure on Health was 7.4% of GDP," Israel Central Bureau of Statistics, August, 2017, http://www.cbs.gov.il/reader/newhodaot/searh_topic_hodaot_eng.html?year=2017&topic=5.

疗支出占国内生产总值的比例相当稳定，占国内生产总值的7%左右，与其他经合组织国家相比（平均10%），这一比例较低。医疗支出大部分由政府支付，最近通过的2019年国家预算显示，政府向卫生部划拨380亿新谢克尔资金。① 在人口素质方面，以色列阿拉伯人的预期寿命（79岁）是阿拉伯伊斯兰世界中最高的，但与犹太人口（82.7岁）和经合组织平均（81.6岁）相比是低的。以色列犹太人和阿拉伯人的婴儿死亡率有很大的差距：犹太人中每1000个婴儿的死亡率为2.7人，而德鲁兹人的婴儿死亡率为3.4人，基督教徒的婴儿死亡率为3人，穆斯林婴儿的死亡率为7.5人。② 以色列70岁及以上的老年人口预期由现在的61万人增长到2035年的124万人，以色列老年人的残疾水平高于人口的增长速度。③ 面临此种趋势，以色列政府已采取多项措施改善老年人的医疗服务，包括提高老年人的最大津贴长期护理保险到5000新谢克尔，停止对长期护理对象的儿童进行经济资助测试（用于确定这类津贴的护理补贴水平），并安排通过工作场所的团体保险立即转移到健康基金保险。此外，包括肥胖症和糖尿病在内的慢性病高于欧洲国家的平均水平，因此以色列政府建立部门间的协调机制向低收入群体提供健康食品就显得十分迫切和必要。④

在住房方面，高房价是以色列社会长期以来面临的问题。受社会主义的深远影响，在劳工犹太复国主义的指导下，以色列的住房政策呈现公有和计划性，移民和居民的住房大多由政府建造和购买。最近，针对日益上扬的高房价，为了应对国民未来对住房的需求，以色列政府的应对机制主要有以下几个方面：其一，2015年以色列政府启动降低年轻夫妇买房成本的"购买者价格"计划（"Buyer's Price" program），该计划主要集中在建筑物高密度和高需求的

---

① Dov Chernichovsky, "Current Developments in the Healthcare System," Taub Center, December 21, 2017, http：//taubcenter. org. il/current-developments-in-the-healthcare-system/.
② Dov Chernichovsky, BisharaBisharat, Liora Bowers, Aviv Brill & Chen Sharony, "The Health of the Arab Israeli Population," Taub Center, December 23, 2017, http：//taubcenter. org. il/the-health-of-the-arab-israeli-population/.
③ "Preparing for the Future：Long-term Care in Israel," Taub Center, May 7, 2017, http：//taubcenter. org. il/in-it-for-the-long-haul-long-term-care-in-israel/.
④ Dov Chernichovsky, "Current Developments in the Healthcare System," Taub Center, December, 2017, http：//taubcenter. org. il/wp-content/files_ mf/developmentsinthehealthcaresystem28. pdf.

外围地区，2016 年，在此项目内登记在册的符合条件的购房者有 75000 个，符合该计划条件的购买者将以较低的价格在高需求区购得住房；其二，以色列人口增长的速度快于其他发达经济体，在过去十年，以色列人口平均每年增长 1.9%，高于经合组织国家人口平均增长率 0.6%，受人口增长预测的影响，2017 年 2 月住房部门制订了 2017~2040 年满足 150 万住房需求的计划，该计划由《国家计划纲要 38》和"撤离与建造"项目组成，同时该计划包括完善配套的基础设施；① 其三，引进外籍劳工，降低住房建造成本，2017 年 3 月，以色列总理内塔尼亚胡访华期间，中以签署了历经三年谈判期的《中华人民共和国商务部和以色列国内政部关于招募中国工人在以色列国特定行业短期工作的协议》和《关于招募中国工人在以色列国特定行业短期工作的实施细则（建筑行业）》两项文件。协议生效后将有 6000 名中国工人抵达以色列工作，用财政部部长摩西·卡隆的话说，中国工人的到来将"给解决住房危机的努力增添活力"。②

（三）社会融合与贫困问题

以色列是一个族群和文化的多元社会，世俗与宗教、外来与本土、主体与少数的融合问题是以色列长期面临的问题。长期以来，以色列实行"熔炉政策"和各种形式的爱国教育进行犹太民族的构建，把具有不同风俗、不同习惯的犹太人铸造成团结一致具有共同文化符号的以色列犹太人；通过社会福利把以色列境内阿拉伯人等少数族群纳入公民体系。包括极端正统派犹太人和阿拉伯人在内的绝大多数的以色列人对以色列国的认同率较高，为以色列公民身份感到自豪。但是由多元族群构成的以色列国家存在的社会裂痕同样不容忽视。海法大学萨米·斯穆赫教授（Sammy Smooha）"2017 年阿拉伯裔－犹太裔关系指数"的调研显示，由于内塔尼亚胡右翼势力引导以色列向"犹太民主国家"方向发展的趋势引起了阿拉伯群体的忧虑、以巴之间和平谈判的缺乏以及政府对阿拉伯社区投资的相对不足导

---

① BOI, *Construction and the Housing Market*, The Bank of Israel, Jerusalem, 2017, p. 242.
② 《中国以色列建筑劳务合作协议实施细则正式签署》，山东省商务厅网站，2017 年 3 月 21 日，http://sdcom.gov.cn/public/html/news/393418.html。

致2015～2017年以色列阿拉伯人对以色列国及其犹太民族特性的认可度下降，同时犹太人对阿拉伯人作为平等公民的接受程度也出现了下降。2015年有65.8%的阿拉伯裔以色列人承认以色列的国家身份，2017年下降到58.7%。认同以色列为犹太民主国家的以色列阿拉伯人从53.5%降低至49.1%，而承认以色列为犹太复国主义国家的人口比例从42.7%降至36.2%。2017年，以色列阿拉伯人承认以色列是犹太国家的人口比例从2015年的60.3%下降至44.6%。虽然犹太社区和阿拉伯社区的关系有所恶化，但这种恶化的程度在政府可控的范围之内。大多数阿拉伯裔以色列人更愿意生活在以色列，而不是巴勒斯坦。①

贫困问题不仅是广大发展中国家要解决的问题，包括以色列在内的发达国家同样面临着贫困问题的困扰。据以色列国家保险协会（National Insurance Institute）发布的《以色列贫困与社会差距报告》（Poverty and Social Gaps Report），2016年以色列整体贫困和不公平状况有所改善，但在经合组织国家中以色列的贫困问题较为严重。2016年以色列贫困标准是个人月收入低于3260新谢克尔，夫妻月收入低于5216新谢克尔，五口之家月收入低于9779新谢克尔。总体来看，以色列的贫困人口超过180万人，家庭贫困率由2015年的19.1%下降到2016年的18.6%。② 针对严重的贫困问题，以色列当局积极应对，脱贫委员会提交了一份详细的建议清单，其中包括在社会福利、社会保障、就业、住房、卫生和教育等领域的政策。该委员会的目标是雄心勃勃的：在十年内将以色列的贫困人口减少一半，使以色列的贫困率与经合组织的平均贫困率相近，保持在11%左右。到目前为止，委员会的建议已经在不同程度上得到了执行，主要的目标还远未完全实现。2017年脱贫委员会在社会福利和社会保障领域的扶贫预算有所增加。2016年以色列政府增加了对老年人的收入支持，从个人的130新谢克尔增加到一对夫妇的540新谢克尔，并在2017～2018年继续增长。扩大职业培训课程，为那些残疾人和在劳动力市场遇到困难的人提供就业方案。对于有资格领取租房补贴的人，每月的租金补贴

---

① 〔以〕迈克尔·巴赫纳：《以色列犹太和阿拉伯社区关系越发紧张》，《以色列时报》2018年3月8日，http://cn.timesofisrael.com/以色列犹太和阿拉伯社区关系越发紧张/。
② "Israel's Annual Poverty Report：Poverty Decreased in Arab society But Rates Remain High," The Inter-Agency Task Force, January 24, 2018, http://www.iataskforce.org/activities/view/713.

增加了600~900新谢克尔。政府增加了公共住房的供应，但还不足以满足需求，许多家庭仍在等待政府提供的公共住房。值得注意的是，迄今为止，许多计划尚未实施，其中有通过基础设施、投资和其他社区规划来重振贫困社区的"平等社区"（Equal Neighborhood）计划；增加对生活在贫困线以下居民的收入支持；将非常有限的资源分配给诸如工作补助的计划。脱贫过程中面临的主要困难是目前尚未形成集中的权力将脱贫委员会提出的脱贫建议付诸实施，因此，以色列政府在脱贫进程中还有许多艰难的工作要做。[①]

二 经济篇

（一）2017年的宏观经济指标与金融系统表现

根据以色列中央统计局公布的数据，按现价计算，2017年以色列国内生产总值为1.26万亿新谢克尔，相较于2016年的1.22万亿新谢克尔增速为3.3%，低于2016年4.9%的增长率。[②] 其中商业领域的国内生产总值为0.93万亿新谢克尔，同比增长2.8%。以色列人均国内生产总值达到14.50万新谢克尔，相比于2016年14.28万新谢克尔微增1.5%。在进出口领域，以色列商品与服务进口总额为0.35万亿新谢克尔，同比微增1.0%；商品与服务出口总额为0.37万亿新谢克尔，同比下滑0.3%。在消费领域，2017年以色列消费支出总额为0.98万亿新谢克尔，同比增长3.8%，人均增长1.1%；其中以色列政府消费支出总额为0.29万亿新谢克尔，同比增长4.8%；人均私人消费支出为7.98万新谢克尔，同比略长1.4%。[③] 但耐用品人均支出下降10.9%，服装、鞋类等半耐用品支出增长4.7%，食品、住房、燃料、服务等

[①] "'The War against Poverty'-Where do Things Stand?" Taub Center, July 5, 2017, http://taubcenter.org.il/the-war-against-poverty-where-do-things-stand/.

[②] "Expenditure on Gross Domestic Product and Uses of Resources, at Market Prices," Israel Central Bureau of Statistics, http://cbs.gov.il/publications18/yarhon0318/pdf/fl.pdf.

[③] "Expenditure on Gross Domestic Product and Uses of Resources, at Market Prices," Israel Central Bureau of Statistics, http://cbs.gov.il/publications18/yarhon0318/pdf/fl.pdf.

人均支出微增 2.2%。① 按当前价格计算，2017 年以色列基础设施建设资本总额为 298.9 亿新谢克尔，同比大幅度上涨 22.6%。

从上述数据看来，虽然以色列经济发展总体态势不如 2016 年，但 2017 年以色列经济已经连续第 15 年保持增长态势，无论在宏观经济还是财政表现中都持续向好。以色列银行行长卡尔尼特·弗拉格（Karnit Flug）表示，"国家经历的经济增长使人民生活水平得到显著提高。建国时，人均国内生产总值为 5000 美元，仅相当于美国人均国内生产总值的 30%。如今，（以色列）人均国内生产总值为 4 万美元，约为美国人均国内生产总值的 60%，接近经合组织国家的中位数……我们至少可以暂时停下来，以满意之姿回首过往"②。

其一，以色列经济在宏观经济和财政方面继续表现良好。自 2000 年以来，以色列经济平均增长率为 3.3%，高于许多经合组织国家。得益于低利率和价格稳定，以色列财政政策稳健，外部盈余充裕，公共债务相对较低，远远低于经合组织国家的平均水平，且持续下降。银行盈利能力和资本充足，金融形势依然稳健，不良贷款极少且流动性高。③ 这一成绩大部分归因于长期有效的宏观经济政策环境和大胆的结构改革，这包括成功吸收苏联移民浪潮、促进新兴高科技部门的风险资本融资和高等教育自由化，以及 21 世纪以来改进工作奖励措施等。在宽松的财政和货币政策支持下，以色列国内需求一直是经济活动的驱动力。④

其二，经济增长依然强劲。高增长率、低失业率；就业增长迅速、低通货膨胀率和最低工资标准的提高正在刺激消费增长。高科技行业充满活力，继续在国际社会保持领先地位；就业率提高，外汇储备健康，国民生活水平持续提

---

① "Israel's Economy Grew 3% in 2017," *Globes*, December 31, 2017, http://www.globes.co.il/en/article-israels-economy-grew-3-in-2017-1001217569.

② "Remarks by Bank of Israel Governor Dr. Karnit Flug at the Press Conference Marking the Publication of the Bank of Israel Annual Report for 2017: An up-close Look at the Labor Market." Office of the Spokesperson and Economic Information of Bank of Israel, http://www.boi.org.il/en/NewsAndPublications/PressReleases/Pages/28-3-18Gov.aspx.

③ The Organization for Economic Cooperation and Development, *OECD Economic Surveys: Israel*, March 2018, p. 19.

④ The Organization for Economic Cooperation and Development, *OECD Economic Surveys: Israel*, March 2018, p. 14.

升；收入差距有所减小，教育、基础设施和产品市场改革提高了以色列社会的包容性和生产力；以色列政府收入再分配活动不断稳定，使可支配收入不平等现象有所缓解。高技术部门活力持续、新气田开发不断，都有利于巩固并扩大现有良好成果。在此背景下，以色列国民对生活的满意度高于大多数经合组织国家的国民。①

其三，以色列劳动力市场已接近充分就业状态，就业增长成为缩小以色列与发达国家平均生活水平差距的主要因素。以色列政府鼓励更多家庭加入劳动力市场，从而促进了经济增长、缩短贫富差距。近年来，积极的商业周期促进了就业率、工资水平和劳动收入的提高，并使其惠及以色列所有群体。在宽松货币政策的支持下，以色列劳动力市场在过去一年持续发展。失业率达到几十年来的最低位，77%的就业率也相应攀升至历史高位。失业率下降体现在以色列所有地区的所有族群。极端正统派妇女的就业率增长最为显著，阿拉伯妇女和极端正统派男子的就业率有所增长，而后两个群体在过去两年中曾出现就业率增长停滞。

其四，在低利率环境和有利的宏观经济条件下，以色列的金融体系继续彰显其实力，并维持稳定性。以色列银行审慎进行金融改革，降低了房地产市场风险。以色列银行采取监管措施，实施存款保险制度，提高抵押贷款利率，对房地产投资征收较高税率；降低住房信贷需求，加强以色列银行、财政部和证券管理局之间的协调沟通，缓解了以色列住房市场紧张局势，稳定了银行的风险敞口。② 在房价上涨步伐放缓和房地产市场疲软的背景下，以色列家庭债务比率相对较低，新房和二手房的住宅房屋交易量均有所下降。2017年，以色列房地产市场活动和房价上涨速度继续明显放缓，金融系统的恢复能力得到增强。③

---

① Sue Surkes, "IMF Says Israeli Economy Robust but Social Gaps Threaten Long-term Stability," *The Times of Israel*, May 1, 2018. https://www.timesofisrael.com/imf-says-israeli-economy-robust-but-social-gaps-threaten-long-term-stability/.

② The Organization for Economic Cooperation and Development, *OECD Economic Surveys: Israel*, March 2018, pp. 25–26.

③ "The Bank of Israel Today Published the Financial Stability Report for the first half of 2017," Office of the Spokesperson and Economic Information of Bank of Israel, June 26, 2017.

（二）2017年以色列经济面临的主要问题

第一，家庭消费信贷持续增长，使消费者面临违约风险，这种风险将在一定程度上对金融体系产生负面影响。以色列银行对经济系统性风险进行评估后表示，以色列金融机构和家庭继续面临房价可能大幅度下跌的风险。2008～2016年，以色列住房信贷以及建筑业、房地产业的信贷占非金融私营部门国内信贷总额的比例不断攀升，从先前的37%上升至52%，但2017年增长率有所放缓。[1]

第二，以阿拉伯人和极端正统派群体为主的大量人口继续呈现劳动参与率低、人力资本低、贫困率高的"两低一高"现象。自2007年以来，由于以色列阿拉伯人和极端正统派就业率的提高，不平等现象略有减少，但社会贫困依然普遍存在，特别是在前两类人群中，贫困率达到50%左右。除此之外，许多工人由于技能薄弱而依旧从事低薪工作，这导致在业贫困人口的比例上升，这一现象在以色列阿拉伯人和极端正统派群体中表现尤为突出。来自以色列阿拉伯人和极端正统派社区的就业者通常会受困于低质量的工作中，他们将持续面临收入不平等和总体生产力疲软的局面。[2] 值得一提的是，到21世纪中叶，这两大群体将占以色列总人口的一半，但他们缺乏技能，薪酬水平很低，家庭规模庞大，因而如果以色列不致力于改善这两大群体面临的经济问题，那么不仅会进一步加剧以色列社会的贫富差距，而且会对以色列整体经济形势，乃至教育水平、社会稳定都造成不利影响。[3]

第三，以公共交通不足为代表的基础设施建设滞后，导致以色列外围地区失业率较高，造成以色列经济和社会失衡。根据经合组织的调查，居住在以色列外围地区、没有大专学历的求职者，其就业情况往往低于期望值。以色列公共交通尚不足以支撑所有求职者远距离进行工作。公共交通不足降低了偏远地

---

[1] "The Bank of Israel Today Published the Financial Stability Report for the first half of 2017," Office of the Spokesperson and Economic Information of Bank of Israel, June 26, 2017.

[2] Lidar Grave-Lazi, "Study：'Israel's Economic Growth Unsustainable, Poverty Rate Highest in OECD'," *The Jerusalem Post*, May 28, 2017. https：//www.jpost.com/Israel-News/Israel-in-2017-More-people-working-living-longer-494096.

[3] The Organization for Economic Cooperation and Development, *OECD Economic Surveys：Israel*, March 2018, pp. 13-15.

区、低廉住房的吸引力，这加剧了住房短缺，也减少了外围地区弱势群体的就业机会。有鉴于此，以色列银行认为，提高以色列公共交通质量将有效促进劳动力市场发展，将对提高以色列劳动生产率产生积极影响。①

第四，以色列公民平均受教育年限进一步增长的潜力不大，无法持续对未来经济增长做出重大贡献，提升教育质量迫在眉睫。20世纪90年代之后，随着接受高等教育的人数愈发增多，以色列国民平均受教育年限也显著增加，年轻群体受教育程度较高，也正因如此，以色列人平均受教育年限进一步增长的潜力不大，因而预计以色列公民受教育年限的增加，不会对今后几十年的人均国内生产总值增长做出较大贡献。除此之外，尽管劳动力受教育年限较长，但与国际水平相比，劳动力技能水平较低，不同群体之间以及同一群体内部之间都存在着很大差距。换言之，以色列劳动力市场面临的主要挑战在于如何提高以色列劳动力的技能水平，提高工人的劳动生产率、工资及生活水平。

有鉴于此，以色列银行及世界一些经济组织认为以色列应该从以上几个方面努力，以便使以色列经济更具包容性，从而实现可持续性增长。

三 政治篇

（一）国内政局大体稳定

2017年以色列国内政局大体稳定，内塔尼亚胡政府在执政策略和大政方针上保持了一定的稳定性和延续性。经济方面，积极调节国民经济，保持创新活力；以色列在高科技、网络领域以及农业、创新方面的杰出表现，已在世界范围内产生了虹吸效应，不仅在多个全球创新指数评估榜单中位列前茅，也成为各国竞相学习与效仿的典范。政治方面，内塔尼亚胡虽遭遇多项贪腐指控，

---

① "Remarks by Bank of Israel Governor Dr. Karnit Flug at the Press Conference Marking the Publication of the Bank of Israel Annual Report for 2017: An up-close look at the Labor Market," Office of the Spokesperson and Economic Information of Bank of Israel, http://www.boi.org.il/en/NewsAndPublications/PressReleases/Pages/28 - 3 - 18Gov.aspx.

但作为叱咤以色列政坛20多年的"常青树",具备超强的政治适应力与应变力,其执政基础仍在,政局并未出现动荡,民主国家的根基也未动摇。民生方面,以色列继续在教育、就业、基础设施建设、提升工资水平等方面有序推进相关改革,以色列国民幸福感与自豪感的指标排名在国际社会仍位于榜单前列。军事方面,以色列一如既往地保持了其在中东地区的军事优势,维持其对敌对国家、真主党、哈马斯等的威慑能力。外交层面,面对复杂多变的地缘政治环境,以色列继续实施防御性现实主义外交政策,积极维持和扩大其在国际舞台上的影响力,特别注重维护与世界主要大国的外交关系。

安全方面,2017年以色列面临的总体安全形势依旧严峻,耶路撒冷地位问题使以色列面临的安全局势出现波动。2017年,针对以色列发动的恐怖袭击活动较此前有所增长。巴勒斯坦问题是中东问题的核心,而耶路撒冷问题又是巴勒斯坦问题的核心,因而当12月份美国总统特朗普公开宣布承认耶路撒冷为以色列首都之后,巴勒斯坦人,乃至整个伊斯兰世界的愤怒情绪迅即被点燃,12月份也成为针对以色列发动恐怖袭击的高峰期。以色列安全部门也迅速出击,积极打击恐怖主义活动,行之有效地控制着国内安全局面。

(二)《犹太国家法案》再掀波澜

在过去十几年中,关于以色列是否为犹太国家的问题,不仅在以色列国内而且在国际上都成为一石激起千层浪的热门话题。每当以色列明确宣布或要求国际社会明确承认其为犹太国家时,总是会在国际社会和以色列内部引发巨大争议。

2017年5月7日,在以色列总理内塔尼亚胡的大力推动下,以色列议会在经历持久辩论后,立法部长级委员会(The Ministerial Committee for Legislation)一致赞成利库德集团议员艾维·迪西特(Avi Dichter)提出的《犹太国家法案》[1],最终,议会以预备性宣读批准了这一法案。艾维·迪西特提议的《犹太国家法案》内容如下:

---

[1] Raoul Wootliff, "Full Text of MK Avi Dichter's 2017 'Jewish State' Bill," *The Times of Israel*, May 10, 2017. https://www.timesofisrael.com/full-text-of-mk-avi-dichters-2017-jewish-state-bill/.

《基本法：作为犹太人民族家园的以色列》

一、基本原则

1. 以色列国是犹太人民的民族家园，在这里他们通过自身的文化和历史遗产实现了民族自决的理想。

2. 在以色列国，只有犹太人拥有行使民族自决权的权利。

3. 本基本法或任何其他法律之规定，应根据本原则所规定之内容加以解释。

二、宗旨

为了与所有以色列基本法中关于以色列国作为犹太性、民主性国家的理念相契合，本着《以色列国独立宣言》之精神，本基本法旨在捍卫以色列作为犹太人民的民族国家之性质。

三、国家象征

1. 国歌为《希望》。

2. 国旗为白色旗面，上下各有一条蓝色宽带，一颗蓝色大卫星置于旗面中央。

3. 国徽为位于中央的七枝烛台、环绕烛台两侧的橄榄枝以及位于底部的希伯来语文字"以色列"。

四、首都

耶路撒冷为以色列国首都。

五、语言。

1. 国语为希伯来语。

2. 阿拉伯语具有特殊地位。

六、回归

每位犹太人均有权移民到以色列地，并依法获得以色列国的公民权。

七、召集流亡者

国家应采取行动召集以色列流亡者。

八、与流散地犹太人之间的联系

1. 国家应采取行动加强以色列与流散地犹太人之间的亲缘关系。

2. 国家应采取行动保护流散地犹太人的文化和历史遗产。

3. 由于犹太性的事实，国家应向处于困境中的犹太人伸出援手。

九、保护遗产

1. 无论其宗教、国籍,每位以色列公民均有权积极保护其文化、遗产、语言和身份。

2. 国家可以允许包括单一宗教信徒或单一国籍成员在内的社区建立各自的社区解决方案。

十、官方日历

希伯来日历是国家的官方日历。

十一、独立日和纪念日

1. 独立日是国庆日。

2. 以色列战争阵亡将士纪念日、纳粹大屠杀遇难者和英雄主义纪念日是国家的官方纪念日。

十二、休息日

安息日以及以色列节日是以色列国的休息日,在此期间除法律规定情况外,雇员不得劳动。法律承认的(宗教)社团群体成员可在其节日中休息。

十三、希伯来法律

如果法院遇到通过(现行)立法、法律先例仍无法裁决的法律问题,那么其应根据自由、公正、廉正以及以色列遗产中所包含的和平原则进行裁决。

十四、圣地保护

保护圣地免受亵渎和其他一切伤害,反对任何可能妨碍宗教成员进入圣地的活动,或可能冒犯其对这些地点感情的行为。

十五、不可更改性

除非大多数议会成员通过另一项基本法律,否则不得修改此基本法。

《犹太国家法案》首次在以色列法律中将以色列定义为"犹太人民的民族家园",以立法形式确定了以色列的"犹太国家"属性,旨在当以色列国家的犹太性与民主性发生冲突时,能够确保犹太属性由立法确认,成为以色列国的"默认属性"(default nature)。① 由于以色列没有成文宪法,如果《犹太国家法案》最终

---

① "Israel's Jewish Nation-State Bill: A Primer," *Haaretz*, November 25, 2014, http://www.haaretz.com/news/national/1.628365.

在议会获得通过，那么它将作为基本法的重要组成部分而成为以色列法律系统的基础，并以准宪法的形式指导以色列的法律制度，且比普通法更难废除。① 对于这一颇具争议的法案，内塔尼亚胡"立志将在60日之内将其写入以色列法律中……认为这一法案是对所有试图否认以色列和以色列地深层关系之人的最明确答复"。② 以色列旅游部部长亚里夫·莱文（Yariv Levin）担任立法部长级委员会主席，他表示在本届政府任期内，将推动该法案成为政府议案。③

以色列政府的这一表态随即在国内引发轩然大波，其引发的争论与忧虑主要聚焦于以下几个问题。

第一，担忧从法律体系上对以色列阿拉伯人和其他少数族裔进行歧视。批评者认为，这一法案堂而皇之地对以色列阿拉伯裔和其他少数族裔加以歧视，因而对其社会地位构成了威胁。④ 他们指责这一法案侵犯了占以色列总人口20%的阿拉伯公民的权利，降低了阿拉伯语在以色列的地位。自1948年以色列国建国以来，希伯来语和阿拉伯语一直是以色列的两大官方语言，如今草案规定"希伯来语是以色列国语，阿拉伯语仅占有特殊地位"，这削弱了以色列阿拉伯公民的一项重要集体权利。⑤ 以色列联合政府中的一些党派成员也对这

---

① Raoul Wootliff, "Full Text of MK Avi Dichter's 2017 'Jewish State' Bill," *The Times of Israel*, May 10, 2017, https：//www.timesofisrael.com/full-text-of-mk-avi-dichters-2017-jewish-state-bill/; Mati Tuchfeld, "Progress made on 'Nation-state Bill' after Provisions Modified," *Israel Hayom*, July 7, 2017, http：//www.israelhayom.com/2017/07/07/progress-made-on-nation-state-bill-after-provisions-modified/.

② Al Jazeera, "Israel's Jewish Nation-State Bill 'Declaration of War'," Jonathan-cook.net, May 11, 2017, https：//www.jonathan-cook.net/2017-05-11/israels-jewish-nation-state-bill-declaration-of-war/.

③ Lahav Harkov, "Israel Ministers Approve Controversial Jewish State Bill," *The Jerusalem Post*, May 7, 2017, https：//www.jpost.com/Israel-News/Politics-And-Diplomacy/Ministers-approve-controversial-Jewish-State-bill-489972.

④ Raoul Wootliff, "Full Text of MK Avi Dichter's 2017 'Jewish State' Bill," *The Times of Israel*, May 10, 2017, https：//www.timesofisrael.com/full-text-of-mk-avi-dichters-2017-jewish-state-bill/; "Netanyahu Drops Item from 'Jewish State' Bill Downgrading Arabic Language Status," *I24News*, May 30, 2017, https：//www.i24news.tv/en/news/israel/politics/146525-170529-israeli-lawmakers-agree-to-remove-nation-state-bill-clause-downgrading-arabic.

⑤ "EU should Voice its Opposition to Israel's 'Jewish Nation-state Bill'," *Guests*, April 5, 2018, https：//guests.blogactiv.eu/2018/04/05/eu-should-voice-its-opposition-to-israels-jewish-nation-state-bill/.

一法案表示反对，认为其过分强调以色列国家的犹太性质，从而损害了其民主性。① 阿拉伯联合名单党阿亚玛·奥德赫（Ayman Odeh）表示，"该法案的唯一目标就是让主体民族对少数民族实施专政。以色列政府正在摧毁阿拉伯人的地位，并将他们的文化和语言排除出去。该法案从法律上将我们（指以色列阿拉伯人）变为二等公民"②。人权组织成员阿里·海德尔（Ali Haider）指出，"这是一个非常危险的步骤，因为它明确规定了即使不是以色列公民的犹太人，在以色列境内也对以色列阿拉伯人拥有优越的权利"③。反对这一法案的以色列家园党（Yisrael Beiteinu）主席阿维格多·利伯曼（Avigdor Lieberman）指出，"与其说这一法案要将以色列变为犹太国家，倒不如说其试图将以色列变成犹太教法国家（Halakhic State）"④。欧洲议会也对这一法案提出反对意见，欧洲议会人权小组委员会主席皮埃尔·安东尼奥·潘泽里（Pier Antonio Panzeri）表示，"该法案包含了未来损害以色列社会凝聚力的所有因子，这将恶化犹太人和阿拉伯人社区的紧张关系，该法案草案不符合欧盟－以色列伙伴关系的共同价值观和原则"⑤。

第二，担忧法案会从居住区域上对少数族裔加以隔离。《犹太国家法案》其中一项最具争议性的条款在于"独立式公共居住"（Separate communal settlement）内容，以色列未来党（Yesh Atid）领袖亚埃尔·杰尔曼（Ya'el

---

① Sue Surkes, "Vote on 'Jewish State Bill' Put off Amid Coalition Wrangling," *The Times of Israel*, February 21, 2018, https://www.timesofisrael.com/vote-on-jewish-state-bill-put-off-amid-coalition-wrangling/.

② Lahav Harkov, "Israel Ministers Approve Controversial Jewish State Bill," *The Jerusalem Post*, May 7, 2017, https://www.jpost.com/Israel-News/Politics-And-Diplomacy/Ministers-approve-controversial-Jewish-State-bill-489972; Jeffrey Heller, "Bill to Declare Israel a Jewish State back on National Agenda," *Reuters*, May 7, 2017, https://www.reuters.com/article/us-israel-palestinians-lawmaking-idUSKBN1830K0.

③ Al Jazeera, "Israel's Jewish Nation-State Bill 'Declaration of War'," Jonathan-cook.net, May 11, 2017, https://www.jonathan-cook.net/2017-05-11/israels-jewish-nation-state-bill-declaration-of-war/.

④ Jonathan Lis, "Israel's Governing Coalition to Advance Nation-state Bill That Subordinates Democracy to Judaism," *Haaretz*, December 18, 2017, https://www.haaretz.com/israel-news/.premium-coalition-to-advance-nation-state-bill-that-subordinates-democracy-to-judaism-1.5628953.

⑤ "EU should Voice its Opposition to Israel's 'Jewish Nation-state Bill'," *Guests*, April 5, 2018. https://guests.blogactiv.eu/2018/04/05/eu-should-voice-its-opposition-to-israels-jewish-nation-state-bill/

German）在议会委员会辩论中指出该条款旨在依据宗教和国籍从住房和规划政策上对少数族裔实施隔离。①

第三，忧虑该法案会阻碍原本就陷入僵局、举步维艰的巴以和平进程。内塔尼亚胡已经公开表示，重启巴以和谈的一个前提条件便是，巴勒斯坦总统阿巴斯承认以色列是一个犹太国家；内塔尼亚胡也将此视为创建巴勒斯坦国家的一个核心条件。②但内塔尼亚胡的这一要求使阿巴斯进退维谷。若阿巴斯同意与以色列进行谈判，这意味着其首先同意牺牲以色列阿拉伯公民的平等权利，以及同意数百万巴勒斯坦难民丧失返回故土的权利。③

最后，还有不少人担忧这一法案为以色列日后彻底吞并约旦河西岸提供了法律基础。马尔祖克·哈拉比（Marzuq al-Halabi）指出，在《犹太国家法案》背后，以色列政府将可能寻求重新划定以色列边界，这包括约旦河西岸的部分或全部区域。这一法案获得最终通过后，将为以色列日后彻底占领约旦河西岸奠定基础。④

（三）内塔尼亚胡腐败案持续发酵

内塔尼亚胡是继以色列建国以来执政历史最久的总理，其分别在1996年、2009年、2013年和2015年的议会选举中领导利库德集团成功入主以色列总理府，已在政坛叱咤风云20多年，是以色列国内名副其实的"政坛常青树"。在内塔尼亚胡的政治生涯中，其与妻子萨拉·内塔尼亚胡（Sara Netanyahu）

---

① "EU should Voice its Opposition to Israel's 'Jewish Nation-state Bill'," *Guests*, April 5, 2018. https：//guests.blogactiv.eu/2018/04/05/eu-should-voice-its-opposition-to-israels-jewish-nation-state-bill/.

② Al Jazeera, "Israel's Jewish Nation-State Bill 'Declaration of War'," Jonathan-cook.net, May 11, 2017, https：//www.jonathan-cook.net/2017 – 05 – 11/israels-jewish-nation-state-bill-declaration-of-war/；Michael J. Koplow, "Jewish State Should Not Mean An Exclusively Jewish State," *Israel Policy Forum*, May 11, 2017, https：//israelpolicyforum.org/2017/05/11/jewish-state-not-mean-exclusively-jewish-state/.

③ Al Jazeera, "Israel's Jewish Nation-State Bill 'Declaration of War'," Jonathan-cook.net, May 11, 2017, https：//www.jonathan-cook.net/2017 – 05 – 11/israels-jewish-nation-state-bill-declaration-of-war/.

④ Al Jazeera, "Israel's Jewish Nation-State Bill 'Declaration of War'," Jonathan-cook.net, May 11, 2017, https：//www.jonathan-cook.net/2017 – 05 – 11/israels-jewish-nation-state-bill-declaration-of-war/.

多次深陷贪腐丑闻泥潭但都成功全身而退。然而,2017年对于内塔尼亚胡而言可谓"流年不利",最新一波针对内氏夫妇的指控主要包括四宗商业腐败案及其引发的"三宗罪"——欺诈、背信、受贿等罪名使这位老牌政客陷入执政以来的最大危机。

对内塔尼亚胡四宗商业腐败案进行立案调查的案件代号分别为"1000""2000""3000"和"4000"。其中"1000"号案件指控内塔尼亚胡及其家人在近10年中,向包括好莱坞制片人、媒体巨头阿侬·米尔坎(Arnon Milchan)与澳大利亚富商詹姆斯·派克(James Packer)牟取不当利益,涉嫌收受雪茄、香槟、珠宝、房产、境外旅行酒店、机票等昂贵礼物,礼物总价超过100万谢克尔,约合28万美元。① 根据以色列前经济部部长亚伊尔·拉皮德(Yair Lapid)的证词,内塔尼亚胡作为回报,为米尔坎提供了多种便利。对此,内塔尼亚胡公开反驳称"法律并未禁止接受友情馈赠"。但以色列法律专家却表示,香槟、雪茄在法律上等同于现金,以色列前总理奥尔默特便因类似罪行而锒铛入狱。② 客观而言,"1000"号案件并非令人震惊的腐败现象。

"2000"号案件通过录音指控内塔尼亚胡涉嫌操纵媒体,曾向以色列最大报业《新消息报》(*Yedioth Ahronoth*)的出版商兼所有人阿农·"诺里"·摩西(Arnon "Noni" Mozes)承诺,倘若《新消息报》更改其历来对内塔尼亚胡的敌意,并增加对其有利的报道内容,那么内塔尼亚胡将通过立法来减少《新消息报》的主要竞争对手——《今日以色列》(*Israel Hayom*)的发行量。2017年8月,曾于2009~2010年、2014~2015年担任以色列总理办公室主任的阿里·哈罗(Ari Harow)与检方签订一份明星证人协议(star-witness deal),据称其在协议中围绕上述两桩腐败案提供证词,举证内塔尼亚胡。③ 作为与内

---

① Peter Beaumont, "Israeli Anti-corruption Police Question Netanyahu for Fifth Time," *The Guardian*, November 27, 2017, https://www.theguardian.com/world/2017/nov/09/israeli-police-question-benjamin-netanyahu-in-corruption-inquiry.

② Natan Sachs, "The Two Things that will Determine Netanyahu's Fate," *The Bookings*, February 15, 2018, https://www.brookings.edu/blog/order-from-chaos/2018/02/15/the-two-things-that-will-determine-netanyahus-fate/.

③ Peter Beaumont, "Israeli Anti-corruption Police Question Netanyahu for Fifth Time," *The Guardian*, November 27, 2017, https://www.theguardian.com/world/2017/nov/09/israeli-police-question-benjamin-netanyahu-in-corruption-inquiry.

塔尼亚胡关系紧密的"老部下",哈罗的"倒戈"可谓给内塔尼亚胡一拳重击,他将成为这一案件发生转变的分水岭式人物,也让内塔尼亚胡遭遇从政以来面临的最大一次危机。但内塔尼亚胡一直否认这些指控,并表示其成为政治竞争对手的攻击目标。

"3000"号案件涉及以色列与德国蒂森克虏伯公司超过10亿美元潜艇交易中的贿赂指控。虽然内塔尼亚胡并未被列为嫌疑人,但"他却密切参与了此项交易"①,其三名亲信也是该案件中的关键嫌疑人。以色列前国防部部长亚阿隆向警方表示,为了确保德国蒂森克虏伯公司获得这笔订单,内塔尼亚胡命令以色列国防部取消招标。② 以色列媒体认为,蒂森克虏伯公司出售的三艘海豚级潜艇和四艘萨尔六级轻巡洋舰对以色列来说事实上并不需要。该案件最为复杂,对内塔尼亚胡而言也是最为严重、最为敏感的一项调查。

"4000"号案件指控内塔尼亚胡在出任以色列通信部部长期间,涉嫌与以色列贝泽克通信公司(Bezeq)达成权钱交易。控方称,内塔尼亚胡向自己的朋友、时任贝泽克控股股东的沙乌勒·艾洛维奇(Shaul Elovitch)提供高达10亿谢克尔(约合2.8亿美元)的监管权益。作为回报,艾洛维奇掌控的媒体《瓦拉新闻》(Walla! News)则为内塔尼亚胡"大唱赞歌",制造有利舆论。③

与此同时,内塔尼亚胡的妻儿也面临一系列指控。以色列总理夫人萨拉·内塔尼亚胡有可能因为涉嫌在总理官邸挪用公共资金而遭起诉。萨拉被控利用政府资金在家庭活动中为私人厨师支付报酬、为其父提供看护等。其子亚伊尔·内塔尼亚胡(Yair Netanyah)因无意间透露其父"官商勾结",被解读为从侧面印证了内塔尼亚胡家族的贪腐丑闻。以色列电视新闻网曝光了亚伊尔在2015年与友人聊天的一段录音。在这段录音中,亚伊尔在一家脱衣舞俱乐部

---

① Oliver Holmes, "Police Question Benjamin Netanyahu over Third Corruption Case," *The Guardian*, March 2, 2018, https://www.theguardian.com/world/2018/mar/02/police-question-benjamin-netanyahu-over-third-corruption-case.
② 王博闻:《内塔尼亚胡的"拐点"?》,《环球杂志》2018年第5期,http://www.xinhuanet.com/globe/2018-03/23/c_137059280.htm。
③ Amir Tal & Oren Liebermann, "Netanyahu, Wife Questioned 'under Caution' in Corruption Case 4000," *CNN*, March 4, 2018, https://www.cnn.com/2018/03/02/middleeast/netanyahu-israel-corruption-questioning-intl/index.html.

门外质问以色列商人、天然气大亨科比·迈蒙（Kobi Maimon）之子："我爸爸为你爸爸安排了200亿美元的生意，你却为（支付给脱衣舞女郎的）400谢克尔费用跟我抱怨？"① 录音曝光后，亚伊尔遭到以色列舆论的猛烈抨击，媒体不仅指责亚伊尔用纳税人的钱过着"奢靡生活"，而且将该录音视为佐证内塔尼亚胡家族贪腐丑闻的重要证据。面对国内从上至下的质疑之声，内塔尼亚胡在电视直播中发表讲话，表示自己遭到警方、媒体、反对派的联合造谣与污蔑，旨在使其无法继续担任总理一职。他宣称他终其一生都致力于维护并促进以色列的国家利益、安全和繁荣，始终坚称自己是清白的，并发誓要继续担任以色列总理。②

内塔尼亚胡遭遇的一系列涉嫌贪腐的指控，不仅在以色列政界引发震动，而且在民众中间也引发轩然大波，且持续发酵。11月，根据以色列第12频道发布的一项民意调查，大多数以色列人认为，如果内塔尼亚胡被检察机关起诉，那么他就应该辞职。只有38%的以色列人希望内塔尼亚胡下个任期继续留任。③ 但由于以色列议会预计将出台法律草案，禁止警方公布"1000"号、"2000"号案件对内塔尼亚胡的调查结果，这在以色列民众中引发愤怒。批评人士指出，这项法律草案公然包庇内塔尼亚胡，让民众对调查结果一无所知；但也有支持者认为这一草案旨在保护嫌疑人的权利。对此，内塔尼亚胡表示，他个人无意推动此项立法，认为自己也是政治迫害的受害者，并一一否认了检方的先前指控，将针对他的不利舆论称之为"背景噪音"（background noise）。但在这些辩驳之后，内塔尼亚胡也并未命令利库德集团提议撤回这一立法提案。④ 面对

---

① Ben Sales, "The Corruption Scandals Plaguing Netanyahu and His Family, Explained," *The Jerusalem Post*, February 14, 2018, https：//www.jpost.com/Israel-News/The-corruption-scandals-plaguing-Netanyahu-and-his-family-explained–542559.

② Josh Breiner & Revital Hovel, "Israel Police Recommend Charging Prime Minister Netanyahu with Bribery in Two Cases," *Haaretz*, February 13, 2018, https：//www.haaretz.com/israel-news/police-set-to-publish-recommendations-in-netanyahu-corruption-probes–1.5812016.

③ Peter Beaumont, "Israeli Anti-corruption Police Question Netanyahu for Fifth Time," *The Guardian*, November 27, 2017, https：//www.theguardian.com/world/2017/nov/09/israeli-police-question-benjamin-netanyahu-in-corruption-inquiry.

④ Rami Amichay, "Tens of Thousands of Israelis Protest against Netanyahu's Corruption," *The Reuters*, December 3, 2017, https：//www.reuters.com/article/us-israel-netanyahu-protests/tens-of-thousands-of-israelis-protest-against-netanyahu-corruption-idUSKBN1DW0Q8.

这一态度，2017年12月，总计约2万名以色列人在特拉维夫举行一系列主题为"耻辱游行"（March of Shame）的抗议示威活动，他们高呼"内塔尼亚胡入狱！"（Netanyahu to Jail!）反对内塔尼亚胡及政府滥用职权、贪污腐败，这是迄今为止针对内塔尼亚胡腐败案实施的最大规模抗议游行。① 除了特拉维夫之外，海法、罗什皮纳（Rosh Pina）和阿夫拉（Afula）地区也出现了小规模的游行示威活动。以色列工党主席、反对派领导人以撒·赫尔佐克（Isaac Herzog）表示，"游行示威的动机是一种强烈的不公平感、厌恶腐败以及从道德上强烈反对为个人量身定制法律的行为"②。

（四）地缘政治环境更加复杂

2017年，阿拉伯世界整体动荡已经走过了7个春秋，中东地区的力量博弈也出现了一系列新态势：叙利亚战争的硝烟正在弱化，伊朗的影响力与日俱增，伊斯兰国主体已被击散，以色列同务实型逊尼派阿拉伯国家之间的利益出现重叠区，但巴以问题仍然成为限制双方联系与合作的主要障碍。所有这些因素都决定了以色列当前的地缘政治环境，既有重大机遇，也有严峻挑战。

首先，特朗普政府时期的美以关系迅速升温。以色列在中东地区的安全离不开美国的支持，这一支持是以色列国家安全的主要战略资产。特朗普入主白宫后，美以关系迅速升温，这对以色列而言可谓迎来了建国以来最大的机遇期。就连美国副总统麦克·彭斯（Mike Pence）都将特朗普形容为"以色列历史上最大的总统级支持者"，在拉近美以关系方面，其更称赞特朗普"仅在一年时间比过去70年中所有美国总统做得都多"。③ 特朗普政府与以色列在关于

---

① Rami Amichay, "Tens of Thousands of Israelis Protest against Netanyahu's Corruption," *The Reuters*, December 3, 2017, https：//www.reuters.com/article/us-israel-netanyahu-protests/tens-of-thousands-of-israelis-protest-against-netanyahu-corruption-idUSKBN1DW0Q8.

② Alexander Fulbright, "Tens of Thousands Turn Out in Tel Aviv for Anti-corruption 'March of Shame'," *The Times of Israel*, December 2, 2017, https：//www.timesofisrael.com/thousands-turn-out-in-tel-aviv-for-anti-corruption-march-of-shame/.

③ Eric Cortellessa, "Pence calls Trump the Greatest Defender Israel ever had in White House," *The Times of Israel*, May 15, 2018, https：//www.timesofisrael.com/pence-calls-trump-greatest-defender-israel-ever-had/.

中东地区的诸多问题上态度一致,这包括双方都将伊朗视为影响中东地区稳定的主要障碍;都反对阿萨德政权在叙利亚使用化学武器;美国在国际机构中大力支持以色列,并对反对之声进行抨击与谴责;美国加强与对以色列友好的埃及、沙特等国关系。①

特朗普于2017年12月宣布耶路撒冷为以色列首都,并声明将尽快启动美驻以使馆从特拉维夫搬迁至耶路撒冷,这既为以色列带来了重大机遇,同时也使得以色列国内安全形势面临考验。由于耶路撒冷地位问题历来属于巴以冲突中极为敏感的一项议题,稍加不慎该问题便能立即成为中东地区冲突的风暴眼,也正因为如此,包括美国历届政府在内的国际社会普遍注意在该问题上"谨言慎行",以冷处理的办法搁置争议,在耶路撒冷地位问题上维持着"微妙平衡"。因而,当特朗普这一官方声明昭告天下后,阿拉伯世界的怒火迅即被点燃。巴勒斯坦立即宣布将举行为期三天的"愤怒游行",巴方抗议示威者与以色列安全部队在约旦河西岸、耶路撒冷和加沙地带发生多起冲突。

特朗普在耶路撒冷问题上的"任性",一方面为以色列国内右翼政治力量打了一剂"强心剂",预计右翼有可能在诸多敏感议题上表现更加强势,这包括进一步大刀阔斧地推动以色列在约旦河西岸和东耶路撒冷扩建犹太人定居点,更强硬地处理戈兰高地所有权问题。与此同时,这一声明也极大伤害了巴勒斯坦人乃至整个伊斯兰世界的民族与宗教感情,阿盟秘书长盖特、埃及总统塞西、土耳其总统埃尔多安、约旦国王阿卜杜拉二世、沙特国王萨勒曼都纷纷表示愤怒,警告特朗普"已越过红线",这也严重影响了美国作为中东问题"中立人"的形象,将增加中东地区的不稳定性。②

有鉴于此,以色列需要充满智慧地发展以美关系,从而使双方共同应对"瞬息万变"的中东局势。从特朗普自身来看,"他冲动、不可预测性的行事作风区别于先前所有的美国总统,甚至对美国的一些核心价值观和根基都造成了挑战"。有学者甚至用"特朗普正以140种性格来统治世界"的观点来描述

---

① Amos Yadlin, "Israel's Strategic Environment: Elements, Challenges, and Policy Recommendations," in Shlomo Brom & Anat Kurz, eds., *Strategic Survey for Israel 2017-2018*, p.132.
② 王晋:《特朗普宣布承认耶路撒冷为以色列首都,这事有多严重》,新华通讯社,2017年12月7日,http://news.ifeng.com/a/20171207/53927733_0.shtml。

他的不可预测性。① 由于特朗普的这一特征,他究竟是否能够一如既往地长期关注以色列问题也令人怀疑,特别是当一些问题出现进程拖延或停滞、美以利益冲突凸显时,特朗普能否表现出耐心与宽容仍然是个未知数。② 在美国国内,近几年美国选民结构开始发生变化,少数族裔和自由主义者人数持续增多,这种转变可能会影响美国民众对以色列的支持度。③ 加之美国政治体制日益分化,以色列与以特朗普为代表的共和党关系愈发密切,因而以色列需要注意当美国民主党重新掌权后将要面临的压力和风险。

其次,俄罗斯逐渐填补美国在中东地区留下的战略真空,俄以关系进一步复杂化。乌克兰战争后,俄罗斯一直处于经济相对疲软、在国际上孤立无援的境地,但近年来俄罗斯通过对叙利亚问题进行军事干预,不仅巩固了其在中东地区的地位,而且改变了叙利亚战争的走向。在俄罗斯的帮助下,阿萨德政权重新控制了叙利亚大部分领土,俄罗斯作为塑造并稳定叙利亚舞台的主要国际政治力量,也在这一系列行动中获得了卓越地位,同时也进一步削弱并边缘化了美国在中东地缘环境中所发挥的影响。④ 在此背景下,以色列对中东地区主要对手真主党和伊朗采取任何军事行动都必须考虑俄罗斯在叙利亚的军事存在,以色列与俄罗斯的关系依旧纷繁错杂。一方面,保持良好的双边关系仍然是两国外交政策的主要目标之一。在短期内,以色列和俄罗斯在中东地区稳定、避免直接冲突上存在共同利益,因而双方相较于之前,更能够通过展开战略对话商讨避免冲突的途径。俄罗斯了解以色列的利益需求与军事能力,因而也试图在一定程度上限制叙利亚、真主党以及伊朗的反以行动。因此,不少学者建议以色列高度重视与俄罗斯维持良好双边关系。纽约咨询局(The New York Consulting Bureau)局长尼古拉·帕克霍莫夫(Nikolay Pakhomov)认为"在影

---

① Shahar Eilam & Assaf Orion, "Israel-United States Relations," in Shlomo Brom & Anat Kurz, eds., *Strategic Survey for Israel 2017–2018*, p. 82.

② Eytan Gilboa, "Donald Trump: The View from Jerusalem," *BESA Center Perspectives Paper*, No. 481, May 30, 2017; Shahar Eilam and Assaf Orion, "Israel-United States Relations," in Shlomo Brom & Anat Kurz, eds., *Strategic Survey for Israel 2017–2018*, p. 85.

③ Shahar Eilam & Assaf Orion, "Israel-United States Relations," in Shlomo Brom & Anat Kurz, eds., *Strategic Survey for Israel 2017–2018*, pp. 86–87.

④ Amos Yadlin, "Israel's Strategic Environment: Elements, Challenges, and Policy Recommendations," in Shlomo Brom & Anat Kurz, eds., *Strategic Survey for Israel 2017–2018*, p. 133.

响中东地区的因素中,以色列与俄罗斯的关系至关重要。俄罗斯的外交政策以国家利益、务实型现实主义为基础,因而这有利于以色列与俄罗斯加强合作"①。麦考尔·沃耶纳奥维齐(Michal Wojnarowicz)指出,"维持与俄罗斯的恰当关系是以色列外交政策的主要目标之一,也是深化与非西方国家(如中国、印度)展开务实合作、重建与土耳其关系的一个重要组成部分"②。实际上,以色列和俄罗斯也都试图搁置分歧,在一定程度上达成谅解,并渴望在利益汇合圈上达成双赢局面。

然而,从另一方面看,以色列和俄罗斯又不可避免地存在着战略层面的利益冲突。两国的战略区域目标依旧不同:俄罗斯旨在不断扩大其在中东地区的影响范围,削弱美国对该地区的作用和影响,这很明显与以色列的战略利益相抵触;对以色列而言,其在叙利亚的首要任务便是阻止真主党强化军事能力、限制伊朗军事活动,但俄罗斯与真主党、伊朗的密切合作会对俄以双边关系产生负面影响;俄罗斯对伊朗核协议的支持也遭到以色列的大力反对;俄方不允许以色列在叙利亚境内采取行动,并为叙利亚部署先进武器,这对以色列造成极大威胁;以色列将真主党和哈马斯定性为恐怖组织,这遭到俄罗斯的反对与否认;在巴以冲突上,俄罗斯也一贯赞成在东耶路撒冷建立独立的巴勒斯坦国,并谴责以色列在约旦河西岸扩大定居点建设,不会轻易改变其在联合国安理会上一贯的对以态度。③

再次,叙利亚内战的结果增强了伊朗对中东地区的影响力,与伊朗发生直接或间接冲突的可能性大大提高,这将给以色列带来挑战。随着叙利亚内战逐步接近尾声,伊朗在靠近以色列国土地区不断加强存在。以色列对此无法接受,因为其担心伊朗将把叙利亚当作攻击以色列的一大跳板,因而以色列一直试图阻碍伊朗在叙利亚扩大据点,这可能将导致双方关系不断紧张并恶化,有升级为战事的风险。近期,以色列指责伊朗向叙利亚转移先进武器,包括军用

---

① Nikolay Pakhomov, "The Russia-Israel Relationship Is Perfect Realpolitik," *The National Interest*, March 23, 2017, http://nationalinterest.org/feature/the-russia-israel-relationship-perfect-realpolitik-19881.

② Michal Wojnarowicz, "Israeli-Russian Relations in the Context of the Syrian Civil War," *Bulletin PISM*, No. 48 (May, 2017), http://www.pism.pl/publications/bulletin/no-48-988.

③ Michal Wojnarowicz, "Israeli-Russian Relations in the Context of the Syrian Civil War," *Bulletin PISM*, No. 48 (May, 2017), http://www.pism.pl/publications/bulletin/no-48-988.

无人机、地对地导弹、威胁以色列空军战机的防空炮台等。对此，内塔尼亚胡表示，即便需要付出对抗的代价，以色列也一定会竭尽所能阻止伊朗在叙利亚扩大影响。尽管以色列无意与伊朗升级军事冲突，但如果双方不可避免地会发生战争，那么"现在的时机要比以后好得多"。①

然而，以色列需要关注的是，一旦双方爆发战争，以色列的交战方将不仅包括伊朗，叙利亚军队和黎巴嫩真主党也将会加入战斗。以色列还需要同时在南部打击哈马斯武装，因而不得不面临两线作战的局面，这将有可能演变成自1973年以来以色列经历的最大规模战争。② 因此，未来几年以色列面临的主要挑战将是与伊朗及其在叙利亚、黎巴嫩的代理人展开竞争，以色列必须着手制定与这三大势力进行作战的战略及优先考量。在反对伊朗、真主党和叙利亚的过程中，以色列需要解决伊朗武装在北部边境集结的问题，同时要面对阿萨德政权、伊朗和真主党方面展开报复行动所带来的可能性变动。③ 除此之外，面临新形势、新背景，以色列还需重新制定"红线"和相关战略，将军事行动与战略沟通结合起来。虽然伊朗和俄罗斯在维护阿萨德政权以及保持叙利亚国内稳定方面取得成功，但以色列有能力对这一成果加以破坏，因而从此方面来看，以色列对伊朗和俄罗斯仍具备重要影响力。叙利亚政权的稳定以及叙利亚经济的复苏是伊朗和俄罗斯关心的利益所在，因而以色列可将此当作筹码。④

最后，巴以和平进程陷入僵局。在安全领域，以色列继续保持对加沙地带的控制与威慑优势，维持加沙地带总体平静。与此同时，巴勒斯坦内部的一些事态发展将有可能引发重大变动，对巴以和平进程产生影响。其一，巴勒斯坦

---

① Stuart Winer, "Netanyahu: Conflict with Iran better now than later," *The Times of Israel*, May 6, 2018, https://www.timesofisrael.com/netanyahu-conflict-with-iran-better-now-than-later/.
② Assaf Orion & Amos Yadlin, "Iran in the Nuclear Realm and Iran in Syria: A New State of Play," *INSS Insight*, No. 1055, May 14, 2018.
③ Ephraim Kam, "Iranian Military Intervention in Syria: A New Approach," *Strategic Assessment*, Vol. 20, No. 2 (July, 2017), pp. 9 – 21; Amos Yadlin, "Israel's Strategic Environment: Elements, Challenges, and Policy Recommendations," in Shlomo Brom & Anat Kurz, eds., *Strategic Survey for Israel 2017 – 2018*, p. 141.
④ Amos Yadlin, "Israel's Strategic Environment: Elements, Challenges, and Policy Recommendations," in Shlomo Brom & Anat Kurz, eds., *Strategic Survey for Israel 2017 – 2018*, p. 141.

民族权力机构主席阿巴斯的任期即将结束，巴解组织和巴勒斯坦权力机构领导层也面临换届，因而阿巴斯希望在离任前留下政治遗产，以便于帮助巴勒斯坦人塑造其未来，这促使阿巴斯展现出了非同寻常的自信，甚至愿意因此冒险。① 其二，哈马斯领导层更迭以及地方领导层崛起，使其开始意识到由于自身在国际上遭遇政治孤立、未能使加沙地带摆脱经济和社会困境，已经降低了他们在巴勒斯坦民众中的威信。在此背景下，哈马斯正一方面与伊朗保持关系，另一方面也试图与埃及拉近距离。这主要表现在哈马斯在加沙地带仍属克制，基本维持该地区的停火状态，法塔赫与哈马斯也在2017年10月缔结和解协议。但由于双方在哈马斯军事部门以及选举问题上存在争议，因而不太可能成功实现全面和解。② 尽管如此，对于维护加沙地带稳定、推动巴以和谈而言，通过特朗普政府提出政治倡议、埃及推进和解进程的方法，仍然不失为一计良策。但美国宣布承认耶路撒冷为以色列的首都后，巴勒斯坦方面立即表示"中止政治进程，拒绝接受美国作为可靠的调停人"，从而断送了中东和平进程仅存的一线希望。

四　总结与分析

综上所述，2017年，面对纷繁复杂的国内、国际环境，以色列这个"神奇的国度"却保持了稳健发展的态势。稳中有升的经济形势与旺盛的创新活力使以色列保持了"创新国度"的良好声誉，科技领域的高投入使其当之无愧地成为全球著称的"示范课堂"；总体局势依旧可控，没有酿造成大的风波；以色列一如既往地保持了在中东地区的军事优势，继续维持其对敌对国家及真主党、哈马斯和伊斯兰国等半国家实体的威慑能力。以色列通过宏观审慎的货币政策和务实的结构性调整，不仅确保了2017年主要宏观经济指标均呈上升趋势，也使全球主要的经济评估机构对其未来经济发展态势给予了积极评估。据国际货币基金组织（International Monetary Fund）的预测，2018年，预

---

① Amos Yadlin, "Israel's Strategic Environment: Elements, Challenges, and Policy Recommendations," in Shlomo Brom & Anat Kurz, eds., *Strategic Survey for Israel 2017 –2018*, p. 139.
② Udi Dekel, "Israel at 70: Strategic Advantages with Narrow Margins of Security," *INSS Insight*, No. 1019, February 8, 2018.

计以色列经济增速将达到3.3%，2019年的经济增速将有望升至3.5%。① 此外，2017年以色列的创新活力依旧在全球大放异彩，在世界知识产权组织（World Intellectual Property Organization）、康奈尔大学（Cornell University）和欧洲工商管理学院（INSEAD）联合发布的《2017年全球创新指数报告：创新驱动世界》中，以色列位居全球"最具创新力经济体"的第17位。② 以色列在高科技领域、网络领域、电子信息技术、生命科学技术、新能源、水技术以及现代农业技术均处于世界先进水平，在国际市场上极具竞争力，不仅成为全球同领域尖端水平的引领者，也是以色列经济发展的重要推动力。

在过去的一年里，以色列面临着纷繁错杂的地缘政治环境，传统安全威胁与非传统安全威胁不断交织，一系列针对平民的恐怖袭击严重威胁国民安全，但整体看来，并没有影响以色列人的幸福度与自豪感。《耶路撒冷邮报》于2018年对以色列的国民满意度与自豪感进行调研，根据报告显示，在国民自豪感上，82%的以色列犹太公民表示他们对身为以色列人感到自豪，其中56%的以色列国民甚至表示"非常自豪"，73%的以色列人认为"以色列是令人自豪的国家"是既定事实。③

不可否认，内塔尼亚胡政府在未来的日子，面临着一系列的执政难题，这些问题能否解决不仅关乎内塔尼亚胡本人的政治前途，而且在很大程度上影响着以色列国家的未来走向与社会发展水平。

从内部治理来看，以色列应当抓住当前有利的经济形势，在保持审慎财政政策的前提下，加大财政投入，解决阻碍经济发展的结构性问题，不断增加人力资本，提升基础设施建设速度与质量，改善国民住房条件，以便迎接未来经济发展所面临的问题与挑战。以色列政府应加强教育与培训，缩小劳动生产率和劳动参与率之间的差距，不断提高学校教育和技能培训的有效性，提升极端

---

① Avi Temkin, "IMF sees 3.3% Israel Growth in 2018," *Globes*, April 17, 2018, http：//www.globes.co.il/en/article-imf-sees-33-israel-growth-in–2018–1001232314.

② Soumitra Dutta, Rafael Escalona Reynoso, and Jordon Litner, *The Global Innovation Index 2017: Innovation Feeding the World*, Fontainebleau, Ithaca, and Geneva：Cornell University, INSEAD, and WIPO, http：//www.wipo.int/edocs/pubdocs/en/wipo_pub_gii_2017-chapter1.pdf.

③ Arik Bender, "Poll：82% of Israel Proud of the Country, Half Fear War is Near," *The Jerusalem Post*, April 19, 2018, https：//www.jpost.com/Israels-70th-anniversary/Poll-82-percent-of-Israelis-proud-of-the-country-half-fear-war-is-near–551239.

正统派和以色列阿拉伯人的劳动技能与就业水平；进一步推进基础设施建设和产品市场改革，以提高以色列社会的包容性和生产力，尤其是着力改善边缘地区特别是阿拉伯人居住地区的基础设施建设，提升非犹太人的民生保障水平。

不仅如此，总理腐败案的持续发酵也会给政坛稳定带来极大的不确定因素。目前内塔尼亚胡在以色列国内仍拥有很高的支持率，尤其是在巴以局势动荡、中东局面复杂的情况下，大部分以色列选民依然相信内塔尼亚胡能为国家带来安定，其政治对立阵营中尚无人能与他相匹配，但必须看到，反腐问题的走向直接关系到以色列的政局稳定。在透明国际组织的调查中，以色列民众的反腐决心居世界之首，"98%的受访者表示愿意积极参与反腐调查活动，超过90%的民众支持签署反腐请愿书"。① 民间反腐组织也积极行动，开设举报热线、初步审查举报线索，在反腐行动中发挥重要作用。也许正因如此，在"透明国际组织"发布的《2017全球清廉指数》（Corruption Perception Index 2017）排名中，以色列在全球180个国家和地区中位居第32位，得分虽低于2016年，但仍高于2012～2015年的分数，其排名仍属靠前。② 在这种高压状态下，能否尽快控制或者平息对其涉嫌腐败的指控是内塔尼亚胡必须认真面对的一个关键性问题。

从外部来看，以色列的国际形象亟待改善。2017年巴以冲突的加剧，尤其是对巴勒斯坦人动用武力严重损害了以色列的国际形象，从而使以色列在中东、欧洲的广大民众心中面临着重大的合法性危机。反以运动的核心由三个不同派别联合组成——激进伊斯兰主义者、极端自由主义左派成员和民族主义右派分子。三派将巴以冲突当作指责、反对以色列的"合作基础"与主要武器。③ 巴以冲突的长久性、持续性与不确定性，助长了反以运动抨击以色列实施"种族主义、殖民主义和种族隔离政策"的势头。在此背景下，国际社会对反以运动的声援并非曲高和寡，反犹主义情绪与现象在欧洲大陆普遍"回

---

① Joshua Lipson, "Israel among Most Corrupt of OECD Countries," *The Jerusalem Post*, July 9, 2013, http://www.jpost.com/National-News/Israel-among-most-corrupt-of-OECD-countries – 319315.
② "Corruption Perception Index 2017," Transparency International, February 21, 2018, https://www.transparency.org/news/feature/corruption_perceptions_index_2017.
③ Amos Yadlin, "Israel's Strategic Environment: Elements, Challenges, and Policy Recommendations," in Shlomo Brom & Anat Kurz, eds., *Strategic Survey for Israel 2017–2018*, pp. 131–150.

潮"便是最好的例证。① 巴以冲突加剧时期往往也是反以情绪高涨时期，二者是正相关关系。虽然以色列已经意识到这一问题，并在积极提升自身国际形象方面做了多方努力，但由于巴以和平进程遥遥无期、双方冲突此起彼伏、巴方民众伤亡惨重，以色列改善国际形象之路举步维艰，反以运动依旧"高效"地推进相关活动，这对以色列构成了严峻挑战，也影响了以色列与美国犹太人之间的关系。因而，努力推动巴以和平进程，切实改善巴方民众生活条件，结束双方暴力冲突，才是问题的关键所在。

---

① Amos Yadlin, "Israel's Strategic Environment: Elements, Challenges, and Policy Recommendations," in Shlomo Brom & Anat Kurz, eds., *Strategic Survey for Israel 2017 - 2018*, p. 146.

B.2
2018年全球犹太人状况

〔以〕罗伯特·辛格（Robert Singer）*

摘　要： 2017年世界的状态继续说明了20世纪犹太人历史上两件最为重要的里程碑事件，即大屠杀与以色列建国的影响。今天，世界犹太人在犹太人国家以色列的数量（650万）和流散地的数量几乎平分秋色。最大的犹太社团分布在美国、法国、加拿大、英国、俄罗斯、阿根廷、德国、澳大利亚和巴西等地。全球犹太人社区在思想、商业与政治等方面很大程度上都获得了成功，并且能够从世界各国政府的合作和支持中受益。世界犹太人大会在他们成功的外交中扮演了重要的角色，并针对犹太人面临的主要事务在政府与国际组织面前代表了六大洲100余个犹太社团。尽管只占世界总人口的一小部分，但犹太人在世界事务和学术界产生了与其人口规模不成比例的影响。这些成就的原因是多方面，且十分复杂；也许最好的解释就是犹太人对教育的重视。然而，在这些积极的事态发展中，也存在着一些挑战，如反犹主义以其传统形式在反犹太复国主义的幌子下再次崛起，尤其是在欧洲。尽管如此，在历经无数迫害并得以重建之后，犹太人卓越的生存与勃发能力足以令人们保持乐观。

关键词： 犹太人　以色列　犹太复国主义　反犹主义　世界犹太人大会

---

* 〔以〕罗伯特·辛格，世界犹太人大会首席执行官兼执行副主席，自2013年起世界犹太人大会成为世界犹太社区主要的联盟组织。在此之前，他曾任世界犹太人技能促进协会（World ORT）首席执行官兼总干事，该协会为世界上最大的犹太人教育倡议组织。

引 言

2018年世界犹太人整体呈现出强劲的状态：全球犹太社团在思想与政治方面皆蓬勃发展，享有更大的政治影响力，并与全世界各国政府进行合作，获得其支持。世界犹太人大会（The World Jewish Congress）代表着六大洲100余个犹太社团，在应对这些社团集体或各自面对的核心问题方面，发挥着关键的外交作用。

在这些积极的进展中，还伴随着一些挑战：尤其是反犹主义在欧洲再次兴起，它以传统的形式在反犹太复国主义（anti-Zionism）的伪装下展开。在社交媒体时代，一种新的反犹主义方式在世界上最大的公共论坛"网络仇恨"（Cyberhate）上催生；这种方式的力量非常强大，而且影响深远。

在2018年间，我们已经看到对犹太社团面临危险的意识在不断增强，并认为有必要采取措施。这就包括越来越多地采纳国际大屠杀纪念联盟（The International Holocaust Remembrance Alliance，IHRA）对于反犹主义的定义，也是著名反犹主义学者耶胡达·鲍尔（Yehuda Bauer）所描述的定义，已经被奥地利、保加利亚、英国、德国、以色列、立陶宛、马其顿、罗马尼亚和苏格兰九个国家或地区的政府以及很多市政府与警察部队所采纳。①

我们已经看到，一些政府优先考虑犹太社团安全的具体行动，无论是为犹太社团机构的安全所设立的基金——英国已经设立此类基金，还是通过更长期的方法，如西班牙教育、文化与体育部最近决定实施的一项重点打击反犹主义的教育计划等。② 2018年3月，瑞士国民议会采纳了一项旨在要求政府加大力

---

① 犹太人不能独自反对反犹主义，这是耶路撒冷会议的一个重要的信息，详见Tamara Zieve, "Jews can't Fight Antisemitism Alone is Key Message at Jerusalem Conference," *The Jerusalem Post*, March 21, 2018, http://www.jpost.com/Israel-News/Jews-cant-fight-antisemitism-alone-is-key-message-at-Jerusalem-conference – 546677。

② 世界犹太人大会对西班牙政府与犹太社团之间所达成的打击反犹太主义的协议表示欢迎，详见"WJC Welcomes Landmark Agreement to Combat Anti-Semitism Reached between Spanish Government and Jewish Community," World Jewish Congress, February 22, 2018, http://www.worldjewishcongress.org/en/news/wjc-welcomes-landmark-agreement-to-combat-anti-semitism-reached-between-spanish-government-and-jewish-community – 2 – 4 – 2018。

度保护宗教少数群体的提案，其中包括当地犹太社团；这一提案获得一致通过。① 这些仅是一些比较显著的例子。

以色列公民的数据已经被收集，但对以色列之外的世界犹太人状况进行全面、详细的统计由于很多因素变得十分困难。犹太人遍布在世界一百多个国家中，因此很难收集所有国家犹太人的信息，并得出有意义的结论。美国犹太人的数量位居世界第二，但收集犹太人的数据更加困难②，这是因为美国禁止人口普查官员列入有关个人宗教信仰的问题。因此，对美国犹太人的统计只能由社区组织与（或）学术机构进行。

在这些局限之下，通过与世界犹太人大会有联系的犹太社团所提供的信息，我们对2018年世界犹太人状况进行了分析，并得出了如下结论。

一 犹太人在世界舞台上的成就

尽管犹太人在世界总人口中只占很小一部分，但是对世界事务与学术产生了巨大影响。③ 例如，不到世界人口0.2%的犹太人，获得了22%的诺贝尔奖。④ 这些成功背后的原因是多方面的，且极为复杂，其中的一个原因应是犹太人对他们社团的教育非常重视。早在公元100年以前，古代的小学教育就被视为义务教育；犹太律法中显示犹太儿童早在5岁便要学习一些基础性的文本。⑤ 这种推崇教育与教学的价值在古代犹太哲学家与领袖迈蒙尼德的

---

① 世界犹太人大会对瑞士政府承诺保障犹太社团的安全表示欢迎，详见"World Jewish Congress Welcomes Swiss Government's Commitment to Security of Jewish Community," World Jewish Congress, March 9, 2018, http：//www.worldjewishcongress.org/en/news/world-jewish-congress-welcomes-swiss-governments-commitment-to-security-of-jewish-community－3－5－2018。
② "World Jewish Population, 2016," Berman Jewish Data Bank, 2017, p. 23.
③ 皮尤研究中心的宗教与公共生活项目（Pew Research Center's Religion & Public Life Project），详见http：//www.pewforum.org/2015/04/02/jews/。
④ "Jewish Biographies: Nobel Prize Laureates," *Jewish Virtual Library*, 2017, http：//www.jewishvirtuallibrary.org/jewish-nobel-prize-laureates.
⑤ "My Jewish Learning, 2006," *Pirkei Avot: Ethics of the Father*, Chapter 5, https：//www.myjewishlearning.com/article/pirkei-avot-ethics-of-the-fathers-chapter－5/.

著作中表现得最为极端,他曾说如果一个村庄没有雇用老师,那么就应被摧毁。① 伙伴式的学习方式,即学生成对地学习,作为犹太人学习最基本的方式,已经被当作学习方式的典范传播到世界各地。② 对教育与发现的重视,总是伴随着一个额外的动机,即改造世界。不断改造这个世界是拉比的命令,并深深根植于今天。

犹太人的成就还表现在社会行动与正义方面。犹太人处于社会边缘地位的经验,让全世界的犹太人对少数族裔的社会根源与权利都极为同情。无论是在20世纪60年代代表非裔美国人的美国民权运动,还是在推动国际性别平等方面,犹太人都一直积极参与、争取,并引导了重大的社会变革。拉比乔纳森·萨克斯(Jonathan Sacks)勋爵称犹太人必须"知道陌生者的心理,因为你(犹太人)曾在埃及的土地上作为陌生人。如果你比较人道,他也必然如此;如果他不够人道,你也必然如此"。通过模仿上帝对犹太人所言,萨克斯进而言道:"一旦我为了你的利益,与古代世界最伟大的统治者与最强大的帝国战斗,你就必须战胜心中的仇恨。我让你成为世界上原初的陌生人,如此你可为陌生人的利益而战,即为你与其他人而战,无论他们身处哪里,无论他们是谁,无论他们的肤色,无论他们的文化类型。"③ 这一基本的想法驱使无数犹太人为那些被压迫者与沉默者的权利而寻求社会行动。

犹太人的成就也可能部分归因于这样一个事实,即这一民族历经几千年在许多国家遭受屈辱、迫害、屠杀,甚至大规模杀戮等的状态下获得生存,并直到今日,其必须具备深厚的韧性以及学习如何在逆境中站稳脚跟。马克·吐温对此有一番著名的论述:"犹太人亲历了这一切,并幸存下来;他还是过去的样子,没有颓废、没有衰老、没有变弱,精力依旧充沛,依旧保持警觉与进取的思维。所有事物都已逝去,唯独犹太人没有;所有其他的力量皆成过眼云

---

① "Halakha, Mishnah Torah Talmud Torah," Sefaria, https://www.sefaria.org.il/Mishneh_Torah,_Torah_Study.2?lang=bi.
② Jieun Choi, "A Jewish Learning Method Catches on in South Korean Hagwons," Korea Exposé, March 27, 2017, https://www.koreaexpose.com/havruta-jewish-learning-method-korean-hagwons/.
③ J. Sacks, "Mishpatim (5768)-Loving the Stranger," February 2, 2008, http://rabbisacks.org/covenant-conversation-5768-mishpatim-loving-the-stranger/.

烟，唯有他依旧保持。他不朽的秘诀到底是什么？"① 作为一位犹太人，即意味着能够抵挡痛苦与困难；意味着一次又一次地继续遵从《圣经》的命令去"拣选生命"，尽管犹太人作为个体与集体不断地遭受攻击。②

二 塑造犹太世界的力量

纳赫姆·戈德曼（Nahum Goldmann）为世界犹太人大会的联合创始人，1949～1977年曾担任世界犹太人大会主席。1948年他在一个关于"世界犹太人状况"的主题演讲中，认定了他认为的具有广泛影响力与重要性的两大"革命性"事件，并称只有那些得以接近这些事件的人才能认识其意义。③ 他所言即对20世纪犹太人有深远影响的大屠杀与以色列建国这两件事。直到70年之后，这两件事在很多方面影响并塑造了今日的犹太人；实际上，还有可能在影响犹太人对世界的认识以及世界对犹太人的认识方面继续发挥重要的作用。

可以说，随后20～21世纪犹太人的重要事件，根植于现代犹太史上的这两件事情。大屠杀引起了犹太人口的流动、以色列作为一个国家成为欧洲（与中东）犹太人的避难所，最为显著的后果便是导致了犹太人两个生活"中心"的形成，即以色列与美国。为了拯救世界处于危险中的犹太社团，如埃塞俄比亚犹太社团，以色列具备了介入的能力；这不仅反映了继20世纪犹太人极端脆弱之后以色列致力于拯救犹太人的意识形态，而且说明了以色列能够如此为之的强大能力。

在大屠杀期间，占世界1/3的600万犹太人被纳粹德国及其同伙屠杀。单纯从死亡人口的数量来看，犹太人直到今日都未能从巨大的生命损失中完全恢

---

① Mark Twain, "Concerning the Jews," *Harper's New Monthly Magazine*, Vol. 99 (September, 1899), p. 535.
② 亚伯拉罕·伊本·以斯拉（Abraham ibn Ezra）对《申命记》（30：19）的评论，详见 *Ibn Ezra, Deuteronomy*, Sefaria, org. 2016。《申命记》（30：19）记载："我今日呼天唤地向你作见证。我将生死祸福陈明在你面前，所以你要拣选生命，使你和你的后裔都得存活。"——译者注
③ Menachem Z. Rosensaft & Ronald S. Lauder, *The World Jewish Congress, 1936 – 2016*, New York：World Jewish Congress, 2017.

复过来，更不消说欧洲大陆犹太人精神、宗教与文化中心遭到的破坏所引起的无尽伤痛。1939年，波兰有325万犹太人，而今天仅有不到1万犹太人。①

对犹太人的反感与仇恨直到今日仍旧存在，在左翼与右翼的声音中都可以听到。这些反犹团体大概可以被分为三类极端的阵营，即极右、极左与伊斯兰主义者。极端的右翼不断组织更多的游行与集会。在弗吉尼亚州夏洛茨维尔（Charlottesville）的新纳粹集会中，抗议者高喊"犹太人不会取代我们"。②2018年3月，武装党卫队的老兵和他们的支持者在拉脱维亚庆祝军团日——这是一个非官方节日，为了纪念第二次世界大战期间纳粹的合作者，游行通过首都里加（Riga）市中心。③ 极左的反犹主义者在艾伦·约翰逊（Alan Johnson）所称的"反犹主义的反犹太复国主义"中，表现得最为显著与有力。这种反犹主义认为："犹太人过去是恶魔，以色列现在是恶魔。"约翰逊曾援引一个例子，即英国肯辛顿（Kensington）和切尔西（Chelsea）的议员比纳齐尔·拉沙里（Beinazir Lasharie）在脸书（Facebook）上曾分享了一段视频。该视频声称以色列的情报部门操控着"伊拉克和大叙利亚伊斯兰国"（ISIS，以下简称"伊斯兰国"），在另一个视频中她声称自己听到了双方合作无可争辩的证据，并称自己并不反对犹太人……仅是为了分享。④

伊斯兰反犹主义者的攻击，已经由伊斯兰恐怖组织与个人的恶行所体现。2017年，一名男子在法国马赛圣查尔斯（Saint-Charles）车站刺死一名20岁女子与一名17岁女孩，并高喊伟大的真主（Allahu Akbar）。"伊斯兰国"声称对此次攻击事件负责。⑤ 2018年，一名来自"伊斯兰国"的枪手在法国南部

---

① "Poland," World Jewish Congress, February 2018, http：//www.worldjewishcongress.org/en/about/communities/PL.

② Yair Rosenberg, "Jews will not Replace Us： Why White Supremacists go after Jews," *The Washington Post*, August 14, 2017, https：//www.washingtonpost.com/news/acts-of-faith/wp/2017/08/14/jews-will-not-replace-us-why-white-supremacists-go-after-jews/？utm_term=.71ff14cf5b06.

③ "Riga Mayor Permits Neo-Nazi March in City Center," *EADaily*, March 15, 2018, https：//eadaily.com/en/news/2018/03/15/riga-mayor-permits-neo-nazi-march-in-city-center.

④ Alan Johnson, "The Left and the Jews： Time for a Rethink," *Fathom*, Autumn 2015, http：//fathomjournal.org/the-left-and-the-jews-time-for-a-rethink/.

⑤ 两位妇女在马赛被刺死，详见 "Marseille Attack： Two Young Women Stabbed to Death," *BBC News*, October 2, 2017, http：//www.bbc.co.uk/news/world-europe-41461107。

枪杀了3个人,并在扫射中致使多人受伤。① 一桩极其恐怖的谋杀案发生在2018年3月,即一位85岁的大屠杀幸存者在巴黎被谋杀。

2016年犹太政策研究所(The Institute for Jewish Policy Research)在英国的一项调查中,发现反犹主义在穆斯林中的流行程度是其他群体的2~4倍。② 2014年,一位据称来自叙利亚的"伊斯兰国"战士,在比利时犹太博物馆纵火,导致4人死亡;他曾因被怀疑为极端势力而获5年监禁。③

戈德曼早在70年之前即认为,反犹主义必须被视为一种普遍的邪恶而遭到反对,不能仅被视为以犹太人为特定的目标。④ 直到今天仍是如此,因此世界犹太人大会积极推动各国政府加入采纳国际大屠杀纪念联盟对反犹主义的定义的行列中。目前,已经有九个国家的政府采纳了关于反犹主义的定义,即反犹主义为"犹太人对仇恨犹太人的一种感知。反犹主义的语言措辞与现实表现为直接针对犹太人或非犹太人、他们的财产以及犹太社团机构与宗教设施等"。⑤ 世界犹太人大会这一工作,反映了我们的信念,即为了解决一个问题,你首先要定义这个问题。

反犹主义也常以对以色列过度、偏颇地批评以及抵制以色列产品的形式出现。反犹主义的新态势表现为反对以色列国的存在。据说马丁·路德·金(Martin Luther King)说过一句著名的话,即"当人们批评犹太复国主义的时

---

① 一位来自"伊斯兰国"的枪手在法国南部超市中枪杀3人之后,被警察击毙,详见David Brennan, "ISIS Gunman Dead After France Supermarket Hostage Killings," *Newsweek*, March 23, 2018, http://www.newsweek.com/hotages-taken-and-shots-fired-supermarket-france-reports-858197。

② *Antisemitism in Contemporary Great Britain*, Institute for Jewish Policy Research, 2017, p.6.

③ 袭击布鲁塞尔犹太博物馆的法国嫌犯曾生活在叙利亚,详见Anne Penketh, "French Suspect in Brussels Jewish Museum Attack Spent Year in Syria," *The Guardian*, June 1, 2014, https://www.theguardian.com/world/2014/jun/01/french-suspect-brussels-jewish-museum-attack-syria。

④ Menachem Z. Rosensaft & Ronald S. Lauder, *The World Jewish Congress, 1936 - 2016*, New York: World Jewish Congress, 2017.

⑤ 马其顿采纳了国际大屠杀纪念联盟对反犹主义的定义,"Macedonia Adopts International Holocaust Remembrance Alliance's Working Definition of Anti-Semitism," World Jewish Congress, March 16, 2018, http://www.worldjewishcongress.org/en/news/macedonia-adopts-international-holocaust-remembrance-alliances-working-definition-of-anti-semitism-3-4-2018。

候，即指犹太人"①。反犹主义的新态势将他们民族家园的犹太人视为一个整体，然而更加传统的反犹主义则针对犹太人中的个体。法国总理曼努埃尔·瓦尔斯（Manuel Valls）和法国总统埃马纽埃尔·马克龙（Emmanuel Macron）皆注意到两者之间紧密的联系，其中马克龙将反犹太复国主义视为反犹主义的再造。② 联合国秘书长安东尼奥·古特雷斯（Antonio Guterres）也称："否认犹太人的生存权就是反犹太复国主义。"③

反犹主义在主要的社交媒体平台上颇具影响力，因此网络仇恨现象的潜力与影响非常突出。一份呈交给世界犹太人大会的报告数据显示，2016年2900万互联网用户曾看到关于反犹主义的言论。在线监控中，有41%的反犹主义言论是有关仇恨犹太人的言辞；40%的反犹主义言论与反犹主义符号有关，如符号"卐"、对希特勒表示同情的表情，以及网络上表达诸如"吞噬犹太人"的图像。有趣的是在网上发布这些形式的反犹主义言论，并不是那些公然的反犹主义者所为，也不是在公然反犹主义的场所进行，而大部分发布者仅在2016年发布了一条或两条反犹主义言论。4%的反犹主义言论涉及否认大屠杀，或声称犹太人夸大大屠杀或过分强调大屠杀。④ 当然，否认与混淆大屠杀并不局限在社交媒体中；实际上，其在后共产主义国家极为普遍。其中一个例子便是波兰制定的一个法律，这则法律把波兰人在帮助德国人最终解决他们的犹太人邻居中扮演的角色认定为一种犯罪。⑤

大屠杀的记忆，反犹主义无法被禁止，这给很多犹太社团蒙上了阴影。犹

---

① Seymour Martin Lipset, "The Socialism of Fools: The Left, the Jews, and Israel," *Encounter*, Vol. 33, No. 6 (1969), p. 24.
② 马克龙谴责反犹太复国主义为反犹主义的再造，参见 Russell Goldman, "Macron Denounces Anti-Zionism as 'Reinvented form of Anti-Semitism'," *The New York Times*, July 17, 2017, https://www.nytimes.com/2017/07/17/world/europe/macron-israel-holocaust-antisemitism.html。
③ JPost Staff, "UN Secretary-General: 'Denial of Israel's Right to Exist is Antisemitism'," *The Jerusalem Post*, June 2, 2017, http://www.jpost.com/Israel-News/Politics-And-Diplomacy/UN-secretary-general-Denial-of-Israels-right-to-exist-is-antisemitism-494612.
④ "The Rise of Antisemitism on Social Media," World Jewish Congress & Vigo Social Intelligence. 2016, p. 14.
⑤ Isabel Kershner & Joanna Berendt, "Poland and Israel in Tense Talks over Law Likened to Holocaust Denial," *The New York Times*, March 1, 2018, https://www.nytimes.com/2018/03/01/world/europe/poland-israel-holocaust.html.

太人至今仍担心他们受到身体伤害，并不愿在公开场合承认自己的身份，在欧洲尤其如此。例如，欧盟基本权利机构（The European Union Agency for Fundamental Rights）的调查显示，1200名法国犹太人中有40%的人称他们不愿穿着能够识别其为犹太人的服饰，因为他们担心受到反犹主义的攻击。① 反犹主义的最终表现形式——大屠杀，直到2018年仍影响着犹太人世界。2017年，新纳粹分子计划举行游行，即在赎罪日（犹太历法中最神圣的日子）游行通过哥德堡（Gothenburg）犹太会堂。世界犹太人大会对此采取了一系列措施，其中包括世界犹太人大会主席罗纳德·S.劳德（Ronald S. Lauder）与瑞典总理斯蒂凡·洛夫文（Stefan Lofven）进行会谈等，哥德堡地方法庭将新纳粹北欧抵抗运动的游行转移到犹太会堂附近地区。②

几个月后，世界犹太人大会与保加利亚犹太社团在保加利亚共同参与终止每年一次的新纳粹火炬游行——这一游行是为了纪念保加利亚国民军团联盟领导人克里斯托·卢科夫（Hristo Lukov）。这是一个法西斯组织，其曾支持将11340名犹太人驱逐到保加利亚人占领的特雷布林卡（Treblinka）的死亡集中营中，这些犹太人都被杀害了。世界犹太人大会与犹太社团共同在国际上发起请愿，要求政府禁止此次游行；共有18万人在请愿书上签字。③ 当游行按计划进行时，保加利亚政府内部出现了前所未有的反对声音。

1948年戈德曼所说的另外一个具有转折意义的事件为以色列国的建立。以色列现在拥有全球最多的犹太民众，并且犹太人数稳定增长。2018年1月，

---

① 由于害怕反犹主义，22%的欧洲犹太人隐藏身份，参见JTA，"Fearful of Anti-Semitism, 22% of European Jews Hide Identity," *The Times of Israel*, October 16, 2013, https://www.timesofisrael.com/fearful-of-anti-semitism-22-of-european-jews-hide-identity/。
② 瑞典法院将纳粹赎罪日游行转移到犹太会堂附近地区，世界犹太人大会对此表示欢迎，参见"WJC Welcomes Swedish Court Ruling to Reroute Nazi March away from Synagogue on Yom Kippur," World Jewish Congress, September 26, 2017, http://www.worldjewishcongress.org/en/news/world-jewish-congress-welcomes-gothenburg-court-ruling-to-reroute-nazi-march-away-from-synagogue-on-yom-kippur-9-2-2017。
③ 世界犹太人大会谴责保加利亚的纪念卢科夫游行："当反犹太游行在街头出现之时，我们不能袖手旁观。"参见"World Jewish Congress Condemns Lukov March in Bulgaria: 'We Cannot Stand by in Silence as Anti-Semites Parade through the Streets'," World Jewish Congress, February 17, 2018, http://www.worldjewishcongress.org/en/news/world-jewish-congress-condemns-lukov-march-in-bulgaria-we-cannot-stand-by-in-silence-as-anti-semites-parade-through-the-streets-2-6-2018。

以色列共有655.6万犹太人。① 1948年以色列建国之后,犹太人口增长了10倍,主要来自移民。②

以色列是一个民主的犹太国家。根据皮尤研究中心统计,51%的以色列犹太人为正统派或传统派(Masorti,即传统的意思,介于正统与世俗主义之间,其守教程度不尽相同);③ 这便显示犹太教遵循程度较高。实际上,1/4的犹太人称他们每周都去犹太会堂;39%的人称他们每月、每年或偶尔去犹太会堂。④ 10位犹太人中大概有6位称自己在家里遵守犹太饮食法。1/3的世俗犹太人称他们在家里遵守犹太饮食法,而大部分(63%)的犹太人却并不遵守。⑤ 当然,在安息日有一些限制公共交通的立法与政策,以及一些对犹太饮食的规定。

以色列的移民历史以及人口构成,导致了多样化的犹太人生活。以色列不仅是犹太人的避难所,也由于一些积极的因素吸引了世界各地犹太人前来。尤其因为以色列的建国,较之以往有更多的犹太人学习《圣经》、犹太哲学与犹太历史。从诺贝尔奖获得者阿格农(Shai Agnon)到曼·布克奖(the Man Booker Prize)得主大卫·格罗斯曼(David Grossman)等伟大的以色列作家,对以色列文学做出了重要贡献;他们生活在独立的犹太国家以色列,他们著作的主题来自其作为以色列公民的生活经验。阿摩司·奥兹(Amos Oz)的作品被译为45种语言,包括阿拉伯语。

以色列音乐也对全球产生了巨大影响,导致以色列以及全球对犹太人的精神进行重新定义。2014年,以色列歌手与作曲家耶达·波利克(Yehuda Poliker)获得了希腊最高艺术成就奖之一的凤凰社十字勋章(The Gross Cross

---

① Amir Alon, "Nearing Nine Million: Israel in Numbers on eve of 2018," *Ynet News*, December 31, 2017, https://www.ynetnews.com/articles/0,7340,L-5064330,00.html.
② "Israel Population," *World Population Review*, http://worldpopulationreview.com/countries/israel-population/.
③ "Israel's Religiously Divided Society," Pew Research Center, March 8, 2016, http://www.pewforum.org/2016/03/08/israels-religiously-divided-society/.
④ "Religious Commitment," Pew Research Center, March 8, 2016, http://www.pewforum.org/2016/03/08/religious-commitment/.
⑤ "Jewish Beliefs and Practices," Pew Research Center, March 8, 2016, http://www.pewforum.org/2016/03/08/jewish-beliefs-and-practices/.

of the Order of the Phoenix）。①

备受欢迎的以色列摇滚音乐家梅厄·巴奈（Meir Banai）的专辑"听到我的哭泣"（*Hear my Cry*），收录了多个赎罪日的祈祷版本。传统中来自伊斯兰国家的犹太人经常诵读这些祈祷文，这一社会群体被统称为东方犹太人（Mizrahim）或塞法尔迪犹太人（Sephardim）。②

大量俄国犹太人移民至以色列也引起了持久的文化影响。戈舍尔（Gesher）剧团以希伯来文演出，并配有俄文字幕，曾在17个国际节目中代表以色列、获奖无数，被时代周刊称为世界上最伟大、最重要的剧团之一。③ 文学的适应也同样被重视，从俄国与世界的经典文学到当代的以色列与犹太文学等。1978年，15岁的阿卡迪·达奇（Arkadi Duchin）从俄罗斯移民到以色列。1989年，他在第一张专辑"罗兹·维耶"（Rotze Veyieh）中将俄国最伟大的诗人之一弗拉基米尔·威斯科茨基（Vladimir Wisotzski）的诗歌带到了以色列的生活之中。他凭借自己的乐队娜塔莎之友在以色列文化中留下了深刻的印记——娜塔莎之友乐队在柏林墙倒塌之后移民到以色列，在俄国流散犹太人中间非常受欢迎。④

这个犹太国家的性质与世界上犹太人的特点有着内在联系。以色列在流散犹太人身份认定中经常扮演着重要的角色。例如在英国有93%的犹太人认为以色列构成了他们身份的一部分，84%的犹太人对以色列的科技与文化成就感到自豪。⑤ 此种关系在语言、仪式与历史方面等皆有深厚的根源。自建国后，以色列领导人常在公共场合发表演讲称以色列的国家责任就是确保全世界犹太人的安全。以色列所宣称的首都耶路撒冷，被称为"犹太人的永恒首都"，这

---

① Odeh Bisharat, "November 8, 1966: Military Rule on Israeli Arabs Lifted," *Haaretz*, June 16, 2013, https://www.haaretz.com/.premium-yehuda-poliker-honored-by-greece-1.530105.

② 关于巴奈音乐深入的探讨，详见 Daniel Gordis, "How Musician Meir Banai Reflected Israeli Culture's Recent Return to Jewish Tradition," *Tablet Magazine*, January 13, 2017, http://www.tabletmag.com/scroll/222128/how-musician-meir-banai-reflected-israeli-cultures-recent-return-to-jewish-tradition。

③ "About US," Gesher Theatre, http://www.gesher-theatre.co.il/en/ABOUT_US。

④ "Arkadi Duchin-About," TEEV, 2003, http://teev.com/talents/104/about/Arkadi-Duchin.html。

⑤ "The Attitudes of British Jews towards Israel," City University London, 2015, p.7.

便说明以色列如何通过将耶路撒冷与全世界犹太人联系起来以定义自身。① 在祈祷中,犹太人祈求以色列的和平与弥赛亚的救赎;他们面向以色列的方向并鞠躬。在全世界每位犹太人的婚礼上都要打碎一个玻璃杯,象征耶路撒冷的犹太圣殿被摧毁。这些文化和社会的发展与互动是犹太民族与民族主义相结合的具体后果。

再者,每当一位犹太人翻开《圣经》,皆意识到犹太人的历史与以色列这片土地密切交织在一起。亚伯拉罕、以撒和雅各、摩西、大卫与先知等古老的《圣经》故事,皆以以色列土地上发生的事件为中心,包括对以色列土地的向往以及从以色列流亡的犹太人的哀悼。世界犹太人大会执行委员会在2017年采纳了一个政策决议,即无论宗教实践、取向或性别,西墙构成了犹太人历史的中心,对所有犹太人都有深刻的影响。这个决议呼吁所有犹太人要彼此团结、尊重,并为了增进相互理解、确保以色列能够继续实现为所有犹太人建立家园的复国主义目标,敦促以色列与流散社团进行富有成效的对话。② 除了流散犹太人社团与以色列国之间的关系之外,全世界犹太人社团还面临独特而不同的挑战与机遇。

三 北美地区

美国犹太人的经历在流散犹太群体历史中是最为成功的,无论何地、何时的犹太群体皆不能与之相比。1776年美国独立时期仅有2000余位犹太人,现在成为一个几近600万人口的群体,然而其发展并非一帆风顺。20世纪初期,犹太人被限制接受较高的教育,并在就业方面遭受种族歧视。在普通美国民众意识到大屠杀的恐怖,以及国内争取民权与少数族裔平等的斗争开始取得进展之后,美国犹太人的境遇开始得到改善。

---

① 内塔尼亚胡欢迎特朗普将耶路撒冷认定为以色列首都,参见 Noa Landau, "Netanyahu Welcomes Trump's Recognition of Jerusalem as Israel's Capital," *Haaretz*, December 6, 2017, https://www.haaretz.com/us-news/netanyahu-welcomes-trump-s-jerusalem-announcement-1.5627961。
② 世界犹太人大会执行委员会采纳了犹太人世界所面临主要事宜的政策决议。参见 "WJC Executive Committee Adopts Policy Resolutions on Key Issues Facing Jewish World," World Jewish Congress, September 14, 2017, http://www.worldjewishcongress.org/en/news/wjc-sets-policy-agenda-with-six-new-resolutoins-9-4-2017?printable=true。

今天美国犹太人已经被美国社会成员完全接纳。尽管2016～2017年反犹主义事件令人惊讶地增加了60%——这种增加从相对较低的一个基数开始①，但是实际情况是美国犹太人已经免受迫害，并实现了完全的宗教自由。500万～600万美国犹太人作为一个宗教团体一次又一次地获得了最高的评分，其他美国人感到了他们最大的热情。② 他们是美国第三大受教育的宗教团体，59%的人具有大学学历。③ 美国犹太人被视为学术、政治、媒体、文学、美术和表演艺术、金融与慈善事业的开拓者与领军者，并延伸至最高的政治领域，如2000年总统竞选中美国正统派犹太人参议员约瑟夫·利伯曼（Joseph Lieberman）担任了总统候选人戈尔（Al Gore）的竞选伙伴。

对比以色列的犹太人而言，美国绝大部分犹太人——美国并不存在国教，更加具备自由的信念，比起他们以色列同胞履行犹太人的惯例以及参与宗教活动的程度而言处于较低层次。在犹太人的国家中，一些无神论者甚至都履行源自犹太教惯例的传统习俗。此外自以色列成立以来，在左派反以色列活动不断增加的情况下，在年轻的美国犹太人中首次出现对犹太复国主义有异议的政治现象。

加拿大犹太人社团与北美犹太人社团几乎同时建立，尽管其数量较少，估计大约有40万犹太人。④ 尽管最初在法国统治期间犹太人被禁止在加拿大定居，但在18世纪60年代早期法国与印度战争期间，犹太人跟随英国士兵来到了蒙特利尔。若干年之后，1768年第一座犹太会堂被祝圣。⑤

在加拿大历史中有很多著名的犹太政治家。1808年首位犹太人当选加拿大议会议员，即伊泽基尔·哈特（Ezekiel Hart）；伊泽基尔·哈特的父亲在法

---

① "Anti-Semitic Incidents Soared in 2017, ADL Says," *Jewish Telegraphic Agency*, February 26, 2018, https://www.jta.org/2018/02/26/news-opinion/united-states/anti-semitic-incidents-in-2017-more-than-double-the-us-total-from-2015-adl-says.
② "Pew: Jews are Best-liked Religious Group in America," *Jewish Telegraphic Agency*, February 15, 2017, https://www.jta.org/2017/02/15/news-opinion/united-states/pew-jews-are-best-liked-religious-group-in-america.
③ Caryle Murphy, "The Most and Least Dducated U. S. Religious Groups," Pew Research Center, November 4, 2016, http://www.pewresearch.org/fact-tank/2016/11/04/the-most-and-least-educated-u-s-religious-groups/.
④ "Canada," World Jewish Congress, www.worldjewishcongress.org/en/about/communities/CA.
⑤ "Canada," World Jewish Congress, www.worldjewishcongress.org/en/about/communities/CA.

国与印度战争期间随英国士兵来到加拿大。犹太人赫伯特·格雷（Herbert Gray）担任了联邦内阁大臣；1997~2002年，他曾出任副总理。著名的国际法学家埃尔文·科特勒（Irwin Cotler）曾于1981年担任纳尔逊·曼德拉（Nelson Mandela）的律师，并曾在2003~2006年担任司法部部长和总检察长。2004年，两位大屠杀幸存者的女儿、尊敬的罗莎莉·西尔伯曼·爱贝拉（Rosalie Silberman Abella）被任命到加拿大最高法院任职，这也是首位女性犹太人担任此职。①

加拿大的"约言之子"组织（B'nai Brith Canada）曾长达35年跟踪反犹主义。2015~2016年，这一组织报道反犹主义事件增加了26%；这是该组织所报道增长数量最高的一次。② 其中20%的反犹主义事件涉及否认大屠杀。在报告的1728起事件中，有11起是暴力事件，158起是破坏行为，其余的可被归类为骚扰，其中包括在社交媒体上发布帖子。在多伦多，犹太人仅占宗教人口的3.8%，但在2015年总共有约23%的带有仇恨与偏见的罪行皆指向犹太人。③

四 拉美地区

拉美的大城市中几乎都有犹太人，其中最大的犹太社团位于阿根廷的布宜诺斯艾利斯，大约有25万人。阿根廷犹太人曾遭受两次恐怖袭击，分别发生在1992年的以色列大使馆与1994年的互助协会阿根廷—以色列犹太社区中心。这两次袭击造成了126人死亡以及数百人受伤。④

令人不安的是，尽管伊斯兰圣战组织宣称对袭击负责，但是20多年

---

① Sean Fine, "Canadian Judge Rosalie Abella Named Global Jurist of the Year," The Globe and Mail, January 12, 2017, https://www.theglobeandmail.com/news/national/canadian-judge-rosalie-abella-named-global-jurist-of-the-year/article33610039/.
② "2015 Annual Hate/Bias Crime Statistical Report," Toronto Police Service, https://www.torontopolice.on.ca/publications/files/reports/2015hatecrimereport.pdf.
③ "2015 Annual Hate/Bias Crime Statistical Report," Toronto Police Service, https://www.torontopolice.on.ca/publications/files/reports/2015hatecrimereport.pdf.
④ "Terrorist Bombings in Argentina," Jewish Virtual Library, http://www.jewishvirtuallibrary.org/terrorist-bombings-in-argentina.

过去了,恐怖分子并未被绳之以法。多种迹象表明历届政府一直到总统,皆试图努力保护肇事者。在互助协会阿根廷—以色列犹太社区中心发生恐怖袭击之后将近20年,犹太裔联邦检察官阿尔韦托·尼斯曼(Alberto Nisman)在他将要呈交证据数小时之前,发现死在家中。这份证据显示伊朗是此次爆炸事件的主谋,而阿根廷政府试图掩盖真相。2017年,联邦法官裁定尼斯曼被谋杀。[1] 阿根廷前总统克里斯蒂娜·费尔南德斯·德·基什内尔(Christina Fernandez de Kirchner)将因涉嫌掩盖伊朗参与爆炸案而面临审判。[2]

经过数十年的研究,尼斯曼认为伊朗及其代理人真主党是这两次袭击事件的背后主谋,阿根廷政府的高级官员与伊朗联合阻止这次调查、获取真相。尼斯曼去世成为一个重大的新闻,数千名阿根廷人上街游行,要求公正的判决。在以总统毛里西奥·马克里(Mauricio Macri)为首的新政府时期,关于此次事件的调查得以继续,并正在进行中。20世纪90年代所发生的两次恐怖袭击事件与掩盖事实以及尼斯曼被谋杀等,说明了阿根廷乃至整个拉美大陆的犹太人都非常警惕。有些犹太人逃离委内瑞拉,留下的则继续遭受煎熬。委内瑞拉也与以色列断绝关系,极力对犹太国家进行激烈的批评,并利用每一次国际场合如联合国大会等攻击以色列政府。

然而,在南美犹太人社团中还萌生了一些的值得注意的"绿芽"。更多中间派政党在阿根廷、智利和墨西哥当选,它们邀请以色列总理本雅明·内塔尼亚胡于2017年对拉美进行访问;这是以色列总理首次出访此地。[3] 南美与以色列关系的回暖,对当地犹太社团具有积极意义。

---

[1] TOI Staff, "Argentine Court Rules Prosecutor in AMIA Bombing Case was Murdered," *The Times of Israel*, December 27, 2017, https://www.timesofisrael.com/argentine-court-rules-alberto-nismans-death-a-murder/.

[2] "Argentina's Ex-president Fernández to Face Trial over Alleged Bombing Cover-up," *The Guardian*, March 5 2018, https://www.theguardian.com/world/2018/mar/05/argentina-cristina-fernandez-de-kirchner-trial-bombing.

[3] Barak Ravid, "Netanyahu Embarks on First South America Visit by Israeli Prime Minister," *Haaretz*, September 11, 2017, https://www.haaretz.com/israel-news/netanyahu-embarks-on-first-south-america-visit-by-israeli-prime-minister-1.5449764.

五 欧洲地区

2015年,记者杰弗里·戈德堡(Jeffrey Goldberg)发表了一篇题为"现在是犹太人离开欧洲的时间吗?"的文章。① 在大屠杀之后的70年间,这一问题一直被探讨,因为这是很多欧洲犹太人面临的难以选择的问题。法国有47.5万~50万犹太人,他们遭受着反犹主义、威胁与暴力侵害等,以至于他们在公开场合穿戴犹太人服饰就感到不安全。在最近受调查的1200名犹太人中,有40%的人称他们不会穿戴犹太人服饰,以避免将其认出为犹太人。犹太会堂与犹太人学校被重重保护,武装警察与军事人员一天24小时对其进行保护。如前所述,在2018年3月一次残忍的反犹太人谋杀案中,一位80岁的大屠杀幸存者被刺11刀而死,其尸体被焚烧。

欧盟基本权利机构最近报道称,由于更加害怕反犹主义,法国更多犹太人迁徙到以色列。但是现在离开法国的犹太人人数却在下降。法国犹太人采取了一系列措施确保犹太社团的安全。根据皮尤研究中心统计,85%的法国人对犹太人持友好的态度。②

英国犹太人超过26万(犹太人数量在世界排名第5)③,其中45%的犹太人担心他们在英国可能没有未来。77%的犹太人目睹了反犹主义伪装成对以色列的政治评论;25%的犹太人因为反犹主义而考虑离开英国。④ 2017年在英国有超过1382起反犹主义事件;2017年英国对犹太人的身体攻击增加了78%。2018年3月,世界犹太人大会英国分会、英国犹太人代表团以及犹太领导委员会和其他组织等在伦敦组织抗议,反对工党中的反犹主义。用他们自己的话

---

① Jeffrey Goldberg, "Is It Time for the Jews to Leave Europe?" *The Atlantic*, April 2015, https://www.theatlantic.com/magazine/archive/2015/04/is-it-time-for-the-jews-to-leave-europe/386279/.
② Pamela Druckerman, "What Are the French Doing to Protect Jews? A Lot," *The New York Times*, April 10, 2018, https://www.nytimes.com/2018/04/10/opinion/france-jews-protect-knoll.html.
③ "Community in United Kingdom," World Jewish Congress, http://www.worldjewishcongress.org/en/about/communities/GB.
④ "Campaign against Antisemitism, 2016," Antisemitism Barometer, https://antisemitism.uk/barometer/.

说:"杰里米·科尔宾(Jeremy Corbyn)站在反犹主义一边,而不是犹太人。"这些充其量是来自极左派对犹太复国主义、犹太复国主义者和以色列的强烈憎恨。但最糟糕的是这暗含了一个阴谋主义的世界观;在这个世界观中主流犹太人社区被认为是敌对的,是阶级敌人。① 在抗议活动之后,科尔宾与众议院、联合联络委员会(JLC)进行了信件交流,最终达成协议去讨论犹太人团体制定的条款。②

2016 年一份报告显示俄罗斯的反犹主义事件已降到世界最低。③ 2013 年,7520 人从俄罗斯迁往以色列;2014 年又有 4685 人迁往以色列;2015 年,7000 多名犹太人来自苏联国家。有些人将这部分归因于俄罗斯在乌克兰的行动,以及对批评克里姆林宫的那些人日益严厉的惩罚。④ 很多乌克兰犹太人因为暴力与频繁的反犹主义袭击选择逃离,其中有些来到德国以及犹太人生活相对发达的地区。⑤

当 2006 年在慕尼黑新建奥赫尔·雅各布(Ohel Jakob)犹太会堂时,犹太移民迁往德国达到了一个高峰,尤其重要的是因为慕尼黑曾经是纳粹德国意识形态的中心。柏林的犹太人生活也很繁荣。在过去的几年里,那些年轻、受过教育的以色列犹太人为了寻求学术和就业机会而大规模移民德国。可悲的是,欧洲大部分犹太人曾经所生活的中东欧地区,也是大屠杀的外延中心地区,今

---

① "Jewish Leaders' Letter and Jeremy Corbyn's Reply," *BBC News*, March 26, 2018, http://www.bbc.co.uk/news/uk-politics-43540795.
② "Board of Deputies, Jewish Leadership Council agree to meet UK Labor Leader Jeremy Corbyn," World Jewish Congress, April 5, 2018, http://www.worldjewishcongress.org/en/news/board-of-deputies-and-jewish-leadership-council-agree-to-meet-uk-labor-party-leader-jeremy-corbyn-4-4-2018.
③ "Russia has One of Lowest Rates of Anti-Semitism in the World, Survey Conducted by Russian Jewish Congress Finds," World Jewish Congress, November 3, 2016, http://www.worldjewishcongress.org/en/news/russia-has-one-of-lowest-rates-of-anti-semitism-in-the-world-survey-conducted-by-russian-jewish-congress-finds-11-4-2016.
④ 不少犹太人因为普京离开俄罗斯,参见 Roman Super & Claire Bigg, "Jews Are Fleeing Russia Because of Putin," Radio Free Europe/Radio Liberty, July 3, 2015, https://www.rferl.org/a/jews-are-fleeing-/27107988.html。
⑤ 乌克兰犹太人为了躲避反犹主义逃往以色列,参见 Alexander J. Apfel, "Ukrainian Jews Flee to Israel Amid Anti-Semitism in War Torn Country," *Ynet News*, March 4, 2016, https://www.ynetnews.com/articles/0,7340,L-4774002,00.html。

天犹太人的数量要少得多。只有匈牙利拥有数量庞大的犹太社区，共有8万名犹太人。近年来，传统反犹主义和混淆大屠杀的行为明显增加。尽管面临着这些挑战，这个地区仍然存在着小而活跃的犹太社区。在欧洲许多后共产主义的国家，民族主义化的反犹主义传统已经复兴。这些在公共游行以及极右翼团体的表现中经常呈现出来，其中极端右翼团体在"最后解决"方案中竭力颂扬当地的合作者。

其他人对欧洲的态度则更为积极。瑞典欧洲犹太研究所的哲学家和奠基人巴巴拉·勒纳·斯派克特（Barbara Lerner Spectre）称今日犹太人在欧洲独特的经验是勇敢、现实，有时甚至是英雄与理想主义，而且无所畏惧。贝特·马克沙瓦（Beit Makshava）智库便是如此，这是一个欧洲年轻犹太人的新智库；这些犹太人以犹太文本和资料来说明他们在当代欧洲问题上的立场。①

六 中东地区

现代中东犹太人的故事非常悲惨。今天在大多数情况下，在很多城市中仅有少量的犹太人——这些城市中曾经拥有值得骄傲、颇具影响与规模的塞法尔迪犹太人。② 1948年以色列建国与阿拉伯国家反犹主义的兴起，使得犹太人逃离或被赶出家园。大约有85万犹太人从阿拉伯国家迁出，而且大多数将以色列视为他们的目的地。这对于很多犹太社团是一个沉重的打击，他们在这块土地已经生活了长达千年之久。③

今天在突尼斯和摩洛哥还有一些小的犹太社团，估计突尼斯犹太社团有

---

① Barbara Spectre, "Why Sharansky is Wrong to Write off European Jewry," *The Jewish Chronicle*, August 18, 2014, https://www.thejc.com/judaism/features/why-sharansky-is-wrong-to-write-off-european-jewry-1.56194.

② 关于塞法尔迪犹太人与阿什肯纳兹犹太人的区别，详见 David Shasha, "Understanding the Sephardi-Ashkenazi Split," *Huff Post*, May 25, 2011, https://www.huffingtonpost.com/david-shasha/understanding-the-sephard_b_541033.html.

③ "Jewish Refugees from Arab and Muslim Countries," The Israeli Ministry of Foreign Affairs, April 3, 2012, http://mfa.gov.il/MFA/ForeignPolicy/Peace/Guide/Pages/Jewish_refugees_from_Arab_and_Muslim_countries-Apr_2012.aspx.

1500名犹太人。①

今天在土耳其有1.5万余名犹太人,大部分居住在最大城市伊斯坦布尔。② 这里的犹太人与穆斯林关系比较和睦,也为其犹太人身份感到自豪。

有趣的是,尽管伊朗领导人对以色列表示了公开的仇恨,几乎每天都威胁要摧毁犹太国家,但伊朗仍然有犹太社团。估计约有1.5万犹太人生活在德黑兰、伊斯法罕和设拉子,有自己的社团组织。③ 根据伊朗伊斯兰共和国宪法的规定,犹太人与基督徒和琐罗亚斯德教徒一样受到保护,并在政府中有代表。

迁徙到以色列的渴望与1948年以色列建国之后所在国家迫害浪潮的高涨,导致北非大量具有悠久历史的犹太社团迅速瓦解。摩洛哥、阿尔及利亚和突尼斯等地历史上都曾有过非常大的犹太社团;④ 古代伊拉克、叙利亚、也门和阿富汗等地犹太人也是如此。

七 非洲地区

非洲最大的犹太社团位于南非。20世纪70年代,南非犹太社团大约有12万人,今天则仅有7万人。⑤ 在种族隔离时代,许多犹太人逃离并寻求在澳大利亚、英国、加拿大和以色列的绿色牧场定居,在那里他们经常在领导的位置上为新的社团做出令人印象深刻的积极贡献。今天的南非犹太社团面临极大的挑战,部分原因是南非与以色列恶劣的关系以及抵制活动的不断流行。例如,2017年7月,据报道,非洲人国民大会的全国委员会(非洲人国民大会的最高决策机构)于2017年一致决定立即无条件地将南非驻以色列大使馆降级为联络处;此举受

---

① Annika Hernroth-Rothstein,"Candle Lighting in Djerba-A Jewish Community to Admire,"*The Jerusalem Post*,December 16,2017,http://www.jpost.com/Diaspora/WATCH-Candle-lighting-in-Djerba-a-Jewish-community-to-admire – 518201.
② Josefin Dolsten,"Turkish Jews Proudly Defend Last Sephardic Homeland—Even as Some Flee,"*Forward*,May 28,2016,https://forward.com/news/world/340921/turkish-jews-proudly-defend-last-sephardic-homeland-even-as-some-flee/.
③ Annika Hernroth-Rothstein,"The Silent Scream of Iran's Jews,"*The Tower*,No. 42,September 2016,www.thetower.org/article/the-silent-scream-of-irans-jews/.
④ 数据来自非洲犹太人委员会,http://www.africanjewishcongress.com/cja.html。
⑤ Steve Linde,"On the Tip of Africa,"*The Jerusalem Post*,August 18,2016,http://www.jpost.com/Magazine/On-the-tip-of-Africa – 464404.

到世界犹太人大会南非犹太代表委员会（南非分会）的强烈谴责。①

在埃塞俄比亚曾经也有一个相当大的犹太社团，为最古老的流散社团之一，开始于1~6世纪期间，由各个国家的犹太商人或工匠构成。②今天该地犹太人数量不得而知，但是在以色列约有12.55万公民为埃塞俄比亚裔。③ 20世纪80年代与90年代期间，数以万计的埃塞俄比亚犹太人在以色列政府的两次行动中被空运出来，将他们从所在国可怕的政治环境中拯救出来。

第二次世界大战之后，非洲犹太人的生活呈直线下降之势。许多曾经活跃的社团现在已经不复存在了。根据非洲犹太人大会所言，津巴布韦现在的犹太人数量不足50位，而在20世纪50年代中期则有1万~1.2万犹太人。刚果民主共和国的犹太人数量从比利时殖民统治时期的2000多人，到现在仅有100人。拉比摩西·斯伯哈夫特（Rabbi Moshe Silberhaft）是一位正统派犹太教教士，也是博茨瓦纳、刚果民主共和国、肯尼亚、马达加斯加、毛里求斯、莫桑比克、纳米比亚、南非、斯威士兰、乌干达、赞比亚和津巴布韦的精神领袖。他被称为"旅行拉比"，为这些国家的小型犹太社团服务。④

八　亚太地区

亚太地区犹太人数量尽管较少，但比较活跃，大部分犹太社团侨居在亚太地区的主要商业中心地区。犹太人在中国的历史最早可以追溯到9世纪，当时犹太商人首次在开封出现，今天中国有2500多位犹太人。⑤ 新加坡与香港的犹太社团可以追溯到19世纪，来自伊拉克的犹太商人向东到达这些地区，并

---

① Shannon Ebrahim, "ANC takes firm stance on Jerusalem," IOL, December 21, 2017, https://www.iol.co.za/news/politics/anc-takes-firm-stance-on-jerusalem-12501032.
② Atira Winchester, I "The History of Ethiopian Jewry," *My Jewish Learning*, https://www.myjewishlearning.com/article/the-history-of-ethiopian-jewry.
③ 数据来自以色列中央统计局，http://www.cbs.gov.il/reader/newhodaot/hodaa_template.html?hodaa=201211307。
④ "Jewish Stars: The Travelling Rabbi," Word Press, February 2, 2013, https://jewishphotolibrary.wordpress.com/2013/02/02/jewish-stars-the-travelling-rabbi/.
⑤ "China," World Jewish Congress. http://www.worldjewishcongress.org/en/about/communities/CN.

从未返回。犹太人对香港的发展做出了巨大的贡献。香港标志性的弥敦（Nathan）道是以第十三任总督犹太人马修·弥敦（Mathew Nathan）的名字命名，他曾在1904~1907年担任该职。嘉道理（Kadoorie）家族在新渡轮、山顶缆车及海底隧道的发展方面颇具影响力。他们也是传说中的慈善家，慷慨地给城市里的许多机构捐赠。香港与新加坡估计有5000多位犹太人。香港犹太社团的代表是香港犹太联合会，其为世界犹太人大会的分会。新加坡犹太社团的代表是犹太福利委员会，除此之外还有一个养老院。

印度犹太社团更为古老。科钦（Cochin）的犹太社团声称自从公元前562年犹太商人到来之后，他们就一直在喀拉拉邦（Kerala）地区。现在印度估计有3500多位犹太人，但是在以色列中却有成千上万的印度犹太人后裔。①

哈巴德之家（Chabad Houses）在亚洲以及整个犹太世界呈现出日益增长的趋势。哈巴德是一个正统派犹太人运动，其派遣特使到地球的尽头为犹太人与以色列旅客提供一个舒适的"家外之家"。这些哈巴德之家在年轻的以色列人中非常受欢迎。他们在完成强制性兵役之后，经常长途跋涉到达印度和东南亚地区，并在此长时间居住。2008年，孟买的哈巴德之家遭到恐怖分子袭击，6名犹太人惨遭杀害，其中包括哈巴德之家的使者加夫里尔（Gavriel）和里夫卡·霍尔茨贝格（Rivka Holtzberg）。在2018年1月一场感人的仪式中，以色列总理本雅明·内塔尼亚胡赞扬了当地工人桑德拉·萨缪尔（Sandra Samuel）所扮演的英雄角色——他拯救了这对夫妇两岁的儿子摩西，让其免遭灾难。②

亚洲和太平洋地区最大的犹太社团位于澳大利亚，这里犹太人的生活欣欣向荣，尤其是墨尔本和悉尼的主要人口中心地区更是如此。澳大利亚犹太人是以色列活跃、忠诚的支持者，他们成功地建立了充满活力的社团组织和犹太学校。18世纪，英国首次将罪犯驱逐到澳大利亚；这些罪犯中包括犹太人，他们成为此地最早的定居者之一。从此之后，他们在澳大利亚的国家政治、经济

---

① "Israel's Indian Jews and Their lives in the 'Promised Land'," *BBC News*, January 19, 2018, http://www.bbc.com/news/world-asia-india-42731363.

② "Shalom Mumbai: Netanyahu to Meet Business Leaders, Pay Tributes to 26/11 Victims," *The Economic Times*, January 17, 2018, https://economictimes.indiatimes.com/news/politics-and-nation/shalom-mumbai-netanyahu-to-meet-business-leaders-pay-tributes-to-26/11-victims/articleshow/62539652.cms.

和文化生活中扮演了重要角色。许多大屠杀幸存者在澳大利亚定居，因为那里的移民法相对宽松。目前澳大利亚议会有6名犹太人，被认为是有史以来犹太人在议会任职人数最多的一次。① 2016年的政府统计显示，澳大利亚仅有9.1万多位犹太人②，这比所估计的数目12万~15万要少很多。③ 此外，以色列与澳大利亚之间的关系处于历史上最好的时期，以色列总理2018年2月访问该国沿海地区推动了两国关系发展。

2018年世界犹太人的状况继续证明了20世纪犹太历史上两大最重要事件纳粹大屠杀和以色列建国的持久影响。犹太人的卓越生存能力，历经无数迫害，却茁壮成长，并得以重建，成为犹太人谨慎乐观的原因。犹太人历经千年，无论流散在何地或遭受迫害，还是在十字军时期，他们都建立了重视教育的犹太社团；他们中有很多人不仅对犹太人，而且对更多人甚至全人类都做出了巨大的贡献。犹太人在思想、商业、文化、政治以及其他方面所取得的成就与其人数规模非常不相称。

但是，没有自满的余地。在日益上升的反犹主义，尤其在欧洲，犹太社团必须保持警惕。此外，年轻犹太人有可能游离于犹太社团之外，尤其在美国，犹太社团更是如此；犹太社团领导人必须解决此问题。人口变化导致了一些历史上最成功的犹太社团的繁荣，如在美国和以色列。然而，也造成了非洲和中东等地的犹太人口数量严重减少——曾经在这些地区流散的犹太社团常引以为豪，并具有丰富的文化。

最后，犹太国家的存在让犹太人能够自由地实践他们的宗教与文化，具备集体与国家的身份认同，并且相对安全地生活，同时需要人们的支持与巩固——这些人则须具备历史的后见之明，而且理解并欣赏国家对于犹太人的重要性。

（本文译者李大伟，陕西师范大学历史文化学院讲师）

---

① "Record Number of Jews Elected," *The Australian Jewish News*, July 7, 2016, https：//www.jewishnews.net.au/elected-record-number-jews/54641.
② "2016 Census," Australian Bureau of Statistics, http：//www.abs.gov.au/websitedbs/censushome.nsf/home/2016.
③ "The Jews in Australia," This Israel and Judaism Studies, http：//ijs.org.au/The-Jews-in-Australia/default.aspx.

专 题 篇

Special Topics

B.3 2017年以色列经济发展报告

宋瑞娟*

摘 要: 2017年以色列政府采取稳健的货币政策、温和的财政预算支出和积极的税收政策等一系列经济政策,调节国民经济,通过减轻税负,降低物价,改善民生,支持宽松的小额预算,稳定利率,提高收入水平等措施以继续刺激国内需求和就业,促进经济增长。2017年经济增长速度较2016年有所放缓,但整体经济发展势头良好,失业率处于历史最低,人均GDP提高,工资水平提升,尤其是旅游业和高科技行业的表现依旧强劲。

关键词: 以色列 经济形势 旅游业 高科技 进出口贸易

---

* 宋瑞娟,河南大学以色列研究中心博士生。

在经历2016年国内生产总值增速4.0%的快速发展之后,2017年以色列国内生产总值增速略有放缓,为3.4%,但仍然高于2014年和2015年以色列国内生产总值的经济增速。2017年以色列经济发展依然具有很强的竞争力,其经济创新能力和创新指数仍然在全球经济体中名列前茅。根据世界经济论坛发布的《2016~2017年全球竞争力报告》显示,以色列在138个经济体中创新能力排名第2,2016年全球创新指数中在128个经济体中排名第21。①

一 2017年以色列的经济政策

以色列经济的发展离不开政府的支持,2017年以色列政府为促进经济发展,采取了一系列积极的经济政策刺激经济的发展。

(一)政府预算

2016年以色列财政预算赤字占国内生产总值的2.1%,基于公共支出的急剧增加,2017年和2018年以色列的财政预算达到国内生产总值的2.9%。② 2017年以色列财政预算赤字为366亿新谢克尔,2018年财政预算赤字为385亿新谢克尔,2017年1~6月以色列国内赤字累计为90亿新谢克尔,而去年同期为31亿新谢克尔。③ 为保持以色列经济的持续健康发展,2017年以色列政府净支出为4468亿新谢克尔,计划支出财政预算限制为3597亿新谢克尔,其中企业预算为223亿新谢克尔。2018年政府支出预算为4600亿新谢克尔,计划支出财政预算限制为3677亿新谢克尔。④

2017年以色列政府几乎与提交2017年和2018年的年度预算法同时,提交

---

① "Innovation and Technology Development in Israel," Research Office Legislative Council Secretariat, March 20, 2017, https://www.legco.gov.hk/research-publications/english/1617fs05-innovation-and-technology-development-in-israel-20170320-e.pdf.
② "Developments and Individual OECD and Selected Non-member Economies: Israel," *OECD Economic Outlook*, Vol. 2017, No. 1, http://www.oecd.org/eco/outlook/economic-forecast-summary-israel-oecd-economic-outlook-june-2017.pdf.
③ "Monetary Policy Report 2017 - first Half," The Bank of Israel, August 28, 2017, http://www.boi.org.il/en/NewsAndPublications/RegularPublications/Pages/MPR201701h.aspx.
④ "State Budget Proposal for Fiscal Years 2017 and 2018," Ministry of Finance, October 2016, http://mof.gov.il/en/PolicyAndBudget/Documents/StateBudgetProposal_2017-2018.pdf.

了以色列议会批准的《经济效率法》①（Economic Efficiency Law），其中这项立法包括国家预算中的政策变更，需要立法修改，包括支出和收入的财政政策调整措施，以及2017年和2018年实施政府重大改革。② 随着以色列经济的发展，就业市场充分，2017年以色列提升对公共交通和教育行业的支出，刺激经济增长。

（二）财政税收政策

2017年，以色列除去主要资本借贷税的税收达到3227.1亿新谢克尔，除去国防进口的增值税的税收达到2945.3亿新谢克尔。贸易逆差原初预算366.44亿新谢克尔，实际累计逆差247.95亿新谢克尔。③

鉴于2016年以色列取得的经济成就，以色列政府希望继续鼓励经济增长，造福以色列人民，降低税收成为以色列政府的重要措施。财政部部长摩西·卡隆表示，以色列降低税率将针对老年人和残疾人，个人所得税和大部分商品和服务零售交易征收的增值税将下调0.5~1个百分点，企业所得税的降幅比计划的更大。2017年1月1日，以色列的企业所得税从25%下降至24%，并将在2018年1月1日再次下降至23%。④ 以色列降低企业所得税的另一个重要原因是由于其他各国纷纷下调了企业所得税，国外企业竞争加剧。

2017年12月，以色列财政部部长摩西·卡隆宣布将取消每年约8亿新谢克尔的关税和购买税。该计划将取消以色列电子设备、化妆品、玩具等工业品的关税，此次降税计划有望降低以色列民众的生活成本，财政部称赞此举为

---

① 《经济效率法》即经以色列议会批准的《2017~2018预算年实现预算目标的立法修正案》。此项法案主要针对《2017~2018预算年实施经济政策的立法修正案》，涉及财政政策的调整措施和立法修改。
② "State Budget Proposal for Fiscal Years 2017 and 2018," Ministry of Finance, October 2016, http://mof.gov.il/en/PolicyAndBudget/Documents/StateBudgetProposal_2017-2018.pdf.
③ "Government Revenue and Expenditure Break down," Ministry of Finance, http://mof.gov.il/en/PolicyAndBudget/BudgetExecution/Pages/GovernmentRevenue.aspx.
④ 〔以〕索珊娜·所罗门：《以色列央行支持财政部的税收优惠和福利一揽子计划》，《以色列时报》2017年4月23日，http://cn.timesofisrael.com/以色列央行支持财政部的税收优惠和福利一揽子计划/。

"以色列自20世纪90年代以来最大的关税取消计划"①。据悉,此次降税将与其他降税措施一同实行,这些降税措施包括政府过去两年半以来正在努力执行的增值税、收入税和企业税削减计划。

(三)货币政策

自2015年3月以来,以色列银行的官方利率一直保持0.1%基准利率不变。2017年前几个月,面对新谢克尔升值的压力,以色列银行对货币市场进行了更多的干预以遏制以色列货币的升值。2017年第一季度,新谢克尔的年度有效升值率达到7.5%。房地产价格上涨速度放缓,但最近一年仍然在5%左右。②

2017年以色列的新谢克尔与主要贸易国家的货币相比持续表现强劲,新谢克尔与美元相比升值6.7%,与欧元相比升值4.6%,与英镑相比升值12.3%,与日元相比升值10.2%,与约旦的第纳尔相比升值6.7%,与瑞士法郎相比升值6.6%,与加拿大元相比升值4.5%③,以色列经济的繁荣在很大程度上得益于货币贬值,新谢克尔的升值不利于以色列对外贸易的竞争,对此以色列央行一直在努力采取措施遏制新谢克尔的升值。新谢克尔目前的交易价接近2014年以来的最高水平,给约占国民生产总值1/3的外贸出口商带来巨大的损失。新谢克尔的价格受到英特尔公司收购"移动眼"(Mobileye)导致的货币涌入以及本国天然气生产导致对进口能源的资源需求降低等因素的影响。为遏制新谢克尔的升值,以色列央行增加外汇储备,2017年上半年,以色列累计购买外汇达到59亿美元,截至2017年12月份以色列的外汇储备达到1130.1亿美元,比11月份增加9.31亿美元,比2016年同期增加145.63亿美

---

① 〔以〕索珊娜·所罗门:《以色列将开展近30年以来最大规模关税削减计划》,《以色列时报》2017年12月12日,http://cn.timesofisrael.com/以色列将开展近30年来最大规模关税削减计划/。

② "Developments in Individual OECD and Selected Non-member Economies," OECD, http://www.oecd.org/eco/outlook/economic-forecast-summary-israel-oecd-economic-outlook-june - 2017.pdf.

③ "Foreign Exchange Rates at the end of 2017," Israel Central Bureau of Statistics, January 4, 2018, http://www.cbs.gov.il/reader/newhodaot/hodaa _ template _ eng.html? hodaa = 201816001.

元，占国内生产总值的33.2%。① 以色列央行最新研究表明，2009～2015年，以色列央行每购入1亿美元，新谢克尔的汇率便下跌0.07%～0.09%。

2017年以色列的年通货膨胀率低于通胀目标，2017年2月至2018年1月，以色列的通货膨胀率为0.1%，这是自2014年以来首次出现的情况，但是仍然低于通胀目标的下限。2017年6月份的CPI指数下降至-0.7%（见图1），CPI指数的迅速下降是由于新谢克尔价格持续升值导致的通货膨胀率低于预期。2017年12月份CPI增长0.1%，比11月份增加0.4个百分点，其中服装和食物的CPI增长4.3%，交通增长0.6%。2017年CPI整体增长0.4%，其中不包括蔬菜和水果的CPI同比增长0.4%，不含能源的CPI增长0.1%，与此相反的是不包括住房的CPI增长0.5%。② 对此，政府采取了一系列措施如降低

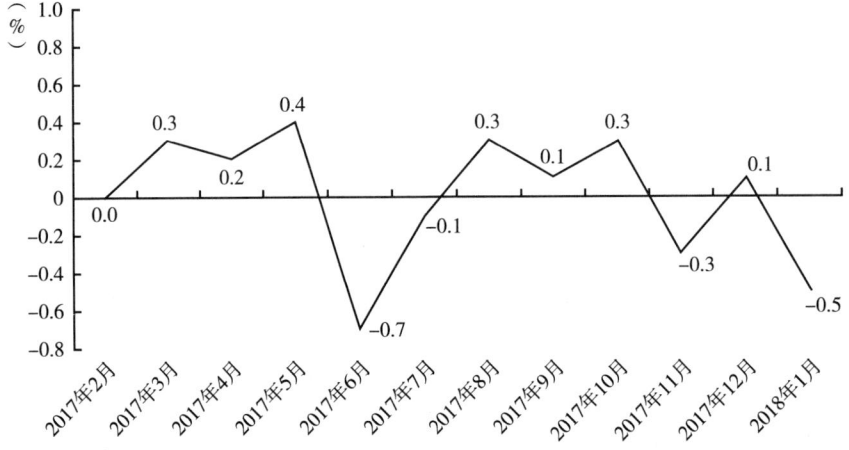

图1　CPI百分比变化（2017年2月至2018年1月）

资料来源：以色列中央统计局，"Decrease of 0.5% in the Consumer Price Index（CPI），January 2018," http：//www.cbs.gov.il/reader/newhodaot/hodaa_template_eng.html?hodaa=201810044。

---

① "Foreign Exchange Reserves in the Bank of Israel, December 2017," The Bank of Israel, http：//www.boi.org.il/en/NewsAndPublications/PressReleases/Pages/07-1-18.aspx.

② "Increase of 0.1% in the Consumer Price Index（CPI）, December 2017," Israel Central Bureau of Statistics, http：//www.cbs.gov.il/reader/newhodaot/hodaa_template_eng.html?hodaa=201810012.

生活成本、加强经济竞争、降低全球通货膨胀率等。随着通货膨胀的上升，以色列央行逐渐撤回刺激货币的政策。

二　2017年以色列经济发展的主要特点

2017年，著名评级机构标准普尔对以色列的投资评级维持在了A+/A-1，将其前景评级从稳定上调到了积极。该机构认为以色列改良的财政框架和强劲的经济增长将使未来几年的进一步财政整顿获得成果是提升评级的重要原因。2017年以色列经济发展呈现平稳的状态，国内生产总值增速虽较2016年有所放缓，但仍然保持较高的增速，高科技行业和旅游业仍然是发展较为迅速的行业，但出口业表现不尽如人意。

第一，国内生产总值增速略有放缓，但仍高于预期。在经历了2016年的经济快速增长之后，2017年以色列的经济发展放缓。2017年以色列的国内生产总值增速为3.4%，相比2016年的4.0%，下降0.6个百分点，但仍然属于较高的发展速度。贸易收入占国内生产总值的比重降低，实际收入增长较2016年的4.7%下降2.3个百分点（见图2）。2017年以色列人均国内生产总值为14.45万新谢克尔，比2016年人均国内生产总值增长1.1%，国内生产总值为12583.9亿新谢克尔，比2016年的12203.3亿新谢克尔增长3.1%[1]（按当前价格计算）。

2017年以色列实际收入增长率为2.4%，与2016年的4.7%相比下降2.3个百分点，贸易收入为-0.5%，与2016年相比下降1.2个百分点。[2] 2017年第二季度，以色列国内生产总值增速为2.7%，比第一季度的2.1%（受到新车销售下滑的影响很大）提高0.6个百分点。2017年上半年以色列国内生产总值增速下降，只有2.1%，与2016年同期的4.7%相比下降2.6个百分点。其中2017年第二季度私人消费增长了6.5%，固定资产投资增长了5.2%。然而第二季度的商品和服务出口下降8.8%（按年率计算），这主要是因为上半

---

[1] "Expenditure on Gross Domestic Product, at Market Prices," Israel Central Bureau of Statistics, http://www.cbs.gov.il/hodaot2017n/08_17_389t1.pdf.

[2] "Gross Domestic Product, Real Income and Trading Gains (Losses)," Israel Central Bureau of Statistics, http://www.cbs.gov.il/hodaot2017n/08_17_389t2.pdf.

年新谢克尔价格上涨,降低了以色列商品出口的竞争力和外贸公司的盈利能力。① 以色列经济快速增长的同时,高房价、高物价增加了人民生活的负担。2017 年,以色列的家庭消费支出比 2016 年增长 4.6%,其中服务支出增长 4.6%,房屋支出增长 4.5%,燃料、电和水支出增长 6.4%,非固定商品支出增长 5.5%,食物和蔬菜支出增长 3.5%。②

2017 年前三季度,以色列固定资产投资增长了 8.1%,私人消费增长了 7.8%,商业生产总值增长了 4.2%,公共财政支出下降了 1.6%。货物和服务进口增长了 10.5%,但出口环比仅上涨了 0.4%。③

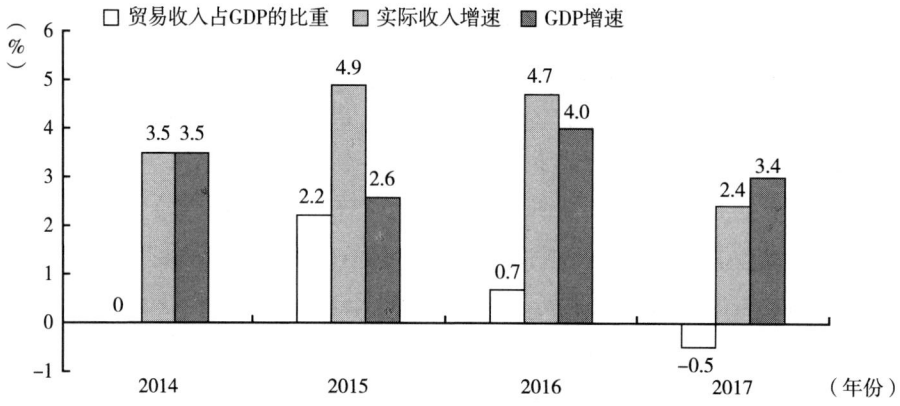

图 2　2014~2017 年以色列 GDP 情况

资料来源:以色列中央统计局,"Gross Domestic Product, Real Income and Trading Gains (Losses)," http://www.cbs.gov.il/hodaot2017n/08_17_389t2.pdf。

第二,旅游业增速较快。旅游业作为以色列经济和社会的重要组成部分,对以色列经济的发展产生了重要影响。以色列中央统计局的数据显示,2017

---

① Amiram Barkat, "Israeli Economy Grew at 2.7% in Q2," *Globes*, August 16, 2017, http://www.globes.co.il/en/article-israeli-economy-grew-at-27-in-q2-1001201474.
② 数据来自以色列中央统计局,http://www.cbs.gov.il/hodaot2017n/08_17_389t7.pdf。
③ 《以色列 2017 年三季度 GDP 增速 4.1%》,中华人民共和国驻以色列国大使馆经济商务参赞处,2017 年 11 月 20 日,http://il.mofcom.gov.cn/article/jmxw/201711/20171102673253.shtml。

年以色列吸引的游客总数约为361.32万,较2016年增加了约25%①,创下了历史新高。与此同时,2017年各月的入境游客数量较去年同期均有所增长(见图3)。以色列旅游部部长称2017年以色列入境旅游业总收入为200亿新谢克尔,其中40亿新谢克尔直接得益于入境游客人数的增长,2017年上半年以色列的旅游税收收入达到94亿新谢克尔。② 2017年,欧洲和美洲仍然是以色列外来游客的主要来源地,其中欧洲游客数量达到202.29万人次,美国游客数量达到102.52万人次,亚洲游客数量达到43.83万人次,非洲游客数量达到7.09万人次,大洋洲数量达到4.63万人次③。赴以中国大陆游客数量达到12.25万人次,突破了以色列旅游部制定的10万人次目标,其中2017年上半年中国大陆游客激增76%,俄罗斯游客增加30%,除此之外,美国游客增加20%。以色列旅游市场的繁荣与政府的支持密切相关,也与近年来以色列

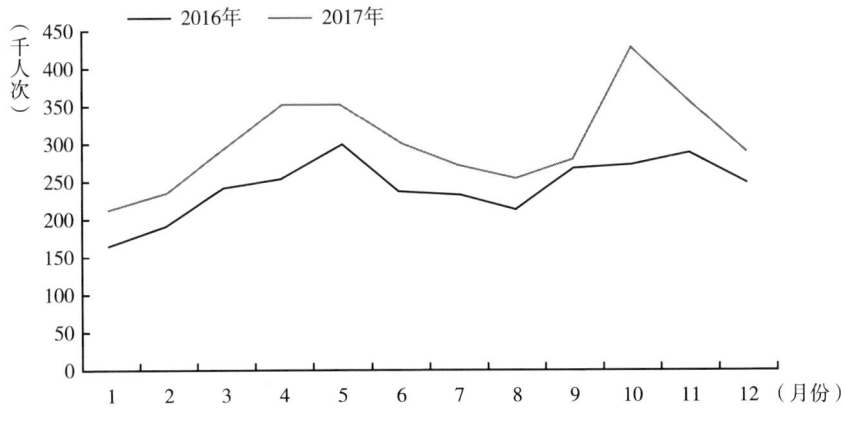

图3　2016年和2017年以色列游客月度变化

资料来源:以色列中央统计局,"Tourist Arrivals in Israel," http://www.cbs.gov.il/hodaot2018n/28_18_006t2.pdf。

---

① "Tourist Arrivals in Israel," Israel Central Bureau of Statistics, http://www.cbs.gov.il/hodaot2018n/28_18_006t2.pdf.
② Chana Roberts, "Tourism in Israel Hits Record High," *Israel National News*, July 10, 2017, https://www.israelnationalnews.com/News/Tag.aspx/295.
③ "Tourist Arrivals and Day Visits, by Country of Citizenship and Mode of Travel," Israel Central Bureau of Statistics, http://www.cbs.gov.il/hodaot2018n/28_18_006t3.pdf.

在国外开展积极的公共外交,塑造正面的形象有关。以色列旅游部部长莱文强调,以色列旅游市场良好的表现得益于旅游部工作重点的变化:将重心从朝圣旅游转至度假及休闲旅游,并将推广重点从小型旅社转向了携程旅行网、价格线公司(Priceline)①、智游网(Expedia)和优栈网(Trivago)等大型国际在线旅游平台,同时关注自由行群体。②

第三,高科技领域表现良好。据以色列风险投资研究中心的报告显示,2017年以色列风险投资基金额度达到8.14亿美元,为2013年以来的最高水平,与2016年的6.51亿美元相比增长了25%,这一增长的最重要原因是58%的风险投资是首次投资。2017年第四季度以色列风险投资公司非常活跃,资本投资2.11亿美元,比2016年同期的1.29亿美元增加了0.82亿美元。③

2017年以色列公司退出交易额达到230亿美元,其中两个超过10亿美元的大型退出交易占72%,除了两个大额交易(英特尔公司以153亿美元收购了移动眼,三菱田边制药以11亿美元收购以色列制药公司神经元(NeuroDerm),其他总交易额为66亿美元,比2016年增长19%。2017年以色列IPO数量为112,这是连续四年来的下降,更比2016年减少7%,2014~2016年的并购数量保持稳定,2017年下降13%,只有92宗交易。④

2017年以色列高科技行业共实现620笔交易,融资额为52.4亿美元,较2016年的48.3亿美元增长了8%。2017年融资额的增长主要来自四笔分别超过1亿美元的大额交易,金额占当年融资总额的12%,平均融资轮次已经从2013年的360万美元增长至2017年的平均850万美元。⑤ 自2013年以来,以

---

① 2018年2月21日,价格线公司(Priceline)更名为预定控股(Booking Holdings)。
② 《以色列总理:期待2018年赴以游客人数超400万》,《以色列时报》2018年1月8日,http://cn.timesofisrael.com/以色列总理:期待2018年赴以游客人数超400万/。
③ "IVC Research Center and ZAG S&W Report: Five-year Consecutive Growth-During 2017 Israeli High-tech Companies Raised ＄5.24 Billion in 620 Transactions," IVC Research Center, http://www.ivc-online.com/Research-Center/News-PR/News-Archive? nid = af6da1c1 - be05 - e811 - 80e1 - 00155d0b8329.
④ "IVC-Meitar Exit Report 2017," IVC Research Center, http://www.ivc-online.com/Portals/0/RC/Exits/IVC-Meitar_ Exits_ 2017_ PR_ final. pdf.
⑤ "IVC Research Center and ZAG S&W Report: During 2017 Israeli High-tech Companies Raised ＄5.24 Billion in 620 Transactions," IVC Research Center, http://www.ivc-online.com/Research-Centerreport/IVC-Publications/IVC-Surveys/High-Tech-Capital-Raising.

色列的高科技行业融资总额持续增长。2017年第四季度，以色列高科技公司共实现159笔交易，总额为14.4亿美元，比2016年第四季度的166笔交易的10.7亿美元增加34%。第四季度的平均融资额度为910万美元，与2016年同期的650万美元相比增加260万美元，增幅为40%。①

软件公司的交易领先于所有领域共实现201笔交易，总额达到19亿美元，与2016年相比增加2亿美元。生命科学公司融资12亿美元，与2016年的8.5亿相比增加了41%，半导体公司筹集了3.48亿美元，而2016年仅为1.24亿美元，通信领域的交易额为5.69亿美元，比2016年的8.72亿美元减少3.03亿美元。软件公司在2017年第四季度收入达到5.88亿美元，比2016年同期增长了45%，2017年第四季度互联网公司筹集3.28亿美元，几乎是2016年同期的两倍。②

2017年以色列网络安全领域共融得8.145亿美元风险投资和私募资本投资，连续三年打破纪录，比2016年增加了28%。③ 2017年以色列网络安全企业共有14次退出，总额超过14亿美元，均高于2016年的水平，其中非以色列投资者的活动规模有所增加，参与了以色列网络安全企业的每三轮融资中的两轮。以色列网络安全领域的融资总额仅次于美国，占全球网络安全融资总额的16%左右，略高于2016年的15%。④ 2017年以色列创建了70家新的网络安全公司，使网络安全公司的总数达到420个。以色列网络安全领域融资额的增加也进一步表明，以色列作为安全领域全球领导者的地位受到了更多的认可。人工智能领域的交易额增速较快，2017年人工智能领域的交易额达到11.35

---

① "IVC Research Center and ZAG S&W：Five-year Consecutive Growth-During 2017 Israeli High-tech Companies raised ＄5.24 Billion in 620 Transactions," IVC Research Center，http：//www.ivc-online.com/Research-Center/News-PR/News-Archive? nid = af6da1c1 – be05 – e811 – 80e1 – 00155d0b8329.

② "Summary of Israeli High-tech Company Capital Raising – 2017," IVC Research Center，http：//www.ivc-online.com/Portals/0/RC/Survey/IVC_Q4 – 17% 20Capital% 20Raising_Survey-Final.pdf.

③ Nir Falevich, "Israeli Cybersecurity-Coming of Age?" Start-up Nation Central, January 30, 2018, http：//blog.startupnationcentral.org/cybersecurity/israeli-cybersecurity-coming-age/.

④〔以〕索珊娜·所罗门：《以色列网络安全领域2017年共融得8.145亿美元》，《以色列时报》2018年2月4日，http：//cn.timesofisrael.com/以色列网络安全领域2017年共融得8~145亿美元/。

亿美元，比2016年增长17.3%，比2014年增长311%①。人工智能交易的快速提升也表明，以色列作为创新创业型国家，在现代高科技领域的创造力不容小觑。

第四，出口疲软，进出口贸易逆差明显。2017年，以色列商品出口（毛额）与2016年相比减少128亿新谢克尔，减少5.5个百分点，总额为2200亿新谢克尔，这是自2010年以来的最低值。商品进口总额（毛额）为2486亿新谢克尔，与2016年相比减少40亿新谢克尔，减少1.6个百分点。贸易逆差为286亿新谢克尔，与2016年相比增长43.8个百分点。②

2017年以色列进出口表现不佳，2017年以色列商品贸易逆差为537亿新谢克尔（其中2016年为493亿新谢克尔，2015年为302亿新谢克尔），是自2012年以来贸易逆差最高的一年。③ 据以色列中央统计局数据显示，2017年以色列进口商品（除了轮船飞机，珠宝和燃料）进口额下降2.8%，出口商品（除了轮船、飞机和珠宝）出口额下降3.9%，贸易逆差增加8.8%。其中投资商品（除了轮船和飞机）出口额下降3.1%，消费商品进口额减少4.0%，燃料进口额增加22.0%，高科技产业出口额下降5.6%。④ 2017年工业和矿业出口额为1626亿新谢克尔，与2016年相比减少3.3%，农业、林业和渔业出口额为43亿新谢克尔，下降2.7%，钻石出口额为244亿新谢克尔，比2016年下降14.3%。⑤ 作为以色列出口的重要组成部分，钻石、工矿业和农、林、渔业出口额都比上年有所下降，其中钻石出口额下降幅度最大。2017年以色列

---

① "Summary of Israeli High-Tech Company Capital Raising – 2017," IVC Research Center, http://www.ivc-online.com/Portals/0/RC/Survey/IVC_Q4 – 17% 20Capital% 20Raising_Survey-Final.pdf.

② "Israel's Foreign Trade in Goods by Country – 2017," Israel Central Bureau of Statistics, January 18, 2018, http://www.cbs.gov.il/reader/newhodaot/hodaa_template_eng.html? hodaa = 201816015.

③ "Summary of Israel's Foreign Trade – 2017," Israel Central Bureau of Statistics, January 11, 2018, http://www.cbs.gov.il/reader/newhodaot/hodaa_template_eng.html? hodaa =201816015.

④ "Summary of Israel's Foreign Trade – 2017," Israel Central Bureau of Statistics, January 11, 2018, http://www.cbs.gov.il/reader/newhodaot/hodaa_template_eng.html? hodaa = 201816015.

⑤ "Summary of Israel's Foreign Trade – 2017," Israel Central Bureau of Statistics, January 11, 2018, http://www.cbs.gov.il/reader/newhodaot/hodaa_template_eng.html? hodaa = 201816015.

出口额下降的原因与新谢克尔的升值有重要关系。

服务业是以色列进出口贸易中较为重要的产业，2017年1~11月份以色列高科技产业服务出口额为189.81亿新谢克尔，其他商业服务出口额为278.1亿新谢克尔，服务出口总额为（不包括初创公司）377.62亿新谢克尔。[1] 2017年以色列商品和服务出口占GDP的29.1%，进口占GDP的27.5%。[2] 其中服务业的出口总额为1585.18亿新谢克尔，比上年增长3.2%（见表1），服务业出口的增长是缩小贸易逆差的重要原因。

表1　2011~2017年服务业出口情况

单位：百万新谢克尔

年份	其他服务业出口额	旅游业出口额	除了初创公司的出口总额	总额
2011	90566	14159	103239	104725
2012	106100	16311	118170	122411
2013	109419	16752	117582	126171
2014	111540	16871	126604	128411
2015	124469	18624	141038	143093
2016	135377	18206	147041	153583
2017	138624	19894	152044	158518

资料来源：以色列中央统计局，"Export of Goods and Services," http://www.cbs.gov.il/hodaot2017n/08_17_389t9.pdf。

2017年以色列对外贸易的主要地区和国家是欧洲和美国（见表2），但是对外贸易逐渐向亚洲尤其是向中国转移。2017年以色列的对外贸易与2016年相比有了较大的波动。其中商品出口额下降幅度最大的国家和地区（除了钻石）是马来西亚、越南、刚果、马其顿、洪都拉斯、摩尔多瓦和哈萨克斯坦。商品进口额下降幅度最大的国家（除了钻石）是爱尔兰、斯洛文尼亚、巴拿马、赞比亚、玻利维亚、摩尔多瓦、匈牙利和巴西；对外贸易顺差最大的国家

---

[1] 数据来自以色列中央统计局，http://www.cbs.gov.il/hodaot2018n/09_18_019t1.pdf。
[2] "Israel Economy in 360," Ministry of Finance, January 24, 2018, http://mof.gov.il/en/publicationsandreviews/economicdata/documents/israelieconomy360.ppsx。

是美国（约145亿新谢克尔），之后是巴西、英国、澳大利亚、加拿大、希腊、墨西哥和南非；对对贸易逆差最大的国家（不包括钻石）是瑞士（174亿新谢克尔），之后是中国（118亿新谢克尔）、德国（112亿新谢克尔）。①

表2　2016年1~12月和2017年1~12月以色列进出口情况

单位：百万新谢克尔

主要贸易地区和国家	进口额 1~12月		出口额 1~12月		贸易平衡 1~12月	
	2016年	2017年	2016年	2017年	2016年	2017年
总计(钻石除外)	225243.6	224423.3	172561.1	166954.2	-52682.5	-57469.1
欧洲	97747.3	95079.8	50855.6	57014.1	-46891.7	-38065.7
美国	28630.0	26200.2	44296.0	40652.3	15666.0	14452.1
亚洲	57951.9	57119.4	38390.8	30529.6	-19561.0	-26589.8
其他国家	40914.5	46023.8	39018.7	38758.2	-1895.8	-7265.7

资料来源：以色列中央统计局，"Israel's Foreign Trade in Goods by Country - 2017," http：//www.cbs.gov.il/reader/newhodaot/hodaa_ template_ eng.html? hodaa = 201816015。

三　2017年以色列的经济发展趋势

随着极端正统派犹太人和阿拉伯群体就业率的逐步上升，以色列的失业率降低到近年来的最低水平，以色列和主要经合组织成员国的收入差距正在逐步缩小；但是在经济快速发展的同时，以色列经济发展呈现行业工资水平差距加大、贫富不均、经济发展不均衡、劳动生产率差距有所扩大等趋势。

第一，就业率提高，失业率逐渐降低。以色列经济增长的主要动力是国内私人消费；低失业率推动以色列工资水平的快速上涨。2016年以色列15~64岁的就业人口比例为69%，略高于经合组织的平均水平67%，长期失业率在经合组织国家中最低。② 2017年，以色列15岁以上人口的失业率为4.2%，比

---

① "Israel's Foreign Trade in Goods by Country - 2017," Israel Central Bureau of Statistics, January 18, 2018, http：//www.cbs.gov.il/reader/newhodaot/hodaa_ template_ eng.html? hodaa = 201816015.

② "How's life in Israel?" OECD, November 2017, http：//www.oecd.org/israel/Better-Life-Initiative-country-note-Israel.pdf.

2016年的4.8%下降0.6个百分点；15岁以上人口的就业率为61.3%，比2016年的61.1%增加0.2个百分点。25~64岁人口的失业率为3.7%，与2016年的4.1%相比下降0.4个百分点；就业率为77.1%，与2016年相比增加0.5个百分点。高科技领域的就业人员占9.0%。在以色列所有地区中中部地区的失业率最低，为3.5%。[1] 2017年第四季度15岁以上人口的失业率为4.2%，第三季度为4.1%，与第三季度持平；就业率为61.3%，与第三季度持平。25~64岁人口的失业率为3.6%，劳动参与率为80.3%，就业率为77.4%，全日制受雇人员为78.0%。[2] 其中25~64岁的阿拉伯人口就业率为54.6%，与2016年相比增加1.2个百分点；失业率为3.7%，与2016年的5.0%相比减少1.3个百分点；劳动参与率为56.6%，比2016年的56.2%上升0.4个百分点。[3] 以色列就业率提高的主要原因是哈雷迪女性和阿拉伯男性进入劳动力市场的比例提高。

2017年以色列就业市场表现较好，以色列中央统计局数据显示，2017年第三季度，以色列平均每个月的职位空缺数目下降到105400个，与2017年第二季度相比下降1.2%，与2016年同期相比增加5.8%；供需比率增长至3.3%，比第二季度增加0.1个百分点，其中已知职位中的供需比率为1.9%，与第二季度持平（见图4）。2017年以色列不同地区的职位空缺率分别为南部大区4.8%，北部大区4.0%，海法大区3.5%，中部大区4.4%，特拉维夫大区4.1%，耶路撒冷大区3.0%。[4]

以色列极端正统派犹太女性的就业率近年来提高很快，而男性就业率仅有51%，远低于政府制定的63%的目标。尽管近年来以色列政府为促进哈雷迪

---

[1] "Labour Force Survey Data, December, 4th Quarter and Annual data of 2017," Israel Central Bureau of Statistics, January 31, 2018, http://www.cbs.gov.il/reader/newhodaot/hodaa_template_eng.html?hodaa=201820029.

[2] "Labour Force Survey Data, December, 4th Quarter and Annual data of 2017," Israel Central Bureau of Statistics, January 31, 2018, http://www.cbs.gov.il/reader/newhodaot/hodaa_template_eng.html?hodaa=201820029.

[3] "Labour Force Survey Data, December, 4th Quarter and Annual data of 2017," Israel Central Bureau of Statistics, January 31, 2018, http://www.cbs.gov.il/reader/newhodaot/hodaa_template_eng.html?hodaa=201820029.

[4] "Average of Job Vacancies Rate by District 2017," Israel Central Bureau of Statistics, http://www.cbs.gov.il/hodaot2018n/20_18_014t8.pdf.

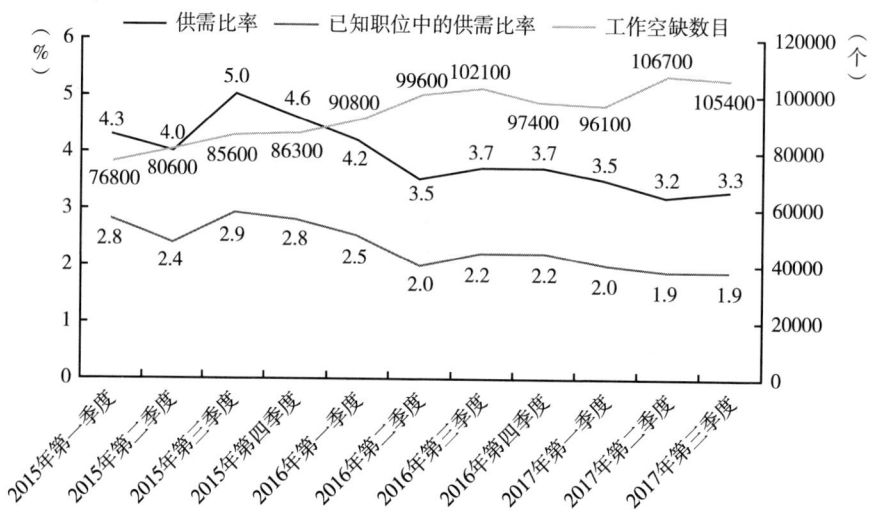

图 4　职位空缺数目及供需比率

资料来源：以色列中央统计局，"Supply and Demand in the Labour Market in Israel in July-September 2017 Based on a Joint Analysis of Data from Labour Force Survey and Job Vacancy Survey," http：//www.cbs.gov.il/reader/newhodaot/hodaa_template_eng.html? hodaa = 201820002。

派人口融入劳动力市场实行了一系列的举措，如制定经济激励措施、创造军用及民用领域内的高缺口类特殊工作、发展职业训练和高等教育、建立职业资讯指导中心和协助安排就业等。但由于极端正统派犹太人享受较低的国家纳税额、较高的补助金及津贴，极端正统派男性并不积极就业，这可能也是哈雷迪派男性游离于劳动力市场的一个原因。

第二，房价居高不下，新房销售疲软。2017 年，以色列的房价上涨的速度高于房屋租金上涨的速度，拥有房屋的受益持续下降，新房销售市场不佳。

2017 年以色列的新房销售与 2016 年相比下降幅度明显，其中 2017 年 1～6 月份新房销售 12216 套，与 2016 年同期相比减少 3281 套同比下降 21.1%，2017 年 7～9 月份新房销售 5969 套，与 2016 年同期相比减少 1570 套同比下降 20.8%，10～11 月份新房销售 4019 套，与 2016 年同期相比减少 612 套同比下降 13.2%。[①] 2017 年 1～12 月，以色列新建房屋累计销售量约 24099 套，比

---

① "Quantity of New Dwellings Demanded, by Purpose," Israel Central Bureau of Statistics, http：//www.cbs.gov.il/hodaot2018n/04_18_009t1.pdf.

2016年的29885套下降约19.4%（见表3），其中耶路撒冷大区销售1646套，同比下降约25.4%，北部大区销售1888套，同比下降25.3%，中部大区销售6720套，同比下降26.0%，特拉维夫大区销售4462套，同比下降10.8%，南部大区销售3181套，同比下降约17.2%。① 新房销售下降的重要原因是房价的居高不下，尽管以色列政府针对居高不下的房价进行了一系列调控措施，但是收效甚微，住房紧张和买不起房仍然是压在以色列民众身上的大山。以色列近年来房地产价格的急速上涨，也带来了高风险，为了保持房地产市场的稳定发展，政府需要推行稳健的经济政策。

表3 2016～2017年以色列月新房销售情况

单位：套

年\月	1月	2月	3月	4月	5月	6月	7月	8月	9月	10月	11月	12月
2016	2518	2546	2581	2611	2625	2616	2579	2519	2441	2357	2274	2218
2017	2131	2075	2033	2005	1989	1983	1984	1989	1996	2004	2015	1895

资料来源：以色列中央统计局，"Quantity of New Dwellings Demanded, by Purpose," http://www.cbs.gov.il/hodaot2018n/04_18_009t1.pdf。

第三，社会贫困率仍然很高。2017年以色列的贫困水平和不平等在发达国家仍然名列前茅。以色列在发达国家中的依赖抚养比率位居第二，比率较高的原因是以色列有相当大比例的儿童依赖工资的抚养。以色列相对于其他经合组织国家平均收入相对较低，15%的工作人员工作时间超长，是经合组织国家中比例最高的。以色列政府通过税收手段调节居民家庭经济收入以降低贫困家庭数量，自2011年开始，以色列财政税务部门就对低收入人群进行工资津贴补助，每年发放4次。此外，以色列政府也较为注重社会福利制度的建设，为老年人、儿童、极端正统派家庭提供一些福利政策支持，2015年以色列政府社会福利支出940亿新谢克尔，占以色列政府支出的1/5，其中2015年和2016年以色列的反贫困预算分别为4.34亿新谢克尔和19亿新谢克尔，2017年以色列社会保障项目的支出

---

① "New Dwellings Sold, by District," Israel Central Bureau of Statistics, http://www.cbs.gov.il/hodaot2018n/04_18_009t2.pdf.

进一步增加。① 然而，效果并不是很明显。这表明以色列政府通过税收和福利制度减少贫困的政策并不成功。这主要是因为以色列的低税收、大量的阿拉伯人口和极端正统派较低的劳动参与率以及庞大的家庭负担。普遍生活在贫困状态的哈雷迪犹太人享受较低的国家纳税额以及较高的政府补助金和津贴，而哈雷迪男性的较低就业率也给以色列经济造成了威胁，导致了社会的不平等。

第四，收入差距仍然很大，劳动生产率较低。2017年以色列各行业的收入差距仍然很大，行业工资较高的依然集中在采掘业、制造业，电水供应及污水、垃圾管理，运输、仓储及邮递业，信息通信行业，金融保险，专业科学技术，地方公共防务管理及社会安全等行业，住宿和餐饮服务行业，行政及支持服务行业，艺术、娱乐、休闲行业的平均工资较低，远远低于平均水平。由于高科技行业人才的短缺，该行业的工资水平较高，据以色列人力资源公司伊索亚（Ethosia）调查显示，2017年以色列高科技领域的工资水平持续攀升，以硬件和软件工程师为例，"0~2年工作经历的硬件工程师的平均月工资从2016年的14600新谢克尔上升至2017年的17500新谢克尔，上升20%，软件工程师的月平均工资从14000新谢克尔上升到16800新谢克尔，上升20%"②，"以色列高科技行业的平均工资为每月2.1万新谢克尔，而以色列的平均工资仅为9800新谢克尔。……据此以色列创新中心负责人阿哈龙·阿哈龙（Aharon Aharon）说'以色列已经成为程序员和工程师较高的国家之一'"。③ 而以色列男性和女性之间的工资差距也较明显，在以色列各领域女性与男性的工资差距要高于其他国家，而男性之间的工资差距与其他国家的平均水平相似。行业收入差距也加深了以色列社会的不平等发展。

此外，以色列的劳动生产率较低。以色列银行行长卡内特·弗拉格（Karnit Flug）认为，以色列生产率较低的群体主要存在于哈雷迪犹太人、阿拉伯人和教育系统的教师群体，据一项调查发现近几年哈雷迪群体和非哈雷迪

---

① John Gal & Shavit Madhala-Brik, "Public Spending on Social Welfare," in Avi Weiss, ed., *Taub Center for State of the Nation Report*: *Society*, *Economy and Policy 2016*, Jerusalem: Taub Center for Social Policy Studies in Israel, 2016, pp. 279–313.

② Shiri Dover, "High-tech Salaries Rise Strongly in 2017," *Globes*, December 26, 2017, http://www.globes.co.il/en/article-high-tech-salaries-rise-strongly-in-2017-1001216998.

③〔以〕索珊娜·所罗门：《以色列政府将为初创企业提供贷款担保》，《以色列时报》2018年3月1日，http://cn.timesofisrael.com/以色列政府将为初创企业提供贷款担保/。

群体的劳动技能差距在逐渐拉大,其中在16~40岁的劳动者技能差距最大。①在师资培训学院的毕业生在技能考试中得分特别低,而且教师的低水平和以色列学生的表现不佳直接相关。以色列私营部门中受过教育的工人技能水平高于公共部门受过教育的工人劳动技能水平,与经合组织其他国家一致。据此,弗拉格认为包容性增长将成为缩小以色列社会差距的最好方式。而提高劳动生产率的办法就是要提高从业人员的劳动技能。

尽管2017年以色列的就业率提高,薪资水平上涨,但是以色列的物价水平仍然居高不下,是经合组织中最高的。以色列的物价指数比美国、法国、德国、卢森堡等经合组织国家的平均水平高出23%。而以色列高昂的生活成本、失控的房产价格成为数年来以色列面临的主要问题。此外,阿拉伯人口和哈雷迪群体的低就业率以及相对较高的贫困率也导致了以色列社会的不平等,不利于以色列社会的健康发展。

结　语

2017年,以色列经济总体形势良好,经济增长率尽管较2016年有所放缓,但是仍然明显高于前几年。以色列经济保持了繁荣多元,以制造业和信息技术领域为代表的服务业为经济提供了高附加值,旅游业和其他服务业的表现强劲,高科技行业表现亮眼。就业市场良好,失业率处于历史低点,工资持续上涨。

2017年以色列的国内生产总值增长率为3.4%,高于经合组织国家的平均值。以色列银行行长弗拉格评价道:"对于以色列经济来说,2017年是一个很好的年份,低通货膨胀率并没有反映需求的疲软,对此以色列银行的货币委员会预测未来两年以色列经济将分别会有3.5%的增长率。"② 此外,标准普尔将以色列的债务评级列为A+,这意味着以色列未来两年内的债务评级有望提升一个等级。这一评级意在揭示某国的债务信誉,以及偿还债务的可能性。

---

① Amiram Barkat, "Flug Slams Israel's Poor Education, Low Productivity," *Globes*, February 22, 2018, http://www.globes.co.il/en/economy.tag.
② "Israel Central Bank to Keep Interest Rate at 0.1% Percent," *The Jerusalem Post*, January 11, 2018, http://www.jpost.com/Israel-News/Israel-Central-Bank-to-keep-interest-rate-at-01-percent-533440.

2017年以色列经济的发展也受到一些国际不利因素的影响。2017年10月31日,世界银行公布2018全球营商环境报告,以色列排名第54,较去年下滑2名。2017年年底,美国总统特朗普进行了大力度的税制改革,大力降低企业税,而此举将会对以色列经济产生影响。美国的税制改革可能会削弱全球许多经济体,特别是以色列经济体对美国投资的吸引力,尤其是在高科技、制造业和研发领域。英特尔以色列首席执行官亚尼夫·格瑞提(Yaniv Garti)坚称,美国的税收改革挑战了以色列高科技对外国公司和投资者的吸引力。[1]

在中东地区,地缘政治的不确定性是企业家们投资时最担忧的问题,成为以色列经济发展的障碍。2017年年底,在特朗普宣布耶路撒冷为以色列的首都之后,以色列境内、加沙地区和约旦河西岸的冲突增多,对以色列的经济发展具有一定的影响。因未解决的安全问题给以色列经济发展带来了消极的影响,如果能够永久解决安全问题,那么地区贸易与投资的增加就会为以色列经济增长注入活力。

总体来看,2017年以色列经济状况良好,并保持较为健康、快速的发展状态。以色列未来经济增长仍然可期,为保持以色列经济的快速发展,以色列政府应该注意提高社会生产率、缩小贫富差距,促进阿拉伯人口和哈雷迪人口的就业率,降低居民生活成本特别是在调控房价、稳定物价等方面有所行动。此外,以色列要继续支持高新技术产业和旅游业的发展。

---

[1] Yaniv Garti, "US Tax Reform Weighs on Israeli High Tech," *Globes*, January 15, 2018, http://www.globes.co.il/en/article-us-tax-reform-weighs-on-israeli-high-tech-1001219576.

B.4
2017年以色列安全形势报告

刘蔚然*

摘　要： 受巴以局势以及中东地缘政治的影响，2017年以色列的总体安全形势仍十分严峻：2017年以色列在约旦河西岸扩建定居点数量达到历史新高，此举使得巴以之间关系更趋紧张；2017年巴勒斯坦人针对以色列发动的恐怖袭击数量较此前有所增长，恐怖袭击高峰期出现在12月美国总统特朗普承认耶路撒冷为以色列首都之后；由于"伊斯兰国"出局，叙利亚和伊拉克地区形成大片的权力真空，伊朗借机扩大其势力范围，进一步恶化以色列的安全环境。值得关注的是，以色列出台的新反恐法整合了以色列刑事、行政和民事领域的相关法律，构建了一个系统的反恐怖主义法律框架，规范了以色列的内部立法。然而，由于新反恐法对恐怖组织和恐怖袭击的定义过于宽泛，对恐怖袭击的惩罚力度过重，遭到以色列国内左派政党和阿拉伯政党的批评。

关键词： 以色列　安全形势　反恐法案　巴以关系　恐怖袭击

一　2017年以色列总体安全形势

2017年以色列的总体安全形势仍十分严峻，特别是在12月底美国总统特朗普承认耶路撒冷为以色列首都之后，针对以色列的恐怖袭击明显增多。"伊斯兰

---

* 刘蔚然，郑州大学历史学院犹太—中东史方向博士生。

国"解体后,伊朗借机在中东地区扩大影响力,在叙利亚建立军事基地,持续支持黎巴嫩真主党武装力量。为了对抗伊朗的部署,以色列对叙利亚与真主党发动了多次打击,并在黎以边境地区举行了大规模军事演习。对于以色列总体安全形势而言,2017 年是变动的一年,周边安全发生了一系列变化,对此以色列采取了许多应对措施。尽管以色列的安全困境仍在继续,但整体局势可控。

(一)巴以冲突有升级之势

近年来,以色列持续在约旦河西岸扩建犹太定居点,致使巴勒斯坦民众反以活动持续不断。2017 年,以色列在约旦河西岸扩建犹太定居点数量达到历史新高。1 月 22 日,耶路撒冷市政规划和建设委员会批准在位于东耶路撒冷的犹太定居点新建 566 套住宅。这些犹太定居点都位于耶路撒冷"绿线"(1967 年中东战争前停火线)之外。当日,以色列总理内塔尼亚胡在安全内阁会议上称将取消对东耶路撒冷犹太定居点建设的限制。[①] 2 月 6 日,以色列议会通过了一项极具争议的法案,将所有未经以政府批准建在约旦河西岸的非法犹太定居点合法化。以色列 2017 年年初以来批准的犹太定居点新建住房数量创下 1992 年以来的新高。以色列国防部部长阿维格多·利伯曼(Avigdor Lieberman)在 6 月 11 日说:"自今年 1 月 1 日以来以色列已经批准了修建 8345 套定居点新住宅,这一数字几乎是 2016 年的 3 倍。"[②]

巴勒斯坦方面对此发表声明,谴责以色列在约旦河西岸扩建定居点的行为,并敦促国际社会向以色列施压,尽快执行反对定居点建设的联合国决议。巴总统府发言人纳比勒·阿布·鲁代纳(Nabil Abu Rdainah)在声明中说,以色列批准扩建定居点是对联合国决议的公然对抗。并呼吁安理会迅速行动起来,制止以色列政府"旨在破坏两国方案的行为"。他表示,巴领导层将很快与阿拉伯国家沟通,以期尽快执行联合国决议。[③]

---

① 这些限制是在美国前总统奥巴马执政期间,以色列政府迫于美国政府压力而实施的。耶路撒冷市政府选择在特朗普就任美国新总统后立即通过了这一扩建计划。
② 《以色列通过法案将约旦河西岸非法定居点合法化》,新华网,2017 年 2 月 7 日,http://news.xinhuanet.com/world/2017-02/07/c_1120424460.htm。
③ 《以色列批准定居点新建住房数量创新高》,人民网,2017 年 6 月 12 日,http://world.people.com.cn/n1/2017/0612/c1002-29332492.html。

除了定居点问题，耶路撒冷问题在2017年再度成为冲突的焦点。2017年12月6日，美国总统特朗普宣布承认耶路撒冷为以色列首都，巴以关系再度紧张。早在1995年美国国会就通过了"耶路撒冷使馆法案"，承认耶路撒冷为以色列首都，并要求政府于1999年5月31日前把使馆迁往耶路撒冷，但是允许总统出于国家安全利益考虑推迟迁馆，总统必须每6个月向国会通报一次。自克林顿总统以来，每位美国总统都按照此惯例执行，通常给出的理由是，耶路撒冷地位问题须由巴以谈判解决。特朗普依惯例在2017年6月1日签署了推迟搬迁使馆的协议，但是在12月突然变卦，承认耶路撒冷为以色列首都，并声称要把美国大使馆搬到耶路撒冷。

在特朗普宣布承认耶路撒冷为以色列首都后，巴勒斯坦示威者和以色列安全部队在约旦河西岸、耶路撒冷和加沙地带发生数起冲突。至今已有至少6名巴勒斯坦人死亡、3500多人受伤。巴总统阿巴斯称该决定"对和平进程、对该地区和世界的安全与稳定带来了危险影响"，并将这一举动称为"无法接受的一步"。① 伊斯兰国家的领导人警告说，此举可能会激怒阿拉伯世界，引发暴力事件，进一步破坏巴以和平进程。

特朗普的行为给以色列的安全形势带来不利影响。第一，这一举动势必会破坏巴以和谈，引发新一轮巴以冲突，增加地区紧张局势。特朗普此举招来伊斯兰国家的普遍谴责，沙特和约旦认为特朗普的做法是一种对全世界穆斯林的"直白挑衅"，埃及也呼吁不要使地区问题进一步"复杂化"。沙特国王萨勒曼表示，"特朗普的做法将严重破坏巴以和平谈判前景，会给已经面临叙利亚和黎巴嫩边境不稳定局势威胁的以色列增加更大风险"。② 第二，此举可能引发伊斯兰国家普遍的反美、反以情绪，影响以色列和美国的国际关系。阿拉伯联盟（The Arab League）和伊斯兰会议组织（The Organization of Islamic States）都拒绝特朗普的提议。土耳其总统埃尔多安威胁称，如果美国承认耶路撒冷为以色列首都，土耳其将断绝与以色列的外交关系。欧盟已经宣布，它绝不会支持这一单边决定。马来西亚和印度尼西亚政府也发声反对特朗普的决定。第三，特

---

① 《否决耶路撒冷草案！一意孤行使美国陷入孤立境地》，新华社，2017年12月20日，http://www.xinhuanet.com/world/2017-12/20/c_129770181.htm。
② 《又有的瞧了，特朗普刚刚点燃了一颗大炸弹》，《环球时报》2017年12月6日，https://m.huanqiu.com/r/MV8wXzExNDI3NTgzXzEyNThfMTUxMjU0Mzk2MA==。

以色列蓝皮书

朗普此举将进一步刺激中东乃至全球范围内反以和反美活动。约旦国王阿卜杜拉二世表示，特朗普此举可能被恐怖分子利用，以煽动该地区的愤怒情绪。伊朗也有可能借此机会在其他亲美的伊斯兰国家制造分裂，进一步恶化以色列的安全环境。

（二）针对犹太人的恐怖袭击活动增多

2017年针对以色列的恐怖袭击活动在数量上略高于去年，全年国内共发生恐怖袭击1518次，略多于2016年的1415次，远少于2015年的2398次。因7月份爆发大规模冲突，7月恐怖袭击活动增多至222起，7月之后恐怖袭击数量逐渐减少。12月，特朗普承认耶路撒冷为以色列首都，针对犹太人的恐怖袭击活动再次增多，达到249起，是2017年的单月最高纪录（见表1）。

表1 2017年以色列恐怖袭击事件统计

月份	袭击次数	分布地区	伤亡情况
1	100	耶路撒冷16次 犹地亚和撒玛利亚82次 绿线以内1次 来自加沙地带1次 来自西奈半岛0次	5死、16伤
2	102	耶路撒冷14次 犹地亚和撒玛利亚82次 绿线以内1次 来自加沙地带2次 来自西奈半岛3次	0死、14伤
3	119	耶路撒冷20次 犹地亚和撒玛利亚91次 绿线以内2次 来自加沙地带4次 来自西奈半岛2次	0死、6伤
4	118	耶路撒冷26次 犹地亚和撒玛利亚89次 绿线以内1次 来自加沙地带1次 来自西奈半岛1次	2死、13伤

续表

月份	袭击次数	分布地区	伤亡情况
5	144	耶路撒冷 29 次 犹地亚和撒玛利亚 113 次 绿线以内 1 次 来自加沙地带 0 次 来自西奈半岛 1 次	0 死、2 伤
6	94	耶路撒冷 21 次 犹地亚和撒玛利亚 72 次 绿线以内 0 次 来自加沙地带 1 次 来自西奈半岛 0 次	1 死、3 伤
7	222	耶路撒冷 87 次 犹地亚和撒玛利亚 129 次 绿线以内 4 次 来自加沙地带 1 次 来自西奈半岛 1 次	5 死、7 伤
8	110	耶路撒冷 24 次 犹地亚和撒玛利亚 83 次 绿线以内 1 次 来自加沙地带 2 次 来自西奈半岛 0 次	0 死、2 伤
9	105	耶路撒冷 29 次 犹地亚和撒玛利亚 74 次 绿线以内 0 次 来自加沙地带 2 次 来自西奈半岛 0 次	3 死、1 伤
10	71	耶路撒冷 17 次 犹地亚和撒玛利亚 50 次 绿线以内 1 次 来自加沙地带 2 次 来自西奈半岛 1 次	0 死、1 伤
11	84	耶路撒冷 29 次 犹地亚和撒玛利亚 53 次 绿线以内 1 次 来自加沙地带 0 次 来自西奈半岛 1 次	1 死、2 伤

续表

月份	袭击次数	分布地区	伤亡情况
12	249	耶路撒冷 56 次 犹地亚和撒玛利亚 178 次 绿线以内 0 次 来自加沙地带 15 次 来自西奈半岛 0 次	3 死、44 伤

资料来源：根据以色列国家安全总局的统计数据制作而成，"Monthly Summary-January to December 2017," https：//www.shabak.gov.il/english/pages/index.html#=1。

7月危机的起因在于当月14日以色列3名警察在耶路撒冷圣殿山外区域遭国内阿拉伯人枪击，其中两人身亡。随后以方封锁了事发区域，禁止穆斯林前往礼拜。16日，以警方开始逐渐开放阿克萨清真寺，但在入口处加装金属探测门和摄像头。此举引起巴勒斯坦人强烈不满，引发抗议和冲突，造成至少10人死亡，逾500人受伤。阿拉伯国家要求以色列拆除金属安检门，但以色列拒绝让步。此次巴以冲突的焦点是金属探测门，实质根源在于领土争端。根据国际社会承认的"两国方案"，耶路撒冷老城区属于巴勒斯坦国国土。

巴总统阿巴斯7月21日晚宣布停止与以色列政府在各层面的联系，直至以方取消在尊贵禁地的最新安保措施。埃及政府21日呼吁以色列立即停止引起冲突升级的行径，避免局势陷入"无法摆脱的泥潭"中。土耳其总统埃尔多安22日谴责以色列在耶路撒冷对巴勒斯坦人民"过度使用武力"，呼吁立刻取消在阿克萨清真寺附近采取的限制措施。阿拉伯国家联盟秘书长阿布·盖特（Abu Gatt）23日警告以方不要"玩火"。伊朗外交部23日发表声明，谴责以色列政府侵犯巴勒斯坦人的基本权利，特别是侵犯他们的宗教自由权利。最终，以色列总理内塔尼亚胡25日凌晨宣布，以方决定拆除安装在耶路撒冷圣殿山引发冲突的金属探测门。采用以先进技术（智能检查）及其他方式为基础的安保措施，取代金属探测门。① 这场7月危机才宣告结束。

---

① 《撤掉金属安全门！以色列态度突变给中东降温》，新华社，2017年7月26日，http：//world.people.com.cn/n1/2017/0726/c1002-29428780.html。

(三)叙利亚冲突对以色列的安全威胁仍未解除

叙利亚危机已经持续6年,极端组织和反政府武装对叙政府军的打击严重削弱了叙利亚的国力,叙内战又把俄罗斯、伊朗等国卷入该地区,伊朗力图巩固在叙利亚的军事和基础设施,对以色列的安全形势造成了挑战。

2017年,叙以边境摩擦依旧,主要来自两个方面:一是叙利亚境内火箭弹越境落入以色列从而引发后者的军事报复,二是以色列为阻止黎巴嫩真主党通过叙利亚获得来自伊朗的武器,对叙利亚军事目标进行打击。在对越境落入以色列的火箭弹问题上,以色列认为叙利亚政府必须对火箭弹袭击事件负责,坚决采取报复行动。

因担心高度现代化武器经由叙利亚流入黎巴嫩真主党手中,以色列频频对叙发动空袭,引发叙利亚政府强烈不满。据叙利亚政府的统计,2017年以色列军方针对叙政府军的武装车队和支持叙政府的黎巴嫩真主党采取了近100次军事行动。10月16日,以空军战机空袭了位于叙利亚首都大马士革以东约50公里的一个叙远程地空导弹阵地。内塔尼亚胡当天在声明中说,为保卫以色列的安全,以空军在此空域内的所有"必要的"军事行动将"一如既往"地实施。①

自2006年以色列与真主党爆发持续34天的大规模军事冲突之后,以黎边界地区相对平静。而今叙利亚形势再次发生重大变化,极端组织"伊斯兰国"出局后,真主党在叙内战中不断扩大人员规模和军备实力,并加强了对黎巴嫩政界甚至军队的渗透。且叙利亚内战获得的成绩使得真主党信心膨胀,一旦在叙利亚的战斗结束,其有可能将矛头对准以色列,以色列与真主党的对抗有可能升级。

2017年9月5日,以色列国防军在以北部地区进行为期10天的军事演习,以军方称此次军演规模为近20年之最。参演士兵多达数千人,动用的装备包括军舰、无人机、战斗机和直升机等。此外,参加此次军演的还有以军网络部队。11月21日,黎巴嫩军队总司令约瑟夫·奥恩(Joseph Owen)推特发文号召黎巴嫩军队在南部边境地带保持高度戒备,随时准备应对"来自以色列的

---

① 《为守"红线"?以色列频频介入叙利亚局势》,新华网,2017年11月5日,http://news.xinhuanet.com/world/2017-11/05/c_129732927.htm。

威胁和侵犯"。黎巴嫩军方推特援引奥恩的话说:"我呼吁你们在南部边境地区做好充分准备,以面对以色列的威胁、侵犯以及对黎巴嫩、黎巴嫩人民及其军队带有侵略意图的任何行动。"①

二 2017年影响以色列安全形势的两个主要因素

(一)伊朗对以色列安全的影响

美国推翻萨达姆政权和阿富汗塔利班的行动都间接强化了伊朗在中东的地位。伊拉克什叶派政府掌权后,伊朗通过伊拉克的什叶派民兵组织扩大了在伊拉克的影响力。伊朗核协议签署之后,西方放松了对伊朗的制裁,改善了伊朗的经济形势,伊朗在经济改善之后加强了对黎巴嫩、叙利亚、伊拉克的干预,并在此三个地区获得巨大的影响力。

伊朗还从也门和卡塔尔发生的区域争端中获利。伊朗非常清楚如何利用这些区域争端,并最大限度地破坏沙特地位,从而加强自己的力量。在也门正在进行的战争中,伊朗革命卫队与真主党专家一起为胡塞武装提供武器、经费和培训。在沙特和卡塔尔之间爆发危机时,沙特联合埃及、阿联酋和巴林对卡塔尔实行外交和经济抵制,但是实际效果并不理想。如果沙特无法使卡塔尔这样的小国屈服,那么它看起来就不那么强大。而伊朗方面正在向卡塔尔提供食品和其他必需品,并开放了往返卡塔尔的航班。此外,伊朗和土耳其也有合作,二者在库尔德人问题上立场相同。所以伊朗和土耳其共同帮助卡塔尔应付沙特等国的制裁。土耳其与伊朗的合作还体现在经济层面。两国与俄罗斯一起签署了在伊朗钻井的石油和天然气协议,这对土耳其来说非常重要,因为土耳其国内油气能源匮乏。②

伊朗在中东地区影响力扩张对以色列安全的影响主要体现在以下三个方面。

首先,目前伊朗已经在叙利亚站稳脚跟,可以直接通过叙利亚南部进入戈

---

① 《随时准备应对来自以色列的威胁?黎以边境怎么了》,新华网,2017年11月23日,http://www.xinhuanet.com/world/2017-11/23/c_129747125.htm。
② Thomas L. Friedman, "Saudi Arabia's Arab Spring, at Last," *New York Times*, November 23, 2013, https://www.nytimes.com/2017/11/23/opinion/saudi-prince-mbs-arab-spring.html.

兰高地，恶化了以色列的安全环境。自 2011 年年底叙利亚内战爆发以来，伊朗就已介入叙利亚局势。在内战的第一阶段，阿萨德政权受到威胁时，是伊朗的干预稳固了阿萨德政权。伊朗在叙利亚内战各个阶段介入的方式不同。起初，伊朗向叙利亚输送武器、提供了经济援助，并派出军事顾问为叙利亚建立了一支与巴基斯坦部队一样的民兵组织，尽量避免直接介入战斗。在 2014～2015 年，反政府武装取得一系列进展，迫使伊朗加大对阿萨德政权的支持并改变原有的支持模式。在 2015 年 9 月，伊朗向叙利亚派遣了 1500～2000 名战士。这些人主要来自黎巴嫩真主党的什叶派战士、伊拉克什叶派武装和阿富汗和巴基斯坦战士，他们是由伊朗伊斯兰革命卫队以月薪和额外收入的形势征募而来。2016 年春，伊朗向叙利亚派遣了数量有限的正规武装部队士兵，这是伊朗自两伊战争以来首次将正规部队派往境外。① 此外，伊朗与叙利亚的合作不仅限于军事领域，两国签署协议，伊朗出口五座发电厂以加强叙利亚电力系统，还签署了在叙利亚建立炼油厂的协议，初期阶段的石油日产量将达到 4 万桶，最终将达到每天 14 万桶。②

2017 年 7 月 9 日，叙利亚南部的停火协议生效之后，伊朗拒绝从叙利亚撤军，伊朗外交部副部长侯赛因·贾比里·安萨里（Hossein Jaberi Ansari）说，伊朗在叙利亚的存在是在叙利亚政府的要求下进行的，而且俄罗斯和美国之间的协议对伊朗在叙利亚的存在没有什么影响。一名未透露姓名的"西方情报官员"告诉 BBC 说，伊朗已经开始在大马士革南部基斯沃镇附近建立一个永久性基地。卫星图像表明，该基地于 2017 年开始施工。③

其次，伊朗长期以来有条不紊地升级黎巴嫩真主党军事设施，其中重点领域是真主党的火箭和导弹。2017 年 3 月，科威特媒体报道称，伊朗在黎巴嫩建立军工厂为真主党提供远程火箭和其他武器，并为在叙利亚作战的真主党部

---

① Dr. Raz Zimmit, "Iran in the Post-Islamic State Era: Aims, Opportunities and Challenges," The Meir Amit Intelligence and Terrorism Information Center, November 23, 2017, http://www.terrorism-info.org.in/en/iran-post-isis-era-aims-opportunities-challenges-updated-review/.
② "Iran to Build Refinery in Syria's Homs," Press TV, the Iranian English Language News Agency, September 26, 2017, http://www.presstv.com/Detail/2017/09/26/536539/Iran-to-build-refinery-in-Syrias-Homs-.
③ "Russia Says didn't Promise withdrawal of Pro-Iranian Forces from Syria," Reuters, November 14, 2017, https://af.reuters.com/article/worldNews/idAFKBN1DE1H9.

队提供运输支持，其矛头指向以色列。两个月后，以色列军事情报局证实，伊朗数年来都在为黎巴嫩和也门制造精密武器装备。据估计，该军工厂的建立是为了减少叙利亚军队和真主党对伊朗武器供应的依赖。① 与此同时，伊朗正在加强对伊朗与伊拉克之间、伊拉克与叙利亚之间、叙利亚与黎巴嫩之间边界地区的控制，以创建伊朗希望建立的地中海地区走廊，为援助真主党提供直接便利的途径。该战略明显增加了以色列来自黎巴嫩的直接威胁。

伊朗在黎巴嫩扩大其影响力可能导致美国与伊朗之间爆发更大的冲突，尤其是在特朗普执政时期，特朗普把伊朗定义为中东的核心威胁。伊朗对黎真主党武装的支持升级，增加了黎巴嫩与以色列发生冲突的可能性，可能导致两国之间的对抗在某个时刻加剧。②

最后，以色列一直将伊朗核计划视为重大威胁。以色列认为美国等国诉诸政治和经济手段促使伊朗"弃核"的努力，并不会阻止伊朗寻求发展核能力。2015年伊朗核问题达成全面协议之时，以色列总理内塔尼亚胡指责这项协议是"历史性错误"。2017年10月17日，内塔尼亚胡在会见到访的俄罗斯国防部部长绍伊古时说，如果不对目前的伊朗核协议进行修改，伊朗将在未来8~10年内建成一个核武库。以色列摩萨德局长约西·科亨（Yossi Cohen）表示，伊朗执迷于获得显著的核能力，以便获得核武器。摩萨德将伊朗相关目标列为首要行动对象。③

面对外在安全形势的恶化，以色列正努力经营自己的"同盟"关系。沙特与以色列都对巴沙尔在叙利亚取得的胜利以及伊朗的地区影响力扩大而担忧。沙特所组建的逊尼派阵营没能阻止伊朗影响力在叙利亚的扩张。胡塞武装在也门继续向沙特发射导弹；在黎巴嫩，真主党及伊朗影响力不断扩大；沙特的外交活动也没能使得卡塔尔从伊朗和穆斯林兄弟会阵营中脱离。沙特已证明

---

① "Israel Has Warned Iran It Will Not Tolerate Arms Factories in Lebanon," *Haaretz*, June 22, 2017, https://www.haaretz.com/israel-news/. premium-israel-has-warned-iran-it-wont-tolerate-arms-factories-in-lebanon – 1. 5488166.

② Dr. Raz Zimmit, "Iranian Responses to President Trump's Speech," The Meir Amit Intelligence and Terrorism Information Center, October 16, 2017, http://www.terrorism-info.org.il/en/iranian-responses-president-trumps-speech/.

③《摩萨德称伊朗为该组织首要行动对象》，新华网，2017年10月3日，http://news.xinhuanet.com/world/2017 – 10/03/c_ 1121760483. htm。

自己无法成功组建一个逊尼派轴心来反对伊朗的联盟,这就构成了其与以色列合作的基础。兰德公司政策分析师纳德尔说:"尽管沙特对黎巴嫩有一些外交经济影响力,但它在军事上很难与真主党战斗,而以色列拥有这样的军事实力。"此外,分析称这两个甚至尚未建交的国家是在美国的鼓励下逐渐加深理解,它们都是特朗普中东战略的核心所在。①

2017年9月19日,以色列和美国决定在以色列防空学校启用首个美国驻以色列永久军事基地。军事基地建成后会有美国士兵长期驻扎。美国此举意在严密监控伊朗方面的军事行动并及时做出回应。自特朗普执政后,美国对伊朗立场就十分强硬。特朗普在其中东之行访问沙特和以色列时公开指责伊朗支持"恐怖主义",号召中东国家"孤立伊朗"。7月下旬,美国参众两院通过制裁俄、伊、朝法案。该法案主要对掌握伊朗主要经济命脉的伊朗革命卫队实施制裁。9月20日,特朗普在联大演讲中"几乎毫不掩饰地表明美国将退出伊朗核协议"。他认为,伊朗核协议是美国历史上最糟糕且最片面的协议之一,它使美国"难堪"。②

美国和以色列在中东地区有许多战略合作。目前有利于以色列的情况是美国正致力于加强与中东地区主要盟友沙特、埃及和以色列之间的联系。另外,共同反对西奈半岛上的恐怖主义以及40年来一直由双方精心维护的和平条约,是以色列与埃及持续合作的基础。以色列与务实的逊尼派国家合作为其提供了一个有益的战略行动空间和进一步改善地缘战略局势。③ 以色列安全内阁成员、能源部部长尤瓦尔·施泰尼茨(Yuval Steinitz)称,以色列与包括沙特阿拉伯在内的"许多"阿拉伯国家保持"秘密联系"。只不过考虑到对方意愿,以方先前一直未对外公开这一情况。④

---

① 《中东局势趋紧新"同盟"关系浮现 美以沙"新三角"对抗伊朗?》,环球网,2017年11月11日,http://world.huanqiu.com/exclusive/2017-11/11373097.html。
② 《中东这一年:七大看点回顾难以平静的2017(下)》,新华网,2017年12月26日,http://www.xinhuanet.com/world/2017-12/26/c_129774904.htm。
③ Amos Yadlin, "Israel's Strategic Environment: Elements, Challenges, and Policy Recommendations," in Shlomo Brom & Anta Kurz, eds., Strategic Survey for Israel 2017–2018, Tel Aviv: Institute for National Security Studies, 2018, p.146.
④ 《秘密联系? 以色列似有意与沙特联手对付伊朗》,新华网,2017年11月21日,http://news.xinhuanet.com/world/2017-11/21/c_129745359.htm。

（二）"大众抵抗"行为对以色列安全的影响

以色列将巴勒斯坦人和境内阿拉伯人制造的针对以色列的暴力袭击活动称为恐怖袭击。在以色列智库梅尔·阿米特情报和恐怖主义信息中心（The Meir Amit Intelligence and Terrorism Information Center）看来，巴勒斯坦民族权力机构和法塔赫的舆论与财政支持使得恐怖袭击的发生成为可能。但是，巴勒斯坦民族权力机构和法塔赫对此有不同认识，他们认为这些暴力袭击事件是反对以色列压迫的"大众抵抗"行为，对"大众抵抗"行为的支持是巴勒斯坦民族权力机构和法塔赫对以色列政策的重要组成部分。

巴勒斯坦媒体赞扬"大众抵抗"行为。在阿达尔枪击事件发生后，法塔赫的官方脸书上，张贴了一张因暴力而丧生的袭击者的照片，获得许多支持者留言，如"愿真主怜惜他""愿他在天堂安息""烈士"等。巴勒斯坦民族权力机构和法塔赫通常指责以色列应对因参与"大众抵抗"而丧生的巴勒斯坦人负责。例如，在哈达尔枪击事件中，法塔赫新闻局局长穆尼尔·加胡布（Munir al-Jaghoub）指责以色列应对这次袭击负责，声称是以色列的行为导致袭击发生，一切都是以色列压迫巴勒斯坦人的结果。

与此同时，巴勒斯坦民族权力机构的上层人士和法塔赫成员公开赞扬暴力袭击。如法塔赫成员高层成员苏丹·阿布·阿米奈（Sultan Abu al-Einein）和吉卜里·拉布（Jibril Rajoub），他们在2015年10月以色列爆发恐怖袭击浪潮期间，称赞恐怖袭击行为及其实施者，他们的行为某种程度上给予了暴力袭击者以鼓舞。① 巴勒斯坦民族权力机构和法塔赫还宣传"烈士"崇拜，鼓励人民去崇拜那些发动暴力袭击而牺牲的"英雄"，保留对他们的记忆并构建其英雄形象。

巴勒斯坦民族权力机构还给予因"大众抵抗"行为而被监禁、牺牲的暴力袭击者及其家属慷慨的财政援助。根据巴勒斯坦财政部的数据，2016年，巴勒斯坦共支出11.5亿新谢克尔（超过3.27亿美元）支持"大众抵抗"行

---

① "Popular Terrorism: The Current Situation," The Meir Amit Intelligence and Terrorism Information Center, October15, 2017, http://www.terrorism-info.org.il/en/popular-terrorism-current-situation/.

为。这是巴勒斯坦民族权力机构全部预算的 6.9% 和巴勒斯坦民族权力机构收到外来资助资金的 29.6%。巴勒斯坦民族权力机构根据一系列的法律和政府政策来确保这些款项的支付。①

在如何定义巴勒斯坦人和以色列境内阿拉伯人的暴力袭击活动问题上，美国与以色列观点一致。美国总统特朗普坚持认为，巴民族权力机构应当放弃对"大众抵抗"行为的支持政策，停止向因袭击行为而被监禁、牺牲的袭击者及其家属的财政援助。许多西方捐款国也抱怨说他们的援助正被用来资助恐怖主义。然而，阿巴斯强烈反对停止支付，声称这是巴勒斯坦内部问题。巴勒斯坦囚犯事务委员会主席伊萨·卡拉奇（Issa Qaraqe）声称，向囚犯和"烈士"的家属以及受伤的巴勒斯坦人付款是一项承诺，依据巴勒斯坦法律为基础。② 此外，"大众抵抗"行为获得许多伊斯兰国家的同情和支持。如何定义这些暴力袭击活动，巴以双方各执一词，国际社会对此问题也未能达成一致看法，该问题也成为长期困扰以色列安全的难题之一。

三 以色列新反恐法的出台及其争议

（一）历史溯源

以色列有关反恐的立法最早可追溯到巴勒斯坦的英国委任统治时期。面对犹太人的抵抗和犹太人与穆斯林之间矛盾的加剧，英国政府颁布了《防卫（紧急）条例》（The Defence（Emergency）Regulations）③。该条例是在 1939 年巴勒斯坦治安法令修正案（相当于强制性宪法）的基础上制定的，经过各种

---

① Brigadier General（Res.）Yossi Kuperwasser，"Incentivizing Terrorism：Palestinian Authority Allocations to Terrorists and their Families，" Jerusalem Center for Public Affairs，http：// jcpa. org/paying-salaries-terrorists-contradicts-palestinian-vows-peaceful-intentions/.

② "During Diplomatic Contacts With the Americans，The Palestinian Authority Rejected Demands to Stop Financial Support for Terrorist Prisoners and the Families of Shaheeds，" The Meir Amit Intelligence and Terrorism Information Center，June26，2017，http：//www. terrorism-info. org. il/ en/21227/.

③ British Government，The Defence（Emergency）Regulations，1945，https：//archive. org/ stream/DefenceEmergencyRegulations1945/DefenceEmergencyRegulations1945_ djvu. txt.

版本的修正后至 1945 年生效。该条例授权政府能够以非常规的方式行事,在紧急情况下保护国家及其公民。① 《防卫(紧急)条例》的适用范围非常宽泛,这些条例与其他强制性立法一样被纳入以色列法律,并且对于 1967 年被以色列占领的领土也是有效的,因为埃及和约旦于 1948 年通过了类似于以色列的强制性法律,同以色列一样,它们从未废除《防卫(紧急)条例》。依据此条例除了具体的立法之外,政府还有权宣布国家进入紧急状态,为期不能超过三个月(再次延长需要立法机构批准)。由于以色列的安全状况,从一开始就实行的紧急状态从未被废除。

1948 年以色列宣布独立后,就面临新的安全挑战。第一,它必须与反对其建国的阿拉伯国家和当地巴勒斯坦人做斗争。第二,政府还必须与犹太极端团体做斗争,这些团体保留了曾经对抗英国人的暴力手段。例如,在 1948 年 9 月,犹太地下组织莱希(Lehi)的成员因为怀疑联合国派驻巴勒斯坦地区的调解员(瑞典的贝纳多特伯爵)持有亲阿拉伯人的立场而将其暗杀。国际社会认为,这种恐怖行为破坏了新成立的以色列政府的合法性。意识到这些活动的危险性之后,为了挽回以色列政府的国际声誉,在贝纳多特被暗杀六天后,以色列立法机关于 1948 年 9 月 23 日通过了《预防恐怖主义条例》(Prevention of Terrorism Ordinance)。② 该条例旨在解决以色列出现的具体恐怖主义挑战。该条例授权政府可以宣布一个组织为恐怖组织,对该组织的支持属于恐怖主义行为,不论支持者是否是该组织成员。《条例》已经过多次修改,作为国家安全体系中的重要一环,它仍然有效。③

随着巴解组织和其他巴勒斯坦组织的活动日益增加,以色列议会于 1980 年修订了该条例,除了将管辖权移交给普通法院之外,它还扩大了对恐怖组织"支持"的定义,包括任何鼓励、对恐怖组织表示赞扬或同情,对恐怖组织做

---

① Michael Tzur & Kremnitzer Mordechai, *Policy Paper No. 16 – The (Emergency) Defense Regulations*, The Israel Democracy Institute, 1945, http://www.idi.org.il/sites/english/PublicationsCatalog/Pages/PP_16/PP_16.aspx.

② Israel Knesset, *Prevention of Terrorism Ordinance No. 33 of 5708 – 1948*, 1948, http://www.mfa.gov.il/mfa/mfa-archive/1900 – 1949/pages/prevention% 20of% 20terrorism% 20ordinance%20no%2033%20of%205708 – 19.aspx.

③ Eunice G. Buhler, "The Israeli Prevention of Terrorism: Ordinance and Its Impact on the Quality of Democracy," *Stanford Journal of International Relations*, Vol. 11, No. 2 (2010), p. 59.

出任何金钱或其他捐助,以及允许恐怖组织使用其房屋或其他财产(《条例》第4条)。1986年又做了一项修正,把第四节(支持恐怖主义)界定扩大,除了学术会议、家庭会议或记者采访之外,与恐怖组织的官员开会或与恐怖组织的官员及非官方的谈判都算作支持恐怖主义组织。这项修正案的目的是防止以色列人与巴解组织官员会面,并惩罚那些参加这种会议的人。这项修正案被严厉批评为对言论自由和其他权利的不合理侵犯。1992年,以色列议会废除了1986年的修正案。①

2005年,以色列颁布了《2005年禁止恐怖主义融资法》(*Prohibition of Terrorist Financing Law*)②,重点关注资助恐怖活动。与以色列早期的反恐立法不同,《2005年禁止恐怖主义融资法》是一项广泛的、原创的以色列立法,是在《制止向恐怖主义提供资助的国际公约》通过之后颁布的,并根据《公约》以国家法律为依据确定以色列的义务。该法律已多次修改,最后一次修改是在2014年。

(二)新反恐法

新反恐法案,即《反恐法》(*The Counter-terrorism Law*)③ 于2016年6月16日经过以色列议会最后投票正式成为法律。新反恐法出台的目的在于规范以色列内部立法、调整当局处理恐怖主义威胁的手段。首先,新反恐法整合了以色列刑事、行政和民事领域的相关法律,建立了一个综合的、统一的反恐怖主义法律框架。其次,它试图重新界定"恐怖主义"三角——什么是"恐怖组织"?谁是"恐怖分子"?什么是"恐怖行为"?综合处理这些问题将使国家能够全面打击恐怖主义。新反恐法的积极推动者认为,一方面,全面的威慑将对恐怖主义组织起作用,使其不选择恐怖主义的道路;另一方面,惩罚性威慑可以阻止恐怖分子参与恐怖主义活动。考虑到对恐怖主义或恐怖组织的威慑必

---

① 王琼:《以色列反恐立法评析》,《西亚非洲》2013年第1期,第150页。
② Israel Knesset, *Prohibition of Terrorist Financing Law 5765 – 2005*, 2005, http://www.justice.gov.il/En/Units/IMPA/MainDocs.
③ Israel Knesset, *The Counter-Terrorism Law, 5776 – 2016*, 2016, http://www.justice.gov.il/Units/YeutzVehakika/InternationalLaw/MainDocs1/TheCounterTerrorismLaw.pdf.

须是理性的以及反恐的经济成本,立法是最适合的方式。①

与早期的反恐条例和反恐立法相比,新反恐法案显著扩展了关于"恐怖主义"的定义。新反恐法规定给予恐怖袭击的肇事者及其教唆者相同惩罚。任何声援恐怖组织的人都将面临长达三年的监禁,仅穿上一个有恐怖组织名字的衬衫就构成了这种参与(《反恐法》第24条第1款)。进行恐怖主义威胁的惩罚与执行此种行为的惩罚相同(《反恐法》第2条第1款)。此外,隧道挖掘首次被定义为恐怖行为(《反恐法》第28条第1款)。②

新反恐法还加重了对恐怖活动的惩处。《反恐法》第37条第2款对恐怖活动相关的最高刑罚提高了一倍,长达30年。第38条第2款规定,犯罪特别严重的恐怖袭击者更难获得假释,只有在15年后才有资格申请假释。为恐怖主义目的使用生化武器的,可以判处无期徒刑。

新反恐法首次规定了利用各种手段打击恐怖主义的法律(而不是通过紧急条例),其中包括行政拘留和禁止个人出国的命令。执法人员可以将嫌疑人拘留48小时后,首先将其带到法官面前,而后嫌疑人才可以请律师(《反恐法》第46条第1款)。《反恐法》还允许在非紧急情况下使用反恐工具,包括允许辛贝特等安全部门使用计算机服务监视涉嫌参与恐怖活动的人员,但需要经总理批准。新反恐法还授权政府从被怀疑涉嫌与恐怖主义有关的犯罪个人和实体中征收金钱和财产;允许以国防部部长没收罪犯的财产(《反恐法》第54条)。资助恐怖主义分子的人可能被判为其资助金额的20倍罚款(《反恐法》第31条第1款)。③

以下是新反恐法中一些引发较大争议的条款:隶属于哈马斯的慈善组织同样被视为恐怖组织(《反恐法》第2条第1款);在试图实施恐怖行为的过程中被杀的人不会正常下葬;"恐怖分子"的住房将在24小时内被摧毁;"恐怖分子"的家人对其行径表示支持的,将会丧失以色列公民身份并被驱逐至加

---

① Uri Ben Yaakov & Dror Harel, *Police Paper*: *Israel's Counter Terrorism Bill*, International Institute for Counter-Terrorism, November 1, 2016, https://www.ict.org.il/UserFiles/ICT-Proposed-CT-Bill-PP-Jul-16.pdf.

② Israel Knesset, *The Counter-Terrorism Law*, 5776-2016, 2016, http://www.justice.gov.il/Units/YeutzVehakika/InternationalLaw/MainDocs1/TheCounterTerrorismLaw.pdf.

③ Israel Knesset, *The Counter-Terrorism Law*, 5776-2016, 2016, http://www.justice.gov.il/Units/YeutzVehakika/InternationalLaw/MainDocs1/TheCounterTerrorismLaw.pdf.

沙地带；在抗议活动中持有巴勒斯坦国旗者，都会被视作违法。

需要注意的是以色列的立法包括新反恐法案通常不适用于西岸，但是以色列的刑法对域外的某些罪行适用，包括危害国家安全和国家对外关系的罪行（见1977年"刑法"第13条）。《反恐法》第41条具体规定，根据新反恐法，某些与恐怖主义有关的罪行将符合"刑法"规定的域外适用规定。①

以色列右翼政党积极推进该法案的通过。内塔尼亚胡总理称，新反恐法加强了以色列的反恐斗争。坚定支持该法案的以色列司法部部长阿耶莱特·沙克德（Ayelet Shaked）说："永远不存在为恐怖主义辩护的理由和借口，只能通过适当的惩罚和威慑才能消灭恐怖主义。"②

批评者认为，新反恐法对恐怖主义的定义过于宽泛，扩大了政府在反恐中的权限。以色列国内阿拉伯政党和左派政党认为，新法案主要针对以色列籍的阿拉伯人和生活在耶路撒冷及约旦河西岸的阿拉伯人。阿拉伯联合名单党主席阿亚玛·奥德赫说："我在看这个法案时，看到了全世界所有殖民主义最后阶段的恐慌，法国在占领阿尔及利亚最后阶段的恐慌，美国在占领越南最后阶段的恐慌。"奥德赫希望法律将以色列定义为恐怖分子，因为以色列与巴勒斯坦民族权力机构和巴解组织成员进行安全合作，按照新反恐法巴勒斯坦民族权力机构和巴解组织都是恐怖组织（《反恐法》第2条第2款）。以色列自由左派政党梅雷兹（Merez）党代表扎哈瓦·加隆（Zahava Galon）说："民主国家面临的挑战是如何在打击恐怖主义同时，保护公民的基本权利，我们应该根除恐怖主义的动机，然而是以色列的占领创造恐怖主义动机。"加隆还将《反恐法》称为"种族主义和极权主义立法"。③

结　语

总体而言，恐怖袭击与边境安全问题是以色列2017年遭遇的两大主要安

---

① "Israel's New Counterterrorism Law," *Lawfare*, July 13, 2016, https：//www.lawfareblog.com/israels-new-counterterrorism-law.
② "Knesset Passes Sweeping Anti-terrorism Law," *Haaretz*, June 15, 2016, https：//www.haaretz.com/israel-news/knesset-passes-sweeping-anti-terrorism-law‐1.5396526.
③ "Knesset Passes Sweeping Anti-terrorism Law," *Haaretz*, June 15, 2016, https：//www.haaretz.com/israel-news/knesset-passes-sweeping-anti-terrorism-law‐1.5396526.

全难题，而且也是今后一段时间内以色列所面临的主要威胁。在今后一段时期内，受制于多种因素，以色列的安全形势仍不容乐观。

首先，由于2017年以色列在约旦河西岸加速犹太人定居点扩建，致使巴以双方的政治互信进一步走低。此外，美国总统特朗普承认耶路撒冷为以色列首都，将巴以冲突再次"炒热"。

其次，一定规模的暴力袭击活动在以色列仍将持续发生。对于这些以色列定义为"恐怖袭击"的暴力活动，巴勒斯坦民族权力机构则视之为反抗以色列压迫的"大众抵抗"行为，并间接给予支持。该问题的解决还需进一步提高巴以之间的互信与合作，巴以地区的安全稳定需要双方共同来维护，离开任何一方都将无法实现。

再次，由于"伊斯兰国"的出局，在叙利亚和伊拉克地区形成大片的权力真空，伊朗借机扩大其势力，在叙利亚建立军事基地、升级黎巴嫩真主党武装，进一步恶化以色列周边安全环境。另外，除美以同盟关系因美国承认耶路撒冷地位而更加热络外，以色列与沙特的关系也在迅速升温，两国在反对真主党及其支持者伊朗问题上利益一致。目前，伊巴双方都在中东构建自己的"同盟"关系，不排除双方在未来爆发大规模冲突的可能。

最后，以色列基于严峻的反恐形势制定的新反恐法是几十年来反恐立法发展的结果。原则上以色列坚持反恐的立法模式，意味着反恐措施必须建立在立法的基础上，而不是行政的剩余权力。一方面，新反恐法规范了以色列国内的反恐立法，使国家能够更全面、有效地打击恐怖主义；但另一方面，因新反恐法中部分条款被认为是针对国内及生活在耶路撒冷及约旦河西岸的阿拉伯人，遭到国内左派政党和阿拉伯政党的批评，新反恐法的效果如何还有待进一步的观察。

B.5 西奈半岛恐怖主义活动与以色列的反恐应对

张经纬 谢志恒*

摘 要： 西奈半岛恶劣的自然环境和准非军事化状态带来的管制虚弱、秩序混乱为恐怖主义滋生提供了合适的土壤。后穆巴拉克时期埃及政府对西奈控制力的急剧下降和政府的反恐不力、治理不善是"阿拉伯之春"后西奈半岛恐怖主义泛滥的关键内因。"伊斯兰国"和"基地组织"的扩展和美国中东反恐战略的不良后果是西奈恐怖主义趁机坐大的外部促因。西奈半岛恐怖主义的泛滥直接威胁以色列安全与社会稳定，冲击埃以和平，使巴以问题以及周边安全局势复杂化。对此，以色列采取了一系列的反恐措施，包括主动开展反恐行动、强化西南边境防御治理，加强与埃及安全合作的同时寻求其他阿拉伯国家的支持，进一步重视与西方盟国的反恐合作，务实调整地区外交政策。但是即便如此，西奈半岛的恐怖主义势力依然猖獗，在相当长的一段时间内将继续威胁着以色列的安全。因此，通过与阿拉伯国家的合作实现共同安全，才是以色列反恐路径选择的有益尝试。

关键词： 西奈半岛 恐怖主义 以色列 以埃关系

---

* 张经纬，中国社会科学院大学（研究生院）世界历史系博士生；谢志恒，郑州大学历史学院副教授。

西奈半岛在埃及和以色列之间的地理位置决定了它在两国关系变迁中所扮演的特殊角色。以色列建国以来,围绕着西奈半岛,与埃及之间爆发了多场冲突,直到埃以和平最终实现,1982年西奈半岛才重新回归埃及,成为埃及和以色列两国事实上的安全缓冲区。但在这个过程中,西奈半岛逐渐成了一片管理混乱的区域,恐怖主义和边界冲突不断,"阿拉伯之春"后更是成了恐怖主义泛滥的庇护所。西奈半岛的恐怖主义对以色列国家安全影响巨大,也影响其中东战略与中东和平进程。本文通过西奈半岛恐怖主义的演变及其对以色列国家安全的影响,分析探讨以色列的反恐策略及西奈半岛安全局势的前景。

一 西奈半岛恐怖主义的出现与演变

(一)历史上西奈半岛几易其手、饱经磨难的多舛命运

西奈半岛是埃及的亚洲部分,西邻苏伊士湾,东靠内格夫沙漠,这块仅占埃及总面积6%的半岛干旱缺水,人口只有60万,却由于三洲两洋连接地的特殊位置而成为历史上众多战乱的发生之所。进入20世纪,特别是以色列建国后,埃以之间围绕西奈半岛展开了一系列战争与和谈。1948年第一次阿以战争爆发后,埃及借道西奈半岛将部队开进巴勒斯坦地作战区,西奈半岛成为战争大后方。1956年苏伊士运河战争期间,以色列为占据蒂朗海峡,确保其船只在亚喀巴湾和红海畅行无阻①,将西奈半岛拟定为入侵目标,西奈半岛直接成为双方作战的前沿阵地。1967年"六五战争"时,以色列仅用6天就占领西奈半岛全境,使埃及陷入崩溃边缘。1973年十月战争中,埃及收复了约3000平方千米西奈领土,但历经多次战祸的西奈半岛及整个埃及的社会经济已千疮百孔。埃及最终选择与以色列和解,双方在1978年签署戴维营协定,开启中东和平进程。1979年埃以缔结和约,以色列分阶段从西奈半岛撤军,逐步向埃及归还西奈领土。但这一进度却十分缓慢,直至1982年4月,以军才完全撤出,埃及收复西奈主权,但有关西奈

---

① 杨灏城、江淳:《纳赛尔和萨达特时代的埃及》,商务印书馆,1997,第49页。

塔巴地区的争议，迟至1989年经过国际法庭仲裁，以色列才交还给埃及。自然环境恶劣、战争冲突频仍、发展治理缺失，西奈半岛长期处于贫穷失序状态，为宗教极端主义和恐怖主义在西奈半岛形成和壮大提供了土壤，最终演变成对以色列和埃及乃至整个中东和平与安全的规模性威胁。

（二）伊斯兰恐怖主义势力在西奈半岛的滋生与泛滥

西奈半岛恐怖主义的兴起始于埃及政治伊斯兰势力的壮大与分裂。20世纪70年代，埃及穆斯林兄弟会产生分化，极端组织开始出现，导致1981年10月埃及总统萨达特被刺杀。穆巴拉克上台后，先后在1981年和1992年颁布紧急状态法和反恐法，用武力强力打击恐怖主义。政府反恐取得明显成效，极端思想的影响有所减弱。从"9·11事件"到穆巴拉克政权倒台，埃及总体上保持稳定。但受到打击的极端恐怖势力却转战西奈半岛，不断发展壮大，并在21世纪初制造了多起暴恐事件。2004年10月7日，塔巴希尔顿酒店发生汽车炸弹爆炸事件，造成31人死亡，159人受伤，酒店有10层楼被炸塌；2005年7月23日，伊斯兰激进组织在沙姆沙伊赫发动恐怖袭击，造成至少70人死亡，200多人受伤，主要受害者为埃及人；2006年4月24日，西奈宰海卜发生三起连环爆炸袭击，造成23人死亡，80人受伤。[①]

穆巴拉克政权倒台使西奈半岛出现权力真空，为极端组织迅速扩张提供了机会，致使暴恐袭击频发。2011年8月18日，西奈圣战萨拉菲组织与埃及圣战组织潜入以色列，在埃拉特附近发动袭击，造成以色列和埃及各有8人死亡，另有28人受伤。[②] 穆尔西执政后致力于消减军人政治优势，客观上削弱了军方在西奈半岛的反恐力度。"基地组织"西奈分支以及宣布效忠"伊斯兰国"的恐怖组织纷纷在西奈盘踞下来并迅速壮大，这些极端组织都将斗争目标指向以色列，并发动了一系列恐怖袭击。2013年穆尔西政权被推翻，军方

---

① Heidi Breen, *Egypt: Freedom and Justice to the Bedouins in Sinai? A Study of the Freedom and Justice Party's Policy Towards the Bedouin Minority in Sinai*, MA Thesis in Middle East and North Africa Studies at the Department of Culture Studies and Oriental Languages, Autumn 2013, pp. 21-22.

② Yehudit Ronen, "The Effects of the 'Arab Spring' on Israel's Geostrategic and Security Environment: The Escalating Jihadist Terror in the Sinai Peninsula," *Israel Affairs*, Vol. 20, No. 3 (2014), p. 310.

再次控制埃及，塞西发动了对西奈半岛极端势力的打击，但遭到扎根此地的恐怖势力的激烈报复。2013年5月16日，两个圣战极端组织在谢赫祖韦德—阿里什公路上绑架了8名埃及士兵，要求埃及政府释放被判死刑和终身监禁的极端分子作为交换。2013年7月埃及军方大规模清洗穆兄会后，耶路撒冷支持者组织宣布向埃及政府宣战，当年9月该组织试图暗杀埃及内政部部长穆罕默德·易卜拉欣（Mohamed Ibrahim）。

2014年以来，随着"伊斯兰国"在中东攻城略地、不断扩张，西奈半岛成为其壮大实力和发动攻击的主要目的地之一。当年10月24日，位于西奈半岛北部谢赫祖韦德市的一处军事检查站遭袭击。武装人员使用自杀式汽车炸弹、火箭弹以及路边炸弹等手段，共造成埃及安全部队至少31名军人死亡，数十人受伤。① 2015年1月29日，北西奈省首府阿里什和边境口岸拉法遭到多起针对军事设施的恐怖袭击，共造成26人死亡，105人受伤，袭击者来自"伊斯兰国"西奈分支。② 同年7月1日，"伊斯兰国"西奈分支发动了5次袭击，至少17名埃及政府军士兵被打死，而当地媒体报道称死亡人数或超70人。在此之前，埃及最高检察长在一起炸弹袭击中身亡。③ 极端组织在西奈半岛还对平民和游客不断攻击，2014年2月16日，一辆搭载韩国游客的大巴在西奈塔巴遭到耶路撒冷支持者的恐怖袭击，3名韩国人和一名埃及司机死亡，14名人受伤。2015年10月31日，一架从埃及沙姆沙伊赫飞往圣彼得堡的俄罗斯客机起飞后不久坠毁于西奈半岛，机上217名乘客和7名机组人员全部遇难。④ 俄罗斯安全部门证实，此次坠机事件是"伊斯兰国"西奈分支策划。时至今日，西奈半岛的暴恐袭击仍时有发生。

据2013年以色列官方统计，西奈半岛存在15个全球性圣战组织，而打着圣战旗号的极端组织分支和机构多达成百上千个。此外，还有许多与埃及、加沙内部一些组织有关联的极端势力，以及来自利比亚、沙特、也门、

---

① 《近两年全世界那些恐怖袭击案（全文）》，网易新闻，2015年1月8日，http：//news.163.com/15/0108/16/AFF0GB3B00014JB6_all.html。
② 于杰飞：《埃及西奈半岛遭连环恐怖袭击》，《光明日报》2015年1月31日，第5版。
③ 《IS分支在埃及西奈半岛连续发动5次袭击 死亡人数或超70》，观察者，2015年7月2日，http：//www.guancha.cn/Third-World/2015_07_02_325376.shtml。
④ 《俄确认空难为恐怖袭击》，新华网，2015年11月17日，http：//news.xinhuanet.com/world/2015-11/17/c_128438571.htm。

加沙、阿富汗和巴基斯坦的穆斯林游击队也活跃在西奈半岛，它们的情况和数量目前无人知晓。① 已知的主要极端组织有耶路撒冷支持者组织、西奈半岛一神论与圣战组织、加沙一神论和圣战组织、大耶路撒冷地区圣战军舒拉委员会和伊斯兰军。② 其中加沙一神论和圣战组织、大耶路撒冷地区圣战军舒拉委员会和伊斯兰军效力于基地组织，其他大大小小的极端组织则深受"伊斯兰国"以及埃及国内伊斯兰极端势力的影响。耶路撒冷支持者组织是西奈最大的极端组织，借助哈马斯在加沙和西奈之间的大量通道进行走私贸易，并经此发展壮大，兵力最高可达1.2万人，拥有包括迫击炮在内的重型武器。③ 在西奈这片特殊的区域，极端主义不断发展壮大，成为威胁地区安全的重要因素之一。

（三）中东剧变后西奈半岛恐怖主义泛滥的原因

2011年，埃及发生"1·25政变"，穆巴拉克政权倒台。埃及社会秩序陷入紊乱，过渡政府无暇西奈局势，半岛出现权力真空，一些被以色列方面认定的恐怖组织趁机潜入扩大地盘和影响。2011年8月卡扎菲政权倒台，利比亚四分五裂，大量利比亚武器弹药流入西奈半岛，成为极端势力兴起的一大动力。此外，基地组织也门分支的发展壮大，也导致大量武器从也门越过红海运至西奈半岛。④ 2012年拥有穆斯林兄弟会背景的穆尔西当选埃及总统，埃及伊斯兰主义势力地位骤升，执政力量与加沙地区同为穆兄会分支的哈马斯关系密切，西奈半岛与加沙交界地区成为人员偷渡、武器物资走私的天堂，便利了极端主义组织在西奈半岛扎根盘踞。西奈半岛的极端势力多为阿富汗"基地组织"和"伊斯兰国"伊拉克分支，恐怖主义和极端势力因在上述两国备受打

---

① Yehudit Ronen, "The Effects of the 'Arab Spring' on Israel's Geostrategic and Security Environment: The Escalating Jihadist Terror in the Sinai Peninsula," *Israel Affairs*, Vol. 20, No. 3 (2014), p. 306.

② Yehudit Ronen, "The Effects of the 'Arab Spring' on Israel's Geostrategic and Security Environment: The Escalating Jihadist Terror in the Sinai Peninsula," *Israel Affairs*, Vol. 20, No. 3 (2014), pp. 302–317.

③ 唐恬波：《埃及，恐怖主义"传统"已回归》，《世界知识》2015年第16期，第45页。

④ Yehudit Ronen, "The Effects of the 'Arab Spring' on Israel's Geostrategic and Security Environment: The Escalating Jihadist Terror in the Sinai Peninsula," *Israel Affairs*, Vol. 20, No. 3 (2014), p. 311.

击，而纷纷转战西奈半岛。埃及的局势动荡给极端组织在西奈半岛迅速发展提供了机会，而西奈极端势力与全球恐怖组织的紧密联系则为西奈半岛极端组织的发展壮大提供了重要的战略资源。

西奈半岛极端势力兴起还与美国的中东政策有直接关联。"9·11事件"后，美国在所谓的全球反恐战略和中东民主化战略指导下，先后推翻了阿富汗塔利班政权、伊拉克萨达姆政权和利比亚卡扎菲政权。但美国没有根除恐怖主义，反而使得化整为零的恐怖主义组织在类似西奈半岛这样的边缘地带更为活跃。美国一味偏袒以色列的态度和干预中东事务的做法，造成了恐怖组织纷纷在西奈半岛打着反美口号对以色列进行袭击，其迷惑性的宣传赢得部分当地民众的支持和穆斯林的同情。因此，美国的一系列反恐举动带来的不良后果促成了西奈半岛恐怖主义的巩固和强大。

此外，西奈半岛在1967年战争结束后处于国际共管状态，各方都没有足够的权限来合理遏制极端主义的萌生，加剧了当地社会的失序状态。更重要的是，1979年签署的埃以和约中关于安全的附加条款对埃及在西奈半岛驻军做出了限制，使得西奈半岛实质上处于准非军事化状态。和约附件规定，埃及可在西奈半岛毗邻苏伊士运河的A区部署一个师的机械化步兵团及其相应军事设施；在中部西奈即B区，可以部署四个装备有轻武器和轮式装甲车的边防营部队以协助警察维持安全；而在西奈邻近以色列的C区，禁止部署军事力量，只允许携带轻武器的民警行使常规职能。① 埃及在西奈半岛超出上述军力部署规定的任何改变都必须征得以色列的同意，否则就是违反和约。这意味着埃及并非完全且独立地行使西奈半岛的主权，导致埃及政府长期对西奈的控制力薄弱，为恐怖主义发展壮大提供了温床。

二 西奈半岛恐怖主义活动对以色列的影响

由于西奈半岛与以色列地理位置相邻，且以埃之间长期处于"冷和平"的状态，极端主义与恐怖主义势力的壮大势必对以色列的国家安全产生巨大影响。

---

① "Peace Treaty between Israel and Egypt," Israel Ministry of Foreign Affairs, March 26, 1979, http://www.mfa.gov.il/mfa/foreignpolicy/peace/guide/pages/israel-egypt%20peace%20treaty.aspx.

（一）对以色列社会安全的直接威胁

频繁的暴恐袭击威胁着埃以边境，也给以色列社会和安全造成直接危害。2011年穆巴拉克政府垮台和利比亚局势恶化导致西奈恐怖势力趁机发展壮大，部分势力渗入埃以边境。2014年"伊斯兰国"的兴起使埃及塞西政府与西奈半岛极端势力之间矛盾日益激化，极端势力趁乱对埃以边境地区发动攻击。其中2011年兴起的耶路撒冷支持者组织对以色列国内的威胁最大，该组织在埃以边境的谢赫祖韦德、阿里什和加沙的拉法对基础设施和军队发动袭击。① 2014年11月，该组织宣布效忠"伊斯兰国"，改名为"伊斯兰国西奈省"，成为"伊斯兰国"在西奈半岛最大的分支机构。虽然埃及塞西政府对该组织进行多次打击，但并未从根本上消除其对西奈和埃以边境的威胁。2015年和2016年，该组织扬言要打败以色列，解放阿克萨清真寺。2016年8月2日，该组织头目巴格达迪在一段网络视频中威胁要将以色列变成犹太人的坟墓。②

极端组织在西奈半岛的发展壮大了加沙地带哈马斯的势力，使其增强了对以色列的强硬态度，并不断对以色列发动袭击，影响以色列的国家秩序。中东剧变之前，埃及与加沙边境长期处于关闭状态，此间，虽然哈马斯持续敌视对抗以色列，但以色列在不承认其合法性的前提下，容忍它对加沙地带的控制，并出于人道主义，保障加沙地带民众的基本生活，双方矛盾处于可控范围内。③ 但穆巴拉克政府下台后，伊斯兰势力掌权，埃及与加沙地带的封锁状态结束，恐怖势力通过边境地道网路援助哈马斯，并从西奈半岛运送大量武器弹药，支持以色列境内的恐怖分子。以色列在遭受恐怖势力的威胁同时，还要面

---

① Ephraim Kam, "Egypt: The Struggles of the Sisi Regime," in Anat Kurz & Shlomo Brom, eds., *Strategic Survey for Israel 2016 – 2017*, Tel Aviv: Institute for National Security Studies, 2016, p. 121.
② Yoram Schweitzer, "The Weakening of Wilayat Sinai," *INSS Insight*, No. 851, August 31, 2016, p. 3.
③ Udi Dekel, "Israeli Policy toward the Gaza Strip," in Anat Kurz, Udi Dekel & Benedetta Berti, eds., *The Crisis of the Gaza Strip: A Way Out*, Tel Aviv: Institute for National Security Studies, 2018, p. 114.

临由加沙战乱和死伤所引发的国际社会的指责。①

此外,恐怖势力在西奈半岛的兴起加剧了以色列境内民族关系的紧张,危害以色列社会稳定。以色列与西奈半岛在地理和社会层面并不存在天然的分界线,内格夫地区与西奈半岛都有大量贝都因人,他们是恐怖组织招募的重点对象之一。对于西奈半岛愈演愈烈的极端主义活动,贝都因人出于自身利益考虑,没有积极反对极端组织的扩张,相反选择了默许甚至支持极端势力。贝都因人游牧的民族传统和社会结构特点决定了他们不愿受现代政府的约束,而埃及政府在各方面对贝都因人存在着不公正对待,内格夫地区的贝都因人被国界线与西奈半岛割裂且融入以色列社会缓慢,这些都使他们很容易被极端组织捕获。

在贝都因人内部,社会分化严重,处于部族下层的成员获取生产资料和就业更加困难,不少贝都因人被迫选择加入极端组织作为维持生存的方式,以防在部族和政府之间两面受害。贝都因人的部落酋长享有极大特权,政府发放的补助金大多都落入了他们的腰包。② 许多青年人选择走私贸易求得生存,当走私收入无法满足自身需要时,极端组织为他们提供了另一种选择——武力掠夺。一些极端组织甚至承诺向贝都因人支付高达 1 万美元的薪酬,这对于经济上陷于破产的贝都因人来说极具有诱惑力。③ 因此一些贝都因人为了生存而成为极端组织的一员。

贝都因人选择支持或默许极端组织的方式,导致参与袭击的贝都因人为数甚多。不少极端组织利用贝都因人熟悉西奈半岛和内格夫地区地理环境,让贝都因人作为先锋和向导,指挥极端分子免受政府军的攻击,从而成功发动武装袭击。④ 2014 年,内格夫沙漠和以色列北部的一些阿拉伯定居点的贝都因人在极端组织的引诱下走向暴力,影响了以色列国内的民族共处和社会稳定,根据以色列电视二台的匿名采访,2015 年有 20 名以色列阿拉伯人加入了极端组织

---

① Udi Dekel, "Israeli Policy toward the Gaza Strip," in Anat Kurz, Udi Dekel & Benedetta Berti, eds., *The Crisis of the Gaza Strip: A Way Out*, p. 115.
② 〔美〕塞缪尔·亨廷顿:《文明的冲突与世界秩序的重建》,周琪等译,新华出版社,1999,第131页。
③ Aneta Zachová, *Bedouins and Sinai Insurgency: Political Causes of Violence*, Department of International Relations and European Studies, Masaryk University, p. 7.
④ "Egypt: Sinai Attacks Prompt Fierce Response," *Africa Research Bulletin*, February 2015, https://onlinelibrary.wiley.com/doi/pdf/10.1111/j.1467-825X.2015.06162.x.

并在叙利亚和伊拉克参加战斗,这种影响还扩大到了非穆斯林群体中①,威胁以色列国内的社会与安全。

(二)对埃以和平的冲击

虽然历经坎坷,以色列与埃及从20世纪90年代起保持了较为稳定的和平局面。塞西时期埃以关系不断升温,开始走向"真正的和平",埃及甚至将以色列称为合法的合作伙伴。②但是西奈半岛长期以来在《埃以和平条约》的制约下,处于埃以安全缓冲区和准非军事化的状态,埃及缺乏对西奈足够的主权和控制,在西奈半岛恐怖主义兴起的背景下,埃及反恐难以及时有效地开展。埃及国内对于修改条约,完全收复西奈主权的呼声一直不绝于耳,恐怖主义在西奈半岛的活跃,会加剧埃及对西奈主权的要求,而以色列反对修改条约,认为它是维持埃以和平的重要基础,现有的意外状况可以通过其他合作来应对。③因此,西奈半岛恐怖主义的泛滥给埃以关系设置了一道难题:如果以色列拒绝埃及修改和约中对西奈半岛条款的要求,那么以色列就需要在埃以合作框架内,为埃及提供更多反恐援助,而这样又反过来会进一步激起极端势力的反以情绪,进而有可能增加埃及人对以色列的敌对心理,影响埃以和平;但若以色列同意修改埃以和平条约,那么埃以边境将会出现不可预知的问题,同时在巴勒斯坦问题没有得到解决的情况下,以色列依旧担心西奈半岛像历史上那样成为威胁以色列的前沿阵地,这同样会直接影响埃以和平。

2013年,穆斯林兄弟会支持的穆尔西政府被推翻。塞西上台后,埃及与哈马斯的关系开始恶化,以色列对此表示支持。"伊斯兰国"在西奈半岛建立分支后,埃及政府认为哈马斯支持西奈的恐怖组织,因此对哈马斯进行全面孤立,并高强度打击西奈恐怖组织。但西奈半岛局势并未由此好转,2015年埃及政府开始从多方面缓和与哈马斯关系,采取与哈马斯和谈合作的方式共同打

---

① Ariel Koch, "Israeli Black Flags: Salafist Jihadi Representations in Israel," *Military and Strategic Affairs*, Vol. 7, No. 2 (September, 2015), p. 134.
② Ofir Winter, "Peace with Israel in Egyptian Textbooks: What Changed between the Mubarak and El-Sisi Eras?" *Strategic Assessment*, Vol. 19, No. 1 (April, 2016), p. 66.
③ Alan Baker, "Sinai, the New Egypt, and the Egypt-Israel Peace Treaty," Jerusalem Center for Public Affairs, August 22, 2012, http://jcpa.org/article/sinai-the-new-egypt-and-the-egyptisrael-peace-treaty/.

击恐怖主义势力。与哈马斯的和解有利于埃及扩大在加沙地带的政治影响力，改善西奈半岛贝都因人的经济状况，修复塞西政府与部分阿拉伯国家的嫌隙，而哈马斯也担心过度增长的恐怖势力会影响自己在加沙地带的统治权，与埃及改善关系能极大缓解自身所处的压力，因此愿意接受埃及主动抛出的橄榄枝。① 但埃及缓和与哈马斯的关系，不可避免为近些年以埃密切的安全合作增添了复杂因素。在以色列看来，埃及与哈马斯关系的改善方便了哈马斯武器走私，埃及对哈马斯危害以色列的行动睁一只眼闭一只眼。在当前西奈恐怖主义泛滥、以色列国家安全受到直接威胁的情况下，如果塞西政府对哈马斯保持甚至加强这种关系，埃以关系可能再次出现新的裂痕。

（三）对巴以问题的影响

极端恐怖组织在西奈半岛和加沙地带的渗透与发展，增强哈马斯和其他巴勒斯坦伊斯兰组织力量的同时，也加剧了以色列与哈马斯之间的紧张局面，并使巴以问题的解决再添变数。"阿拉伯之春"后，尤其是穆斯林兄弟会2012年底在埃及陷入颓势的背景下，陷入危机的哈马斯却能在以色列2012年和2014年发动的"防卫之柱"和"护刃行动"中幸存下来，靠的是加沙地带与西奈半岛的地下物资通道。在"护刃行动"中，哈马斯和加沙地带其他圣战组织一共发射了4564枚不同型号的导弹②，利用加沙地带遍布的地道网路与以色列国防军对抗了50天，并借助西奈半岛的恐怖分子对以色列国防军开展自杀性伏击。此外，西奈半岛的极端恐怖组织将哈马斯所需的武器通过地道运到加沙地带，并且对以色列进行网路攻击。③ 与此同时，哈马斯控制的加沙与西奈半岛恐怖势力从西南两个方向对以色列形成掎角之势，增强了西奈半岛恐怖主义势力回旋余地，使其更加为所欲为。

---

① Shlomo Brom & Ofir Winter, "Israel and the New Leaf in Egypt-Hamas Relations," *INSS Insight*, No. 898, February 16, 2017, pp. 2 - 3.
② Gabi Siboni & A. G. , "Will Hamas Be Better Prepared during its Next Confrontation with Israel? Insights on Hamas' Lessons from Operation Protective Edge," *Military and Strategic Affairs*, Vol. 7, No. 2 (September, 2015), p. 82.
③ Gabi Siboni & A. G. , "Will Hamas Be Better Prepared during its Next Confrontation with Israel? Insights on Hamas' Lessons from Operation Protective Edge," *Military and Strategic Affairs*, Vol. 7, No. 2 (September, 2015), p. 85.

哈马斯对以色列的攻击，招致了以色列的强力打击报复。以色列要想消除哈马斯的威胁，必须同步打击加沙地带和西奈半岛埃以边境的恐怖主义势力。为此，以色列制定了三步走的战略来结束哈马斯在加沙的统治：第一步，先承认哈马斯在加沙的统治，哈马斯为所有恐怖袭击事件负责；第二步，战略削弱拖垮哈马斯，直到巴勒斯坦政府恢复对加沙的控制；第三步，对加沙的哈马斯政府发动大规模军事行动，破坏其战略导弹的部署力量，打击并逮捕哈马斯领导人和相关恐怖分子。① 哈马斯与以色列之间的敌对状态和以色列立志要消灭哈马斯的立场对巴以问题的和平解决产生了不利影响。此外，西奈半岛恐怖势力对哈马斯的鼓舞和支持，也会影响哈马斯与法塔赫之间的关系，虽然二者在2017年10月12日正式实现和解，但西奈半岛的复杂局势势必会继续影响哈马斯的立场及其与法塔赫之间的关系。面对恐怖主义的猖獗，未来巴以问题的和平解决仍要有很长的路要走。

（四）对以色列周边安全的影响

西奈半岛恐怖势力的壮大也直接鼓舞了在叙利亚和伊拉克境内的"伊斯兰国"对以色列的袭击，加大了以色列周边的恐怖主义威胁。长久以来，以色列在周边环境中处于孤立地位，容易受到外部势力的影响。2014年后，"伊斯兰国"在叙利亚和伊拉克境内的兴起形成世界性威胁，以色列联合美国、法国、英国、约旦空军在叙利亚境内开展了打击"伊斯兰国"的军事活动，旨在防止黎巴嫩真主党获得"伊斯兰国"的武器装备，维护国家安全。②

但"伊斯兰国"对以色列的威胁并未减轻。从2016年起，声称要摧毁以色列的"伊斯兰国"西奈分支多次向埃拉特发射导弹。当年11月，以色列同"伊斯兰国"在戈兰高地叙利亚一侧直接发生战斗，"伊斯兰国"用轻武器和迫击炮攻击以色列军队，以色列则发动空中攻势，打死4名"伊斯兰

---

① Kobi Michael & Udi Dekel, "The Hamas Challenge: What Should Be Done?" *INSS Insight*, No. 569, July 6, 2014, p. 3.
② Mark A. Heller, "Regional Transformation in the Middle East 2015," in Shlomo Brom & Anat Kurz, eds., *Strategic Survey for Israel 2015 – 2016*, Tel Aviv: Institute for National Security Studies, 2016, p. 19.

国"成员。① 以色列总理内塔尼亚胡表示决不允许"伊斯兰国"势力借助叙利亚战争靠近以色列国土。但伴随着西奈半岛恐怖势力日益壮大以及西奈局势的纷繁复杂,"伊斯兰国"极端势力开始渗入以色列境内。一年后,根据以色列电视二台的影像资料,"伊斯兰国"的一个大型训练营出现在以色列戈兰高地边境,并招募了大约 300 名当地青年,此外还播出了一名武装分子手持"伊斯兰国"的"国旗"站在戈兰高地以色列境内的照片。② 2017 年 4 月,"伊斯兰国"向以色列国防军开火,虽然事后"伊斯兰国"主动道歉,并承认不愿与以色列为敌③,但还是反映出以色列处于恐怖势力的威胁之下。

在最新一项关于以色列威胁的调查中,有 39% 的以色列民众认为外部威胁是国家的主要威胁,其中有 31% 的民众认为以色列最主要的外部威胁来自北部叙利亚和黎巴嫩真主党,有 9% 的民众认为恐怖主义是以色列的头号敌人。④ 这项调查可以反映出以色列所受到的外部威胁是巨大的,近年来虽然"伊斯兰国"的势力在叙利亚和伊拉克有所衰落,但其在西奈半岛的势力很有可能会有所增强,从而继续直接或间接威胁以色列的安全。

三 西奈恐怖主义威胁下以色列的反恐举措

国际反恐局势在"9·11 事件"之后逐步向全球协调化发展。随着反恐形势的复杂化,以色列开始面对不断恶化的周边国际环境,尤其是在西奈半岛

---

① Seth J. Frantzman, "Golan ISIS Threat Looms Large over Israel and Syrian Rebels," *The Jerusalem Post*, December 4, 2017, http://www.jpost.com/Middle-East/Golan-ISIS-threat-looms-large-over-Israel-and-Syrian-rebels – 515888.
② Tyler Durden, "Israeli TV Shows Footage of ISIS Training Camp on Israel's Border," *Zerohedge*, October 13, 2017, https://www.zerohedge.com/news/2017 – 10 – 13/israeli-tv-shows-footage-isis-training-camp-israels-border.
③ Chloe Farand, "Isis Fighters 'Attacked Israel Defense Forces Unit, then Apologized' Claims Former Commander," *Independent*, April 25, 2017, https://www.independent.co.uk/news/world/middle-east/isis-israel-defence-force-apology-attack-unit-golan-heights-defense-minister-moshe-ya-alon-a7700616.html.
④ Zipi Israeli, "Survey: Israelis Worry Most about Threats Internally and from the North," *The Jerusalem Post*, January 27, 2018, http://www.jpost.com/Jerusalem-Report/The-Israeli-public-Worried-about-threats-internally-and-from-the-north – 539684.

"基地组织"和"伊斯兰国"的分支出现并对以色列本土形成威胁后,以色列开始实行一系列反恐措施,捍卫国家领土安全。虽然以色列北部的"伊斯兰国"势力并没有像对其他周边国家一样对以色列形成实质性的危害,但西奈半岛局势的发展已经在以色列内部形成了伊斯兰极端团体,且这些团体已经选择支持"伊斯兰国"。此外,以色列本土的阿拉伯人遭受的不公正待遇以及以色列在巴勒斯坦建国问题上的态度让许多以色列的阿拉伯人变得激进。[1] 因此以色列对"伊斯兰国"和其他国内外恐怖主义势力保持了足够的警惕,并在更广泛的领域内寻求国际反恐合作。

(一)强化对西南边境的防御治理

以色列的反恐行动首先从本土开始。虽然以色列长期处在恐怖主义的威胁下,但此次西奈半岛恐怖势力的兴起开启了以色列反恐的新阶段。以色列的反恐策略包括:情报收集与分析,针对恐怖组织的军事和准军事行动,商业航空安全,防止生化武器袭击和加强民众的心理教育。[2] 在以色列2015年穆斯林斋月的一项调查中,以色列电视十台调查了以色列穆斯林是否有过反对犹太人和支持"伊斯兰国"的经历。结果显示之前并不支持哈马斯的穆斯林已经主张暴力或者直接接受了哈马斯的主张,其中与哈马斯有过接触的人变得激进,有的已经支持了"伊斯兰国"。[3] 早在2014年9月,以色列就已宣布"伊斯兰国"是"非法组织"并禁止任何与"伊斯兰国"的联系。[4] 从2014年3月到2017年3月,以色列反恐部队先后发动了10次行动,击毙了包括哈马斯、真主党和伊斯兰极端组织在内的十几名领导人,其中2016年12月17日,以色列反恐部队在突尼斯击毙了前基地组织头目扎瓦赫里的兄弟穆罕默德·扎瓦赫

---

[1] Ariel Koch, "Israeli Black Flags: Salafist Jihadi Representations in Israel," *Military and Strategic Affairs*, Vol. 7, No. 2 (September, 2015), p. 126.

[2] Jonathan B. Tucker, "Strategies for Countering Terrorism-Lessons from the Israeli Experience," *Coin Central*, June 4, 2008, https://coincentral.wordpress.com/2008/06/04/strategies-for-countering-terrorism-lessons-from-the-israeli-experience/.

[3] Ariel Koch, "Israeli Black Flags: Salafist Jihadi Representations in Israel," *Military and Strategic Affairs*, Vol. 7, No. 2 (September, 2015), pp. 126 – 127.

[4] Aviad Mendelboim & Yoram Schweitzer, "Report on Suicide Attacks in 2017: Fewer Attacks, More Women Bombers," *INSS Insight*, No. 1008, January 7, 2018, p. 4.

里（Mohammed Zawahri）。① 为了保障边境安全，防止巴勒斯坦恐怖主义势力对以色列本土的袭击，2016年2月，以色列总理内塔尼亚胡建议要在以色列与巴勒斯坦边界修建安全防护墙。②

此外，以色列也加强了其南部边境和北部边境的防卫，防止恐怖主义分子通过西奈、约旦和黎巴嫩进入以色列境内。在内部，以色列加速强化内格夫的治理和管理，特别是对内格夫贝都因人的身份管理，防止西奈恐怖组织在内格夫地区蔓延。穆巴拉克下台后，以色列一度担心埃以和约的地位，忧虑埃及新政权无法保证西奈埃以边界的安全。埃以实现和平后，以色列一直在南部边境执行"流动防御"政策，根据情报而机动增减军力部署，但由于埃及对西奈半岛的控制捉襟见肘，特别是恐怖分子越来越多地从南部边境潜入，以色列不得不改变先前"重北轻南"的军事策略，加强南部边境的军力部署，并加紧建设埃以边界墙，以进一步保障以色列的南线安全。③

（二）加强与埃及的安全合作，寻求其他阿拉伯国家的支持

2011年后埃及政局动荡，埃以关系有所恶化。穆尔西执政时中断了与以色列的天然气合同，同时出访伊朗，召回驻以大使，并加强与哈马斯的情报合作，导致埃以关系陷入低谷。随着西奈半岛恐怖主义力量不断扩大，塞西上台后主动疏远了与哈马斯的关系，并将穆斯林兄弟会列入恐怖组织，修复和以色列的关系。两国还同意在西奈半岛协调开展军事行动：埃及可以在西奈半岛派驻重兵，而以色列可以在西奈半岛围剿极端分子。埃以关系回暖，使仍旧处于变革之中的埃及在西奈半岛反恐问题上得到了以色列的大力帮助，特别是情报支持。而以色列则借助埃及之手实现对西奈半岛恐怖主义力量的打击。

在以色列的支持下，埃及对西奈半岛的极端组织发动了多轮反击。2012年8月，埃及军队在西奈北部的一个村庄中击毙6名极端分子，塞西亲往西奈

---

① "Israel Counter-Terrorism: Targeted Killings of Terrorists," Jewish Virtual Library, http://www.jewishvi rtuallibrary.org/israeli-targeted-killings-of-terrorists.
② "Fact Sheets: Israel's Security Fence," Jewish Virtual Library, http://www.jewishvirtuallibrary.org/israel-rsquo-s-security-fence.
③ 张倩红、刘丽娟：《埃及变局后的以色列与埃及关系》，《西亚非洲》2012年第2期，第30页。

半岛指导作战，利用飞机和火箭炮轰炸极端组织的基础设施。当年8月14日，埃及法庭判处一神论与圣战组织14名极端分子死刑。2013年之后，埃及政府加大对极端组织尤其是"伊斯兰国"支持的耶路撒冷支持者的打击。2013年8月，政府军在西奈半岛打死78名极端分子并逮捕203人；2014年2月，埃及政府军又打死了至少112名极端分子。① 2014年10月24日极端组织对埃及军队发动汽车炸弹袭击，埃及宣布西奈北部和中部进入为期3个月的紧急状态，并实行宵禁。埃及政府关闭了拉法通道，试图掐断极端组织的资金来源渠道，并将袭击军队警察以及设置路障都宣布为恐怖主义罪行。另外，塞西政府逮捕支持亲穆尔西的学生，宣布穆斯林兄弟会为非法组织，予以解散。塞西还成立了特种快速干预部队，决心与极端组织斗争到底。2015年7月1日，极端组织袭击至少造成60人死亡，其中多数是埃及军队士兵，埃及军方随后发动空袭，打死了至少120名极端分子；② 2017年1月13日，埃及内政部宣布政府军在西奈半岛北部阿里什的一幢公寓楼中击毙了10名"伊斯兰国"恐怖分子。③

2017年以来，以色列与埃及针对西奈半岛北部的极端组织发动了数月的联合攻势。在埃及总统塞西的允许和支持下，以色列军队运用无人机、直升机和喷气战机在西奈半岛北部对极端恐怖组织发动了至少100次攻击。④ 在埃及政府与以色列的共同努力下，西奈半岛北部反恐取得了局部效果，但西奈半岛的安全局势并没有因此得到根本改善。2014~2016年，在西奈半岛北部极端分子几乎每天都会发动袭击，造成数百警方、军方人员伤亡。2016年7月，埃及议长阿里表示，埃及政府已经将恐怖分子和走私者清除出西奈半岛的大部分地区。但即便如此，西奈半岛依然是极端组织活跃的舞台，2016年12月31日，西奈半岛北部阿里什发生路边炸弹袭击事件，造成2名军警身亡；2017

---

① Ahmed Mohamed Hassan & Yara Bayoumy, *Bedouins Drawn into Egypt's Islamist Fight*, Egypt Sinai Tribes, July 15, 2015, p.4.
② Ahmed Mohamed Hassan & Yara Bayoumy, *Bedouins Drawn into Egypt's Islamist Fight*, Egypt Sinai Tribes, July 15, 2015, p.4.
③ R. Green. *ISIS in Sinai and Its Relations with the Local Population—Part I*, April 26, 2017, https://www.memri.org/reports/isis-sinai-and-its-relations-local-population—part-i.
④ Ishaan Tharoor, "Israel's Growing Ties with former Arab Foes," *The Washington Post*, February 5, 2018, https://www.washingtonpost.com/news/worldviews/wp/2018/02/05/israels-growing-ties-with-former-arab-foes/?noredirect=on&utm_term=.e1bd3b7b281b.

年1月9日，该市的一个检查站遭到炸弹袭击，造成至少9名军警死亡、10人受伤。即便叙利亚"伊斯兰国"势力在2017年被严重挫败后，其分支依然盘踞西奈半岛并随时可能发动新的袭击。2017年11月24日，"伊斯兰国"分支在西奈半岛北部小镇比勒·阿布德（Bir al-Abd）附近一个正在举行周五聚礼的清真寺内发动爆炸袭击，并对四散的人群进行扫射，造成包括27名儿童在内的至少305人死亡，128人受伤，成为埃及现代史上最惨烈的伊斯兰极端主义袭击事件。塞西政府事后派出无人机进行反击，并发誓极端主义"将受到惩罚"，但并未指明接下来反恐的具体步骤。① 在此情形下，以色列和埃及之间需要进一步加强合作，埃及需要以色列的空军和反恐技术的进一步支持，而以色列则更加需要埃及来维持边境稳定，最大限度减少西奈恐怖势力对以色列的威胁。

以色列在加强与埃及的反恐合作之时，也注意加强与其他阿拉伯国家的合作。以色列和沙特之间的反恐合作已悄然展开。在沙特的带领下，多个阿拉伯国家选择支持反恐，支持以色列在西奈半岛的反恐行动。2017年11月26日召开的伊斯兰军事反恐联盟大会上，沙特、阿联酋、巴林等41国达成一致共同反恐，适逢西奈清真寺遭"伊斯兰国"袭击事件爆发，沙特表示伊斯兰反恐联盟"将把恐怖分子从地球上清除掉"。② 以色列的积极反恐合作政策正在赢得更多阿拉伯国家，尤其是海湾国家的理解和支持。

（三）加强与西方盟国的反恐合作，务实调整地区外交政策

以色列在开辟同周边阿拉伯国家反恐合作新战线的同时，还重视与传统西方盟国的合作。首先，以色列政府保持了与美国的密切合作关系。特朗普上台后，以色列与美国合作关系进一步发展，在中东战略诸多问题上保持一致。以色列积极寻求与以美国主导的全球反恐同盟的合作，在西方同盟的帮助下，以色列增强了反恐实力，培养反恐精英部队，建立新型智能影像网络，并加强了

---

① Maggie Michael & Hamza Hendawi, "305 Worshippers, including 27 Children, Killed in Egypt Mosque Attack," *Time*, November 25, 2017, http：//time.com/5036386/egypt-mosque-attack/.

② Anuj Chopra, "Saudi Arabia Vows New Islamic Alliance 'Will Wipe Terrorists from the Earth'," *The Times of Israel*, November 26, 2017, https：//www.timesofisrael.com/saudi-arabia-vows-new-islamic-alliance-will-wipe-terrorists-from-the-earth/.

网络监控和网络反恐能力，2016年，以色列的恐怖袭击事件因此降低了10%。① 美国向以色列提供反恐资金、技术和武器，作为回报，它可以从以色列获取最新反恐经验和情报资源，并将之运用到本土的反恐之中。② 以色列与西方同盟之间实现情报和新技术共享，使恐怖主义难以藏身，同时以色列与西方加强合作，也推动西方社交媒体如脸书和推特等不再成为恐怖主义宣传的平台，转而变为监督极端组织的有力武器，及时预警恐怖袭击，避免更多人员伤亡。

面对恐怖主义在领土周边的肆虐，以色列在联合阿拉伯国家共同反恐的同时，对阿拉伯世界的外交政策趋于缓和。2016年6月15日，以色列外交部总司长多尔·戈尔德（Dore Gold）表示"以色列与许多逊尼派阿拉伯国家之间存在着共同的战略利益，这一点已经不再是秘密"③。过去几年里，以色列领导人曾多次秘密访问沙特，商讨埃以和平条约变更问题；2016年，在以色列的斡旋下，埃及将原属于沙特的两个小岛还给沙特，这实际上反映出沙特已经接受埃以和约，从而成为该和约的一个参与者。此外，面对伊朗的压力和威胁，内塔尼亚胡需要发展与阿拉伯国家间的友好关系，并视巴勒斯坦为友邻。在犹太人定居点上，以色列坚持无条件与巴勒斯坦和谈，也希望得到巴勒斯坦的友善对待。④ 如今的以色列需要多方面的合作，不仅仅是对抗恐怖主义，也是为了维持以色列在中东的全面安全，推进中东和平进程。

需要注意的是，虽然以色列与一些阿拉伯国家有了共识与合作，但是以色列与除埃及、约旦之外的国家并没有签订和平协议。现阶段在反恐层面，西奈的恐怖势力已经对以色列造成了极大威胁，以色列已经与埃及实现了稳固的反

---

① Gilad Erdan,"We Must All Join Forces to Defeat Terror," *Newsweek*, May 22, 2017, http://www.newsweek.com/lets-create-new-international-alliance-against-terror-613694.

② Daniel K. Eisenbud,"US Police Chiefs Visit Israel To Learn Counter-Terrorism Techniques," *The Jerusalem Post*, August 3, 2016, http://www.jpost.com/Israel-News/US-police-chiefs-visit-Israel-to-learn-counter-terrorism-techniques-463090.

③ C. Hart,"Israel's Emerging Mideast Foreign Policy," *American Thinker*, June 18, 2016, https://www.Americanthinker.com/articles/2016/06/israels_emerging_mideast_foreign_policy.html.

④ "Israeli Settlements and International Law," Israel Ministry of Foreign Affairs, November 30, 2015, http://mfa.gov.il/MFA/ForeignPolicy/Peace/Guide/Pages/Israeli%20Settlements%20and%20International%20Law.aspx.

恐合作关系,同时最大限度允许埃及政府军队在西奈半岛从事反恐行动,并提供了必要的监控情报、反恐技术和经验。但西奈半岛恐怖主义依然活跃,因此以色列需要更多阿拉伯国家支持,和沙特等海湾国家的合作显得尤为必要,除了由于这些国家在"阿拉伯之春"后对以色列政策温和化之外,也顺应了国际反恐合作的大趋势。以色列与阿拉伯国家合作的另一个考虑是防止以色列北部"伊斯兰国"与"基地组织"在戈兰高地和约旦对以色列发动恐怖袭击,成为西奈恐怖组织进攻以色列的支援。叙利亚政府早已失去了对边境的控制,许多新兴的恐怖组织如努斯拉阵线(Jabhat al-Nusra)在基地组织的名义下发动对以色列的攻击,同时"伊斯兰国"利用约旦强大的穆斯林兄弟会组织,也可能会从约旦向以色列进攻。[1] 虽然"伊斯兰国"对以色列的直接袭击仍较少,但以色列的确面临着三面同时被极端组织威胁的局面,因此加强区域反恐合作是以色列必须做出的选择。

四　西奈半岛安全局势的前景

西奈半岛极端主义和恐怖主义势力在20世纪70年代兴起,2011年埃及巨变后、穆尔西上台时达到顶峰,今天西奈半岛的安全局势依然十分严峻。尽管埃及近年来一直采取高压态势打击恐怖主义,但埃及政府对西奈半岛的局势尚未完全控制。随着"伊斯兰国"势力在中东核心地区的瓦解,其派生出来的新圣战团体却在西奈半岛不断涌现,西奈半岛在未来很长一段时间内安全局势依然令人担忧。

此外,西奈半岛的恐怖主义继续利用当地贝都因人对埃及和以色列的不满,获得他们的支持,恐怖主义也因此持续不断得到新的人员补充。埃及政府在旅游景点开发过程中侵占贝都因人的领地,并在旅游行业中限制贝都因人的就业机会,造成贝都因人与政府和其他民族的矛盾加深,西奈半岛的社会环境处在相对不稳定状态。埃及政府在反恐战争中,非但没有保护平民,反而使贝

---

[1] Shlomo Brom & Yoram Schweitzer, "Israel and the Salafi Jihadist Threat," in Shlomo Brom & Anat Kurz, eds., *Strategic Survey for Israel 2015 – 2016*, p. 63.

都因平民的房屋财产损失巨大。① 多年来贝都因人的被动状态,加上他们自身的游牧与无政府民族特性,迫使他们选择支持极端恐怖组织来保障基本生存。因此,贝都因人的持续加入成为西奈恐怖主义难以根除的重要因素,也是威胁半岛安全的一大隐患。

1979年埃以和约签订以来,西奈半岛一直驻守有多国部队,在埃及、以色列和美国的支持下,这支部队为维护西奈局势做出了贡献。但是西奈半岛极端组织的兴起改变了这支部队的部署,多国部队的驻守点从1982年的44个下降到2015年的3个,人数由20世纪80年代初的2700人下降到2015年的1700人左右。随着西奈半岛局势的恶化,埃及反恐出现诸多不利,多国部队赖以生存的资金也受到削减。② 虽然多国部队依然承担着打击恐怖主义、保护西奈半岛安全的任务,但仍将受到西奈半岛恐怖主义的持续制约,而美国、埃及和以色列之间的关系是否稳定将会成为多国部队履行职责的关键,西奈半岛的安全前景存在太多不确定的因素。

周边严峻的反恐局势,使以色列不断反思它与阿拉伯国家之间的关系,在共同的恐怖主义威胁中双方日益走向合作。在美国对中东事务干预逐渐减少的今天,以色列与阿拉伯之间的反恐合作显得尤为必要,对维护国家安全有重要意义。

在阿拉伯地区四面受敌的情况下,以色列建国后长期的国家安全政策是自保。但巴以和平进程启动和埃以、约以建交以来,以色列的安全环境大幅度改善,自身实力也显著增长。"阿拉伯之春"后,受到波及的一些阿拉伯国家主动缓和与以色列关系,尽管以色列的敌人如伊朗和真主党等依然存在,但以色列国家安全已经从求生存变为长期合作,如今西奈半岛恐怖主义的蔓延加强了以色列在反恐方面与阿拉伯国家合作的决心。西奈半岛的恐怖主义是叙利亚和黎巴嫩恐怖势力的重要支持者,也是除了伊朗之外以色列国家安全的头号威胁,尤其是在经历了1982年和2006年两次黎巴嫩战争后,西奈半岛的动向更让以色列持续关注。

---

① Zack Gold, "North Sinai Population Continues to Sacrifice for Egypt," *The Tahrir Institute for Middle East Policy*, May 18, 2015, http://timep.org/commentary/north-sinai-population-continues-to-sacrifice-for-egypt/.

② Assaf Orion, "Steadfast Vision, Flexible Implementation: The Multinational Force and Observers in Sinai," *INSS Insight*, No. 837, July 25, 2016, p. 4.

以色列建国迄今已有 70 年。在长期的战争与和平中，以色列逐步用实力和灵活的外交政策在中东站稳了脚跟，开始领导中东事务。以色列建国以来一直遭受着来自各种恐怖组织的威胁和袭击，尤其是 2011 年以来，西奈半岛的恐怖主义势力与"伊斯兰国"的兴起给以色列带来了新的挑战。恐怖主义在给以色列带来威胁的同时，也提醒着以色列作为地区大国在反恐方面的重任。随着埃以和平条约的持续以及阿拉伯国家与以色列之间出现合作趋势，以色列在中东和平进程中国家安全观也发生了变化，从生存者变为了主导者和合作者，以消除国家周边恐怖主义威胁为目标，在与美国友好关系的基础上，积极组织参加在西奈半岛的反恐行动，实现共同安全。如今以色列的反恐行动还在继续，但西奈半岛的恐怖袭击仍持续不断，和平与稳定仍是未知数，在未来一段时间内将继续威胁以色列的国家安全。

B.6 海洋作为以色列力量的重要组成部分

〔以〕沙乌勒·科勒夫（Shaul Chorev）　〔以〕埃胡德·高恩（Ehud Gonen）*

摘　要： 进入21世纪的第二个十年，海洋已经成为以色列安全和幸福的重要组成部分。这个领域既承载着机遇，又面临着挑战。海洋对以色列的重要性主要体现在安全方面。以色列是一个经济孤岛，它的对外贸易基本上靠海路运输。除了严重依赖海路进出口货物外，随着以色列近海天然气的开发和地区政治环境的日趋复杂化，新的海洋安全挑战也随之出现。东地中海和邻近的红海，依旧处在动荡之中：叙利亚内战已经演变成一场有众多国家和非国家行为体参与的区域战争。考虑到海洋对以色列的重要性，考虑到沿海经济的飞速发展和日益增长的与海洋相关的安全需求，在与经济发展并存的各种需求（如保护生态系统和海洋遗产）之间谋求平衡变得至关重要。

关键词： 以色列　海洋安全　海洋战略　近海油气

"必住在海口。"（《圣经·创世记》49：13）

在21世纪第二个十年的今天，海洋显然已经成为以色列安全和幸福的重

---

* 〔以〕沙乌勒·科勒夫，海法大学政治科学学院教授、海法海洋政策与战略研究中心主任，曾任以色列原子能委员会主席，在以色列核防卫、生物化学防卫及海军作业领域担任过许多重要职务；〔以〕埃胡德·高恩，海法海洋政策与战略研究中心研究员、海法大学亚洲研究系在读博士生，他曾在以色列经济部工作20余年，担任过许多职务，其中包括对外贸易管理局首席经济师、以色列驻新加坡大使馆和驻澳大利亚大使馆商务专员。

要组成部分。以色列是一个经济孤岛,它的对外贸易基本上靠海路运输。所以,怎么强调它在海洋安全方面的利益都不过分。除了完全依赖海运航线进出口货物外,随着以色列近海燃气设施的开发和地区政治环境的日趋复杂化,新的海洋安全挑战也开始出现。东地中海及邻近的红海,依旧处在动荡之中:叙利亚内战已经演变成一场有众多国家和非国家行为体参与的区域战争。这场战争直接关系到伊拉克的斗争,间接关系到利比亚、也门、索马里和埃及西奈半岛的冲突及敌对行动。伊朗支持叙利亚阿萨德政府,它与俄国一起参加战争,并利用形势提升自己的区域地位,以期进入地区超级大国行列。

海洋对以色列越来越重要,例如加快海域经济的发展——包括建设港口、进气设备之类的沿海设施。所以,以色列有许多与海洋相关的安全需求。同时,它在谋求与安全和经济发展并存的各种需求之间的平衡,如保护生态系统和海洋遗产。本文将依照上述考虑从海洋角度出发评述以色列的经济与安全。

一 历史背景

以色列地处亚洲西端,地中海东岸的黎凡特地区。在以色列靠近地中海的海岸地区,海事活动一直不断,既有商业性质的活动,又有军事性质的活动。几大古老文明都坐落在地中海沿岸地区,濒临大海的地理位置深刻地影响着文明的发展。它不仅提供了贸易路线、殖民路线、战争路线,还提供了粮食运输路线。

整个黎凡特地区,特别是以色列地对大国来说有着超乎寻常的吸引力,很多帝国统治过这个地区。从埃及法老图特摩斯三世跨海征服叙利亚开始,在至少3500年的时间里,东地中海一直是世界政治发展的主要舞台。这块海域曾经是且依然是军事行动和贸易活动的重要通道。保护所谓的海上交通线既是所罗门时代、荷马时代、希罗多德时代、屋大维时代的一个挑战,又是苏莱曼大帝时期、拿破仑时期以及埃德蒙·阿伦比将军时期世界领导人的关注点。地中海帝国只有控制黎凡特才能实现长治久安。不管是罗马还是迦太基,一个地中海帝国要想控制北部和南部沿海地区,必需依赖它在黎凡特的东部侧翼。因为没有黎凡特,地中海大国只能完全依靠海上航线来控制其他海岸。

1917年年末,英国军队将奥斯曼帝国逐出中东地区,英法两国通过瓜分中东地区的《赛克斯—皮科特协定》，确定新的中东边界。《赛克斯—皮科特协定》使英国控制开始被各方称为"巴勒斯坦"的地区。在1917年的《贝尔福宣言》中，英国承诺支持犹太人在巴勒斯坦建立"民族家园"。1922年6月，英国从国联获得巴勒斯坦的委任统治权，由此取得继续控制该地区的合法性。此后，海洋成为以"拓荒者"著称的犹太移民进入巴勒斯坦的主要通道。1939年，因为《1939年白皮书》的出台，英国减少准许进入巴勒斯坦的犹太移民数量。所以，在这一年出现了秘密移民活动，成千上万的欧洲犹太人乘船逃离纳粹魔掌，动身前往巴勒斯坦。英国皇家海军截留了许多这样的船只；其他船只则因经不起风浪而遭遇海难。从20世纪30年代末到1948年以色列建国，超过11.5万个犹太人乘141艘游轮经由海路来到巴勒斯坦。[①]

"征服"海洋是巴勒斯坦犹太代办处，也是以色列国成立之初的目标之一。建国前几年，以色列首任总理大卫·本·古里安在一场演讲中展示了他对以色列海域的看法："比起隔开各个民族的陆地，海洋是一体的，它使民族之间的联系更加亲密，它体现了人类的团结，打开了陆地无法企及的视野和天际。只有在广阔的海洋里，人们才能感受到自然的伟大和力量。那个用手工制作的小船跨越大洋的人，展示了人类精神胜过辽阔大自然的地方，它增强了人类的勇气，使其接近自然、俯瞰自然。征服自然对以色列这样的小国家来说更为重要。因为对海洋的征服会延伸扩展，只要我们知道海洋不是边界和障碍，而是进入浩瀚帝国的通道和桥梁，而该帝国将随着奔流不息的海浪而无限延伸。"[②]

二 战略纵深（基于地理和人口统计）

以色列是世界上人口密度最大的20个国家之一。据估计，到21世纪中期，它很可能成为世界上最拥挤的国家。以色列在沿海地区修建海水淡化工厂、发电站和其他基础设施。而海洋是未来以色列扩张空间，弥补其战略纵深

---

① Mordechai Naor, *Haapala*: *Clandestine Immigration*, *1934 – 1948* (in Hebrew), Tel Aviv: Ministry of Denfense Publishing House, 1987.
② "Israel Prime Minister David Ben Gurion address the Israeli Navy Cadets on the graduation ceremony 1950," *Hazon Ve' derech*, Vol. 3, MAPAI party edition, 1953, p. 17, http://lib.cet.ac.il/pages/item.asp? item = 23702.

不足的选择之一。

以色列临地中海海岸线长度为196公里左右,其中只有大约53公里是天然的开阔海滩。这个国家40%以上的人口居住在离海岸线不足十公里的狭长地带。① 在以色列沿海地区,有海港、码头、发电厂、军事基地(海军基地,用来测试武器)、基础设施,当然也有想在海边生活、悠闲的老百姓,这些人与物之间存在竞争关系。

放眼望去,以色列是经合组织成员国中人口出生率最高的国家。② 人口的增长除了要求分配住宅用地外,还要求建设公共基础设施,其中一些基础设施必须建在有水的地方(如发电厂、海水淡化设施和港口)。应该指出的是,自2009年在以色列专属经济区发现天然气以来,以色列公众围绕在哪铺设连接海岸的燃气管道展开热烈的讨论。没有一个市政府同意在其辖区内铺设燃气连接设施。这反映了沿海地区土地稀缺的程度,即便讨论的是重要的民族工业和公共基础设施。

解决土地短期问题的一个可能的方案,也是其他国家普遍采用的方案是在海上和人工岛上开发土地。人工岛的修建解决了以色列大型工业设施空间缺乏的问题,也为建在海岸边的设施提供了一个替代选择,这些设施不仅抢占了宝贵的地产资源,还对环境造成破坏。在将近20年的时间里,以色列政府一直思考在以色列海岸对面建造人工岛的可能性。然而直到2012年,它才对面向工业和基础设施集群的人工岛建设展开可行性研究。政府的两个特别决议③为相关部门规划这些岛屿铺平了道路。

海域为以色列带来的一个重要好处就是弥补了它在战略纵深方面的不足。考虑到以色列狭长的地理特征,前线或战区与省会城市、核心工业区、军事设施、中心地带及人口聚集区的距离非常近。地中海提供的战略纵深将在以色列的安全防卫中发挥日益重要的作用。以色列海洋安全的另一个重要因素是海豚

---

① Israel Central Bureau of Statistic, Demographic Report 2013.
② OECD, *OECD Factbook 2015 - 2016*: *Economic*, *Environmental and Social Statistics*, Paris: OECD Publishing, 2016, p. 15, http://dx.doi.org/10.1787/factbook - 2015 - enorhttp://www.oecd-ilibrary.org/economics/oecd-factbook - 2015 - 2016/total-fertility-rates_factbook - 2015 - table3 - en.
③ Israel Government Decisions Number 4776 from 17.06.2012 and Number 3344 from 07.01.2018.

级潜艇舰队。这些现代化潜艇装备了不依赖空气推进装置，该装置增强了潜艇在水下的耐力。潜艇的任务从执行封锁行动、开展侦查和情报搜集工作到执行特殊行动任务不一而足。所以，潜艇既可以充当可靠的反舰艇平台，使以色列能够控制东地中海、保卫其海上交通线，又可以秘密地侦查敌方海岸。最后，使用潜艇能够弥补以色列在战略纵深上的不足。

以色列的领海面积占其领土面积的16%，它的专属经济区有22000平方公里——比以色列在1967年"六日战争"前的总面积还大。如今，以色列遭遇的主要安全威胁是那些企图毁灭它的人对其发射的大量弹道导弹和火箭弹及其不断提高的精准度。另一个安全威胁是它在该地区的敌人不断尝试开发大规模杀伤性武器。这些威胁旨在侵蚀以色列的国民韧性和士气。海洋领域赋予以色列额外的多维空间，利用这个空间以色列可以保护、防卫、威慑以上谈到的任何一种威胁。

三 保卫以色列的海岸线

自诞生之日起，沿海安全一直是以色列重点考虑之事。随着近海天然气设施的增多，随着红海逐渐成为地区乃至世界大国的角逐之地，新的海洋安全挑战也随之出现。保卫以色列的海岸和海上边界线是以色列海军的主要任务之一。这些年来，阿拉伯国家和恐怖组织屡次尝试潜入以色列海岸，从海上袭击以色列：最早发生的是1956年10月，埃及驱逐舰"易卜拉欣·阿尔·欧瓦尔"号（Ibrahim al-Ouwl）企图轰炸海法市，接着是恐怖组织多次尝试从海上潜入以色列，有几次还获得成功（如1974年和1979年袭击纳哈里亚市，1978年袭击沿海公路），最近发生的是2014年哈马斯从南部潜入齐吉姆（Zikim）海滩。

除了保卫海岸线之外，过去十年，以色列海军又多了一个保护天然气设施的任务。增加这个任务是非常必要的，因为海上天然气田和提取、加工、运输精炼产品的设备都极易受到攻击。

中东地区另一个不断上升的挑战是海上恐怖主义问题。恐怖组织一般不具备强大的海上打击能力。但是，随着利比亚、叙利亚和也门的崩溃，这一形势可能发生变化。对伊朗核协议的一个主要批评是解除经济制裁会加强伊朗支持

恐怖组织和恐怖活动的能力,而这些组织和活动使中东变得不稳定。东地中海国家的在航船只或停在海港的船只面临遭受攻击的可能。类似事件已时有发生。比如,2000年10月,美国海军制导导弹驱逐舰"科尔"号在也门遭遇袭击;2006年7月,真主党从黎巴嫩海岸向以色列海军护卫舰"INS哈尼特"号发射反舰艇导弹;2016年,阿联酋的"HSV-2斯威夫特"号在途经也门海岸时遭遇火箭弹袭击;2017年2月,一艘沙特护卫舰遭到一艘无人驾驶轰炸船的袭击,据美国海军判断,这艘船是伊朗产的。① 与此同时,哈马斯和真主党正在扩充自己的火药库,使其能够威胁到以色列的近海基建。哈马斯和真主党的火箭射程覆盖了以色列的大部分领海,然而他们尚不具备精确打击目标的能力。② 过去五年多以来,俄国一直在向叙利亚出售先进的超音速反舰艇巡航导弹("宝石"导弹,Yakhont missiles)。③ 这些导弹最终落到真主党手里,使其能够瞄准以色列的天然气平台和地中海上的船只。

作为以色列保卫能源设施努力的一部分,到这个十年结束的时候,以色列海军将装备四艘"萨尔-6"(Sa'ar-6)大型护卫舰,这是以色列与德国最近达成的协议的一部分。这些舰艇也被用来保卫以色列专属经济区的近海能源资产。但是,"萨尔-6"护卫舰无法应对潜艇、雇用商船攻击之类的全天候威胁。它有一定的脆弱性,2006年,对"INS哈尼特"号的袭击已经证明了这一点——这些舰艇的甲板又大又昂贵,它们很容易成为恐怖袭击的目标。所以,"萨尔-6"护卫舰可以成为沿海及海洋防卫系统的一部分,但决不能取代系统本身。该系统还应包括可以装在陆上设施、飞行器及"萨尔-6"护卫舰之上的其他国防组件。此外,因为海军基本上在沿海地区活动,所以需要一个快速的、机动的、专注于任务的、专门为近海作战环境、为打破不均衡的

---

① Sam LaGrone, "Navy: Saudi Frigate Attacked by Unmanned Bomb Boat, Likely Iranian," *USNI News*, February 20, 2017, https://news.usni.org/2017/02/20/navy-saudi-frigate-attacked-unmanned-bomb-boat-likely-iranian.
② Gili Cohen & Amos Harel, "Hezbollah: From Terror Group to Army," *Haaretz*, July 17, 2016, http://www.haaretz.com/st/c/prod/eng/2016/07/lebanon2/; "The Growing Reach of Hamas's Rockets," *New York Times*, July 13, 2014, https://www.nytimes.com/interactive/2014/07/13/world/middleeast/the-growing-reach-of-hamas-rockets.html.
③ Reuters Staff, "Russia Delivers Anti-Ship Missiles to Syria," *Reuters*, December 1, 2011, http://www.reuters.com/article/us-syria-russia-missiles-idUSTRE7B02LL20111201.

"反介入"威胁而设计的平台,这些"反介入"威胁包括水雷、潜艇以及快速、小型的水面船只——这些都是"萨尔-6"所不具备的。

四 俄罗斯介入叙利亚危机以及俄罗斯—伊朗联合轴心

2015年,俄国军队进驻叙利亚,特别是最近一段时间,俄国海军在该地区的活动明显增加,这是以色列要重点考虑的。俄国在东地中海永久持有的海军资产包括部署在叙利亚塔尔图斯港的10~15艘舰艇。2017年1月,叙利亚与俄国签署协议,将俄国对该海港的控制时间延长至49年,并将其领土主权交予俄国。该协议允许俄国开通、设置浮动泊位,从事修缮工作,以将该港口的吞吐量扩充至11艘战舰,包括核动力舰艇。① 这些舰艇按照"第五Eskadra"排列——这是冷战期间苏联在地中海地区运用的指挥结构。有时,俄国会补充几艘导弹护卫舰、核动力攻击型巡洋舰,甚至俄军仅有的一艘航空母舰以增援这些永久资产。虽然这些舰艇主要从事后勤工作,如运送军队和补给品,俄国也利用这些海军资产发射陆上攻击型导弹,作为其军事干涉叙利亚的一部分。俄国似乎在限制其在叙利亚海岸的海军活动(远距离巡洋导弹袭击除外),一些人认为其存在本身制约了以色列的行动自由,包括打击阿萨德政府向黎巴嫩真主党转移武器的行动。目前,俄以之间有避免军事冲突(主要是航空领域冲突)的协调约定。②

一个值得关注的相关问题是俄国—伊朗联合轴心在叙利亚的诞生。到目前为止,两国的合作似乎成功地捍卫了阿萨德政府,它们的合作也对以色列、温和逊尼派阿拉伯国家和美国的利益构成威胁。就上述联盟的海事方面而言,伊朗可能利用其在叙利亚(和也门)的海军基地,将其势力延伸到地中海地区,

---

① "New Russia-Syria Accord Allows up to 11 Warships in Tartus Port Simultaneously," *Deutsche Welle*, January 30, 2017, http://www.dw.com/en/new-russia-syria-accord-allows-up-to-11-warships-in-tartus-port-simultaneously/a-37212976.

② Barak Ravid, "Israel Asks Russia to Revise Military Coordination Due to New Russian S-300 Missiles in Syria," *Haaertz*, October 17, 2016, http://www.haaretz.com/israel-news/.premium-1.747643.

最近伊朗武装部队总参谋长穆罕默德·侯赛因·巴盖里（Mohammad Hossein Baqeri）将军也承认了这一点。① 伊朗在叙利亚和也门的海军基地将对以色列、沙特和美国产生令人不安的影响。此外，在叙利亚建设海军基地将使伊朗不依赖陆上车队散播武器，并为真主党提供其他形式的援助。伊朗在也门建设海军基地将增强其在南部地区的威胁，并为伊朗提供在红海入口处（曼德海峡）运用反介入策略的能力。另外，让伊朗在也门建立海军基地将更难阻止其向黎巴嫩和加沙走私武器。

以色列总理内塔尼亚胡告诉记者，以色列担心伊朗在叙利亚所长期存在产生的影响，他认为德黑兰可能会建立一个经由伊拉克、叙利亚进入黎巴嫩的走廊。② 2018 年 2 月 2 日，以色列打下了伊朗进入以色列领空的无人机，并摧毁了它在几百里外叙利亚境内的操控基地，该事件代表着以色列的红线，也展示了伊朗在该地区的野心。

五　海洋战略

以色列需要适合其独特需求及中东地区敏感地缘政治和安全形势的海洋战略。以色列地处三洲（非洲、亚洲和欧洲）、两海（红海、地中海）之间的战略位置为其在世界民族史塑造了一个特殊的角色。多年以来，以色列的地理位置没有任何变化，它的地缘政治环境却发生了巨变。其标志就是如今以色列的邻国都处在动荡之中，特别是叙利亚和黎巴嫩，它们被过去七年的内战和内部冲突折磨得体无完肤。在以色列的其他陆上边界地区，有大片的土地缺乏治理，埃及能否稳定下来尚不确定，约旦也有陷入动乱的可能。所有这些，加上与巴勒斯坦人的持续摩擦，以及一直存在的伊朗问题和伊朗核计划，迫使以色列三思而后行，采取行动巩固其国家安全和国民经济。一个

---

① Reuters Staff, "Iran May Seek Naval Bases in Yemen or Syria: Chief of Staff," *Reuters*, November 27, 2016, http://www.reuters.com/article/us-iran-navy-yemen-syria-idUSKBN13M08M.

② Herb Keinon & Michael Wilner, "US, Russia Tout Israel's Security Needs amid Concerns of Iran in Syria," *The Jerusalem Post*, July 18, 2017, http://www.jpost.com/Middle-East/US-Russia-tout-Israels-security-needs-as-Iran-threatens-to-entrench-military-presence-in-Syria–499994.

宏伟的海洋战略需要参与性①的战略方案②，以色列过去的情况及对未来可能发生事件的分析让我们毫不怀疑这一点。在综合性的海洋安全计划中需要考虑的领域如下。

（一）网络安全

世界各地的海洋部门极易受到网络攻击，而网络攻击的结果可能是毁灭性的。网络攻击威胁到所有的参与者：从油气公司、矿业公司、港口终端设施到针对全球货物或乘客建立的各种类型的航运公司。海上贸易越来越依赖以信息和通信技术著称的先进数据设备，其中的风险也在不断增长。在海事部门，几乎无人注意到网络安全方面的需要。航运业经济环境的不断恶化限制了航运公司斥资保护其信息、通信技术设备及基础设施的积极性。

以色列已经成为网络防卫技术领域的世界领导者。既然以色列的海港、天然气设施和基础设施已经成为重要的国家基础设备，那么它们理应得到相应的保护。

（二）近海天然气发现

直到最近为止，现代以色列国一直需要从其他国家进口能源，而国家决策者时刻担心能源供应的安全。这种状况在过去十年发生改变，因为在以色列的专属经济区发现了大型的烃类燃料矿田。"塔马尔"（Tamar，预计可开发的燃气储量为 2460 亿~2800 亿立方米）和"利维坦"（Leviathan，燃气储量为

---

① 这是一种与其他参与者合作以达成目标和利益的战略。从某种意义上说，这不是绝对的权力游戏，因为即使其他人有更多的权利，这也不能被视为一种威胁，只要其他参与者的国家目标没有受到损害。在参与性的宏伟战略中，战争不是联盟系统的常规政策工具，而是最后的手段，是对失败的承认，是在实际上解散联盟。这种联盟的形成有利于参与者应对外部挑战或对付威胁盟国共同利益的强大的外部敌人。此外，当联盟的一名成员明显比其他成员强大时，就有可能在改革战略层面上感受到这种影响，而改革战略会影响较弱参与者的身份和准则。这种战略可能造就三种世界秩序：（1）互惠的复杂依赖关系；（2）制度秩序，即建立联合机构促成国家间的合作；（3）自由秩序，即国家间的紧密合作，这些国家之间有着共同商定的原则和牢固的经济纽带。

② Rear Admiral Oded Gour-Lavie (Res.), "Now is the Time for a Grand Maritime Strategy," *Ynetnews*, March 9, 2017, https：//www.ynetnews.com/articles/0,7340,L-5011507,00.html.

4700亿~6200亿立方米）是以色列最大的两个天然气田。这些新发现的资源使以色列得以减少石油进口，减少使用污染比较严重的煤炭。建立能源工业能为许多以色列人提供商机和就业机会。它还能支撑以色列财政，保障以色列的能源独立，将以色列变成潜在的能源输出国。此外，还可以利用能源贸易增强这个国家的外交手段并重组以色列军队。虽然以色列与周围邻居的冲突不能通过出口天然气来解决，但这种出口有助于巩固现存联系，发展新的关系。

按照地质学估计，塔马尔气田和利维坦气田的联合储量足以在接下来30年为地区市场供应天然气，还可以留出一部分出口国外——大约占天然气总量的40%，这是政府听取泽马赫（Tzemach）委员会的结论后做出的决定。① 据以色列银行2015年估算，预计这个时期政府在天然气上的税收和财政收入将达到690亿~1000亿美元。②

尽管与其他国家相比，以色列用于出口的天然气数量相对较少，但其创新性的出口政策可以加强以色列与和其存在共同利益的国家之间的关系、减少冲突，从各个方面巩固以色列在亚、欧两洲的地位。然而有限的天然气储量、成本昂贵的出口设备意味着以色列不得不做出抉择，把某些市场摆在优先地位。

（三）海水淡化

2008年，以色列在灾难的边缘摇摇欲坠。长达十年的干旱炙烤着肥沃的新月地带，以色列最大的淡水资源加利利海的水位下降到离"黑线"只有几英寸的地方，而一旦到达"黑线"，盐水将不可逆转地渗入这个湖泊，进而永久地毁掉它。这一年，因为限制用水，以色列的许多农民损失了一年的收成。如今，人们普遍认为以色列是海水淡化领域的先锋，地中海也成为以色列的一个主要饮用水源。现在以色列50%以上的饮用水来自经过脱盐

---

① *The Recommendations of the Inter-Ministerial Committee to Examine the Government's Policy Regarding Natural Gas in Israel*, Executive Summary, September 2012, http：//archive. energy. gov. il/English/Subjects/Natural%20Gas/Documents/pa3161ed-B-REV%20main%20recommendations%20Tzemach%20report. pdf.

② Bank of Israel, *Bank of Israel's Comments to the Draft Outline with Regard to Development of the Gas Fields Discovered in the Economic Waters of Israel*, December 1, 2015, p. 9.

处理的海水。① 在解决用水困难的过程中，以色列创造了以前几年无法想象的方式改变这个地区的可能性。然而，对该技术的依赖也存在着一定的风险，它让这个国家的关键基础设施面临受攻击的危险，另外，海水淡化工厂需要巨大的能源支撑，它消耗的能量约占以色列总发电量的10%。

（四）通信——保障水下网络光缆的安全

全球90%以上的数据是通过海洋底部被称为海底通信光缆的电线传输的。以色列高度依赖将其同众多欧洲国家联系在一起的水下通信光缆系统。比如，连接以色列、塞浦路斯、西西里和意大利的是一条长达2250公里的光纤。这些地点的光纤又与遍布世界的海底光缆网络联结在一起。② 这些光缆极为耐用，它们的潜在带宽又相当庞大。此外，以色列通过三条独立的水下光缆同国外联系起来，这样，在某条光缆被破坏或被敌人利用的情况下，仍有其他光缆可以使用。

网络战争是最新出现的针对以色列的战争领域。几十年来，以色列海军一直在监视以色列附近海域船只的活动，以防范潜在的恐怖活动。以色列海军最近提升了自己的安全防卫性能，以保护新建的海洋采气设备远离各种设想的威胁。所以，最重要的是增强防范意识，调整现有的海上监视系统，以保证网络光缆路线能够被合理覆盖。其次需要快速地修复能力，这基本属于光缆公司的权限和利益范畴，政府只需实施监管和海上护航（紧急战争的情况下），以保证公司能够快速做出反应。

（五）海上边界划分协定及与黎巴嫩的边界争端

以色列和黎巴嫩的争议海域有330平方英里（约850平方公里），双方都声称这里属于自己的专属经济区，而这个争议地区可能存在丰富的碳氢化合物资源。2017年3月，黎巴嫩政府招标开发该争议地区的油气资源。以色列议

---

① Rowan Jacobsen, "Israel Proves the Desalination Era is Here," *Scientific American*, July 29, 2016, https：//www.scientificamerican.com/article/israel-proves-the-desalination-era-is-here/.
② Bezeq International, "JONAH Cable System," https：//www.bezeqint.net/english/carrier-wholesale-services/jonah-cable-system.

会也在商议出台法律,将该地区划入以色列专属经济区。① 黎巴嫩议会发言人告诉当地媒体,以色列议会的决定"相当于对黎巴嫩宣战"。② 因为以色列与黎巴嫩尚未建立正式的外交关系,以色列也不是《联合国海洋法公约》(UNCLOS)成员,这使两国的争执更加复杂化。而以色列的反应是呼吁给地区发展添加外交和经济选项。

(六)外贸、船只和港口

作为一个领土狭小的发达国家,以色列高度依赖对外贸易。外贸,包括进口和出口,占到以色列国民生产总值的60%以上。以色列的许多必需品,如能源、谷物等都严重依赖进口。

以色列与其邻国的贸易非常有限。因为缺乏大规模的陆上贸易,以色列的对外贸易(99%的货物)基本上靠海运实现。③ 所以,以色列是一个经济岛国。

航运业是世界上最全球化的行业之一,因为它不要求航运公司的登记国、船只的登记国(轮船悬挂的旗帜)与享受服务的国家之间具有某种联系。这使船只得以登记在方便的旗帜之下,以减少税收和管控。所以,在分析以色列舰队时,需要区分挂以色列旗帜的船只④和挂外国旗帜但受以色列管控的船只。⑤ 2017年初,有33艘船只属于以色列或受以色列控制,其载重吨位(DWT)达到1944420吨,其中8艘船,或者说16.4%的舰队(按载重吨位计算)挂以色列旗帜。

以色列商业舰队的容量很低,但它的海上贸易容量却很高,这意味着以色列大部分的进出口活动是由外国航运公司完成的。以色列的地缘政治状况要求为船只和海员搭建基础设施,以保证战争期间和紧急情况下也能

---

① The Maritime Areas Bill, 2014.
② Lisa Barrington & Dan Williams, "Israel, Lebanon Clash over Offshore Energy, Raising Tensions," *Reuters*, January 31, 2018, https://www.reuters.com/article/us-natgas-lebanon-israel/israel-lebanon-clash-over-offshore-energy-raising-tensions-idUSKBN1FK1J0.
③ Cargo Movement: Israeli Maritime Trade, Website of Ministry of Transport, State of Israel, http://asp.mot.gov.il/en/ports/chargers.
④ *Israel Law of Shipping* (shipping vessels), 5720 – 1960.
⑤ *Israel Law of Shipping* (all foreign vessels under the control of an Israeli entity), 5765 – 2005.

开展海上贸易。在这个背景下，需要商议的问题是是否有必要让指定的紧急情况下运送货物的船只全部归属以色列国有航运公司齐姆（Zim）公司、是否有必要了解这些船只的实际状况及其在紧急情况下能够被投入使用的方式。

全球约8%的贸易，主要是亚欧两洲之间的贸易，要经过苏伊士运河。因为以色列靠近苏伊士运河的北端，而这个国家法律清明、政治稳定（特别是与2011年以来该地区的动乱局势相比），优越的地理位置使以色列港口成为东地中海重要的中转贸易中心。而成为中转贸易中心有助于将依赖外贸的以色列经济同全球贸易链连接起来，有助于以色列进出口商人减少海上运输成本，有助于以色列拓展为航运业提供服务的相关行业。

目前，以色列正在开发两个海港——哈达若姆港（阿什杜德港）和哈米弗拉兹港（海法港）——目的是将容纳大型集装箱船的能力提升到18000个标准集装箱。从2021年起，海法港和阿什杜德港将根据目前亚洲驶向欧洲的船只不断增长的容积适当地配备处理转运和装载业务的设备。在中国政府"一带一路"倡议下，中国公司也参与到该地区的港口建设中去。[①]

中国公司在新港口拿下两个大的招标项目。自2021年起，中国公司上海国际港务集团（SIPG）将经营哈米弗拉兹港，这个港口建在海法港旁边。哈达若姆港则挨着阿什杜德港，它由中国建筑公司承建。

以色列有幸拥有连接红海（及印度洋）和地中海的独特地理位置，它对中国的丝绸之路愿景很具吸引力。与贝特谢安（Beit Shean）铁路相连的海法港已经成为约旦王国同欧洲贸易的西部通道。将埃拉特港同铁路网络联结起来以及埃拉特—阿什克伦输油管道的存在可能开启通过以色列港口进入中东乃至亚洲的国际贸易新纪元。很明显，从贸易额来看，它不能取代苏伊士运河，只是用不同的方式使贸易渠道更加多元化、多样化，从而达到减少并分散风险的目的。

---

① 2013年，中国政府公布了颇具雄心的"一带一路"倡议，该倡议囊括了中欧陆海通道上的一系列基础设施和运输工程项目。其官方目标是确保、促进中国贸易的双向发展：一是进口能源产品和原材料（主要从波斯湾、北非和东非）；二是将中国产品出口到欧洲（中国主要的出口市场）。

（七）渔业

以色列消费的鱼类产品中将近80%是从国外进口，15%来自当地的水产养殖，如鱼塘养殖、海基型网箱养殖，只有不到5%是由当地的渔业提供的。[①] 以色列年捕鱼量从20世纪50年代的2000吨左右增长到20世纪80年代中期的5000吨，自2017年以来，它的年捕鱼量又下降到2000吨左右。虽然捕鱼和造船技术越来越先进，但鱼类的产量却在下降，这是由多种原因造成的，主要原因是全球和地区气候的变化、污染以及过度捕捞。在以色列的沿海地带，因为海岸线极度暴露的性质，传统的网箱渔场非常少。在这种情况下，使用单点系泊系统和其他系泊系统的大型潜水网箱系统，作为可替代方案得到开发。农业部制定了在公海区域开发渔场（网箱养鱼）的政策，它还在该领域推出了几个试点项目。

（八）安全与维护

既要迎接上述安全挑战，保持海域经济的快速、大规模发展，又要继续利用海洋和海滨地区开展旅游和娱乐活动，这无疑给保护海洋环境、保护海上文化遗产带来挑战。在应对海洋安全的同时，以色列也要顾及环境、考古遗址和文化遗产地。

六　环境

东地中海和亚喀巴湾都处在地质活动活跃地带。这里形成了众多的水下栖息地，包括深海峡谷、凝沙块（石灰岩）山脊、广阔的沙坪、冷泉等。正是这些复杂多样的栖息地和独一无二的水下环境（高温、高盐度）推动了独特的、罕见的、形形色色的生物族群演变。

如今影响以色列海岸生态系统的主要因素有以下几个。

第一，雷塞普斯迁移。19世纪，来自印度洋和太平洋的物种开始通过苏

[①] Dor Adelist & Gil Rilov, "Trends in Israeli Fisheries in the Mediterranean," *Ecology and Environment* (in Hebrew), Vol. 1, No. 5 (2014), pp. 90–97.

伊士运河进入地中海，并在这里扎根下来。这些物种完全改变了以色列大陆架的生态系统，这里已经是外来鱼类的天下。其中一个最著名的例子是新闻报道中说的自20世纪80年代开始在东地中海成群出现的刺人水母。这些成群的水母会影响发电厂摄入冷却水、海水淡化设施摄入海水以及海洋水产养殖。在东地中海，海水养殖的产品主要有养在网箱里的有鳍鱼。在西地中海，已经出现几例因为水母爆发而造成的养殖鱼类死亡事件。

第二，因为1969年埃及在尼罗河上建造阿斯旺大坝以及以色列沿海河流的干枯，东南地中海已经成为世界上最缺营养的海域之一。

第三，全球和地区气候变化。地球的海洋正在升温，而东地中海海域的升温是有记录以来最高的。许多不能适应高温的本地物种已经从以色列海洋消失或大量减少。

第四，污染。在1990年以色列环境保护部成立之前，因为监管和执法的松懈，以色列的地中海生态系统成为众多有毒化学物品的倾倒场，其中一些物品严重损害了海岸生态系统及生活在其中的鱼类。

第五，过度捕捞、过量和过度开发。可以适当地通过捕捞开发渔业资源（限制出海天数、渔船数量、发动机排量及齿轮尺寸），过度捕捞将在中短期内（几个月到几年的时间里）影响到目标鱼类。

七　考古和文化遗产

在以色列海岸对面的地中海有着丰富的文化遗产资源，这些资源对国家和世界而言都具有重要意义。而且，这些资源是独一无二的，因为它体现了至少拥有8000年历史的人类海事活动的连续性。以色列海岸的结构使许多独特的资源得以保留，包括已经没入水下的新石器时代的村庄、迦南沉船的货物、港口的遗迹、铁器时代的货物（犹太王国时期），还有从罗马时期一直到奥斯曼时期的船只和港口。海洋考古研究的是从海岸到公海区域所有文化和物质遗产的遗迹，包括港口设施，沉船、货物部件及没入水中的史前村庄。海洋考古感兴趣的是被以色列法律定义为古代（公元1700年之前）的物品遗存，以及此后时期具有历史价值的遗物，比如出自19世纪甚至20世纪的轮船残骸，包括移民到以色列的人（秘密移民）使用过的船只，这些船只具有民族和历史价值。

如今保护以色列沿海地区海洋文化遗产问题正处在抉择的关键时期。海洋和沿海基础设施的发展，包括天然气设施、海水淡化工厂以及沿海地区的加速建设（尽管有着法律的保护），使许多地区的文化遗产处于受威胁的状态，包括以色列国的沿海地区、领海、毗邻水域和专属经济水域。与生态系统相比，文化资源属于不可再生、不可恢复的资源。它们一旦遭到破坏，对我们学习、重建以色列史和东地中海史都是不可逆转的损失。

结　论

随着以色列更多地使用天然气作为主要能源，海洋领域已经成为以色列越来越重要的组成部分；如今为以色列提供大部分饮用水的海水淡化设施正在不断发展；海上贸易的扩张为以色列增加了更多遍布全球的贸易伙伴；而海洋作为该国战略纵深的重要组成部分也得到承认。

这个地区正在发生一些战略性转变，正如之前所言，伊朗—叙利亚轴心力量的增强给以色列带来风险，但其他之前不曾存在的因素也在为以色列创造机遇。就像核扩散、恐怖主义、政治动荡和战争这样棘手的问题有时会创造有用的外交或战略机遇。通常从不合作的地区和世界大国在面对新危险时可能拥有共同利益。这些机遇也起因于新的经济状况。以色列应该继续说服两个超级大国（美国和俄国）阻止伊朗海军在叙利亚港口建立据点，作为俄国—伊朗—叙利亚轴心的平衡力，应该考虑加强同埃及和沙特在海洋领域的合作。

以色列需要同其他有海洋导向的民族一样走正式程序，先确定这个国家的海洋利益、制定涉及海域各个方面的政策。做完这些后，就可以制定包含既定目标和实现方法的海洋战略。

以色列的地缘政治环境要求建造服务民生和军用的基础设施。其中一些考虑是有必要让紧急情况下运送货物的船只隶属齐姆航运公司。以色列将继续提高港口作为以色列进出口货物通道的运营能力。它将努力简化程序，提高服务水平，降低进出口商人的运输成本、缩短在港货物的等候时间。

建设人工岛仍然是一个有用选项，它可以支撑净化、处理天然气的设备，承载电厂、海水淡化工厂和摄入氢气的设施。

以色列始终对外国投资者开放，它会权衡投资者为气田发展做贡献的潜力，以减少投资所涉及的经济风险。以保护生态系统为目标的前瞻性环境政策还会考虑近海天然气开发中的环境因素。这些因素包括为灾难所做的准备、研究避免灾难和应对灾难（一旦灾难发生的话）的方法，并明确界定应该参与这一活动的组织。海洋安全还包括保护文化遗产和考古遗迹。海洋安全是以色列整体安全考虑的核心领域。随着海洋日渐成为能源发现、水下管道、通信线路和全球运输的重要载体，各种各样挑战也随之出现。与此同时，以色列的安全机构也将更加关注它的海洋资产。

（本文译者马丹静，河南大学以色列研究中心副教授）

B.7 以色列的贫困问题及其应对举措

邓燕平*

摘　要： 受社会生活成本较高、社会贫富差距、劳动参与率不足以及巴以冲突的影响，相对于其他经合组织国家，以色列的贫困问题比较严重。为了回应公众和政治压力，以色列政府采取了加强应对贫困的措施，其注意力主要集中在完善社会保障体系和通过鼓励自由市场竞争降低包括住房成本在内的生活成本的措施上。2016~2017年的社会政策和社会支出数据表明，除了继续稳定地增加社会开支外，以色列政府采取了新的措施，其一是国家保险协会针对儿童储蓄计划的调整，其二是为应对公众长时间的斗争增加一般伤残津贴，其三是住房部门制订了未来提供150万套住房的长期战略计划。此外，源远流长的慈善传统在减贫过程中继续发挥着举足轻重的作用。尽管采取了以上的措施，目前以色列的社会支出相对于其他福利国家处于较低水平，以色列政府在减贫的道路上依然任重而道远。

关键词： 以色列　贫困问题　脱贫委员会　国家保险协会　科技扶贫

一　以色列贫困问题的由来及现状

以色列是当今世界上唯一的以犹太民族为主体的国家，其犹太人口数目已

---

* 邓燕平，郑州大学历史学院犹太—中东史方向博士生。

经超过美国,成为拥有犹太人口最多的国家。特拉维夫已超越纽约成为世界上犹太人口最多的城市,耶路撒冷、海法、贝尔谢巴也是世界范围内犹太人聚居比较多的城市。[①] 面对戈壁荒漠以及多年战争频频的生存环境,经过几代移民艰苦卓绝的奋斗,以色列已经成长为一个经济繁荣、政治民主、文化开放的资本主义发达国家。然而,与当前世界范围内多数国家面对贫困问题困扰一样,受国内外多重因素的影响,以色列的贫困问题也异常严峻,以色列年度贫困报告显示,2016年22%的以色列人生活在贫困线以下,高出经合组织成员国贫困率的平均水平。贫困是一个多层面的社会现象,它影响着个人、家庭以及社群当前以及未来的社会生活。

(一)以色列贫困问题的由来

现代以色列国主要由犹太移民建立,移民在以色列历史进程中产生了重要影响。如何保障移民的生活及工作是以色列社会所一直着力解决的问题。建国前巴勒斯坦地区兴起五次大规模的移民潮,即"阿里亚"运动。早期的犹太移民大多数是贫穷人,面对资源较为匮乏的半干旱沙漠地区,首先需要解决的就是移民的住房问题,大量新移民只能挤在临时搭建的帐篷之中,卫生状况和治安状况都十分糟糕。面对艰苦的环境,有一些移民破产而选择了离开,但多数移民选择了留下来。坚持下来的移民受到内心深处的召唤,虽然各自情形不尽相同,但他们都有为犹太民族建立一个家园的共同愿望,每个人都在靠自己奋斗挣扎,才能找到工作安顿下来。此外,犹太移民的侵入引起了阿拉伯人的敌视,两个民族之间的冲突不断,造成了大量的伤残。英国委任统治时期的各种类型的犹太人组织为移民提供就业、教育以及医疗等社会福利方面的服务,帮助移民渡过难关,迎接以色列国宣告成立时刻的到来。

以色列建国时犹太人口的总数约为65万。以色列政府实行鼓励吸收犹太移民的政策,设立了移民部负责接收移民的工作。从以色列建国到1951年年

[①] Sergio DellaPergola, *World Jewish Population*, 2013, New York: Berman Jewish DataBank, 2013, p. 29.

底，短短三年多的时间里共计近 70 万犹太人移民以色列。① 以色列国防军参与的大规模营救行动有 1949 年的"神毯行动"和 1951 年的"以斯拉行动"，以色列国成为"流亡者的聚集地"。建国初期的移民主要是二战中的大屠杀幸存者和难民、东欧犹太人以及来自西亚和北非地区的犹太人。这三类犹太人的共同特点就是身无分文，主要依靠政府的救助生活。大量犹太移民的涌入使以色列面临巨大的挑战，移民往往被安置在英国人撤离时遗留下的军营或者阿拉伯人放弃的住宅里。20 世纪 50 年代，以色列政府在全国建造大量新住房，由于经济水平限制，移民居住地的卫生条件非常糟糕，居住地内苍蝇乱飞、污水横流。新移民不仅没有经济来源而且饱受疟疾的侵扰，其中老人和儿童的情况更糟，移民到以色列的大屠杀幸存者中有 10% 经受着病痛的煎熬并亟须住院治疗。为了解决移民的就业问题，以色列政府开展了一批基础设施工程。诸如纺织和道路建设等劳动密集型行业成为移民主要从事的行业。以色列建国后经济发展经历了 1950～1972 年的高速增长期，国内生产总值年均增长率达 9.9%。与此同时，以色列政府的经济发展战略从以粗放型农业和进口替代工业化为主导转向大力发展集约型农业和高技术出口导向型工业为特征的发展战略。以色列在经济高速增长的同时，欧洲裔移民与亚非裔移民之间的社会贫富差距不断扩大。贫富差距的扩大也引发了 20 世纪 60 年代末和 70 年代初的社会动荡。要求改善穷人生活状况的游行示威此起彼伏，在亚非移民中还兴起了为生活而战的"黑豹党"运动。②

20 世纪 80 年代末到 90 年代后期，苏联的犹太移民涌向以色列。随着如此众多移民的到来，以色列社会面临移民潮对住房、就业等生存资源的冲击。由于犹太移民文化习俗、社会背景迥异，经过长期发展，以色列逐渐形成一个族群多元化的社会。按照信仰虔诚程度不同可以把犹太人分为哈雷迪、达提、马索提、不太虔诚的传统主义者以及希罗尼。③ 绝大多数极端正统派犹太人的经济来源主要是依靠政府补贴和其配偶的工作收入难以应对日益增长的生活成本而陷入贫困状态。就民族成分而言，以色列国内的民族主要分为犹太人、阿

---

① Dvora Hacohen, *Immigrants in Turmoil: Mass Immigration to Israel and its Repercussions in the 1950s and after*, Syracuse: Syracuse University Press, 2003, p. 271.
② 戴卫东:《以色列长期护理保险制度及评价》,《西亚非洲》2008 年第 2 期, 第 47 页。
③ 艾仁贵:《以色列多元社会的由来、特征及困境》,《世界民族》2015 年第 3 期, 第 40 页。

拉伯人以及其他的族群。阿什肯纳兹犹太人长期处于政治权力的核心层，东方犹太人与宗教阵营等群体位于半边缘地位，而阿拉伯人以及外籍劳工则位于边缘地位。在社会经济层面，处于边缘地位的阿拉伯人因长期遭受着就业歧视和低收入而具有高贫困率。① 此外，多元文化主义思潮推动着20世纪80年代以色列社会中的私有化革命，私有化浪潮改变着以色列社会制度的运作模式，扩大了社会与经济的差距。② 经过经济的长期发展，以色列社会逐渐由建国初期的整体性贫困转变为由贫富差距导致的相对性贫困。经济问题与宗教文化、民族问题相互影响、相互作用而变得更加复杂，成为以色列社会面临的一个严峻挑战。

（二）以色列贫困问题的现状

自20世纪70年代初以来，以色列的贫困问题采用相对的方法来定义，欧美地区的大多数研究者和社会政策制定者都接受了这种方法。在这种方法中，贫困是一个相对窘迫的状况，如果一个家庭的生活条件与整个社会典型的生活条件相差甚远，而不能购买生存所需的一篮子基本产品，那么这个家庭就被定义为贫困。③ 在20世纪90年代，美国发展了一种半相对测量贫穷的方法。据此定义了一篮子基本产品的支出门槛，但产品篮子的价值是按基本消费品支出中位数的百分比计算的，这些原则经过多年全面的理论和实证研究后确定下来。正如大多数西方国家和国际组织一样，以色列对贫困程度的测量基于一个相对的方式，贫困程度必须放在特定的社会和特定的生活标准之中进行考察。具体而言，如果一个家庭的人均可支配收入水平低于可支配收入中位数的一半，这个家庭被确定为贫困。

与2013年相比，以色列社会2014年各类家庭收入有所上升。根据住户开支统计调查数据，收入的增加得益于就业和工资的增加以及其他收入的增长，例如退休金的增加。人均可支配收入约为5900新谢克尔，收入中位数是4900

---

① 张倩红等：《犹太史研究新维度》，人民出版社，2015，第384页。
② 艾仁贵：《以色列多元社会的由来、特征及困境》，《世界民族》2015年第3期，第42页。
③ Daniel Gottlieb, "Welfare, Poverty and Social Gaps," in *Annual Report 2015*, Jerusalem: National Insurance Institute of Israel, p. 21, https://www.btl.gov.il/English%20Homepage/Publications/AnnualSurvey/2015/Documents/Chapter%202_Poverty.pdf.

新谢克尔。扣除直接税和强制保险缴款、增加津贴和其他形式的支持后的人均可支配收入增加3.3%。由表1显示所知：2014年一个四口之家的贫困线约占平均工资的86%。2014年，以色列人均月可支配收入低于3077新谢克尔被确定为贫困，一对夫妇每月可支配收入低于4923新谢克尔被认定为贫困。一个五口之家的家庭月可用收入达到9230新谢克尔被认定为刚刚脱离贫困线。2015年可支配收入、人均消费以及对经济形势的满意度有所增加，家庭债务占国内生产总值的百分比有所增加。贫富差距缩小，但高于经合组织的平均水平。按2015的价格计算，2015年人均纯货币收入标准为97828新谢克尔，比上一年增加2.8%。[①] 按2015年的价格计算，人均经济收入为115420新谢克尔，比上年增长3.1%。犹太家庭年人均纯货币收入是阿拉伯家庭的2倍。2015年以色列的家庭债务为5310亿新谢克尔，约占国内生产总值的48%，这一比例低于经合组织其他国家。2015年按照目前价格计算，人均个体消费总计92300新谢克尔，而2000年，这一数字为55200新谢克尔。[②]

表1 符合标准的人数和家庭贫困线（按照家庭人数划分，2010~2014年）

家庭人数	符合标准的人数	家庭贫困线			
		2013年		2014年	
		每月（谢克尔）	占平均工资的百分比（%）	每月（谢克尔）	占平均工资的百分比（%）
1	1.25	2989	32.5	3077	33.6
2	2	4783	51.9	4923	53.8
3	2.65	6338	68.8	6522	71.3
4	3.2	7653	83.1	7876	86.1
5	3.75	8968	97.4	9230	100.9
6	4.25	10164	110.3	10461	114.4

---

① "Well-Being, Sustainability and National Resilience Indicators (2015)," Israel Central Bureau of Statistics, http://www.cbs.gov.il/reader/newhodaot/searh_topic_hodaot_eng.html?year=2017&topic=33.

② "Well-Being, Sustainability and National Resilience Indicators," Israel Central Bureau of Statistics, 2015, http://www.cbs.gov.il/reader/newhodaot/searh_topic_hodaot_eng.html?year=2017&topic=33.

续表

家庭人数	符合标准的人数	家庭贫困线			
		2013年		2014年	
		每月(谢克尔)	占平均工资的百分比(%)	每月(谢克尔)	占平均工资的百分比(%)
7	4.75	11360	123.3	11691	127.8
8	5.2	12436	135.0	12799	140.0
9	5.6	13393	145.4	13783	150.7

资料来源：Daniel Gottlieb, "Welfare, Poverty and Social Gaps," in *Annual Report 2015*, p.9, https：//www.btl.gov.il/English%20Homepage/Publications/AnnualSurvey/2015/Documents/Chapter%202_Poverty.pdf。

2015年以色列处在贫困线以下的家庭有460800个，占家庭总数的19.1%，贫困人口达171万人，占总人口的21.7%，其中儿童占30%，有764000人；2016年18.6%的以色列家庭，463300个家庭生活在贫困线以下，22%的以色列人口，180万人口处于贫困状态，其中儿童占31.2%，有842300人。① 与2015年比较，生活在贫困家庭的比率有所下降，贫困人口和贫困儿童的比率有所上升。正如多年来生活状况的变化一样，贫困率也因就业状况、工作收入、年龄状况和家庭状况的不同而变化。以色列家庭和儿童的贫困率②在发达国家中的贫困率最高。③ 以色列的退休老年人群的贫困率比其他经合组织国家较高，其贫困率是10%。在以色列，处于最贫困状态的是儿童群体，在经合组织国家中最为贫困的年龄群体是18~25岁的年轻人，贫困率达到13.7%。发达国家的平均贫困率在近几年下降，26~50岁年龄段对应的贫困率为9.6%和51~65岁年龄段对应的贫困率为6.5%，退休群体的贫困率增长

---

① Miri Endeweld, Netanela Barkali, Daniel Gottlieb, Oren Heller, *Poverty and Social Gaps Annual Report 2016*, Jerusalem：National Insurance Institute, 2018, http：//brookdale.jdc.org.il/wp-content/uploads/2018/02/MJB_Facts_and_Figures_Poverty_in_Israel_2018.pdf.

② 可支配收入衡量的贫困率是转移支付和直接税的结果，直接税为税前收入和资本收入，转移支付，主要是国家保险协会的补贴，增加家庭收入，而直接税收使之减少。贫困家庭缴纳的直接税越少可支配收入和摆脱贫困的机会越大。

③ Daniel Gottlieb, "Welfare, Poverty and Social Gaps," in *Annual Report 2015*, p.11, https：//www.btl.gov.il/English%20Homepage/Publications/AnnualSurvey/2015/Documents/Chapter%202_Poverty.pdf.

到10.7%。在以色列和发达国家,成年后的贫困率和退休群体的贫困率都有所下降,这与工作年限内的就业收入增加和退休年龄延迟有关。与经合组织国家相比,受儿童和退休人群贫困程度的影响,以色列的贫困率更高,是经合组织国家的两倍。这一事实表明,以色列的贫困水平在不同的年龄群体之间有很大差异,与发达国家的平均水平相比,在这方面存在着很大的不平等。由图1可知,在以色列社会群体中,失业者家庭、阿拉伯人家庭、极端正统派家庭以及拥有四个以上儿童家庭的贫困率明显高于国家平均的贫困率,分别为69.9%、49.4%、45.1%、49.9%。家庭规模大、就业率低以及薪资水平低是贫困家庭共有的特征,是贫困问题产生的直接根源。

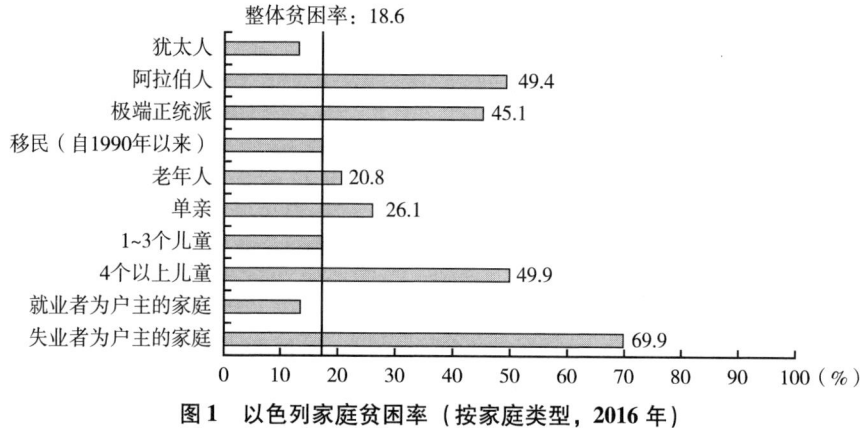

图1 以色列家庭贫困率(按家庭类型,2016年)

资料来源:国家保险协会,Miri Endeweld, Netanela Barkali, Daniel Gottlieb, Oren Heller, *Poverty and Social Gaps Annual Report 2016*, http://brookdale.jdc.org.il/wp-content/uploads/2018/02/MJB_Facts_and_Figures_Poverty_in_Israel_2018.pdf。

国外学者按福利政策不同类型将资本主义国家主要分为自由主义、保守主义和社会民主主义国家。说英语的国家,例如美国、加拿大、英国、澳大利亚属于自由国家;西欧国家,例如德国、法国、奥地利等属于保守国家;社会民主国家指的是欧洲北部的丹麦、瑞典、芬兰等国家。① 与以色列一样,在自由国家,儿童和老年人的贫困率高于劳动适龄人口。这一事实表明政府干预程度较低,

---

① Daniel Gottlieb, "Welfare, Poverty and Social Gaps," in *Annual Report 2015*, p. 19, https://www.btl.gov.il/English%20Homepage/Publications/AnnualSurvey/2015/Documents/Chapter%202_Poverty.pdf.

而且这也表明了在这些国家工作收入在总收入中占较大份额。与此相反,在保守和社会民主国家,老年人的贫困率最低。虽然在西方国家,老年人的贫困比例高于以色列,但在社会民主福利国家,儿童和老年人的贫困率低于劳动适龄人口。① 由图2可知,在以色列的老年群体中经济状况最好的群体是51~65岁老年工作人群。与以色列其他年龄段的高贫困率相比,这一群体的贫困率比总贫困率低8.8个百分点,而且也低于自由主义国家,仅略高于保守主义国家。

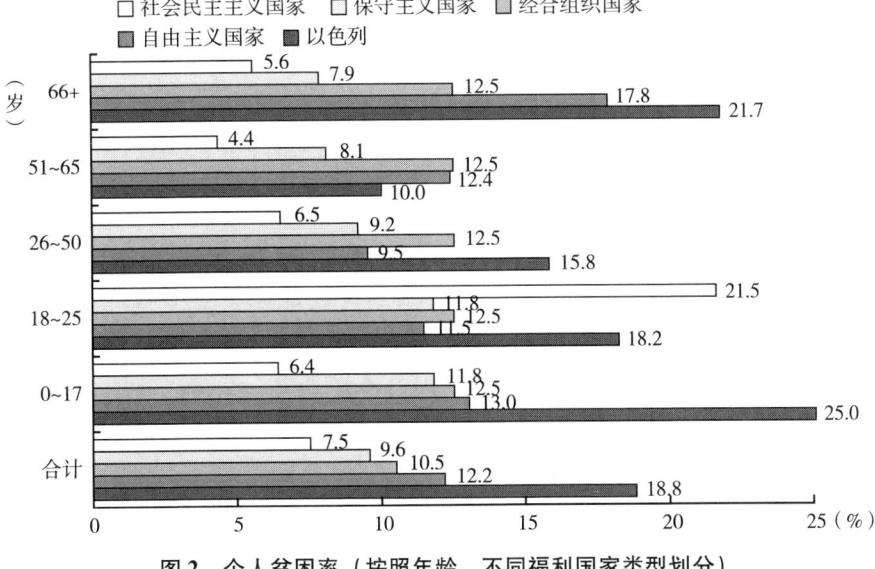

图2 个人贫困率(按照年龄、不同福利国家类型划分)

资料来源:Daniel Gottlieb, "Welfare, Poverty and Social Gaps," in *Annual Report 2015*, p. 11, https://www.btl.gov.il/English%20Homepage/Publications/AnnualSurvey/2015/Documents/Chapter%202_Poverty.pdf。

二 以色列应对贫困问题的主要举措

以色列贫困问题的形成原因复杂多样,导致了解决贫困问题的措施呈现多

---

① Daniel Gottlieb, "Welfare, Poverty and Social Gaps," in *Annual Report 2015*, p. 19, https://www.btl.gov.il/English%20Homepage/Publications/AnnualSurvey/2015/Documents/Chapter%202_Poverty.pdf。

样化的特点。针对国内日益严重的贫困问题，以色列政府采取的措施主要通过转移支付和调节税收的方式降低贫富差距，即通过国家保险协会以及其他机构向国民提供涉及养老、医疗、教育、失业等多方面的社会保险保障国民的基本生活以及提高国民的幸福指数。历史悠久的慈善传统在国家建设以及促进民族认同和融合方面发挥着重要作用。

（一）脱贫委员会减贫建议及实施情况

2013年，以色列社会为了提供处理贫困的建议和增加社会平等的机会，由社会事务和服务部部长梅厄·科恩（Meir Cohen）倡议成立脱贫委员会。脱贫委员会成立之初的减贫目标是雄心勃勃的，贫困率降低50%，使以色列的贫困率和经合组织国家的平均贫困率处于同一水平。2013年11月5日，社会事务和服务部任命伊莱·埃拉卢夫（Eli Alaluf）领导以色列脱贫委员会，随后委员会的其他组成人员相继被任命。委员会的全体会议由50名在各个领域之内的专家组成，还包括来自不同与贫困问题相关社会机构的代表，国家和地方公共部门的代表，非政府组织的代表以及社会活动家。在脱贫委员会工作期间，该委员会的50个成员针对住房、健康、教育、社会保障和福利提出一系列的建议。这些建议中的核心观点是创造确保有需要的人意识到自己的权利并且他们有权去享受这些服务和福利的机制。

脱贫委员会的组织机构和程序如下：委员会的组织机构有全体会议、次级委员会、附加论坛以及行政团队。全体会议制定委员会的总体战略和安排次级委员会和附加论坛的工作。在早期会议上，全体会议的主要代表提出了对贫困问题的认识和拟议的行动方针，次级委员会向委员会提交了报告以及对继续工作的反馈，委员会主席积极与社会事务和服务部部长和总理办公室保持协商。① 2015年，脱贫委员会提出的建议仅有一半或部分被采纳，研究人员警告道：由于脱贫机构权力尚待集中以及预算的限制，任何方式都很难降低贫困率。

---

① Committee for the War against Poverty, "Report by the Israel Committee for the War against Poverty," 2014, pp.69-70, http://brookdale.jdc.org.il/_Uploads/dbsAttachedFiles/Poverty-Report-English-July-2014.pdf.

自 2016 年以来，在社会福利和保障领域，实施的建议有以下几方面：增加了 150 个家庭社会工作岗位；增加老年人的收入保障福利，2016 年 1 月开始，个人的福利增加 130～175 新谢克尔；夫妻增加 510～540 新谢克尔。根据提议的预算，2018 年增加 2 亿新谢克尔；2017 年 1 月，儿童储蓄账户计划启动。在经济和就业领域，委员会的建议得以实施的有：扩大残疾或个体经营单亲家庭的最低收入补贴，增加资格人数 55000 人，将耗资 1.3 亿新谢克尔；扩大职业培训体系，参加培训的人在过去的一年增加了 20%；增加儿童的托儿所补助，2015 年在这一方面增加了 5% 的支出，2016 年的预算增加了 30%。在住房领域，其中一些建议已经实施，还有一些建议在未来几年计划实施，符合条件的房租补贴一个月增加 600～900 新谢克尔；增加可购买公共住房的存量，截至 2016 年 8 月，公共住房增加 806 住宅单元，与犹太代办处签订了两年建造 2650 套公寓的协议。

（二）国家保险协会福利项目的变化

健全的社会福利体系是现代国家具有的重要标志，不仅是维护国家和社会稳定的安全网，也是国民幸福感和社会凝聚力的助推器，以色列的社会福利体系在保障无收入或低收入劳动者的基本生活方面发挥着重要作用。经过历次改革，以色列政府建立一个结构相对合理、内容日益丰富、覆盖范围日益拓展的社会福利体系。以色列社会福利主要以社会保险的形式实现，其中国家保险协会是提供社会保险的机构。国家保险协会在降低贫困和缩小社会差距方面扮演重要角色，保护个人免于受经济和社会不确定性的波及。国家保险协会为其境内 850 万居民提供服务，2016 年国家保险协会支出的福利总计 770 亿新谢克尔。① 2016 年由国家保险协会负责的社会保险项目有 32 个，社会保障体系是社会福利的主要组成部分，其主要有老年人和幸存者保险、一般残疾保险、生育保险、长期护理保险、儿童津贴、就业障碍保险、失业保险、收入支持和赡养保险、恐怖袭击受害者和犹太复国主义运动被囚者津贴。社会保障的大多数

---

① "Summary of Trends and Developments in Social Security 2016," Jerusalem: National Insurance Institute of Israel, https://www.btl.gov.il/Publications/Habituah_haleumi/Documents/charth16-e.pdf.

项目主要由国家保险协会运作,残疾退伍军人和遇难者家属津贴由国防部负责,最低收入补贴和对纳粹受害者的救助由财政部负责。社会福利的另一个组成部分是满足个人、家庭以及社群需要的社会服务。针对多种多样特定人群的社会服务由劳工和社会服务部、住房和建设部、移民吸收部以及社会公平部负责。① 此外,由四大疾病基金提供的医疗保险部门和负责教育保障的教育部门同样是社会福利体系不可或缺的重要组成部分。

在社会福利支出方面,长期以来,以色列社会支出占国内生产总值的比重处于相对稳定的状态,2016年,以色列公共福利支出占国内生产总值的15.9%,超过一半公共福利支出被用于货币支持,其余的被用于实物支持,即为公民提供服务,主要是医疗服务。② 2006~2012年,实物援助支出占总福利支出的比例稳定在7%左右,此后小幅上升至2014年的7.4%和2016的7.3%。2010~2014年的货币支持为国内生产总值的8.7%~8.8%,在2015年保持同一水平。对劳动适龄人口的财政支持已逐步下降,从2001年国内生产总值的5.6%下降到2015年的3.8%。对老年人的支持从2013年国内生产总值的4.6%增加到2015年国内生产总值的4.9%。医疗支出占国内生产总值的比例由2011年的5.4%增加到2015年的5.5%。2016年包括社会福利、教育、医疗在内的政府社会支出总计2050亿新谢克尔,占到政府总支出的57%。比较而言,2016年国防部的预算占政府总支出的19%。由图3可知以色列社会支出的稳定性还具体表现在社会支出占政府支出的比重。社会福利方面的支出占社会总支出的一半以及政府总支出的三分之一。2016年,社会福利支出达到1010亿新谢克尔,2016年社会福利支出实际增长了77亿,即一年增加了8%。社会保障支出占社会福利支出总额的85%。政府支出从2015年的820亿新谢克尔上升到2016年的860亿新谢克尔,其中大部分是由于国家保险协会的福利支出导致的。

---

① John Gal & Shavit Madhala, "Developments in Israeli Social Welfare Policy," in Avi Weiss, ed., *State of the Nation Report: Society, Economy and Policy in Israel 2017*, Jerusalem: Taub Center for Social Policy Studies in Israel, 2017, p. 4.
② Daniel Gottlieb, "Welfare, Poverty and Social Gaps," in *Annual Report 2015*, p. 1, https://www.btl.gov.il/English%20Homepage/Publications/AnnualSurvey/2015/Documents/Chapter%202_Poverty.pdf.

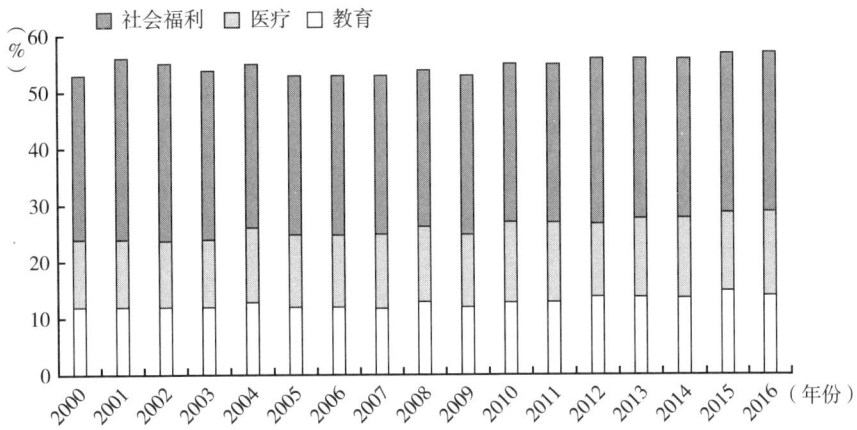

图3 社会支出占政府支出的比重（2000~2016年）

资料来源：John Gal & Shavit Madhala, "Developments in Israeli Social Welfare Policy," in Avi Weiss, ed., *State of the Nation Report: Society, Economy and Policy in Israel 2017*, p.4。

以色列国家保险协会福利支出为750亿新谢克尔，占社会保障开支的87%，其中最大部分是老年人养老金和幸存者津贴，这一部分的支出呈上升趋势，目前占总支出的42%，在未来的几年里其份额由于人口老龄化预计将继续增长。第二大支出部分是一般残疾津贴支出，占总支出的20%。由于残疾人为增加福利在公共和政治领域内的斗争，未来几年的残疾津贴支出大幅度增加。为增加福利，2015年初亚历克斯·弗瑞德曼用"残疾人不是半个人"的口号发起社交媒体运动。在2016年12月，议会通过相关决定使残疾人福利与最低工资标准一致。残疾人的绝食抗议和密集的政治活动促使财政部部长决定创建一个以亚龙·泽莱卡教授为首的残疾人福利咨询委员会。委员会成员提出的主要建议是大量增加伤残抚恤金。总理任命的由阿维·辛宏教授领导的团队更倾向于以温和的增长代替大幅度的增长。由于残疾人组织大规模的公众示威以及以色列总工会的干预，以议会成员和残疾人组织的代表与政府之间的代表达成协议而结束。在2017年9月下旬签署的协议，其中的条款包括：完全失去能力的人每月领取的伤残抚恤金增加到4000新谢克尔；在福利降低之前大幅度提高自食其力的能力；使福利与最低工资标准相挂钩。该协定预计于2018年1月生效，到2021年初用于该协定的款项预计为42亿新谢克尔。另一个引人注目的社

会保障领域的重大政策变化是由国家保险机构运作的针对所有儿童的储蓄计划。与儿童津贴直接把费用支付给父母不同，这个储蓄计划定期每月给每个孩子津贴50新谢克尔。该津贴来自国家资金并保存在一个由父母选择的账户，儿童达到18或21岁可以领取这笔补助。这个计划每年的成本估计是20亿新谢克尔。国家保险协会2017年9月的数据显示，这个项目的总开支有36.6亿新谢克尔，包括300万名儿童。截至2017年6月，2/3的父母选择了储蓄计划。①

（三）住房政策

由于以色列建国的领导者多来自东欧社会主义国家，受社会主义的深远影响，以色列的领导者相信住房是立国和强国的基础之一。以色列的领导者同样深信对于国内居民提供住房服务是国家的义务和责任。② 这一思想指导着以色列政府住房政策的制定与实行，20世纪50~70年代，以色列的公有住房主要由政府投资建设或出资购买。③ 20世纪80年代，随着自由化改革的推进，国家对住房的投资方式有所变化，市场调节成为新的住房政策。20世纪90年代，大批苏联移民的涌入推动了房价的上涨。通过住房和建设部的预算审视政府住房支出，2016年住房和建设部的预算比2015年增加了一倍，从18亿新谢克尔增加到39亿新谢克尔。图4显示这种增长与21世纪初以来住房和建设部预算的持续下降趋势形成对比。2016年，主要的增长体现在公共住房预算方面，根据《公共住房法（1999）》，租户可以以80%的折扣购得居住的公共租房公寓。将房屋出售给有资格购买人的收入，旨在协助购置新公寓，以增加公共住房存量。从法律实施到2015年8月，共有3450套公寓出售给房客，而120套新公寓被购置。2016年，房屋销售大幅度增加，而有资格购买公共住房的人购买量大量增加。截至2016年底，售出了5000套公寓和用销售公共住房的收入购得900套新公寓，这股热潮出现的推动因素是确保符合购房资格者更

---

① John Gal & Shavit Madhala, "Developments in Israeli Social Welfare Policy," in Avi Weiss, ed., *State of the Nation Report: Society, Economy and Policy in Israel 2017*, p. 8.
② Naomi Carmon, "Housing Policy in Israel: Review, Evaluation and Lessons," *Israel Affairs*, Vol. 7, No. 4 (Summer, 2001), pp. 181 - 208.
③ 雷钰、黄民兴编《以色列》，社会科学文献出版社，2011，第177页。

加容易购得公寓的住房修正案的通过。此外，以色列政府拨款1.5亿新谢克尔用于购置公共住房。①

图4 政府住房预算占政府总支出的比例及每户得到的补助

资料来源：John Gal & Shavit Madhala, "Developments in Israeli Social Welfare Policy," in Avi Weiss, ed., *State of the Nation Report*: *Society, Economy and Policy in Israel 2017*, p.4。

2016年，以色列的住房价格增长了6.3%，房屋租金增加了1.4个百分点。居民对房屋的需求持续增加，政府制定了"购买者价格"项目以补贴年轻的购房者，与此同时，政府通过增加贷款利率和增加税收的举措限制投资者的盲目投资。住房建造数量在过去两年开始增加，可以售出的新房库存量随着人口的增加而增加。2017年2月，为了应对未来国民对住房的需求，住房部门决定制订一个2017~2040年满足150万套住房需求的计划，这一重要计划由《国家计划纲要38》和搬出建设项目组成，包括建设与住房配套的基础设施。该计划的出台是由人口的预期增长导致的，以色列的人口增长速度快于其他发达经济体，过去十年，每年平均增长1.9%，而经合组织其他国家每年平均增长0.6%，高出生率、高预期寿命以及积极的移民政策是人口增长的主要原因。基于国民经济委员会对于到2040年人口的预测，住房部门制定了满足150万套住房需求的计划。②

---

① John Gal & Shavit Madhala, "Developments in Israeli Social Welfare Policy," in Avi Weiss, ed., *State of the Nation Report*: *Society, Economy and Policy in Israel 2017*, p.11.
② BOI, *Construction and the Housing Market*, Jerusalem: The Bank of Israel, 2017, p.242.

（四）就业政策

从劳动力资源供需角度来看，极端正统派和阿拉伯群体是以色列国内一个重要的劳动力潜在来源，如果能提高极端正统派和阿拉伯群体的劳动参与率，势必会减轻以色列劳动力市场对劳工移民的依赖程度。2008年以色列经济界和学术界的众多精英联合发布了"以色列2028"愿景，在该报告中提出制订符合全球化的劳工政策和增加劳动力的参与率的目标。实行劳动力的本土化政策，降低劳工移民在劳动力市场中的比例。① 出于减轻国家财政负担、缓解国防军兵源匮乏以及劳动力资源短缺的考虑，2013年，以色列内阁通过了强制极端正统派犹太教徒服兵役的新法案，该法案规定所有年满18岁的极端正统派犹太教徒必须服兵役，逃避服兵役者将受到和世俗犹太人同等的法律制裁和经济制裁；同时，该法案还提出在2013~2016年，将74%的极端正统派犹太教徒纳入国家劳动力市场的计划，其比例将是现在的2.5倍。② 2014年以色列议会通过了《哈雷迪征兵法》，新的法案计划每年招募5200名宗教学生入伍，并将持续到2017年年中。③ 但法案遭到了极端正统派的反对，以色列社会出现了严重的裂缝。

以色列劳工政策的重点集中在激励双收入家庭和扩大为低技能工人的就业培训服务，政府的行动包括改革用于各种目的的"收入潜力"规模（如税收和日托补贴）、增加对工作母亲的资助和劳动培训计划以及对低收入工人实行无偿性补贴。2014年犹太工总和企业领导人之间达成了月最低工资从4300新谢克尔增加到5000新谢克尔的协议。以色列政府通过修改《最低工资法》于2015年11月批准最低工资标准为每月5000新谢克尔，并于2017年实行。近年来，解决失业和就业不平等问题的一个方法就是工作补助金。在过去几年中，以色列对就业补助计划进行了改革，以增加补助金的发放，并提高其对低收入工薪家庭的贡献。然而，无论是津贴金额本身和那些实际收到该津贴的人

---

① 艾仁贵：《"以色列2028"愿景：基于国家发展理念的分析》，载张倩红主编《以色列发展报告（2017）》，社会科学文献出版社，2017，第177页。
② 张瑞：《以色列族群状况及2014年的族群关系》，载张倩红主编《以色列发展报告（2015）》，社会科学文献出版社，2015，第160页。
③ David Levi-Faur, Sabine Hofmann, Roy Karada, *Israel Report 2016*, p. 7.

数涉及的范围仍然有限。如图5所示，2015年补助金接受者人数略有下降。自2012年以来，以色列政府每年支出的补助金金额一直保持在平均每人每年3500新谢克尔。2017年，有资格接受补助金的人群扩大到单亲家庭，使潜在受助的人数增加了5万人左右。

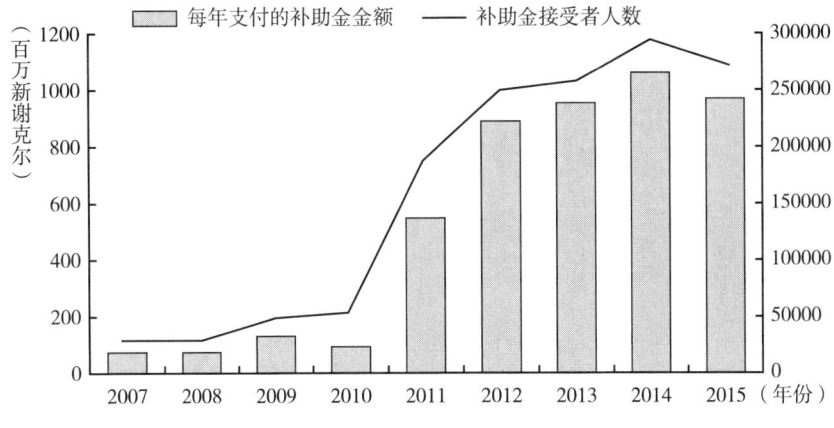

图5 工作津贴支出及接受津贴的人数

资料来源：John Gal and Shavit Madhala, "Developments in Israeli Social Welfare Policy," in Avi Weiss, ed., *State of the Nation Report: Society, Economy and Policy in Israel 2017*, p.9。

（五）慈善捐助

犹太人自古以来就有行善的传统，在犹太教的教义中，行善是上帝的诫命，是犹太人特别是犹太富人应当履行的义务。① 犹太教其中蕴含的公义、平等、互助的慈善思想是犹太人从古至今慈善事业的行动指南，救助贫穷的人、无助的人是犹太人不可推卸的责任和义务。犹太人无论生活在安定的时代，还是生活在四处漂泊的时期，犹太人都遵循来自律法的训诫。在伊休夫艰苦的岁月之中，犹太人团结在一起组成各种类型的互助救济机构，在受到驱逐的岁月和大屠杀的日子里，互助成为他们坚持下去的一大支撑。无论是在建国之前，还是在建国之后，美国犹太人都不遗余力地向以色列捐款。来自世界各地犹太人的捐款不仅在历次的中东战争中发挥作用，而且在以色列经济和社会的发展

---

① 孙燕：《论犹太慈善组织和传统》，《世界宗教文化》2011年第1期。

中发挥了作用。

在过去的几十年中,一种新的现代慈善事业出现了,而传统的以色列慈善被认为是犹太复国主义和民族主义的,新的慈善事业被认为更加理性和专注,基于盈利性管理原则。新的精英慈善家是在过去几十年里在高科技和其他先进产业中发家的富人。收入较高的人被认为更慷慨,每户每年的平均捐款约为170美元(750新谢克尔)。2008年,根据调查机构的一项调研数据显示,1538名受访者中的每个家庭平均每年捐款为430美元(1540新谢克尔)。捐献者比例最高的是年龄在25~40岁群体。研究还发现,男性比女性更愿意捐款,正式捐赠的程度随着年龄的增长而增加,在美国出生的人、犹太人、寡妇以及收入和教育程度较高的人中,捐助者的比率也较高。对非营利组织的年度捐款随着教育程度的提高、家庭收入的增加、宗教仪式(犹太人)的增加而增加。调查数据显示教育程度和收入之间有很强的正相关关系。捐助者年平均捐款为2776新谢克尔(约790美元),捐助者的平均年收入为307876新谢克尔。年龄最大的捐赠者是106岁,最小的是18岁。捐赠者的平均年龄是48岁,19%的捐赠者是女性。约82%的捐赠者已婚,子女平均为2.89人。几乎所有捐助者中有88%居住在城市地区。大约34%人出生在以色列以外地区。在捐款方面排在前十位的地区分别是耶路撒冷、特拉维夫—雅法、布内·布拉克、赫茨利亚、佩塔提克瓦、赖阿南纳、海法、雷霍沃特、拉马特甘、拉马特·哈沙龙。

三 以色列减贫进程中面临的挑战及启示

以色列贫困问题不仅仅是简单的经济问题,而且贫困的因素复杂多样,除了住房等社会成本引起的贫困外,劳动参与率低、出生率高以及人口老龄化趋势也是造成人口贫困的重要因素。以色列有的学者称"以色列的贫困是特殊的","因为这里特有的意识形态"导致许多人选择贫困。① 因此,能否降低生活成本、提高劳动参与率以及减缓人口老龄化趋势成为降低贫困问题的关键。

---

① 〔以〕哈维夫·若提格·古尔:《以色列贫困现象是谁的错?》,《以色列时报》2014年12月25日,http://cn.timesofisrael.com/以色列贫困现象是谁的错/。

（一）生活成本

2017年以色列的国内生产总值预计增长速度为3.0%，人均国内生产总值增长为1%。这些数字低于去年国内生产总值的增长率4%和人均国内生产总值的1.9%，但接近近年来的平均增长率。① 尽管以色列高科技工人的工资比富裕国家的工资高，但高技术与其他商业部门之间的工资差距在以色列相对于比较国家来说特别大，高技术部门工人年平均工资为64600美元，而非高技术部门工人年平均工资为26300美元。② 影响以色列人民生活水平的一个重大和经常讨论的问题是该国的高物价水平。高生活费用和由此导致的生活水平相对较低，影响到大多数受雇的以色列人。如上所示，与目前美元计算的样本国家相比，高科技以外的部门的工资相对较低。但是，由图6可知按购买力平价计算时，非高科技企业部门就业人员的年均收入低于大多数经合组织国家。鉴于以色列相对较低的收入，以色列私人消费价格高于预期。

近几年的数据表明，以色列的物价多年来一直高于预期。20世纪90年代初，以色列的生活水平与其他经合组织国家相比有了重大的改善。由于当时实行旨在废除贸易壁垒的大规模改革，经济增长相对较快，与其他国家的消费价格同步下降。21世纪前10年，他们的生活水平相对下降，最初是由于严重的经济衰退，后来因为相对其他国家的物价上涨。在2008年经济危机期间，以色列经济的恢复力再次扭转了趋势，与其他国家相比，以色列的生活水平再次上升。过去几年，以色列的通货膨胀率下降，比其他国家更为严重。负或接近零的通货膨胀率通常源于经济衰退带来的收入和私人消费的下降。近年来，以色列不同性质的趋势变得明显：人均私人消费水平随着劳动力收入的大幅度增加而上升，与此同时，价格水平有所下降。食品、服装和鞋类、家具和维修、运输、通信、文化和娱乐的各种消费物价指数都显示出下降的趋势。这些项目也显示消费水平大幅度上升。在住房价格方面，以色列财政部部长摩西·卡隆推出的一系列对投资买房的税收促使有资金的以色列人转而投资海外房产，但仍不可避

---

① Gilad Brand, Avi Weiss & Assaf Zimring, "The Macro Picture of Israel's Economy in 2017," in Avi Weiss, ed., *State of the Nation Report: Society, Economy and Policy in Israel 2017*, p.1.

② Gilad Brand, Avi Weiss & Assaf Zimring, "The Macro Picture of Israel's Economy in 2017," in Avi Weiss, ed., *State of the Nation Report: Society, Economy and Policy in Israel 2017*, p.9.

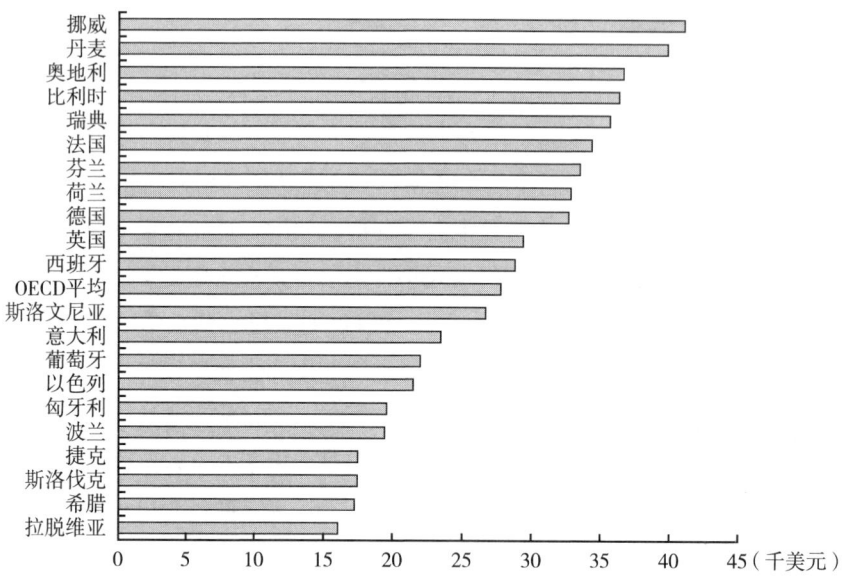

图 6 非高科技企业部门就业人员的年均收入（以购买力平价计算）

资料来源：Gilad Brand, Avi Weiss and Assaf Zimring, "The Macro Picture of Israel's Economy in 2017," in Avi Weiss, ed., *State of the Nation Report: Society, Economy and Policy in Israel 2017*, p. 11。

免地进一步推高房价。房地产市场混乱，土地的所有权权限不明，导致许多城市房产越来越难以出售。房屋供应越来越少，价格越来越高。高昂的住房成本成为以色列政治中心议题，年轻家庭声称在以色列经济中心城市已无法购买房产，甚至连租房都极为困难。2016年以色列在住房上的消费支出达到1275.21亿新谢克尔，比2015年增长3.5%。① 自2007年以来以色列的房屋价格已经增长了110%，2015年4月份以来的12个月内，房价已经增长了7.8%。②

（二）劳动参与率

劳动力参与率低是制约以色列经济和社会发展的重要因素，与其他国家相

---

① "Private Consumption Expenditure, by Type," Israel Central Bureau of Statistics, http://www.cbs.gov.il/hodaot2017n/08_17_069t7.pdf.
② "Bank of Israel: Despite Stability, Rising Home Prices at Risk of Sharp Reversal," *Haaretz*, July 27, 2016, http://www.haaretz.com/israel-news/business/.premium-1.733804.

比，以色列的劳动力参与率较低，仅为56%，而美国的劳动力参与率达67%。以色列的失业率超过了7%，比美国等其他西方发达国家都高。① 众所周知，巴勒斯坦地区是犹太教、基督教和伊斯兰教三大宗教的发源地，宗教影响到社会经济生活的方方面面。以色列社会中的极端正统派群体和阿拉伯群体的劳动参与率处于极低水平，对于阿拉伯女性而言，这一情况更加严重。犹太教极端正统派是以色列社会内部一个劳动参与率比较低的群体。极端正统派是以色列社会一个相对隔离与孤立的宗教文化团体，其长期坚持反对世俗犹太复国主义的政治态度。极端正统派是以色列社会内部享有特权的宗教群体，其特权不仅体现在拥有享受政府财政支持的独立的教育体系，而且享有被称为"最大特权"的服兵役豁免权。② 以色列公民所享有的社会福利和所获得就业机会与服兵役具有密切的关系，免服兵役为其带来的是经济上的困境，他们成为犹太人内部最为贫困的群体。绝大多数的极端正统派选择在经学院中学习《托拉》，其经济收入来自政府的补贴和其配偶的收入。③ 随着极端正统派人数的增加，国家也面临着越来越严重的财政压力。

以色列阿拉伯人"二等公民"地位及其宗教信仰致使阿拉伯人就业现状具有不充分性。1948年以色列建国前，约有16万阿拉伯人生活在以色列境内，后成为以色列公民，这一数字在2015年年底达到175.74万，约占以色列总人口的20.7%。④ 以色列阿拉伯人分属于逊尼派穆斯林、基督教徒和德鲁兹人三个较大的群体，其中逊尼派穆斯林人数最多，占阿拉伯人口的70%。⑤ 以色列的阿拉伯妇女因其所属不同的地理区域、信仰不同的宗教以及受教育程度不同造成其劳动参与率差别巨大，信仰基督教的阿拉伯女性劳动力参与率

---

① 艾仁贵：《"以色列2028"愿景：基于国家发展理念的分析》，载张倩红主编《以色列发展报告（2017）》，第165页。
② 建国初期，以色列总理本·古里安出于避免犹太人分裂、争取宗教团体对新国家支持的目的给予400名左右的极端正统派免服兵役的特权。由于极端正统派人数的快速增长，获得免服兵役特权的人数也在不断增加。
③ 李志芬：《以色列民族构建研究——意识形态、族群、宗教因素的探讨》，博士学位论文，西北大学，2009，第229页。
④ 王宇：《以色列国防军的阿拉伯士兵——身份尴尬的少数民族与兵役义务》，《世界民族》2014年第2期，第75页。
⑤ 李志芬：《以色列民族构建研究——意识形态、族群、宗教因素的探讨》，第137页。

达到了44.9%，与之形成鲜明对比的是穆斯林女性仅为14.7%，德鲁兹人女性的劳动参与率为19.6%。① 伊斯兰教的经典《古兰经》从根本上决定了女性在伊斯兰教社会中的地位，"男人是维护女人的，因为真主使他们比她们更优越，又因为他们所费的财产，贤淑的女子是服从的……"② 在长期的历史进程中伊斯兰教社会形成了男女两性不平等的关系。对于伊斯兰社会而言，女性的社会角色应该是妻子和母亲，反对女性外出工作。由于物价上涨和生活成本增加，阿拉伯家庭别无选择只好把他们的妻子和女儿送去工作。对廉价和非熟练劳动力的需求促进和加速了以色列经济发展史上第一次对阿拉伯妇女的使用。随着阿拉伯妇女受教育程度的提高以及就业人数的增加使他们不再满意在家从父、出嫁从夫的传统模式。拥有不同生活方式与较高社会地位的犹太妇女对阿拉伯妇女的影响也是显而易见的。③ 阿拉伯妇女渴望像犹太妇女一样摆脱传统模式的束缚，呼吸自由的空气，走出家门，拥有一份自己的工作。

（三）生育观念及政策

受犹太教和伊斯兰教宗教观念的影响，以色列社会鼓励已婚夫妇多生子女。不能生育的夫妇要面对来自社会多方面的压力。与此同时，生育子女多的家庭受到社会的赞誉和政府政策的支持。④《圣经·创世纪》第1章第27～28节说："上帝造了男性和女性，上帝祝福他们并对他们说：'你们要生育繁殖，充满大地。'"《古兰经》第18章第46节说："钱财和儿女是今世生活的装饰。"《古兰经》第16章第72节又说："真主以你们的同类做你们的妻子，并为你们从妻子创造儿孙。" 由此可见犹太教和伊斯兰教反对没有家庭的独身生活，鼓励已婚夫妇多生子女，提倡儿孙满堂的大家庭模式。以色列政府为家庭提供儿童津贴推动了生育率的提高，根据以色列法律规定，国家保险协会向有

---

① Suheir Abu Oksa Daoud, "Palestinian Working Women in Israel: National Oppression and Social Restrains," *Journal of Middle East Women's Studies*, Vol. 8, No. 2（2012），p. 93.
② 《古兰经》，马坚译，中国社会科学出版社，2003，第60页。
③ Nabil Khattab & Sami Miaari, eds., *Palestinians in the Israeli Labor Market: A Multi-disciplinary Approach*, New York: Palgrave Macmillan, 2013.
④ Jacqueline Portugese, *Fertility Policy in Israel: The Politics of Religion, Gender, and Nation*, Westport: Praeger, 1998.

儿童的家庭发放津贴，津贴的金额由家庭中儿童的人数决定，显然，拥有孩子越多，领取儿童补贴的金额也就越多，收入也就越可观。但同时，多子女对家庭和社会来说也是巨大的负担，近年来随着以色列政府对儿童津贴的削减，拥有多子女的家庭生活状况也是每况愈下。

据以色列中央统计局发布的《以色列统计摘要》的数据显示，以色列的婴儿出生率是所有经合组织国家中最高的。与经合组织成员国妇女人均育有1.7个孩子相比，以色列妇女人均育有3个孩子。① 信仰宗教群体的存在以及国家鼓励生育的政策是此种现象出现的原因。由于许多以色列家庭拥有多个孩子，导致贫困成为以色列家庭面临的最大问题，有大约1/5的以色列家庭、1/3的以色列儿童生活在贫困线以下，这主要集中在以色列阿拉伯人和哈雷迪犹太教正统派人群中。② 2016年在以色列出生的婴儿有181405人，比2015年自然增长137220人，其中出生于犹太母亲的婴儿有134100人，出生于穆斯林母亲的婴儿有37592人，出生于基督徒母亲的婴儿有2613人。③

（四）人口老龄化

以色列建国前，几次大规模的移民浪潮促进了伊休夫政治、经济以及文化各方面的发展，奠定了以色列建国的基础。④ 建国后，以色列作为全世界犹太人的家园，历届政府都制定鼓励犹太人移民以色列的政策。自建国以来，经过几次大规模的移民，以色列的总人口增加了6倍，而65岁以上的老年人人数增长了17倍⑤，以色列老年人口的增加与犹太移民的进入有密切的关系。在20世纪80年代末，苏联因与美以等西方国家关系的改善，改变了长期执行的

---

① "Fertility Rates, by Age and Religion," Israel Central Bureau of Statistics, http：//www.cbs.gov.il/shnaton68/st03_13.pdf.
② Liora Bowers, "Family Structure and Well-Being Across Israel's Diverse Population," Jerusalem：Taub Center for Social Policy Studies in Israel, August 2014, http：//taubcenter.org.il/wp-content/files_mf/familystructureandwellbeing.pdf.
③ "Marriages, Divorces, Live Births, Deaths, Natural Increase, Infant Deaths and Stillbirths, by Religion," Israel Central Bureau of Statistics, http：//www.cbs.gov.il/shnaton68/st03_01.pdf.
④ Calvin Goldscheider, *Israeli Society in the Twenty-First Century：Immigration, Inequality, and Religious Conflict*, Waltham：Brandeis University Press, 2005, pp.40-41.
⑤ 戴卫东：《以色列长期护理保险制度及评价》，《西亚非洲》2008年第2期。

限制本国犹太人移民以色列的政策,这导致申请移民以色列的苏联犹太人的数量急剧增加。① 1990年,苏联就有18.3万犹太移民进入以色列。1991年苏联解体后,俄罗斯联邦重新制定了公民出入境管理办法,新的管理办法消除了俄罗斯犹太人移居国外的政策障碍。② 根据以色列移民吸收部的统计,1989~2011年有超过100万俄罗斯犹太移民到达以色列,构成以色列犹太人口的20%。③ 在移民的浪潮中,以色列65岁以上老年人口的比例从1955年5%以下逐渐上升至1993年的9.4%。残疾老年人口的人数也随之不断增加。

据以色列中央统计局的数据:截至2014年年底,以色列人口为830万人。老年人口为90万人,占总人口的11%。以色列四户人家中就有一户年龄在65岁或以上。包括穆斯林、基督教徒和德鲁兹人在内的阿拉伯人占老年人口的8%。然而,阿拉伯人口年龄结构相对年轻,阿拉伯人口中老年人的比例为4%,而"犹太人和其他人口"的比例为13%。以色列中央统计局人口预测预计,2035的老年人口将达到166万人,比2014年增长84%。从历史角度上来说,自20世纪50年代以来,老年人口在总人口中的比例增长了2倍左右。阿拉伯人在老年人口中的比例从8%增长到14%。这一时期,老年人口的增长速度将是一般人口的2.3倍。④ 2015年以色列人口为846.2万人,其中65岁及以上人群占总人口的10.5%,这一数字说明以色列已经进入严重的老龄化社会。⑤ 如图7所示:以色列的老年人口将会继续增多,到2035年老年人口占总人口的比重将超过14%。人口老龄化的趋势一方面造成了劳动力资源的短缺;另一面老年人口因其工作能力的丧失以及疾病的侵袭面临巨大的生活压力,成为以色列贫困人口的主要组成部分之一。

---

① 周承:《以色列新一代俄裔犹太移民的形成及影响》,时事出版社,2010,第74页。
② Sammy Smooha, "The Mass Immigrations to Israel: a Comparison of the Failure of the Mizrahi Immigrants of the 1950s with the Success of the Russian Immigrants of the 1990s," *The Journal of Israeli History*, Vol. 27, No. 1 (2008), p. 16.
③ 艾仁贵:《以色列的高技术移民政策:演进、内容与效应》,《西亚非洲》2017年第3期,第53页。
④ Jenny Brodsky, Yitzchak Shnoor, Shmuel Be'er, eds., "Israel's Elderly: Facts and Figures 2015," Israel Central Bureau of Statistics, 2015, p. 4, http://publications.jdc.org.il/israelselderly/index.html#4.
⑤ 根据1982年维也纳老龄问题世界大会,确定60岁及以上老年人口占总人口的比例超过10%,意味着这个国家或地区进入严重老龄化。

以色列的贫困问题及其应对举措

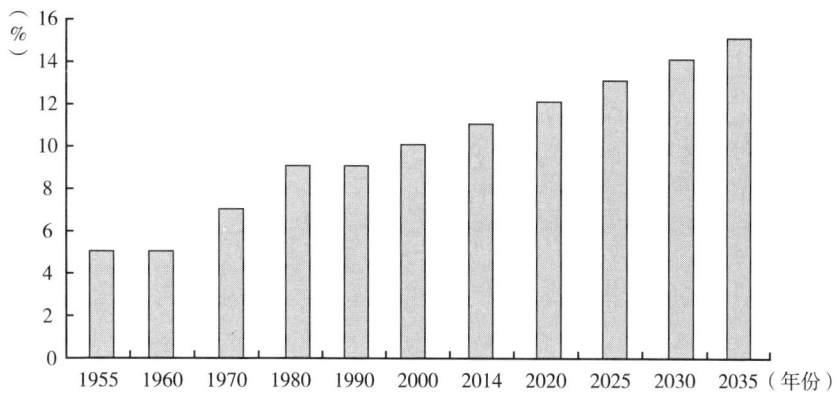

图7 以色列老年人口占总人口的比重预测

资料来源：Jenny Brodsky, Yitzchak Shnoor, Shmuel Be'er, eds., "Israel's Elderly: Facts and Figures 2015," Israel Central Bureau of Statistics, 2015, p.4, http://publications.jdc.org.il/israelselderly/index.html#4。

虽然在减贫过程中面临许多挑战，但是现代以色列国所采取的减贫举措同样给广大发展中国家留下几点启示。

其一，大力发展国民经济，为扶贫工作提供政策支持。国民经济的发展在减贫工作的作用主要体现在以下两个方面，一是社会福利体系的实施需要大量的资金，以色列对于社会福利的支出占国内生产总值的比重保持相对稳定的状态，这就保证了贫困人口能够得到及时的救助，保障贫困人口的基本生活。事实证明，以色列经济的发展为社会福利体系发挥作用提供了强大的财政支持。二是国民经济的发展能够提供更多的工作岗位，带动就业率的提高，劳动是劳动力实现个人价值的途径，劳动者通过劳动获得生活资料和实现人生价值的获得感。显而易见，国民经济的增长与贫苦程度的降低成正相关关系，即国民经济形势恶化时，贫困率和贫困深度随之增长；国民经济形势好转时，贫困率和贫困深度出现下降。贫困问题从根本上说是经济问题，解决贫困问题的根本途径是发展国民经济，只有经济得到长足发展，用以分配的国民财富不断增长，才能真正改善国民的生活水平，降低贫困率和贫困深度。需要指出贫困问题是制约经济发展的一个重要因素，主要表现在国家财政对社会福利的高投入势必影响生产资本的积累，因此，解决贫困问题是实现经济现代化的要求。

其二，注重发挥社会福利体系在减贫中的作用。完善的社会福利体系是现代国家的重要标志之一。社会福利体系的作用是多方面的，一是维持社会政治稳定；二是保障经济的平稳快速发展；三是保障居民的基本生活。社会福利体系的意义不仅仅在于降低数字意义上的贫困率，而且更在于消除对贫困人口的社会歧视。无论是在建国初期的《独立宣言》之中，还是在20世纪80年代通过的《收入支持福利法》都确立了公民有权利享受国家保障和福利的原则，贫困者并未因为贫穷而在就业和生活中遭受到不公正的对待。《最低工资法》确保了职工的最低工资能够随着经济的发展而提高。《国民健康保险法》向以色列全体公民无歧视地提供医疗服务，有效地防止居民因病致贫情况的发生，提高了公共医疗资源的利用率。以色列政府为移民提供的住房、医疗、教育服务吸引了更多的犹太移民在以色列定居，加速了犹太民族国家的构建。以色列社会福利体系为来自不同地区、文化背景多样的犹太人提供均等化的社会服务使背景多样的犹太人对以色列产生认同感，加速了以色列社会的融合。

其三，完善社会救助体系，充分发挥社会组织的作用。慈善观念在犹太人之中具有悠久的传统，各种各样帮助弱势群体的社会组织在以色列以及其他发达国家普遍存在。扶贫工作是一项系统性的工程，仅仅依靠政府的力量不足以解决这复杂的社会问题。社会组织势必在未来的国家治理社会系统中发挥不可或缺的作用，也是解决社会问题的迫切需求。以色列的非营利社会组织，不仅对贫困地区的贫困人口给予物质上的援助，还给予他们精神上的安慰。据不完全统计，在以色列国内大约有三十多万来自一百个国家地区的劳工移民。作为非犹太移民，劳工移民被排斥在社会福利体系之外，面临生存困境。为了改善劳工移民的生存条件，各类社会组织为其提供多种帮助。如在医疗保障方面，特拉维夫地区的劳工移民可以通过志愿者所办的公共诊所得到一些医疗服务。尽管公共诊所的医疗资源有限，但是公共诊所对于被以色列国民健康服务体系排斥在外的劳工移民是不可或缺的。

其四，利用科学技术和创新降低贫困。以色列是一个地不大、物不博、人力资源有限的国家，在以色列地形构成中，沙漠区占45%，平原和峡谷占25%，山地占16%，其余为断裂带峡谷和海岸带。以色列土地贫瘠，气候干旱少雨，水资源和矿产资源短缺。正是这个弹丸之地不仅养活了几百万的人口，而且创造了令人赞叹的经济奇迹。① 针对水资源短缺问题，以色列政府发展了节水滴灌技术，先进的农业技术不仅解决了本国的农业用水问题，而且输出到其他国家。以色列通过建立和完善国家创新体系，在科技领域取得了丰硕的成果。以色列的经验给我们的启示是通过技术创新来达到资源的有效利用，生态环境的平衡以及经济效益的最大化。大力发展科技和鼓励创新，不仅可以改善贫穷人口的生活条件，还可以利用先进的技术手段对贫穷人口加强职业培训，提高劳动参与率，增强其自我脱贫能力，促进社会的整体和谐发展。

结　语

由于政府降低生活成本和增加地方竞争力的努力，近年来的物价水平有所降低。例如通信和文化娱乐部门的价格下跌。源于20世纪90年代关税削减的持续影响，服装和鞋类以及家居用品和维修价格下降，关税降低导致经济结构发生变化，而这种变化导致价格在20多年内下降。由于公共交通费用下降和汽车购置税改革，运输价格也有所下降。总之，以色列的生活水平近年来有所上升，这种改善也体现在消费水平上，消费水平显著提高，成为国内生产总值增长的一个主要因素。私人消费热潮在一定程度上是通过政府采取措施降低物价以及人均收入增加而实现的。由于就业水平不断提高以及过去三年工资上涨，人们的收入得以增加。政府通过税收和津贴的手段直接干预居民家庭的经济收入以此来降低贫困家庭的数量，数据显示2014年，政府采取的降低贫困政策贡献增长了2.5%，在福利和直接税收措施的帮助下，脱离贫困家庭的比例由2013年的34.6%增长到2014年的35.5%，脱离贫困个体的比例由同时期的23.7%上升到24.2%。在极端正统派就业率方面，近年来极端正统派追求学术教育的比例大幅增加、儿童津贴大幅度削减、国外的捐赠低于人口增长的速度、父母的支持正在减少迫使哈雷迪年轻人寻找更多的收入来源。过去几年，年轻的极端正统派男子和妇女的就业率较大幅度的增长。由于住房成本上升和当前的经济现实迫使他们不能停留在旧的哈雷迪人口中心。他们被迫在边缘地区和犹地亚与撒玛利亚寻求住房和生计解决方案。

---

① 张倩红：《以色列经济振兴之路》，河南大学出版社，2000，第3页。

截至2017年年底，以色列经济形势相对较好。失业率低，劳动参与率达到顶峰，近年来甚至出现了大幅度工资增长，在长期的工资停滞之后。工资和就业水平的提高导致了过去几年中消费水平的显著提高，即生活水平的提高。然而，经济的未来面临着重大挑战。大片的劳动力市场的特点是低生产率和低工资，虽然有了一定的改善，以色列的价格水平仍是经合组织中最高的。此外，过去十年见证了严重的住房危机的发展，政策制定者似乎没有做好应对的准备。此外，预期的人口挑战可能会进一步阻碍长期的增长：劳动适龄人口比例下降，加上就业率相对较低，技能不适合现代劳动力市场的人口群体比例不断上升。当前以色列经济的积极性为决策者提供了应对经济挑战的空间。以色列政府根据经济发展的长期趋势和预测制定政策，以确保未来的平衡增长，并实现最佳的经济潜力。

B.8 以色列汉语教学的发展状况及面临的问题*

王宇 杨依然 向洋**

摘 要： 1968年，希伯来大学成立了以色列第一个东亚系，在此后半个世纪中，以色列的汉语教学取得了长足的发展，成为中东最重要的汉学中心之一。20世纪90年代以来，随着中以关系的发展，以色列兴起了汉语热，汉语教学在促进中以双边外交、经贸和创新等方面发挥了重要作用。但在发展的过程中，以色列的汉语教学出现了缺乏语言环境、师资队伍不足等问题。为了使中以友好关系健康发展，双方应共同努力，解决以色列汉语教学中存在的问题。

关键词： 中以关系 以色列教育 汉语教学

自1992年中以建立大使级外交关系以来，双方关系得以稳步发展，在经贸、文化等领域的交流日渐频繁。随着"一带一路"建设的推进，作为"一带一路"的重要节点国家，以色列"三洲五海之地"的区位重要性更加凸显，中以双方在科技创新、劳务合作、商业贸易、人文交流等领域有着很强的互补性和良好的合作前景。中以两国领导人多次互访，进一步推动了双边关系的发展。在此背景下，以色列逐渐兴起了中国语言和文化热。本文拟对以色列汉语

---

* 本文得到教育部国别和区域研究专项资金以及北京大学区域与国别研究院的支持。
** 王宇，北京大学外国语学院副教授；杨依然，北京大学外国语学院希伯来语专业2015级本科生；向洋，北京大学外国语学院希伯来语专业2015级本科生。

教学的发展历程进行梳理,总结问题,分析当下面临的问题,希望助力中国文化走出去,为"一带一路"建设提供帮助。

一 以色列高等教育中汉语教学的发展

以色列共有9所得到高等教育委员会(Council for Higher Education)承认及监督的大学,分别是成立于1912年的以色列理工学院(Technion-Israel Institute of Technology),成立于1918年的耶路撒冷希伯来大学(Hebrew University at Jerusalem),成立于1949年的魏兹曼科学研究院(The Weizmann Institute of Science),成立于1955年的巴伊兰大学(Bar Ilan University),成立于1956年的特拉维夫大学(Tel-Aviv University),成立于1963年的海法大学(University of Haifa),成立于1969年的本·古里安大学(Ben-Gurion University),成立于1974年的以色列开放大学(Open University,仅授学士和硕士学位)和2012年得到确认的阿里埃勒大学(Ariel University)。① 其中有4所大学正式开设汉语或与中国相关专业,分别是希伯来大学、特拉维夫大学、海法大学和巴伊兰大学。以色列理工学院开设了中国历史和文化方面的公选课和语言选修课,主要目的是提高本校理工科大学生的人文素养。开放大学也开设了两门与中国历史及东亚外交相关的课程。

在以色列还有其他一些高等教育机构开设了汉学相关专业或汉语课程,其中比较正规且具有一定规模的是特尔哈伊学术学院(Tel-Hai Academic College),从2012年起,东亚学(包括中文方向和日文方向)成为该校双专业的选项。此外,布劳德学院(ORT Braude College)得到中国国家汉办支持的一名中文教师,于2016年开设了基础汉语的选修课。

(一)耶路撒冷希伯来大学开创以色列高校汉语教学的先河

耶路撒冷希伯来大学开创以色列汉语教学的先河,形成了较为完备的培养

---

① 阿里埃勒大学前身是1982年建立的巴伊兰大学的分校,于2004/2005学年独立。2012年其大学地位得到"犹地亚和撒玛利亚高等教育委员会"的确认,但因其位于巴勒斯坦被占领土,至今在以色列国内外受到抵制。

体系。汉语教学的创始人是东亚系的创立者哈罗德·茨维·史扶林教授（Harold Zvi Schiffrin）。史扶林1922年生于美国，曾在加州大学伯克利分校学习汉语，1948年以色列建国后，移民以色列。1955年，他回到美国完成硕士学业之后回到以色列，师从著名社会学家艾森斯塔特（S. N. Eisenstadt），获得博士学位。自1958年起，史扶林开始在东亚系开设汉语及中国历史课程，并于1968年正式创建了以色列首个"中日学系"。该系之后被改称东亚系，在2010年，再次更名为亚洲学系。

在教师队伍方面，东亚系先后吸引了埃利斯·约菲（Ellis Joffe，1934-2010）、伊爱莲（Irene Eber，1929-）等一批汉学家加入。约菲教授出生于上海，1949年移民以色列，1966年在哈佛大学获得博士学位后到希伯来大学任教，主要从事中国政治军事方面的研究。[①] 伊爱莲出生于德国，是大屠杀的幸存者，第二次世界大战后前往美国，师从著名历史学家陈受颐，主研中西文化交流和比较。1966年获得克莱蒙特研究大学（Claremont Graduate University）东亚研究博士学位，从1969年起开始在刚成立的希伯来大学中日学系任教。[②] 目前希伯来大学形成了一个较为强大的从事汉学研究团队。全职教师有：研究中国考古的吉迪教授（Gideon Shelah），研究蒙元帝国和辽金元史的彭晓燕教授（Michal Biran），研究中国政治思想史的尤锐教授（Yuri Pines），研究现代汉语语法及中文圣经翻译的雅丽芙博士（Lihi Yariv-Laor），研究中国当代社会、文化和教育的欧娜博士（Orna Naftali），研究中国当代社会和农村发展的李奥博士（Lior Rosenberg）等。兼职教师有世界顶级的汉学家浦安迪教授（Andrew Plaks），他先后翻译了《大学》《中庸》等古典著作，并与古代汉语教师、翻译家——柯阿米拉女士（Amira Katz）合作翻译《红楼梦》，该翻译项目得到中国汉办新汉学计划的支持。这些作品为以色列人了解中国传统文化提供了途径。主要从事汉语教学的教师只有三位，其中两位是以色列教师，另一位是来自中国的林倩老师，三位老师均以希伯来语和汉语作为主要的授课语言。

在招生人数方面，从建立到20世纪80年代，东亚系的注册学生一直不多，

[①] Harlan Jencks, "Ellis Joffe（1934-2010），" *The China Quarterly*, No. 202（June, 2010）, pp. 435-442.
[②] 参见希伯来大学福瑞伯格东亚研究中心（Louis Frieberg Center）对伊爱莲教授的介绍，http://eacenter.huji.ac.il/people/irene-eber。

一般每年只有几个，最多十余个。以色列大学生在选择专业时多以职业化为导向，而当时中国和以色列没有外交关系，缺乏就业的支撑，选择汉学专业的人自然不多。这一"曲高和寡"的情况在80年代中期有所改变。当时中以两国关系破冰，虽然尚未正式建交，但已经开始一些合作。1985年希伯来大学汉学专业的新生人数达到18人，两年后激增到40人，从此超越日学专业，成为东亚系最大专业。1992年中以正式建交后，中国热席卷而来。1995年希伯来大学的汉学专业收到入学申请达数百份，完全超出其负荷范围，最终选拔了250名。1995年以后特拉维夫大学开设东亚系，分流了一部分汉学申请者。此后耶路撒冷希伯来大学每年中国学方向的新生持续在百人左右，2010年以后下降到每年60～70人。

在学位授予方面，希伯来大学亚洲学系中国方向可授学士、硕士（包括研究型硕士和普通型硕士①）以及博士学位。从2008年开始，东亚系又为学生提供双学位项目。选择双学位的学生除在东亚学系注册之外，还同时隶属于另一学位所属院系，但双学位项目并非强制，学生仍然可以选择单一专业。在各学科门类的双学位院系中，选择国际关系双学位的学生最多，其次是工商管理双学位，如图1、图2、图3所示。

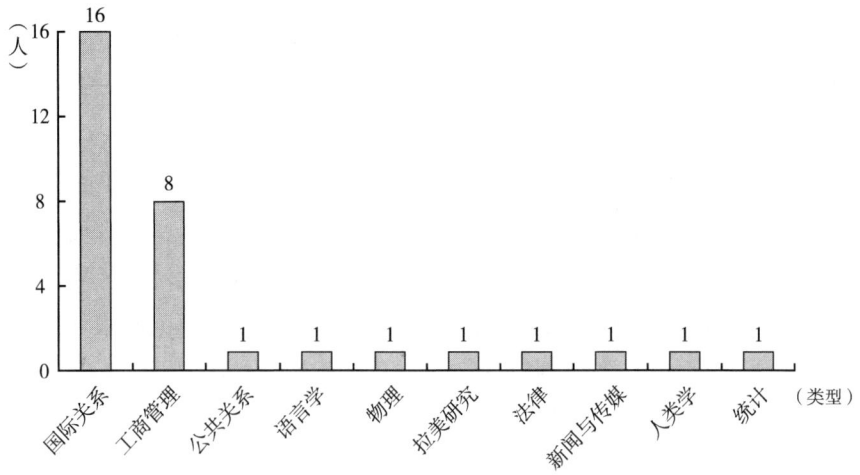

图1 大一年级双学位的类型及人数

---

① 普通型硕士不需提交硕士学位论文，只需修满学分并通过毕业考试就可以得到学位，但如想继续攻读博士则必须先补写硕士学位论文。

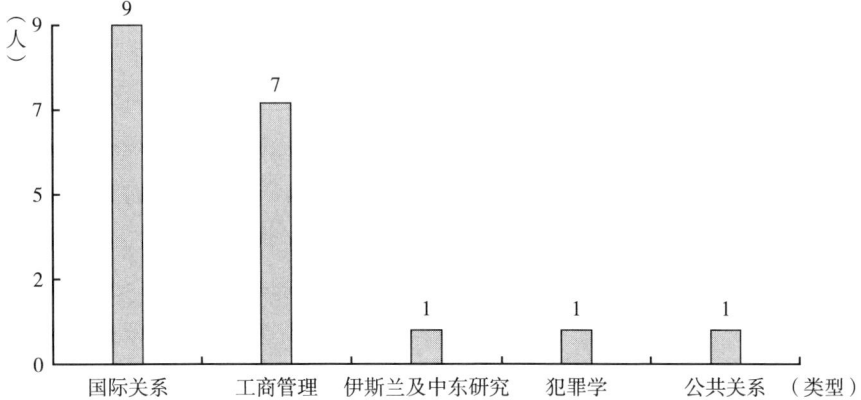

图2 大二年级双学位类型及人数

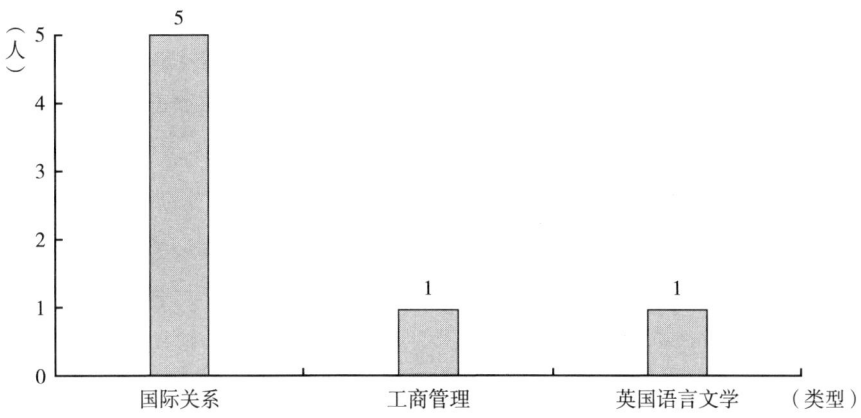

图3 大三年级双学位的类型及人数

资料来源:根据笔者的访谈。

在课程设置方面,中国方向的学生本科毕业需要拿到68学分,其中语言课26学分(包括2学分的古代汉语),占总学分的38.24%。文化课,如中国历史与文明概论(Introduction to Chinese History and Civilization)、中国近代史(China in Revolution 1900 – 1978)以及现代中国(Modern China)等课程也是必修课,共计16学分,占总学分的23.53%。

在教材选用方面,教师比较注重语言和历史教材的编写,汉语课程主要采用本地教师自行编写的教材,如现任孔子学院院长的雅丽芙博士编写的《现

代汉语语法》就长期作为以色列学生学习中文的教材使用；而尤锐教授和已退休的伊扎克·希霍教授（Yitzhak Shichor）合编的《天下：中华帝国史（三卷本）》（希伯来语）则是希伯来大学和开放大学等高校使用的中国通史教材。在2014年，希伯来大学与北京大学合办的孔子学院成立后，由于孔子学院奖学金的申请与HSK（汉语水平考试）成绩直接挂钩，学校汉语教学中逐渐加入汉语水平考试相关的内容。2017年学校对汉语教学进行了较大的改革，改用《当代中文》（希伯来语版）作为教材，教学方法也有所改变，从原来的注重读、写，改为加强听、说。汉语教师表示，教学改革的初衷是根据当前国际汉语教学的发展趋势，有利于提升希伯来大学的汉语教学水平和学生对汉语的实际使用能力。由于改革刚刚实行，短期内效果还难以量化，成效有待观察。

（二）以色列主要高校陆续开展汉语教学

20世纪90年代，随着中国改革开放的深入，经济快速发展和中以关系进一步发展，特拉维夫大学、海法大学等高校为了满足学生的需求，逐步开展汉语教学工作。

1. 特拉维夫大学

特拉维夫大学东亚系在以色列高校中规模最大，学生数量最多，可授予学士学位（双学位）、硕士学位和博士学位。2007年特拉维夫大学与中国人民大学合作开办了以色列第一所孔子学院。起初，汉语仅仅作为特拉维夫大学的公共选修课。在1995年，特拉维夫大学成立东亚系，开设了两个汉语班，注册学生数为30~40人。之后几年，随着中以关系的迅速升温和学校汉语和汉学师资力量的增强，汉语课程的注册人数逐渐攀升，到1998年时，学习汉语学生的总数达到200人。2000年后汉语教学规模继续扩大，高峰时有400多个学汉语的学生在校，三个年级分别平行开设5个班（同期日语班每个年级只有2~3个班）。从学生数量上看，从20世纪90年代后期特拉维夫大学东亚系的汉语学生人数就一直是全以色列高校中最多的。从2015年开始，特拉维夫大学学习汉语的人数有明显下降，新生人数下降到70人左右。

特拉维夫大学的汉语师资在初期曾聘用过苏联籍的汉语教师，但很快就全部换为中国籍教师。20世纪90年代中期，中以双边经贸和文化教育交流比较活跃，到以色列的中国学者和学生及侨民数量都有一定增长，因而特拉维夫大学在汉语师资的选择方面比希伯来大学在创建时有更大的余地。随着教学规模的扩大，东亚系对汉语教师的要求也越来越高，正规的对外汉语教师证成为必需的敲门砖。学校汉语教学的负责人张立老师表示，在给大一学生上课时老师基本上会采用双语（中、英），甚至三语（中、英、希）教学；而到大二以后，汉语成为主要的授课语言。这种尽量减少辅助语言的教学方式有很大的优势，能够让学生尽可能长时间地沉浸在汉语的语言氛围中。

与希伯来大学教师的研究内容偏历史领域不同，特拉维夫大学的教研人员比较偏重哲学和文学领域。活跃在该领域的汉学教授包括夏维明教授（Meir Shahar）、加里亚帕特·沙米尔教授（Galia Patt-Shamir）、马克·刚穆萨教授（Mark Gamsa）、张平教授、阿萨夫·戈尔德施密特博士（Asaf Goldschmidt）和奥里·塞拉博士（Ori Sela）等。

特拉维夫大学东亚系的双学位要求，与希伯来大学有所不同。学校对双学位的要求是强制性的，即东亚系的每位注册学生必须同时选择一门其他学科的第二专业学习，两个专业并重。从课程和学分设置上看，特拉维夫大学的中国研究方向隶属于东亚系，没有专门的培养计划。汉语语言课在不同年级有不同要求，大一12学分（必修），大二12学分（必修），大三8学分（选修）。除现代汉语外，学生在大二开始接触古代汉语。同时，东亚系还为学生提供中国历史、政治、社会等其他方面的课程，包括必修课中国历史与文明概论（Introduction to Chinese History and Civilization）、选修课当代中国的地域性身份（Regional Identities in Modern China）等。

在汉语教材方面，特拉维夫大学曾用过英语国家的汉语教材，现在使用中国国家汉办出版的《长城汉语》，该套教材比较强调对口语的培训。在课本之外，教师还自行编写了补充教材，大一时用《长城汉语补充教材汉字本》、大二使用《语言和文化》等。大三改用《新实用汉语课本》，直接从第四册开始学习。

2. 海法大学

海法大学亚洲学系建于2002年，起初只有日本学和中国学方面的课程，现在不仅包括中国、日本与印度三个方向，同时还开设有关韩国、中亚等其他区域的相关课程。可授予学士学位、硕士学位和博士学位。

中国学方向共有6名教师，其中三位汉学专家，分别是研究中国音乐理论、民族和现当代政治的尼姆罗·巴拉诺维奇博士（Nimrod Baranovitch），研究中国当代政治和外交关系的约拉姆·埃夫龙博士（Yoram Evron）和研究近现代中国史的夏海博士（Shakhar Rahav）。汉语老师也是3位，其中2位是以色列人，1位是中国人，语言教学负责人为以色列籍老师，希伯来语是主要的授课语言。

海法大学东亚系也可授予学士学位、硕士学位和博士学位。对于本科生项目，东亚系同法学院及商学院等院系联合开办了双学位项目，但是没有双学位的强制要求，学生可以自由选择。学校对学分有着严格的规定。无论是单一专业，还是双专业的学生，都要求修满120学分。将东亚研究作为唯一专业的学生，120分中的80分要在东亚系完成；而对于双专业学生来说，60分要在东亚系完成，其余60分则在其他院系完成。大一、大二年级各有8学分的汉语必修课，大三有8学分的汉语选修课。海法大学东亚系开设的有关中国文化的课程包括中国文明概况（Introduction to Chinese Civilization）、现代中国概况（Introduction to Modern China）、现代中国的政治与文化（Culture and Politics in Modern China）。为响应市场需求，2018年海法大学亚洲学系在以色列国家旅游部的支持下，与以色列旅游学校合作，推出亚洲学本科+导游培训项目，让学生在完成本科学习的同时完成汉语导游的培训课程，将语言文化学习与实际就业联系起来。①

海法大学目前使用的教材是国家汉办出的《当代汉语》修订版，此外，教师会为学生补充"慢速汉语"（Slow Chinese）、"BBC汉语"等教学材料，老师还会引导学生使用"Chairman's Bao""Decipher Chinese""Du Chinese"等手机应用程序学习汉语。

除了上述高校之外，巴伊兰大学和特尔哈伊学术学院都开设了汉语教学项目，起步得比较晚，在师资队伍、学生培养和专业设置方面还刚刚起步，但表现出良好的发展势头。

二 以色列基础教育中的汉语教学

（一）汉语成为中小学语言教育体系的一部分

以色列基础教育中的汉语教育起源于兴趣班（在希伯来语中称为

---

① 海法大学亚洲学系网站，http：//asia.haifa.ac.il/images/pdf/morei-derech.pdf（希伯来语）。

HUGIM），在20世纪90年代后期就在一些以色列中小学中开设汉语兴趣班。在2009年，汉语正式被以色列教育部纳入中小学教育体系。① 2011年，由以色列教育部部长基甸·萨阿（Gidon Saar）提议，汉语被正式列入高中毕业考试（Bagrut）的选考科目。② 以色列教育部官员所罗门·阿龙博士（Shlomo Alon）称："今天的中国，不论是从文化意义上来说还是从经济角度上来说，都已经成为一个不可忽视的世界力量。汉语进入毕业考试将给予以色列学生加强同中国的经济和文化联系的机会。"③ 经过这几年的发展，以色列中学汉语教育的质与量都取得了长足的进步。目前在以色列境内为学生提供汉语学习机会（包括正式课程和兴趣班）的学校已经超过100所，仅在特拉维夫地区就有40多个中小学有汉语相关课程。而选择参加汉语高中毕业考的人数也由2011年的4人增长到2018年的18人。

（二）中小学汉语教学的课程设置

在以色列的基础教育中，各门学科分为主科、副科和兴趣课，汉语也不例外。学生要决定是否选择汉语作为自己的主修或副修科目，副修的学生要完成3个单元的学习，主修则要完成5个单元的学习，并依据兴趣选择主攻方向——汉语语言或中国文化，其中选择文化方向的学生要在毕业前完成一篇与中国文化或经济相关的研究报告或论文。根据以色列教育部汉语学习专家委员会发布的中学汉语教育教学计划，通过3个单元的汉语学习学生将掌握300个常用汉字，而通过主修5个单元的学习后将掌握500个常用汉字。在教学计划中，教育部还额外增加了一些对中国历史具有重要意义或在中国语境中被广泛运用的词语，如"抗日战争""鸦片战争""国共内战"，以及"通货膨胀""国有化""帝国主义""封建主义"等概念。

除主修和副修课程外，在很多中小学还开设了汉语兴趣班，每周2学时，

---

① 以色列教育部网站（希伯来语），http://edu.gov.il/owlHeb/Tichon/MiktuotTchumiLimud/humanities-and-social/Pages/Chinese-curriculum.aspx。
② Arutz Sheva, "Coming Up: Bagrut Exam in Chinese", https://www.israelnationalnews.com/News/Flash.aspx/208336, 最后访问日期2018年3月20日。
③ *Torah From China: Four Students First Attended the Chinese Bagrut Test*, Ynet（希伯来语），https://www.ynet.co.il/articles/0,7340,L-4090802,00.html。

由教师选择教材和讲授内容，随意性较强，向学生介绍入门级的语言和文化知识。

（三）教材的种类与来源较为丰富

关于正式课程选用的教材，在教育委员会的教学计划中列出了三本推荐书目，分别是希伯来大学雅丽芙博士编写的《现代汉语语法》（希伯来语）、北京语言大学出版社2007年出版的《汉语教与学必备》（上）（下），以及高等教育出版社2008年出版的《体验汉语》。近年来中国国家汉办出版了几套适合不同年龄段学生学习汉语的希伯来语版课本，包括《汉语乐园》、《快乐汉语》和《当代中文》，极大地丰富了以色列汉语教学的教材，并且有利于统一标准和进行量化考核。

三 以色列大学生学习汉语及相关专业的原因

从1968年希伯来大学建立以色列首个东亚专业，到20世纪80年代中期，在以色列学习汉语和中国相关专业的人数稳定在一个较低水平。80年代后期，尤其是90年代初中以建交以后，学习汉语的人数快速增长，在21世纪初呈井喷式增长。

为了解当今以色列大学生选择汉语和中国相关专业的原因，笔者向希伯来大学本科生发放了问卷。调查结果显示，他们选择学习汉语主要有两个原因：一是中国的发展日新月异，想和中国做生意；二是对中国文化感兴趣（详见图4）。

调查还显示，近一半学生表达出投身中国市场的意向，主要想从事与中国有关的经贸旅游和外交等方面的工作。这表明在现阶段以色列学生选择汉语学习，基本上是以职业为导向的。这与中以建交之前的汉语学习者基本上出于对中国文化的兴趣有了根本的区别。

确实，在中以建交这短短20多年中，两国交往越来越频繁，在政治、商务、教育、农业等各领域广泛合作。中以贸易额迅速增长，从1992年的5000万美元，增长到2014年的110亿美元。① 2014年中以创新联合委员会成立，

---

① 《双边关系概述》，以色列驻华大使馆，http://embassies.gov.il/beijing/ProjectActivities/Pages/%E5%8F%8C%E8%BE%B9%E5%85%B3%E7%B3%BB%E6%A6%82%E8%BF%B0.aspx。

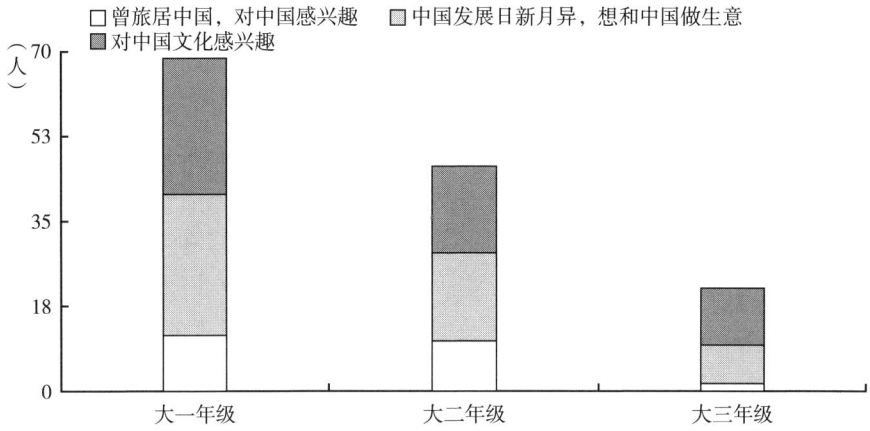

图4 以色列大学生学习汉语的理由

资料来源：根据笔者的访谈。

2017年两国宣布构建"创新全面伙伴关系"，这些举措为两国在更高层次上的合作开启了序幕。正是中以两国之间这种友好关系和合作的前景，带动了以色列的汉语热。目前在以色列的多所高校中，人文学科普遍不景气，但东亚系却一枝独秀，从注册学生数量上看已经成为人文学部第二大系，仅次于中东学系。

四 以色列高校汉语及相关专业入学人数的波动

按常理，随着中以之间官方和民间交流增多，两国人民会更热衷于学习对方的语言和文化。在中国，近年来确实有更多的高校开设希伯来语或以色列相关专业，学生数量也有大幅度增加。但与此相悖的是，最近几年以色列各高校注册汉语学习人数并没有延续之前的上升趋势，而是停滞甚至有所下滑。进入21世纪，希伯来大学东亚系汉语专业入学人数持续在近百人，但自2012年以后，入学人数呈下降趋势，每年新入学者下降到60~70人。如果说希伯来大学汉学专业的学生人数下降受到耶路撒冷城市的宗教化、巴以冲突频发以及缺乏兼职机会等因素的影响，那么近两三年在特拉维夫大学和其他高校出现的生源减少的现象则说明这并不是偶然的情况。

在全球"汉语热"升温的大背景下，是什么导致了以色列学生对汉语

"退烧"呢?是对中国失去了兴趣,还是对中国经济可持续发展失去了信心?还是有限的就业市场已经饱和?在这里我们汇总了问卷调查结果和对有关人员的采访资料,发现以下几个因素对入学人数的波动产生影响。

(一)汉语难度大在一定程度上影响了学习热情

比之欧洲语言,汉语对于以色列学生而言确实是一门很难学的语言。在希伯来语中有句谚语——形容一件事特别难时会说:"这对于我来说像中文一样。"那么,汉语到底有多难?其难度是否会影响以色列学生的学习热情?

笔者在调查过程中将学习外语的难度分为十个等级。10级为难度最高,1级为最低。结果受访者对汉语的难度等级普遍评定为6～7级,而给英语的难度评级为3～4级。学生们表示汉语在各方面都与他们熟悉的语言大相径庭。学生认为有三个难点:一是汉字数量多、字形复杂、记忆和书写都很难;二是在听说方面,难在声调,四声难辨认、难发音、难记忆;三是缺乏语言环境,除了课堂上有限的时间,学生们很少有机会接触汉语。

关于汉语的难度是否会影响学习热情,受访者均表示这确实是导致学习热情降低的重要因素。有学生解释说,汉语的超高难度使学习者很难真切地感受到其语言能力的进步,因此当最初的新鲜感过去,学习热情就会消退。只有心性相当坚定而且有一定学习能力和技巧的学生才能不被暂时"原地踏步"带来的挫败感和沮丧情绪击退。

其实,从以色列高校汉语及中国相关专业学生相当高的"弃学率"也可看出端倪。以希伯来大学汉学专业为例,大一时如果有60～70名学生开始学习汉语,到一年级结束后主动或被迫改变专业的学生几乎占40%,到大三常常只剩20个学生了,"损耗率"高达70%。放弃汉语专业的学生或转向"当代亚洲研究"(同属东亚系,唯一的区别在于不强制学习汉语——汉语从必修课变成选修课),或转向其他不相关的专业,甚至有的会索性放弃学位,辍学。除了认为汉语或汉学不适合自己而转向其他专业的主动"弃学"者,被动"弃学"者们,通常都是由在期末考试中挂科(既包括汉语语言课也包括文化课),甚至屡次挂科所致。这个现象在其他高校也相当普遍。

(二)私立汉语培训机构吸引了部分无学位要求的语言学习者

近年来,随着两国关系的快速发展,越来越多私立汉语培训机构如雨后春笋般出现，为单纯想学习汉语的人提供了更为灵活的选择。中国联盟（China Alliance Institute）①、亚洲研究所（The Asian Institute）②、比尔利兹（Berlitz）③等教育机构都开设了汉语启蒙课程。从耶路撒冷、特拉维夫、海法、贝尔谢巴等大城市，到中部的卡法萨巴（Kfar Saba）、北部的便雅悯纳（Binyamina）等中小城市，都有这些机构的分部。在入门之后，学习者还可以根据自身情况和需要安排自主学习，这对于那些有特定语言学习需求（如商业汉语或医学汉语或口语）而没有学位要求的人而言比到大学去注册然后按部就班地学习要方便得多。

（三）网络和移动 App 汉语教育的普及

近年来，随着网络教育的发展和智能手机功能的完善，越来越多的人开始使用移动终端 App 和网站进行线上学习。相比于传统课堂教学，网络和移动 App 教育具有便携性、灵活性和趣味性等特点，同时有效地降低了入学门槛，对传统的课堂教学形式产生了一定的冲击。当然，这种新型学习方式也可以作为传统学习方式的一种有益补充。学生最常使用的 App 包括词典、阅读和听力应用软件等。

（四）汉语进入基础教育减少了大学基础语言课程的注册人数

汉语从 2009 年开始正式进入以色列中小学，这一举措旨在加强以色列中小学生与中国的联系，加深其对中国的了解，同时也为进入大学后继续学习汉语和东亚研究做预备。事实上，在完成 5 个单元的汉语学习之后，学生的汉语水平已较为可观（掌握 500 汉字），相当于大学汉语专业二年级学生的水平了。因此，在中学接受过正规汉语教育的学生即使在大学继续学习也可以免修一年级的语言课。

（五）赴华学习机会的增多

目前，中国诸多高校都开设了对外汉语课程，面向全世界招收留学生。名

---

① 以色列中国联盟网站，http：//www.ysin.co.il/courses/。
② 以色列亚洲研究所网站，http：//tasi.co.il/。
③ 比尔利兹网站，http：//www.berlitz.co.il/languages-learnings-he/chinese-he/。

目繁多的奖学金和校际交流项目为以色列学生来华学习汉语开辟了多种渠道。其中数量最大、影响力最高的是孔子学院的奖学金项目。以色列现有的两所孔院,分别是特拉维夫大学孔院和希伯来大学孔院。这两个单位每年都向中国输送几十名留学生,包括1~2学期时间的长期留学生和2周时间的短期留学生。中国政府还向以色列学生提供其他三种奖学金,分别是政府交换奖学金(全额)、中国政府单方奖学金(全额),以及亚洲留学奖学金。

校际交流为以色列学生前往中国提供了"定点定向"的学习机会。以色列高校虽然数量不多,但世界排名和学术声誉大多不错,在一些领域排世界前列。中国高校与以色列高校之间的交流非常活跃,合作项目也很多。希伯来大学和特拉维夫大学分别与北京大学、清华大学、上海交通大学等多所国内高校有交换协议,名额充足;海法大学与哈尔滨工业大学有暑期交流项目(为期5周);特尔哈伊学术学院70%的学生会在大二暑期到中国大学的暑期学校进修。

五 以色列汉语教学存在的问题

经过综合问卷、采访和研究,笔者发现以色列汉语教学存在以下三个主要问题。

(一)语言课课时不足

以色列高校中汉学方向的专业普遍比较重视文化研究和教学,如在希伯来大学,汉语语言课仅占总学分的38.24%,而在北京大学外国语学院,语言课基本上占总学分要求的一半,课时更是"倍杀"希伯来大学的汉语课时。[①]语言课时相对较少的结果就是学生对该语言的输入少、输出也少,不利于语言的学习和掌握。

调查结果显示,多数学生(大一有55%、大二有83%、大三有88%)认为应当增加语言课课时。笔者就此问题采访了希伯来大学人文学部前副部长尤锐教授,尤锐认为汉语语言课课时少,一方面是因为总学时有限,以色列的本

---

① 按照《北京大学希伯来语专业教学大纲2016版》,希伯来语专业本科生(四年毕业)需修满140学分,其中希伯来语语言课学分为71分。

科学制只有三年,学期短,每学期只有 13～14 周;另一方面则是由于文化课和双学位其他课程的挤压。这在一定程度上影响到教学效果。

(二)语言环境缺失

语言环境缺失其实是在国外学习语言的共病,但也并非无计可施。以美国明德学院在非语言环境下教授希伯来语的经验为例。他们每年暑期会有一个特别的训练计划,即让希伯来语学习者在七周之内,不管是上课(每天 4～5 学时)还是在日常交际中,都只能说希伯来语。① 这样可以创造出一个"微型"语言环境,让学生最大限度地沉浸在特定语言的输入和输出之中。

但在目前的以色列,暑期是学生打工的高峰期,类似的集中特训也许无法复制,再加上课时较少等原因,在以色列学习汉语很难形成持续而良好的语言学习环境。

(三)汉语教师数量不足,质量参差不齐

在开设汉语课程的以色列高校中,缺乏足够的中国外教。除特拉维夫大学之外,其他院校中国籍教师的数量较少。希伯来大学三位主要的汉语教师中只有一位是中国籍;海法大学情况与希伯来大学的情况基本一样;在巴伊兰大学和特尔哈伊学术学院目前都没有中国教师。而在中小学,除希伯来大学孔子学院与以色列教育部合作的几个教学点是由孔子学院的中国籍志愿者协助上课之外,几乎全是以色列籍的汉语教师。

聘用以色列籍教师教授汉语有其优势,尤其是对于初学者或英语不够好的中小学生而言,能用希伯来语教学可以避免很多理解上的偏差。但也有弊端,抛开汉语自身的难度不提,从学生心理层面看,当面对以色列籍教师时,学生沟通起来虽然会更方便,但自然而然地倾向于用母语提问和交流,这样会打断本来就不易营造出来的语言学习氛围。如果学生面对的是中国老师,会产生一种积极的心理暗示,更努力地尝试用所学过的汉语来进行表达和交流。

在调查中,笔者还注意到以色列的汉语教师缺乏接受教学培训的机会。尽管在特拉维夫大学孔子学院的帮助下,以色列教育部举办过数期汉语教师培

---

① 明德学院希伯来语七周项目,http://www.middlebury.edu/ls/hebrew/curriculum。

训；希伯来大学孔子学院也选派过中学汉语教师前往中国参加培训班，但能参加培训的仍然是少数。种种原因导致在不同的教学单位，教师的水平相差很大。

结　语

经过半个世纪的发展，以色列的汉语教学从无到有，学生规模从小到大，教师队伍从弱到强，两个国家从陌生逐渐熟悉，并成为友好国家。语言是"民心相通"所必需的工具，随着中以关系的发展，越来越多的中国人开始学习希伯来语和以色列相关学科，也有越来越多的以色列人愿意学习汉语这门声名远播的复杂语言，愿意到中国来学习和工作。

以色列汉语教学经过多代人的努力，取得了丰硕的成果。但以色列汉语教学也存在问题，远远满足不了中国人民和以色列人民友好交往的需要。中以双方应该站在未来发展的高度，采取改善措施，推动汉语教学在以色列的发展。相信在各方努力之下，乘"一带一路"的国际化列车，中以关系必将快速、健康地发展，语言在"民心相通"方面的作用将更加凸显。

创 新 篇

Innovations

B.9 特拉维夫的智慧城市模式及其建设路径

艾仁贵*

摘 要： 在信息革命的推动下，特拉维夫借助其发达的创新生态系统，在以色列率先开展智慧城市建设。特拉维夫的智慧城市建设采取自上而下和自下而上相结合的方式，主要围绕"数字特拉维夫"工程展开，该工程是一系列具体项目的总和。就建设路径而言，"数字特拉维夫"工程下属的众多项目可以分为四大基本层面：市民参与、智慧设施、智能交通、生态系统。通过积极开展智慧城市建设，特拉维夫不仅巩固了其作为创新和活力中心的地位，而且大大提升了自身的城市形象，"智慧城市"如今已成为这座创新城市崭新的名片。

关键词： 特拉维夫 智慧城市 "数字特拉维夫"工程 信息与通信技术

---

* 艾仁贵，河南大学以色列研究中心副教授。

在进入地球村时代的今天，随着以移动互联网、大数据、物联网、云计算为代表的新一代信息与通信技术（Information and Communication Technologies，ICT）的蓬勃发展，信息革命对人类生活的各个方面产生着日益重要的影响。在此背景之下，城市变得更"智慧"起来，"智慧城市"（smart city）应运而生，作为当今城市发展的新理念和新模式而为许多国家所提倡。自2012年启动以来，以"数字特拉维夫"工程（DigiTel project）为代表的特拉维夫智慧城市建设取得了一系列重要成就，在以色列乃至中东地区走在前列，"智慧城市"成为以色列继"创新创业国度"之后的又一大亮丽名片。本文拟对特拉维夫的智慧城市建设进行探究，具体围绕特拉维夫智慧城市的愿景、模式、建设路径及其成效等方面展开，以期为相关国家的智慧城市建设提供若干借鉴及启示。

一 "信息革命"与以色列的国家数字化建设

"智慧城市"一词有狭义和广义两种内涵。狭义上，指城市使用信息与通信技术来为市民提供服务；广义上，智慧城市借助信息与通信技术，以使资源利用更加智能和高效，并带来成本和能源的节约，提高服务水平和生活质量，减少环境破坏，所有这些都是创新型和低碳经济的必备要素。① 智慧城市具有安全、绿色、高效等属性，是对城市生活的一场革命，通过大数据使人类的城市体验更加智能和便捷，它已经成为引领城市发展的新方向。学者莫里茨·波尔杰森（Mauritz Börjeson）指出，"正如我们所知道的，大数据已经改变了世界的面貌，因为它允许我们为解决现实世界的问题提供了更好的解决方案。没有更好的解决方案，全球城市化将导致一系列问题，例如交通拥堵、住房短缺和环境污染——通过使用大数据，我们可以处理这些重要的全球性议题。"②

从发展模式来看，智慧城市的首要立足点是技术因素，同时借助人力因素和制度因素的完善，兼顾社会、经济、环境等方面，以绿色、安全、高效的解

---

① Leonidas G. Anthopoulos, *Understanding Smart Cities: A Tool for Smart Government or an Industrial Trick?* Springer, 2017, p. 3.
② "Smart City Index 2017," *Parking Network*, November 8, 2017, http://www.parking-net.com/parking-news/easypark-group/smart-city-index – 2017.

决方案来应对城市发展过程中的各种问题，建设健康、安全、公平和可持续的城市（见图1）。作为城市发展的新理念和新模式，它已不再是一种选项，而成为一项必需。如今，智慧城市在全球范围内已成为一项普遍的共识，各国纷纷出台有关智慧城市的规划和战略，例如美国的《白宫智慧城市行动倡议》（2015年）、欧盟的《可持续城市通信和智慧城市》（2016年）、澳大利亚的《智慧城市计划》（2016年）、新加坡的《智慧国家2025》（2014年）、印度的《智慧城市规划》（2015年）等。

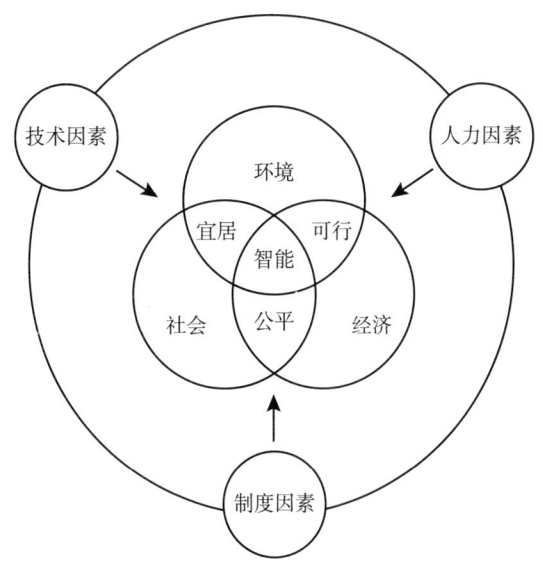

图1　智慧发展模式

资料来源："Smart Cities：Concept，Challenges and Projects，" ASCIMER Document，http：//eiburs-ascimer.transyt-projects.com/files/05_TorregrosaMartin_AndreayMario_ConceptChallenges&Projects.pdf。

智慧城市强调借助信息与通信技术改善城市服务，其前身来自"电子政务工程"（e-Government project）。以色列是世界上最早借助信息化技术开展电子政务的国家之一。早在20世纪90年代信息技术刚刚兴起之时，以色列政府就提出加快电子政务建设，其目标是建立政府范围的基础设施以帮助政府各部门通过多种渠道为公众提供服务，减少官僚作风、提高办事效率。1996年，以色列财政部的总会计师办公室成立了"电子政务分队"（e-Government unit），该机构成为以色列政府推进信息化的先锋。1997年,以色列政府建立"特西拉分队"(Tehila unit),即"因特网时代的政府基础设施"(Government Infrastructure for the Internet Age),以作为以色列"电子政务工程"的关键内容,致力于保护政府各部门连接因特网并为政府网站提供安全防护。① 2002年5月,以色列政府正式决定启动包括五个层次的"电子政务工程"。② 2002年12月11日,以色列政府通过"第B/84号特别决议"(Special Resolution B/84),明确保护以色列计算机系统的责任,决定建立国家信息安全局(the National Information Security Authority, NISA),以规范和保护信息安全领域的重要设施。③

2012年3月,"电子政务分队"成为以色列信息与通信技术部的一部分,2015年1月,"电子政务分队"独立于信息与通信技术部,直接附属于总理办公室。"电子政务分队"有超过250名雇员,从事发展、应用、信息安全、系统发展、托管、通信、数字认证、项目管理等。④ 其使命是发展和运作安全的技术基础设施,帮助政府机构连接因特网服务,为政府机构提供解决方案,以使政府的服务更加便利市民、商业和大众,确保信息安全是电子政务的核心。

为了切实推进电子政务建设、加快国家信息化步伐,以色列政府制定了一项信息与通信技术领域的国家倡议,借助自身在技术创新领域的领先地位大力改善政府和商业服务。2013年12月15日,以色列政府通过了"数字以色列"国家倡议("Digital Israel"-the national initiative)的决议⑤,决定成立一个部长级指导委员会以制订国家数字化政策以及提出长期规划,该委员会由总理办

---

① Toshio Obi & Naoko Iwasaki, *A Decade of World e-Government Rankings*, Amsterdam: IOS Press, 2015, p. 84.
② 这五个层次分别为:政府间交流设施(inter-governmental communication infrastructure)、政府间应用(inter-governmental applications)、保护应用的基础设施(application secured infrastructure)、服务性基础设施(services infrastructure)、支持和同化(support and assimilation)。参见 Boaz Chen & David Rashty, *The Five Layers Model of e-Government*, Jerusalem: Ministry of Finance, General Accountant Office, September 2002, pp. 3 - 5。
③ Lior Tabansky & Isaac Ben Israel, *Cybersecurity in Israel*, New York: Springer, 2015, p. 35.
④ "e-Government Unit," Government ICT Authority, September 4, 2017, https://www.gov.il/en/departments/units/e_government.
⑤ "'Digital Israel'-National Initiative," Embassy of Israel in India, February 3, 2014, http://embassies.gov.il/delhi/NewsAndEvents/Pages/Digital%20Israel%20%E2%80%93%20National%20Initiative.aspx.

公室主任哈雷尔·洛克（Harel Locker）领导。该倡议提出光纤网改造升级来为民众提供一系列的数字化服务以简化政府职能、便利民众，支持该项目的基础设施计划在两年内完成，目标是使网速达到1000MB每秒。① 作为一项政府倡议，"数字以色列"国家倡议（见图2）致力于改善公众在教育、卫生和福利等方面的获取能力，同时鼓励电子商务、精简官僚机构、提高政务效率。以色列总理内塔尼亚胡强调，"这是一项将有助于缩短社会和地理差距的重大社会举措"②。

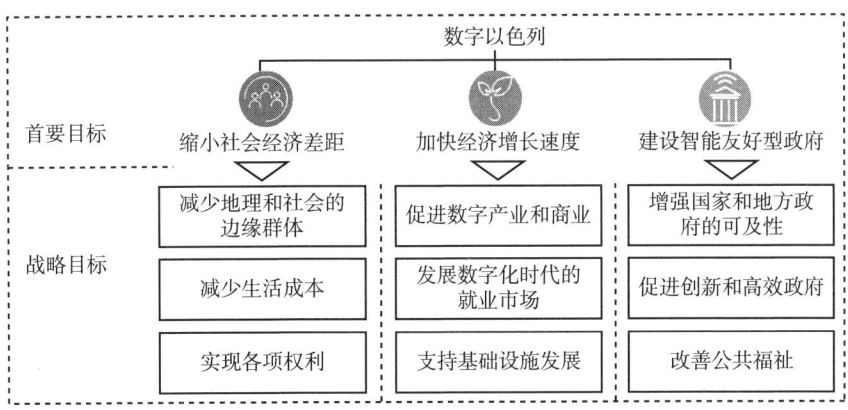

图 2　"数字以色列"国家倡议

资料来源：Headquarters for the National Digital Israel Initiative, *The Digital Israel National Initiative: The National Digital Program of the Government of Israel*, Jerusalem: Ministry of Social Equality, 2017, p.7。

为了进一步推动国家信息化建设，2017年6月，以色列政府授权社会平等部发布《数字以色列国家倡议：以色列政府的国家数字计划》（*The Digital Israel National Initiative: The National Digital Program of the Government of Israel*），其愿景是把握数字化革命和信息与通信技术方面的机遇，加快经济增长、缩小社会经济差距和促进政府更为友好、更加智能，从而使以色列成为数字化时代

---

① "New Investment in 'Digital Israel' Initiative," *Emmatalks Tech*, June 12, 2017, https://emmatalkstech.com/2017/06/12/new-investment-in-digital-israel-initiative/.
② Ilan Gattegno, "Government Approves 'Digital Israel' Project," *Israel Hayom*, December 16, 2013, http://www.israelhayom.com/2017/08/15/government-approves-digital-israel-project/.

的全球领导者。① 同月,以色列政府正式批准了社会平等部部长吉拉·迦玛列（Gila Gamliel）提出的"数字以色列计划"（'Digital Israel' Program），投入总额达13亿新谢克尔,致力于在2020年之前推动以色列政府所有部门及附属机构实现数字化。② 该计划有三大主要目标：首先,缩小社会和地理差距,包括贫富群体、中心和边远地区之间；其次,通过促进数字化产业和商业来刺激经济增长,改善基础设施和就业市场；再次,使政府服务更加智能和更加便捷,提高市民生活质量。吉拉·迦玛列指出："通过我们已经批准的这个项目,我们将使每个以色列儿童拥有可利用的基础设施和所需要的数字技术以最大限度地挖掘他们的潜能；该项目将给予以色列社会流动性的真正机会,使得来自迪莫纳的小女孩或来自拉哈特的小男孩通过谷歌或脸书之外的途径拉近距离。"③

二 特拉维夫智慧城市建设的愿景及模式

在以色列大力开展国家数字化发展战略的情况下,智慧城市的建设正式被提上议事日程,而作为以色列第一大城市的特拉维夫更是有着十分重要的紧迫性。在以色列的四大都市圈（特拉维夫、耶路撒冷、海法、贝尔谢巴）中,特拉维夫是最大的都市圈,人口在350万以上,占以色列总人口的40%左右。由于以色列的工业和人口过度集中在特拉维夫地区,从而带来一系列问题,例如住房短缺、贫困问题、交通拥堵、环境污染、资源紧张等。随着城市化进程的不断加速,特拉维夫面临的问题和挑战越来越多,如何创造一个有吸引力的城市环境、维持该城市商业和文化中心的地位,成为特拉维夫市政部门的当务之急。

尽管面临着诸多挑战,但特拉维夫有着开展智慧城市建设的一系列优势条件。作为以色列的主要商业中心,特拉维夫被称为"永不止步的城市"（the

---

① Headquarters for the National Digital Israel Initiative, "The National Digital Program," Ministry of Social Equality, June 8, 2017, https://www.gov.il/en/Departments/news/digital_israel_national_plan.

② Shay Niv, "Gov't Approves NIS 1.3b 'Digital Israel' Program," *Globes*, June 12, 2017, http://www.globes.co.il/en/article-govt-approves-nis-13b-digital-israel-program-1001192128.

③ Shay Niv, "Gov't Approves NIS 1.3b 'Digital Israel' Program," *Globes*, June 12, 2017, http://www.globes.co.il/en/article-govt-approves-nis-13b-digital-israel-program-1001192128.

Nonstop City),拥有特拉维夫证券交易所、钻石交易中心、主要的银行总部、许多媒体、金融公司;特拉维夫都市圈有着显著的"汇聚效应",聚集了以色列绝大部分的经济和社会资源,其占全国总人口的40%左右,创造了以色列60%以上的国内生产总产值,拥有以色列86%的银行机构、95%的高科技公司、86%的通信公司、90%的信息技术公司、60%的电子和硬件公司、80%的软件公司,这些机构创造了大量的就业机会,吸引着大批优质的人力资源和巨额的财富投资。[1]

而且,特拉维夫也是以色列的高科技和初创企业中心,有着世界顶级的创新生态系统,被誉为"以色列的创业之都"。特拉维夫拥有1450家初创企业,是世界上人均拥有初创企业比例最高的城市;同时还有84个加速器和孵化器,以及众多著名跨国公司的研发中心,例如IBM、谷歌、微软、苹果、摩托罗拉等。[2] 根据风险资本公司SparkLabs Global Ventures的数据,特拉维夫的初创企业生态系统位居世界第三,仅次于硅谷和斯德哥尔摩,而排在纽约和洛杉矶之前。[3] 为了维持这种创新创业氛围,特拉维夫大力鼓励新兴的软件开发初创企业,提供幅度高达66%的税收优惠。[4] 特拉维夫市长罗恩·胡尔代(Ron Huldai)指出,"特拉维夫—雅法市是创新和开拓性思维的领导者。作为市政当局,我们促进这些方面的发展并鼓励在许多领域的创新路径"[5]。

从2006年起,特拉维夫市政部门开始探索电子政务建设,提出到2009年逐步实现与公众共享信息。为了推进特拉维夫的信息化建设,自2012年起,

---

[1] Evgenia Bystrov, "Spatial Inequalities between the Core and the Periphery in Israel: A Geopolitical Challenge," ECPR Joint Sessions of Workshop, April 11th to 16th, 2008, Rennes: University of Rennes, https://ecpr.eu/Filestore/PaperProposal/20bb46f0 - 6324 - 4c6c - 83c4 - f47b63233410.pdf.

[2] Shoshanna Solomon, "Tel Aviv Aims to become Beta Site for Smart City Tech," *The Times of Israel*, September 26, 2016, https://www.timesofisrael.com/tel-aviv-aims-to-become-beta-site-for-smart-city-tech/.

[3] Einat Paz-Frankel, "Tel Aviv's Startup Ecosystem Ranked No.3 in the World," *NoCamels*, November 8, 2016, http://nocamels.com/2016/11/tel-aviv-startup-ecosystem-third/.

[4] "City's Support," Tel Aviv-Yafo Municipality, www.tel-aviv.gov.il/en/WorkAndStudy/Pages/CitysSupport.aspx.

[5] Tel Aviv-Yafo Municipality, "Free WiFi in Tel Aviv: A Digital Revolution of the Tel Aviv-Yafo Municipality," *Diplomatic Magazine*, September 10, 2013, http://www.diplomacy.co.il/diplomatic-magazine/science-a-tecnology/1450-free-wifi-in-tel-aviv-a-digital-revolution-of-the-tel-aviv-yafo-municipality.

特拉维夫市政府设立了首席知识官（Chief Knowledge Officer，CKO）和首席信息官（Chief Information Officer，CIO），CKO专门负责特拉维夫全市的知识管理，包括市政府网站以及特拉维夫城市的数字化转型，由佐哈尔·沙龙（Zohar Sharon）担任；CIO负责对全市的信息资源进行管理和控制，由利奥拉·谢克特（Liora Shechter）担任。① 作为对"数字以色列"国家倡议的响应，特拉维夫市政府2012年启动了"数字特拉维夫"工程，致力于借助信息与通信技术建立市政部门和居民之间的多种交流渠道，将电子政务和各种移动应用、社交媒体相结合，提高办事效率、更加便利民众。特拉维夫现任市长罗恩·胡尔代是"数字特拉维夫"项目的积极支持者，2014年他在特拉维夫市议会将该项目描绘为"更大的数字化愿景的一部分，近些年我们在此领域一直领先，它包括总体上的创新、市政当局采纳新技术以为居民提供服务并与之接触"。②

根据特拉维夫市政部门发布的《特拉维夫智慧城市手册》（Smart City Tel Aviv），该市开展智慧城市建设的愿景是，"大力吸收信息与先进技术，促进居民和其他群体的参与，提高运作效率、改善生活质量，促进地方经济和环境可持续发展"。③ 具体而言，特拉维夫的智慧城市建设有四大目标。①实现服务于所有居民的城市（A City for All its Residents）：促进特拉维夫对其居民的吸引力，面向所有年龄的居民，提供优质的教育、平等的机会、多元主义和社区凝聚力。②打造居民导向的政府（Resident-Oriented Government）：重视效率和协作，在市政内部事务的管理上高度自治，同时与附近的地方当局合作处理跨界事务。③建设充满魅力的城市环境（An Appealing Urban Environment）：对城市更新持开放态度，但同时保护其建筑遗产；在建筑结构和开放空间之间保持平衡；对土地进行谨慎的使用；降低环境风险和促进高效、可持续与多手段的交通系统。④保持金融和文化中心的地位（A Financial and Cultural Center）：维持和增强特拉维夫作为都市圈与全国金融和文化中心的地位，同时对资源进行

---

① Eran Toch & Eyal Feder, *International Case Studies of Smart Cities-Tel Aviv*, *Israel*, Washington, D. C. : Inter-American Development Bank, 2016, p. 6.
② Jesse Fox, "Tel Aviv's DigiTel: An E-government App and Smart Card, All in One," *Citiscope*, April 22, 2015, http://www.citiscope.org/story/2015/tel-avivs-digitel-e-government-app-and-smart-card-all-one.
③ Tel Aviv-Yafo Municipality, *Smart City Tel Aviv*, Tel Aviv, 2017, p. 8.

合理分配以提高生活质量。①

特拉维夫的智慧城市建设主要围绕"数字特拉维夫"工程展开，具体由CIO和CKO提出方案并推动实施，CKO和CIO领导的智慧城市建设团队人数在400人左右，同时负责特拉维夫市的IT基础设施；此外，"特拉维夫全球"（Tel Aviv Global）②负责该工程的对外推广，以提升特拉维夫作为智慧城市的知名度。就运作模式而言，"数字特拉维夫"工程采取自上而下和自下而上相结合的方式，主要依靠实施一系列明确而具体的项目，而非建立庞大的智慧城市基础设施。CIO利奥拉·谢克特指出，渐进的路径更容易在政治上和经济上推行，也能提供更多有形的效益，并允许市政部门了解和采纳。③更重要的是，这些尝试的成功获得了居民、市政当局和第三方的信任和支持，从而不断推出新的项目以形成智慧城市的总体推进。特拉维夫智慧城市的运作模式见图3。计算机与信息系统部门（Computing and Information System Division），主要从事创建和维持不同的项目，由CIO领导，在智慧城市建设中发挥主要作用；紧急与安全部门（Emergency and Security Division），负责管理城市的关键系统；交通部门（Transportation Division），负责管控城市的道路系统。知识部门（Knowledge Department）、CKO的办公室，负责"数字特拉维夫"下属众多项目的运行；通信与公关部门（Communication and Public Relations），负责运作与"数字特拉维夫"所属项目有关的社交媒体和与初创企业对接。④

特拉维夫智慧城市的模式建立在项目导向的服务之上，通过实施一系列具体的项目以应对特定的挑战，其倡议既来自市政当局也来自第三方。所有这些项目的焦点是计算机与信息系统部门，这个过程通常始于某个特别的部门向计算机与信息系统门确认其面临的主要挑战，以及如何通过数据系统进行解决。计算机与信息系统部门有着双重的目标，既作为创造新的应用和基础设施的动力，也作为解决方案的执行者。某一个或几个部门将其倡议提交到特拉维夫市

---

① Tel Aviv-Yafo Municipality, *Smart City Tel Aviv*, pp. 6–7.
② 2009年，特拉维夫—雅法市政当局发起一项将特拉维夫定位为全球城市的倡议，目标是使之作为主导性国际商业中心尤其在创新领域处于领先地位。"特拉维夫全球"是市长办公室直接管理下的公司，CEO为埃坦·施瓦茨（Eytan Schwartz），致力于提升该城市的全球地位。
③ Eran Toch & Eyal Feder, *International Case Studies of Smart Cities-Tel Aviv, Israel*, p. 20.
④ Eran Toch & Eyal Feder, *International Case Studies of Smart Cities-Tel Aviv, Israel*, p. 21.

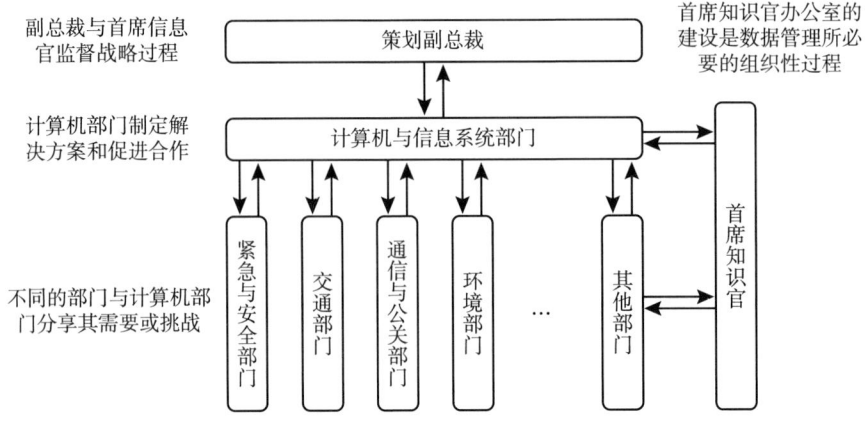

图3 特拉维夫智慧城市的运作模式

资料来源：Eran Toch & Eyal Feder, *International Case Studies of Smart Cities-Tel Aviv*, *Israel*, p.20。

的策划副总裁，如果被授权的话，就由计算机与信息系统部门开展，而CKO的办公室负责监督这些项目的实施和运行。① 这种路径的根本出发点是，有步骤、分阶段建设智慧城市，最大限度地获得有关各方的信任，并尽快显现建设成效。这种渐进式路径允许市政当局通过接受来自不同部门、居民和其他利益相关方的反馈，使其服务最优化，同时减少不利因素。但这种路径的弱点之一就是，由于倡议很大程度上受到特定部门借助技术解决方案倾向的影响，技术导向程度低的部门往往无法享受智慧城市的好处。

三 特拉维夫智慧城市建设的主要路径

特拉维夫智慧城市建设的开展主要将对城市生活和决策过程的参与作为根本原则，集中群众智慧，公众参与，加强居民、企业、非政府组织和市政部门之间的合作。"数字特拉维夫"工程是特拉维夫智慧城市建设的核心，作为一项聚焦于居民智能参与的创新工程，通过倾听居民需要和关切并做出回应，来提高居民生活质量。"数字特拉维夫"工程包括众多的小型项目，

---

① Eran Toch & Eyal Feder, *International Case Studies of Smart Cities-Tel Aviv*, *Israel*, p.20-21.

覆盖了市政服务和居民生活的几乎所有层面：教育、社区福利、交通、安全、卫生、水和能源等。这些项目的综合就构成了特拉维夫智慧城市的建设路径。就建设路径而言，特拉维夫智慧城市建设的众多项目可以分为以下四大基本层面。

（一）市民参与（citizen engagement）

"数字特拉维夫"居民卡（DigiTel Residents Card）。市民参与是特拉维夫市文化的一部分，有着悠久的传统。所有年满13岁的特拉维夫居民，均可获得一张智慧城市卡和成为"数字特拉维夫"居民俱乐部的成员。[①] "数字特拉维夫"居民卡（见图4）给予居民个性化的优惠，每个注册的居民可以接受有关特拉维夫地区的通知，根据居民的年龄、性别、兴趣、婚姻状况分别提供相应的信息。市政部门通过"数字特拉维夫"平台提供在线市政服务，接受居

图4 "数字特拉维夫"居民卡（样卡）

资料来源：Eran Toch & Eyal Feder, *International Case Studies of Smart Cities-Tel Aviv*, *Israel*, p.10。

---

① Somayya Madakam, Siddharth Tripathi and Rajesh Kumar Arora, "Internet of Things Applications @ Urban Spaces (Tel Aviv Smart City: A Case Study)," in Durgesh Kumar Mishra, et al., eds., *Information and Communication Technology for Sustainable Development*, Vol.1, New York: Springer, 2016, p.9.

民及游客的反馈;居民可以通过该平台获取信息,开展交易,交纳停车费、汽车年检费,注册幼儿园等。①

"数字特拉维夫"居民俱乐部(DigiTel Residents Club)。作为一个私人化的网络和移动交流平台,"数字特拉维夫"居民俱乐部为居民提供个性化的服务,信息的提供有多种渠道——私人邮件、手机短信和私人居民账户。该平台提供城市及其居民之间的直接联系,从提醒居民注意附近道路状况到告知他们最近的共享单车站点,再到发送学校注册信息给特定居民或提供在该城市举行的文化体育活动信息及门票优惠情况。②

iView系统。该系统是特拉维夫开发的市政地理信息系统,使公众可以获取大量的空间信息,如导航、交通、社区、旅游、教育和艺术等。作为居民,可以看到所在小区相关的所有地理信息,例如学前学校、学校、公园、药店、社区中心等。作为工程人员,可以定位街区、水电设施、特定的分区规划及其相关文件;作为游客,可以定位酒店、海滩、文化及娱乐场所。③ iView系统作为一个高性能系统有着很舒适的用户界面,使用前无须进行事先的培训。

公共参与应用。特拉维夫市政部门开发了72个App,向公众开放许多数据库以提高公众获取相应信息的能力,这些数据库几乎覆盖了绝大部分的城市生活。更重要的是,这些应用软件鼓励居民主动地参与市政,居民可以定位事件或活动,并记录危险和追踪处理进展。

(二)智慧设施(smart infrastructure)

免费WiFi。2013年,特拉维夫市投资600万新谢克尔,与摩托罗拉公司合作建造覆盖整个城市的无线网络,以服务于该城市的居民和游客。WiFi热点遍布于该城市的80个不同地区(其中20个场所由居民通过市政的Facebook网页进行选择所确定),每个WiFi热点可以供25人同时以500Kbps的网速上网。而且,使用十分简洁便利,无须用户进行注册或提供私人信息,从而最大程度保护用户的隐私。WiFi的覆盖范围达370万平方米,包括海滩、街道、城市广场和公园、休闲中心和

---

① Tel Aviv-Yafo Municipality, *India-Tel Aviv: A Smart Partnership*, Tel Aviv, 2017, p. 10.
② Tel Aviv-Yafo Municipality, *Smart City Tel Aviv*, p. 15.
③ Tel Aviv-Yafo Municipality, *India-Tel Aviv: A Smart Partnership*, p. 13.

旅游场所，特拉维夫市成为世界上首批全城覆盖 WiFi 的城市之一。①

环境和灌溉管理。特拉维夫最重要的智慧环境项目是公共灌溉运行中心（public irrigation operations center），致力于保护公共灌溉用水。通过实施远程控制的实时灌溉系统，以监控公园的洒水器，目前 72% 以上的特拉维夫园林都连接了该系统。该灌溉系统自动开关所有的洒水器，监控分配给公园每个部分的水量，并监测市政公园的耗水量。② 此外，特拉维夫还有几个由环境保护部运行的污染监测站，这些数据通过与当地的初创企业 Breezometer 合作可以为公众获取，该公司告知居民当前街道的污染水平。③

"数字狗"（Digi-Dog）项目。特拉维夫有登记在册的狗数量达 2.5 万条，平均每 17 个居民就有一条狗，特拉维夫是世界上人均拥有狗数量最高的城市。当地有 70 座公共狗公园，平均每一平方千米就有 1.3 座狗公园④，特拉维夫被誉为世界上"对狗最为友好的城市"（the world's most "dog friendly city"）。⑤ 2017 年 2 月，特拉维夫市政部门发起了"数字狗"项目，给狗安装数字化的芯片。在"数字特拉维夫"居民卡项目的基础上，"数字狗"项目提供相似的服务给狗主人，根据狗主人的需要提供特定的信息，包括提示接种疫苗、附近兽医的名单、即将到来的活动、当地商品的折扣、可供选择的遛狗师、培训课程和前往最近狗公园的路线。该卡拥有者可以选择通过在线通告和手机短信接收实时消息。"数字狗"项目作为一个创新性平台，为市民及其宠物提供着各项数字化的市政服务。在"数字狗"项目开展后，"数字特拉维夫"的注册人数有了显著增长。特拉维夫市政部门在该平台增加了一项额外的服务，即通过给"数字狗"会员在宠物商店 10% 的折扣，以支持当地的小商业。⑥

---

① Niv Elis, "Tel Aviv Launches City-wide Free WiFi," *The Jerusalem Post*, September 10, 2013, http://www.jpost.com/National-News/Tel-Aviv-launches-city-wide-free-Wifi-325755.
② Eran Toch & Eyal Feder, *International Case Studies of Smart Cities-Tel Aviv, Israel*, p. 9.
③ Eran Toch & Eyal Feder, *International Case Studies of Smart Cities-Tel Aviv, Israel*, p. 18.
④ Viva Sarah Press, "Tel Aviv Launches Smart Dog City," *Israel21c*, February 8, 2017, https://www.israel21c.org/tel-aviv-launches-smart-dog-city/.
⑤ Rosa Doherty, "Tel Aviv the World's most 'Dog Friendly City' has Launched the First Municipal Digital Service for Dogs," *The Jewish Chronicle*, February 6, 2017, https://www.thejc.com/news/world/tel-aviv-the-world-s-most-dog-friendly-city-has-launched-the-first-municipal-digital-service-for-dogs-1.432056.
⑥ Tel Aviv-Yafo Municipality, *Smart City Tel Aviv*, p. 17.

"数字托儿所"(Digi-Taf)项目。特拉维夫有 4.5 万个父母的子女介于 0~3 岁,研究表明该数字将继续增长。与"数字狗"项目类似,"数字托儿所"专门为年轻家庭提供一站式的数字化服务,父母可以接受有关子女疫苗接种时间表的实时消息,注册幼儿园,查询折扣、社区活动信息,在当地社区中心订购图书,在附近社区找到适于幼儿的活动。①

(三)智能交通(intelligent transportation)

安全与监控设备。特拉维夫的紧急与安全部门管理着两大主要的紧急控制室——市政形势室(Municipal Situation Room)和安全控制中心(Security Control Center)。安全控制中心通过分布在城市各地的安全摄像头进行分析,以应对紧急情况,例如医疗急救、安全或火灾警报。在手机应用方面,2017年10月推出了 106 险情 App(106 Hazard),用户可以上传有关险情的五张图片,从而报告特拉维夫发生的险情。这项 App 可以告知居民险情的位置以及处理进展,确认如果有居民的车被拖离将告知车主其车的停放位置。②

智能停车计算机系统(Smart Parking Computerization System)。特拉维夫大力发展智能停车系统,市政部门所属的"滨海大厦公司"(Ahuzot Ha'Hof)管理着该市的停车设施(包括 50 个计算机停车场),并负责为交通、运输和停车等提供创新性的解决方案。智能停车系统还包括各种支付方式,例如现金、信用卡或数字钱包,后者通过 Pango 或 Cello-park 公司开发的移动应用进行支付。③

空中交通(SkyTran)项目。为了提高交通通勤率,以色列正在研发和推广空中交通,这种新式交通方式在世界范围内都处于领先地位。④ 2014 年 6

---

① Tel Aviv-Yafo Municipality, *Smart City Tel Aviv*, p. 16.
② Tel Aviv-Yafo Municipality, *Smart City Tel Aviv*, p. 19.
③ Tel Aviv-Yafo Municipality, *India-Tel Aviv: A Smart Partnership*, p. 28.
④ 空中交通作为快速交通通道,通过磁悬浮轨道运送轻型双座车厢,经济、节能、无拥堵,每运行 100 公里耗油 1.2 升、时速高达 160 公里甚至更快。根据权威部门的估算,轻轨系统的平均造价为每公里 6200 万美元,而空中交通系统的造价仅为前者的 1/10,每公里 620 万美元。该系统最大运输乘客人数为每小时单向运输 1.15 万人。由于采取自动控制系统,将比汽车在公路上行驶更为安全。参见 Daniel DeBolt, "Could Investors Fund City's Transit Future?" *Mountain View Voice*, April 1, 2010, https://www.mv-voice.com/news/2010/04/01/could-investors-fund-citys-transit-future。

月，UniModal 公司与以色列航空工业公司（Israel Aerospace Industries，IAI）签署合作协议，在后者位于以色列中部赫茨利亚的产业园区内建设一条 400～500 米的高架环路试验轨道，以色列航空工业公司计划该项目取得成功后，将在特拉维夫、赫茨利亚和内坦亚等城市建立商用的空中交通网络。① 2015 年底，特拉维夫市启动了建造一个贯穿该市的空中交通系统项目，其建设资金已经获得批准，标志着空中交通在以色列取得了重要的进展。在不久的将来，特拉维夫将成为大规模开展空中交通的城市（见图 5）。

图 5　特拉维夫"空中交通"项目概念

"Tel-O-Fun"共享单车系统。该系统 2011 年 4 月由特拉维夫市政当局启动，计划在全市各处设置 150 个共享单车站点，每个站点之间相隔 500 米，每小时 5～10 新谢克尔不等，为当地居民和游客提供便捷廉价的交通方式。② "Tel-O-Fun"共享单车系统通过手机 App 确认某个特定站点有多少单车可供使用，以及确定最近的单车停放站点、单车使用的计费、停车站点的开放时间等

---

① Ari Rabinovitch, "Israel's Largest Defense Company to Build World's First Elevated Transit Network in Israel," *Haaretz*, June 24, 2014, http://www.haaretz.com/israel-news/1.600947.
② Miriam B. David-Hay, "City Wheels in Bicycle Rental Plan," *The Jerusalem Post*, January 21, 2008, http://www.jpost.com/Local-Israel/Tel-Aviv-And-Center/City-wheels-in-bicycle-rental-plan.

等。截止到2017年底,已完成200多个站点的建设,提供两千辆以上的单车,单车专用道超过130公里。①

(四)生态系统(ecosystem)

与初创企业合作。特拉维夫有着极其出色的初创企业生态系统,这也是特拉维夫可以利用的重要资源,它通过提供以应用程序为基础的解决方案来应对城市面临的许多挑战。特拉维夫市政部门建立了与初创企业开展合作的正式程序,市政部门在以下方面给初创企业提供支持:数据(初创企业经常需要获取由市政部门采集的数据);推动(初创企业希望通过市政部门的通信渠道,例如社交媒体、居民俱乐部、广告牌等);咨询(许多初创企业从市政部门的专家那里获取咨询)。② 此外,特拉维夫市政部门为当地初创企业设立许多众创空间,例如WeWork和Mindspace,将有创意的人集中起来以激发更多创造力。特拉维夫市政当局运行"图书馆:城市创新空间"(The Library-A Space for Urban Innovation),为因特网初创企业和技术公司提供众创空间和设施。③

开放数据系统。智慧城市的本质是信息共享,市政部门允许市民直接获取市政数据库,这也是提升信息对于公众的可及性和透明度的一部分。开放数据系统允许公众和App开发者使用市政数据库的信息以处理社区事务,查询文化活动、公共健康、市政预算信息,获取统计数据和安全信息。④

四 特拉维夫智慧城市建设的成效评估

作为一项综合性解决方案,"数字特拉维夫"工程借助最新的先进技术来改善市政服务,致力于通过促进市政部门与其居民之间的直接联系以增强公民

---

① "Welcome to Tel-O-Fun," Tel Aviv-Yafo Municipality, https://www.tel-o-fun.co.il/en/.
② Eran Toch & Eyal Feder, *International Case Studies of Smart Cities-Tel Aviv*, Israel, p. 21.
③ Betty Ilovici & Lauren Blanchard, "From Creative Spirit to Innovative Startups: What Makes Tel Aviv One of The World's 'Techiest' Cities," *NoCamels*, December 20, 2015, http://nocamels.com/2015/12/startup-high-tech-tel-aviv/.
④ Tel Aviv-Yafo Municipality, *India-Tel Aviv: A Smart Partnership*, p. 13.

参与，从而将城市与其居民联结在一起。为特拉维夫智慧城市建设提供技术支持的重要企业有摩托罗拉、Check Point、思科、TSG 等。摩托罗拉作为关键任务通信领域的顶级供应商，供应着特拉维夫的电台通信，以及指挥、控制和分析基础设施，提供着覆盖全市的 WiFi；以色列最大的网络安全公司 Check Point 负责监控城市交通线路的摄像头和为交通状况提供实时图片；思科公司提供信息分析；TSG 公司提供软件运行、大数据分析等；Safer Place 公司提供停车、自动售票、隐私保护等服务；HopOn 作为以色列的移动票务平台，提供主要交通网络的实时信息；FSM 公司为"Tel-O-Fun"共享单车系统提供支持；等等。① 此外，"数字特拉维夫"工程还使用了微软 SharePoint Server、客户关系管理系统（Dynamics CRM）以及蔚蓝（Azure）的大数据和云计算技术。② 这些技术是微软"未来城市"（CityNext）③ 服务的一部分。在预算投资方面，特拉维夫的智慧城市建设每年的总开支在 1600 万新谢克尔左右，其中绝大部分用于"数字特拉维夫"工程各项应用的开发和维护。④

截至 2017 年年底，已有超过 60% 的特拉维夫适龄市民注册了"数字特拉维夫"的服务。⑤ 以色列经济与社会研究中心（Center for Economic and Social Research）2015 年对"数字特拉维夫"使用情况进行了调查。根据调查，"数字特拉维夫"用户首要关注的议题是，环境问题、休闲文化、艺术和教育、亲子项目。另外，从年龄分布来看，"数字特拉维夫"的主要使用群体为 31～40 岁，该群体占总数的 27%，也是特拉维夫人口的主要部分，他们绝大部分

---

① "Tel Aviv at the Smart City Expo 2016," Tel Aviv-Yafo Municipality, https://www.tel-aviv. gov. il/en/WorkAndStudy/Documents/Tel% 20Aviv% 20at% 20the% 20Smart% 20City% 20Expo%202016. pdf.

② Walé Azeez, "Tel Aviv: A Smart City Where Community Engagement is the Measure of Success," *Computer Weekly*, May 10, 2016, http://www.computerweekly.com/news/450295854/Tel-Aviv-A-smart-city-where-community-engagement-is-the-measure-of-success.

③ 微软的"未来城市"计划基于"以人为本"的创新技术，作为一项全球性倡议，致力于创建更健康、更环保、更安全和更繁荣的生活；通过其技术和平台，在教育、卫生、能源、交通、公共安全、政府管理、城市规划、旅游及文化等八大领域提供了 30 种先进的解决方案，以更好地捕捉并满足政府、市民对城市发展的诉求，创建更健康、绿色和安全的城市环境。

④ Eran Toch & Eyal Feder, *International Case Studies of Smart Cities-Tel Aviv*, *Israel*, p. 23.

⑤ Tel Aviv-Yafo Municipality, *Smart City Tel Aviv*, p. 15.

在高科技产业中从事工作。这个群体对特拉维夫的休闲、文化和艺术有着重要影响。其次为21~30岁和41~50岁的年龄群体,"数字特拉维夫"在20岁以下群体及70岁以上老年群体的使用率较低(见图6)。在满意度方面,近80%的人将"数字特拉维夫"视为居民与市政部门有效沟通的渠道。①

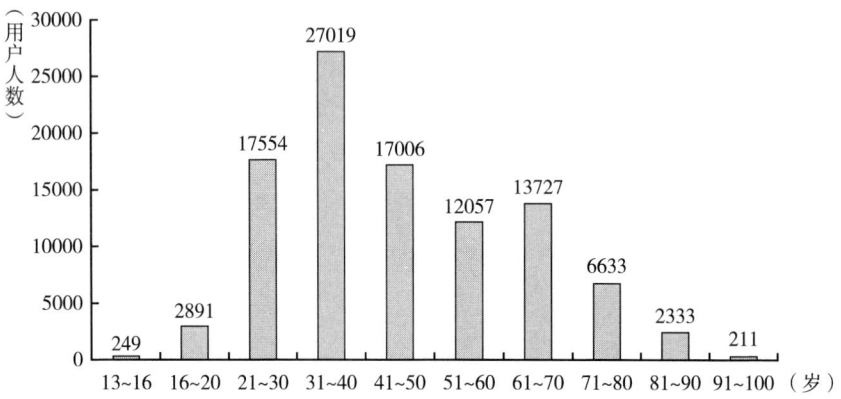

图6 "数字特拉维夫"用户的年龄群体分布(2016年)

资料来源:Zvi Weinstein, "Digi-Tel-Bespoke Technology for Connected City of Tel-Aviv," in Chiara Certomà, et al., eds., *Citizen Empowerment and Innovation in the Data-Rich City*, p. 168。

总体来看,自"数字特拉维夫"工程运行以来,它使特拉维夫城市面貌发生了巨大的变化,对大部分市民的生活产生了重大影响。在市民参与方面,通过提供各种活动、赛事和休闲活动的折扣节约了生活成本,以及提供了该城市的最新动态。"数字特拉维夫"平台搜集了各种人口资料,可以帮助市政部门优先提供折扣票给某些社区,创造一个更加平等和均衡的城市。目前,已有超过250个市政工作人员通过"数字特拉维夫"平台的数据来改善服务。② 以"数字狗"项目为例,特拉维夫全球CEO埃坦·施瓦茨指出该项目是特拉维夫将其两大爱好(狗和初创企业)结合在一起的机会,"对于狗来说,特拉维夫是一座惊人的城市:我们拥有狗的沙滩、狗的公园,我们甚至为狗举办电影之

---

① Zvi Weinstein, "Digi-Tel-Bespoke Technology for Connected City of Tel-Aviv," in Chiara Certomà, et al., eds., *Citizen Empowerment and Innovation in the Data-Rich City*, New York:Springer, 2017, pp. 167–169.

② Tel Aviv-Yafo Municipality, *Smart City Tel Aviv*, p. 15.

夜。对于初创企业而言，特拉维夫也是一座惊人的城市：有1500家技术初创企业，特拉维夫有着世界上最多的人均技术公司拥有量。今天我们将这两大条件结合在一起——对狗友好型城市（a dog-friendly city）和技术友好型城市（a technology-friendly city）——以创造一项革命性的服务"①。

特拉维夫的智慧城市发展模式获得了巨大的成功，它成为以色列乃至全球智慧城市建设领域的模范城市。2014年11月18～20日，在西班牙巴塞罗那举行的"智慧城市世界博览会"（Smart City Expo World Congress）② 上，特拉维夫从250多座城市中脱颖而出，击败了伦敦、华盛顿特区、纽约、迪拜、阿姆斯特丹等众多城市，获得了"最佳智慧城市"（the Best Smart City）的大奖。③ 特拉维夫获得该奖项很大程度上归因于"数字特拉维夫工程"，根据组委会官方的颁奖词，"数字特拉维夫"将特拉维夫转变成新技术标准和公众参与新模式的先驱。④

在特拉维夫的影响下，以色列的许多城市也纷纷启动了智慧城市建设。耶路撒冷通过积极参与智慧城市建设，为这座古老的圣城增添了现代科技的元素。2015年5月6日，耶路撒冷市政厅主办了"耶路撒冷智慧城市应用软件竞赛"（#JerusalemApp Smart City Contest），共有172个应用App方面的创意参赛，主要包括交通和城市基础设施、旅游休闲和文化、连接市政服务、城市形象，以及耶路撒冷居民卡的功能升级等。⑤ 2017年5月，耶路撒冷市政部门宣布，准备在全市范围内安装新的通信网络，该无线网络采用了最新的超快毫米

---

① Viva Sarah Press, "Tel Aviv Launches Smart Dog City," *Israel21c*, February 8, 2017, https://www.israel21c.org/tel-aviv-launches-smart-dog-city/.
② "智慧城市世界博览会"是全球规模最大的智慧城市会展活动，会聚了全球范围内智慧城市建设的代表城市、顶级厂商、解决方案供应商、专家学者和知名媒体，作为世界智慧城市业界人士的商务沟通与思想碰撞的重要平台，为世界智慧城市建设与发展提供了完整的行业全景。
③ NoCamels Team, "Tel Aviv Awarded Title of 'World's Smartest City' at 2014 Smart City Expo," *NoCamels*, November 21, 2014, http://nocamels.com/2014/11/tel-aviv-worlds-smartest-city-for-innovation/.
④ Gilad Morag, "Tel Aviv Wins World's Smartest City Award," *Ynet News*, November 20, 2014, https://www.ynetnews.com/articles/0,7340,L-4594114,00.html.
⑤ Abigail Klein Leichman, "It Takes a Smart Country to Design Smart Cities," *Israel21c*, June 23, 2015, https://www.israel21c.org/it-takes-a-smart-country-to-design-smart-cities/.

波技术，计划在2017年年底完成。新的市政通信网络将作为耶路撒冷智慧城市系统的基础，这项技术可以提供各种智慧城市服务，例如安全与紧急反应、道路监控与停车系统、节能街道照明系统、遍布全市的免费WiFi等。① 南部的港口城市阿什杜德也正在加快智慧城市建设②，应对交通拥堵以及其他城市问题。

特拉维夫在巴塞罗那获得"最佳智慧城市"的殊荣后，许多国际城市的代表团纷纷前往特拉维夫考察，学习其智慧城市建设经验。2016~2017年，有来自28个国际城市的代表访问了特拉维夫以学习借鉴其创新性的智慧城市发展经验。③ 特拉维夫市政部门正在加强国际合作，积极推广特拉维夫智慧城市的成功经验。④ 如今，欧洲、美洲和印度的许多城市正在复制特拉维夫的智慧城市发展模式。2016年，三家以色列初创企业为巴西政府正在开展的智慧城市建设提供技术支持；⑤ 有媒体甚至披露，以色列公司正在洽谈参与沙特阿拉伯的智慧城市投资项目。⑥ 在借鉴特拉维夫智慧城市模式过程中，印度表示出了十分浓厚的兴趣，印度马哈拉施特拉邦与特拉维夫市就智慧城市开展了密切的合作。2017年3月，特拉维夫市的"数字特拉维夫"居民卡项目在"数字塔那"（DigiThane）中竞标成功，该项目是印度马哈拉施特拉邦塔那市开展的数字化参与平台。塔那市靠近孟买，有230万人口，特拉维夫负责为该市提供技术支持。"数字塔那"将采纳与"数字特拉维夫"一样的平

---

① Shoshanna Solomon, "With Free Wifi and Easier Parking, Jerusalem of Gold to become Smart City," *The Times of Israel*, May 28 2017, https://www.timesofisrael.com/with-free-wifi-and-easier-parking-jerusalem-of-gold-to-become-smart-city/.

② Shoshanna Solomon, "Port City of Ashdod Seeks to be at Forefront of 'Smart City' Push," *The Times of Israel*, October 31, 2017, https：//www.timesofisrael.com/port-city-of-ashdod-seeks-to-be-at-forefront-of-smart-city-push/.

③ Zohar Sharon, "Smart City: It is all about People!," *Blogger*, August 16, 2017, http://zoharsharon.blogspot.co.uk/.

④ "Israel is Exporting Smart City Model," *iHLS*, January 30, 2018, https://i-hls.com/archives/81071.

⑤ Viva Sarah Press, "3 Israeli Startups help Create Smart Cities in Brazil," *Israel21c*, March 30, 2016, https://www.israel21c.org/3-israeli-startups-help-create-smart-cities-in-brazil/.

⑥ "Israel Companies in Talks to Invest in Saudi Arabia's 'Smart City'," *Middle East Monitor*, October 26, 2017, https://www.middleeastmonitor.com/20171026-israel-companies-in-talks-to-invest-in-saudi-arabias-smart-city/.

台为居民提供类似的信息，以拉近居民与当地政府的关系。① 特拉维夫智慧城市模式的输出，对全球范围内智慧城市的推广有着重要的意义。特拉维夫市长罗恩·胡尔代指出，"数字特拉维夫现在被国际社会认可为一种将技术和知识用来改善服务居民和降低城市生活成本的创新，这也是对特拉维夫是一个对世界开放、致力于知识转移、在城市间交流观点和思想并发展学习方法的进一步证明"②。

五 若干启示与建议

卓越的创业氛围、巨额的风投资金、顶级人才的会集和永不止步的文化，使得特拉维夫成为举世闻名的创新城市，牢牢占据着全球初创企业的中心地带。可以说，特拉维夫是"创业国度的创业城市"（the Startup City of the Startup Nation），创新已成为特拉维夫民众 DNA 的组成部分。③ 由于其在创新创业领域的领先地位，特拉维夫成为开展智慧城市建设的理想场所。作为世界领先的技术中心，特拉维夫发展出了对于城市管理的先进解决方案；通过实施一系列智慧、便民、绿色的项目，成功地将其市政转变为最为先进的数字政府之一，特拉维夫也被誉为世界上首个"数字化城市"（the world's first 'digitalized' city）。④ 通过对特拉维夫的智慧城市模式和建设路径进行梳理，可以大致归纳出以下经验和启示。

首先，必须把握信息化发展潮流，积极开展智慧城市建设。智慧城市代表着新的城市发展理念，即借助技术创新促进城市发展和革新，以解决面临的一

---

① "Tel Aviv to Export Its Innovative Digital Resident Card to India," Israel Ministry of Foreign Affairs, March 28, 2017, http://mfa.gov.il/MFA/InnovativeIsrael/ScienceTech/Pages/Tel-Aviv-to-export-i-digital-resident-card-to-India – 28 – March – 2017.aspx.

② "Tel Aviv Provides Innovative DigiTel Resident Card to India," *DQINDIA Online*, March 30, 2017, http://www.dqindia.com/tel-aviv-provides-innovative-digitel-resident-card-to-india/. Jared Lindzon, "Why Tel Aviv is the City of the Future?" *OZY*, January 16, 2017, http://www.ozy.com/fast-forward/why-tel-aviv-is-the-city-of-the-future/74768.

③ Einat Paz-Frankel, "Tel Aviv's Startup Ecosystem Ranked No. 3 in the World," *NoCamels*, November 8, 2016, http://nocamels.com/2016/11/tel-aviv-startup-ecosystem-third/.

④ David Shamah, "Tel Aviv to be the World's First 'Digitalized' City," *The Times of Israel*, May 16, 2013, https://www.timesofisrael.com/tel-aviv-to-be-the-worlds-first-digitalized-city/.

系列挑战。特拉维夫积极把握信息革命带来的机遇，大力发展智慧城市建设，鼓励创新和改善城市生活，将其发达的创新生态系统运用于智慧城市建设中，为市民提供创新性的解决方案。以智慧交通为例，通过智能停车系统、空中交通、共享单车系统等项目的实施，使得城市交通拥堵状况得到较大改善。市民通过预知出行道路的情况选择合理的交通线路；通过停车位的自助引导，提高了通行效率；共享单车的使用，减少了汽车尾气排放和城市拥堵问题。总之，通过人、车、路、信息的一体化，实现了车辆的合理流动，大大减少交通拥堵，促进城市低碳发展。

其次，必须重视市民的参与，建设以居民为导向的城市环境。特拉维夫智慧城市建设路径的独特之处在于聚焦于居民而非基础设施。"数字特拉维夫"工程结合了三大要素：人（居民和游客）、友好型城市（生活质量）和数据（技术）。正如官方发布的《特拉维夫智慧城市手册》中强调的，"特拉维夫，这个永不止步的城市，将参与作为实施智慧城市原则的一个核心价值。它使居民积极参与城市事务和城市发展，同时强调参与决策过程和群众智慧作为在新时代智慧市政管理的方式之一"。[1] 通过遍布全城的数字设施以及公共参与渠道，特拉维夫为居民和游客提供了便利、智能的服务，并且在绿色节能、污染处理、资源保护等方面取得了重要的进展。

再次，必须加强与初创企业的合作，将之作为智慧城市建设的重要技术支撑。在开展一系列项目的过程中，特拉维夫市政部门与当地的初创企业进行了密切的合作，建立了一种通过在居民、商业机构、第三方组织和市政部门之间形成互动的机制，借助信息与通信技术来增强市民参与，同时借助尖端技术改善城市管理、提高生活质量，在资源节约、能源高效的基础上实现城市的可持续发展。智慧城市建设成为特拉维夫初创企业施展其技术能力的重要舞台，也是初创企业与当地城市发展相结合的成功范例。特拉维夫全球 CEO 埃坦·施瓦茨指出，"目前特拉维夫大约 30% 到 40% 的初创企业不同程度地参与了智慧城市的应用开发"。[2]

---

[1] Tel Aviv-Yafo Municipality, *Smart City Tel Aviv*, p.6.
[2] Jared Lindzon, "Why Tel Aviv is the City of the Future?" *OZY*, January 16, 2017, http://www.ozy.com/fast-forward/why-tel-aviv-is-the-city-of-the-future/74768.

权威报告·一手数据·特色资源

皮书数据库
ANNUAL REPORT(YEARBOOK) DATABASE

当代中国经济与社会发展高端智库平台

所获荣誉

- 2016年,入选"'十三五'国家重点电子出版物出版规划骨干工程"
- 2015年,荣获"搜索中国正能量 点赞2015""创新中国科技创新奖"
- 2013年,荣获"中国出版政府奖·网络出版物奖"提名奖
- 连续多年荣获中国数字出版博览会"数字出版·优秀品牌"奖

成为会员

通过网址www.pishu.com.cn或使用手机扫描二维码进入皮书数据库网站,进行手机号码验证或邮箱验证即可成为皮书数据库会员(建议通过手机号码快速验证注册)。

会员福利

- 使用手机号码首次注册的会员,账号自动充值100元体验金,可直接购买和查看数据库内容(仅限使用手机号码快速注册)。
- 已注册用户购书后可免费获赠100元皮书数据库充值卡。刮开充值卡涂层获取充值密码,登录并进入"会员中心"—"在线充值"—"充值卡充值",充值成功后即可购买和查看数据库内容。

数据库服务热线:400-008-6695
数据库服务QQ:2475522410
数据库服务邮箱:database@ssap.cn

图书销售热线:010-59367070/7028
图书服务QQ:1265056568
图书服务邮箱:duzhe@ssap.cn

中国皮书网

（网址：www.pishu.cn）

发布皮书研创资讯，传播皮书精彩内容
引领皮书出版潮流，打造皮书服务平台

栏目设置

关于皮书：何谓皮书、皮书分类、皮书大事记、皮书荣誉、
皮书出版第一人、皮书编辑部

最新资讯：通知公告、新闻动态、媒体聚焦、网站专题、视频直播、下载专区

皮书研创：皮书规范、皮书选题、皮书出版、皮书研究、研创团队

皮书评奖评价：指标体系、皮书评价、皮书评奖

互动专区：皮书说、社科数托邦、皮书微博、留言板

所获荣誉

2008年、2011年，中国皮书网均在全国新闻出版业网站荣誉评选中获得"最具商业价值网站"称号；

2012年，获得"出版业网站百强"称号。

网库合一

2014年，中国皮书网与皮书数据库端口合一，实现资源共享。

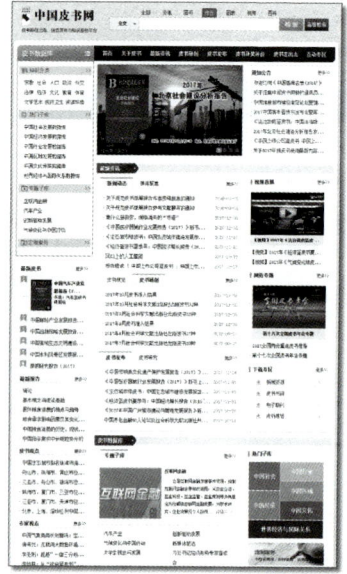

社会科学文献出版社　　皮书系列

❖ 皮书起源 ❖

"皮书"起源于十七、十八世纪的英国,主要指官方或社会组织正式发表的重要文件或报告,多以"白皮书"命名。在中国,"皮书"这一概念被社会广泛接受,并被成功运作、发展成为一种全新的出版形态,则源于中国社会科学院社会科学文献出版社。

❖ 皮书定义 ❖

皮书是对中国与世界发展状况和热点问题进行年度监测,以专业的角度、专家的视野和实证研究方法,针对某一领域或区域现状与发展态势展开分析和预测,具备原创性、实证性、专业性、连续性、前沿性、时效性等特点的公开出版物,由一系列权威研究报告组成。

❖ 皮书作者 ❖

皮书系列的作者以中国社会科学院、著名高校、地方社会科学院的研究人员为主,多为国内一流研究机构的权威专家学者,他们的看法和观点代表了学界对中国与世界的现实和未来最高水平的解读与分析。

❖ 皮书荣誉 ❖

皮书系列已成为社会科学文献出版社的著名图书品牌和中国社会科学院的知名学术品牌。2016年,皮书系列正式列入"十三五"国家重点出版规划项目;2013~2018年,重点皮书列入中国社会科学院承担的国家哲学社会科学创新工程项目;2018年,59种院外皮书使用"中国社会科学院创新工程学术出版项目"标识。

地方发展类-文化

皮书系列 2018全品种

河南蓝皮书
河南文化发展报告（2018）
著(编)者：卫绍生　2018年7月出版 / 估价：99.00元
PSN B-2008-106-2/9

湖北文化产业蓝皮书
湖北省文化产业发展报告（2018）
著(编)者：黄晓华　2018年9月出版 / 估价：99.00元
PSN B-2017-656-1/1

湖北文化蓝皮书
湖北文化发展报告（2017~2018）
著(编)者：湖北大学高等人文研究院
　　　　　中华文化发展湖北省协同创新中心
2018年10月出版 / 估价：99.00元
PSN B-2016-566-1/1

江苏蓝皮书
2018年江苏文化发展分析与展望
著(编)者：王庆五　樊和平　2018年9月出版 / 估价：128.00元
PSN B-2017-637-3/3

江西文化蓝皮书
江西非物质文化遗产发展报告（2018）
著(编)者：张圣才　傅安平　2018年12月出版 / 估价：128.00元
PSN B-2015-499-1/1

洛阳蓝皮书
洛阳文化发展报告（2018）
著(编)者：刘福兴　陈启明　2018年7月出版 / 估价：99.00元
PSN B-2015-476-1/1

南京蓝皮书
南京文化发展报告（2018）
著(编)者：中共南京市委宣传部
2018年12月出版 / 估价：99.00元
PSN B-2014-439-1/1

宁波文化蓝皮书
宁波"一人一艺"全民艺术普及发展报告（2017）
著(编)者：张爱琴　2018年11月出版 / 估价：128.00元
PSN B-2017-668-1/1

山东蓝皮书
山东文化发展报告（2018）
著(编)者：涂可国　2018年5月出版 / 估价：99.00元
PSN B-2014-406-3/5

陕西蓝皮书
陕西文化发展报告（2018）
著(编)者：任宗哲　白宽犁　王长寿
2018年1月出版 / 定价：89.00元
PSN B-2009-137-3/6

上海蓝皮书
上海传媒发展报告（2018）
著(编)者：强荧　焦雨虹　2018年2月出版 / 定价：89.00元
PSN B-2012-295-5/7

上海蓝皮书
上海文学发展报告（2018）
著(编)者：陈圣来　2018年6月出版 / 估价：99.00元
PSN B-2012-297-7/7

上海蓝皮书
上海文化发展报告（2018）
著(编)者：荣跃明　2018年6月出版 / 估价：99.00元
PSN B-2006-059-3/7

深圳蓝皮书
深圳文化发展报告（2018）
著(编)者：张骁儒　2018年7月出版 / 估价：99.00元
PSN B-2016-554-7/7

四川蓝皮书
四川文化产业发展报告（2018）
著(编)者：向宝云　张立伟　2018年6月出版 / 估价：99.00元
PSN B-2006-074-1/7

郑州蓝皮书
2018年郑州文化发展报告
著(编)者：王哲　2018年9月出版 / 估价：99.00元
PSN B-2008-107-1/1

皮书系列 2018全品种

地方发展类-社会 · 地方发展类-文化

社会建设蓝皮书
2018年北京社会建设分析报告
著(编)者：宋贵伦 冯虹　2018年9月出版 / 估价：99.00元
PSN B-2010-173-1/1

深圳蓝皮书
深圳法治发展报告（2018）
著(编)者：张骁儒　2018年6月出版 / 估价：99.00元
PSN B-2015-470-6/7

深圳蓝皮书
深圳劳动关系发展报告（2018）
著(编)者：汤庭芬　2018年8月出版 / 估价：99.00元
PSN B-2007-097-2/7

深圳蓝皮书
深圳社会治理与发展报告（2018）
著(编)者：张骁儒　2018年6月出版 / 估价：99.00元
PSN B-2008-113-4/7

生态安全绿皮书
甘肃国家生态安全屏障建设发展报告（2018）
著(编)者：刘举科 喜文华
2018年10月出版 / 估价：99.00元
PSN G-2017-659-1/1

顺义社会建设蓝皮书
北京市顺义区社会建设发展报告（2018）
著(编)者：王学武　2018年9月出版 / 估价：99.00元
PSN B-2017-658-1/1

四川蓝皮书
四川法治发展报告（2018）
著(编)者：郑泰安　2018年6月出版 / 估价：99.00元
PSN B-2015-441-5/7

四川蓝皮书
四川社会发展报告（2018）
著(编)者：李羚　2018年6月出版 / 估价：99.00元
PSN B-2008-127-3/7

四川社会工作与管理蓝皮书
四川省社会工作人力资源发展报告（2017）
著(编)者：边慧敏　2017年12月出版 / 定价：89.00元
PSN B-2017-683-1/1

云南社会治理蓝皮书
云南社会治理年度报告（2017）
著(编)者：晏雄 韩全芳
2018年5月出版 / 估价：99.00元
PSN B-2017-667-1/1

地方发展类-文化

北京传媒蓝皮书
北京新闻出版广电发展报告（2017~2018）
著(编)者：王志　2018年11月出版 / 估价：99.00元
PSN B-2016-588-1/1

北京蓝皮书
北京文化发展报告（2017~2018）
著(编)者：李建盛　2018年5月出版 / 估价：99.00元
PSN B-2007-082-4/8

创意城市蓝皮书
北京文化创意产业发展报告（2018）
著(编)者：郭万超 张京成　2018年12月出版 / 估价：99.00元
PSN B-2012-263-1/7

创意城市蓝皮书
天津文化创意产业发展报告（2017~2018）
著(编)者：谢思全　2018年6月出版 / 估价：99.00元
PSN B-2016-536-7/7

创意城市蓝皮书
武汉文化创意产业发展报告（2018）
著(编)者：黄永林 陈汉桥　2018年12月出版 / 估价：99.00元
PSN B-2013-354-4/7

创意上海蓝皮书
上海文化创意产业发展报告（2017~2018）
著(编)者：王慧敏 王兴全　2018年8月出版 / 估价：99.00元
PSN B-2016-561-1/1

非物质文化遗产蓝皮书
广州市非物质文化遗产保护发展报告（2018）
著(编)者：宋俊华　2018年12月出版 / 估价：99.00元
PSN B-2016-589-1/1

甘肃蓝皮书
甘肃文化发展分析与预测（2018）
著(编)者：马廷旭 戚晓萍　2018年1月出版 / 定价：99.00元
PSN B-2013-314-3/6

甘肃蓝皮书
甘肃舆情分析与预测（2018）
著(编)者：王俊莲 张谦元　2018年1月出版 / 定价：99.00元
PSN B-2013-315-4/6

广州蓝皮书
中国广州文化发展报告（2018）
著(编)者：屈哨兵 陆志强　2018年6月出版 / 估价：99.00元
PSN B-2009-134-7/14

广州蓝皮书
广州文化创意产业发展报告（2018）
著(编)者：徐咏虹　2018年7月出版 / 估价：99.00元
PSN B-2008-111-6/14

海淀蓝皮书
海淀区文化和科技融合发展报告（2018）
著(编)者：陈名杰 孟景伟　2018年5月出版 / 估价：99.00元
PSN B-2013-329-1/1

地方发展类-社会

皮书系列
2018全品种

河北蓝皮书
河北法治发展报告（2018）
著(编)者：康振海　2018年6月出版／估价：99.00元
PSN B-2017-622-3/3

河北食品药品安全蓝皮书
河北食品药品安全研究报告（2018）
著(编)者：丁锦霞
2018年10月出版／估价：99.00元
PSN B-2015-473-1/1

河南蓝皮书
河南法治发展报告（2018）
著(编)者：张林海　2018年7月出版／估价：99.00元
PSN B-2014-376-6/9

河南蓝皮书
2018年河南社会形势分析与预测
著(编)者：牛苏林　2018年5月出版／估价：99.00元
PSN B-2005-043-1/9

河南民办教育蓝皮书
河南民办教育发展报告（2018）
著(编)者：胡大白　2018年9月出版／估价：99.00元
PSN B-2017-642-1/1

黑龙江蓝皮书
黑龙江社会发展报告（2018）
著(编)者：王爱丽　2018年1月出版／定价：89.00元
PSN B-2011-189-1/2

湖南蓝皮书
2018年湖南两型社会与生态文明建设报告
著(编)者：卞鹰　2018年5月出版／估价：128.00元
PSN B-2011-208-3/8

湖南蓝皮书
2018年湖南社会发展报告
著(编)者：卞鹰　2018年5月出版／估价：128.00元
PSN B-2014-393-5/8

健康城市蓝皮书
北京健康城市建设研究报告（2018）
著(编)者：王鸿春　盛继洪
2018年9月出版／估价：99.00元
PSN B-2015-460-1/2

江苏法治蓝皮书
江苏法治发展报告No.6（2017）
著(编)者：蔡道通　龚廷泰
2018年8月出版／估价：99.00元
PSN B-2012-290-1/1

江苏蓝皮书
2018年江苏社会发展分析与展望
著(编)者：王庆五　刘旺洪
2018年8月出版／估价：128.00元
PSN B-2017-636-2/3

民族教育蓝皮书
中国民族教育发展报告（2017·内蒙古卷）
著(编)者：陈中永
2017年12月出版／定价：198.00元
PSN B-2017-669-1/1

南宁蓝皮书
南宁法治发展报告（2018）
著(编)者：杨维超　2018年12月出版／估价：99.00元
PSN B-2015-509-1/3

南宁蓝皮书
南宁社会发展报告（2018）
著(编)者：胡建华　2018年10月出版／估价：99.00元
PSN B-2016-570-3/3

内蒙古蓝皮书
内蒙古反腐倡廉建设报告No.2
著(编)者：张志华　2018年6月出版／估价：99.00元
PSN B-2013-365-1/1

青海蓝皮书
2018年青海人才发展报告
著(编)者：王宇燕　2018年9月出版／估价：99.00元
PSN B-2017-650-2/2

青海生态文明建设蓝皮书
青海生态文明建设报告（2018）
著(编)者：张西明　高华　2018年12月出版／估价：99.00元
PSN B-2016-595-1/1

人口与健康蓝皮书
深圳人口与健康发展报告（2018）
著(编)者：陆杰华　傅崇辉
2018年11月出版／估价：99.00元
PSN B-2011-228-1/1

山东蓝皮书
山东社会形势分析与预测（2018）
著(编)者：李善峰　2018年6月出版／估价：99.00元
PSN B-2014-405-2/5

陕西蓝皮书
陕西社会发展报告（2018）
著(编)者：任宗哲　白宽犁　牛昉
2018年1月出版／定价：89.00元
PSN B-2009-136-2/6

上海蓝皮书
上海法治发展报告（2018）
著(编)者：叶必丰　2018年9月出版／估价：99.00元
PSN B-2012-296-6/7

上海蓝皮书
上海社会发展报告（2018）
著(编)者：杨雄　周海旺
2018年2月出版／定价：89.00元
PSN B-2006-058-2/7

地方发展类-社会

安徽蓝皮书
安徽社会发展报告（2018）
著（编）者：程桦　2018年6月出版／估价：99.00元
PSN B-2013-325-1/1

安徽社会建设蓝皮书
安徽社会建设分析报告（2017~2018）
著（编）者：黄家海　蔡宪
2018年11月出版／估价：99.00元
PSN B-2013-322-1/1

北京蓝皮书
北京公共服务发展报告（2017~2018）
著（编）者：施昌奎　2018年6月出版／估价：99.00元
PSN B-2008-103-7/8

北京蓝皮书
北京社会发展报告（2017~2018）
著（编）者：李伟东
2018年7月出版／估价：99.00元
PSN B-2006-055-3/8

北京蓝皮书
北京社会治理发展报告（2017~2018）
著（编）者：殷星辰　2018年7月出版／估价：99.00元
PSN B-2014-391-8/8

北京律师蓝皮书
北京律师发展报告No.4（2018）
著（编）者：王隽　2018年12月出版／估价：99.00元
PSN B-2011-217-1/1

北京人才蓝皮书
北京人才发展报告（2018）
著（编）者：敏华　2018年12月出版／估价：128.00元
PSN B-2011-201-1/1

北京社会心态蓝皮书
北京社会心态分析报告（2017~2018）
北京市社会心理服务促进中心
2018年10月出版／估价：99.00元
PSN B-2014-422-1/1

北京社会组织管理蓝皮书
北京社会组织发展与管理（2018）
著（编）者：黄江松
2018年6月出版／估价：99.00元
PSN B-2015-446-1/1

北京养老产业蓝皮书
北京居家养老发展报告（2018）
著（编）者：陆杰华　周明明
2018年8月出版／估价：99.00元
PSN B-2015-465-1/1

法治蓝皮书
四川依法治省年度报告No.4（2018）
著（编）者：李林　杨天宗　田禾
2018年3月出版／定价：118.00元
PSN B-2015-447-2/3

福建妇女发展蓝皮书
福建省妇女发展报告（2018）
著（编）者：刘群英　2018年11月出版／估价：99.00元
PSN B-2011-220-1/1

甘肃蓝皮书
甘肃社会发展分析与预测（2018）
著（编）者：安文华　谢增虎　包晓霞
2018年1月出版／定价：99.00元
PSN B-2013-313-2/6

广东蓝皮书
广东全面深化改革研究报告（2018）
著（编）者：周林生　涂成林
2018年12月出版／估价：99.00元
PSN B-2015-504-3/3

广东蓝皮书
广东社会工作发展报告（2018）
著（编）者：罗观翠　2018年6月出版／估价：99.00元
PSN B-2014-402-2/3

广州蓝皮书
广州青年发展报告（2018）
著（编）者：徐柳　张强
2018年8月出版／估价：99.00元
PSN B-2013-352-13/14

广州蓝皮书
广州社会保障发展报告（2018）
著（编）者：张跃国　2018年8月出版／估价：99.00元
PSN B-2014-425-14/14

广州蓝皮书
2018年中国广州社会形势分析与预测
著（编）者：张强　郭志勇　何镜清
2018年6月出版／估价：99.00元
PSN B-2008-110-5/14

贵州蓝皮书
贵州法治发展报告（2018）
著（编）者：吴大华　2018年5月出版／估价：99.00元
PSN B-2012-254-2/10

贵州蓝皮书
贵州人才发展报告（2017）
著（编）者：于杰　吴大华
2018年9月出版／估价：99.00元
PSN B-2014-382-3/10

贵州蓝皮书
贵州社会发展报告（2018）
著（编）者：王兴骥　2018年6月出版／估价：99.00元
PSN B-2010-166-1/10

杭州蓝皮书
杭州妇女发展报告（2018）
著（编）者：魏颖
2018年10月出版／估价：99.00元
PSN B-2014-403-1/1

地方发展类-经济

皮书系列 2018全品种

山西蓝皮书
山西资源型经济转型发展报告（2018）
著(编)者：李志强　2018年7月出版／估价：99.00元
PSN B-2011-197-1/1

陕西蓝皮书
陕西经济发展报告（2018）
著(编)者：任宗哲　白宽犁　裴成荣
2018年1月出版／定价：89.00元
PSN B-2009-135-1/6

陕西蓝皮书
陕西精准脱贫研究报告（2018）
著(编)者：任宗哲　白宽犁　王建康
2018年4月出版／定价：89.00元
PSN B-2017-623-6/6

上海蓝皮书
上海经济发展报告（2018）
著(编)者：沈开艳　2018年2月出版／定价：89.00元
PSN B-2006-057-1/7

上海蓝皮书
上海资源环境发展报告（2018）
著(编)者：周冯琦　胡静　2018年2月出版／定价：89.00元
PSN B-2006-060-4/7

上海蓝皮书
上海奉贤经济发展分析与研判（2017～2018）
著(编)者：张兆安　朱平芳　2018年3月出版／定价：99.00元
PSN B-2018-698-8/8

上饶蓝皮书
上饶发展报告（2016～2017）
著(编)者：廖其志　2018年6月出版／估价：128.00元
PSN B-2014-377-1/1

深圳蓝皮书
深圳经济发展报告（2018）
著(编)者：张骁儒　2018年6月出版／估价：99.00元
PSN B-2008-112-3/7

四川蓝皮书
四川城镇化发展报告（2018）
著(编)者：侯水平　陈炜　2018年6月出版／估价：99.00元
PSN B-2015-456-7/7

四川蓝皮书
2018年四川经济形势分析与预测
著(编)者：杨钢　2018年1月出版／定价：158.00元
PSN B-2007-098-2/7

四川蓝皮书
四川企业社会责任研究报告（2017～2018）
著(编)者：侯水平　盛毅　2018年5月出版／估价：99.00元
PSN B-2014-386-4/7

四川蓝皮书
四川生态建设报告（2018）
著(编)者：李晟之　2018年5月出版／估价：99.00元
PSN B-2015-455-6/7

四川蓝皮书
四川特色小镇发展报告（2017）
著(编)者：吴志强　2017年11月出版／定价：89.00元
PSN B-2017-670-8/8

体育蓝皮书
上海体育产业发展报告（2017~2018）
著(编)者：张林　黄海燕
2018年10月出版／估价：99.00元
PSN B-2015-454-4/5

体育蓝皮书
长三角地区体育产业发展报（2017～2018）
著(编)者：张林　2018年6月出版／估价：99.00元
PSN B-2015-453-3/5

天津金融蓝皮书
天津金融发展报告（2018）
著(编)者：王爱俭　孔德昌
2018年5月出版／估价：99.00元
PSN B-2014-418-1/1

图们江区域合作蓝皮书
图们江区域合作发展报告（2018）
著(编)者：李铁　2018年6月出版／估价：99.00元
PSN B-2015-464-1/1

温州蓝皮书
2018年温州经济社会形势分析与预测
著(编)者：蒋儒标　王春光　金浩
2018年6月出版／估价：99.00元
PSN B-2008-105-1/1

西咸新区蓝皮书
西咸新区发展报告（2018）
著(编)者：李扬　王军
2018年6月出版／估价：99.00元
PSN B-2016-534-1/1

修武蓝皮书
修武经济社会发展报告（2018）
著(编)者：张占仓　袁凯声
2018年10月出版／估价：99.00元
PSN B-2017-651-1/1

偃师蓝皮书
偃师经济社会发展报告（2018）
著(编)者：张占仓　袁凯声　何武周
2018年7月出版／估价：99.00元
PSN B-2017-627-1/1

扬州蓝皮书
扬州经济社会发展报告（2018）
著(编)者：陈扬
2018年12月出版／估价：108.00元
PSN B-2011-191-1/1

长垣蓝皮书
长垣经济社会发展报告（2018）
著(编)者：张占仓　袁凯声　秦保建
2018年10月出版／估价：99.00元
PSN B-2017-654-1/1

遵义蓝皮书
遵义发展报告（2018）
著(编)者：邓彦　曾征　龚永育
2018年9月出版／估价：99.00元
PSN B-2014-433-1/1

皮书系列 2018全品种 — 地方发展类-经济

湖南城市蓝皮书
区域城市群整合
著(编)者：童中贤 韩未名　2018年12月出版 / 估价：99.00元
PSN B-2006-064-1/1

湖南蓝皮书
湖南城乡一体化发展报告（2018）
著(编)者：陈文胜 王文强 陆福兴
2018年8月出版 / 估价：99.00元
PSN B-2015-477-8/8

湖南蓝皮书
2018年湖南电子政务发展报告
著(编)者：梁志峰　2018年5月出版 / 估价：128.00元
PSN B-2014-394-6/8

湖南蓝皮书
2018年湖南经济发展报告
著(编)者：卞鹰　2018年5月出版 / 估价：128.00元
PSN B-2011-207-2/8

湖南蓝皮书
2016年湖南经济展望
著(编)者：梁志峰　2018年5月出版 / 估价：128.00元
PSN B-2011-206-1/2

湖南蓝皮书
2018年湖南县域经济社会发展报告
著(编)者：梁志峰　2018年5月出版 / 估价：128.00元
PSN B-2014-395-7/8

湖南县域绿皮书
湖南县域发展报告（No.5）
著(编)者：袁准 周小毛 黎仁寅
2018年6月出版 / 估价：99.00元
PSN G-2012-274-1/1

沪港蓝皮书
沪港发展报告（2018）
著(编)者：尤安山　2018年9月出版 / 估价：99.00元
PSN B-2013-362-1/1

吉林蓝皮书
2018年吉林经济社会形势分析与预测
著(编)者：邵汉明　2017年12月出版 / 定价：89.00元
PSN B-2013-319-1/1

吉林省城市竞争力蓝皮书
吉林省城市竞争力报告（2017~2018）
著(编)者：崔岳春 张磊
2018年3月出版 / 定价：89.00元
PSN B-2016-513-1/1

济源蓝皮书
济源经济社会发展报告（2018）
著(编)者：喻新安　2018年6月出版 / 估价：99.00元
PSN B-2014-387-1/1

江苏蓝皮书
2018年江苏经济发展分析与展望
著(编)者：王庆五 吴先满
2018年7月出版 / 估价：128.00元
PSN B-2017-635-1/3

江西蓝皮书
江西经济社会发展报告（2018）
著(编)者：陈石俊 龚建文　2018年10月出版 / 估价：128.00元
PSN B-2015-484-1/2

江西蓝皮书
江西设区市发展报告（2018）
著(编)者：姜玮 梁勇
2018年10月出版 / 估价：99.00元
PSN B-2016-517-2/2

经济特区蓝皮书
中国经济特区发展报告（2017）
著(编)者：陶一桃　2018年1月出版 / 估价：99.00元
PSN B-2009-139-1/1

辽宁蓝皮书
2018年辽宁经济社会形势分析与预测
著(编)者：梁启东 魏红江　2018年6月出版 / 估价：99.00元
PSN B-2006-053-1/1

民族经济蓝皮书
中国民族地区经济发展报告（2018）
著(编)者：李曦辉　2018年7月出版 / 估价：99.00元
PSN B-2017-630-1/1

南宁蓝皮书
南宁经济发展报告（2018）
著(编)者：胡建华　2018年9月出版 / 估价：99.00元
PSN B-2016-569-2/3

内蒙古蓝皮书
内蒙古精准扶贫研究报告（2018）
著(编)者：张志华　2018年1月出版 / 定价：89.00元
PSN B-2017-681-2/2

浦东新区蓝皮书
上海浦东经济发展报告（2018）
著(编)者：周小平 徐美芳
2018年1月出版 / 定价：89.00元
PSN B-2011-225-1/1

青海蓝皮书
2018年青海经济社会形势分析与预测
著(编)者：陈玮　2018年1月出版 / 定价：98.00元
PSN B-2012-275-1/2

青海科技绿皮书
青海科技发展报告（2017）
著(编)者：青海省科学技术信息研究所
2018年3月出版 / 定价：98.00元
PSN G-2018-701-1/1

山东蓝皮书
山东经济形势分析与预测（2018）
著(编)者：李广杰　2018年7月出版 / 估价：99.00元
PSN B-2014-404-1/5

山东蓝皮书
山东省普惠金融发展报告（2018）
著(编)者：齐鲁财富网
2018年9月出版 / 估价：99.00元
PSN B2017-676-5/5

地方发展类-经济　　皮书系列 2018全品种

贵阳蓝皮书
贵阳城市创新发展报告No.3（乌当篇）
著(编)者：连玉明　2018年5月出版／估价：99.00元
PSN B-2015-495-7/10

贵阳蓝皮书
贵阳城市创新发展报告No.3（息烽篇）
著(编)者：连玉明　2018年5月出版／估价：99.00元
PSN B-2015-493-5/10

贵阳蓝皮书
贵阳城市创新发展报告No.3（修文篇）
著(编)者：连玉明　2018年5月出版／估价：99.00元
PSN B-2015-494-6/10

贵阳蓝皮书
贵阳城市创新发展报告No.3（云岩篇）
著(编)者：连玉明　2018年5月出版／估价：99.00元
PSN B-2015-498-10/10

贵州房地产蓝皮书
贵州房地产发展报告No.5（2018）
著(编)者：武廷方　2018年7月出版／估价：99.00元
PSN B-2014-426-1/1

贵州蓝皮书
贵州册亨经济社会发展报告（2018）
著(编)者：黄德林　2018年6月出版／估价：99.00元
PSN B-2016-525-8/9

贵州蓝皮书
贵州地理标志产业发展报告（2018）
著(编)者：李发耀 黄其松　2018年8月出版／估价：99.00元
PSN B-2017-646-10/10

贵州蓝皮书
贵安新区发展报告（2017~2018）
著(编)者：马长青 吴大华　2018年6月出版／估价：99.00元
PSN B-2015-459-4/10

贵州蓝皮书
贵州国家级开放创新平台发展报告（2017~2018）
著(编)者：申晓庆 吴大华 李泓
2018年11月出版／估价：99.00元
PSN B-2016-518-7/10

贵州蓝皮书
贵州国有企业社会责任发展报告（2017~2018）
著(编)者：郭丽　2018年12月出版／估价：99.00元
PSN B-2015-511-6/10

贵州蓝皮书
贵州民航业发展报告（2017）
著(编)者：申振东 吴大华　2018年6月出版／估价：99.00元
PSN B-2015-471-5/10

贵州蓝皮书
贵州民营经济发展报告（2017）
著(编)者：杨静 吴大华　2018年6月出版／估价：99.00元
PSN B-2016-530-9/9

杭州都市圈蓝皮书
杭州都市圈发展报告（2018）
著(编)者：洪庆华 沈翔　2018年4月出版／定价：98.00元
PSN B-2012-302-1/1

河北经济蓝皮书
河北省经济发展报告（2018）
著(编)者：马树强 金浩 张贵　2018年6月出版／估价：99.00元
PSN B-2014-380-1/1

河北蓝皮书
河北经济社会发展报告（2018）
著(编)者：康振海　2018年1月出版／定价：99.00元
PSN B-2014-372-1/3

河北蓝皮书
京津冀协同发展报告（2018）
著(编)者：陈璐　2017年12月出版／定价：79.00元
PSN B-2017-601-2/3

河南经济蓝皮书
2018年河南经济形势分析与预测
著(编)者：王世炎　2018年3月出版／定价：89.00元
PSN B-2007-086-1/1

河南蓝皮书
河南城市发展报告（2018）
著(编)者：张占仓 王建国　2018年5月出版／估价：99.00元
PSN B-2009-131-3/9

河南蓝皮书
河南工业发展报告（2018）
著(编)者：张占仓　2018年5月出版／估价：99.00元
PSN B-2013-317-5/9

河南蓝皮书
河南金融发展报告（2018）
著(编)者：喻新安 谷建全
2018年6月出版／估价：99.00元
PSN B-2014-390-7/9

河南蓝皮书
河南经济发展报告（2018）
著(编)者：张占仓 完世伟
2018年6月出版／估价：99.00元
PSN B-2010-157-4/9

河南蓝皮书
河南能源发展报告（2018）
著(编)者：国网河南省电力公司经济技术研究院
　　　　　河南省社会科学院
2018年6月出版／估价：99.00元
PSN B-2017-607-9/9

河南商务蓝皮书
河南商务发展报告（2018）
著(编)者：焦锦淼 穆荣国　2018年5月出版／估价：99.00元
PSN B-2014-399-1/1

河南双创蓝皮书
河南创新创业发展报告（2018）
著(编)者：喻新安 杨雪梅
2018年8月出版／估价：99.00元
PSN B-2017-641-1/1

黑龙江蓝皮书
黑龙江经济发展报告（2018）
著(编)者：朱宇　2018年1月出版／定价：89.00元
PSN B-2011-190-2/2

皮书系列 2018全品种 — 地方发展类-经济

福建旅游蓝皮书
福建省旅游产业发展现状研究（2017~2018）
著(编)者：陈敏华 黄远水　2018年12月出版／估价：128.00元
PSN B-2016-591-1/1

福建自贸区蓝皮书
中国(福建)自由贸易试验区发展报告(2017~2018)
著(编)者：黄茂兴　2018年6月出版／估价：118.00元
PSN B-2016-531-1/1

甘肃蓝皮书
甘肃经济发展分析与预测（2018）
著(编)者：安文华 罗哲　2018年1月出版／定价：99.00元
PSN B-2013-312-1/6

甘肃蓝皮书
甘肃商贸流通发展报告（2018）
著(编)者：张应华 王福生 王晓芳
2018年1月出版／定价：99.00元
PSN B-2016-522-6/6

甘肃蓝皮书
甘肃县域和农村发展报告（2018）
著(编)者：包东红 朱智文 王建兵
2018年1月出版／定价：99.00元
PSN B-2013-316-5/6

甘肃农业科技绿皮书
甘肃农业科技发展研究报告（2018）
著(编)者：魏胜文 乔德华 张东伟
2018年12月出版／估价：198.00元
PSN B-2016-592-1/1

甘肃气象保障蓝皮书
甘肃农业对气候变化的适应与风险评估报告（No.1）
著(编)者：鲍文中 周广胜
2017年12月出版／定价：108.00元
PSN B-2017-677-1/1

巩义蓝皮书
巩义经济社会发展报告（2018）
著(编)者：丁同民 朱军　2018年6月出版／估价：99.00元
PSN B-2016-532-1/1

广东外经贸蓝皮书
广东对外经济贸易发展研究报告（2017~2018）
著(编)者：陈万灵　2018年6月出版／估价：99.00元
PSN B-2012-286-1/1

广西北部湾经济区蓝皮书
广西北部湾经济区开放开发报告（2017~2018）
著(编)者：广西壮族自治区北部湾经济区和东盟开放合作办公室
　　　　广西社会科学院
　　　　广西北部湾发展研究院
2018年5月出版／估价：99.00元
PSN B-2010-181-1/1

广州蓝皮书
广州城市国际化发展报告（2018）
著(编)者：张跃国　2018年8月出版／估价：99.00元
PSN B-2012-246-11/14

广州蓝皮书
中国广州城市建设与管理发展报告（2018）
著(编)者：张其学 陈小钢 王宏伟　2018年8月出版／估价：99.00元
PSN B-2007-087-4/14

广州蓝皮书
广州创新型城市发展报告（2018）
著(编)者：尹涛　2018年6月出版／估价：99.00元
PSN B-2012-247-12/14

广州蓝皮书
广州经济发展报告（2018）
著(编)者：张跃国 尹涛　2018年7月出版／估价：99.00元
PSN B-2005-040-1/14

广州蓝皮书
2018年中国广州经济形势分析与预测
著(编)者：魏明海 谢博能 李华
2018年6月出版／估价：99.00元
PSN B-2011-185-9/14

广州蓝皮书
中国广州科技创新发展报告（2018）
著(编)者：于欣伟 陈爽 邓佑满　2018年8月出版／估价：99.00元
PSN B-2006-065-2/14

广州蓝皮书
广州农村发展报告（2018）
著(编)者：朱名宏　2018年7月出版／估价：99.00元
PSN B-2010-167-8/14

广州蓝皮书
广州汽车产业发展报告（2018）
著(编)者：杨再高 冯兴亚　2018年7月出版／估价：99.00元
PSN B-2006-066-3/14

广州蓝皮书
广州商贸业发展报告（2018）
著(编)者：张跃国 陈杰 荀振英
2018年7月出版／估价：99.00元
PSN B-2012-245-10/14

贵阳蓝皮书
贵阳城市创新发展报告No.3（白云篇）
著(编)者：连玉明　2018年5月出版／估价：99.00元
PSN B-2015-491-3/10

贵阳蓝皮书
贵阳城市创新发展报告No.3（观山湖篇）
著(编)者：连玉明　2018年5月出版／估价：99.00元
PSN B-2015-497-9/10

贵阳蓝皮书
贵阳城市创新发展报告No.3（花溪篇）
著(编)者：连玉明　2018年5月出版／估价：99.00元
PSN B-2015-490-2/10

贵阳蓝皮书
贵阳城市创新发展报告No.3（开阳篇）
著(编)者：连玉明　2018年5月出版／估价：99.00元
PSN B-2015-492-4/10

贵阳蓝皮书
贵阳城市创新发展报告No.3（南明篇）
著(编)者：连玉明　2018年5月出版／估价：99.00元
PSN B-2015-496-8/10

贵阳蓝皮书
贵阳城市创新发展报告No.3（清镇篇）
著(编)者：连玉明　2018年5月出版／估价：99.00元
PSN B-2015-489-1/10

皮书系列 2018全品种

文化传媒类 · 地方发展类-经济

文化蓝皮书
中国文化消费需求景气评价报告（2018）
著（编）者：王亚南　2018年3月出版 / 定价：99.00元
PSN B-2011-236-4/10

文化蓝皮书
中国公共文化投入增长测评报告（2018）
著（编）者：王亚南　2018年3月出版 / 定价：99.00元
PSN B-2014-435-10/10

文化品牌蓝皮书
中国文化品牌发展报告（2018）
著（编）者：欧阳友权　2018年5月出版 / 估价：99.00元
PSN B-2012-277-1/1

文化遗产蓝皮书
中国文化遗产事业发展报告（2017~2018）
著（编）者：苏杨　张颖岚　卓杰　白海峰　陈晨　陈叙图
2018年8月出版 / 估价：99.00元
PSN B-2008-119-1/1

文学蓝皮书
中国文情报告（2017~2018）
著（编）者：白烨　2018年5月出版 / 估价：99.00元
PSN B-2011-221-1/1

新媒体蓝皮书
中国新媒体发展报告No.9（2018）
著（编）者：唐绪军　2018年7月出版 / 估价：99.00元
PSN B-2010-169-1/1

新媒体社会责任蓝皮书
中国新媒体社会责任研究报告（2018）
著（编）者：钟瑛　2018年12月出版 / 估价：99.00元
PSN B-2014-423-1/1

移动互联网蓝皮书
中国移动互联网发展报告（2018）
著（编）者：余清楚　2018年6月出版 / 估价：99.00元
PSN B-2012-282-1/1

影视蓝皮书
中国影视产业发展报告（2018）
著（编）者：司若　陈鹏　陈锐
2018年6月出版 / 估价：99.00元
PSN B-2016-529-1/1

舆情蓝皮书
中国社会舆情与危机管理报告（2018）
著（编）者：谢耘耕
2018年9月出版 / 估价：138.00元
PSN B-2011-235-1/1

中国大运河蓝皮书
中国大运河发展报告（2018）
著（编）者：吴欣　2018年2月出版 / 估价：128.00元
PSN B-2018-691-1/1

地方发展类-经济

澳门蓝皮书
澳门经济社会发展报告（2017~2018）
著（编）者：吴志良　郝雨凡
2018年7月出版 / 估价：99.00元
PSN B-2009-138-1/1

澳门绿皮书
澳门旅游休闲发展报告（2017~2018）
著（编）者：郝雨凡　林广志
2018年5月出版 / 估价：99.00元
PSN G-2017-617-1/1

北京蓝皮书
北京经济发展报告（2017~2018）
著（编）者：杨松　2018年6月出版 / 估价：99.00元
PSN B-2006-054-2/8

北京旅游绿皮书
北京旅游发展报告（2018）
著（编）者：北京旅游学会
2018年7月出版 / 估价：99.00元
PSN G-2012-301-1/1

北京体育蓝皮书
北京体育产业发展报告（2017~2018）
著（编）者：钟秉枢　陈杰　杨铁黎
2018年9月出版 / 估价：99.00元
PSN B-2015-475-1/1

滨海金融蓝皮书
滨海新区金融发展报告（2017）
著（编）者：王爱俭　李向前　2018年4月出版 / 估价：99.00元
PSN B-2014-424-1/1

城乡一体化蓝皮书
北京城乡一体化发展报告（2017~2018）
著（编）者：吴宝新　张宝秀　黄序
2018年5月出版 / 估价：99.00元
PSN B-2012-258-2/2

非公有制企业社会责任蓝皮书
北京非公有制企业社会责任报告（2018）
著（编）者：宋贵伦　冯培
2018年6月出版 / 估价：99.00元
PSN B-2017-613-1/1

皮书系列 2018全品种

文化传媒类

非物质文化遗产蓝皮书
中国非物质文化遗产发展报告（2018）
著(编)者：陈平　2018年6月出版 / 估价：128.00元
PSN B-2015-469-1/2

非物质文化遗产蓝皮书
中国非物质文化遗产保护发展报告（2018）
著(编)者：宋俊华　2018年10月出版 / 估价：128.00元
PSN B-2016-586-2/2

广电蓝皮书
中国广播电影电视发展报告（2018）
著(编)者：国家新闻出版广电总局发展研究中心
2018年7月出版 / 估价：99.00元
PSN B-2006-072-1/1

广告主蓝皮书
中国广告主营销传播趋势报告No.9
著(编)者：黄升民 杜国清 邵华冬 等
2018年10月出版 / 估价：158.00元
PSN B-2005-041-1/1

国际传播蓝皮书
中国国际传播发展报告（2018）
著(编)者：胡正荣 李继东 姬德强
2018年12月出版 / 估价：99.00元
PSN B-2014-408-1/1

国家形象蓝皮书
中国国家形象传播报告（2017）
著(编)者：张昆　2018年6月出版 / 估价：128.00元
PSN B-2017-605-1/1

互联网治理蓝皮书
中国网络社会治理研究报告（2018）
著(编)者：罗昕 支庭荣
2018年9月出版 / 估价：118.00元
PSN B-2017-653-1/1

纪录片蓝皮书
中国纪录片发展报告（2018）
著(编)者：何苏六　2018年10月出版 / 估价：99.00元
PSN B-2011-222-1/1

科学传播蓝皮书
中国科学传播报告（2016~2017）
著(编)者：詹正茂　2018年6月出版 / 估价：99.00元
PSN B-2008-120-1/1

两岸创意经济蓝皮书
两岸创意经济研究报告（2018）
著(编)者：罗昌智 董泽平
2018年10月出版 / 估价：99.00元
PSN B-2014-437-1/1

媒介与女性蓝皮书
中国媒介与女性发展报告（2017~2018）
著(编)者：刘利群　2018年5月出版 / 估价：99.00元
PSN B-2013-345-1/1

媒体融合蓝皮书
中国媒体融合发展报告（2017~2018）
著(编)者：梅宁华 支庭荣
2017年12月出版 / 定价：98.00元
PSN B-2015-479-1/1

全球传媒蓝皮书
全球传媒发展报告（2017~2018）
著(编)者：胡正荣 李继东　2018年6月出版 / 估价：99.00元
PSN B-2012-237-1/1

少数民族非遗蓝皮书
中国少数民族非物质文化遗产发展报告（2018）
著(编)者：肖远平（彝）柴立（满）
2018年10月出版 / 估价：118.00元
PSN B-2015-467-1/1

视听新媒体蓝皮书
中国视听新媒体发展报告（2018）
著(编)者：国家新闻出版广电总局发展研究中心
2018年7月出版 / 估价：118.00元
PSN B-2011-184-1/1

数字娱乐产业蓝皮书
中国动画产业发展报告（2018）
著(编)者：孙立军 孙平 牛兴侦
2018年10月出版 / 估价：99.00元
PSN B-2011-198-1/2

数字娱乐产业蓝皮书
中国游戏产业发展报告（2018）
著(编)者：孙立军 刘跃军　2018年10月出版 / 估价：99.00元
PSN B-2017-662-2/2

网络视听蓝皮书
中国互联网视听行业发展报告（2018）
著(编)者：陈鹏　2018年2月出版 / 定价：148.00元
PSN B-2018-688-1/1

文化创新蓝皮书
中国文化创新报告（2017·No.8）
著(编)者：傅才武　2018年6月出版 / 估价：99.00元
PSN B-2009-143-1/1

文化建设蓝皮书
中国文化发展报告（2018）
著(编)者：江畅 孙伟平 戴茂堂
2018年5月出版 / 估价：99.00元
PSN B-2014-392-1/1

文化科技蓝皮书
文化科技创新发展报告（2018）
著(编)者：于平 李凤亮　2018年10月出版 / 估价：99.00元
PSN B-2013-342-1/1

文化蓝皮书
中国公共文化服务发展报告（2017~2018）
著(编)者：刘新成 张永新 张旭
2018年12月出版 / 估价：99.00元
PSN B-2007-093-2/10

文化蓝皮书
中国少数民族文化发展报告（2017~2018）
著(编)者：武翠英 张晓明 任乌晶
2018年9月出版 / 估价：99.00元
PSN B-2013-369-9/10

文化蓝皮书
中国文化产业供需协调检测报告（2018）
著(编)者：王亚南　2018年3月出版 / 定价：99.00元
PSN B-2013-323-8/10

皮书系列 2018全品种

国别类·文化传媒类

国别类

澳大利亚蓝皮书
澳大利亚发展报告（2017-2018）
著（编）者：孙有中 韩锋　2018年12月出版 / 估价：99.00元
PSN B-2016-587-1/1

巴西黄皮书
巴西发展报告（2017）
著（编）者：刘国枝　2018年5月出版 / 估价：99.00元
PSN Y-2017-614-1/1

德国蓝皮书
德国发展报告（2018）
著（编）者：郑春荣　2018年6月出版 / 估价：99.00元
PSN B-2012-278-1/1

俄罗斯黄皮书
俄罗斯发展报告（2018）
著（编）者：李永全　2018年6月出版 / 估价：99.00元
PSN Y-2006-061-1/1

韩国蓝皮书
韩国发展报告（2017）
著（编）者：牛林杰 刘宝全　2018年6月出版 / 估价：99.00元
PSN B-2010-155-1/1

加拿大蓝皮书
加拿大发展报告（2018）
著（编）者：唐小松　2018年9月出版 / 估价：99.00元
PSN B-2014-389-1/1

美国蓝皮书
美国研究报告（2018）
著（编）者：郑秉文 黄平　2018年5月出版 / 估价：99.00元
PSN B-2011-210-1/1

缅甸蓝皮书
缅甸国情报告（2017）
著（编）者：祝湘辉
2017年11月出版 / 定价：98.00元
PSN B-2013-343-1/1

日本蓝皮书
日本研究报告（2018）
著（编）者：杨伯江　2018年4月出版 / 定价：99.00元
PSN B-2002-020-1/1

土耳其蓝皮书
土耳其发展报告（2018）
著（编）者：郭长刚 刘义　2018年9月出版 / 估价：99.00元
PSN B-2014-412-1/1

伊朗蓝皮书
伊朗发展报告（2017~2018）
著（编）者：冀开运　2018年10月 / 估价：99.00元
PSN B-2016-574-1/1

以色列蓝皮书
以色列发展报告（2018）
著（编）者：张倩红　2018年8月出版 / 估价：99.00元
PSN B-2015-483-1/1

印度蓝皮书
印度国情报告（2017）
著（编）者：吕昭义　2018年6月出版 / 估价：99.00元
PSN B-2012-241-1/1

英国蓝皮书
英国发展报告（2017~2018）
著（编）者：王展鹏　2018年12月出版 / 估价：99.00元
PSN B-2015-486-1/1

越南蓝皮书
越南国情报告（2018）
著（编）者：谢林城　2018年11月出版 / 估价：99.00元
PSN B-2006-056-1/1

泰国蓝皮书
泰国研究报告（2018）
著（编）者：庄国土 张禹东 刘文正
2018年10月出版 / 估价：99.00元
PSN B-2016-556-1/1

文化传媒类

"三农"舆情蓝皮书
中国"三农"网络舆情报告（2017~2018）
著（编）者：农业部信息中心
2018年6月出版 / 估价：99.00元
PSN B-2017-640-1/1

传媒竞争力蓝皮书
中国传媒国际竞争力研究报告（2018）
著（编）者：李本乾 刘强 王大可
2018年8月出版 / 估价：99.00元
PSN B-2013-356-1/1

传媒蓝皮书
中国传媒产业发展报告（2018）
著（编）者：崔保国
2018年5月出版 / 估价：99.00元
PSN B-2005-035-1/1

传媒投资蓝皮书
中国传媒投资发展报告（2018）
著（编）者：张向东 谭云明
2018年6月出版 / 估价：148.00元
PSN B-2015-474-1/1

皮书系列 2018全品种 — 国际问题与全球治理类

欧洲蓝皮书
欧洲发展报告（2017~2018）
著(编)者：黄平 周弘 程卫东
2018年6月出版 / 估价：99.00元
PSN B-1999-009-1/1

葡语国家蓝皮书
葡语国家发展报告（2016~2017）
著(编)者：王成安 张敏 刘金兰
2018年6月出版 / 估价：99.00元
PSN B-2015-503-1/2

葡语国家蓝皮书
中国与葡语国家关系发展报告·巴西（2016）
著(编)者：张曙光
2018年8月出版 / 估价：99.00元
PSN B-2016-563-2/2

气候变化绿皮书
应对气候变化报告（2018）
著(编)者：王伟光 郑国光
2018年11月出版 / 估价：99.00元
PSN G-2009-144-1/1

全球环境竞争力绿皮书
全球环境竞争力报告（2018）
著(编)者：李建平 李闽榕 王金南
2018年12月出版 / 估价：198.00元
PSN G-2013-363-1/1

全球信息社会蓝皮书
全球信息社会发展报告（2018）
著(编)者：丁波涛 唐涛　2018年10月出版 / 估价：99.00元
PSN B-2017-665-1/1

日本经济蓝皮书
日本经济与中日经贸关系研究报告（2018）
著(编)者：张季风　2018年6月出版 / 估价：99.00元
PSN B-2008-102-1/1

上海合作组织黄皮书
上海合作组织发展报告（2018）
著(编)者：李进峰　2018年6月出版 / 估价：99.00元
PSN Y-2009-130-1/1

世界创新竞争力黄皮书
世界创新竞争力发展报告（2017）
著(编)者：李建平 李闽榕 赵新力
2018年6月出版 / 估价：168.00元
PSN Y-2013-318-1/1

世界经济黄皮书
2018年世界经济形势分析与预测
著(编)者：张宇燕　2018年1月出版 / 定价：99.00元
PSN Y-1999-006-1/1

世界能源互联互通蓝皮书
世界能源清洁发展与互联互通评估报告（2017）：欧洲篇
著(编)者：国网能源研究院
2018年1月出版 / 定价：128.00元
PSN B-2018-695-1/1

丝绸之路蓝皮书
丝绸之路经济带发展报告（2018）
著(编)者：任宗哲 白宽犁 谷孟宾
2018年1月出版 / 估价：89.00元
PSN B-2014-410-1/1

新兴经济体蓝皮书
金砖国家发展报告（2018）
著(编)者：林跃勤 周文
2018年8月出版 / 估价：99.00元
PSN B-2011-195-1/1

亚太蓝皮书
亚太地区发展报告（2018）
著(编)者：李向阳　2018年5月出版 / 估价：99.00元
PSN B-2001-015-1/1

印度洋地区蓝皮书
印度洋地区发展报告（2018）
著(编)者：汪戎　2018年6月出版 / 估价：99.00元
PSN B-2013-334-1/1

印度尼西亚经济蓝皮书
印度尼西亚经济发展报告（2017）：增长与机会
著(编)者：左志刚　2017年11月出版 / 定价：89.00元
PSN B-2017-675-1/1

渝新欧蓝皮书
渝新欧沿线国家发展报告（2018）
著(编)者：杨柏 黄森
2018年6月出版 / 估价：99.00元
PSN B-2017-626-1/1

中阿蓝皮书
中国·阿拉伯国家经贸发展报告（2018）
著(编)者：张廉 段庆林 王林聪 杨巧红
2018年12月出版 / 估价：99.00元
PSN B-2016-598-1/1

中东黄皮书
中东发展报告No.20（2017~2018）
著(编)者：杨光　2018年10月出版 / 估价：99.00元
PSN Y-1998-004-1/1

中亚黄皮书
中亚国家发展报告（2018）
著(编)者：孙力
2018年3月出版 / 定价：98.00元
PSN Y-2012-238-1/1

皮书系列 2018全品种

国际问题与全球治理类

国际问题与全球治理类

"一带一路"跨境通道蓝皮书
"一带一路"跨境通道建设研究报(2017~2018)
著(编)者:余鑫 张秋生 2018年1月出版 / 定价:89.00元
PSN B-2016-557-1/1

"一带一路"蓝皮书
"一带一路"建设发展报告(2018)
著(编)者:李永全 2018年3月出版 / 定价:98.00元
PSN B-2016-552-1/1

"一带一路"投资安全蓝皮书
中国"一带一路"投资与安全研究报告(2018)
著(编)者:邹统钎 梁昊光 2018年4月出版 / 定价:98.00元
PSN B-2017-612-1/1

"一带一路"文化交流蓝皮书
中阿文化交流发展报告(2017)
著(编)者:王辉 2017年12月出版 / 定价:89.00元
PSN B-2017-655-1/1

G20国家创新竞争力黄皮书
二十国集团(G20)国家创新竞争力发展报告(2017~2018)
著(编)者:李建平 李闽榕 赵新力 周天勇
2018年7月出版 / 定价:168.00元
PSN Y-2011-229-1/1

阿拉伯黄皮书
阿拉伯发展报告(2016~2017)
著(编)者:罗林 2018年6月出版 / 估价:99.00元
PSN Y-2014-381-1/1

北部湾蓝皮书
泛北部湾合作发展报告(2017~2018)
著(编)者:吕余生 2018年12月出版 / 估价:99.00元
PSN B-2008-114-1/1

北极蓝皮书
北极地区发展报告(2017)
著(编)者:刘惠荣 2018年7月出版 / 估价:99.00元
PSN B-2017-634-1/1

大洋洲蓝皮书
大洋洲发展报告(2017~2018)
著(编)者:喻常森 2018年10月出版 / 估价:99.00元
PSN B-2013-341-1/1

东北亚区域合作蓝皮书
2017年"一带一路"倡议与东北亚区域合作
著(编)者:刘亚政 金美花
2018年5月出版 / 估价:99.00元
PSN B-2017-631-1/1

东盟黄皮书
东盟发展报告(2017)
著(编)者:杨静林 庄国土 2018年6月出版 / 估价:99.00元
PSN Y-2012-303-1/1

东南亚蓝皮书
东南亚地区发展报告(2017~2018)
著(编)者:王勤 2018年12月出版 / 估价:99.00元
PSN B-2012-240-1/1

非洲黄皮书
非洲发展报告No.20(2017~2018)
著(编)者:张宏明 2018年7月出版 / 估价:99.00元
PSN Y-2012-239-1/1

非传统安全蓝皮书
中国非传统安全研究报告(2017~2018)
著(编)者:潇枫 罗中枢 2018年8月出版 / 估价:99.00元
PSN B-2012-273-1/1

国际安全蓝皮书
中国国际安全研究报告(2018)
著(编)者:刘慧 2018年7月出版 / 估价:99.00元
PSN B-2016-521-1/1

国际城市蓝皮书
国际城市发展报告(2018)
著(编)者:屠启宇 2018年2月出版 / 定价:89.00元
PSN B-2012-260-1/1

国际形势黄皮书
全球政治与安全报告(2018)
著(编)者:张宇燕 2018年1月出版 / 定价:89.00元
PSN Y-2001-016-1/1

公共外交蓝皮书
中国公共外交发展报告(2018)
著(编)者:赵启正 雷蔚真 2018年6月出版 / 估价:99.00元
PSN B-2015-457-1/1

海丝蓝皮书
21世纪海上丝绸之路研究报告(2017)
著(编)者:华侨大学海上丝绸之路研究院
2017年12月出版 / 定价:89.00元
PSN B-2017-684-1/1

金砖国家黄皮书
金砖国家综合创新竞争力发展报告(2018)
著(编)者:赵新力 李闽榕 黄茂兴
2018年8月出版 / 定价:128.00元
PSN Y-2017-643-1/1

拉美黄皮书
拉丁美洲和加勒比发展报告(2017~2018)
著(编)者:袁东振 2018年6月出版 / 估价:99.00元
PSN Y-1999-007-1/1

澜湄合作蓝皮书
澜沧江-湄公河合作发展报告(2018)
著(编)者:刘稚 2018年9月出版 / 估价:99.00元
PSN B-2011-196-1/1

皮书系列 2018全品种 — 行业及其他类

休闲绿皮书
2017~2018年中国休闲发展报告
著(编)者：宋瑞　2018年7月出版 / 估价：99.00元
PSN G-2010-158-1/1

休闲体育蓝皮书
中国休闲体育发展报告（2017~2018）
著(编)者：李相如　钟秉枢
2018年10月出版 / 估价：99.00元
PSN B-2016-516-1/1

养老金融蓝皮书
中国养老金融发展报告（2018）
著(编)者：董克用　姚余栋
2018年9月出版 / 估价：99.00元
PSN B-2016-583-1/1

遥感监测绿皮书
中国可持续发展遥感监测报告（2017）
著(编)者：顾行发　汪克强　潘教峰　李闽榕　徐东华　王琦安
2018年6月出版 / 估价：298.00元
PSN B-2017-629-1/1

药品流通蓝皮书
中国药品流通行业发展报告（2018）
著(编)者：佘鲁林　温再兴
2018年7月出版 / 估价：198.00元
PSN B-2014-429-1/1

医疗器械蓝皮书
中国医疗器械行业发展报告（2018）
著(编)者：王宝亭　耿鸿武
2018年10月出版 / 估价：99.00元
PSN B-2017-661-1/1

医院蓝皮书
中国医院竞争力报告（2017~2018）
著(编)者：庄一强　2018年3月出版 / 定价：108.00元
PSN B-2016-528-1/1

瑜伽蓝皮书
中国瑜伽业发展报告（2017~2018）
著(编)者：张永建　徐华锋　朱泰余
2018年6月出版 / 估价：198.00元
PSN B-2017-625-1/1

债券市场蓝皮书
中国债券市场发展报告（2017~2018）
著(编)者：杨农　2018年10月出版 / 估价：99.00元
PSN B-2017-572-1/1

志愿服务蓝皮书
中国志愿服务发展报告（2018）
著(编)者：中国志愿服务联合会
2018年11月出版 / 估价：99.00元
PSN B-2017-664-1/1

中国上市公司蓝皮书
中国上市公司发展报告（2018）
著(编)者：张鹏　张平　黄胤英
2018年9月出版 / 估价：99.00元
PSN B-2014-414-1/1

中国新三板蓝皮书
中国新三板创新与发展报告（2018）
著(编)者：刘平安　闻召林
2018年8月出版 / 估价：158.00元
PSN B-2017-638-1/1

中国汽车品牌蓝皮书
中国乘用车品牌发展报告（2017）
著(编)者：《中国汽车报》社有限公司
　　　　　博世（中国）投资有限公司
　　　　　中国汽车技术研究中心数据资源中心
2018年1月出版 / 定价：89.00元
PSN B-2017-679-1/1

中医文化蓝皮书
北京中医药文化传播发展报告（2018）
著(编)者：毛嘉陵　2018年6月出版 / 估价：99.00元
PSN B-2015-468-1/2

中医文化蓝皮书
中国中医药文化传播发展报告（2018）
著(编)者：毛嘉陵
2018年7月出版 / 估价：99.00元
PSN B-2016-584-2/2

中医药蓝皮书
北京中医药知识产权发展报告No.2
著(编)者：汪洪　屠志涛　2018年6月出版 / 估价：168.00元
PSN B-2017-602-1/1

资本市场蓝皮书
中国场外交易市场发展报告（2016~2017）
著(编)者：高峦　2018年6月出版 / 估价：99.00元
PSN B-2009-153-1/1

资产管理蓝皮书
中国资产管理行业发展报告（2018）
著(编)者：郑智　2018年7月出版 / 估价：99.00元
PSN B-2014-407-2/2

资产证券化蓝皮书
中国资产证券化发展报告（2018）
著(编)者：沈炳熙　曹彤　李哲平
2018年4月出版 / 估价：98.00元
PSN B-2017-660-1/1

自贸区蓝皮书
中国自贸区发展报告（2018）
著(编)者：王力　黄育华
2018年6月出版 / 估价：99.00元
PSN B-2016-558-1/1

皮书系列 2018全品种

商会蓝皮书
中国商会发展报告No.5（2017）
著(编)者：王钦敏　　2018年7月出版 / 估价：99.00元
PSN B-2008-125-1/1

商务中心区蓝皮书
中国商务中心区发展报告No.4（2017～2018）
著(编)者：李国红　单菁菁　　2018年9月出版 / 估价：99.00元
PSN B-2015-444-1/1

设计产业蓝皮书
中国创新设计发展报告（2018）
著(编)者：王晓红　张立群　于炜
2018年11月出版 / 估价：99.00元
PSN B-2016-581-2/2

社会责任管理蓝皮书
中国上市公司社会责任能力成熟度报告No.4（2018）
著(编)者：肖红军　王晓光　李伟阳
2018年12月出版 / 估价：99.00元
PSN B-2015-507-2/2

社会责任管理蓝皮书
中国企业公众透明度报告No.4（2017～2018）
著(编)者：黄速建　熊梦　王晓光　肖红军
2018年6月出版 / 估价：99.00元
PSN B-2015-440-1/2

食品药品蓝皮书
食品药品安全与监管政策研究报告（2016～2017）
著(编)者：唐民皓　　2018年6月出版 / 估价：99.00元
PSN B-2009-129-1/1

输血服务蓝皮书
中国输血行业发展报告（2018）
著(编)者：孙俊　　2018年12月出版 / 估价：99.00元
PSN B-2016-582-1/1

水利风景区蓝皮书
中国水利风景区发展报告（2018）
著(编)者：董建文　兰思仁
2018年10月出版 / 估价：99.00元
PSN B-2015-480-1/1

数字经济蓝皮书
全球数字经济竞争力发展报告（2017）
著(编)者：王振　　2017年12月出版 / 定价：79.00元
PSN B-2017-673-1/1

私募市场蓝皮书
中国私募股权市场发展报告（2017～2018）
著(编)者：曹和平　　2018年12月出版 / 估价：99.00元
PSN B-2010-162-1/1

碳排放权交易蓝皮书
中国碳排放权交易报告（2018）
著(编)者：孙永平　　2018年11月出版 / 估价：99.00元
PSN B-2016-652-1/1

碳市场蓝皮书
中国碳市场报告（2018）
著(编)者：定金彪　　2018年11月出版 / 估价：99.00元
PSN B-2014-430-1/1

体育蓝皮书
中国公共体育服务发展报告（2018）
著(编)者：戴健　　2018年12月出版 / 估价：99.00元
PSN B-2013-367-2/5

土地市场蓝皮书
中国农村土地市场发展报告（2017～2018）
著(编)者：李光荣　　2018年6月出版 / 估价：99.00元
PSN B-2016-526-1/1

土地整治蓝皮书
中国土地整治发展研究报告（No.5）
著(编)者：国土资源部土地整治中心
2018年7月出版 / 估价：99.00元
PSN B-2014-401-1/1

土地政策蓝皮书
中国土地政策研究报告（2018）
著(编)者：高延利　张建平　吴次芳
2018年1月出版 / 估价：98.00元
PSN B-2015-506-1/1

网络空间安全蓝皮书
中国网络空间安全发展报告（2018）
著(编)者：惠志斌　覃庆玲
2018年11月出版 / 估价：99.00元
PSN B-2015-466-1/1

文化志愿服务蓝皮书
中国文化志愿服务发展报告（2018）
著(编)者：张永新　良警宇　　2018年11月出版 / 估价：128.00元
PSN B-2016-596-1/1

西部金融蓝皮书
中国西部金融发展报告（2017～2018）
著(编)者：李忠民　　2018年8月出版 / 估价：99.00元
PSN B-2010-160-1/1

协会商会蓝皮书
中国行业协会商会发展报告（2017）
著(编)者：景朝阳　李勇　　2018年6月出版 / 估价：99.00元
PSN B-2015-461-1/1

新三板蓝皮书
中国新三板市场发展报告（2018）
著(编)者：王力　　2018年8月出版 / 估价：99.00元
PSN B-2016-533-1/1

信托市场蓝皮书
中国信托业市场报告（2017～2018）
著(编)者：用益金融信托研究院
2018年6月出版 / 估价：198.00元
PSN B-2014-371-1/1

信息化蓝皮书
中国信息化形势分析与预测（2017～2018）
著(编)者：周宏仁　　2018年8月出版 / 估价：99.00元
PSN B-2010-168-1/1

信用蓝皮书
中国信用发展报告（2017～2018）
著(编)者：章政　田侃　　2018年6月出版 / 估价：99.00元
PSN B-2013-328-1/1

皮书系列 2018全品种 — 行业及其他类

旅游安全蓝皮书
中国旅游安全报告（2018）
著(编)者：郑向敏 谢朝武　2018年5月出版／估价：158.00元
PSN B-2012-280-1/1

旅游绿皮书
2017～2018年中国旅游发展分析与预测
著(编)者：宋瑞　2018年1月出版／定价：99.00元
PSN G-2002-018-1/1

煤炭蓝皮书
中国煤炭工业发展报告（2018）
著(编)者：岳福斌　2018年12月出版／估价：99.00元
PSN B-2008-123-1/1

民营企业社会责任蓝皮书
中国民营企业社会责任报告（2018）
著(编)者：中华全国工商业联合会
2018年12月出版／估价：99.00元
PSN B-2015-510-1/1

民营医院蓝皮书
中国民营医院发展报告（2017）
著(编)者：薛晓林　2017年12月出版／定价：89.00元
PSN B-2012-299-1/1

闽商蓝皮书
闽商发展报告（2018）
著(编)者：李闽榕 王日根 林琛
2018年12月出版／估价：99.00元
PSN B-2012-298-1/1

农业应对气候变化蓝皮书
中国农业气象灾害及其灾损评估报告（No.3）
著(编)者：矫梅燕　2018年6月出版／估价：118.00元
PSN B-2014-413-1/1

品牌蓝皮书
中国品牌战略发展报告（2018）
著(编)者：汪同三　2018年10月出版／估价：99.00元
PSN B-2016-580-1/1

企业扶贫蓝皮书
中国企业扶贫研究报告（2018）
著(编)者：钟宏武　2018年12月出版／估价：99.00元
PSN B-2016-593-1/1

企业公益蓝皮书
中国企业公益研究报告（2018）
著(编)者：钟宏武 汪杰 黄晓娟
2018年12月出版／估价：99.00元
PSN B-2015-501-1/1

企业国际化蓝皮书
中国企业全球化报告（2018）
著(编)者：王辉耀 苗绿　2018年11月出版／估价：99.00元
PSN B-2014-427-1/1

企业蓝皮书
中国企业绿色发展报告No.2（2018）
著(编)者：李红玉 朱光辉
2018年8月出版／估价：99.00元
PSN B-2015-481-2/2

企业社会责任蓝皮书
中资企业海外社会责任研究报告（2017～2018）
著(编)者：钟宏武 叶柳红 张蒽
2018年6月出版／估价：99.00元
PSN B-2017-603-2/2

企业社会责任蓝皮书
中国企业社会责任研究报告（2018）
著(编)者：黄群慧 钟宏武 张蒽 汪杰
2018年11月出版／估价：99.00元
PSN B-2009-149-1/2

汽车安全蓝皮书
中国汽车安全发展报告（2018）
著(编)者：中国汽车技术研究中心
2018年8月出版／估价：99.00元
PSN B-2014-385-1/1

汽车电子商务蓝皮书
中国汽车电子商务发展报告（2018）
著(编)者：中华全国工商业联合会汽车经销商商会
　　　　　北方工业大学
　　　　　北京易观智库网络科技有限公司
2018年10月出版／估价：158.00元
PSN B-2015-485-1/1

汽车知识产权蓝皮书
中国汽车产业知识产权发展报告（2018）
著(编)者：中国汽车工程研究院股份有限公司
　　　　　中国汽车工程学会
　　　　　重庆长安汽车股份有限公司
2018年12月出版／估价：99.00元
PSN B-2016-594-1/1

青少年体育蓝皮书
中国青少年体育发展报告（2017）
著(编)者：刘扶民 杨桦　2018年6月出版／估价：99.00元
PSN B-2015-482-1/1

区块链蓝皮书
中国区块链发展报告（2018）
著(编)者：李伟　2018年9月出版／估价：99.00元
PSN B-2017-649-1/1

群众体育蓝皮书
中国群众体育发展报告（2017）
著(编)者：刘国永 戴健　2018年5月出版／估价：99.00元
PSN B-2014-411-1/3

群众体育蓝皮书
中国社会体育指导员发展报告（2018）
著(编)者：刘国永 戴健　2018年6月出版／估价：99.00元
PSN B-2016-520-3/3

人力资源蓝皮书
中国人力资源发展报告（2018）
著(编)者：余兴安　2018年11月出版／估价：99.00元
PSN B-2012-287-1/1

融资租赁蓝皮书
中国融资租赁业发展报告（2017～2018）
著(编)者：李光荣 王力　2018年8月出版／估价：99.00元
PSN B-2015-443-1/1

行业及其他类 皮书系列 2018全品种

公共关系蓝皮书
中国公共关系发展报告（2018）
著(编)者：柳斌杰　　2018年11月出版／估价：99.00元
PSN B-2016-579-1/1

管理蓝皮书
中国管理发展报告（2018）
著(编)者：张晓东　　2018年10月出版／估价：99.00元
PSN B-2014-416-1/1

轨道交通蓝皮书
中国轨道交通行业发展报告（2017）
著(编)者：仲建华　李闽榕
2017年12月出版／定价：98.00元
PSN B-2017-674-1/1

海关发展蓝皮书
中国海关发展前沿报告（2018）
著(编)者：干春晖　　2018年6月出版／估价：99.00元
PSN B-2017-616-1/1

互联网医疗蓝皮书
中国互联网健康医疗发展报告（2018）
著(编)者：芮晓武　　2018年6月出版／估价：99.00元
PSN B-2016-567-1/1

黄金市场蓝皮书
中国商业银行黄金业务发展报告（2017~2018）
著(编)者：平安银行　　2018年6月出版／估价：99.00元
PSN B-2016-524-1/1

会展蓝皮书
中外会展业动态评估研究报告（2018）
著(编)者：张敏　任中峰　聂鑫焱　牛盼强
2018年12月出版／估价：99.00元
PSN B-2013-327-1/1

基金会蓝皮书
中国基金会发展报告（2017~2018）
著(编)者：中国基金会发展报告课题组
2018年6月出版／估价：99.00元
PSN B-2013-368-1/1

基金会绿皮书
中国基金会发展独立研究报告（2018）
著(编)者：基金会中心网　中央民族大学基金会研究中心
2018年6月出版／估价：99.00元
PSN G-2011-213-1/1

基金会透明度蓝皮书
中国基金会透明度发展研究报告（2018）
著(编)者：基金会中心网
　　　　　清华大学廉政与治理研究中心
2018年9月出版／估价：99.00元
PSN B-2013-339-1/1

建筑装饰蓝皮书
中国建筑装饰行业发展报告（2018）
著(编)者：葛道顺　刘晓一
2018年10月出版／估价：198.00元
PSN B-2016-553-1/1

金融监管蓝皮书
中国金融监管报告（2018）
著(编)者：胡滨　　2018年3月出版／定价：98.00元
PSN B-2012-281-1/1

金融蓝皮书
中国互联网金融行业分析与评估（2018~2019）
著(编)者：黄国平　伍旭川　2018年12月出版／估价：99.00元
PSN B-2016-585-7/7

金融科技蓝皮书
中国金融科技发展报告（2018）
著(编)者：李扬　孙国峰　2018年10月出版／估价：99.00元
PSN B-2014-374-1/1

金融信息服务蓝皮书
中国金融信息服务发展报告（2018）
著(编)者：李平　　2018年5月出版／估价：99.00元
PSN B-2017-621-1/1

金蜜蜂企业社会责任蓝皮书
金蜜蜂中国企业社会责任报告研究（2017）
著(编)者：殷格非　于志宏　管竹笋
2018年1月出版／定价：99.00元
PSN B-2018-693-1/1

京津冀金融蓝皮书
京津冀金融发展报告（2018）
著(编)者：王爱俭　王璟怡　2018年10月出版／估价：99.00元
PSN B-2017-636-1/1

科普蓝皮书
国家科普能力发展报告（2018）
著(编)者：王康友　　2018年5月出版／估价：138.00元
PSN B-2017-632-4/4

科普蓝皮书
中国基层科普发展报告（2017~2018）
著(编)者：赵立新　陈玲　2018年9月出版／估价：99.00元
PSN B-2016-568-3/4

科普蓝皮书
中国科普基础设施发展报告（2017~2018）
著(编)者：任福君　　2018年6月出版／估价：99.00元
PSN B-2010-174-1/3

科普蓝皮书
中国科普人才发展报告（2017~2018）
著(编)者：郑念　任嵘嵘　2018年7月出版／估价：99.00元
PSN B-2016-512-2/4

科普能力蓝皮书
中国科普能力评价报告（2018~2019）
著(编)者：李富强　李群　2018年8月出版／估价：99.00元
PSN B-2016-555-1/1

临空经济蓝皮书
中国临空经济发展报告（2018）
著(编)者：连玉明　　2018年9月出版／估价：99.00元
PSN B-2014-421-1/1

皮书系列 2018全品种
产业经济类·行业及其他类

中国陶瓷产业蓝皮书
中国陶瓷产业发展报告（2018）
著(编)者：左和平 黄速建
2018年10月出版 / 估价：99.00元
PSN B-2016-573-1/1

装备制造业蓝皮书
中国装备制造业发展报告（2018）
著(编)者：徐东华
2018年12月出版 / 估价：118.00元
PSN B-2015-505-1/1

行业及其他类

"三农"互联网金融蓝皮书
中国"三农"互联网金融发展报告（2018）
著(编)者：李勇坚 王弢
2018年8月出版 / 估价：99.00元
PSN B-2016-560-1/1

SUV蓝皮书
中国SUV市场发展报告（2017~2018）
著(编)者：靳军 2018年9月出版 / 估价：99.00元
PSN B-2016-571-1/1

冰雪蓝皮书
中国冬季奥运会发展报告（2018）
著(编)者：孙承华 伍斌 魏庆华 张鸿俊
2018年9月出版 / 估价：99.00元
PSN B-2017-647-2/3

彩票蓝皮书
中国彩票发展报告（2018）
著(编)者：益彩基金 2018年6月出版 / 估价：99.00元
PSN B-2015-462-1/1

测绘地理信息蓝皮书
测绘地理信息供给侧结构性改革研究报告（2018）
著(编)者：库热西·买合苏提
2018年12月出版 / 估价：168.00元
PSN B-2009-145-1/1

产权市场蓝皮书
中国产权市场发展报告（2017）
著(编)者：曹和平
2018年5月出版 / 估价：99.00元
PSN B-2009-147-1/1

城投蓝皮书
中国城投行业发展报告（2018）
著(编)者：华景斌
2018年11月出版 / 估价：300.00元
PSN B-2016-514-1/1

城市轨道交通蓝皮书
中国城市轨道交通运营发展报告（2017~2018）
著(编)者：崔学忠 贾文峥
2018年3月出版 / 定价：89.00元
PSN B-2018-694-1/1

大数据蓝皮书
中国大数据发展报告（No.2）
著(编)者：连玉明 2018年5月出版 / 估价：99.00元
PSN B-2017-620-1/1

大数据应用蓝皮书
中国大数据应用发展报告No.2（2018）
著(编)者：陈军君 2018年8月出版 / 估价：99.00元
PSN B-2017-644-1/1

对外投资与风险蓝皮书
中国对外直接投资与国家风险报告（2018）
著(编)者：中债资信评估有限责任公司
中国社会科学院世界经济与政治研究所
2018年6月出版 / 估价：189.00元
PSN B-2017-606-1/1

工业和信息化蓝皮书
人工智能发展报告（2017~2018）
著(编)者：尹丽波 2018年6月出版 / 估价：99.00元
PSN B-2015-448-1/6

工业和信息化蓝皮书
世界智慧城市发展报告（2017~2018）
著(编)者：尹丽波 2018年6月出版 / 估价：99.00元
PSN B-2017-624-6/6

工业和信息化蓝皮书
世界网络安全发展报告（2017~2018）
著(编)者：尹丽波 2018年6月出版 / 估价：99.00元
PSN B-2015-452-5/6

工业和信息化蓝皮书
世界信息化发展报告（2017~2018）
著(编)者：尹丽波 2018年6月出版 / 估价：99.00元
PSN B-2015-451-4/6

工业设计蓝皮书
中国工业设计发展报告（2018）
著(编)者：王晓红 于炜 张立群 2018年9月出版 / 估价：168.00元
PSN B-2014-420-1/1

公共关系蓝皮书
中国公共关系发展报告（2017）
著(编)者：柳斌杰 2018年1月出版 / 定价：89.00元
PSN B-2016-579-1/1

 产业经济类

皮书系列 2018全品种

工业和信息化蓝皮书
世界信息技术产业发展报告（2017~2018）
著(编)者：尹丽波　　2018年6月出版 / 估价：99.00元
PSN B-2015-449-2/6

工业和信息化蓝皮书
战略性新兴产业发展报告（2017~2018）
著(编)者：尹丽波　　2018年6月出版 / 估价：99.00元
PSN B-2015-450-3/6

海洋经济蓝皮书
中国海洋经济发展报告（2015~2018）
著(编)者：殷克东　高金田　方胜民
2018年3月出版 / 定价：128.00元
PSN B-2018-697-1/1

康养蓝皮书
中国康养产业发展报告（2017）
著(编)者：何莽　　2017年12月出版 / 定价：88.00元
PSN B-2017-685-1/1

客车蓝皮书
中国客车产业发展报告（2017~2018）
著(编)者：姚蔚　　2018年10月出版 / 估价：99.00元
PSN B-2013-361-1/1

流通蓝皮书
中国商业发展报告（2018~2019）
著(编)者：王雪峰　林诗慧
2018年7月出版 / 估价：99.00元
PSN B-2009-152-1/2

能源蓝皮书
中国能源发展报告（2018）
著(编)者：崔民选　王军生　陈义和
2018年12月出版 / 估价：99.00元
PSN B-2006-049-1/1

农产品流通蓝皮书
中国农产品流通产业发展报告（2017）
著(编)者：贾敬敦　张东科　张玉玺　张鹏毅　周伟
2018年6月出版 / 估价：99.00元
PSN B-2012-288-1/1

汽车工业蓝皮书
中国汽车工业发展年度报告（2018）
著(编)者：中国汽车工业协会
　　　　　中国汽车技术研究中心
　　　　　丰田汽车公司
2018年5月出版 / 估价：168.00元
PSN B-2015-463-1/2

汽车工业蓝皮书
中国汽车零部件产业发展报告（2017~2018）
著(编)者：中国汽车工业协会
　　　　　中国汽车工程研究院深圳市沃特玛电池有限公司
2018年9月出版 / 估价：99.00元
PSN B-2016-515-2/2

汽车蓝皮书
中国汽车产业发展报告（2018）
著(编)者：中国汽车工程学会
　　　　　大众汽车集团（中国）
2018年11月出版 / 估价：99.00元
PSN B-2008-124-1/1

世界茶业蓝皮书
世界茶业发展报告（2018）
著(编)者：李闽榕　冯廷佺
2018年5月出版 / 估价：168.00元
PSN B-2017-619-1/1

世界能源蓝皮书
世界能源发展报告（2018）
著(编)者：黄晓勇　　2018年6月出版 / 估价：168.00元
PSN B-2013-349-1/1

石油蓝皮书
中国石油产业发展报告（2018）
著(编)者：中国石油化工集团公司经济技术研究院
　　　　　中国国际石油化工联合有限责任公司
　　　　　中国社会科学院数量经济与技术经济研究所
2018年2月出版 / 估价：98.00元
PSN B-2018-690-1/1

体育蓝皮书
国家体育产业基地发展报告（2016~2017）
著(编)者：李颖川　　2018年6月出版 / 估价：168.00元
PSN B-2017-609-5/5

体育蓝皮书
中国体育产业发展报告（2018）
著(编)者：阮伟　钟秉枢
2018年12月出版 / 估价：99.00元
PSN B-2010-179-1/5

文化金融蓝皮书
中国文化金融发展报告（2018）
著(编)者：杨涛　金巍
2018年6月出版 / 估价：99.00元
PSN B-2017-610-1/1

新能源汽车蓝皮书
中国新能源汽车产业发展报告（2018）
著(编)者：中国汽车技术研究中心
　　　　　日产（中国）投资有限公司
　　　　　东风汽车有限公司
2018年8月出版 / 估价：99.00元
PSN B-2013-347-1/1

薏仁米产业蓝皮书
中国薏仁米产业发展报告No.2（2018）
著(编)者：李发耀　石明　秦礼康
2018年8月出版 / 估价：99.00元
PSN B-2017-645-1/1

邮轮绿皮书
中国邮轮产业发展报告（2018）
著(编)者：汪泓　　2018年10月出版 / 估价：99.00元
PSN G-2014-419-1/1

智能养老蓝皮书
中国智能养老产业发展报告（2018）
著(编)者：朱勇　　2018年10月出版 / 估价：99.00元
PSN B-2015-488-1/1

中国节能汽车蓝皮书
中国节能汽车发展报告（2017~2018）
著(编)者：中国汽车工程研究院股份有限公司
2018年9月出版 / 估价：99.00元
PSN B-2016-565-1/1

皮书系列 2018全品种 — 社会政法类·产业经济类

中国农村妇女发展蓝皮书
农村流动女性城市生活发展报告（2018）
著(编)者：谢丽华　2018年12月出版 / 估价：99.00元
PSN B-2014-434-1/1

宗教蓝皮书
中国宗教报告（2017）
著(编)者：邱永辉　2018年8月出版 / 估价：99.00元
PSN B-2008-117-1/1

产业经济类

保健蓝皮书
中国保健服务产业发展报告 No.2
著(编)者：中国保健协会　中共中央党校
2018年7月出版 / 估价：198.00元
PSN B-2012-272-3/3

保健蓝皮书
中国保健食品产业发展报告 No.2
著(编)者：中国保健协会
　　　　　中国社会科学院食品药品产业发展与监管研究中心
2018年8月出版 / 估价：198.00元
PSN B-2012-271-2/3

保健蓝皮书
中国保健用品产业发展报告 No.2
著(编)者：中国保健协会
　　　　　国务院国有资产监督管理委员会研究中心
2018年6月出版 / 估价：198.00元
PSN B-2012-270-1/3

保险蓝皮书
中国保险业竞争力报告（2018）
著(编)者：保监会　2018年12月出版 / 估价：99.00元
PSN B-2013-311-1/1

冰雪蓝皮书
中国冰上运动产业发展报告（2018）
著(编)者：孙承华　杨占武　刘戈　张鸿俊
2018年9月出版 / 估价：99.00元
PSN B-2017-648-3/3

冰雪蓝皮书
中国滑雪产业发展报告（2018）
著(编)者：孙承华　伍斌　魏庆华　张鸿俊
2018年9月出版 / 估价：99.00元
PSN B-2016-559-1/3

餐饮产业蓝皮书
中国餐饮产业发展报告（2018）
著(编)者：邢颖
2018年6月出版 / 估价：99.00元
PSN B-2009-151-1/1

茶业蓝皮书
中国茶产业发展报告（2018）
著(编)者：杨江帆　李闽榕
2018年10月出版 / 估价：99.00元
PSN B-2010-164-1/1

产业安全蓝皮书
中国文化产业安全报告（2018）
著(编)者：北京印刷学院文化产业安全研究院
2018年12月出版 / 估价：99.00元
PSN B-2014-378-12/14

产业安全蓝皮书
中国新媒体产业安全报告（2016～2017）
著(编)者：肖丽　2018年6月出版 / 估价：99.00元
PSN B-2015-500-14/14

产业安全蓝皮书
中国出版传媒产业安全报告（2017～2018）
著(编)者：北京印刷学院文化产业安全研究院
2018年6月出版 / 估价：99.00元
PSN B-2014-384-13/14

产业蓝皮书
中国产业竞争力报告（2018）No.8
著(编)者：张其仔　2018年12月出版 / 估价：168.00元
PSN B-2010-175-1/1

动力电池蓝皮书
中国新能源汽车动力电池产业发展报告（2018）
著(编)者：中国汽车技术研究中心
2018年8月出版 / 估价：99.00元
PSN B-2017-639-1/1

杜仲产业绿皮书
中国杜仲橡胶资源与产业发展报告（2017～2018）
著(编)者：杜红岩　胡文臻　俞锐
2018年6月出版 / 估价：99.00元
PSN G-2013-350-1/1

房地产蓝皮书
中国房地产发展报告No.15（2018）
著(编)者：李春华　王业强
2018年5月出版 / 估价：99.00元
PSN B-2004-028-1/1

服务外包蓝皮书
中国服务外包产业发展报告（2017～2018）
著(编)者：王晓红　刘德军
2018年6月出版 / 估价：99.00元
PSN B-2013-331-2/2

服务外包蓝皮书
中国服务外包竞争力报告（2017～2018）
著(编)者：刘春生　王力　黄育华
2018年12月出版 / 估价：99.00元
PSN B-2011-216-1/2

皮书系列 2018全品种

社会政法类

汽车社会蓝皮书
中国汽车社会发展报告（2017～2018）
著(编)者：王俊秀　2018年6月出版／估价：99.00元
PSN B-2011-224-1/1

青年蓝皮书
中国青年发展报告（2018）No.3
著(编)者：廉思　2018年6月出版／估价：99.00元
PSN B-2013-333-1/1

青少年蓝皮书
中国未成年人互联网运用报告（2017～2018）
著(编)者：季为民　李文革　沈杰
2018年11月出版／估价：99.00元
PSN B-2010-156-1/1

人权蓝皮书
中国人权事业发展报告No.8（2018）
著(编)者：李君如　2018年9月出版／估价：99.00元
PSN B-2011-215-1/1

社会保障绿皮书
中国社会保障发展报告No.9（2018）
著(编)者：王延中　2018年6月出版／估价：99.00元
PSN G-2001-014-1/1

社会风险评估蓝皮书
风险评估与危机预警报告（2017～2018）
著(编)者：唐钧　2018年8月出版／估价：99.00元
PSN B-2012-293-1/1

社会工作蓝皮书
中国社会工作发展报告（2016~2017）
著(编)者：民政部社会工作研究中心
2018年8月出版／估价：99.00元
PSN B-2009-141-1/1

社会管理蓝皮书
中国社会管理创新报告No.6
著(编)者：连玉明　2018年11月出版／估价：99.00元
PSN B-2012-300-1/1

社会蓝皮书
2018年中国社会形势分析与预测
著(编)者：李培林　陈光金　张翼
2017年12月出版／定价：89.00元
PSN B-1998-002-1/1

社会体制蓝皮书
中国社会体制改革报告No.6（2018）
著(编)者：龚维斌　2018年3月出版／定价：98.00元
PSN B-2013-330-1/1

社会心态蓝皮书
中国社会心态研究报告（2018）
著(编)者：王俊秀　2018年12月出版／估价：99.00元
PSN B-2011-199-1/1

社会组织蓝皮书
中国社会组织报告（2017-2018）
著(编)者：黄晓勇　2018年6月出版／估价：99.00元
PSN B-2008-118-1/2

社会组织蓝皮书
中国社会组织评估发展报告（2018）
著(编)者：徐家良　2018年12月出版／估价：99.00元
PSN B-2013-366-2/2

生态城市绿皮书
中国生态城市建设发展报告（2018）
著(编)者：刘举科　孙伟平　胡文臻
2018年9月出版／估价：158.00元
PSN G-2012-269-1/1

生态文明绿皮书
中国省域生态文明建设评价报告（ECI 2018）
著(编)者：严耕　2018年12月出版／估价：99.00元
PSN G-2010-170-1/1

退休生活蓝皮书
中国城市居民退休生活质量指数报告（2017）
著(编)者：杨一帆　2018年6月出版／估价：99.00元
PSN B-2017-618-1/1

危机管理蓝皮书
中国危机管理报告（2018）
著(编)者：文学国　范正青
2018年8月出版／估价：99.00元
PSN B-2010-171-1/1

学会蓝皮书
2018年中国学会发展报告
著(编)者：麦可思研究院　2018年12月出版／估价：99.00元
PSN B-2016-597-1/1

医改蓝皮书
中国医药卫生体制改革报告（2017～2018）
著(编)者：文学国　房志武
2018年11月出版／估价：99.00元
PSN B-2014-432-1/1

应急管理蓝皮书
中国应急管理报告（2018）
著(编)者：宋英华　2018年9月出版／估价：99.00元
PSN B-2016-562-1/1

政府绩效评估蓝皮书
中国地方政府绩效评估报告 No.2
著(编)者：贠杰　2018年12月出版／估价：99.00元
PSN B-2017-672-1/1

政治参与蓝皮书
中国政治参与报告（2018）
著(编)者：房宁　2018年8月出版／估价：128.00元
PSN B-2011-200-1/1

政治文化蓝皮书
中国政治文化报告（2018）
著(编)者：邢元敏　魏大鹏　龚克
2018年8月出版／估价：128.00元
PSN B-2017-615-1/1

中国传统村落蓝皮书
中国传统村落保护现状报告（2018）
著(编)者：胡彬彬　李向军　王晓波
2018年12月出版／估价：99.00元
PSN B-2017-663-1/1

17

皮书系列 2018全品种

社会政法类

华侨华人蓝皮书
华侨华人研究报告（2017）
著(编)者：张禹东 庄国土　2017年12月出版 / 定价：148.00元
PSN B-2011-204-1/1

互联网与国家治理蓝皮书
互联网与国家治理发展报告（2017）
著(编)者：张志安　2018年1月出版 / 定价：98.00元
PSN B-2017-671-1/1

环境管理蓝皮书
中国环境管理发展报告（2017）
著(编)者：李金惠　2017年12月出版 / 定价：98.00元
PSN B-2017-678-1/1

环境竞争力绿皮书
中国省域环境竞争力发展报告（2018）
著(编)者：李建平 李闽榕 王金南
2018年11月出版 / 估价：198.00元
PSN G-2010-165-1/1

环境绿皮书
中国环境发展报告（2017~2018）
著(编)者：李波　2018年6月出版 / 估价：99.00元
PSN G-2006-048-1/1

家庭蓝皮书
中国"创建幸福家庭活动"评估报告（2018）
著(编)者：国务院发展研究中心"创建幸福家庭活动评估"课题组
2018年12月出版 / 估价：99.00元
PSN B-2015-508-1/1

健康城市蓝皮书
中国健康城市建设研究报告（2018）
著(编)者：王鸿春 盛继洪　2018年12月出版 / 估价：99.00元
PSN B-2016-564-2/2

健康中国蓝皮书
社区首诊与健康中国分析报告（2018）
著(编)者：高和荣 杨叔禹 姜杰
2018年6月出版 / 估价：99.00元
PSN B-2017-611-1/1

教师蓝皮书
中国中小学教师发展报告（2017）
著(编)者：曾晓东 鱼霞
2018年6月出版 / 估价：99.00元
PSN B-2012-289-1/1

教育扶贫蓝皮书
中国教育扶贫报告（2018）
著(编)者：司树杰 王文静 李兴洲
2018年12月出版 / 估价：99.00元
PSN B-2016-590-1/1

教育蓝皮书
中国教育发展报告（2018）
著(编)者：杨东平　2018年3月出版 / 定价：89.00元
PSN B-2006-047-1/1

金融法治建设蓝皮书
中国金融法治建设年度报告（2015~2016）
著(编)者：朱小黄　2018年6月出版 / 估价：99.00元
PSN B-2017-633-1/1

京津冀教育蓝皮书
京津冀教育发展研究报告（2017~2018）
著(编)者：方中雄　2018年6月出版 / 估价：99.00元
PSN B-2017-608-1/1

就业蓝皮书
2018年中国本科生就业报告
著(编)者：麦可思研究院　2018年6月出版 / 估价：99.00元
PSN B-2009-146-1/2

就业蓝皮书
2018年中国高职高专生就业报告
著(编)者：麦可思研究院　2018年6月出版 / 估价：99.00元
PSN B-2015-472-2/2

科学教育蓝皮书
中国科学教育发展报告（2018）
著(编)者：王康友　2018年10月出版 / 估价：99.00元
PSN B-2015-487-1/1

劳动保障蓝皮书
中国劳动保障发展报告（2018）
著(编)者：刘燕斌　2018年9月出版 / 估价：158.00元
PSN B-2014-415-1/1

老龄蓝皮书
中国老年宜居环境发展报告（2017）
著(编)者：党俊武 周燕珉　2018年6月出版 / 估价：99.00元
PSN B-2013-320-1/1

连片特困区蓝皮书
中国连片特困区发展报告（2017~2018）
著(编)者：游俊 冷志明 丁建军
2018年6月出版 / 估价：99.00元
PSN B-2013-321-1/1

流动儿童蓝皮书
中国流动儿童教育发展报告（2017）
著(编)者：杨东平　2018年6月出版 / 估价：99.00元
PSN B-2017-600-1/1

民调蓝皮书
中国民生调查报告（2018）
著(编)者：谢耘耕　2018年12月出版 / 估价：99.00元
PSN B-2014-398-1/1

民族发展蓝皮书
中国民族发展报告（2018）
著(编)者：王延中　2018年10月出版 / 估价：188.00元
PSN B-2006-070-1/1

女性生活蓝皮书
中国女性生活状况报告No.12（2018）
著(编)者：高博燕　2018年7月出版 / 估价：99.00元
PSN B-2006-071-1/1

社会政法类 皮书系列 2018全品种

城市政府能力蓝皮书
中国城市政府公共服务能力评估报告（2018）
著（编）者：何艳玲　2018年5月出版 / 估价：99.00元
PSN B-2013-338-1/1

创业蓝皮书
中国创业发展研究报告（2017～2018）
著（编）者：黄群慧　赵卫星　钟宏武
2018年11月出版 / 估价：99.00元
PSN B-2016-577-1/1

慈善蓝皮书
中国慈善发展报告（2018）
著（编）者：杨团　2018年6月出版 / 估价：99.00元
PSN B-2009-142-1/1

党建蓝皮书
党的建设研究报告No.2（2018）
著（编）者：崔建民　陈东平　2018年6月出版 / 估价：99.00元
PSN B-2016-523-1/1

地方法治蓝皮书
中国地方法治发展报告No.3（2018）
著（编）者：李林　田禾　2018年6月出版 / 估价：118.00元
PSN B-2015-442-1/1

电子政务蓝皮书
中国电子政务发展报告（2018）
著（编）者：李季　2018年8月出版 / 估价：99.00元
PSN B-2003-022-1/1

儿童蓝皮书
中国儿童参与状况报告（2017）
著（编）者：苑立新　2017年12月出版 / 定价：89.00元
PSN B-2017-682-1/1

法治蓝皮书
中国法治发展报告No.16（2018）
著（编）者：李林　田禾　2018年3月出版 / 定价：128.00元
PSN B-2004-027-1/3

法治蓝皮书
中国法院信息化发展报告No.2（2018）
著（编）者：李林　田禾　2018年2月出版 / 定价：118.00元
PSN B-2017-604-3/3

法治政府蓝皮书
中国法治政府发展报告（2017）
著（编）者：中国政法大学法治政府研究院
2018年3月出版 / 定价：158.00元
PSN B-2015-502-1/2

法治政府蓝皮书
中国法治政府评估报告（2018）
著（编）者：中国政法大学法治政府研究院
2018年9月出版 / 定价：168.00元
PSN B-2016-576-2/2

反腐倡廉蓝皮书
中国反腐倡廉建设报告No.8
著（编）者：张英伟　2018年12月出版 / 估价：99.00元
PSN B-2012-259-1/1

扶贫蓝皮书
中国扶贫开发报告（2018）
著（编）者：李培林　魏后凯　2018年12月出版 / 估价：128.00元
PSN B-2016-599-1/1

妇女发展蓝皮书
中国妇女发展报告No.6
著（编）者：王金玲　2018年9月出版 / 估价：158.00元
PSN B-2006-069-1/1

妇女教育蓝皮书
中国妇女教育发展报告No.3
著（编）者：张李玺　2018年10月出版 / 估价：99.00元
PSN B-2008-121-1/1

妇女绿皮书
2018年：中国性别平等与妇女发展报告
著（编）者：谭琳　2018年12月出版 / 估价：99.00元
PSN G-2006-073-1/1

公共安全蓝皮书
中国城市公共安全发展报告（2017～2018）
著（编）者：黄育华　杨文明　赵建辉
2018年6月出版 / 估价：99.00元
PSN B-2017-628-1/1

公共服务蓝皮书
中国城市基本公共服务力评价（2018）
著（编）者：钟君　刘志昌　吴正杲
2018年12月出版 / 估价：99.00元
PSN B-2011-214-1/1

公民科学素质蓝皮书
中国公民科学素质报告（2017～2018）
著（编）者：李群　陈雄　马宗文
2017年12月出版 / 定价：89.00元
PSN B-2014-379-1/1

公益蓝皮书
中国公益慈善发展报告（2016）
著（编）者：朱健刚　胡小军　2018年6月出版 / 估价：99.00元
PSN B-2012-283-1/1

国际人才蓝皮书
中国国际移民报告（2018）
著（编）者：王辉耀　2018年6月出版 / 估价：99.00元
PSN B-2012-304-3/4

国际人才蓝皮书
中国留学发展报告（2018）No.7
著（编）者：王辉耀　苗绿　2018年12月出版 / 估价：99.00元
PSN B-2012-244-2/4

海洋社会蓝皮书
中国海洋社会发展报告（2017）
著（编）者：崔凤　宋宁而　2018年3月出版 / 定价：99.00元
PSN B-2015-478-1/1

行政改革蓝皮书
中国行政体制改革报告No.7（2018）
著（编）者：魏礼群　2018年6月出版 / 估价：99.00元
PSN B-2011-231-1/1

皮书系列 2018全品种 区域经济类·社会政法类

区域经济类

东北蓝皮书
中国东北地区发展报告（2018）
著(编)者：姜晓秋　2018年11月出版 / 估价：99.00元
PSN B-2006-067-1/1

金融蓝皮书
中国金融中心发展报告（2017~2018）
著(编)者：王力　黄育华　2018年11月出版 / 估价：99.00元
PSN B-2011-186-6/7

京津冀蓝皮书
京津冀发展报告（2018）
著(编)者：祝合良　叶堂林　张贵祥
2018年6月出版 / 估价：99.00元
PSN B-2012-262-1/1

西北蓝皮书
中国西北发展报告（2018）
著(编)者：王福生　马廷林　董秋生
2018年1月出版 / 定价：99.00元
PSN B-2012-261-1/1

西部蓝皮书
中国西部发展报告（2018）
著(编)者：璋勇　任保平　2018年8月出版 / 估价：99.00元
PSN B-2005-039-1/1

长江经济带产业蓝皮书
长江经济带产业发展报告（2018）
著(编)者：吴传清　2018年11月出版 / 估价：128.00元
PSN B-2017-666-1/1

长江经济带蓝皮书
长江经济带发展报告（2017~2018）
著(编)者：王振　2018年11月出版 / 估价：99.00元
PSN B-2016-575-1/1

长江中游城市群蓝皮书
长江中游城市群新型城镇化与产业协同发展报告（2018）
著(编)者：杨刚强　2018年11月出版 / 估价：99.00元
PSN B-2016-578-1/1

长三角蓝皮书
2017年创新融合发展的长三角
著(编)者：刘飞跃　2018年5月出版 / 估价：99.00元
PSN B-2005-038-1/1

长株潭城市群蓝皮书
长株潭城市群发展报告（2017）
著(编)者：张萍　朱有志　2018年6月出版 / 估价：99.00元
PSN B-2008-109-1/1

特色小镇蓝皮书
特色小镇智慧运营报告（2018）：顶层设计与智慧架构标
著(编)者：陈劲　2018年1月出版 / 定价：79.00元
PSN B-2018-692-1/1

中部竞争力蓝皮书
中国中部经济社会竞争力报告（2018）
著(编)者：教育部人文社会科学重点研究基地南昌大学中国
　　　　　中部经济社会发展研究中心
2018年12月出版 / 估价：99.00元
PSN B-2012-276-1/1

中部蓝皮书
中国中部地区发展报告（2018）
著(编)者：宋亚平　2018年12月出版 / 估价：99.00元
PSN B-2007-089-1/1

区域蓝皮书
中国区域经济发展报告（2017~2018）
著(编)者：赵弘　2018年5月出版 / 估价：99.00元
PSN B-2004-034-1/1

中三角蓝皮书
长江中游城市群发展报告（2018）
著(编)者：秦尊文　2018年9月出版 / 估价：99.00元
PSN B-2014-417-1/1

中原蓝皮书
中原经济区发展报告（2018）
著(编)者：李英杰　2018年6月出版 / 估价：99.00元
PSN B-2011-192-1/1

珠三角流通蓝皮书
珠三角商圈发展研究报告（2018）
著(编)者：王先庆　林至颖　2018年7月出版 / 估价：99.00元
PSN B-2012-292-1/1

社会政法类

北京蓝皮书
中国社区发展报告（2017~2018）
著(编)者：于燕燕　2018年9月出版 / 估价：99.00元
PSN B-2007-083-5/8

殡葬绿皮书
中国殡葬事业发展报告（2017~2018）
著(编)者：李伯森　2018年6月出版 / 估价：158.00元
PSN G-2010-180-1/1

城市管理蓝皮书
中国城市管理报告（2017-2018）
著(编)者：刘林　刘承水　2018年5月出版 / 估价：158.00元
PSN B-2013-336-1/1

城市生活质量蓝皮书
中国城市生活质量报告（2017）
著(编)者：张连城　张平　杨春学　郎丽华
2017年12月出版 / 定价：89.00元
PSN B-2013-326-1/1

宏观经济类

皮书系列 2018全品种

宏观经济类

城市蓝皮书
中国城市发展报告（No.11）
著(编)者：潘家华 单菁菁
2018年9月出版 / 估价：99.00元
PSN B-2007-091-1/1

城乡一体化蓝皮书
中国城乡一体化发展报告（2018）
著(编)者：付崇兰
2018年9月出版 / 估价：99.00元
PSN B-2011-226-1/2

城镇化蓝皮书
中国新型城镇化健康发展报告（2018）
著(编)者：张占斌
2018年8月出版 / 估价：99.00元
PSN B-2014-396-1/1

创新蓝皮书
创新型国家建设报告（2018~2019）
著(编)者：詹正茂
2018年12月出版 / 估价：99.00元
PSN B-2009-140-1/1

低碳发展蓝皮书
中国低碳发展报告（2018）
著(编)者：张希良 齐晔
2018年6月出版 / 估价：99.00元
PSN B-2011-223-1/1

低碳经济蓝皮书
中国低碳经济发展报告（2018）
著(编)者：薛进军 赵忠秀
2018年11月出版 / 估价：99.00元
PSN B-2011-194-1/1

发展和改革蓝皮书
中国经济发展和体制改革报告No.9
著(编)者：邹东涛 王再文
2018年1月出版 / 估价：99.00元
PSN B-2008-122-1/1

国家创新蓝皮书
中国创新发展报告（2017）
著(编)者：陈劲 2018年5月出版 / 估价：99.00元
PSN B-2014-370-1/1

金融蓝皮书
中国金融发展报告（2018）
著(编)者：王国刚
2018年6月出版 / 估价：99.00元
PSN B-2004-031-1/7

经济蓝皮书
2018年中国经济形势分析与预测
著(编)者：李平 2017年12月出版 / 定价：89.00元
PSN B-1996-001-1/1

经济蓝皮书春季号
2018年中国经济前景分析
著(编)者：李扬 2018年5月出版 / 估价：99.00元
PSN B-1999-008-1/1

经济蓝皮书夏季号
中国经济增长报告（2017~2018）
著(编)者：李扬 2018年9月出版 / 估价：99.00元
PSN B-2010-176-1/1

农村绿皮书
中国农村经济形势分析与预测（2017~2018）
著(编)者：魏后凯 黄秉信
2018年4月出版 / 定价：99.00元
PSN G-1998-003-1/1

人口与劳动绿皮书
中国人口与劳动问题报告No.19
著(编)者：张车伟 2018年11月出版 / 估价：99.00元
PSN G-2000-012-1/1

新型城镇化蓝皮书
新型城镇化发展报告（2017）
著(编)者：李伟 宋敏
2018年3月出版 / 定价：98.00元
PSN B-2005-038-1/1

中国省域竞争力蓝皮书
中国省域经济综合竞争力发展报告（2016~2017）
著(编)者：李建平 李闽榕
2018年2月出版 / 估价：198.00元
PSN B-2007-088-1/1

中小城市绿皮书
中国中小城市发展报告（2018）
著(编)者：中国城市经济学会中小城市经济发展委员会
中国城镇化促进会中小城市发展委员会
《中国中小城市发展报告》编纂委员会
中小城市发展战略研究院
2018年11月出版 / 估价：128.00元
PSN G-2010-161-1/1

地方发展类

北京蓝皮书
北京经济发展报告（2017～2018）

杨松 / 主编　2018年6月出版　估价：99.00元

◆ 本书对2017年北京市经济发展的整体形势进行了系统性的分析与回顾，并对2018年经济形势走势进行了预测与研判，聚焦北京市经济社会发展中的全局性、战略性和关键领域的重点问题，运用定量和定性分析相结合的方法，对北京市经济社会发展的现状、问题、成因进行了深入分析，提出了可操作性的对策建议。

温州蓝皮书
2018年温州经济社会形势分析与预测

蒋儒标　王春光　金浩 / 主编　2018年6月出版　估价：99.00元

◆ 本书是中共温州市委党校和中国社会科学院社会学研究所合作推出的第十一本温州蓝皮书，由来自党校、政府部门、科研机构、高校的专家、学者共同撰写的2017年温州区域发展形势的最新研究成果。

黑龙江蓝皮书
黑龙江社会发展报告（2018）

王爱丽 / 主编　2018年1月出版　定价：89.00元

◆ 本书以千份随机抽样问卷调查和专题研究为依据，运用社会学理论框架和分析方法，从专家和学者的独特视角，对2017年黑龙江省关系民生的问题进行广泛的调研与分析，并对2017年黑龙江省诸多社会热点和焦点问题进行了有益的探索。这些研究不仅可以为政府部门更加全面深入了解省情、科学制定决策提供智力支持，同时也可以为广大读者认识、了解、关注黑龙江社会发展提供理性思考。

 文化传媒类 皮书系列 重点推荐

文 化 传 媒 类

新媒体蓝皮书
中国新媒体发展报告 No.9（2018）

唐绪军 / 主编　　2018 年 6 月出版　　估价：99.00 元

◆　本书是由中国社会科学院新闻与传播研究所组织编写的关于新媒体发展的最新年度报告，旨在全面分析中国新媒体的发展现状，解读新媒体的发展趋势，探析新媒体的深刻影响。

移动互联网蓝皮书
中国移动互联网发展报告（2018）

余清楚 / 主编　　2018 年 6 月出版　　估价：99.00 元

◆　本书着眼于对 2017 年度中国移动互联网的发展情况做深入解析，对未来发展趋势进行预测，力求从不同视角、不同层面全面剖析中国移动互联网发展的现状、年度突破及热点趋势等。

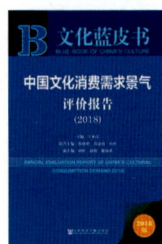

文化蓝皮书
中国文化消费需求景气评价报告（2018）

王亚南 / 主编　　2018 年 3 月出版　　定价：99.00 元

◆　本书首创全国文化发展量化检测评价体系，也是至今全国唯一的文化民生量化检测评价体系，对于检验全国及各地"以人民为中心"的文化发展具有首创意义。

国别类

美国蓝皮书
美国研究报告（2018）
郑秉文 黄平 / 主编　2018 年 5 月出版　估价：99.00 元

◆ 本书是由中国社会科学院美国研究所主持完成的研究成果，它回顾了美国 2017 年的经济、政治形势与外交战略，对美国内政外交发生的重大事件及重要政策进行了较为全面的回顾和梳理。

德国蓝皮书
德国发展报告（2018）
郑春荣 / 主编　2018 年 6 月出版　估价：99.00 元

◆ 本报告由同济大学德国研究所组织编撰，由该领域的专家学者对德国的政治、经济、社会文化、外交等方面的形势发展情况，进行全面的阐述与分析。

俄罗斯黄皮书
俄罗斯发展报告（2018）
李永全 / 编著　2018 年 6 月出版　估价：99.00 元

◆ 本书系统介绍了 2017 年俄罗斯经济政治情况，并对 2016 年该地区发生的焦点、热点问题进行了分析与回顾；在此基础上，对该地区 2018 年的发展前景进行了预测。

 国际问题与全球治理类

国际问题与全球治理类

世界经济黄皮书
2018年世界经济形势分析与预测

张宇燕 / 主编　2018年1月出版　定价：99.00元

◆ 本书由中国社会科学院世界经济与政治研究所的研究团队撰写，分总论、国别与地区、专题、热点、世界经济统计与预测等五个部分，对2018年世界经济形势进行了分析。

国际城市蓝皮书
国际城市发展报告（2018）

屠启宇 / 主编　2018年2月出版　定价：89.00元

◆ 本书作者以上海社会科学院从事国际城市研究的学者团队为核心，汇集同济大学、华东师范大学、复旦大学、上海交通大学、南京大学、浙江大学相关城市研究专业学者。立足动态跟踪介绍国际城市发展时间中，最新出现的重大战略、重大理念、重大项目、重大报告和最佳案例。

非洲黄皮书
非洲发展报告No.20（2017~2018）

张宏明 / 主编　2018年7月出版　估价：99.00元

◆ 本书是由中国社会科学院西亚非洲研究所组织编撰的非洲形势年度报告，比较全面、系统地分析了2017年非洲政治形势和热点问题，探讨了非洲经济形势和市场走向，剖析了大国对非洲关系的新动向；此外，还介绍了国内非洲研究的新成果。

皮书系列重点推荐

行业及其他类

民营医院蓝皮书
中国民营医院发展报告（2018）

薛晓林 / 主编　2018年11月出版　估价：99.00元

◆ 本书在梳理国家对社会办医的各种利好政策的前提下，对我国民营医疗发展现状、我国民营医院竞争力进行了分析，并结合我国医疗体制改革对民营医院的发展趋势、发展策略、战略规划等方面进行了预估。

会展蓝皮书
中外会展业动态评估研究报告（2018）

张敏 / 主编　2018年12月出版　估价：99.00元

◆ 本书回顾了2017年的会展业发展动态，结合"供给侧改革"、"互联网+"、"绿色经济"的新形势分析了我国展会的行业现状，并介绍了国外的发展经验，有助于行业和社会了解最新的展会业动态。

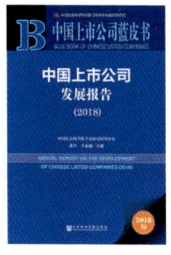

中国上市公司蓝皮书
中国上市公司发展报告（2018）

张平　王宏淼 / 主编　2018年9月出版　估价：99.00元

◆ 本书由中国社会科学院上市公司研究中心组织编写的，着力于全面、真实、客观反映当前中国上市公司财务状况和价值评估的综合性年度报告。本书详尽分析了2017年中国上市公司情况，特别是现实中暴露出的制度性、基础性问题，并对资本市场改革进行了探讨。

工业和信息化蓝皮书
人工智能发展报告（2017~2018）

尹丽波 / 主编　2018年6月出版　估价：99.00元

◆ 本书国家工业信息安全发展研究中心在对2017年全球人工智能技术和产业进行全面跟踪研究基础上形成的研究报告。该报告内容翔实、视角独特，具有较强的产业发展前瞻性和预测性，可为相关主管部门、行业协会、企业等全面了解人工智能发展形势以及进行科学决策提供参考。

产业经济类·行业及其他类 皮书系列 重点推荐

产业经济类

房地产蓝皮书
中国房地产发展报告 No.15（2018）

李春华 王业强/主编　2018年5月出版　估价：99.00元

◆ 2018年《房地产蓝皮书》持续追踪中国房地产市场最新动态，深度剖析市场热点，展望2018年发展趋势，积极谋划应对策略。对2017年房地产市场的发展态势进行全面、综合的分析。

新能源汽车蓝皮书
中国新能源汽车产业发展报告（2018）

中国汽车技术研究中心　日产（中国）投资有限公司
东风汽车有限公司/编著　2018年8月出版　估价：99.00元

◆ 本书对中国2017年新能源汽车产业发展进行了全面系统的分析，并介绍了国外的发展经验。有助于相关机构、行业和社会公众等了解中国新能源汽车产业发展的最新动态，为政府部门出台新能源汽车产业相关政策法规、企业制定相关战略规划，提供必要的借鉴和参考。

行业及其他类

旅游绿皮书
2017～2018年中国旅游发展分析与预测

中国社会科学院旅游研究中心/编　2018年1月出版　定价：99.00元

◆ 本书从政策、产业、市场、社会等多个角度勾画出2017年中国旅游发展全貌，剖析了其中的热点和核心问题，并就未来发展作出预测。

社会政法类

社会体制蓝皮书
中国社会体制改革报告 No.6（2018）

龚维斌 / 主编　2018 年 3 月出版　定价：98.00 元

◆ 本书由国家行政学院社会治理研究中心和北京师范大学中国社会管理研究院共同组织编写，主要对 2017 年社会体制改革情况进行回顾和总结，对 2018 年的改革走向进行分析，提出相关政策建议。

社会心态蓝皮书
中国社会心态研究报告（2018）

王俊秀　杨宜音 / 主编　2018 年 12 月出版　估价：99.00 元

◆ 本书是中国社会科学院社会学研究所社会心理研究中心"社会心态蓝皮书课题组"的年度研究成果，运用社会心理学、社会学、经济学、传播学等多种学科的方法进行了调查和研究，对于目前中国社会心态状况有较广泛和深入的揭示。

华侨华人蓝皮书
华侨华人研究报告（2018）

贾益民 / 主编　2017 年 12 月出版　估价：139.00 元

◆ 本书关注华侨华人生产与生活的方方面面。华侨华人是中国建设 21 世纪海上丝绸之路的重要中介者、推动者和参与者。本书旨在全面调研华侨华人，提供最新涉侨动态、理论研究成果和政策建议。

民族发展蓝皮书
中国民族发展报告（2018）

王延中 / 主编　2018 年 10 月出版　估价：188.00 元

◆ 本书从民族学人类学视角，研究近年来少数民族和民族地区的发展情况，展示民族地区经济、政治、文化、社会和生态文明"五位一体"建设取得的辉煌成就和面临的困难挑战，为深刻理解中央民族工作会议精神、加快民族地区全面建成小康社会进程提供了实证材料。

皮书系列
重点推荐

社会政法类

社会蓝皮书
2018年中国社会形势分析与预测

李培林　陈光金　张翼 / 主编　2017年12月出版　定价：89.00元

◆ 本书由中国社会科学院社会学研究所组织研究机构专家、高校学者和政府研究人员撰写，聚焦当下社会热点，对2017年中国社会发展的各个方面内容进行了权威解读，同时对2018年社会形势发展趋势进行了预测。

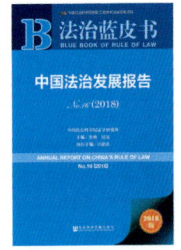

法治蓝皮书
中国法治发展报告 No.16（2018）

李林　田禾 / 主编　2018年3月出版　定价：128.00元

◆ 本年度法治蓝皮书回顾总结了2017年度中国法治发展取得的成就和存在的不足，对中国政府、司法、检务透明度进行了跟踪调研，并对2018年中国法治发展形势进行了预测和展望。

教育蓝皮书
中国教育发展报告（2018）

杨东平 / 主编　2018年3月出版　定价：89.00元

◆ 本书重点关注了2017年教育领域的热点，资料翔实，分析有据，既有专题研究，又有实践案例，从多角度对2017年教育改革和实践进行了分析和研究。

宏观经济类·区域经济类

中国省域竞争力蓝皮书
中国省域经济综合竞争力发展报告（2017~2018）

李建平　李闽榕　高燕京/主编　2018年5月出版　估价：198.00元

◆ 本书融多学科的理论为一体，深入追踪研究了省域经济发展与中国国家竞争力的内在关系，为提升中国省域经济综合竞争力提供有价值的决策依据。

金融蓝皮书
中国金融发展报告（2018）

王国刚/主编　2018年6月出版　估价：99.00元

◆ 本书由中国社会科学院金融研究所组织编写，概括和分析了2017年中国金融发展和运行中的各方面情况，研讨和评论了2017年发生的主要金融事件，有利于读者了解掌握2017年中国的金融状况，把握2018年中国金融的走势。

区域经济类

京津冀蓝皮书
京津冀发展报告（2018）

祝合良　叶堂林　张贵祥/等著　2018年6月出版　估价：99.00元

◆ 本书遵循问题导向与目标导向相结合、统计数据分析与大数据分析相结合、纵向分析和长期监测与结构分析和综合监测相结合等原则，对京津冀协同发展新形势与新进展进行测度与评价。

宏观经济类

经济蓝皮书
2018年中国经济形势分析与预测
李平/主编　2017年12月出版　定价：89.00元

◆ 本书为总理基金项目,由著名经济学家李扬领衔,联合中国社会科学院等数十家科研机构、国家部委和高等院校的专家共同撰写,系统分析了2017年的中国经济形势并预测2018年中国经济运行情况。

城市蓝皮书
中国城市发展报告 No.11
潘家华　单菁菁/主编　2018年9月出版　估价：99.00元

◆ 本书是由中国社会科学院城市发展与环境研究中心编著的,多角度、全方位地立体展示了中国城市的发展状况,并对中国城市的未来发展提出了许多建议。该书有强烈的时代感,对中国城市发展实践有重要的参考价值。

人口与劳动绿皮书
中国人口与劳动问题报告 No.19
张车伟/主编　2018年10月出版　估价：99.00元

◆ 本书为中国社会科学院人口与劳动经济研究所主编的年度报告,对当前中国人口与劳动形势做了比较全面和系统的深入讨论,为研究中国人口与劳动问题提供了一个专业性的视角。

社会科学文献出版社简介

社会科学文献出版社(以下简称"社科文献出版社")成立于1985年,是直属于中国社会科学院的人文社会科学学术出版机构。成立至今,社科文献出版社始终依托中国社会科学院和国内外人文社会科学界丰厚的学术出版和专家学者资源,坚持"创社科经典,出传世文献"的出版理念、"权威、前沿、原创"的产品定位以及学术成果和智库成果出版的专业化、数字化、国际化、市场化的经营道路。

社科文献出版社是中国新闻出版业转型与文化体制改革的先行者。积极探索文化体制改革的先进方向和现代企业经营决策机制,社科文献出版社先后荣获"全国文化体制改革工作先进单位"、中国出版政府奖·先进出版单位奖、中国社会科学院先进集体、全国科普工作先进集体等荣誉称号。多人次荣获"第十届韬奋出版奖""全国新闻出版行业领军人才""数字出版先进人物""北京市新闻出版广电行业领军人才"等称号。

社科文献出版社是中国人文社会科学学术出版的大社名社,也是以皮书为代表的智库成果出版的专业强社。年出版图书2000余种,其中皮书400余种,出版新书字数5.5亿字,承印与发行中国社科院院属期刊72种,先后创立了皮书系列、列国志、中国史话、社科文献学术译库、社科文献学术文库、甲骨文书系等一大批既有学术影响又有市场价值的品牌,确立了在社会学、近代史、苏东问题研究等专业学科及领域出版的领先地位。图书多次荣获中国出版政府奖、"三个一百"原创图书出版工程、"五个'一'工程奖"、"大众喜爱的50种图书"等奖项,在中央国家机关"强素质·做表率"读书活动中,入选图书品种数位居各大出版社之首。

社科文献出版社是中国学术出版规范与标准的倡议者与制定者,代表全国50多家出版社发起实施学术著作出版规范的倡议,承担学术著作规范国家标准的起草工作,率先编撰完成《皮书手册》对皮书品牌进行规范化管理,并在此基础上推出中国版芝加哥手册——《社科文献出版社学术出版手册》。

社科文献出版社是中国数字出版的引领者,拥有皮书数据库、列国志数据库、"一带一路"数据库、减贫数据库、集刊数据库等4大产品线11个数据库产品,机构用户达1300余家,海外用户百余家,荣获"数字出版转型示范单位""新闻出版标准化先进单位""专业数字内容资源知识服务模式试点企业标准化示范单位"等称号。

社科文献出版社是中国学术出版走出去的践行者。社科文献出版社海外图书出版与学术合作业务遍及全球40余个国家和地区,并于2016年成立俄罗斯分社,累计输出图书500余种,涉及近20个语种,累计获得国家社科基金中华学术外译项目资助76种、"丝路书香工程"项目资助60种、中国图书对外推广计划项目资助71种以及经典中国国际出版工程资助28种,被五部委联合认定为"2015-2016年度国家文化出口重点企业"。

如今,社科文献出版社完全靠自身积累拥有固定资产3.6亿元,年收入3亿元,设置了七大出版分社、六大专业部门,成立了皮书研究院和博士后科研工作站,培养了一支近400人的高素质与高效率的编辑、出版、营销和国际推广队伍,为未来成为学术出版的大社、名社、强社,成为文化体制改革与文化企业转型发展的排头兵奠定了坚实的基础。

社长致辞

蓦然回首,皮书的专业化历程已经走过了二十年。20年来从一个出版社的学术产品名称到媒体热词再到智库成果研创及传播平台,皮书以专业化为主线,进行了系列化、市场化、品牌化、数字化、国际化、平台化的运作,实现了跨越式的发展。特别是在党的十八大以后,以习近平总书记为核心的党中央高度重视新型智库建设,皮书也迎来了长足的发展,总品种达到600余种,经过专业评审机制、淘汰机制遴选,目前,每年稳定出版近400个品种。"皮书"已经成为中国新型智库建设的抓手,成为国际国内社会各界快捷、便捷地了解真实中国的最佳窗口。

20年孜孜以求,"皮书"始终将自己的研究视野与经济社会发展中的前沿热点问题紧密相连。600个研究领域,3万多位分布于800余个研究机构的专家学者参与了研创写作。皮书数据库中共收录了15万篇专业报告,50余万张数据图表,合计30亿字,每年报告下载量近80万次。皮书为中国学术与社会发展实践的结合提供了一个激荡智力、传播思想的入口,皮书作者们用学术的话语、客观翔实的数据谱写出了中国故事壮丽的篇章。

20年跬步千里,"皮书"始终将自己的发展与时代赋予的使命与责任紧紧相连。每年百余场新闻发布会,10万余次中外媒体报道,中、英、俄、日、韩等12个语种共同出版。皮书所具有的凝聚力正在形成一种无形的力量,吸引着社会各界关注中国的发展,参与中国的发展,它是我们向世界传递中国声音、总结中国经验、争取中国国际话语权最主要的平台。

皮书这一系列成就的取得,得益于中国改革开放的伟大时代,离不开来自中国社会科学院、新闻出版广电总局、全国哲学社会科学规划办公室等主管部门的大力支持和帮助,也离不开皮书研创者和出版者的共同努力。他们与皮书的故事创造了皮书的历史,他们对皮书的拳拳之心将继续谱写皮书的未来!

现在,"皮书"品牌已经进入了快速成长的青壮年时期。全方位进行规范化管理,树立中国的学术出版标准;不断提升皮书的内容质量和影响力,搭建起中国智库产品和智库建设的交流服务平台和国际传播平台;发布各类皮书指数,并使之成为中国指数,让中国智库的声音响彻世界舞台,为人类的发展做出中国的贡献——这是皮书未来发展的图景。作为"皮书"这个概念的提出者,"皮书"从一般图书到系列图书和品牌图书,最终成为智库研究和社会科学应用对策研究的知识服务和成果推广平台这整个过程的操盘者,我相信,这也是每一位皮书人执着追求的目标。

"当代中国正经历着我国历史上最为广泛而深刻的社会变革,也正在进行着人类历史上最为宏大而独特的实践创新。这种前无古人的伟大实践,必将给理论创造、学术繁荣提供强大动力和广阔空间。"

在这个需要思想而且一定能够产生思想的时代,皮书的研创出版一定能创造出新的更大的辉煌!

社会科学文献出版社社长
中国社会学会秘书长

2017年11月

最后，必须因地制宜，形成有特色的智慧城市发展模式。特拉维夫的智慧城市建设路径主要是在 CKO 和 CIO 的领导下，推动一系列明确而具体的项目，而非建立庞大的智慧城市基础设施来实施。特拉维夫市政部门从实际情况出发，结合自身优势，有针对性地推出了一系列颇具特色的智慧城市建设项目，例如智能灌溉系统、"数字狗"项目、"数字托儿所"项目、空中交通系统等，都是特拉维夫的首创。通过开展智慧城市建设，特拉维夫不仅巩固了其作为创新和活力中心的地位，而且大大提升了自身城市形象。如今，"智慧城市"已成为这座创新城市崭新的名片。

B.10
特拉维夫都会区的高科技创业生态系统

刘洪洁*

摘　要： 依托创新驱动发展，以色列已被誉为"高科技创业国度"，特拉维夫都会区是驱动"创业之国"的核心。从20世纪90年代起，特拉维夫都会区发展出了一个在地理空间上呈集聚—分散式布局的高科技产业集群。都会区在充当以色列高科技产业集聚核心的同时，区域内部的高科技产业却不断地趋向均衡分散式的空间布局。竞争力强劲的特拉维夫创业生态系统是促成都会区高科技产业迅速发展的重要原因。它在业绩指标、人才指标、全球市场连通、资金指标以及创业经验等多方面都处在全球顶尖行列。近年来，特拉维夫生态系统日益完善，形成了政府引导、高校助推、社会参与的交互性都市创业网络。尽管当前特拉维夫生态系统驱动高科技产业实现了良好的发展势头，但它依然面临着诸多挑战。

关键词： 特拉维夫　都会区　高科技产业　创业生态系统

20世纪90年代中期，以色列升级为创新驱动型国家，高科技产业成为驱动国民经济的首要引擎；21世纪以来，尤其自2008年世界金融危机退潮后，以色列因高科技初创企业的繁盛发展而被誉为"创业之国"。当下，"创业之国"已孕育出多个高科技产业集群，除特拉维夫、海法和耶路撒冷三大历史悠久且规模颇大的主要集群外，还包括若干次级集群，例如近年来新兴的贝尔

---

* 刘洪洁，郑州大学历史学院犹太—中东史方向博士生。

谢巴和西加利利地区等。然而，以色列国土面积狭小，各个集群在地理空间上较为接近，遂有学者将以色列的高科技产业体系视为一个名为"硅溪"（Silicon Wadi）① 的单一集群。在此单一集群内，特拉维夫都会区②（以下简称"都会区"）在过往乃至今后都是主导以色列创新驱动型经济发展的绝对核心，这在很大程度上得益于日渐完善的特拉维夫创业生态系统。

一 都会区高科技产业集群的形成

都会区高科技产业集群的形成是郊区城市化的逻辑结果，表现为特拉维夫周边卫星城在融入都会区的过程中其产业形态完成了由传统产业向高科技产业的过渡。结果是都会区高科技产业集群表现出了集聚—分散的双重特征：都会区是吸引以色列高科技产业在此集聚的强力磁场，与此同时，高科技产业在都会区内形成了均衡性分散布局的地理形态。

就历史进程而言，都会区高科技产业集群的发展是一个集聚与分散相互交织的发展过程。与以色列高科技产业的总体发展进程相一致，都会区高科技产业也"酝酿于20世纪60年代，兴起于70年代，发展于80年代，腾飞于90年代"③。自20世纪60年代起，都会区的高科技产业开始了分散化布局的进程；在历经了近30年的发展后，20世纪90年代以来，都会区日益成为以色列高科技产业的集聚核心，但同时也突出高科技产业在都会区内分散布局的均衡态势。

追根溯源，都会区之所以具有集聚效应源于特拉维夫地区作为以色列现代

---

① "硅溪"，即与美国硅谷相仿的称谓。"硅溪"并非统一性的专业术语，宏观上可以代指以色列全国的高科技产业集群，微观上则仅指特拉维夫都会区的高科技产业集群。参见 Catherine de Fontenay & Erran Carmel, "Israel's Silicon Wadi: The Forces behind Cluster Formation," June, 2002, p.2, http://www.ebusinessforum.gr/old/content/downloads/Israel.pdf。

② 特拉维夫都会区，常被称为"古什·但"（Gush Dan，意为但支派之故地的城市集群），亦称"大特拉维夫"（Greater Tel Aviv），其核心圈为特拉维夫—雅法，外围圈由30余座中央区城镇组成，诸如里雄来锡安、佩塔提克瓦、霍隆、拉马特甘、赫茨利亚、内塔亚、卢德、拉姆拉、雷霍沃特、阿什杜德、巴特亚姆、贝内贝拉克等，已成为当今以色列经济、社会、文化等领域的发展中枢。

③ 张倩红、刘洪洁：《国家创新体系：以色列经验及其对中国的启示》，《西亚非洲》2017年第3期。

工业经济摇篮而积淀的雄厚基础，但都会区分散布局的高科技产业集群得益于以色列政府出台的相关政策，其中主要政策包括分散式的全国区域规划与高科技产业园区的筹建。早在第二次世界大战期间，特拉维夫即协同周边诸如佩塔提克瓦等城镇形成了工业集聚区，拥有的企业占当时犹太企业总数量的70%。①② 以色列建国后，鉴于国防安全与安置移民的需要，以色列政府推行区域性的人口分散政策，推动了中小城镇的工业发展。由此，以色列的工业地理开始显现出分散化布局的苗头。自20世纪50年代末起，以色列经济重镇特拉维夫城的工业就业人口占全国的比例逐年降低，但中央区的工业就业人口占全国的比例逐年上升。实际上，特拉维夫与中央区各城镇同处1小时生活圈，范围有限的空间分散实则有利于区域内便捷性联系机制的建构，这为都会区高科技产业的团块式集聚奠定了基础。20世纪60年代末至80年代末，尽管都会区依然是主导以色列电子与电子设备产业发展的核心区域，但都会区在产业集聚的空间模式上已发生了明显变化，即逐渐由都市核心圈的特拉维夫城外迁分散布局在都会区外围的中央区城镇，初步形成了拱卫特拉维夫城的都会区高科技产业集聚团块。

其次，20世纪60年代，以色列政府主动在学术机构与企业之间牵线搭桥，推动建设高科技产业园区，这是促成都会区高科技产业集群趋向分散式布局的主要因素。都会区拥有特拉维夫大学、魏兹曼科学研究院（雷霍沃特）以及希伯来大学农学院（雷霍沃特校区）等著名高校科研机构。1968年，以色列工商部决定支持在特拉维夫、雷霍沃特、海法和耶路撒冷等地高校附近建立四个重要的高科技产业园区，并提供企业发展所需的研发资助。③ 其中两个高科技产业园区隶属都会区，一个是位于特拉维夫城东北部的埃蒂姆镇（Kiryat Atidim）产业园区④，

---

① Yehuda Gradus, Eran Razin & Shaul Krakover, *The Industrial Geography of Israel*, London: Routledge, 1993, p. 46.
② Yehuda Gradus, Eran Razin & Shaul Krakover, *The Industrial Geography of Israel*, p. 60。
③ Daniel Felsenstein, "University-Related Science Parks-'Seedbeds' or 'Enclaves' of Innovation?" *Technovation*, Vol. 14, No. 2 (1994), p. 96.
④ 埃蒂姆镇科学园区建于1972年，毗邻拉玛特·哈哈亚（Ramat Hahayal）区和内夫·夏利特（Neve Sharet）区，由特拉维夫市政府与特拉维夫大学共同经营管理，被认为是以色列最高档的高科技园区与商业园区之一。目前，科学园区占地20英亩，建筑面积为25万平方米，商业与办公租赁区约为15万平方米，园区内拥有100余家高科技企业、金融公司以及商业服务公司。

另一个是位于雷霍沃特与耐斯茨奥纳（Nes Ziona）交会区域的雷霍沃特产业园区。20世纪60年代末，雷霍沃特产业园区由魏兹曼科学研究院创始，以色列贸易与工业部部长平哈斯·萨皮尔（Pinchas Sapir）推动了产业园区的发展。他不仅促成非洲以色列房地产公司①与产业园区达成合作关系，还说服埃尔比特系统公司（Elbit Systems Ltd.）由特拉维夫城迁至产业园区内，成为发挥示范作用的龙头企业。雷霍沃特产业园区内的绝大多数企业由魏兹曼科学研究院孵化。1985年，产业园区内2400余名员工有58%的人员从事电光学产业，15%的人员从事生物技术产业。②至20世纪80年代中期，雷霍沃特产业园区发展为特拉维夫郊区卫星城最重要的高科技产业基地之一，是都会区高科技产业集群分散化布局的重要支点。因此，至20世纪80年代中后期，在都市郊区化的进程中，依托高科技产业园区的协同作用，特拉维夫城已连同周边诸如雷霍沃特、卢德等卫星城形成了分散式布局的高科技产业集聚团块。虽然海法和耶路撒冷的高科技产业也依托产业园区而迅速发展，但都会区依然是以色列高科技产业最具发展活力的核心区域，其高科技就业人口比例约占全国的52%。③

20世纪90年代初期，由于日益完善的以色列国家创新体系，特别是海内外风险资金与企业孵化器对初创企业的鼎力扶植，都会区高科技产业迎来发展的腾飞期。此外，以非洲以色列房地产公司为代表的大型房地产企业竞相开发都会区的各郊区卫星城，兴建了诸多高科技产业园区。由此，都会区高科技产业集群在繁盛发展的同时表现出若干新特征。首先，如表1所示，高科技产业集群的分散化布局态势更加明显，在都会区东部、北部、南部等郊区均兴起了以高科技实体制造业为主的次级集聚中心。具体而言，北部的赫茨利亚地区在20世纪80年代末起步，90年代期间迅速崛起，现今已成为以色列最重要且最成熟的技术创新区域。2016年，已有包括赛天使（Scitex）、微软、易安信

---

① 现名为非洲以色列投资股份有限公司（Africa Israel Investments Ltd., AFI Group），该公司总部位于以色列耶胡德（Yehud），是一家国际性的控股与投资公司，主营业务包括房地产、建筑、基础设施、旅游与休闲，已在特拉维夫证券交易所上市。从2008年起，该公司因参与约旦河西岸地区犹太人定居点建设而备受争议。

② Yehuda Gradus, Eran Razin & Shaul Krakover, *The Industrial Geography of Israel*, p.142.

③ Daniel Felsenstein, *The Spatial Organization of High Technology Industries in Israel*, Jerusalem: Hebrew University, Institute of Urban and Regional Studies, 1986.

(EMC)、苹果等446家以色列本土与跨国企业集聚在此。① 东部的佩塔提克瓦是都会区新兴的另一个高科技产业次级核心，主要包括梯瓦（Teva）制药公司总部以及以塔迪兰（Tadiran）通信公司为核心的劳工联合会所属的高科技企业。此外，南部郊区的本·古里安—耶胡德—卢德区域综合体是当今以色列航空航天产业生产的核心基地。② 进入21世纪以来，为填补长期以来都会区南北区域存在的发展鸿沟，市政当局极力发挥本·古里安国际机场与阿什杜德港的区位优势，并依托规划建设中的特拉维夫轻轨系统，积极引导初创企业向南部郊区分散。③

表1 1990年以色列各地区涵盖各类高科技产业部门比例汇总

单位：%

	计算机及其相关设备	航空航天业	精密仪器与光学设备	医药、电子医学及其设备	通信设备	半导体及电子元件	机电设备	软件、数据处理与计算机服务业
特拉维夫都会区（总计）	69.8	36.4	50.4	56.1	70.1	59.1	61.8	82.5
特拉维夫（都市核心圈）	25.6	7.3	17.9	20.7	25.3	16.5	18.4	39.9
东部近郊	18.6	1.8	4.9	8.5	16.1	4.7	17.1	24.2
东部外围郊区	7.0	14.5	4.1	7.3	13.8	12.6	10.5	5.7
北部郊区	11.6	7.3	7.3	8.5	3.4	10.2	3.9	9.7
南部近郊	4.7	5.5	8.1	7.3	11.5	10.2	10.5	1.7
南部外围郊区	2.3	0.0	8.1	3.7	0.0	4.7	1.3	1.3
海法都会区	9.3	12.7	13.0	9.8	6.9	11.8	14.5	7.4
耶路撒冷都会区	0.0	1.8	8.1	7.3	2.3	5.5	3.9	4.0
中部沿海平原区	0.0	7.3	4.1	3.7	3.4	2.4	1.3	0.7
西加利利地区	9.3	10.9	7.3	2.4	1.1	5.5	3.9	0.7
东加利利地区与戈兰高地	0.0	3.6	0.8	0.0	1.1	3.1	2.6	0.0

① Greg Clark, Tim Moonen & Jonathan Couturier, "Building the Innovation Economy: City-Level Strategies for Planning, Placemaking and Promotion," London: Urban Land Institute, 2016, p. 3.
② Omar Aziz, Zhuldyz Bakytzhanova & Sara Greenberg, "The Aerospace Cluster in Israel: Take off in the Startup Nation," *Microeconomics of Competitiveness: Firms, Clusters, and Economic Development*, 2015, p. 28.
③ Greg Clark, Tim Moonen & Jonathan Couturier, "Building the Innovation Economy: City-Level Strategies for Planning, Placemaking and Promotion," London: Urban Land Institute, 2016, p. 4.

续表

	计算机及其相关设备	航空航天业	精密仪器与光学设备	医药、电子医学及其设备	通信设备	半导体及电子元件	机电设备	软件、数据处理与计算机服务业
西岸地区的犹太定居点	2.3	1.8	0.0	1.2	1.1	1.6	0.0	0.0
南部沿海平原	4.7	9.1	2.4	4.9	4.6	2.4	2.6	0.7
南部地区	2.3	1.8	0.8	0.0	2.3	0.8	2.6	1.3
乡村地区	2.3	14.5	13.0	14.6	6.9	7.9	6.6	2.3

资料来源：Yehuda Gradus, Eran Razin & Shaul Krakover, *The Industrial Geography of Israel*, p.141。

其次，伴随高科技制造业逐步分散布局在都会区外围，都市核心圈特拉维夫城在产业类型与功能角色上都发生了明显转变。在产业类型方面，特拉维夫城逐渐以高科技服务性产业为主，实体制造业为辅。如表2所示，自20世纪90年代中期以来，特拉维夫城的高科技制造业占全国的比例明显下降，由1995年的9%下跌为2014年的2.5%；与此同时，尽管它的高科技服务业占全国的比例也有所下降，但其在2014年仍然占全国的17.6%，20年间始终在全

表2 1995~2014年以色列各行政区划高科技企业数量占全国百分比
（节选部分：特拉维夫都会区与特拉维夫城）

单位：%

年份		2014	2013	2012	2011	2010	2009	2008	2007	2006	2005
高科技行业（总体）	都会区	60.1	60.4	56.3	58.9	60.2	61.4	59.8	61.2	62.6	61.7
	特拉维夫城	11.6	11.3	10.4	10.7	12.4	13.3	12.9	13.1	12.6	12.4
高科技制造业	都会区	43.6	44.6	42.8	42.3	45.6	45.6	46.5	46.4	49	50.3
	特拉维夫城	2.5	3.1	4.1	3.7	4.7	4.5	4.9	4.9	5.6	6.4
高科技服务业	都会区	70.8	70.4	67.3	69.9	70.6	71.2	70.7	73.2	73.3	71.5
	特拉维夫城	17.6	16.5	15.3	15.8	17.6	18.4	19.5	19.9	18.2	17.5
		2004	2003	2002	2001	2000	1999	1998	1997	1996	1995
高科技产业（总体）	都会区	62.3	62.3	63.8	62.1	60.7	62.1	63.1	62.0	60.2	58.0
	特拉维夫城	13.3	14.2	13.5	13.6	15.1	14.4	14.7	15.7	13.9	15.3
高科技制造业	都会区	50.8	53.5	57.1	55	52.3	53.4	56.5	56.8	57.1	55.8
	特拉维夫城	5.9	7.4	6.9	6.0	8.1	7.9	7.5	8.0	6.0	9.0
高科技服务业	都会区	72.7	70.3	69.7	67.9	68.1	71.2	71.1	68.8	64.7	61.1
	特拉维夫城	19.9	20.5	19.2	19.7	21.3	21.3	23.4	35.6	25.1	23.9

资料来源：以色列中央统计局，"Employees in the High-Tech Sector, by District and Selected Cities of Workplace, 1995-2014," http://www.cbs.gov.il/publications17/hitech14_ 1674/pdf/t17.pdf。

国占据主导地位。在功能角色方面,特拉维夫城逐渐演变为都会区乃至以色列高科技产业的指挥与控制中心。20世纪90年代中期,已有55.2%的以色列高科技制造业公司将总部设于都会区的核心圈。[1] 此外,协助高科技产业集群正常运转的金融、商务与服务部门也主要集中在特拉维夫城罗斯柴尔德大街的中央商务区以及毗邻阿亚隆(Ayalon)高速公路的拉马特甘地带。

再次,都会区形成了行业门类多元化的高科技产业体系,尤其以信息技术与计算机软件产业为主。尽管自2001~2011年,这两大行业在都会区高科技产业集群中所占比例略有降低,但依然是主导性产业。例如,2011年,这两大行业在核心圈特拉维夫城所占比例为78%,在都会区外围所占比例为60%。具体而言,2016年,除雷霍沃特的首要行业为生物技术以外,信息技术与计算机软件业均是都会区外围各城镇的首要产业。然而,近年来,都会区开始注重生物技术产业与医药技术产业的发展。这两大产业在都会区内的比例略有提升。但这依然无法撼动互联网产业在都会区产业集群中的统治地位,这是都会区与以色列其他地区相比最为显著的差异。

简而论之,纵观近30年来,特别是21世纪以来,都会区高科技产业集群愈发地显露出集聚—分散的发展态势。一方面,集聚状态表现为都会区长期以来一直是以色列高科技产业的核心聚集区。如表2所示,1995~2014年,都会区高科技企业占以色列全国的比例总体上维持在60%左右,其中高科技服务业向都会区集聚的态势日益明显,所占比例由1995年的61.1%升为2014年的70.8%。另一方面,分散态势主要表现为高科技产业尤其是高科技制造业趋于向都会区外围分散。2001~2011年,都会区核心圈高科技企业占以色列全国比例逐年降低,相反,都市区外围中央区内高科技企业所占比例逐年增加。[2] 一言以蔽之,都会区高科技产业已经形成了一个在地理空间上布局合理的产业集群。

---

[1] Baruch A. Kipnis, "Tel Aviv, Israel-A World City in Evolution:Urban Development at a Deadend of the Global Economy," *Dela*, Vol. 21 (2004), p. 188.

[2] 希拉·博杰、米拉·爱因斯坦·赛诺:《最近10年及未来以色列高科技产业区域布局之变迁》,茨扎玛斯基·本·沙哈尔公司,2018年5月,http://www.czamanski.com/Czamanski/SendFile.asp?DBID=1&LNGID=2&GID=677。

二 特拉维夫创业生态系统指标体系评析

20世纪90年代以来，都会区高科技产业沿着集聚—分散的轨迹释放出了强劲的发展势头。依托集群优势强大的高科技产业，特拉维夫成为中东地区积极参与全球经济交往而摆脱发展死胡同的典范城市。当前，特拉维夫是中东地区名副其实的区域性创新中心，都会区是世界初创企业密度最高的大都市之一。[1] 这主要归功于日渐完善的创业生态系统，它助推特拉维夫成为新兴的高科技创业驱动型的全球城市（global city）。显然，在全球化与信息化双轨并进的时代，能否建构有效的创业生态系统是决定城市发展成败的关键。为评估全球主要大都市创业生态系统的运转状况，创业基因组（Startup Genome）[2] 已联合其他机构发行了3期《全球创业生态系统报告》（2012年、2015年、2017年），旨在帮助企业家、投资者和决策者充分了解自身所处的创业生态系统在全球格局中的地位，以协助他们有的放矢地开展投资与创业工作。

据3期《全球创业生态系统报告》，特拉维夫创业生态系统属全球顶尖行列，其综合实力在3期报告中分别位居全球第2、第5、第6位。[3] 如表3的综合分析可知，高效的特拉维夫创业生态系统实则是若干优势性次级指标的综合作用，例如它拥有高度集聚的产业集群，来源充足的创业资金，通达四方的全球市场，储备丰富的创业人才以及资深老练的创业经验等，具体分析如下。

---

[1] Mike Hales, Erik Peterson & Katherine Chen, *Global Cities 2017*: *Leaders in a World of Disruptive Innovation*, A. T. Kearney, 2017, p.7, https：//www.atkearney.com/documents/10192/12610750/Global + Cities + 2017 + – + Leaders + in + a + World + of + Disruptive + Innovation.pdf/c00b71dd – 18ab – 4d6b – 8ae6 – 526e380d6cc4.
[2] 创业基因组是总部设于旧金山的研究都市创业与企业发展的咨询性机构，是全球第一家发布创业生态系统基准性调研报告的组织，也是全球第一家在数据驱动框架内捕捉创业生态系统发展所需必要条件的研究团队。该机构深刻地影响了全球创业生态系统的运行政策，受到《经济学人》、《哈佛商业评论》、彭博社等商界机构的一致好评。
[3] 排名结果依据Startup Genome, *Global Startup Ecosystem Report 2012*, *2015*, *2017*整理汇总，其中2012年与2015年均未包括对中国、日本、韩国等东亚创业生态系统调查、评估与分析的结果。

表3　特拉维夫创业生态系统各主要指标的全球排名（2012年、2015年、2017年）

年度	综合排名	业绩指数	资金指数	人才指数	创业经验	市场通达度	成长指数(值)
2012	2	12	1	5	—	—	—
2015	5	6	5	3	6	13	2.9
2017	6	9	8	11	7	4	4.5

资料来源：Startup Genome, *Global Startup Ecosystem Report 2012, 2015, 2017*。

（一）业绩指标

总体而言，近5年来，特拉维夫创业生态系统成长迅速。其中成长指数是最为直观的反应。2012~2015年，特拉维夫生态系统成长值达2.9；2015~2017年，成长更为迅速，两年间的成长指数为4.5，此速率在全球前十大顶尖生态系统中排名第4，仅次于上海（5.5）、伦敦（4.8）和柏林（4.6）。① 快速成长的生态系统有效地提升了高科技产业的业绩，业绩指数由第12位挤进了前10强。具体而言，评估生态系统的业绩主要依据三个方面，包括初创企业的数量、风险资金的融资额以及资金退出收益额。

在企业数量方面，特拉维夫生态系统的典型特征是企业密集度高。就区域生态系统而言，它是欧洲与中东地区②企业密集度最高的生态系统，平均每1000居民拥有0.85~1.15家初创企业。而且，初创企业的数量增势尤为迅猛，由2012年的3100家增为2015年的4200家，增长速率排名全球第7。③ 在初创企业的风险资金融资方面，特拉维夫在2012~2015年的增长速率为2倍，此速率在全球前十大顶尖创业生态系统中仅次于柏林和伦敦。在风险资金的退出收益方面，特拉维夫在2012~2015年暴增了3.5倍。其中2013~2014年，在全球20大生态系统组成的风险资金退出总收益额的拼图中，特拉维夫占比

---

① Startup Genome, *The Global Startup Ecosystem Ranking 2015*, San Francisco: Compass, 2015, p.30.
② 《全球创业生态系统报告》分五大区域板块进行分析，即加拿大、美国、拉美地区、亚太地区和欧洲与中东地区，特拉维夫、耶路撒冷、德黑兰和伊斯坦布尔被统一列入欧洲与中东区域。
③ Startup Genome, *The Global Startup Ecosystem Ranking 2015*, pp.52-53.

6.5%，落后硅谷（47.3%）、伦敦（10.2%），与洛杉矶接近（6.6%），排名第4。①

（二）人才指标

创业生态系统在全球竞争中凸显业绩主要依赖于能够研发新产品的创新型人才，而能否吸纳、利用并储备复合型人才是衡量创业生态系统是否具备核心竞争力的关键指标。总体而言，特拉维夫生态系统拥有较为丰富的人力资源储备，它享有包括特拉维夫大学等多个著名高校科研院所集聚的优势，以及以色列国防军技术研发部队人员外溢的便利。依据最新的人才指标评估结果，特拉维夫在人才质量、人才获取、人才成本等方面分别排名全球第14、第11、第12位。② 显然，在人才指标方面，特拉维夫生态系统的优势与劣势并存。首先，就人才质量而言，特拉维夫的创业者与企业家的受教育程度颇高，与硅谷相差不大。其中特拉维夫创业者中获取硕士学位与博士学位的比例为40%，硅谷的对应比例为42%；在辍学生创业者与硕博毕业生创业者的比例对比中，特拉维夫为1∶2.33，而硅谷为1∶2.5。此外，衡量人才质量的另一个指标为创业团队中非专业技术性人才的比例，特拉维夫为11%，硅谷则为16%，该指标表明特拉维夫生态系统的创业团队具有较强的专业技术性优势。③

但在人才获取方面，特拉维夫存在某些短板。除本国人口总数有限而致使创业人才相对不足的天然劣势之外，特拉维夫生态系统的人才劣势主要表现为未能充分地吸纳国际人才。其中最为主要的原因是外国高科技人才赴以色列从业的签证成功率较低，仅为27%，低于41%的全球平均水平。④ 签证成功率低与系统内外国高科技从业人员比例较低之间具有内在的逻辑联系。具体而言，特拉维夫高科技产业的外国雇员比例仅为27%，不仅大幅度落后硅谷（67%），也低于欧洲各创业生态系统的平均水平（30%）⑤；此外，特拉维夫

---

① Startup Genome, *The Global Startup Ecosystem Ranking 2015*, p. 25.
② Startup Genome, *The Global Startup Ecosystem Ranking 2017*, San Francisco: Startup Genome LLC., 2017, p. 35.
③ Startup Genome, *The Global Startup Ecosystem Ranking 2012*, San Francisco: Startup Genome LLC., 2012, pp. 19 - 21.
④ Startup Genome, *The Global Startup Ecosystem Ranking 2017*, p. 52.
⑤ Startup Genome, *The Global Startup Ecosystem Ranking 2015*, p. 55.

的移民创业者比例也仅为16%，低于19%的全球平均水平。① 简而论之，国际性人才注入不足是致使特拉维夫创业生态系统在近年来综合竞争力相对下降的一个主要的劣势因素。

（三）全球市场连通度

当今，全球经济一体化的潮流不可违逆，这要求处于扩张与整合发展阶段的创业生态系统必须主动拓宽与全球各生态系统之间的联系渠道。因此，当初创企业走向全球，与海外市场形成密切的联系纽带时，将有助于提升其生产力、创新力与营销力。在市场通达度的指标评估中，特拉维夫生态系统是与全球市场互动最为频繁的热点系统之一。这主要源于三个因素的综合作用，譬如国内市场狭小，周边阿拉伯国家不热衷于以色列技术，以及与海外犹太社团的紧密联系。

狭小的国内市场是特拉维夫高科技产业强化与全球市场连通的根本因素。鉴于特拉维夫都会区总人口约370万，且以色列全国总人口不足900万，特拉维夫生态系统的市场覆盖率仅排在第13位。② 显然，规模有限的国内市场是制约特拉维夫高科技产业发展的瓶颈。对比其他全球顶尖生态系统，特拉维夫依托的本地市场规模比欧洲平均水平小了131%，同时与波士顿本地市场规模相比小了3倍。③ 因此，诸多特拉维夫初创企业在风险资金退出后，面临扩展规模的阶段性挑战时，它们主动迁移至海外。近年来，起源自特拉维夫的初创企业在美国、欧洲和东亚地区发展迅速。据2017年的报告，特拉维夫初创企业中有1/3的比例出售给了其邻近区域（immediate region）之外的客户，此比例位居全球第1④；69%的特拉维夫初创企业将直接的目标市场设定为美国或英国，该比例仅次于爱沙尼亚，位居全球第2⑤；此外，特拉维夫高科技企业在其本土及邻近区域之外拥有外国客户的比例最高，达37%（见图2）。

---

① Startup Genome, *The Global Startup Ecosystem Ranking 2017*, p. 52.
② Startup Genome, *The Global Startup Ecosystem Ranking 2015*, p. 53.
③ Startup Genome, *The Global Startup Ecosystem Ranking 2015*, p. 53.
④ Startup Genome, *The Global Startup Ecosystem Ranking 2017*, p. 22.
⑤ Startup Genome, *The Global Startup Ecosystem Ranking 2017*, p. 51.

简而论之，囿于国内及周边市场狭小的现实窘境，特拉维夫的初创企业自其成立之日起，即重视建立走向全球的联系机制，它们主要借助诸如谷歌、脸书、亚马逊、苹果等在以色列设有研发或营销中心的大型跨国企业而与全球市场联通。

（四）资金指标

资金是促成特拉维夫生态系统高效运转的重要优势因素。总体而言，特拉维夫创业生态系统的资金指标排在全球第8，其中资金获取与资金品质两个次级指标也均为第8。[①] 在融资方面，特拉维夫生态系统具备一个典型特征，即其初创企业较少地依赖家族资金或合伙人资金，其资金链条更多地由天使投资人或海外投资人构成。历经近30年的创新驱动发展，"创新之国"为特拉维夫高科技产业在国际上树立了良好的声誉，在全球范围内吸引着初创企业投资人的关注。因此，丰硕的资金涌入特拉维夫，极少有处于发展萌芽期的初创企业因资金缺口而陷于破产困境。就平均水平而言，特拉维夫每家初创企业在萌芽期的融资规模高达50.9万美元，而全球平均水平仅为25.2万美元。[②]

无疑，海外直接投资使特拉维夫生态系统受益颇丰。譬如，2015年报告指出，在其高科技企业的所有融资环节中，海外直接投资的比例高达47%，高于38%的欧洲平均水平。[③] 相反，与全球其他顶级创业生态系统相比，本土投资者参与企业融资的意愿不甚强烈。2015年，有以色列本土投资者参与的企业融资比例仅为53%，既低于欧洲66%的平均水平，也低于硅谷61%的比例。[④]

（五）创业经验

与硅谷、伦敦、纽约等全球顶级创业生态系统相比，特拉维夫属于新兴的生态系统，但其在创业经验方面堪称全球一流，是全球创业经验最丰富的都会区之一。在所有特拉维夫初创企业的雇员中，49%的员工都有曾

[①] Startup Genome, *The Global Startup Ecosystem Ranking 2017*, p.34.
[②] Startup Genome, *The Global Startup Ecosystem Ranking 2017*, p.52.
[③] Startup Genome, *The Global Startup Ecosystem Ranking 2015*, p.52.
[④] Startup Genome, *The Global Startup Ecosystem Ranking 2015*, p.54.

在高科技企业工作的经历,这一比例高于欧洲各生态系统21%的平均水平。① 此外,特拉维夫生态系统中的连续性创业者的比例颇高,达47%,仅低于硅谷的56%。而且,特拉维夫平均每个创业团队中有一半的工作人员都具有创业经验。最后,特拉维夫丰富的创业经验还表现为它有13%的创业者曾在硅谷工作,这有助于他们将硅谷高科技产业成功的经验与技术携至特拉维夫。②

三 特拉维夫创业生态系统的完善升级

当前,全球经济正处在工业时代向信息时代过渡的转型时期,高科技产业是推动此进程的重要力量。塑造集群化发展的高科技产业已是全球城市提升竞争力的当务之急,但这需要完善的创业生态系统加以引导。创业生态系统的成长具有明显的阶段性特征,包括启动、全球化、扩张与整合四个阶段。③ 目前,特拉维夫创业生态系统正处在整合的完善性阶段。此阶段主要依托市政当局提供的扶植创业的后台服务,高校及科研机构推出的创业培训项目,以及社会多方共同打造助力创业的各类平台,并且兼顾整合区域内资源与吸引全球资源。

(一)拓宽联系全球的渠道

2016年,特拉维夫升级为Alpha级系列的全球城市。④ 毋庸讳言,这是创新驱动型经济繁盛的逻辑结果。然而,特拉维夫若要继续升级,它必然要深化全球交往的路径从而提升创业生态系统的竞争力。近年来,中央政府与市政当局都在吸引全球创业资源方面开展了重要工作。首先,在国家层面上,以色列创新总局于2016年推出了"创新签证"。"创新签证"赋予外国企业家在以色列工作24个月的权益期限,其间他们可在创新总局的动力(Tnufa)项目框架

---

① Startup Genome, *The Global Startup Ecosystem Ranking 2015*, p.53.
② Startup Genome, *The Global Startup Ecosystem Ranking 2012*, p.19.
③ Startup Genome, *The Global Startup Ecosystem Ranking 2017*, p.15.
④ GaWC, "The World According to GaWC 2016," Globalization and World Cities Research Network, April 24, 2017, http://www.lboro.ac.uk/gawc/world2016t.html.

内进行研发与创业工作,若其创业倡议变现为公司则可申请居住期为 5 年的专家签证。① 为落实创新签证,创新总局为外国企业家提供了 12 个软着陆服务平台,其中有 7 家位于都会区,包括特拉维夫全球与好技术(TechForGood),以及专注于互联网技术与数字产品发展等各类企事业单位、加速器与研发中心。②

其次,特拉维夫市政当局也极为重视加强与全球交往的工作。早在 2014 年,市政府将 2015~2016 年的重点工作设定为把特拉维夫生态系统打造成一个创业的全球性中心。③ 为此,特拉维夫成立了隶属于市长办公室的名为"特拉维夫全球"的市政公司。该公司旨在直接促成私营企业与市政当局、国家机构之间进行合作,推动特拉维夫高科技企业更为便捷地与世界连通。它的主要工作包括推动经济发展、访问游览和全球交流,从而促进特拉维夫外向性的创新驱动型经济的升级。④ 其中城市游览的工作要旨是向世界宣传特拉维夫作为创业型都市的惊人成就。每年,"特拉维夫全球"会邀请 100 余个来自全球各地的创业代表团参观特拉维夫生态系统,观光重点是沿罗斯柴尔德大街参观,沿街遍布各类高科技企业总部。观光团也将在以色列独立厅驻足,此地曾是特拉维夫建城之初 66 户家庭分地抽签的场所,由此旨在向参观者讲述创业精神实则是特拉维夫自建城起而延续至今的城市精神。⑤ 此外,在全球交流的工作中,"特拉维夫全球"注重吸引跨国企业在都会区建立创新与研发中心,鼓励学术机构在初创企业内设立研发与实习项目。为此,它提供各类辅助性服务,包括代理签证,创新与网络化服务,协助沟通以色列官方机构,预定会议与参观项目等。

---

① Anya Eldan, "Launch of the 'Innovation Visas' Program for Foreign Entrepreneurs," Israel Innovation Authority, December, 2016, http://www.matimop.org.il/innovationvisalaunch.html.
② *Innovation Visa-Landing Pads*, Israel Innovation Authority, http://innovation-visa.org.il/en/applying.html.
③ *Tel Aviv Global 2015-2016: Work Plan*, Tel Aviv Global Mayor's Office, 2014, p.36.
④ *Tel Aviv Global*, Tel Aviv-Yafo, https://www.tel-aviv.gov.il/en/abouttheCity/Pages/TelAvivGlobal.aspx.
⑤ Steven Fraiberg, "Start-Up Nation: Studying Transnational Entrepreneurial Practices in Israel's Start-Up Ecosystem," *Journal of Business and Technical Communication*, Vol.31, No.3 (2017), p.371.

（二）创设市民创新平台

近年来，特拉维夫市政当局还致力开启市民的创新智力，从而牵头搭建了若干激发民众创新灵感的平台，为特拉维夫创业生态系统注入了活力。其中编程马拉松和市政创新项目是影响力较大的市民创新平台。

市政府每年都举办一场编程马拉松（Hackathon）竞技赛。它旨在推动研发各类事关特拉维夫市政建设的实用性技术，例如智慧交通、智慧通信等方面。这项竞赛初始阶段为27小时的海选，只有5个参赛团队进入决赛阶段。决赛之前，入选团队继续深入地进行技术研发，同时可获取市政府专家的支持性建议，而且也可享用政府提供的公共工作空间（co-working spaces）。决赛在每年一度的DLD特拉维夫创新节进行，期间全球著名高科技企业均将参会，这为大赛上孕育的实用性技术提供了转化为产品的机会。[1]

此外，自2016年起，特拉维夫市政府还创设了市政创新项目。每年度，该项目均会邀请30~35名来自不同市政府部门与市政企业的工作人员参加为期3个月的创新项目，以鼓励将他们的创新观念转化为便于应用的市政技术。在项目期间，市政府为每组培训人员都配备了相关企业和市政专家予以指导。这类交互式创新项目便于特拉维夫市民集思广益，进而迸发应用于改善城市生活的创新型技术。自2016年该项目实施以来，它共吸纳了2000余名市政工作人员和64名技术创新导师，孕育了130例新观念，诞生了6项获奖的应用性技术。[2]

（三）高校及科研机构推出创业培育项目

作为"创业国度"的核心，都会区拥有近20家高校及科研机构，诸多均提供专业性的国际创业培训项目，涉及技术创新与企业管理。这些项目具有普遍特征，即将专业的学术知识与实用的商业经验相结合，为创业者提供量身定制的培训课程。毋庸置疑，这类由高校及科研机构推出的创业培训项目（见表4）有助于为特拉维夫生态系统提升竞争实力。

---

[1] Tel Aviv-Yafo, "Tel Aviv: Smart City," *Tel Aviv Nonstop City*, p. 44, https://www.tel-aviv.gov.il/en/WorkAndStudy/Documents/Tel-Aviv%20Smart%20City%20（pdf%20booklet）.pdf.

[2] Tel Aviv-Yafo, "Tel Aviv: Smart City," *Tel Aviv Nonstop City*, p. 44, https://www.tel-aviv.gov.il/en/WorkAndStudy/Documents/Tel-Aviv%20Smart%20City%20（pdf%20booklet）.pdf.

特拉维夫都会区的高科技创业生态系统

表4　都会区高校及科研机构推出的创业培训项目（节选）

高校及科研机构	主旨	具体培训项目与内容
特拉维夫大学	提供各种短期管理类培训项目，内容涉及创业与创新精神、技术转移、食品安全、流行病学与预防医学、网络技术研究等。各项目重在传授专业技术知识与实用商业技能相结合的理念。	①拉哈弗（Lahav）管理类教育项目：由特拉维夫大学雷卡纳蒂（Recanati）商学院开设，由特拉维夫大学教授、政府官员、企业管理者授课。培训内容主要包括企业家与创新精神、技术转移以及可再生能源等领域的技术创新。讲座主题、培训期限和课程大纲均由参与者自主选定；②食品安全管理类教育项目：培训课程结合全球食品安全问题进行跨学科讲授，辅之以深入的理论与实验课程；③高级流行病学和预防医学研究课程。主要为公共卫生、医学和生物学领域的从业人员提供为期1周的企业管理类培训。
赫茨利亚跨学科中心	作为谋求公共利益的非营利性教育组织，该中心致力于在学术界与企业界之间搭建密切联系的纽带，关注培育个人领导力和社会责任感，传承创业的文化传统。	主要提供企业管理类的培训项目，为参与者提供量身定制，为期3天至5周不等。培训主要传授跨学科的、国际化的、人际交往的相关知识。内容包括创新精神与企业家精神、企业管理、反恐技术、企业可持续发展与领导力等多方面。此外，还组织参观考察，确保参与者切身实地地体验特拉维夫生态系统的优势与竞争力。
特拉维夫—雅法学院	创设了创业精英启动中心，旨在为特拉维夫本地学生提供培训服务。近年来，该学院在创业领域积极地与中国进行广泛的交往。	该中心专注三个培训领域，即高科技创业、传统产业创业以及企业家精神，课程兼顾基础理论与实践经验。授课者有学者、创业导师、投资人，以及高科技企业家与工业设计师等。2015年，启动中心与北京蒲公英国际青年创业驿站达成了合作意向，致力于推进以色列与中国双边合资企业的创新活动。
莱温斯基教育学院	关注培训参与者的个性特征。采取小团体的培训方式，充分挖掘参与者的个体潜力。学院强调学术卓越、社会责任与社区参与。	向国际学生提供短期的创新与创业培训项目，但主要面向教育行业的创业者。项目为期3天，注重将理论知识与实践经验相结合。培训方式包括讲座、研讨会、参观教育机构等活动，讲座主题包括教育性创业、教学中领导力的培养、教学中数字技术应用等方面。

资料来源：Tel Aviv-Yafo, "Innovation in Tel Aviv: Training for Executives," *Tel Aviv Nonstop City*, 2014, https://www.tel-aviv.gov.il/en/contactus/Documents/innovation.pdf。

（四）全面布局创业加速器网络

近年来，迅速发展的创业加速器是特拉维夫生态系统激发创新活力，提升

创业效率的一个重要因素。2010年,以色列第一家创业加速器在特拉维夫诞生,至2016年都会区已至少活跃着50余家加速器。① 当前,加速器的涌现标志着特拉维夫创新驱动型经济正处于发展黄金期,也意味着它将在深度上助推创新型经济的发展。与20世纪90年代初兴起的孵化器②不同,加速器的服务范围几乎涉及所有高科技行业,但它却遴选极具发展潜能的加速对象;运营方式也是多样化,可私营出资,也可政府资助;可采取股权模式,也可践行非营利模式;但其加速期限较短,仅为3~6个月。③

总体而言,目前都会区加速器网络的组织结构较为合理,在两个方面上体现了多样性。首先,加速器的创设者较为多元,既有跨国企业,又有国防军8200精英技术部队,还有以色列政府;其次,多样性还表现在服务群体的多元化,除有服务于世俗犹太创业者的加速器外,还有专门为极端正统派服务的加速器以及服务于阿拉伯创业者的加速器(见表5)。

表5 都会区创业加速器一览(节选重要部分)

名称	核心特征	所涉行业	简介及培训内容	网站
8200EISP	非营利性,提供5个月的高强度、实践性的创业培训	所有行业	成立于2010年,是以色列第一家加速器,由国防军8200精英技术部队战友协会创建、管理与运营。它每年只遴选15家初创企业进行培训。培训项目主要围绕初创企业的业务需求而进行,内容包括产品的市场定位、开发客户群体、创建业务模式、确定发展指标等内容。参与团队可与各领域技术专家、连续性创业者、投资人以及业内记者进行两周一次的研讨会。	eisp.org.il

---

① Einat Paz-Frankel, "Tel Aviv's Startup Ecosystem Ranked No. 3 in the World," *NoCamels*, November, 2016, http://nocamels.com/2016/11/tel-aviv-startup-ecosystem-third/.
② 企业孵化器旨在孵化清洁技术、金融技术、生物技术与医疗设备等特定领域的初创企业,其运行模式为政府资助、私人运营、不求股权、长期孵化(6~24个月)。
③ Patricia Lahy Engel, "Hitchhiker's Guide to Accelerator Nation," *The Times of Israel*, September 9, 2016, http://blogs.timesofisrael.com/hitchhikers-guide-to-accelerator-nation/.

续表

名称	核心特征	所涉行业	简介及培训内容	网站
KamaTech	非营利性,旨在将以色列少数群体,特别是犹太极端正统派融入高科技产业与创业生态系统内	大数据、安全技术、云计算、物联网技术	2013年成立于贝内贝拉克(Beni Brak,都会区东部卫星城,犹太极端正统派在以色列的第二大聚集地)。它与微软和思科公司都建有联系机制。采用袋鼠模式,即每一家初创企业可通过它找到能给予其指导并予以赞助的类似其母体的大公司。该模式效率惊人:平均而言,每家初创企业在培训期结束后能筹集100万美元,并可在数月内雇用15名员工。	info@ kamatech. org. il
MAOF Hybrid	挖掘尚未充分利用的阿拉伯裔人才,鼓励他们运营初创企业,旨在促使其融入以色列主流的高科技产业,推动他们积极地与特拉维夫生态系统进行接触	各领域的纵向市场	由以色列经济部创设,旨在为以色列阿拉伯社群提供创业服务。它在特拉维夫和拿撒勒设有分支机构,工作人员频繁地走访以色列各地大学和研发中心以寻求正从事技术研发工作的阿拉伯人。旨在帮助萌芽期的创业者迅速进入实际的市场开发阶段,并促成他们与投资人建立联系。每年只有6~10家初创企业参与为期7个月的加速培训。培训期间,创业团队会与创业导师互动,参与量身定制的研讨会与讲座,甚至可借此招募更多的创业人员。此外,接受培训的团队还可享受亚马逊、谷歌以及IBM等公司提供的云服务。	thehybrid. io/apply
特拉维夫微软加速器	向初创企业提供微软公司所拥有的一切优势性技能,进而促成它们实现更长远的发展目标	云计算领域	鉴于大多数以色列初创企业不善于扩展公司规模,微软加速器旨在帮助已完成萌芽阶段而志在升级的初创企业。培训为期4个月,面向准备A轮融资的初创企业。培训为各初创企业量身定制,内容包括CEO培训,打造企业文化,传授与大公司协作以及招聘优秀员工的技巧。受训团队还可获得价值为50万美元的微软蔚蓝信贷,以及帮助各企业实现在线解决方案的个性化技术支持。此外,它还帮助受训企业与需要其产品的企业客户实现企业间对接(B2B)。	msatlv@ microsoft. com microsoftaccelerator. com

资料来源:Zoe Cooper, *Startup Guide Tel Aviv*, Copenhagen:Startup Guide World IVS, 2017, pp. 61 – 73。

(五)都市众创空间遍地开花

近10年来,众创空间的兴起是全球各大创业生态系统发展的普遍特征,特拉维夫也不例外。2010年,特拉维夫诞生了第一家名为"厌世者"(Misanthrope)的众创空间,至今特拉维夫生态系统已形成了众创空间与初创企业交相辉映的格局。① 特拉维夫的众创空间主要以共同工作空间为主,它们散布在都市区的各大高科技产业次级集群内,譬如罗斯柴尔德大街、赫茨利亚,以及近年来崛起的南部郊区(见表6)。共同工作空间的运行模式与特拉维夫自身的独特性极为契合:一方面,特拉维夫是一个以小众型初创企业占绝对主导地位的都市,而共同工作空间侧重于为有共同工作需求的团队提供办公场所,这在很大程度上迎合了小众型初创企业的办公需求;另一方面,鉴于以色列小国寡民的特性,都市社交中人与人之间的交往关系较为密切,易于在高频率的闲聊交往中激发出商业灵感,而共同工作空间则致力于营造温馨的创业社区环境,即新潮的咖啡店、图书馆与酒店式融合的布局美感有利于创业团队在此交往互动。简而论之,以共同工作空间为代表的众创空间在都会区的兴起,正助推特拉维夫创业生态系统发展为一个动态的全民参与式的紧密互动与跨界交流的网络型创业体系。

表6 都会区的众创空间(节选重要部分)

名称	简介	位置	总占地面积(平方米)	办公区数量(间)
AYEKA	是一家提供诸如私人办公室、共享工作区、健康酒吧、游泳池、广播室与屋顶庭院等舒适豪华设施的公共空间。它还为初创企业家、艺术家、建筑师、作家与工业设计者提供聚会的沙龙区。	26 Ellifelet St.,Tel Aviv-Yafo	2000	300

---

① Dalia Mandel, "8 Shared Co-Working Spaces in Tel Aviv," *Culture Trip*, September 30, 2016, https://theculturetrip.com/middle-east/israel/articles/top-10-co-working-spaces-in-tel-aviv/.

续表

名称	简介	位置	总占地面积（平方米）	办公区数量（间）
Google Campus Tel Aviv	创建于 2012 年，它旨在通过研讨会、聚会以及其他创新交往活动以在创业者与企业家之间编织联系网络。它致力于推动初创企业之间的协作。此外，它还注重共创空间内的群体多元化，如与 Kamatech 加速器合作将极端正统派妇女吸纳到共创空间中。	Electra Tower-34th Floor, 98 Yigal Alon Street, Tel Aviv	280	60
WeWork	它布局在都市区核心圈以及南部郊区，规模较大。除了为初创企业、自由职业者服务以外，也为大企业服务，会员可与它协商诸如健身会员卡、会计与保险等社区服务费。最为独特之处在于它高度重视社会关怀，譬如为那些帮助在以非洲难民的非政府组织提供办公空间。	7 HaPelech St., Tel Aviv-Yafo	5000	850
Spaces Oxygen	是一个起源于阿姆斯特丹的全球性联系互动的创业空间。该空间为每个租户提供量身定制的合同。会员可通过该空间网络访问相关专利律师事务所以及创业导师。	62 Medinat Ha-yehudim St., Herzliya.	1300	200

资料来源：Zoe Cooper, *Startup Guide Tel Aviv*, pp. 79 – 103。

四　都会区高科技产业发展的趋势与挑战

当前，都会区高密度地聚集着高精尖技术产业、风险投资业与高科技服务业，是驱动"以色列高科技国家"的核心，被誉为以色列的硅谷。① 近年来，

---

① Baruch Kipnis, "Greater Tel Aviv-Yafo as a Global City: A Vehicle for Reviving the National Periphery," in *Global Cities Research and Position Papers*, TEL Global City Forum, October 13, 2010, p. 14, https://www.tel-aviv.gov.il/About/DocLib4/Swoons%20Over%20Miami.pdf.

都会区高科技产业在发展过程中主要表现出了三个趋势。首先，就以色列工业地理的宏观布局而言，高科技产业在都会区的集聚现象尤为明显且有继续强化之势。这不仅表现为都会区的高科技企业数量与就业人数分别占据着全国过半比例，而且也都展现出了极高的增长速率。譬如2012~2016年，以色列全国初创企业的增长率为48%，而都会区的初创企业增长率则为71%；就高科技企业就业人数增长率而言，以色列全国增长率仅为36%，但都会区则为65%；此外，就高科技企业的总体占比而言，至2016年，都会区占全国比例为51%。①

其次，作为全球城市，特拉维夫生态系统在继续深入拓宽全球交往的路径时，也将全球智力资源与创业资本吸引至此。近年来，"特拉维夫全球"携手市政府精心营造聚拢全球创业资源的环境，成功吸引着跨国企业与海外资金扎根特拉维夫生态系统。譬如，至2016年，都会区内的跨国企业研发中心已有191家，占全国比例高达54.6%。② 五年间（2012~2016年），驻以跨国企业研发中心在特拉维夫的增长率高达115%，而以色列全国仅为35%；而在研发中心的就业人数增长率方面，特拉维夫为169%，而全国仅为51%。③ 此外，在吸引海外投资方面，特拉维夫创业系统继续扮演着磁石角色。2016年，有过投资以色列高科技产业的海外投资均注入了都会区。④

再次，就高科技企业发展的阶段性⑤特征而言，都会区高科技产业正显露出更加成熟的趋势。鉴于近年来特拉维夫生态系统的日渐完善，其对初创企业的扶植已初显成效，具体表现为都会区的创业者已有耐心逐步地发展、壮大企业的规模，进而提升企业收益。如图1所示，2012~2016年，都会区高科技产业集群已明显地转入成熟的高级发展阶段，即更多的初创企业开始转入技术

---

① Tel Aviv-Yafo, *Tel Aviv Startup City: Figures & Trends*, 2018, Tel Aviv-Yafo Municipality: Center for Economic and Social Research, 2017, pp. 12-13, https://www.tel-aviv.gov.il/en/contactus/Documents/english%20format_booklet-hitech-WEB3.pdf.
② Tel Aviv-Yafo, *Tel Aviv Startup City: Figures & Trends*, 2018, p. 28.
③ Tel Aviv-Yafo, *Tel Aviv Startup City: Figures & Trends*, 2018, p. 10.
④ Tel Aviv-Yafo, *Tel Aviv Startup City: Figures & Trends*, 2018, p. 26.
⑤ 高科技企业主要分为四个发展阶段：种子期、研发期、初步增长期、收益增长期，其中种子期与研发期为初创企业阶段。初步增长期表现为年度销售额大致在100万~900万美元之间，收益增长期企业的主要特征是年度销售额超过1000万美元。

研发阶段。这五年间，处于种子期初创企业的比例降低了14%，而正值研发期初创企业的比例则上升了13%。然而，都会区依然缺少大型营利性企业，因此特拉维夫创业生态系统仍需营造促成企业做大做强的产业环境。

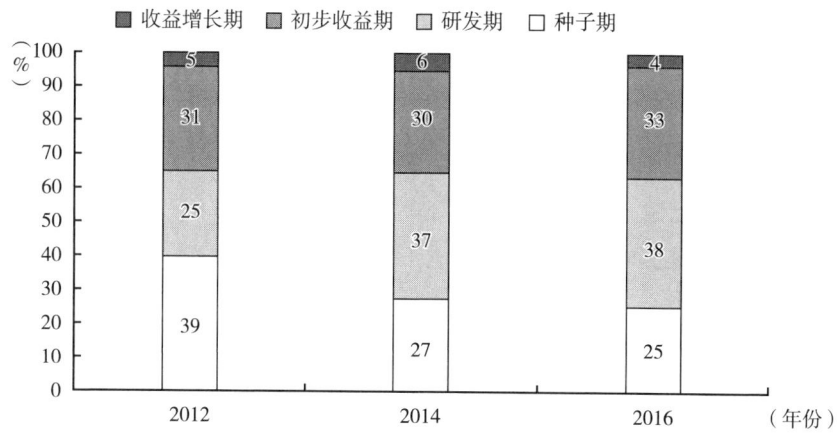

图1　都会区高科技产业集群的阶段性比例

资料来源：Tel Aviv-Yafo, *Tel Aviv Startup City*: *Figures & Trends*, 2018, p. 26。

总体而言，近年来都会区高科技产业的发展形势趋好，但同时也面临不可回避的挑战。如前所述，国内市场狭小是特拉维夫创业生态系统的先天性与根本性劣势，这迫使特拉维夫乃至以色列主动迎合全球化。不可否认，经济全球化之于以色列而言是一柄双刃剑。以色列著名经济学家阿萨夫·拉赞（Assaf Razin）坦言，"以色列是顺应全球化潮流而取得成功的典范，国际合作是以色列经济的基石，若陷于经济孤立，国家必然走向灾难"。① 现阶段，全球范围内贸易保护主义再掀波澜，这将是特拉维夫外向型高科技产业面临的巨大挑战，拓展外贸朋友圈是以色列创新驱动型经济取得飞跃式发展的当务之急。一言以蔽之，能否开拓并稳住广阔的海外市场将是解决特拉维夫高科技产业集群结构性矛盾的必要手段。

其次，特拉维夫创业生态系统还要应对人才紧缺与流失的挑战。如前所

---

① Uri Pasovsky, "Globalization Drove Israel's Economic Repositioning, Researcher Says," Ctech-Israeli Tech and Startup News, April 15, 2018, https://www.calcalistech.com/ctech/articles/0,7340,L-3736106,00.html.

述,特拉维夫在获取海外人才时表现不佳。同时,它还面临着本地人才流失海外的尴尬局面。虽说以色列人才流失已绝非新闻,以往大多只是学者与科研人员奔赴海外,但近年来流失范围扩展至青年大学毕业生。多数移民海外的青年人坦言在以色列生活没有未来,这主要由高成本、低薪水的不理想生活现状所迫。譬如,2018年,特拉维夫已是全球第9生活成本最贵城市,高于纽约与洛杉矶;而在2013年,特拉维夫仅排名全球第34位。①

最后,亟须升级改造的基础设施是都市区必须解决的问题。譬如,与飞速发展的高科技产业相比,滞后的交通已成为都会区发展的掣肘性因素。主要问题在于道路交通已逾承载量,高峰期都市区拥堵嘈杂;城市公共交通单一,缺乏轨道交通。这是影响日常通勤,影响工作效率的主要障碍。② 道路交通容量高峰期城市拥堵嘈杂。长远而言,打造宜居的都市环境是特拉维夫创业生态系统提升竞争力,吸引人才的必要工作。此外,鉴于地处地缘局势紧张的中东地区,如何营造安宁的公共安全环境,祛除市民内心的恐惧感,是特拉维夫乃至以色列的创业生态系统需要思虑的永恒话题。

---

① Yardena Schwartz, "More Israelis are Moving to the U. S. and Staying for Good," *Newsweek*, May 10, 2018, http://www.newsweek.com/2018/05/18/israel-brain-drain-technology-startup-nation-religion-palestinians-ec onomy-919477. html.

② Shoshanna Solomon, "From 1950s Rationing to Modern High-Tech Boom: Israel's Economic Success Story," *The Times of Israel*, April 18, 2018, https://www.timesofisrael.com/from-1950s-rationing-to-21st-century-high-tech-boom-an-economic-success-story/.

B.11
"水魔法师"：
以色列独特创新文化的起源

〔美〕劳拉·申卡尔（Laura Shenkar）*

摘　要： 对现代以色列国来说，缺水是一个决定性的挑战，一个促使年轻的以色列国开发出独特创新路径的挑战。创新使以色列成为先进技术领域的世界领导者——从通信、电子到农业、生物科技不一而足。以色列在水领域引领全球的故事不仅是现代尖端技术的故事，究其核心，以色列的水创新立足于这个国家的历史，着眼于一个世纪同各种似乎无法逾越的障碍做斗争，而这种斗争已经成为这个国家身份认同的本质。本文探讨了以色列建国前后缺水的生存挑战如何造就为数众多的水资源创新和激进式的创新文化，该文化反过来又推动了以色列在军事领域、商业互联网领域、通信业初创公司领域的技术发展。

关键词： 以色列　创新文化　海水淡化　农业灌溉　清洁技术

引　言

以色列在水资源管理方面引领着全球创新的步伐。如今，有600多家水技

---

* 〔美〕劳拉·申卡尔，美国阿尔特弥斯水战略中心主任。担任沃尔玛、因特尔和美国国务院顾问，她发起了阿尔特弥斯50强水技术初创公司竞赛，组织由水领域领导者组成的评审团对来自17个国家的1000多个水技术公司进行评估，从中找出水领域的新兴领导者。目前她正与加利福尼亚大学和美国国家可再生能源实验室合作，为美国能源部提供水技术创新方案。

术公司和100多个初创企业进驻以色列①，其中许多是海水淡化领域、水处理领域、基础设施管理领域和农业灌溉领域的世界领导者。自建国以来，以色列的人口从大约80万增长到800多万。由于以色列60%以上的土地为沙漠，所以人口的快速增长严重地挑战着它的水资源管理。

虽然缺水是中东的普遍性问题，但只有以色列在过去几十年里将水创新作为其既定目标之一。水资源的短缺推动了技术生态系统的蓬勃发展，而该系统是以色列经济增长的动力引擎。主导这个新兴技术部门的是以色列的科学家、工程师、商人和投资者。以色列的水创新反映了这个国家的愿景，也反映了这个国家历史发展的独特际遇。

通过现在的水技术产业可以接触到以色列在生物科技、硬件、通信和人工智能领域的世界级实力。以色列在水领域引领全球的故事不仅是现代、尖端技术的故事，究其核心，以色列的水创新立足于这个国家的历史，着眼于一个世纪同各种似乎无法逾越的障碍做斗争，而这种斗争已经成为这个国家身份认同的本质。以色列开国元勋的革命理论已经转变成激烈竞争的资本主义品牌，而打破传统，重新定义何为可能的驱动力继续打造着属于以色列的独特创新品牌。

一 基础条件

（一）地理

纵观历史，水决定着以色列地文明的发展，它要求当地居民开发、管理水资源，这样他们才能生存下去并建立自己的社区。从最早的记录到当今以色列的日常生活纪事，水管理方面的创新一直是斗争和克敌制胜的重要主题。《希伯来圣经》600多次提到水。② 希伯来语中也有许多指代水的生动词语，包括特指第一场雨和最后一场雨的词语。而每天祈祷以色列地下雨依旧是世界犹太人日常宗教习俗的一部分。

---

① "Israel's Water Eco-system," Israel NewTech, http：//israelnewtech. gov. il/English/Water/Pages/AboutUs. aspx.
② James Strong, *Strong's Exhaustive Concordance of the Bible*, Peabody：Hendrickson Publishers, 2009.

(二)历史

建国之前几十年，犹太复国主义者用史诗般的语言展望现代以色列国。以色列国歌就是在建国60年前谱写的。它诉说希望，幻想建立一个朝气蓬勃的犹太国家。远在千里之外的欧洲人和阿拉伯国家的犹太人一起憧憬，世界各地的犹太人聚集在以色列地，建立一个犹太人的国家。他们梦想恢复已经停用几千年的语言。

20世纪初，当现代以色列国的开创者着手建立一个新的国家时，他们面临着许多无法逾越的挑战，而水是这些挑战最直观的表现。自拜占庭帝国灭亡一千多年来，这个曾经"流着奶和蜜"的《圣经》之地因为几个世纪的冲突和管理失误而遭到破坏。"他们沿着曾经郁郁葱葱的海岸来到这块几乎被沙丘淹没的土地，这块遍布着疟疾沼泽和光秃秃的石灰岩山丘的土地，大约三尺厚的表层土从山上冲刷下来，堆积、蔓延，形成贫瘠的洪积平原，抑或奔流入海，周而复始，最终将蔚蓝的地中海染成肮脏的褐色，直至地平线……之前森林的边界在荒芜的斜坡上留下印迹，大坝的废墟、城市的沟渠、倾斜的灌溉设施、桥梁和铺设平整的公路，这一切见证了这块土地曾经孕育过有着更多人口和更高幸福指数的伟大文明。"[①]

犹太复国主义者期望重建犹太民族家园，这将终止犹太人作为客居他乡的、脆弱的少数民族地位，以及为了和平、正义的价值观而永恒抗争的命运。1944年，大卫·本·古里安在海法的一次青年团体聚会上谈到"犹太革命必须做的事"："犹太革命不是世界历史上首次或仅有的一次革命，但它可能是最艰难的一次革命……过去和未来的所有反抗运动，都是针对某种制度，针对某种政治、社会或经济结构的起义。只有我们的革命不只针对某种制度，还针对命运，针对属于一个独特民族的独特命运。"[②]

犹太复国主义者认为，为了结束流浪，结束犹太人易受伤害的命运，犹太人必须在《圣经》描写的地方建立一个新的国家。他们需要重新划定土地的

---

① "50 Years Ago: The Reclamation of a Man-Made Desert," *Scientific American*, https://www.scientificamerican.com/article/reclamation-of-man-made-desert/.

② "David Ben-Gurion: The Imperatives of the Jewish Revolution," *Zionism-Israel.Com.*, http://zionism-israel.com/hdoc/Ben-Gurion_Jewish_revolution.htm.

边界，以为新型犹太人提供一个安居之所。毫无疑问，为成百万来自东欧乃至全世界的犹太人建造民族家园有助于塑造一种新的文化，并推动由新型现代犹太人组建的现代以色列国的发展。不管是在加利利山谷的沼泽地同疟疾做斗争的定居者，还是在南部干旱的沙漠地区种植庄稼的新移民，水资源管理对首批犹太定居点的成功都具有重要意义。

当犹太定居者将目光放在加快东欧犹太移民的涌入上，这时缺水就成了一个关键问题。在 1939 年的白皮书中，英国驻巴勒斯坦委任统治高级专员总结说，这块土地不能养活大批的移民，他们将缺水作为限制犹太移民的根据。① 因为欧洲犹太人的涌入，巴勒斯坦的犹太人口从 1922 年的 8.4 万人增长到 1939 年的 40 多万人，英国官员声称这个国家的资源无法养活更多的人口。②

创新的设计、规划和水资源管理政策对建设一个容纳千百万移民、生产食物以实现自给的国家来说至关重要。本·古里安写道，"征服劳动和土地、拓展我们的语言和文化边界、完善自治和自卫的手段、为民族独立和创造力提供框架和条件，我们的独立就是这样一步步实现的……"③ 对现代以色列的构想促使犹太定居者制定水政策并建立水利基础设施，这些政策和设施为建立富有活力的工业经济打下基础，而该经济几十年来一直领先于它的邻居。

对每个新公民和新兴产业来说，以色列必须从有限的水供应中发掘新的效能。努力让每一滴水创造更多的价值，这一驱动力催生了从工业用水到市政用水，再到农业用水的广泛革新。如今，在被称为巴勒斯坦的地理区域生活着 1200 万人，以色列不仅为犹地亚和撒玛利亚（也被称为西岸）、加沙和约旦王国提供水，每年还输出价值几十亿美元的耗水农产品。

世界各地的现代卫生工程和水资源管理专注于支撑现有的社团和企业，与之相比，以色列的水利工程师们承担着重新定义水资源管理传统设定的、激进的、几乎不可能实现的目标。水创新是国家的头等大事，它关系到这个受困民族

---

① "HMG White Paper: Statement of Policy," Center for Israel Education, https://israeled.org/resources/documents/hmg-white-paper-statement-policy/.

② Shalom Reichman, Yossi Katz & Yair Paz, "The Absorptive Capacity of Palestine, 1882–1948," Middle Eastern Studies, Vol. 33, No. 2 (April, 1997), pp. 338–361.

③ "David Ben-Gurion: The Imperatives of the Jewish Revolution," Zionism-Israel.Com., http://zionism-israel.com/hdoc/Ben-Gurion_Jewish_revolution.htm.

的生死存亡。建国前十几年，如今以色列的国家输水系统——麦克洛（Mekorot）工程正式启动，它的目标是将北部蓄水层的水输送到全国的城市和农村。

二 以色列的竞争优势：以色列水创新的独特指纹

（一）国家愿景延伸至科学和工程学领域

犹太复国主义者将他们对愿景的激情带入水资源管理领域，为了充分利用每一滴水，他们用最广泛的意义定义创新。一开始，以色列的水利工程师发现自己处于激烈战斗的中心，唯有创新才能存活下去。这种使命感使水成为掌握世界级创新和全球领导权的途径。"创新要经过非同寻常的努力，鲜有例外。"哈佛商学院教授迈克尔·波特在解释各国如何培育世界级产业时说，"成功实施新的或更好的竞争方法的公司总是坚定不移地走自己的路，它们经常面对刺耳的指摘和顽固的障碍。事实上，要想在创新领域取得成功，通常需要承受压力、需要有需求作为动力，甚至需要逆境的历练：害怕失去往往要比渴望获得更加有力"[①]。

1939年，随着首段地方管道工程的完工，身居耶路撒冷的犹太代办处移民定居部主任阿瑟·鲁平（Arthur Ruppin）指示麦克洛的首席工程师希姆哈·布拉斯（Simcha Blass）制定一项"奇幻计划"（fantasy plan），将内格夫沙漠的灌溉农业向南推进几百英里。这个任务成了以色列人津津乐道的重要典故，其重点在于颠覆式的创新而不是渐进式的改良。以色列国家输水系统麦克洛着眼于海水淡化这样的尖端处理技术，以及逆渗透和水资源再利用等水技术。

（二）工业用水革新

因为没有可开采的自然资源和能源生产基地，年轻的以色列国试图通过技术精湛的劳动力在先进的制造业和技术领域打下经济基础。以色列集中生产高附加值产品，其中包括许多耗水产品，如半导体和药品。最初的成功要求供应

[①] Michael E. Porter, "The Competitive Advantage of Nations," *Harvard Business Review*, March-April, 1990, p.75.

更多的水。英特尔和国家半导体公司的水利工程师们满足于在发达国家的主要制造业领域维持传统技术,与之相比,以色列的水利工程师们不得不将水作为稀缺产品进行管理并在该领域发挥主导作用。在审视某一产业的全球领导权如何由地区环境决定时,波特注意到世界级的竞争者都是将技术和方法结合起来,追求最广泛意义上的创新:"许多创新都是平凡的、递进的,它更多地取决于小见解和小进展的积累,而不是某个重大的技术突破。它甚至不涉及新的理念——这些理念一直存在,只是从未被透彻研究。"[1]

在英特尔这样的公司,以色列团队与来自美国、爱尔兰、中国和其他国家的工程师合作,将水创新融入每一代半导体的设计当中。虽然英特尔的生产设备处在缺水地区,它在最耗水的制造工艺领域始终保持全球领先地位。

以色列的水器械公司是首批在世界各地建立跨国销售网络的公司,它们为所在地提供创新型海水淡化设备(由以色列海水淡化产业公司提供)、滴灌设备(由耐特菲姆公司和普拉斯托公司提供)和过滤设备(由阿米亚德公司提供)。硬件技术、生物技术、医疗设备和农业领域的初步成功为这个犹太国家建立起坚实的产业生态系统,还有世界上最好的风险投资群体和欣欣向荣的企业家群体作为补充。

(三)适应气候变化的能力:以色列开启了海水淡化时代

20世纪90年代,一场历史性的干旱袭击了中东地区,它威胁到以色列追求增长的目标。面对该地区900年不遇的最严重的缺水问题,以色列不得不考虑从土耳其进口水。它又一次从多方着手解决水资源短缺问题,在增强蓄水能力、改进基础设施的同时制订宏伟的计划,目的是让这个国家不再依赖雨水。1999年3月,国家基础设施部启动针对水危机的应急计划。在该计划指导下,以色列建立了五个海水淡化工厂,如今这五个工厂为以色列提供了60%的饮用水。如果算上经过循环实现二次利用的废水(比如用于农业灌溉),海水淡化工厂供水的比例预计达到86%。

以色列还斥资重置它的水资源管理框架,新框架将关注水的再生能力。历

---

[1] Michael E. Porter, "The Competitive Advantage of Nations," *Harvard Business Review*, March-April, 1990, p. 75.

"水魔法师":以色列独特创新文化的起源

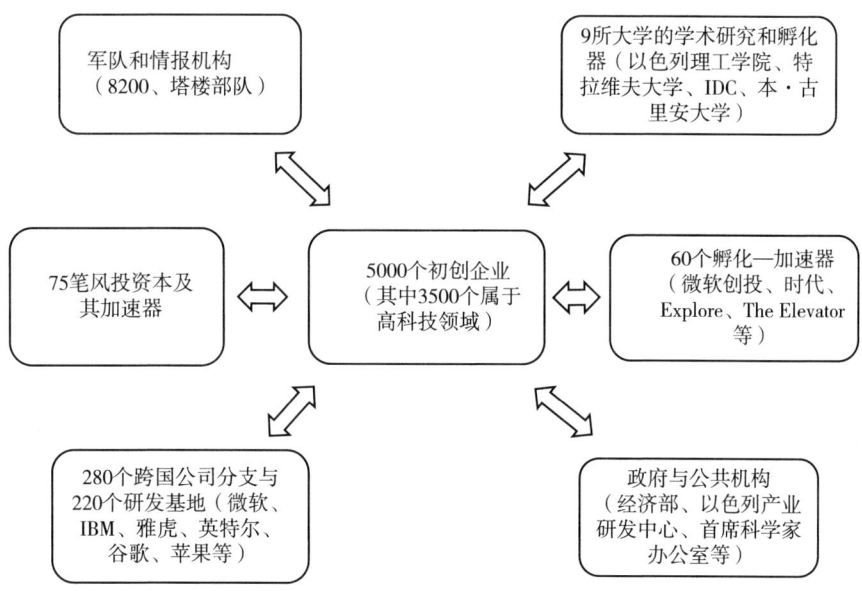

图1 以色列的创新生态系统

史上,以色列从加利利湖这个唯一的水源向南引水。新的国家输水系统将按照需求将水从西部和沿海的海水淡化工厂输送到东部、北部、中部和南部地区。

2001年,国家水利局推出试点计划,正式确定其对创新型新路径的支持。

以色列现在的水创新生态系统反映了它在面对水资源短期问题时,经过80年艰苦卓绝的创新最终发展起来的能力。以色列在研发领域的人均投资额一直是世界最高的[1],但是其初创企业的成功依靠的是当地的竞争活力。以色列的人均研发投入居世界首位,但作为一个领土狭小的国家,它需要依赖专业研究,而水就是其研究对象之一。比如,以色列在南部城市埃拉特建立了最早的海水淡化工厂。然而,要做的还有很多。本·古里安大学成功促使反渗透技术的创始人、美国犹太人西德尼·勒布(Sydney Loeb)离开美国,定居以色列。

如图2所示,以色列在研发投入方面再度引领全球,以色列研发投入在其GDP中的比重刚刚超过韩国。

---

[1] Richard Van Noorden, "Israel Edges out South Korea for Top Spot in Research Investment," *Nature*, February 7, 2017, https://www.nature.com/news/israel-edges-out-south-korea-for-top-spot-in-research-investment-1.21443.

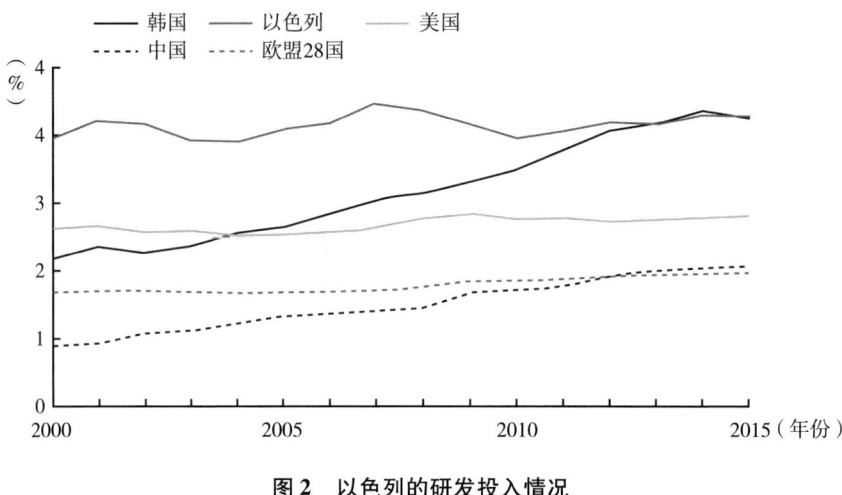

图 2　以色列的研发投入情况

三　下一个篇章：水技术创业文化

建国 70 年后，以色列人还在继续发掘通向创新的独特路径，这是该国开拓进取精神的标志。20 世纪 90 年代，曾在以色列国防军、工矿企业和学术领域受训的企业家们加入全球风险投资的浪潮，资助通信硬件、软件，医疗设备和生物科技领域的初创企业。1993~1998 年，以色列政府的约兹玛（Yozma）项目押注以色列第一代本土创业基金，为其提供 70% 的投入资本。约兹玛的市值从 1993 年的 1 亿美元增长到 1996 年的 2.5 亿美元，它吸引了第二代来自国外的创业基金和数以亿计的外国投资。如今，让以色列引以为傲的是，它人均拥有的风险投资、初创企业、科学家和技术人才数量比世界上任何一个国家都多。以色列水技术风险投资企业情况见表 1。

表 1　以色列水技术风险投资企业情况

企业名称	金额	投资类型
埃里森水倡议公司（Arison Water Initiative）	1 亿美元	现有公司和初创企业
阿卡·阿格罗基金（Aqua Agro Fund）	集资 3000 万美元（目标 1 亿美元）	现有公司和初创企业

续表

企业名称	金额	投资类型
IDB 控股（埃尔隆）（IDB Holdings, Elron）	截至目前已投资 1500 万美元	初创企业
BHCO 集团（BHCO Group）	集资 1200 万美元（2008 年集资 3000 万美元）	萌芽阶段和初期阶段的公司
以色列清洁技术合资企业（Israel Cleantech Ventures）	集资 3000 万美元（目标 6000 万美元）	萌芽阶段和初期阶段的公司
泰拉风险投资公司（Terra Venture Partners）	集资 1500 万美元（目标 5000 万美元）	萌芽阶段和初期阶段的公司
以色列双子星公司（Gemini Israel）	没有具体的数额	初期阶段的公司
格雷洛克合伙人公司（Greylock Partners）	没有具体的数额	萌芽阶段和初期阶段的公司
奥罗合资企业（Aurum Ventures）	没有具体的数额	初期阶段的公司
L 资本公司（L Capital）	没有具体的数额	初期阶段的公司
阿什克伦孵化器公司（Ashkelon Incubator）	集资 500 万美元	萌芽阶段的公司
金洛特孵化器公司（Kirot Incubator）	集资 500 万美元	萌芽阶段的公司
LN 孵化器公司（LN Incubator）	集资 500 万美元	萌芽阶段的公司

以色列技术创业群体的崛起一开始模仿美国的硅谷，但更多地利用本国独有的资源：以色列的军事训练和这个国家遍布世界的关系网。以色列人通常从 18 岁开始在国防军服役，一直服役到 20 岁或 21 岁。以色列国防军赋予青年领袖们高度的责任感和自主性，驱使他们提出可与布拉斯的"奇幻计划"相匹敌的创新解决方法，这是国防军引以为傲的事情。[①] "周围没有人告诉你该怎么做"，亚布拉哈密（Abrahami）说，"这里的文化——或者说刻意为之——就是你的长官只会让你自己想办法。你可以自由地提出不同的见解。是你，不是其他任何人。当你成为一名企业家之后，这将是最重要的技能。当你完成 5 个、10 个或 20 个这样的项目之后，你就具备了初创企业所需要的三个要素"。[②]

[①] "The Soldier Founder: A Look at the Israel Defense Forces' Perfected Recipe for Leadership," *Forbes* Welcome, September 7, 2017, https://www.forbes.com/sites/truebridge/2017/09/07/the-israel-defense-forces-recipe-for-leadership/#76f3289f6362.

[②] "Watering the Seeds," *Global Water Intelligence*, Vol. 8, No. 11 (November, 2007), https://www.globalwaterintel.com/global-water-intelligence-magazine/8/11/general/watering-the-seeds.

美国和欧洲的竞争对手有着广阔的当地市场可以开发产品，为了同它们竞争，以色列的初创企业必须在远离本土的关键市场上占据一席之地。随着全球经济的发展，以色列的公司比它们在美国或欧洲的同行要更加稳健。

随着缺水、气候变化和基础设施故障成为全球性的关键问题，以色列的企业家们着手全面开发这个国家的水创新和风险投资产业。从大学研究和主要工业企业如英特尔、国家半导体那里获得的水资源管理能力为执行者们提供了引导新公司进入世界市场的认知基础。从美国硅谷、波士顿，到阿根廷、新加坡和中国，以色列社团遍布世界各地，这为它们开展营销活动带来便利。

四 代表性创新

（一）农业

原始的滴流灌溉从远古时代就开始使用。公元前1世纪成书于中国的《氾胜之书》就有用埋在地下未上釉的、装满水的陶壶作为灌溉方法的记述。现代滴流灌溉技术始于1860年的德国，研究人员尝试用陶土管将灌溉和排水系统结合起来进行地下灌溉。20世纪20年代，随着多孔管系统的应用，该技术得到进一步的发展。后来，澳大利亚的汉尼斯·蒂尔（Hannis Thill）用塑料作材质，以在滴灌过程中保持和调节水量。①

1959年，麦克洛的首席水利工程师希姆哈·布拉斯退休之后与附近的基布兹哈泽瑞姆（Hatzerim）合作开发出一种产品，该产品使用新引进的塑料材料。1965年成立的灌溉设备公司耐特菲姆（Netafim）将以色列工程师派到世界各地的市场，他们在分公司数英里范围内创造了一个竞争者与合作者的联盟。如今，耐特菲姆在世界各地有13个工厂，它通过37个分公司在150个国家开展业务。耐特菲姆的工程师们在滴灌的过滤、抽吸和原材料方面一直引领世界创新步伐。

---

① David A. Bainbridge, "Buried Clay Pot Irrigation: A Little Known But Very Efficient Traditional Method of Irrigation," *Agricultural Water Management*, Vol. 48, No. 2 (June, 2001), pp. 79-88.

在过去十年里,以色列的灌溉技术群造就了许多世界级的农业技术初创企业,这些企业提供土壤湿度检测设备、远距离成像设备、生化作物种植方法和大数据分析方法。

(二)海水淡化

虽然海水淡化不是以色列发明的,但其中最具创新性的研究以及薄膜、预处理和处理海水的方案出自以色列的大学。

(三)市政用水管理

以色列是世界上首批利用其他行业的技术追踪水设施并控制水泄露的国家。通过与本国世界级的网络安全技术公司合作,以色列已经成为水安全和安全技术领域的开拓者。它在解决回用水的应用问题上也发挥着主导作用。此外,以色列的初创企业在小规模现场处理回收水方面推出了创新性的解决方案。

WaterGen 直接从空气中提取或"获取"水。只需一个节能大气造水流量表,WaterGen 的产品就能为个体家庭和较大的社团提供干净的饮用水。Phytech 开发的植物监控技术使种植者能够实时、不间断地监控、分析、分享有关农作物需求的数据流。Phytech 的生长测量仪帮助种植者做农作物日常管理决策,以增加产量、优化质量。Phytech 系统使用植物传感器,通过基于云计算的服务器和基于网络的软件设备,获得全球通信系统的支持。Utilis 技术以捕获疑似泄露区域的多光谱航空影像分析为基础。通过计算、调整各种失真因素,将所获信息与管道基础设施布局相对比,显示出地下水的泄露位置。TaKaDu 的专利技术从多个渠道搜集原始数据,对数据进行分析,以探测、处理网络事件的整个生命周期,包括泄密、爆发以及出错的人或物。

以大数据分析和先进的算法为基础,TaKaDu 的物联网和云计算方法不仅有助于供水设备提早查出问题,减少水的流失,缩短维修周期,还能提升客户服务质量。Indegy 负责工业控制网络的安全性和可见性,其导航台能够全面掌控所有的作业活动,包括控制器逻辑、外观和状态的变化。Desalitec 开发高回收水和污水处理方法。该公司的 ReFlex 反渗透系统能够最大限度地回收水,在这方面 Desalitec 申请专利的闭路海水淡化技术起了重要的作用。闭路海水淡化是反渗透水处理技术的一项改良，它通过减少盐水废液的散发、增加灵活性和可靠性、降低能源消耗、整体使用标准的现成的反渗透组件，实现了水资源的有效利用。

结　语

犹太复国主义者关于现代国家的愿景是一场反抗"犹太人历史命运"的漫长革命，它将水作为第一战略要务。水供应和水设施一直是生存性要务，它决定了这个由世界犹太人建立的国家的成功程度。不管在以色列境内还是境外，这个社团始终保持着强烈的竞争精神。

如今，以色列的人口为800多万——不及纽约一个城市的人口——然而，它在纳斯达克上市公司的数量达到93个（比韩国、日本和印度加起来还多）。这里人均获得的风投基金居世界首位。仅2016年，以色列的初创公司就获得了60亿美元的投资，而且还获得了超过92亿美元的出售资金。在美国之外，谷歌、苹果和英特尔最大的研发中心均设在以色列。而这三个公司都完成了著名的收购：2013年，谷歌公司以超过10亿美元的价格收购"位智"（Waze）；同一年，苹果公司以约3亿美元的价格收购"体感操控"（PrimeSense）；2017年3月，英特尔公司以153亿美元的价格收购"移动眼"。[①] 由于大城市、主要工业部门和农业生产者面临着缺水的现实，许多人定下了一整套确保水资源良好供应的宏伟目标。

（本文译者马丹静，河南大学以色列研究中心副教授）

[①] "Why Brands Are Embracing Israel's Startup Culture," *Ogilvy. Com*, https://www.ogilvy.com/topics/features/why-brands-are-embracing-israels-startup-culture/.

B.12
以色列的军事工业体系及其特征

宋瑞娟*

摘　要： 以色列是世界上军事工业较为发达的国家之一，虽然以色列国土狭小，人口稀少，但其军事工业水平和军事研发能力却居于世界前列。在战争与地缘冲突的巨大压力下，以色列建立起了完备的军事工业体系。以色列的军事工业具有几大特征：重视国际合作研发、注重对科技研发工作的投入、军转民对接融洽、重视网络安全产业的发展和人工智能的应用等。以色列发达的军事工业体系，不仅是以色列国土安全的重要保障，而且对国民经济和外交都具有重要意义。

关键词： 以色列　军事工业体系　技术研发　军民融合

以色列的军事工业是国家安全防卫的重要保障，其军事工业系统成熟，类型多样。以色列军事工业生产的武器从初级的弹药、武器、火炮到复杂的电子系统和世界上最先进的坦克等各种军事产品，拥有世界上品种最全的武器种类。根据世界军火力量网的资料显示，2017年以色列在133个国家的GFP（Glober Fire Power）的审查排名中居第15位，它的力量指数（PowerIndex）保持在0.3476（其中0.000是完美的）。[1] 这与以色列强大的军事工业体系有密切的关系。

---

* 宋瑞娟，河南大学以色列研究中心博士生。
[1] "2017 Israel Military Strength," *GFP*, https://www.globalfirepower.com/country-military-strength-detail.asp?country_id=israel.

一 以色列军事工业体系的发展历程

以色列军事工业是国家安全的主要支柱,同时也是以色列高科技产业的基本组成部分和出口收入的重要来源。以色列作为目前世界上处于领先地位的军事商品和服务出口国,其军事工业起源于英国委任统治时期,哈加纳(Hagna)和其自助组织是以色列军事工业最初的萌芽时期。随着犹太复国主义运动的发展,20世纪初期英国委任统治的巴勒斯坦已经聚集大量的犹太人,犹太人和阿拉伯人之间的冲突逐渐增多,1917年《贝尔福宣言》的发表更进一步加剧了阿犹之间的冲突。为了更好地保护犹太社团,犹太人成立了秘密的军事组织哈加纳,由于资源和条件的简陋,哈加纳只能生产一些简单的产品和轻武器,其主要的武器来源主要是靠外援。1933年哈加纳建立了第一个地下军工厂,后来迅速扩展成为秘密的军事工业系统。第二次世界大战之后,犹太人建立国家的目标越来明确,此举遭到阿拉伯社团和邻近的阿拉伯国家的强烈抵制。面对冲突的加剧,犹太人加快哈加纳军火生产的步伐,并扩大工厂规模,生产一些轻型和中型的迫击炮,地雷等产品,并于1948年成立了以色列军事工业(Israel Military Industry,IMI)。以色列的军事工业发展经历了三个重要的阶段,经过几十年的发展,以色列军事工业分为三大类,国营、私营和合资,并且生产出品类丰富,质量上乘的军事产品。高质量的武器成为以色列军事出口的优势,军事产品的出口是外贸收入的重要来源。

(一)以色列军事工业发展阶段

第一个阶段:军事工业的形成(1948~1967年)。以色列军事工业在建国之前就有哈加纳等武装力量秘密筹办,并小具规模,这是以色列军事工业体系的萌芽,这也为建国之后以色列能够迅速建立国防军及其军事工业做出前期的积累。1948年以色列宣布独立,第一次中东战争爆发,此时的以色列军事力量薄弱,军事装备落后,仅有几辆坦克、装甲车,少量的轻型飞机,而阿拉伯国家军事装备要数倍于以色列,双方之间的力量悬殊较大(见表1)。1948年,以色列军事工业正式成立,哈加纳等组织的秘密军工厂被并入其中。1953

年以色列建立贝德克航空公司（Bedek Aviation）①，贝德克航空公司的建立为以色列移民提供了大量的就业岗位。1967年以色列埃尔塔系统公司（Elta Systems）成立，埃尔塔系统公司是航空电子系统和各种雷达（陆、海、空）的主要生产商，其产品服务于数十个外国军队，其成立标志着以色列军事工业成为一个完整的系统。在现代战争中，武器的质量是军队质量的基础。以色列军事工业建立之后，就积极探索自主生产，并加大军事产品的创新和科技投入，为之后以色列军事工业的快速发展奠定了良好的基础。这一时期是以色列军事工业的形成时期，由于技术和条件的限制，以色列的兵工厂只能生产部分的轻武器，大部分的武器供应主要依赖于国外的武器供应。

表1　1948年5月以色列与阿拉伯国家军事装备的对比

	以色列国防军	阿拉伯军队
人力	30573	30000+10000（巴勒斯坦阿拉伯人）
坦克	1（没有大炮）	40（30辆没大炮）
加农大炮装甲车	120	300
简易钢板车和装甲车	5	140
反坦克和反飞机大炮	24	220
战斗机	0	60
轰炸机	0	14
运输联络机	28	57
武装海船	3	12

资料来源：Haggai Franks, Zdenek Klima & Yossi Goldstein, "The First Israeli Weapons Procurement behind the Iron Curtain: The Decisive Impact on the War of Independence," *Israel Studies*, Vol. 22, No. 3 (Fall, 2017), p. 128。

第二个阶段：20世纪60～80年代独立发展时期，这一时期的主要特征是仿制和自主研发相结合。自建国初期到1967年之前，以色列的军事工业基础薄弱，以色列的武器供应主要依靠外国提供，1967年第三次中东战争爆发之后，由于国际形势的变化，原来的主要武器供应国法国切断了对以色列的武器供应，包括已经订购的"幻影"飞机，使得以色列很长一段时间武器装备得

---

① 贝德克航空公司即以色列航空工业公司（Israel Aircraft Industries, IAI）的前身，1965年贝德克航空公司经过重组成为政府控制的商业公司，并重新命名为以色列航空工业公司。

不到补充，这一事件深深地刺激了以色列。1967 年和 1973 年两次中东战争期间，由于阿拉伯国家的反对，英国拒绝出售给以色列主战坦克，在此情况下以色列自主设计出自己的主战坦克梅卡瓦，成为以色列陆军的主要装备之一。战争的威胁和武器的短缺促使以色列加紧发展本国的军事工业，加大对军事工业的预算投入，20 世纪 70 年代中期以色列的国防预算达到新的高度，军事企业繁荣，拉斐尔和以色列军事工业公司在 5 年内的员工数量增长两倍，以色列航空工业公司的员工数量在同一时期增加 150%。[1] 这一时期的以色列军事工业一方面改进现有装备；一方面自行研制生产新式武器，至 20 世纪 70 年代末，以色列已经建立了一系列具有研究设计和生产改造能力的综合军事工业，可生产战斗机、导弹艇、坦克、大口径火炮和导弹等军事装备。[2] 1973～1984 年以色列进口和生产 500 架飞机，2000 辆新的战斗坦克，2500 辆装甲运兵车，500～600 枚炮弹，16 架导弹艇，3 艘潜艇和众多空对空、海对海、地对地导弹。[3] 20 世纪 70 年代以色列的武器装备已经达到 75%，到 90 年代，以色列的武器自产率达到了 85%[4]，以色列军事工业进入一个新的发展阶段。

  第三个阶段：20 世纪 90 年代至今，随着中东地缘政治的变化以及周边国家军事实力的增强，现代科技大量运用于军事领域。自从 1973 年赎罪日战争开始，以色列面临的威胁主要是来自周围阿拉伯国家发射的火箭弹和导弹，针对此，以色列联合美国开始生产反导弹系统，以色列的导弹防御项目也是自"拉维"（Lavi）项目以来最大的国防工业项目。"铁穹"反导弹系统是目前以色列最重要的反导弹系统。20 世纪 60 年代，以色列的舰艇被苏联制造的"冥河"（Styx）导弹击沉，这促使以色列生产出舰艇导弹防御系统"巴拉克 1 号"（Barak 1），目前以色列与印度联合生产的"巴拉克 8 号"应用于以色列海军和印度海军。这一时期军事力量和科技的变化促使以色列开始审视自己的军事战略，着手对军事工业体系进行改革，军事工业由国有化向私有化和市场

---

[1] Nissim Hania, "Transformations in the Israeli Defense Development and Production System, and the Contemporary Relevance," *The Dado Center Journal*, Vol. 6（2015），p. 56.
[2] 付光文：《当代以色列军队武器装备》，国防大学出版社，2012，第 3 页。
[3] Michael D. Ward & Alex Mintz, "Dynamics of Military Spending in Israel: A Computer Simulation," *The Journal of Conflict Resolution*, Vol. 31, No. 1（March, 1987），pp. 86 - 105.
[4] 邱明：《袖珍军事王国：以色列军事透视》，山西人民出版社，2001，第 362 页。

经济转化。此外,这一时期的以色列军事工业,注重加强市场的效力和市场的竞争机制,努力扩大出口和促进军转民项目的发展,同时密切跟踪国际军事产品的市场发展趋势,积极发展军事高科技项目,突出电子装备与高科技产品,注重利用他国较为先进装备的改进与连接通用技术。在充分发挥本国军事工业企业最大潜力的同时,以色列与美国、英国等国家的军工企业厂家合作,共同研制最先进的武器装备。在与外国武器装备研制公司合作的过程中,以色列军工企业掌握了许多先进的武器研制技术,使得以色列武器装备的现代化水平大大提高。[①]

(二)军事工业及其生产武器类型

总体来说,以色列军事工业企业主要分为国营企业、私营企业和合资企业三种,主要负责武器的研制、试验和生产任务。

国营军工企业主要有以色列军事工业公司,主要生产空对地导弹和反坦克导弹系统、机载设备、坦克、装甲车、各种口径的火炮及轻武器等;拉斐尔高级防御系统公司,主要生产空对地导弹、防空导弹等;以色列航空工业公司以及军队直接管辖的大型兵工厂,其中以色列航空工业公司研发并生产飞行、太空、海运、陆地、网络安全与国家安全的先进系统。国营军工企业是以色列军事工业的支柱,共有职工 4.5 万人,占军事工业职工总数的 40% 以上,约占全国工业职工总人数的 15%。[②]

私营军工企业大多专业化程度较高,主要有埃尔比特系统公司、航空防务系统公司(Aeronautics Defense Systems)和 RT – LTA 系统公司(RT – LTA Systems),这些企业主要针对国防订单进行生产,而且还生产大量的民用产品,特别是在电信设备领域的生产,这些公司的收入大部分依赖出口。此外,合资企业主要来自美国、英国、法国等国家的合作研发企业。

以色列军工产品种类繁多,门类齐全,主要分为海、陆、空三大部分。

陆军武器:以色列的陆军具有很强的地面突击能力,陆军装备有坦克、装甲运兵车和野战火炮,近些年以色列还致力于发展新型的陆军作战装备。其

---

① 付光文:《当代以色列军队武器装备》,第 3 页。
② 付光文:《当代以色列军队武器装备》,第 4 页。

中,梅卡瓦系列坦克是以色列陆军的主力装备,该系列坦克是以色列自行研制和生产的,其中"梅卡瓦Ⅳ"坦克有主动保护系统,并采用大口径(120毫米)的滑膛炮作为主炮,提高了战场的防护能力和火力打击能力。另外,以色列的车载反坦克导弹和"杰里科-3"地地导弹也是以色列陆军的重要武器装备。2016年的欧洲防务展上,以色列航空工业公司首度展示了其最新的重型无人高机动性作战机器人操作系统RoBattle,该系采用以色列航空工业公司最新技术,支持包括搜集情报、监视及侦查等任务在内的一系列行动,并展开护送、诱骗、伏击及攻击等行为,大大提升了作战能力。① 目前,以色列军事工业公司研制一种新型的子弹,在距离550米的范围内精确度比7.62毫米的子弹精确30%,射程达到800米,能够穿透3.4毫米的钢板,以色列军事工业公司称这款子弹为"超级子弹"。②

空军武器:以色列之所以被称为中东地区的头号军事强国,除了其具备的综合军事实力之外,其强大的空军力量成为以色列的军事优势所在,以色列目前的空军配备了F-15、F-15I、F-16I等战斗机,相当数量的国产"幼狮"战斗机、"费尔康"预警机等。近些年,以色列的无人机成为空军的优先发展项目,尤其中小型无人侦察机更是处于世界领先水平,以色列的无人侦察机可配备各级部队,其中"搜索者""苍鹭"等机型成为重要的类型。2016年以色列航空工业公司推出的"鸟眼650D"(Bird-Eye 650D)小型无人机进入批量生产,与之前几款鸟眼系列无人机相比该无人机将无人平台的任务续航能力超过15小时。该无人机拥有更大的机身、更宽的翼展,最大起飞重量为30千克,作战半径可达50千米,可以飞行4572米高,达到150千米的范围。③ 目前以色列仍然在研制和部署多种无人机,未来无人机在隐形、可靠性和成本方面会有更大的改善。此外,以色列的导弹和防空系统为保护以色列领土安全也提供了可靠的保证。"铁穹"反导弹保护系统阻拦了大约90%火箭弹,大大减

---

① 《战场新星:以色列地面作战机器人亮相欧洲防务展》,《以色列时报》2016年6月14日,http://cn.timesofisrael.com/战场新星:以色列地面作战机器人亮相欧洲防务展/。
② Yuval Azulai, "Israel Military Industries Unveils Super-bullet," *Globes*, January 31, 2018, http://www.globes.co.il/en/article-israel-military-industries-unveils-super-bullet-1001221916.
③ "Bird-Eye 650D Small Tactical Unmanned Aerial System (Stuas)," *Air Force Technology*, https://www.airforce-technology.com/projects/bird-eye-650d-small-tactical-unmanned-aerial-system-stuas/.

少了以色列被哈马斯火箭弹袭击的风险,"大卫投石索"的应用在更广的范围内保障了以色列的安全。

海军武器:海军是以色列三个军种中规模较小的一个,以色列现有的舰船种类比较单一,没有大型的水面舰艇,主要的军用海军武器是潜艇、轻型护卫舰和导弹巡航舰。其中海豚级舰艇是以色列海军的主要潜艇,不仅可以执行反潜任务,还可以执行侦察、监视等任务,经过改装之后可以发射核武器,使以色列具有第二次核打击能力。此外,以色列海军也装备有"萨尔-5"轻型护卫舰。近期,以色列从德国引进四艘尖端的"萨尔-6"巡洋舰,将于2019年投入使用。

二 以色列军事工业体系的主要特征

以色列的军事工业,在经历几个阶段的发展之后,目前已成为世界上排名靠前的军事出口国。通过对国防工业的资金和技术投入,使得军事工业有能力进行军工产品的科研,生产先进的武器装备;通过对外军火出口,赚取外汇;通过合作研发等形式,促进国防科技的进步和出口的增加;军事领域与民用领域的对接融洽提升了以色列的科技竞争力。以色列目前的军事工业在世界上处于领先的地位,其中网络安全领域、无人机驾驶领域等行业处于世界顶尖水平。

(一)军工产品以出口为导向

以色列是世界上重要的军事出口国。以色列军事工业并不仅仅是为了服务于以色列国防部,其军事产品出口创汇,成为以色列经济发展的重要组成部分。以色列军事工业公司走在创新前沿的同时,也意识到国际市场是增长和盈利能力的催化剂。[1] 目前,以色列军事工业70%~75%的军火用于出口,军火出口成为以色列外汇的主要来源。[2] 以色列武器装备出口约占该国整体出口的

---

[1] "Defense, Innovation and Development: The Case of Israel," *Cairn. INFO*, http://www.cairn.info/article_p.php?ID_ARTICLE=JIE_012_0037.
[2] 转引自刘卿、翟东升《以色列国防工业发展的策略选择》,《西亚非洲》2004年第1期,第33页。

10%，军事产品出口很广泛，包括导弹、军事电子设备、小型武器、火炮和空军设备等，2007～2011年以色列出口的军事产品排在前三的分别是传感器占32%、装甲车22.8%和导弹22.8%。① 而且自2007年以来，以色列每年出口的金额约为65亿美元。2012年，其1000多家国防企业创下新纪录，出口价值75亿美元的武器。② 近年平均每年出口额约70亿美元，约占全部销售额的85%，主要出口目标是亚洲和拉丁美洲国家。2004～2011年，以色列签署了价值129亿美元的武器转让协议，世界排名第八。发展中国家是以色列的主要出口对象，2004～2011年以色列与发展中国家签订的武器转让协议达87亿美元，在这期间实际武器成交额达47亿美元。③ 2014年以色列国防部国防产品出口管制局（DECA）共收到48000个、出口到190个国家的防御设备、系统和产品出口许可证的申请，比2013年增长70%。④

由于国际武器行业的竞争加剧，自2012年以来，以色列军事工业出口连年减少。军事工业领导人在2015年向总理内塔尼亚胡汇报说，表示他们处于"明确的危机"之中。2016年，以色列的国防出口额回升，增长到65亿美元，比上年增长8亿美元，是2013年以来最大的出口数量。⑤ 对此，米歇尔·本·巴鲁赫（Mishel Ben Baruch）准将表示："我们对以色列国防工业在2016年交出如此的成绩而感到自豪。这证明我们成功地以合作的形式使国防出口总量实现了显著的提升。"⑥ 据以色列国防出口和合作部门统计，以色列的出口大部分涉及飞机和空中系统、无人机、通信系统、防空系统、雷

---

① "Military Industry," *Global Security*, https://www.globalsecurity.org/military/world/israel/industry.htm.
② Haggai Franks, Zdenek Klima & Yossi Goldstein, "The First Israeli Weapons Procurement behind the Iron Curtain: The Decisive Impact on the War of Independence," *Israel Studies*, Vol. 22, No. 3（Fall, 2017），p. 8.
③ 《以色列是世界主要武器出口国和进口国》，中华人民共和国驻以色列国大使馆经济商务参赞处，2012年8月30日，http://il.mofcom.gov.cn/article/jmxw/201209/20120908319134.shtml.
④ 《以色列国防产品出口许可证申请增长70%》，中华人民共和国驻以色列国大使馆经济商务参赞处，2015年6月4日，http://il.mofcom.gov.cn/article/jmxw/201506/20150601002444.shtml.
⑤ "Israel Science & Technology: Defense Industry," *Jewish Virtual Library*, http://www.jewishvirtuallibrary.org/israeli-defense-industry.
⑥ 《以色列2016年国防出口新增协议额达65亿美元》，《以色列时报》2017年3月30日，http://cn.timesofisrael.com/以色列2016年国防出口新增协议额达65亿美元/.

达、电子战套件、精密武器和先进的保护系统。① 2015 年以色列军事产品出口比例见图 1。

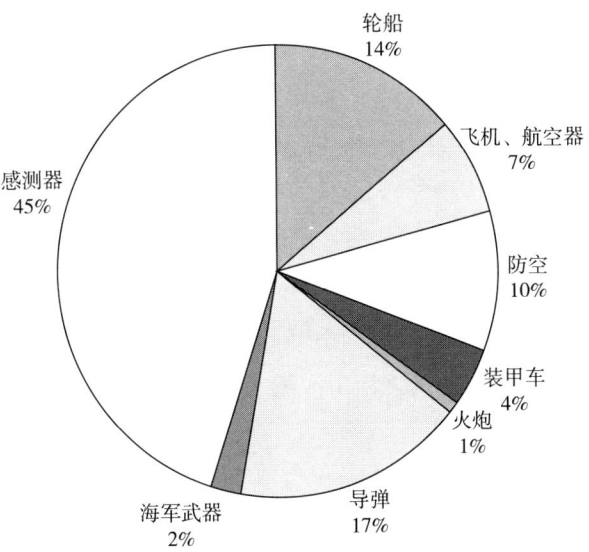

图 1　2015 年以色列军事产品出口比例

资料来源："Defense Research and Development（R&D）in Israel：An Overview," *International Strategic and Security Studies Programme*, July 27, 2016, http：//isssp.in/defence-research-and-development-rd-in-israel-an-overview/。

（二）注重国际防务合作

由于历史的创伤和更具体的安全威胁，以色列与其他国家的防务合作在建国时就已存在。巴以之间的冲突是以色列防务的首要任务，也是加紧军事工业建设的重要原因。

1. 与美国开展防务合作

建国早期，以色列与美国并没有密切的防务合作，直到 20 世纪 70 年代，

---

① Yaakov Lappin, "Israel Exported 5.66 Billion Dollars of Defense Goods in 2014," *The Jerusalem Post*, May 21, 2015, http：//www.jpost.com/Israel-News/Israel-exported-566-billion-dollars-of-defense-goods-in-2014-403756.

美国和以色列的军事合作主要集中于战争策略、技术和军事能力领域。然而，随着美国在中东政策的倾斜，以色列与美国逐渐成为战略合作伙伴关系。近些年以色列与美国在军事方面合作很多，2007年以色列国防部批准"铁穹"系统的研发，2010年5月，美国总统奥巴马向国会要求提供2.05亿美元的资金以推动生产和部署"铁穹"计划，白宫发言人汤米·维埃托说："总统意识到哈马斯和真主党向以色列发射导弹和火箭弹的威胁，因此决定向国会寻求拨款以支持以色列名为铁穹的短程火箭弹防御系统。"① 2016年美国国会以压倒性的投票通过奥巴马的国防政策法案，通过6亿美元预算加强对以色列导弹防务合作，其中2.687亿美元作为美以火箭和导弹防御计划的研发经费，6200万美元用于采购"铁穹"火箭弹防御系统，1.5亿美元用于采购"大卫投石索"中程导弹防御系统，1.2亿美元用于采购"箭-3"（Arrow-3）远程导弹防御系统。②

2017年美国与以色列签署了一份价值380亿美元的军事援助备忘录。这笔资金包括330亿美元的对外军事援助资金以及50亿美元的导弹防御资金。根据协议内容，美国将从2019财年开始，每年向以色列提供38亿美元的军事援助资金，这是美国历史上签署的最大一份对外军事援助备忘录。美国对以色列军事援助的前提条件之一是以色列必须购买美国制造的军事物品，据统计，目前以色列26.3%的美国军事援助是从美国国内防务公司购买。③ 2017年11月份，美国通过国防授权法案，其中包括7.05亿美元的美以导弹防御合作。④

2. 与欧洲开展防务合作

以色列建国早期主要和西欧的英国、法国等国家防务合作密切，20世纪60、70年代由于阿拉伯国家的施压，法国和英国与以色列之间的防务合作逐

---

① 付光文：《当代以色列军队武器装备》，第124页。
② 《美国通过6亿美元预算加强对以导弹防务合作》，《以色列时报》2016年12月9日，http://cn.timesofisrael.com/美国通过6亿美元预算加强对以导弹防务合作/。
③ Toi Staff, "US, Israel Agree on ＄38 Billion, 10-year Defense Deal-TV Report," *The Times of Israel*, September 12, 2016, https://www.timesofisrael.com/us-israel-agree-on-38-billion-10-year-defense-deal-tv-report/.
④ Michael Wilner, "Congress Removes Israeli Missile Defense Funds from US Wartime Budget," *The Jerusalem Post*, November 17, 2017, http://www.jpost.com/American-Politics/Despite-Trumps-objections-Congress-passes-Israeli-missile-defense-aid-using-wartime-funds-514513.

渐受到阻碍。近几年，由于欧洲难民危机以及恐怖袭击造成的恐慌，欧洲国家的防务支出和国防预算显著增长，据悉2015年和2016年之间欧洲的国防支出增长3%。以色列与欧洲国家的合作越来越多，以色列向欧洲国家提供技术解决方案，主要用于监测非法入境、打击恐怖主义和防范网络威胁等。2015年欧洲成为以色列武器出口的第二大目的地，2015年比2014年出口多了两倍，欧洲国家与以色列的防务交易出口额从2014年的7.24亿美元增加到2015年的16亿美元。① 其中2016年，以色列与欧洲签订的出口总协定中包括：飞机和空中系统占20%，监测和光学武器占18%，导弹和防空系统占15%，武器弹药占13%，雷达技术占12%，情报和信息、网络系统占8%，无人机占7%。②

以色列与欧洲的防务合作并不仅限于西欧国家，东欧国家也是以色列武器出口的重要对象。由于2014年以来的乌克兰危机事件中俄罗斯和美国的不作为，导致东欧国家开始意识到他们需要建立自己的安全防卫机制。波兰和匈牙利民族主义正当的崛起也促使他们加强自己的军事防务能力，近年来，东欧国家武器购买逐渐提升，其中对重武器和通信防卫系统的进口成为重点。

3. 与亚洲开展防务合作

亚洲是以色列国防产品出口的主要地区，其中印度与以色列的防务合作尤为紧密，购买的以色列军事产品比重较大，成为亚洲国家中的翘楚。近年来，印度已经成为以色列军事装备的最大买家之一，年度交易额超过10亿美元。近年来以色列的国防军事工业的出口和研发与印度的关系密切，以色列成为继俄罗斯之后印度的第二大军事合作国。自2006年以来，以色列和印度军工企业联合研发了一系列先进武器或设备，包括远程地对空导弹、中程地对空导弹、新型的"斯派德"（Spyder）地对空导弹、双色导弹预警系统等。对此，印度军方人士认为，"与其他国家相比，以色列将最好的技术给了印度"。③ 以

---

① Elai Retting & Yotam Rosner, "Europe's Challenges Open the Market for Israel's Arms Industry," *INSS Insight*, No. 965, August 21, 2017, http://www.css.ethz.ch/content/dam/ethz/special-interest/gess/cis/center-for-securities-studies/resources/docs/INSS%20Insight%20No.-965.pdf.
② Elai Retting & Yotam Rosner, "Europe's Challenges Open the Market for Israel's Arms Industry," *INSS Insight*, No. 965, August 21, 2017, http://www.css.ethz.ch/content/dam/ethz/special-interest/gess/cis/center-for-securities-studies/resources/docs/INSS%20Insight%20No.-965.pdf.
③ 参见贾森《以色列与印度关系：历史与现状》，载张倩红主编《以色列发展报告（2017）》，第254页。

色列学者认为"军火贸易和防务合作是以色列和印度关系改善的主要动力"①,2017年4月,以色列航空工业公司与印度政府签署价值16亿美元的中程地对空导弹订单合约。另外,拉斐尔高级防务系统与印度签署了4亿美元的军火合同,并认为印度是其重要的战略合作伙伴。②据以色列航空工业公司的消息,这是公司历史上最大的单笔订购合同。

此外,以色列与日本的防务合作在近些年也持续升温。自2014年以来,以色列与日本举行了一系列网络安全部长级对话,两国在网络安全、人工智能和机器人技术等领域展开了密切的合作。

(三)注重科技研发投入

自从1948年以色列建国以来,以色列就面临着诸多的安全风险,以色列政府对军事研发和高科技领域的研发给予很多关注。对于研发的支持不仅增加了以色列军事武器的科技含量,也提高了以色列科技和军事产品的出口,促进了以色列经济的发展。这种技术优势也弥补了以色列在地理和人口上的不足。近年来以色列在军事和技术领域投入了大量的资金和人力成本,以色列的科技研发经费在经合组织国家中长期居于前列。据统计,2014年以色列的科技研发领域的投入高达103.58亿美元,是经合组织国家中最高的。③

由于以色列面临地缘政治上的威胁,以色列政府非常注重对军事产品的研发和投入,军事消费一直很高,2013年以色列的军事消费占政府支出的14.1%,2014年由于受到"护刃行动"的影响,上升至14.5%,2015年下降至13.2%(见图2)。多年来,以色列在国防开支上投入巨大,这也促进许多创新产品的发展,特别是小型军事工业、激光、雷达、无人机,无人水面飞行

---

① Arielle Kandel, "The Significant Warming of Indo-Israel Relations in the Post-Cold War Period," *Middle East Review of International Affairs*, Vol. 13, No. 4 (December, 2009), p. 70.

② Anna Ahronheim, "Israel's Defense Ties with India Booming like Never Before," *The Jerusalem Post*, May 19, 2017, http://www.jpost.com/Israel-News/Defense-ties-with-India-booming-like-never-before-492237.

③ "Defense Research and Development (R&D) in Israel: An Overview," *International Strategic and Security Studies Programme*, July 27, 2016, http://isssp.in/defence-research-and-development-rd-in-israel-an-overview/.

器和个人设备等。根据 SIBAT 国际防务合作 2015～2016 年的国防目录，以色列国防工业的主要产品和研发领域集中在以下方面，航空航天领域：飞机制造，航空电子设备和机载设备、无人机和空间技术和弹道导弹防御系统（BMD）等；海军部队：海军舰艇和舰载装备、海军防御和攻击系统、声呐系统等；陆军：坦克和装甲战车、个人防护设备、电子战和反制措施、步兵装甲、防空系统和浮空器系统、小型武器等；无人系统与机器人：无人驾驶飞行器、无人地面车辆、机器人等；C41（指挥、控制、通信、计算机和情报）：军事通信系统和设备、情报；光电产品：日/夜 E.O 系统和激光器、导弹组件、热成像等；服务：国防顾问和培训，涉及工程和规划等。① 以色列的军事研发涉及军事领域的诸多方面，为以色列和其军事公司提供了技术和竞争优势。大部分出口的军事产品和装备，特别是传感器、导弹和飞机都从研发工作中获得了相当大的投入。此外，以色列也是国防服务的主要出口国。

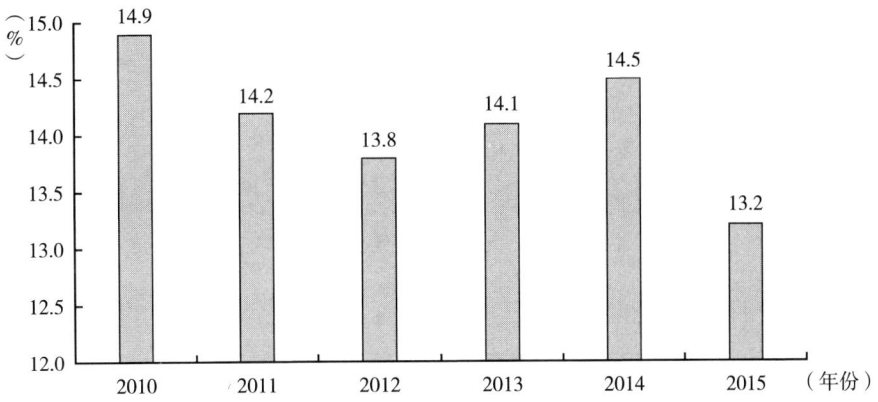

图 2　2010～2015 年以色列军事消费占政府支出的百分比

资料来源："Defense Research and Development (R&D) in Israel: An Overview," *International Strategic and Security Studies Programme*, July 27, 2016, http://isssp.in/defence-research-and-development-rd-in-israel-an-overview/。

---

① "Homeland Defense Directory," *SIBAT*, July 8, 2015, http://www.sibat.mod.gov.il/Industries/directory/Documents/Homeland%20Defense%20Directory.pdf#search=2015%2D2016%20defense%20content.

以色列的军事企业不仅生产出一些高精尖端的武器,而且也生产出了配合现代军事作战的高科技的军事指挥系统。比如以色列陆军现在装备的 C^4ISR 系统,就是由埃尔比特系统公司、拉斐尔公司和塔迪兰通信公司组成的联合财团生产。在军事工业中,以色列总是吸纳各方面的管理和技术人才,注重培养科技人才并吸引世界科技人才。通过引进移民大量吸纳国外军事技术人才,并把有专长的专家和学者安排到重要的军工部门,推动先进武器系统的研制生产。

2014 年以色列的军事支出大约 230 亿美元,占 GDP 的 5.2%,2016 年军事支出占 GDP 的 5.8%,2016 年以色列是世界第 15 大军事消费国,其军事支出在 2007~2016 年增加了 19%,达到 180 亿美元,在前 15 大军事消费国中位居第二。① 2017 年第一季度,以色列的军费开支上升到 26.5%,达到 47 亿美元,民用领域的开支增加 7.3%;所有领域的支出增加 11.5%,达到 691 亿新谢克尔。②

以色列军事工业的发展与技术创新分不开,军事技术创新成为以色列军事工业的策略,而高校和科研院所成为以色列技术创新的重要阵地。以色列有十多家著名的军工科研机构,如以色列武器研究中心、航空航天学会、魏兹曼科学研究院等,并拥有各类军事院校 30 所。据悉,2015 年以色列高科技企业共接受了 1009 项由高校等科研机构提供的创新报告,比 2014 年提升 18%,其中高校的创新数量为 517 项。③ 以色列国防军在本·古里安大学旁边的科技园建立通信基地,依托本·古里安大学的科研力量,促进产学研的一体化发展。

(四)注重军民融合发展

"军民融合"是指将国防军事技术应用于经济建设和科技创新当中,以满

---

① Nan Tian, Aude Fleurant, Pieter D. Wezeman & Siemon T. Wezeman, "Trends in World Military Expenditure, 2016," *SIPRI Fact Sheet*, April 2017, https://www.sipri.org/sites/default/files/Trends-world-military-expenditure-2016.pdf.

② Hagai Amit, "Treasury Figures for First Quarter 2017 Show Budget Deficit Widening as Government Expenses Climb and Growth in Tax Receipts Shows Signs of Slowing," *Haaretz*, April 13, 2017, https://www.haaretz.com/israel-news/business/fiscal-pressures-grow-as-defense-disability-spending-rise-1.5460518.

③ "Survey of Knowledge Commercialization Companies in Israel 2014–2015," Israel Central Bureau of Statistics, Press Release, May 22, 2016, http://www.cbs.gov.il/reader/cw_usr_view_SHTML?ID=434.

足军事和民用两种需求，实现军民双赢的模式。以色列由于特殊的外部环境，早在20世纪就开始了军民融合，正如以色列前国防部发言人沙洛姆·德罗尔（Scholomo Dror）说："军队和私营企业之间的相互合作是以色列模式的关键特征。"① 直到现在，以色列的国防部门一直是并且仍然是以色列民用经济溢出效应的重要来源。

来自军事领域的以色列民用商业领域为第一代高科技企业奠定了基础。20世纪80年代一批从军队退役的技术人才进入经济科技领域，得到了以色列政府的支持，为以色列科技工业奠定了基础。早期以色列军事产业转向民用领域最重要的是网络安全领域和电信部门，到目前为止，以色列的网络安全技术在世界上处于领先地位。20世纪90年代，以色列军事技术的民事应用领域越来越宽泛，据一位当时的分析师列出了10项直接的应用包括"织物和水果的辨别系统、语音记录、无线寻呼、汽车定位"等。② 冷战结束后，以色列的国防支出削减，这直接导致以色列国防科技工业的生存和发展受到严重的挑战。于是，以色列国防部门将工作中心转移到民用产品的研发上。由于近些年，军事硬件市场萎缩，以色列的军事工业聘用研发团队设计非军事产品，使其更好地适应民用国防技术的应用。

以色列的一些民用公司如互联网行业、医疗电子产品和机器人等领域设计的高科技产品大都是基于国防工业最初的开发技术（见表2）。事实上，以色列的民用高科技产业，特别是在电信领域开发的许多具有创意性的产品，大都可以追溯到军事技术的起源。以色列重要的军事工业公司拉斐尔长期研发民用军事技术。以色列最大的军工企业以色列航空工业公司一直是商用飞机的供应商，此外，以色列军事工业企业还研发了电子钱包和电脑支付系统。2000年以色列航空工业公司的民用研发内容占据公司业务的40%。2016年7月，以色列的国防电子公司埃尔比特，利用在能源领域的先进技术建立一个基于自己的运输能源技术的新公司，这家新公司主要为民用运输应用开发能源提供解决

---

① 〔以〕顾克文、〔以〕罗雅区、王辉耀：《以色列谷：科技之盾炼就创新的国度》，肖晓梦译，机械工业出版社，2016，第82页。
② Priscilla Offenhauer, "Israel's Technology Sector," Federal Research Division Library of Congress, November 2008, p.97, http：//citeseerx.ist.psu.edu/viewdoc/download? doi = 10.1.1.908.3156& rep = rep1&type = pdf.

方案。① 军用技术向医药领域的渗入，为医学领域提供了先进的科技，其中拉斐尔建了拉斐尔开发公司（Rafael Development Corporation）公司用于授予军用技术转移的许可。拉斐尔下属的子公司加利尔（Galil）医药公司专注于创伤手术装备，并开发了不同医学成像设备之间的对接界面。

表2　军事研究与民事应用领域的融合

军事领域	主题	民用产品	军事领域	主题	民用产品
航　空	结构和空气动力学	商用飞机的研发	控制器	平衡环控制	医学扫描仪
电子工业	雷　达	航管雷达	微电子	传感器与信号处理	医疗设备
通　信	编　码	手机和网络	计算领域	软　件	互联网软件
电场光学	图像处理	图像处理打印机	农业工程	快速防卫工事	机械挖掘机

资料来源：Sharon Sadeh, "Israel's Beleaguered Defense Industry," *Rubin Center*, March 5, 2001, http：//www.rubincenter.org/2001/03/sadeh - 2001 - 03 - 05/。

此外，人工智能领域也是军民融合的重要领域。在当今世界，人工智能用于军事领域成为一种趋势，人工智能在以色列军方的应用越来越广泛，国防军内部已广泛采用了人工智能技术，以色列军方将源自民用市场的技术用于现代战场上。以色列军方与摩托罗拉合作生产的智能手机应用于军方，这款智能手机能够让士兵在智能手机上收到无人机拍摄的图片，也可以给受伤士兵拍摄照片或提取指纹。本·古里安大学近期发明了一款可以应用于多领域的智能相机，用于安全领域，增强人脸面部识别，项目负责人雨果·古德曼（Hugo Guterman）说："这项发明有很多用途，从智能安全摄像机到手机或电脑的人脸识别系统，增强现实和视频游戏应用和军事用途。"② 以色列国防军认为，以人工智能来理解数据，将极大提升国防军在战场上的优势。以色列国防军在预防性维护方面也取得了进展，并在坦克、卡车等其他设备上安装了传感器，人工智能对于提高以色列国防军的效力和效率有着很大的潜力。

---

① "Israel's Elbit sets up Energy firm for Civilian Transportation," *Reuters*, July 7, 2016, https：//www.reuters.com/article/elbit-systems-energy-transportation/israels-elbit-sets-up-energy-firm-for-civilian-transportation-idUSL8N19T13E.

② "Israeli Tech to Neutralize Shadow in Smart Face Recognition Imaging," *IHLS*, March 3, 2017, https：//i-hls.com/archives/81695.

以色列在推动军转民的过程中注重国防企业的高技术优势，引导其发挥自身技术优势，而以战略新兴产业为首的高科技领域是以色列军转民的重要切入点。以色列有相当一部分高科技行业工作者曾服役于以色列军方科技部门，军工院所成为以色列创新的重要保障（见图3）。军工企业的竞争优势就是先进的技术，而利用技术的优势可以有效地弥补成本和市场能力等的不足。国防部门培养的优秀科技人员进入民用科技领域，为以色列高科技行业提供技术支持和人力资本。军人在服役期间积累的"军事资本"① 为高科技领域的退伍军人和雇员做出了贡献。以色列高科技行业初创公司工作者中具有军事背景的人占比例很高（见图4），没有军事背景的主要是以色列阿拉伯人和哈雷迪犹太人。以色列军人在服兵役期间接受的专业培训，社会关系和社会规范影响了高科技领域的劳动力和高科技产业的组织和运作文化。以色列军事工业的转型和发展成就了今天以色列的商业和技术强国地位。

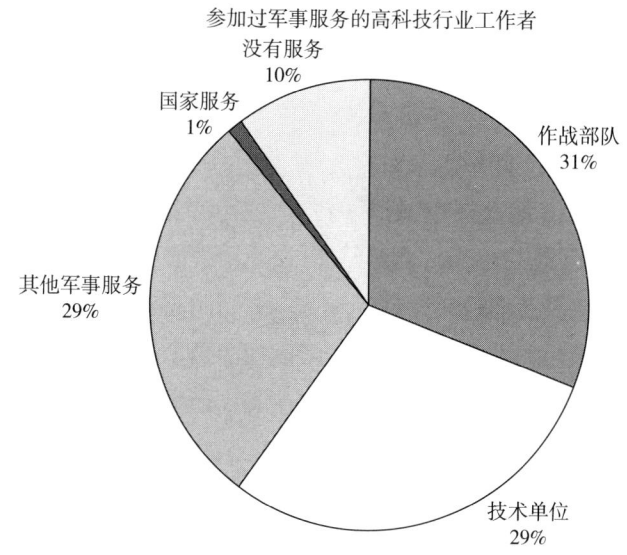

图3　以色列高科技行业雇员的军事背景

资料来源：Ori Swed & John Sibley Butler, "Military Capital in the Israeli Hi-tech Industry," *Armed Forces & Society*, Vol. 41, No. 1 (2015), pp. 123 - 141。

---

① 军事产业的社会化过程培养了人力资源的新技能（人力资本），新的社会网络（社会资本）和新的社会规则和行为规范（文化资本），这三种因素集合到一起被定义为军事资本。

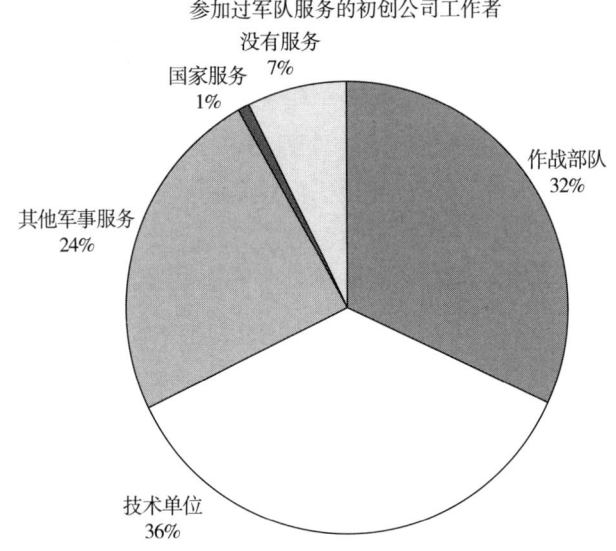

图 4　以色列高科技行业雇员的军事背景

资料来源：Ori Swed & John Sibley Butler, "Military capital in the Israeli Hi-tech Industry," *Armed Forces & Society*, Vol.41, No.1 (2015), pp.123-141。

以色列军民对接融洽的原因有以下几个方面。首先，以色列政府大力引导军事企业转向民用领域，促进军民融合共同发展。在政府的政策引导下，以色列的很多国防企业按照技术相近的原则组建了相应的民用集团，带动了一大批国防相关产业的形成，国防部门为以色列民用行业提供技术支持和人力资本，以色列国防军在一定程度上充当了技术创新的催化剂角色。其次，以色列军队中接受军事科技培养的军人在退伍之后会利用在军队中学到的科技进行创业和生存，军人在服役期间积累的"军事资本"为高科技领域的退伍军人和雇员做出了贡献。军事技术"出口"到民用领域，军民对接良好，尤其是高科技领域之间的军民对接融洽。再者，以色列国防军的社会化功用，是以色列军事技术转向民用的重要推力。以色列的军转民模式推动以色列国防工业成为以色列国民经济的支柱产业，这种鼓励企业利用国防投资技术将成果转化为民用产品的模式，在保证国防工业发展的同时，又为国家解决了就业、赚取外汇等问题。

在高新技术研发和应用上，以色列的军转民高效融合是典范，以色列通过发挥高科技的优势，推动国防高科技产业和国民经济的快速发展。很多高校和企业都为军队服务，大量军用技术也转为民用。军工技术转民用具有广阔的空间，对于国民经济具有直接、明显的拉动意义。这不仅使以色列形成了较强的科技转化能力和改革创新能力，涌现出以色列航空工业公司、以色列军事工业公司、拉斐尔武器开发公司等世界知名的大型军民两用企业，也使得以色列成为全球高科技创新最为发达的国家之一，堪称中东地区第一军事强国。

（五）注重网络安全

随着信息化和全球化的快速发展，互联网成为国计民生行业的重要支撑，尤其是在中东地区，严峻的安全问题也辐射到网络领域。伊朗等阿拉伯国家和世界上反以色列的黑客频繁对以色列进行网络攻击。据统计，以色列每一分钟就遭受约1000次的网络攻击。[1] 以色列处在恶劣的地缘环境下，强烈的不安全感从根本上塑造了以色列国家的安全思维模式，以色列非常注重网络安全产业的发展。网络安全不仅仅是网络本身的安全，网络安全就是国家安全、社会安全、基础设施安全，城市安全、人身安全等更为广泛意义上的安全。近年来，以色列的网络安全产业迅猛发展，成为以色列国防产业和高科技产业的重要领域。以色列网络安全产业的成功在于建构了一套完整的网络安全生态系统，将政府、产业界、学术界以及军情部门等优势资源整合为一体，彰显了以色列网络安全产业军民融合发展的特殊性。[2] 早在2002年，以色列政府就决定在总理办公室下设国家网络局；2012年1月，以色列内阁批准了建立国家网络局的提议，以规范和管理网络空间活动。2016年4月，以色列国家网络安全局正式作为政府机构在以色列开始运行，其目的是保护以色列重要基础设施、使其免受快速发展的网络空间威胁的危害，其首要职能是从国家层面对网络空间进行指导、管理和执行所需要的防御和运营工作，应对网络攻击实施全面和持续的防御反应，包括实时处理网络空间威胁和网络事件、制定当前形势评估、搜集和分析情报，与安全情报机构一起合作。以色列的网络安全技术在

---

[1] Chana Ya'ar, "Israel Hit by 1,000 Cyber Attacks per Minute," *Israel National News*, February 1, 2012, https://www.israelnationalnews.com/News/News.aspx/152320.
[2] 艾仁贵：《以色列的网络安全问题及其治理》，《国际安全研究》2017年第2期，第66~89页。

世界范围内占据前沿，2016年以色列艾贝欧系统公司（Aperio）研发出当今网络安全的重要技术以减少黑客攻击基础设施造成的损失，这项技术使艾贝欧系统公司被认定为2017年最具创新能力的初创企业。① 2016年以色列网络安全产业出口额占全球10%的市场份额，成为仅次于美国的世界第二大网络安全产业强国。② 2017年以色列航空工业公司将网络安全作为公司的战略领域和发展引擎，该公司网络部门总经理埃斯蒂·佩辛（Esti Peshin）表示以色列航空工业公司的网络业务自2013年公司成立以来持续迅猛发展。截至2017年年底，以色列共有420家活跃的网络安全公司，其中70家为新公司，而这一数字在2016年为80家。在70家公司中，三分之一从事互联网设备等新领域的工作。③

以色列网络安全产业的成功在于建立了一整套完备的网络安全生态系统，将政府机构、产业界、学术界以及军情部门等优势资源整合为一体，它既包含以色列高科技产业"三螺旋"创新运行模式的普遍性，也彰显了以色列网络安全产业军民融合发展的特殊性。④

三 以色列军事工业对国家发展的贡献

自以色列建国以来，国家安全一直是以色列最为重视的。恐怖主义的肆虐、地缘政治的不稳定、周围阿拉伯世界的敌视、西岸和加沙地带的动荡不安等，这些成为以色列国家安全的重要威胁。历任以色列政府领导人都认为以色列的安全需要靠自己以及强大的军事力量。以色列健全的军事工业体系以及先进的武器研发和生产体系，不仅对于维护以色列的国土安全提供重要的保障，而且对于以色列在国际舞台上的政治和外交都提供了坚实的后盾。此外，军事产品的出口也为以色列带来了大量的外汇红利，为以色列国民提供了大量的就

---

① "APERIO won the CyberTech 2017 Startup Competition," *Israel Defense*, February 2, 2017, http://www.israeldefense.co.il/en/node/28421.
② "Israeli Cybersecurity Industry: Looking back at 2016," *The Cyber Research Databank*, http://cyberdb.co/israeli-cybersecurity-industry-looking-back-at-2016/.
③〔以〕索珊娜·所罗门：《以色列网络安全领域2017年共融得8.145亿美元》，《以色列时报》2018年2月4日，http://cn.timesofisrael.com/以色列网络安全领域2017年共融得8.145亿美元/。
④ 艾仁贵：《以色列的网络安全问题及其治理》，《国际安全研究》2017年第2期。

业岗位，成为国民经济的发展的重要组成部分。

第一，维护国家安全。独立健全的军事工业是维护以色列国家安全的重要保障。由于以色列同周边国家的敌对关系，以色列长期处于安全的担忧当中，几次大的中东战争以及无数次的小规模战役使得以色列认识到优势的军事力量对于维护国家安全的重要性。以色列在建国不久就开始着手建立自己的军事工业，生产部分的轻武器，并对重型武器进行维修保养，从而形成了军事工业的雏形。以色列政府加大了对军事工业的支持，通过自主的武器研发，研发出一系列先进的武器，减少对外国军事武器的依赖，维护了武器来源的稳定性。

以色列除了自己建立独立的军事武器的研发体系，也与美国、欧洲等军事强国进行合作研发。目前以色列在国内用来防御拦截导弹系统的"铁穹系统"就是在美国的资助下，由以色列的拉斐尔公司研制而成。"铁穹系统"是以色列多层防御的关键，主要用于拦截低层和导弹防御保护伞，到目前为止，"铁穹系统"已经显示出了其军事价值，在对以色列发射的各种类型的火箭进行了1500次的拦截，其直接命中率高达90%[1]，大大提升了以色列防御能力。2017年，"大卫投石索"中远程导弹防御系统正式投入使用，以色列高层认为"大卫投石索填补了以色列安全防御的关键缺口，新系统的投入使用使得以色列比任何时候都更安全"。[2]

第二，对国民经济的贡献。以色列在军事研发上的投入在世界上居于领先，其军事工业，军队和政府紧密地连接在一起。其先进的军事产品成功出口到世界其他国家，军事产品的出口在一定程度上抵消了以色列贸易的不平衡，是以色列国民收入的重要来源。以色列银行行长曾说："在外债和通货膨胀严重的情况下，只有一个因素使以色列免遭破产，那就是输出军火赚取美元。"[3]

1973年战争结束之后，以色列的军事工业快速增长，军事出口的销售额

---

[1] Udi Etsion, "Iron Dome Showcased as US Military Gathering Launched," *Ynet News*, October 10, 2017, https://www.ynetnews.com/articles/0,7340,L-5026778,00.html.

[2] Ryan Maass, "Israel's David's Sling Missile System to be Operational Weeks," *UPI*, March 21, 2017, https://www.upi.com/Defense-News/2017/03/21/Israels-Davids-Sling-missile-system-to-be-operational-in-weeks/9631490112459/.

[3] 万安民、任翔宇：《以色列：军事工业日渐崛起》，《解放军报》2001年2月7日，第12版。

在20世纪70年代初到90年代末增长了25倍,从20世纪70年代初的4000万~7000万美元增加到1997年的15.2亿美元。① 2012年以色列国防出口总额达75亿美元,随后在2013年下降至65亿美元,2014年下降至55亿美元,而2015年以色列的国防出口只有大约40亿~45亿美元。2016年,以色列的国防出口额回升,增长到65亿美元,在2016年的65亿美元的防务出口中,其中亚太地区与以色列达成协议最高,共计约26.11亿美元,欧洲地区协议额共约17.95亿美元,北美洲约为12.65亿美元,拉丁美洲则约为5.5亿美元,非洲最少约为2.75亿美元。以色列媒体认为"新签合同数量的增加表明了全球走出衰退的趋势,特别是在欧洲和北美,在面临日益严峻的安全挑战的情况下增加了国防预算支出。"②

第三,以色列的军事工业提供了大量的工作岗位,国营军工企业是以色列军事工业的支柱,共有职工4.5万人,占军事工业职工总数的40%以上,约占全国工业职工总人数的15%。③ 20世纪80年代以色列航空工业公司雇用人员达到14000人,21世纪初,以色列军事工业的就业人员达到5万人,大都从事高技术的职业。④

第四,增强政治和外交影响力。以色列的军事出口不仅为以色列带来大量的经济收益,而且也增强了以色列的国际影响力。从历史的角度看,以色列与其他国家建立紧密的外交关系,在很大程度上是由军事出口促进的。20世纪80年代以色列学者亚伦·科尔曼(Ahron Klieman)将以色列的武器出口外交归纳为"静默外交"或"幕后外交"。⑤ 由于以色列有限的政治、经济和外交

---

① Sharon Sadeh, "Israel's Beleaguered Defense Industry," *Rubin Center*, March 5, 2001, http://www.rubincenter.org/2001/03/sadeh-2001-03-05/.

② Anna Ahronheim, "Israel Military Exports rise to $6.5 Billion," *The Jerusalem Post*, March 30, 2017, http://www.jpost.com/Israel-News/Politics-And-Diplomacy/Military-exports-rise-to-65-billion-485574.

③ 付光文:《当代以色列军队武器装备》,第4页。

④ Hanan Sher, "Facets of the Israeli Economy-The Defense Industry," *MFA*, June 1, 2002, http://www.mfa.gov.il/MFA/MFA-Archive/2002/Pages/Facets%20of%20the%20Israeli%20Economy-%20The%20Defense%20Industr.aspx.

⑤ Alvite Singh Ningthoujam, "Return of Israel's Arms Sales Diplomacy," *The Jerusalem Post*, June 24, 2013, http://www.jpost.com/Opinion/Op-Ed-Contributors/Return-of-Israels-arms-sales-diplomacy-317587.

手段导致以色列利用武器销售和其他军事援助促进外交运作。

以色列与美国、欧洲国家以及印度之间的防务合作，在一定程度上密切了以色列与合作国之间的政治联系。以印度为例，在过去的十年，印度已经成为以色列最大的武器出口市场，以色列的军事产品的30%出口到印度，两国之间在军事方面合作紧密，从联合研发到信息共享，尤其是2014年大选之后纳伦德拉·莫迪（Nerandera Modi）的当选，使两国之间密切的军事关系转化为牢固的政治联系。而"以色列和印度之间的防务关系，特别是武器销售，一直是繁荣伙伴关系的重要组成部分"[①]。国防军队军事工业的支持不仅使得以色列能够同其他国家进行外交和商业上的交流，而且以色列也从武器的出口中获得政治收益。由于以色列高质量的武器装备，以色列的军事工业在世界范围内赢得较高的声望。以色列防务产品的出口提升了以色列在全球防务市场的影响力，增强了以色列的政治和外交影响力，是以色列拓展外交的重要工具。

---

① Nicolas Blarel, "India-Israel at 25: Defense Ties," *Middle East Institute*, April 4, 2017, http://www.mei.edu/content/map/india-israel-25-defense-ties.

外 交 篇
Foreign Policy

B.13 处于关键战略节点的以色列

〔以〕阿摩司·吉利德（Amos Gilead）　〔以〕汤米·斯坦纳（Tommy Steiner）*

摘　要： 目前，以色列正经历着其自建国以来最为积极的战略前景与防卫状况。然而，以色列目前积极的战略前景，可能会迅速

---

* 〔以〕阿摩司·吉利德，退役少将，以色列赫茨利亚跨学科研究中心（IDC Herzliya）政策与战略研究所（Institute for Policy and Strategy）执行主任、赫茨利亚年会（Annual Herzliya Conference Series）主席。在2017年担任现职前，吉利德少将在以色列国防军中服役30年之久，曾任以色列国防部政策与政治—军事事务部（Policy and Political-Military Affairs）主任。吉利德少将担任过的职务包括情报研究与分析部门主管（Chief of the Intelligence Research and Analysis Division）、以色列国防军发言人、边界行动政府协调员（Coordinator of Government Activities in the Territories）以及前总理伊扎克·拉宾的军事顾问（副官）；〔以〕汤米·斯坦纳，以色列赫茨利亚跨学科研究中心政策与战略研究所高级研究员。斯坦纳的研究主要聚焦于欧盟和北约同以色列、地中海地区以及广大中东地区的关系。作为赫茨利亚年会创立团队的成员之一，斯坦纳在2007~2013年管理着年会，在此期间，赫茨利亚年会开始被认定为最顶尖的国际政策会议。目前，斯坦纳在IDC劳德政府、外交与战略学院（Lauder School of Government, Diplomacy & Strategy）教授国际关系与安全研究。斯坦纳还曾担任以色列大西洋论坛（Atlantic Forum of Israel）执行主任，为增进北约—以色列关系做出了贡献，曾获得希伯来大学莱昂纳德·戴维斯国际关系研究院（Leonard Davis Institute for International Relations）颁发的约瑟夫·哈尔卡比奖。

转变。发展中的全球与地区战略前景，正在为以色列创造出复杂的环境：以色列既拥有无法预估的机遇，又面临着能够对以色列构成生存威胁的潜在危机。以色列所面临的不断增长的主要威胁，是伊朗及其由俄罗斯支持的代理组织。本文将从以色列的视角探索全球与中东地缘政治发展趋势，考察以色列源自伊朗的主要战略威胁。文章最后将讨论以色列如何在推动自身以及国际与地区发展的前提下，解决这一威胁。

关键词： 以色列　战略前景　生存威胁　伊朗

引　言

目前，以色列正经历着其自建国以来最为积极的战略前景与防卫状况。此刻，以色列并未面临生存威胁——既没有大规模杀伤性武器带来的威胁，也没有试图联合起来击败以色列的阿拉伯国家联盟所造成的威胁。以色列的战略力量——军事、外交以及经济实力——都空前强大，并以几个关键因素为基础。首先，以色列拥有强大且决定性的军事力量和武装。其次，以色列可以从与美国政府的友好关系中获益。自20世纪70年代起，美国和以色列就结成了特殊关系，而在特朗普政府治下，这一特殊关系达到顶峰。这一关系又推动了以色列战略力量中的第三个关键性优势——其同美国所领导的逊尼派阿拉伯联盟（U. S. -Led Arab-Sunni Coalition）之间不断强化的战略关系。高增长率的强大经济和得到改善的国民经济收支平衡，都让以色列备感自豪，而后者已经提升了以色列的国际信用指数。

然而，以色列目前积极的战略前景，可能会迅速逆转，并最终被证明只是假象。发展中的全球与区域战略前景，在创造出前所未有机会的同时，也暴露出足以导致生存威胁的潜在危机。

以色列主要面临的逐步增长的威胁，是伊朗及其受到俄罗斯支持的代理组织。这个战略威胁的形成，主要有两条路径。首先，伊朗正在利用"伊斯

兰国"所留下的地盘,实现其"什叶派新月带"的战略观——这是一块受伊朗影响和赞助的、毗连的狭长地带,它自伊朗的西部边界起,经由伊拉克,直通叙利亚和黎巴嫩,而后两个国家将成为伊朗在以色列边界的前哨站。其次,伊朗继续寻求发展核武器和远程弹道导弹,包括装载核弹头的弹道导弹(尽管美国已经采取制裁)。按照伊朗自身的解释,其核计划已经被迫推迟至《联合全面行动计划》(JCPOA)结束,而伊朗方面并未放弃拥有核武器的打算。

当前,以色列与伊朗之间的政治平衡,反映了一种反作用关系(reverse linkage)——以色列强势的威慑姿态迫使伊朗及其代理组织避免使用武力。然而,伊朗投入了大量资源以发展常规与非常规的攻击性设施,以削弱以色列的威慑效应。

伊朗人通过集中力量扩大弹道导弹射程,以及强化其在"什叶派新月带"的存在(尤其是在叙利亚、黎巴嫩),巩固同俄罗斯的合作,强化自身的实力,这对以色列提出了战略挑战。一旦伊朗继续其拥核计划,就会对以色列构成生存威胁,而这个生存威胁将会严重损害以色列的防卫构想,导致以色列面临恐怖袭击浪潮,并同时遭遇多个层面的武装打击。

本文将从以色列的视角探索全球与中东地缘政治发展趋势,考察以色列源自伊朗的主要战略威胁。文章最后将讨论以色列如何在推动自身以及国际与地区发展的前提下,解决这一威胁。

一 全球舞台与中东的战略轮廓

(一)充满不确定因素年代里的全球系统

全球经济危机爆发十年之后,其战略意义仍旧影响着国际系统。危机成了分水岭。亚洲经济体——主要是是中国和印度——重回其全球重要经济体的历史地位。它们成了世界重心和全球经济增长的主要引擎。以美国和欧洲国家为主的西方发达国家,则面临着自20世纪20~30年代以来从未经历过的经济衰退。

民粹主义煽动性言论浪潮之所以席卷诸多国家,经济危机是主要但非唯一的动因。信息革命和社交媒体的迅速扩散，同样增强了分裂政治认同的民粹主义浪潮，它歌颂民族、认同冲突，并造成了不可避免的彼此对抗。这些进程重塑了西方的政治，甚至还在史无前例的、席卷中东的暴力中扮演了重要角色。

西方的民族主义或沙文主义的民粹主义，导致全球战略环境出现了实质性的改变。民粹主义浪潮增强了一种变化无端的、不可预知的公众观念，它增加了国际系统的不确定性。英国脱欧公投、法国总统马克龙在赢得选举之后的救济措施，都反映了当前西方公众观念中的不稳定因素。

民粹主义提出了一个狭隘的、短视的民族利益观，即质疑民族尊重国际承诺、满足国际期待的能力和意愿。领导人和公众意愿对于履行国际义务的阻碍，尤其是那些要求部署军队的呼声，削弱了西方的实力与影响力。

"马克龙效应"以及对于柏林—巴黎轴心推动欧盟前进的期待，反映出这样的共识：欧洲可以不再过度依赖美国。欧洲在过去十年里经历了一系列危机，尽管欧盟的经济指数有了显著提升，但现在断言欧洲是否已经达到摆脱这些危机的转折点，仍旧为时过早。跨大西洋联盟（Transatlantic Alliance）自第二次世界大战以来就型塑了国际准则，在未来，它的角色仍旧难以捉摸。

不过，中国和俄罗斯对各自有关全球秩序看法的诠释，存在显著差异。中国非常欣赏推动迅速崛起的全球化进程，并因此希望保持现有秩序，带有显著中国特色的全球倡议——"一带一路"倡议——反映并强化了这个趋势。

与之相反的是，俄罗斯认为，全球化是对克里姆林宫掌控俄罗斯市场能力的威胁。而且，两国各自的经济现状区别很大。中国经济持续增长，俄罗斯的经济则面临着大量挑战，其所依赖的能源收入，看起来难以为继。

曾有期待认为，随着特朗普胜选，美国和俄罗斯将会缔结更为亲密的关系，然而这并未成为现实。俄罗斯的强势以及其试图干预美国与欧洲选举政策的行为，限制了特朗普政府的操作空间。此外，一些人期待中的中美对峙局面并未出现。特朗普政府在国际礼仪和目标方面的不明确，导致国际系统中的不确定性增加，同时也可能导致容易被忽视的国际危机。

国际系统的不确定性，推动了全球力量之间的利益与实力关系转变，也推动着全球力量和地区力量之间的利益与实力关系转变。这种复杂的战略远景，不仅给各国领袖提出了极具挑战性的、复杂的抉择，还创造了史无前例的机遇。

(二）中东作为武力肆虐的竞技场

自2010年起席卷中东的混乱局面,已经从各国革命与内战,发展成为一系列将全球与区域力量、恐怖组织与网络,以及民族团体卷入其中的武装暴力。

地区的伊斯兰系统——包括国家与非国家组织——由四个团体构成：

①由沙特阿拉伯和埃及领导的实用主义逊尼派国家（Sunni pragmatic countries）；

②由伊朗领导的什叶派轴心,包括阿萨德政权、黎巴嫩真主党、伊拉克什叶派武装以及也门胡塞武装；

③由土耳其和卡塔尔领导的穆斯林兄弟会运动（Muslim Brotherhood movement）；

④"伊斯兰国"和萨拉菲派/圣战主义者组织。

在这个系统中,不稳定而又逐步壮大的因素是伊朗,它通过开展实力斗争,寻求获得地区霸权。"伊斯兰国"失去领地,俄罗斯—伊朗在叙利亚冲突中明显占据上风,这两者为伊朗提供了实现愿景、建立"什叶派新月带"的战略机遇——这是一条受伊朗影响和赞助的狭长地带,它西起伊朗西部边界,经由伊拉克,向东延伸到叙利亚、黎巴嫩以及地中海沿岸。在"伊斯兰国"失去领地后,美国目标的不确定,又加强了伊朗实现其愿景的决心。

而且,伊朗政权由极端意识形态所驱动,它没有放弃自身发展核武器,并以此作为其地区霸权基础的想法,只不过临时将之延迟了而已。俄罗斯对什叶派轴心的支持,推动了伊朗决定通过提供其先进的斗争经验、在黎巴嫩建立自己的武装力量等方式,来支持真主党——尽管这种支持是间接的。沙特阿拉伯无力挫败胡塞武装这个伊朗的什叶派盟友,这又向伊朗证明了即使将在苏丹、厄立特里亚、吉布提和索马里等红海东岸国家的影响力放弃给沙特阿拉伯,他们依然能够实现自身的想法。

此外,伊朗在面对逊尼派阿拉伯对手,尤其是沙特阿拉伯时,在长期的社会经济发展趋势上占据优势地位。全球能源市场的戏剧性转变显著减少了产油国的收入。石油收入占沙特国民收入的2/3。对石油收入的高度依赖,致使沙特王国尤受冲击。与此相反的是,伊朗对石油收入的财政依赖要低得多,该项收入只相当于其公共开销的1/3。此外，伊朗已经从其被认为是全世界最大的储气田开采了天然气。在此背景下，由沙特王储领导的改革（《2030愿景》）的施行，将会决定王国的未来，以及逊尼派阿拉伯国家联盟与伊朗领导的什叶派轴心之间的实力竞争的未来。

很多逊尼派阿拉伯国家已经被迫减少了建立以旧的能源产品与服务业补贴，转而补贴食品产业和水资源。逐步增长的青年人口失业率甚至有可能更快攀升。中东地区的气候变化尤为显著——这块区域正变得越发炎热干燥，水资源短缺既不利于农业生产，又加剧了中东地区内部的移民趋势。生育率居高不下的同时，各国政府又无力提供足够的工作、食物和水资源，这极有可能导致公众抗议、公共秩序混乱，以及包括以色列邻国在内的阿拉伯国家政权的不稳定。部分国家已经开始着手解决因叙利亚乱局而逃至本国的难民问题。

叙利亚乱局并没有明显的结束迹象，即便乱局结束，叙利亚"迷惘一代"的问题也极有可能导致叙利亚成为一个动摇邻国的问题国家。同时，俄罗斯已经确立了其作为叙利亚主要代理人的地位。俄罗斯已经确保了阿萨德政权的延续，并推动了伊朗在叙利亚的影响力进一步提升。

目前，有两个比较衰弱、但仍与以色列相关的穆斯林集团留存了下来。穆斯林兄弟会，连同其巴勒斯坦衍生物哈马斯，在近些年失去了大部分实力与影响力。然而，当逊尼派国家面临可能进一步增长的社会经济挑战时，公众对运动的支持，将促成不可忽视的潜在政治力量出现。

尽管"伊斯兰国"已经失去了其在伊拉克和叙利亚的大部分地盘，它仍旧会作为一个全球性恐怖组织和蛊惑人心的意识形态出现。

二　危机与机遇的平衡：以色列可能的回应

（一）对伊朗威胁的应对

目前，以色列正经历着其自建国以来最为积极的战略前景与防卫状况。此刻，以色列并未面临生存威胁——既没有大规模杀伤性武器带来的威胁，也没有试图联合起来击败以色列的阿拉伯国家联盟所造成的威胁。然而，以色列目前的战略前景可能会因突如其来的剧变，被证明只是表面现象。演变中的全球战略格局以及地区战略远景，都在为以色列创造一个复杂的境况：以色列既面临着前所未有的机遇，也存在可能具体化的潜在危机，而一旦该危机具体化，以色列就将面临生存威胁。

伊朗及其以以色列为目标的代理组织的军力建设，是以色列的首要战略威胁。它以两条并行的路径为基础。首先，伊朗正在巩固其作为"什叶派新月带"代理机构轴心的地位，利用"伊斯兰国"所留下的界限并不明确的土地。伊朗试图将叙利亚转变成其对以色列进行军事打击的前沿基地，而这将会推动黎巴嫩和叙利亚真主党的军力建设。而真主党还会同意在叙利亚戈兰高地的边界线设立一个新的针对以色列的军事前沿阵地。

第二条路径在当前基本暂停，即伊朗对核武器的诉求。尽管被迫冻结核计划，伊朗政权受极端意识形态驱动，仍旧决定发展核武器。此外，尽管美国采取制裁手段，伊朗仍旧继续发展能够携带核弹头的远程弹道导弹。

一旦伊朗在两条路径上都取得成功，以色列将会面临生存威胁。伊朗对核武器的诉求会严重破坏以色列的威慑姿态，并使其暴露于恐怖浪潮和暴力对抗之下，甚至有可能在多条战线同时面临威胁（以色列—叙利亚边界、以色列—黎巴嫩边界以及加沙地带）。因此，伊朗积极支持真主党在黎巴嫩、哈马斯在加沙地带的军事建设。未来同真主党和（或）哈马斯之间的军事对抗，将会让以色列花费比此前多得多的代价。

伊朗的威胁，要求以色列在三个并行不悖的领域进行努力：

①谨慎处理与涉足中东的国际力量之间的关系；

②妥善利用与逊尼派阿拉伯联盟之间的关系，并推动自身与巴勒斯坦之间的和平进程；

③保持并发展其军队的战斗力、反应速度以及威慑力量。

（二）以色列与中东的国际力量

国际力量涉足中东，已经成为影响该地区实力平衡的关键因素。特朗普政府已经宣布了同以色列之间的友谊。两国在很多年的时间里保持着友好关系。美国和以色列对于来自伊朗的威胁看法一致。特朗普总统宣布了推动和平进程，以及支持逊尼派阿拉伯联盟的雄心，此举成为以色列的一个战略资产，以色列应当善加利用，以深化其同美国之间不成文的战略盟友关系。

尽管如此，以色列仍旧必须认识到美国在中东的影响力正在逐步衰退，美苏关系——尤其是美苏在叙利亚和中东环境中的关系——也因此会直接影响以色列维系其安全和地区利益的能力。

近年来，以色列已经开始寻求同俄罗斯之间的合作以及政策协调。尽管俄罗斯同伊朗进行战略结盟，并支持阿萨德政权，但其军事介入叙利亚乱局，仍旧提升了以色列对于深化这种合作与协调的兴趣。而俄罗斯则已在言语和行动中都清楚地表示，它认可并尊重以色列在叙利亚地区的利益。或许，这一关系能够反映出，中东复杂的地区形势既带来了危机，也创造了机遇。同时，俄罗斯同伊朗结盟，也可能会加剧伊朗及其代理组织给以色列带来的威胁。然而，俄罗斯在以俄关系（以及在同逊尼派阿拉伯联盟中几个关键国家的关系）中的明显利益，创造了一个通道，尽管它很有限，却能够影响俄罗斯的战略定位。伊朗同俄罗斯之间的对话，可能会使得"什叶派新月带"的建立，以及将叙利亚转变成为前沿军事基地的活动，变得更加艰难，代价也随之增大。

尽管中国正逐步增强自身在全球事务中的参与度，并寻求调整世界秩序的原则，其对中东的介入，以及在中东地区的战略目标，都还比较有限。在中东，中国力图以"一带一路"倡议为关键特征，打下深刻的经济烙印。中国正聚焦于推动"一带一路"倡议，并在双边基础上，同包括以色列在内的关键国家，增强经济合作与商贸关系。但是，中国看起来对于依靠自身影响力重塑中东战略远景还没有表现出巨大的兴趣，至少在可以预见的未来，它并不打算这么做。

欧洲介入中东的程度之低是空前的，而其该地区对其造成的威胁，以及欧洲因源自中东的危机而遭受的损失，又因非法移民和"伊斯兰国"所刺激的恐怖主义而大大提高。尽管在战略和外交层面表现弱势，欧盟仍旧在建立针对伊朗的国际制裁方面扮演了关键角色，而这一制裁恰恰迫使伊朗重回谈判桌。尽管同欧盟之间在巴勒斯坦问题上存在很深的矛盾，以色列仍旧应该利用欧盟在反恐协作方面的兴趣，就所有来自伊朗方面的威胁，保持同欧盟对话。以色列可以通过其同几个欧盟成员国之间特殊的战略关系，同希腊和塞浦路斯两个欧洲近邻较近的地理距离，以及同几个欧洲国家之间紧密的三边关系，来追求实现该目标。

（三）以色列、逊尼派阿拉伯联盟与和平进程

近年来，以色列已经同逊尼派阿拉伯联盟中的几个关键国家，建立了史无前例的关系，而逊尼派阿拉伯联盟的背后，则有美国支持。以色列同这些国家之间的关系，是以色列和逊尼派阿拉伯联盟对抗他们所共同面对的威胁——伊朗及其代理组织——这一宏观战略意图的基础。

也不能过高地估计以色列—阿拉伯关系的深度、战略价值和长期发展潜力。逊尼派阿拉伯国家领导人肯定以色列的能力以及同以色列关系的潜在实用意义。这些双边关系拥有各自的战略等级，它们都以双方的共同利益和威胁为基础，而共同的威胁包括伊朗及其代机构，以及逊尼派的一些激进因素——穆斯林兄弟会、"伊斯兰国"和萨拉菲/圣战组织。

阿拉伯国家领导人承认以色列作为盟友的价值，而以色列则肯定阿拉伯国家对于其国民安全的所做的贡献。以色列同包括巴勒斯坦民族权力机构在内的阿拉伯直接近邻的合作，能够减少以色列人流血，降低其财富损失。以色列同埃及和约旦之间的安保关系已经提升到了很高的水准，尤其是以色列的东部防线已经穿过约旦和伊拉克的边界。

尽管拥有实质利益和巨大潜力，以色列—阿拉伯关系的根基仍然并不深厚，且易受风暴动摇，它就像一棵只有单一根脉的树。然而，一些以色列高官似乎对这个关系怀有不切实际的期待。阿拉伯国家确实热衷于推动和平进程，并终将支持和平进程。但同几位以色列高官的希望相违的是，阿拉伯国家领导人对国内的公众意愿很敏感，这将促使其不会实践有关巴勒斯坦人的计划，也不会在和平进程没有实质性发展的前提下，巩固同以色列之间的正常关系。因此，以色列必须在特朗普政府和阿拉伯国家的支持下，首先尽全力推进和平进程。

三个原因决定了重启并推进和平进程的必要性。首先，现状的稳定是不可靠的，甚至可能是无法延续的。巴以达成广泛协议的可能性仍旧偏低，而缺乏稳定的政治/外交稳定性，又增加了战争爆发的可能性。暴力升级将会影响以色列武装力量为应对伊朗威胁所做的准备。巴以对峙将会损害以色列同阿拉伯世界敏感的关系，并导致地区局势的迅速恶化。而伊朗会利用这样的偶然性事件削弱以色列。

其次，长期来看，如果以色列和巴勒斯坦之间没能达成分治决议，那么"一个国家"的双民族解决方案可能会成为不可避免的结局。很明显，"一个国家"方案不能解决问题，就认同感而言，它对以色列而言更像是战略的、关乎存在的威胁。因此，罕有具备影响力的巴勒斯坦人相信，这样的结局更有利于巴勒斯坦人的利益，这一点并不让人惊奇。而且，巴尔干半岛民族斗争的历史经验证明，巴以之间达到分治的临界点，可能会导致极度不稳定的暴力情况。

再次，只要巴以之间无法在美国和阿拉伯国家的支持下达成协议，以色列就无法完全兑现其同阿拉伯世界之间关系的巨大潜力，也无法充分利用这些关系来对抗伊朗及其代理组织。更何况，这些关系将会同美国的支持一起，创造延续乃至推进和平进程的唯一机会。

然而，也是时候再度审视和平进程的指导理念，并重新评估近期推动和平进程的努力所留下的经验教训了。此前三个由美国主导的倡议，均以对《奥斯陆协定》所取得的阶段性成果进行严厉批判为基础。这些近期的努力，均试图达成广泛的协定，并解决所有突出的核心争议。例如，美国前国务卿克里的倡议没能打破数个核心争议的僵局，包括耶路撒冷的状态、约旦河谷的安保措施以及共同承认。由于双方领导人都不愿冒险，彼此妥协、达成全面协定的可能性很低。不过，在不远的将来，和平进程将仍旧是外交的焦点。

（四）以色列军队对伊朗及其代理组织威胁的应对

在同伊朗及其代理组织进行对峙时，以色列最主要的资本就是其军队。以色列军队的力量为战争所做的准备，创造出了强大的威慑力，这促使伊朗和真主党避免同以色列展开直接军事对峙。很明显，以色列的威慑姿态同样使得伊朗在叙利亚采取审慎立场。由于这种威慑力，战争爆发的可能性并不高。然而，该地区的不稳定，又增加了偶然性。

因此，以色列的武装力量必须强化并发展其威慑形象、高等级的警惕性和反应速度，并优先发展军力建设，以有效应对主要战略威胁，以及全新领域的军事行动。

电子信息领域正在成为主要的，甚至是唯一的军事行动领域，它可以直接影响到以色列安全与利益。先进的科技能力赋予了以色列在电子信息领域的优势地位。然而,以色列对计算机系统的高度依赖,是其在信息技术领域的主要风险。

结　语

建国七十周年的以色列有许多值得骄傲之处。以色列打破重重困难、获得独立的故事是举世瞩目的,它也发展出了空前的战略、军事和经济力量。然而,正如本文所述,以色列所面临的挑战与威胁也会破坏它的成就,还可能会让以色列面临生存威胁。为了应对这些挑战与威胁,以色列不得不利用其战略资产,并在空前混乱的中东,富有智慧地规划自己的道路。

（本文译者李舒扬,河南大学以色列研究中心博士生;本文译校艾仁贵,河南大学以色列研究中心副教授）

B.14 2017年以色列与美国的关系

〔以〕奥代德·埃兰（Oded Eran）*

摘 要： 自1948年以色列建国以来，美国一直在不同程度上作为以色列地缘战略概念和大厦的基石存在。以色列接受了美国在其中作为调停者和主持者的角色。而当美国政策制定者试图扩大他们的作用时，耶路撒冷和华盛顿之间就出现了摩擦。在经历了奥巴马2009~2017年总统任期内以美关系的高度紧张后，特朗普总统的上台无疑实现了以美关系的缓和。两国政府之间的沟通得到了改善，也因此有能力解决分歧。但是，也应当指出，两国政府的密切关系并不代表相同的战略目标和政策，两国在外交政策问题上可能还存在分歧，然而除了美国，以色列没有更好的盟友。

关键词： 以美特殊关系　特朗普　美国犹太人

一　背景

2016年美国总统大选后，白宫迎来了一位不同寻常的主人——唐纳德·特朗普。不同于第二次世界大战以来的任何一位美国总统，特朗普既没有竞选过任何公职，也没有在公共服务部门工作的经验。这一事实在他初任美国总统

---

* 〔以〕奥代德·埃兰，以色列国家安全研究所高级研究员，曾任以色列国家安全研究所主任、世界犹太人大会驻以色列代表和世界犹太人大会以色列分会秘书长。他曾在以色列外交部担任过各种职务，例如以色列驻约旦大使和驻欧盟（包括北约）代表，以及以色列与巴勒斯坦谈判小组的负责人。

的第一年产生了影响,因此,在分析2017年美国与以色列的关系时不容忽视这一点。

传统上,美国外交政策的形成是众多因素综合作用的结果,既有总统个人对国内外形势的判断和美国国会的意见,也有政府相关机构的专业建议和对当时经济状况的评估,还要考虑其他国家对美国的决策和行动的潜在回应。在处理外交事务时,特朗普在决策和执行方面都与众不同。尽管可以说,美国总统在外交事务上的个人角色原本就很突出,而在处理美国和以色列关系时,特朗普的个人印迹更加明显。

在1948～1967年的第一阶段中,两国关系建立在政治亲和力和强大的美国犹太社团支持的基础之上。自1967年以色列对苏联支持的埃及和叙利亚军队发动"六日战争"后,以美关系显著增强。这开启了双方紧密安全合作的新篇章,其特征是以色列国防军的军备来源从原先的法国和英国几乎完全转向美国。同时,美国更多地参与中东事务,积极寻求政治解决方案。1979年埃及与以色列和平条约显然是美国外交上的成功,这一协议的达成建立在埃及与以色列领导人的初步决定和共同意愿的基础上。这一观察对于了解美国在以色列及其邻国之间缔造和平的作用至关重要。以色列接受了美国在其中作为调停者和主持者的角色。而当美国政策制定者试图扩大他们的作用时,耶路撒冷和华盛顿之间就出现了摩擦。

特朗普上台前,奥巴马主政八年,在此期间,美国与以色列之间的关系曾降至历史低点。1948年以色列建国后,几乎在历届美国总统任期内,以美两国的双边关系都出现过紧张期。原因主要是双方在对待阿以冲突的态度和解决阿以冲突的方式上存在分歧。当然也有例外,例如,以色列曾计划向中国出售机载预警和控制系统,但遭到美国阻止……当然,跟奥巴马总统和内塔尼亚胡总理之间长达八年的摩擦比起来,这些都不过是转瞬即逝的小插曲。

奥巴马总统和内塔尼亚胡总理最大的分歧在于双方对巴以冲突和伊朗核问题有着截然不同的看法。内塔尼亚胡总理曾接受了两国方案,将其视为解决巴以冲突的一种途径,也曾应奥巴马总统要求,暂停西岸和耶路撒冷的定居点建设10个月,意在推动阿巴斯参与和平谈判。

尽管如此,美国政府并不掩饰对以色列的批评态度。奥巴马任期内的最后几周,美国在联合国安理会对以色列定居点问题的谴责议案上投了弃权票。此举不仅破坏了双方领导人之间的个人关系，也加剧了两国在伊朗问题上的公开分歧。同时，美国还试图联合中国、俄罗斯、英国、法国和德国，共同达成一项终结伊朗核武器开发的协议。对此，以色列持反对态度，公开抵制该协议，尤其是内塔尼亚胡总理，他甚至不惜当着美国参众两院的面，公然冒犯奥巴马总统。

因此，当2016年美国总统大选的两名候选人——主要是唐纳德·特朗普——所表达的政治观点不同于即将卸任的奥巴马政府时，以色列政府如释重负。与奥巴马不同，特朗普明确反对和伊朗达成的《联合全面行动计划》（JCPOA）。除了承袭"每位美国总统候选人都要确保以色列的安全"这一传统外，在未对以色列提任何要求的情况下，特朗普还提出希望以色列和巴勒斯坦能够达成一项协议，并承诺将美国驻以色列大使馆从特拉维夫迁至耶路撒冷。

以色列的战略平衡除了深受巴以冲突和伊朗核问题的影响外，也受到了中东其他重大事件发展的影响。例如，"阿拉伯之春"对中东地区和美国中东战略的袭扰便影响了奥巴马执政时期的以美关系，并且，这种影响可能会持续到特朗普执政的未来几年。过去的几十年里，美国在中东事务上奉行主动外交和军事介入，但从奥巴马的第二任期开始，美国逐渐从中东地区抽身，此举已经引发一些中东盟友的高度关注。

二　以色列与特朗普执政第一年

以色列的一项分析显示，特朗普当政第一年，以色列民众对他的支持率和反对率基本持平，即便在他竞选总统时曾公开表示过支持的以色列人当中，支持者和反对者同样参半。这也与特朗普和奥巴马对待"巴以冲突"和"伊朗核问题"这两大问题的政治态度截然不同有关。

特朗普任命了一支团队，旨在为巴以谈判搭建合适的平台，却被巴勒斯坦方面指责为亲以色列。这支美国团队尽心尽职地在以色列及其周边地区进行了翔实的调查，在以色列方面看来，此举为巴以双方增进了解打下了良好的基础。但巴勒斯坦民族权力机构与美国关系的恶化却给那些企图介入巴以问题的潜在势力留下了插手的空隙。

以色列蓝皮书

自1967年"六日战争"以来,以色列已经明确表示过,愿意同邻国进行直接谈判,但当事态发展到了需要第三方调解的地步时,只接受美国作为第三方介入。因此,美—巴关系破裂可能会给以色列带来一个新的问题。例如,2018年初,美国冻结了对联合国近东救济工程处(UNRWA)的援助资金,理由是这些资金和物资违背了和平与宽容的原则,该组织因此失去了一些来自美国的资助。要知道,联合国近东救济工程处在巴勒斯坦难民营内的一些活动对维持难民的生活十分重要。尽管巴勒斯坦是否愿意、是否能够与以色列进行谈判——哈马斯和法塔赫两大组织为此争论不休——这一问题的答案还有待商榷,但可以确定的是,缺乏与以色列的直接对话使得巴勒斯坦一直在国际组织中推动反以色列的决议。资金缺乏可能会在短期内恶化巴勒斯坦难民营的现状,而联合国近东救济工程处则会被指责为这一状况的间接帮凶。

美国总统承认耶路撒冷为以色列的首都,并将美国大使馆迁往耶路撒冷,该决定受到以色列和美国境内绝大多数犹太人的欢迎。却给巴勒斯坦方面造成了很大的伤害,虽然大多数阿拉伯国家对此的反应较为温和。美国将驻以使馆迁往耶路撒冷的这一做法其长远影响仍有待观察。

在笔者为《以色列蓝皮书》撰写本文的这段时间,特朗普总统正在考虑是否退出伊朗核协议,而他的决定将基于该协议是否会按照他满意的标准进行修订。等蓝皮书出版的时候,这一谜题大概已经有了答案。但是,由于该决定会对中东和其他地区产生重大影响,我们还是有必要仔细思考一下这个问题。

美国在《联合全面行动计划》中的立场反映了特朗普总统的个人观点和内塔尼亚胡总理的某些看法。与奥巴马执政时期相比,美国当前的态度显然更好。显然,美国在伊朗和朝鲜核问题上的一贯立场符合以色列"防止中东地区的核武器扩散"这一既定政策。但从以色列的角度看,美国的战略仍存在问题。例如,特朗普总统正在利用退出《联合全面行动计划》来威胁对手,以期更改某些不尽如人意的协议条款,该策略在某种程度上可能会有用。但是,假如特朗普真的背离了美国曾在《联合全面行动计划》中做出的承诺,伊朗就有可能会终止执行协议,这将给包括以色列在内的所有相关国家带来严重后果。也有一些以色列的专家认为,即使《联合全面行动计划》不修改、不添加任何内容,这份协议的存在也聊胜于无。此外,尽管目前以色列和美国的立场相似,但并不能保证未来会一直如此。一旦伊朗退出《联合全面行动计划》，做出《计划》所禁止的核举动，美国和以色列就会做出回应。假如这真的发生了，那么以色列的首要任务就是保卫自己的家园。但根据以往类似的情况，以美两国在评估和回应方面是有分歧的。例如，1981年6月，以色列摧毁伊拉克建造的核反应堆，受到美国的指责；2007年，以色列知会美国，称叙利亚正在秘密建造核反应堆，虽然美国总统布什最终默认了以色列在当年9月对叙利亚核设施的打击，但该行动一度遭到美国高层的反对。在美国看来，此次伊朗核问题的情况将不同于1981年的伊拉克或2007年的叙利亚。面对这一挑战，以色列需要进行一项复杂的工作，而不仅限于单一的军事行动，这可能会引发区域和国际政治的波动，进而影响美国的利益。在这种情况下，以美双方或许并不能保证会在利益、目标、手段等问题上达成共识。

美国与中国、美国与俄罗斯之间日益紧张的关系暂时还没有对以色列产生什么影响，因此，现在衡量所谓的"中美贸易战"的影响还为时过早。但很明显，在世界贸易的大环境下，美国所做出的决策并没有考虑到其盟友和贸易伙伴的利益。同样，美国在制裁俄罗斯的时候，也并没有特别注意以色列与俄罗斯之间的敏感关系。事实上，有相当多的犹太人既生活在俄罗斯也生活在以色列，加上俄罗斯对叙利亚问题的介入，并且俄罗斯有能力向以色列的敌对势力出售武器装备，这些因素都使得以色列在面对涉及俄罗斯利益的问题（诸如乌克兰问题）时，采取不同于美国和欧盟的态度。

三 特朗普当选和美国犹太社团

美国犹太社团不仅是世界上规模第二大的犹太人群体，它还在以色列的建国、发展和维持战略平衡方面发挥着重要作用。美国各类犹太组织为增强新生以色列国家的实力积极活动，而犹太社团对以色列的支持主要就是通过这些组织进行的。其中美国以色列公共事务委员会（AIPAC）在发展以美关系方面最为知名，但值得注意的是，它绝不是一个以亲以色列为单一目标的游说团体。这些组织明显都得到了来自美国政界犹太人的支持，它们的影响力不仅限于犹太社团内部，而是遍及全美，这一点从美国国会和政府部门的犹太成员数量就可以看出来。然而，美国犹太社团和以色列方面也在日渐担忧，随着时间的推移，这种情况可能会发生改变。

传统上,美国犹太社团对总统大选投票的模式一直是相似的。例如,在奥巴马竞选期间,尽管他被强大的犹太组织视为有史以来最反对以色列的总统,但作为民主党候选人,奥巴马仍然获得了约七成美国犹太人的选票。特朗普时期也是如此。虽然特朗普看起来持亲以色列的立场,但由于他曾大肆攻击民主党对手希拉里·克林顿,还是招致了民主党犹太人的敌意和疏远。加上他还在不断攻击美国体制,这种敌意有增无减。此外,年青一代的美国犹太人越来越崇尚自由,他们有意识地保持疏离特朗普总统的态度。这样一来,观察2018年美国国会中期选举和州长选举的结果,衡量特朗普的中东政策对美国犹太人投票模式的影响就成为一个很有趣的话题了。

结 论

在奥巴马担任美国总统的八年时间里,美国的中东政策发生了明显转变。经过几十年的诉诸武力和主动外交以后,美国转向了"幕后领导",并减少在中东地区的投资。中东能源对美国经济的重要性在下降,加上美国在该地区政治和军事投资收益在减少。这种转变始于奥巴马的第一个任期,而特朗普似乎正在追随这一趋势。

"阿拉伯之春"和宗教激进主义的兴起迫使美国无奈地增加了在中东的军事部署。尽管抗击伊斯兰国是特朗普外交政策的主要目标之一,但该组织一经失去其所占领土以后,他便马上宣布从叙利亚撤军。然而,当法国总统马克龙对美国进行国事访问并表现出在伊朗问题上的积极姿态后,美国给伊朗留下战略真空的潜在后果可能就不在特朗普目前的考虑范围内了。

伊朗核问题依然是美国在中东地区关注的重点,早在作为总统候选人的时候,特朗普就已经明确宣布拒绝接受目前的伊朗核协议。

美国对中东重大战略问题看法的转变以及这些转变对美国中东政策的影响都增加了以色列应对中东新形势的难度。一方面,特朗普执政后以美关系有了很大改善;另一方面,美国在中东地区影响力的降低使得伊朗及其代理人更加大胆,借机增强他们掌控地区局势的广度和深度。美国降低在中东的姿态,这出乎中东盟友们的预料,引发了他们的担忧。在美国的中东盟友们看来,他们有必要联合起来,以应对伊朗及其代理人带来的挑战。近年来,以色列和海湾国家之间展开了某些试探性、私密性和限制性的对话,此举很可能受到过美国的暗中鼓励。另外,在阿拉伯世界的议程中,巴勒斯坦问题的重要性不断下降,也使这种交流成为可能。然而,这种正在发展中的对话还不能被看作美国权威的替代品。

随着特朗普担任美国总统,2017年的以美关系急剧升温。在价值观和现实利益层面上,以色列与美国国会的关系一如既往地牢固。尽管当前的以美关系还面临着不少挑战,但就目前双方交往的深度来看,这些挑战似乎不足为惧,以美两国的发展前景是乐观的。

(本文译者吴丁洋、韩博雅,郑州大学历史学院世界史专业硕士生;本文译校疏会玲,华侨大学国际关系学院讲师)

B.15
当前的以色列与法国关系

杨 彪[*]

摘　要： 近年来以法两国关系呈现波浪式发展。"添加标签"政策给两国关系发展蒙上一层阴影；恐怖主义和日渐抬头的法国极右翼势力加剧了法国犹太人的不安心理，导致法国犹太人持续向以色列移民，以色列政府大规模接纳法国犹太裔移民直接影响了以法两国关系的发展；法国支持通过2334号决议使得两国围绕定居点问题也产生了分歧；近年来随着美国在中东影响力的减弱，法国试图以大国身份对阿以双方施加影响，力图主导中东和平进程，而以色列对法国力图主导的中东和平进程的态度反应冷漠；近日以法两国又在耶路撒冷问题上出现新的分歧。这些都在一定程度上影响了两国关系的正常发展。但是马克龙总统执政后两国关系开始回暖，以法两国政治经贸密切往来给两国关系的发展注入了新的活力，在反恐问题上的现实利益以及经贸合作又使两国搁置争议而寻求共识与合作。本文主要从当前的以法关系着眼，梳理了以色列与法国关系的分歧与矛盾，从不同方面对以法关系产生嫌隙进行了阐释分析，并对以法两国关系未来发展趋势做简要展望。

关键词： 以法关系　马克龙政府　影响因素　反犹主义

---

[*] 杨彪，郑州大学历史学院犹太—中东史方向博士生。

一 以法关系的历史回顾

（一）以法同盟关系的形成与发展

以色列自建国以来着力发展与大国的关系，强邻环伺的地缘政治使以色列深刻意识到大国的支持是其生存和发展的关键因素，特别是在立国初期极力借助大国的支持，才能巩固新生政权，保持与周边阿拉伯国家的对抗优势。在与欧洲大国的对外关系中，以色列非常重视发展与法国的关系。实际上，在建国初期与以色列关系最密切的大国并不是美国而是法国。杜鲁门和艾森豪威尔时期的美国对以色列的态度相对冷淡，因为这一时期美国的中东战略意在联合阿拉伯世界组成一个中东反苏阵线来阻止苏联势力渗透到中东。美国先后推出了"中东司令部计划"和"巴格达条约组织"两个方案，这两个方案的实施需要阿拉伯国家的积极配合，而新成立的以色列国对美国的中东战略有多大价值尚不明朗。此外，为了落实其以美国中东战略为内容的中东，美国积极倡导和平解决阿以冲突，要求以色列在巴以问题上做出让步，与阿拉伯国家一起加入中东反苏阵营，但以色列拒绝做出让步，因此这一时期美国一定程度上把以色列看作实施中东战略的障碍，采取拉拢阿拉伯国家，疏远以色列的政策。为了自身的生存与发展，摆脱在中东孤立无援的状态，以色列只能寻找大国盟友，这时法国北非地区的困境使两国迅速走到一起。

作为传统的殖民大国，法国在中东地区有着巨大的殖民利益，战后阿拉伯国家风起云涌的民族解放运动对法国在中东的殖民利益构成巨大的威胁，叙利亚、黎巴嫩先后取得独立，阿尔及利亚的民族解放运动在埃及纳赛尔的支持下发展迅猛。阿尔及利亚在法国的中东战略中占据重要地位，长期以来法国把阿尔及利亚看作本土之外的海外省，并通过移民、投资等措施在阿尔及利亚苦心经营，把其视为法国领土的延伸。1954年阿尔及利亚在民族解放阵线的领导下反法起义爆发，民族解放阵线得到纳赛尔的大力支持，法国把纳赛尔的支持视为镇压反法起义的最大障碍，1955年，阿尔及利亚总督雅克·苏斯戴尔（Jacques Sousdale）公开表示："埃及是章鱼的头，它的触手伸向法国统治下

的北非已经好几个月了。"① 由于战后法国国力衰弱，无法对埃及进行有效报复，迫切寻找地区盟友来牵制埃及，此时美国为遏制苏联，让埃及作为遏制苏联势力入侵中东的桥头堡，因此不会支持法国，只有以色列与埃及处于敌对状态，成为法国在中东地区的理想盟友。

第二次中东战争爆发后，法国向以色列提供大量武器装备并承诺法国空军为以色列保驾护航，以色列成为入侵埃及的急先锋，以法同盟关系正式形成。苏伊士运河战争的失败并未影响以法关系的发展，以色列国防军在战争中的出色表现促使法国决定继续加强与以色列的军事合作，让以色列来牵制埃及的发展，以此来减轻来自阿尔及利亚方面的压力，这一时期法国成为以色列头号武器供应国，以法同盟关系得到进一步的发展。

（二）以法同盟关系的破裂

1958年，戴高乐领导成立了法兰西第五共和国，法国开始调整自己的中东政策，以法两国关系逐渐疏远。随着叙利亚、阿尔及利亚以及其他法属殖民地相继独立，法国开始实行非殖民化政策，而以法同盟关系很大程度上是法国中东殖民政策的产物，法国的非殖民化政策使以法同盟失去了支撑的基础。戴高乐时期的法国一改第四共和国追随美国的外交方针，反对美国对第三世界国家的侵略和干涉，开始积极扩大法国在第三世界的影响，中东政策方面逐步调整亲以反阿的立场，疏远以色列，以法同盟关系名存实亡。

石油利益也是导致以法同盟关系名存实亡的另一原因，中东地区是法国石油进口的主要来源地区，为了保证石油供应，法国开始交好阿拉伯国家，造成以法关系疏远。此外，苏伊士运河战争的失败使以色列认识到只有获得美国的支持才能保障其生存，法国在中东的影响力已经走向衰落，因此以色列也开始放弃以法同盟关系。第三次中东战争爆发前，法国担心美苏势力进一步介入，会更不利于扩大法国在中东地区的影响力，曾告诫以色列不要发动战争。"六日战争"爆发后，法国宣布对以色列实行军火禁运，并公开站在阿拉伯国家一边谴责以色列，成为第三次中东战争中唯一支持阿拉伯国家的欧洲国家，这给以法同盟关系最后一击，导致其最终破裂。但必须看到以法同盟关系对以色

---

① 陈建民：《埃及与中东》，北京大学出版社，2005，第115页。

列而言则意义重大，以色列在法国的支持下挺过了建国后最困难的一段时期，同时也使以色列认识到与大国结盟的重要性。

（三）以法同盟破裂后的两国关系发展状况

在以法同盟破裂后，发展与美国这一超级大国的紧密关系成为以色列外交政策的重中之重，自肯尼迪执政后，以美关系发展迅速，最明显的表现就是美国对以色列进行大量的经济和军事援助，随着以美两国相互依赖的增强，逐步形成了现今的以美特殊关系，以美特殊关系最终取代了以法合作关系。20世纪70年代初，以法关系较之前有所恢复，两国在经济文化方面上的交流相对密切。但第四次中东战争后，以法国为代表的欧盟都力主推动巴以和平进程，指责以色列侵犯了巴勒斯坦人民的合法权益，欧盟各国都疏远了与以色列的关系。1982年黎巴嫩战争后，法国努力与阿以各方斡旋，极力推动巴以和平进程。1993年3月，法国总统密特朗访问以色列，成为第一个访问以色列的法国总统，他希望通过此次访问恢复冷淡多年的法以关系，并在以色列议会发表演说，阐明法国在巴勒斯坦问题上的基本立场，强调以色列拥有在本国境内安全生存的权利，向世界宣告中东还有法国的存在，法以关系取得平稳的发展。进入新世纪，2004年2月，以色列总统卡察夫对法国进行国事访问，会谈后，法国再次申明了以色列应当存在并有权为了国家的生存进行自卫战争的主张。卡察夫在访问期间邀请法国总统希拉克对以色列进行国事访问，作为回应，希拉克提出法国在不久的将来要在特拉维夫建立学校成立法以科学联合会，建立法以知识分子论坛，并表示希望与以色列总理沙龙进一步接触，共同推动巴勒斯坦问题的和平解决，两国关系取得了良性的发展。

二 近年来以法两国关系的曲折发展

（一）"添加标签"政策导致以法关系渐冷

欧盟一直主张对以色列定居点生产的商品添加标签，借此提醒消费者注意这些商品的原产地，由消费者决定是否购买来自这些定居点的商品，以此对以色列定居点生产的商品加以抵制。1995年欧洲—地中海经济贸易圈成立，欧

盟与以色列之间的贸易联系也随之日渐密切,欧盟一直以来对是否进口产自以色列定居点的商品犹豫不决。2013年7月19日,欧盟最终公布新规,禁止成员国与设立在巴勒斯坦被占领土上的以色列公司和部门合作,新规将于2014年1月1日起生效。① 新规要求欧盟成员国在与以色列各类实体签订合约时,要增加一项新条款,即这些实体机构保证其相关活动局限在1967年前的以色列边界内。② 按此规定,2015年11月11日,法国在进口以色列产品时,将对产地为"以色列犹太人定居点"的蔬菜和水果进行特殊标记,让消费者一目了然。而此前来自这些地区的商品都统一标注为"以色列产"。法国称这一做法并不具有政治意味,但以色列方面认为这种标签新规是不合理的,因此招致以色列方面的强烈反对,内塔尼亚胡表示不会让任何一名居住在约旦河西岸、戈兰高地和耶路撒冷的以色列人受到伤害。他指责欧盟"应该为贴标签新规感到羞耻",新规既不会改变以色列的现行政策,也不会对巴以和谈产生任何推动作用。经济部部长纳夫塔利·贝内特(Naftali Bennett)甚至将新规称为对以色列的"经济恐怖袭击";以色列副外长茨皮·霍托维利(Tzipi Hotovely)认为这一政策是对以色列赤裸裸的歧视,他表示全世界有200多个定居点都存在争议,但只有以色列被单独列了出来区别对待,以色列定居点也是唯一被抵制的地区。③ 对此法国驻以色列大使11月3日做出回应称"添加标签"是一个纯粹的技术性行动,是对消费者知情权的保障,是一个"严格的法律问题"。④

实际上,"添加标签"这一政策本质上是法国和其他欧盟国家逼迫以色列放弃定居点政策的经济立法手段,是国际社会典型的通过经济方式解决政治问题的表现,旨在敦促以色列撤出巴勒斯坦被占领土,推进中东和平进程。法国

---

① Tovah Lazaroff, "Merkel: Boycott Not an Option, Settlement Labeling Acceptable," *The Jerusalem Post*, February 25, 2014, http://www.jpost.com/Diplomacy-and-Politics/Merkel-Boycott-not-an-option-settlement-labeling-acceptable-343489.

② Ariel Kahane, "Toward a Boycott? Europe is Completing Guidelines for Labeling Products from the Territories," *Makor Rishon-NRG*, October 24, 2015.

③ 李舒扬:《2015年欧盟与以色列的关系》,载张倩红主编《以色列发展报告(2016)》,社会科学文献出版社,2016,第222页。

④ Yoni Kempinski, "EU: 'No Negotiation with Israel on Settlement Labeling'," *Arutz Sheva*, November 3, 2015, http://www.israelnationalnews.com/News/News.aspx?202865#.

作为欧盟重要成员国将不得不对以色列定居点的企业、机构进行贸易限制,其结果直接导致法国缩减从以色列进口商品数量,使以法两国本已疲软的经贸关系雪上加霜。法国这一做法的另一层原因在于对以色列境内实体和巴勒斯坦被占领土上的经济实体做出明确区分,希望以方配合。此前,法国也曾公开抨击以色列定居点政策,甚至通过经济方式向以色列施压、迫使以色列停止在约旦河西岸等地区建设定居点的行动,法国赞成欧盟出台这一新规正是其意志的体现。

由于定居点上的以色列企业聘用了大量巴勒斯坦员工,一旦这些企业因欧盟方面的制裁而倒闭或裁员,首先蒙受损失的将不是以色列人而是巴勒斯坦人,这显然与欧盟出台此新规的行为初衷相悖。由此定居点越来越复杂的经济形势也使欧盟的制裁目标变得愈加难以定位。此外,以色列在约旦河西岸、东耶路撒冷和戈兰高地出口的商品主要是农产品和酒类,还有少量化妆品,上述地区产品在每年以色列向欧洲出口的产品中比例不足1%,以色列出口的产品以电子元件等中间产品为主,对它们添加标签意义不大,而且以色列定居点在以色列国民经济中的地位相当有限。[①] 因而,以色列方面认为这是以法国为首的欧盟国家对以色列的政治歧视,目标直指以色列长期以来的定居点政策。2015年11月29日,内塔尼亚胡下令暂停与欧盟机构及其代表进行接触,其中包括参加巴以和平谈判的代表。这一事件导致以色列与欧盟关系降到了近20年以来的最低点。法国作为欧盟主要成员国,受欧盟"添加标签"政策的影响,2015年,法国对以色列进口产品数量也有较大程度的下滑,两国关系渐冷。

(二)法国支持联大通过第2334号决议使以法关系陷入僵局

定居点问题是巴以冲突的主要症结之一,也是当前影响以法两国关系发展的重要因素。以色列在1967年第三次中东战争后开始在东耶路撒冷和约旦河西岸地区兴建犹太人定居点。国际社会一贯认为所有的犹太人定居点都属非法,并对中东和平进程构成威胁,但由于一直以来美国联合英国偏向以色列,

---

① Ora Coren & Zvi Zrahiya, "Knesset Report: BDS Movement Has No Impact on Economy," *Haaretz*, January 9, 2015, http://www.haaretz.com/israel-news/.premium-1.636172.

不惜动用常任理事国否决权，联合国安理会很少能够通过谴责以色列的议案。2016年12月23日，联合国安理会以14票赞成、0票反对、1票弃权的表决结果，通过第2334号决议，谴责以色列在被占领的巴勒斯坦领土上进行定居点活动。安理会声明了以色列在1967年以来在包括东耶路撒冷在内的巴勒斯坦被占领土上建设的定居点没有任何法律效力，该行为违反国际法，严重破坏了巴以和平进程，并对实现中东地区的持久和平产生了重大的负面影响。决议要求以色列立即完全停止在包括东耶路撒冷在内的所有巴勒斯坦被占领土上的定居点活动，并采取措施防止针对平民的一切暴力行为，重建信任，为重建和平创造条件。

联大2334号决议通过后，巴勒斯坦总统阿巴斯的发言人说，"安理会决议对以色列政策是沉重的打击，是国际社会对定居点的一致谴责，是对'两国方案'的强力支持"。① 巴勒斯坦解放组织执委会秘书长埃雷卡特（Erekat）表示，安理会这项决议具有"历史性意义"，是中东地区及全世界正义与和平力量的胜利，有助于推动在1967年边界基础上建立以东耶路撒冷为首都的巴勒斯坦国。法国此次投了赞成票，法国外长埃雷卡特表示决议向以色列发出强烈信息，即占领和建设定居点不会带来和平与安全，只有结束占领并建立巴勒斯坦国才会有和平与安全。然而，以色列总理内塔尼亚胡表示以色列拒绝接受联合国这个令人耻辱的反以决议，也不会遵守该决议的规定。作为回应，以色列议会通过了一项极具争议的法案，将所有未经以政府批准建在约旦河西岸的非法犹太人定居点合法化。同时以色列暂停与12个国家的外交关系，其中包括法国、英国、俄罗斯在内的四大常任理事国。法国在安理会上投票支持第2334号决议使两国关系发展陷入僵局。

（三）政治经贸的往来使得两国关系得到逐步改善

马克龙的成功竞选给以法两国关系的改善带来了新的希望，2015年9月，马克龙以奥朗德政府经济事务部部长的身份访问以色列时就表现出反对"抵

---

① Yogendran, "The Politics of Legality and UN Resolution 2334," *RSIS Commentaries*, Singapore: Nanyang Technological University, 2017.

制、撤资和制裁运动"（BDS）①，反对国际社会对以色列任何形式的制裁立场。② 在巴以问题上，尽管他表示反对以色列在约旦河西岸的定居点建设，但也反对巴勒斯坦的激进主义行为，认为这会对法国主导的巴以和平进程产生负面影响，削弱法国作为巴以调停者作用。在法国大选期间，马克龙参观了巴黎犹太大屠杀纪念馆，第二次世界大战期间，被纳粹分子及其帮凶残害的法国犹太人约有 7.6 万人③，马克龙表示这样的悲剧永不会再发生，法国作为第一个授予犹太公民权的西方大国，有能力保护本国犹太人的安全。

2016 年以色列进口法国的商品总额达 13.5 亿欧元，与 2015 年相比同比增长 1%④，进口产品主要包括飞机和汽车，制药，化学品和工业产品。2015 年，法国（2.7%）是继德国（7.3%）和意大利（5.6%）之后以色列的第三大欧洲供应国，同时以色列成为法国在中东和北非地区的第八大客户和第五大供应商。自 21 世纪以来，以法国两国经贸关系取得了相当大的进展。约 50 家法国企业的子公司在以色列投资建厂，在能源、消费品、旅游、服务、医疗、运输、电信和电子等关系国计民生的诸多领域雇用以色列人达 6000 多人。

2017 年 7 月 16 日，以色列总理内塔尼亚胡对法国进行访问，在与马克龙会晤时，马克龙发表声明为 75 年前法国维希政府协助纳粹分子把 13152 名犹太人送进奥斯维辛集中营表示忏悔。如今法国反犹主义又开始抬头，马克龙表示法国不会向反犹太复国主义势力屈服，法国作为欧洲最早给予犹太人公民权的国家，绝不允许反犹主义的再生，他谴责反犹太复国主义是反犹主义的一种新形式。⑤ 此前与马克龙竞选总统的极右翼候选人玛丽娜·勒庞（Marina Le

---

① "抵制、撤资和制裁运动"成立于 2005 年，呼吁国际社会对以色列进行经济施压，以此"抗议以色列占领和进行定居点建设"。
② "Macron's Win May Usher in Improved France-Israel Relations," *Ynet News*, May 8, 2017, https：//www. ynetnews. com/articles/0, 7340, L – 4958872, 00. html.
③ Tsilla Hershco, "Macron's Presidency Heralds Nothing New in Israel-France Relations," *BESA Center Perspectives Paper*, No. 681, December 12, 2017.
④ "Economic Relations between Israel and France," France Diplomatie, https：//www. diplomatie. gouv. fr/en/country-files/israel-palestinian-territories/israel/france-and-israel/.
⑤ "Macron Denounces Anti-Zionism as a New Form of Anti-Semitism," *The Washington Post*, July 16, 2017, https：//www. washingtonpost. com/world/europe/macron-hosts-netanyahu-condemns-anti-zionism-as-antisemitism/2017/07/16/dfba544a – ca1f – 40f9 – 82e6 – 98575393798c_story. html? noredirect = on&utm_ term = . e4c941dfc45d.

Pen)一度否认第二次世界大战时法国曾大肆搜捕犹太人,玛丽娜·勒庞强调法国不应为此负责,"如果有人需要为此承担责任,那应是当时的当权者,而不是如今的法国"。① 对此,马克龙强烈谴责这种大屠杀否定论,强调法国必须为维希政府驱逐犹太人出境承担责任,正如1995年希拉克任职法国总统时,曾承认维希法国也是粹分子屠杀犹太人的帮凶一样,必须正视法国的驱逐间接导致了1.3万余名犹太人被送往奥斯维辛集中营。马克龙指出法国应尊重历史,正视历史,承担相关责任,这才是法国作为一个负责任的世界大国应有的姿态。内塔尼亚胡总理对马克龙总统的这一历史表态高度赞赏。

在谈及反恐方面事务时,内塔尼亚胡总理提到现今激进的伊斯兰极端恐怖势力与西方之间的"文明战争"。伊斯兰极端恐怖势力对法国发动的一系列恐怖袭击及其对以色列的现实威胁使两国在反恐方面存在着共同利益,恐怖主义势力作为以法两国共同的敌人,需要两国在反恐问题上进一步加强合作,建立情报合作和互信机制,以更加完善的机制保卫各自的国土安全。马克龙总统表示恐怖主义是法以共同的敌人,伊斯兰极端恐怖势力正在威胁世界的安全,两国应加强在反恐方面的合作,称赞以色列积极参与了打击极端恐怖势力方面所作出的努力。② 在以色列人看来,马克龙是个亲以的总统,所以在大选中得到法国犹太人的大力支持,这也是构成其成功竞选的部分原因。他成功竞选总统对以色列和法国犹太人来说都是一个好消息,以色列政府对法国新政府的历史表态表示支持,政治经贸的密切往来使两国关系得到明显的改善。

三 影响当前以法关系发展的障碍性因素

中东剧变以来,以法两国在政治经贸、科技研发、文化教育等各领域不断加强交流与合作。在政治经贸方面,2013年11月17日,法国总统奥朗德开始了对以色列和巴勒斯坦进行为期3天的访问,值得注意的是,此次奥朗德访以近200人的庞大代表团中除了7名部长,还包括诸多商界人士。这个庞大的访

---

① 《勒庞不承认法国曾为纳粹德国"帮凶"》,环球网,2017年4月11日,http://world.huanqiu.com/hot/2017-04/10458583.html。
② "Netanyahu Departs for 5-Day Trip to France and Hungary," *The Times of Israel*, July 15, 2017, https://www.timesofisrael.com/pm-to-depart-for-4-day-trip-to-france-and-hungary/。

问团准备与以色列展开贸易合作进行商讨。随从出访的代表团中不乏欧洲阿丽亚娜空间公司（Ariane Space Company）、法国电信运营商（Orange）以及法国国家铁路公司（French National Railways Corporation）等法国大企业的负责人，由此可见以色列在法国经济贸易中占据的重要地位。在科技研发方面，以色列在创新研发方面是世界上最具活力的经济体之一，近年来以色列与法国在科技创新研发领域加强合作，2016年4月6日以色列在巴黎举办的以色列—法国创新日活动以及法国在特拉维夫举办的DLD创新节活动，深化了两国在创新研发领域的交流。此外，法国是以色列在科技研究方面的第五大合作伙伴，坐落于海法的以色列理工学院与法国建立联合实验室以加强年轻研究人员的交流。在文化教育方面，法国加大对特拉维夫的以色列法国研究所和耶路撒冷法国研究中心（主要向考古学和人文学科投资）的投资与合作。然而，以法在保持着合作关系的同时，在国家利益和地区热点问题上出现了分歧，尤其自欧盟出台对产自以色列定居点的商品"添加标签"的政策以来，以法关系龃龉不断。

（一）两国在伊朗核协议问题上的分歧

伊朗核问题一直以来是备受国际社会关注的热点议题，法国作为六方会谈的重要一员，在解决伊朗核问题方面发挥着重要作用，但法国最终选择支持伊朗核协议是当前法国与以色列关系发生龃龉的一个非常重要的原因。2015年7月14日，各方经过艰难的谈判与斡旋，最终达成"伊朗核计划的全面协议"，法国出于自身利益的考量最终选择支持伊朗核协议的达成。

在伊朗核问题上，以色列对伊朗核问题协议的达成忧心忡忡，因为伊朗核协议依然允许伊朗保留民用核设施，协议仍允许伊朗保留数千台离心机运作，其余的也不是销毁而是暂时封存。这也就意味着伊朗仍具有制造核武器的能力，并成为核门槛国家[①]，对以色列来说，伊朗核问题的解决意味着国际社会对伊朗经济制裁的解锁，伊朗与以色列之间的意识形态对抗升级，打破了

---

① "The Complete Transcript of Netanyahu's Address to Congress," *The Washington Post*, March 3, 2015, http://washingtonpost.com/news/post-politics/wp/2015/03/03/full-text-Netanyahu's-address-to-congress/.

"阿拉伯之春"以来中东地区以色列相对安全的国际环境。2012年10月,内塔尼亚胡总理访问法国,重点与法国商讨伊朗核问题,两国最初在伊朗核问题上立场基本一致,双方都坚持认为伊朗核计划不仅是对以色列的威胁,而且也是对中东地区及全世界的威胁,要限制伊朗核技术的发展,在关键时刻不放弃使用武力解决问题,两国主张在伊朗核问题上的主张不谋而合。但随着事态的发展,法国逐渐转向通过谈判、政治施压、经济制裁来限制伊朗核武器的发展,直至最终选择支持伊朗核协议的达成;① 而以色列则坚定不移地表明不允许伊朗进行核技术的研发,甚至在公开场合声称在关键时刻要通过使用武力来解决问题,内塔尼亚胡表示"这个协议对世界来说是个历史性错误"。② 以色列奉行的"绝对安全观"导致两国在伊朗核问题上出现了分歧。

(二)两国在耶路撒冷问题上的不同立场

2017年12月5日,美国总统特朗普发表两项声明,承认耶路撒冷为以色列首都,并将启动美驻以使馆从特拉维夫迁往耶路撒冷的搬迁工程。2017年12月10日,马克龙总统访问以色列时表示不赞成美国承认耶路撒冷为以色列的首都这一声明,不赞成美国把大使馆搬至耶路撒冷。③ 这无助于实现中东的和平与巴勒斯坦问题的解决,增加了法国在巴以之间取得和平谈判进展的难度,这是一个美国政府单方面的决定,特朗普的行为违反国际法,也有悖联合国安理会的多项决议。法国鼓励以色列在巴勒斯坦问题上要做出姿态,停止以色列定居点的建设,给中东和平一个机会,呼吁内塔尼亚胡回到和平谈判的轨道上来。以色列若坚持把耶路撒冷作为以色列的首都,巴勒斯坦民众可能会再次爆发"起义",导致其地区的外交和安全环境会更加恶化,阿拉伯国家反以的情绪会更加高涨,极端组织会借机利用阿拉伯人的这一心理,以色列将再次成为极端恐怖势力袭击的首要目标。

---

① "France's Nuclear Conservatism," *Strategic Comments*, Vol. 21, No. 1 (2015), https://doi.org/10.1080/13567888.2015.1024071.
② Tamar Pileggi & Jonathan Beck, "Netanyahu Calls Iran Deal 'Historic Mistake for the World'," *The Times of Israel*, July 14, 2015, http://www.timesofIsrael.com/netanyahu-calls-iran-deal-historic-mistake-for-world/.
③ "Tsilla Hershco, "Macron's Presidency Heralds Nothing New in Israel-France Relations," *BESA Center Perspectives Paper*, No. 681, December 12, 2017.

内塔尼亚胡坚持强调耶路撒冷是以色列的首都就如同巴黎是法国的首都一样。认为3000年来耶路撒冷一直都是以色列的首都,70年来也一直是这个犹太国家的首都;应该尊重这一历史事实,同时这也是实现中东和平的必要条件。内塔尼亚胡认为法国只谴责特朗普,要求以色列做出相应的表态,却不谴责巴勒斯坦的"暴力行动",这是不合理的。由此,两国在耶路撒冷问题上产生了不同的立场。

(三)关于巴以和谈问题的不同态度

自1988年巴勒斯坦"宣布建国"以来,世界上大多数发展中国家都先后承认了巴勒斯坦的国家地位。但法国一直采取支持以色列立场,始终坚持巴勒斯坦建国的前提是与以色列进行谈判协商,在此之前对巴勒斯坦不予承认。然而近来情况发生了明显的变化。原因在于2014年7月以色列发动"护刃行动",对盘踞在巴勒斯坦加沙地带的哈马斯发动军事打击,"护刃行动"酿成2141名巴勒斯坦人死亡,超过6000人受伤,死伤者中多为平民。[①] 以色列的"护刃行动"对当前深陷乱局中的阿拉伯世界而言无疑是雪上加霜,为本已处于"寒冬"之中的阿拉伯世界又添了一层霜,这对法国主导即将召开的巴以和谈产生非常大的负面影响。2014年11月28日法国外长洛朗·法比尤斯(Laurent Fabius)表示,如果法国主导巴以和谈的最后努力归于失败,法国将毫不迟疑地承认巴勒斯坦国。[②] 2014年12月2日,法国国民议会下院以压倒性多数通过决议,承认巴勒斯坦为一个独立国家。这项决议并不具备法律效力,最终将由法国总统奥朗德决定是否承认巴勒斯坦国,但其象征意义依然对以法两国关系产生一定影响。

2017年1月15日,由法国主导的中东和平会议在巴黎如期召开,约30个国家的代表以及欧盟外交和安全政策高级代表莫盖里尼、阿盟秘书长阿拉比出席会议。法国组织召开此次和会的目的是重启在美国主导中断后的巴以和谈,稳定中东局势。此外,法国近来深受恐怖主义和难民危机困扰,这令法国意识

---

① Hartman, "50 Days of Israel's Gaza Operation, Protective Edge-by the Numbers," *The Jerusalem Post*, August 28, 2014.
② "France Threats to Recognize Palestinian State if no Progress with Israel," *USA Today*, January, 29, 2016.

到只有帮助中东恢复和平与稳定，才能从根源上化解法国面临的危机，减轻欧洲在恐怖主义和难民问题上面临的压力，提出一些以促进经济发展来推动巴以和平的措施，使地区紧张局势降温。① 会议发表的公报指出，"两国方案"是巴以双方实现持久和平的唯一途径。国际社会无法取代巴以问题当事双方，如果这次中东和平进程会议仍然无法达成目的，那么法国将毫不迟延地承认巴勒斯坦国。法国旨在使当事双方勇敢地选择和平、恢复谈判，但以色列政府坚持反对巴黎会议，认为只有通过耶路撒冷和拉马拉之间的直接双边会谈才能取得真正的进展，因此以方没有派代表出席会议。内塔尼亚胡表示他愿与巴勒斯坦总统阿巴斯举行会谈，召开国际和平会议对解决巴以问题成效不大。②

与以色列相反，巴勒斯坦方面对法国召开和平会议表示欢迎。巴勒斯坦总理哈姆达拉曾呼吁国际社会向以色列施加压力，迫使内塔尼亚胡参加即日召开的中东和平国际会议。他拒绝了内塔尼亚胡提出的巴以直接谈判的建议，称以方是在"拖延时间"。法国外长艾罗认为巴方在直接谈判中处于弱势，需要国际社会从中斡旋。以色列内阁右翼色彩浓厚，表面上支持"两国方案"，但实际上以方还在继续犹太人定居点建设，暴力事件仍在继续发生，而伊斯兰极端恐怖势力则利用这些因素开展宣传攻势，巴以和平绝望的情绪在蔓延，这种局面是非常危险的。巴方不愿与一个立场强硬的以色列政府进行直接和谈。一定意义来讲，巴以和谈能否重启，关键还要看以色列的态度。然而在叙利亚内战、追歼伊斯兰国残余势力等地区问题久拖不决的背景下，由法国主导的巴以和谈也未能取得实质性突破，和平进程停滞。以色列对法国主导的巴以和谈的冷淡态度也是当前影响以法关系发展不可回避的因素。

（四）法国犹太人生存状况的恶化

法国有着欧洲最大的犹太社区，犹太裔法国人约有 50 万~60 万人，同时

---

① "France: Israeli-Palestinian Peace Summit Set for January 15," *The Times of Israel*, December 22, 2016, http://www.timesofisrael.com/france-says-israeli-palestinian-peace-summit-set-for-january-15/.

② "Netanyahu Derides Paris Summit as Rigged, 'Last Gasp of the Past'," *The Times of Israel*, January 12, 2017, https://www.timesofisrael.com/netanyahu-derides-paris-peace-summit-as-last-gasp-of-the-past/.

法国也有着欧洲最大的穆斯林社区。中东剧变以来,大批中东难民涌入法国,使得穆斯林人口数量在法国迅速增长。与此同时,法国穆斯林群体中伊斯兰宗教极端主义日渐抬头,宗教极端势力制造的恐怖主义事件明显增加,其中针对犹太人的袭击此起彼伏,从多处犹太墓地被毁到巴黎犹太超市遇袭,加之近年来极右民粹主义势力急剧膨胀,这些不仅给法国经济、社会的稳定带来巨大的压力,而且也从深层次上考验着国内犹太人对法国的国家认同。大批穆斯林难民涌入法国,这种情况使法国政府感到不安,担忧清真寺会成为法国穆斯林聚集愤怒、政治动员的场所,并推动法国不同城市的穆斯林走向联合,那样阿犹冲突的大戏就会在法国重新上演,近年来针对犹太人的袭击事件就是很好的说明。此起彼伏的袭击事件再度催生了法国犹太人的不安心理,这种不安心理是促使法国犹太人移居以色列的重要因素。

2014年,法国成为第一大犹太人迁徙以色列的国家,当年迁至以色列的人数多达7231人。2015年,法国爆发了《查理周刊》恐袭事件,随后,恐怖分子又袭击了位于巴黎的一家犹太人超市,导致当年迁移以色列的人数打破纪录,多达7900人。[1] 法国连续两年成为犹太人移民以色列的最大来源国,而过去5年,离开法国前往以色列的犹太人数量增加了一倍。在巴黎犹太超市袭击事件发生后,2015年3月23日,犹太民族政策规划研究所提出了一项在未来四年内以色列接纳12万法国犹太移民的计划[2],并建议以色列政府提前考虑为这些移民提供足够的就业机会和住宅场所。以色列移民吸收与安置部发布的报告显示,2015年全球约有5万名犹太人移民到以色列,比上年增加了10%,刷新了12年来世界犹太人回归以色列的新纪录。法国犹太移民局发布声明称,2016年从法国移居到以色列的法国犹太人为5000人,这一人数比前两年略有下降,但移民数量仍然相当可观。

《查理周刊》事件后,巴黎东部文森斯区的犹太超市遭到极端分子库利巴利的袭击,导致四名犹太人遇难。对此法国犹太人的不安全感再次上升,巴黎

---

[1] Jytte Klausen, "France on Fire: The Charlie Hebdo Attack and the Future of al Qaeda," *Foreign Affairs*, January 7, 2015, https://www.foreignaffairs.com/articles/france/2015-01-07/france-fire.

[2] 李舒扬:《2015年欧盟与以色列的关系》,载张倩红主编《以色列发展报告(2016)》,第221页。

大犹太会堂近70年来首次取消安息日典礼。法国总统奥朗德将恐怖袭击定性为"一起令人胆寒的反犹主义事件"。① 此外,"在线反犹主义"近些年在法国也比较盛行。反犹主义者利用脸书、推特（Twitter）、优兔（YouTube）等社交媒体公开发表反犹言论。此外,隶属于以色列犹太事务局的耶路撒冷犹太民族政策规划研究所对欧洲犹太人进行了一项民意调查,结果显示大部分欧洲犹太人认为欧洲是不安全的,76%的受访者认为最近几年欧洲的反犹现象在增加,有32%的人正在考虑移居到安全的国家,其中49%的法国犹太人考虑移民。② 这与当前中东穆斯林难民涌入法国的现象形成了鲜明对比。更令以色列倍感担忧的是,新一代成长起来的法国青年没有了对大屠杀"内疚感"的政治倾向,他们如今所目睹的是以色列在约旦河西岸犹太定居点持续建设、隔离墙的修建以及以色列在中东对巴勒斯坦的打压,而巴勒斯坦则是数百万流离失所的难民。在过去十年中,支持、参与BDS运动的法国青年不断增多。为此,以色列多次要求法国断绝与BDS运动的关系。

以色列作为世界上唯一以犹太人为主体的国家,肩负着为世界犹太人提供安全庇护的责任。巴黎犹太超市事件后,内塔尼亚胡高调出席了遇难犹太人的葬礼,并公开发表声明向法国犹太人喊话:"以色列是你们的祖国,是每一个犹太人的祖国,我准备接受你们集体移民。以色列有能力保护你们。"③ 内塔尼亚胡的言论引起了包括法国在内的欧洲国家的批评,认为他在利用这场悲剧借机向法国犹太人"推销"以色列。④ 一些以色列智库甚至对吸收法国犹太人返回以色列及其安置问题提出了具体的举措。对此,法国总理瓦尔斯公开表示不满,称犹太人离开法国是对法国文明根基的动摇,"如果有10万名西班牙血

---

① Ben Cohen, "Paris Sieges End With Four Dead at Kosher Supermarket, French President Hollande Denounces 'Appalling Anti-Semitic Act'," *The Algemeiner*, January 9, 2015, http：//www.algemeiner.com/2015/01/09/breaking-islamist-terrorists-killed-as-french-police-break-sieges-at-kosher-supermarket-and-print-shop/#.
② 艾仁贵:《貌合神离的以色列与欧盟》,《世界知识》2016年第6期,第51页。
③ Dominic Chopping & Christina Zander, "Copenhagen Attacks Reignite Debate about Safety of Jews in Europe," *The Wall Street Journal*, February 15, 2015, http：//www.wsj.com/articles/copenhagen-attacks-reignite-debate-about-safety-of-jews-in-europe-1424027096.
④ "Israel Urges Jews to Leave France as Benjamin Netanyahu Continues to Lash out after UN Vote," *The Telegraph*, December 27, 2016, http：//www.telegraph.co.uk/news/2016/12/27/israel-urges-jews-leave-france-benajmin-netanyahu-continues/.

统的法国人离开，我绝不会说法国不再是法国；但如果是 10 万名犹太人离开，那法国将不再是法国，那将是法兰西共和国一个巨大的失败"。① 法国的持续移民不仅与"圣战"分子制造的不安全状态以及反犹主义有关，也与宗教因素、身份认同、经济及社会因素有重大关系。极右民粹主义势力急剧膨胀使法国反犹主义有所抬头，加之内塔尼亚胡总理在法国犹太人生存状况恶化背景下呼吁其"还乡"，这些不免给以法两国关系的发展造成一定的负面影响，是影响当前以法关系的最重要的障碍因素。

结　语

以色列是中东地区的强国，法国是欧洲的大国，同时法国是仅次于美国和俄罗斯的世界第三大犹太人居住国，也是西欧各国境内犹太人口最多的国家。国家利益始终是影响一个国家对外政策的主导因素，以法两国出于自身利益的考量，在半个多世纪的相互交往中不断对自身对外政策进行调整，使两国关系发展中出现一些起伏。在以色列建国初期，以法两国关系曾经历了一段短暂的"蜜月期"，以色列在法国的支持下挺过了建国后最困难的一段时期，后随着法兰西第五共和国中东政策的调整使得两国关系逐渐疏远。20 世纪 80 年代后，以法两国政治经贸往来的增多一定程度上恢复了冷淡多年的两国关系，两国在经济贸易、文化教育等方面合作有所加强，并在联合反恐和共享情报方面展开合作；但在可预见的将来，以法关系很难再回到以色列立国初期的"蜜月期"，恢复以往军事同盟关系的可能性也较低。近年来以法两国围绕定居点问题、伊朗核问题、美国驻以使馆搬迁至耶路撒冷等地区热点问题上产生分歧，导致以法两国关系龃龉不断。在现实利益的驱动下，两国在保持经贸合作的基础上，反对国际恐怖主义问题上的共同利益又使双方保持一种合作的关系。长远来看，受中东地区地缘政治环境和法国国内日渐抬头的反犹主义等多重因素的影响，以法两国关系未来发展难以一帆风顺。

---

① Jeffery Goldberg, "French Prime Minister: If Jews Flee, the Republic Will Be a Failure," *The Atlantic*, January 10, 2015, http://www.theatlantic.com/international/archive/2015/01/french-prime-minister-warns-if-jews-flee-the-republic-will-be-judged-a-failure/384410/.

B.16
以色列与沙特关系的改善及其动机

谢志恒　李　桥[*]

摘　要： 传统上，以色列和沙特是两个相互敌对的中东国家，然而新世纪以来两国关系却发生了显著改变，从世纪初的秘密接触合作转变为当前的公开互动合作。近年来，伊朗核问题和中东剧变的后续影响促使以色列和沙特形成了某种事实上对抗伊朗的利益同盟，两国关系在盟友美国的拉拢撮合下不断改善升温。作为地区颇具影响力的国家，以沙关系改善不仅波及双边层面，也会深刻地影响中东的地缘格局，因而必将面临诸多挑战，这包括巴勒斯坦问题、穆斯林普遍的仇以情绪、美国优先主义带来的政策不确定性及沙特自身稳定等一系列障碍。整体而言，两国关系改善迹象明显，未来仍有较大发展空间，但要面临的困难远大于所取得的成果。两国可以继续加强安全领域的合作关系，但短期内推动双边关系正常化，不具现实性。

关键词： 以色列与沙特关系　伊朗核问题　巴勒斯坦问题　美国中东政策

2017年5月22日，美国总统特朗普在结束对沙特阿拉伯的访问后从利雅得直飞到特拉维夫对以色列进行国事访问，随后不久以色列总理内塔尼

---

[*] 谢志恒，郑州大学历史学院副教授；李桥，郑州大学历史学院世界史专业硕士生。

亚胡对外称："我希望有一天以色列总理能够从特拉维夫飞往利雅得。"① 以色列一些官员也期盼同沙特直接发展关系。6月，以色列情报和交通部部长卡茨呼吁沙特国王邀请内塔尼亚胡访问利雅得，以建立全面外交关系。② 国防部部长利伯曼在纪念埃及总统萨达特耶路撒冷之行时，呼吁更多阿拉伯国家领导人来到耶路撒冷，为以阿关系和地区关系翻开新的一页，希望与阿拉伯国家建立"全面的外交和经济关系"。③ 以色列呼吁发展以沙关系并非一厢情愿，而是中东两个传统对手之间合作愿望日益高涨的写照。以色列与沙特关系改善是当前中东地缘政治格局演变的结果，也必将极大地影响着中东地缘格局的重构。

一 以沙关系的历史演变

犹太人与阿拉伯人交往的历史由来已久，在他们的经典里，他们甚至拥有共同的血亲亚伯拉罕（易卜拉欣）。古代历史上，犹太人曾多次遭遇异族的迫害，阿拉伯半岛一直是其避难所之一。罗马人镇压犹太人起义后，不少犹太人来到阿拉伯半岛。公元1世纪后麦地那在犹太人的辛勤耕耘下成为富庶的农业中心，并吸引了阿拉伯贝都因人部落在3世纪后陆续迁入。在伊斯兰教兴起以前，犹太人与阿拉伯人互通有无，安居乐业，彼此保持着较为友好的关系。伊斯兰教兴起后，由于宗教、政治分歧等方面的因素，犹太人和阿拉伯人的矛盾开始出现并不断加深，伊斯兰教先知穆罕默德随之改变了争取犹太人的政策，代之以排斥和驱逐，经过多次冲突，犹太人被逐出麦地那。阿拉伯帝国时期虽然保留了很多歧视犹太人的法令，但大都没有认真执行，多数统治者推行宗教宽容政策，犹太人与阿拉伯人总体上能够和平相处。

奥斯曼帝国晚期以来，受西方殖民侵略、反犹主义和民族主义运动的影响，穆斯林和犹太人社会兴起了泛伊斯兰主义和犹太复国主义运动，民族和宗

---

① "Israel and Saudi Arabia's Delicate Courtship," *Chronicle of the Middle East & North Africa*, August 4, 2017, https://fanack.com/Saudi arabia/governance/israeli-saudi-relations/.
② "Israel Calls for Saudi Arabia Ties and State Visits," *Al Jazeera News*, June22, 2017, https://www.aljazeera.com/news/2017/06/israel-calls-saudi-arabia-ties-state-visits-170622082111519.html.
③ Vivian Salama, "'An Open Secret': Saudi Arabia and Israel Get Cozy," *News*, November 16, 2017, https://www.nbcnews.com/news/mideast/open-secret-saudi-arabia-israel-get-cozy-n821136.

教认同强化，尤其是对生存空间的争夺最终导致阿拉伯人与犹太人在巴勒斯坦地区发生了剧烈冲突，两个族群间的关系由此持续恶化，反犹情绪扩散至整个阿拉伯和伊斯兰世界。1948年以色列宣布建国翌日，埃及、约旦、黎巴嫩、叙利亚等组成的阿拉伯联军即发动军事打击，试图消灭这个新生国家。沙特虽未直接参战，但它通过阿拉伯国家联盟、伊斯兰会议组织、不结盟国家会议等组织机构积极支持巴勒斯坦人民的反以斗争。第二次中东战争后，埃及成为对抗以色列的中坚力量，由于与埃及意识形态和所处美苏阵营不同，沙特继续采取了不直接介入的政策。

1967年第三次中东战争中，以色列取得了出乎意料的胜利，并向阿拉伯国家提出了"安全的、公认的边界"要求。[1] 以色列对阿政策的升级促使沙特也转变态度，由道义支持转变为主动援助对以前线国家。费萨尔执政时期对以色列态度强硬，坚决实行1967年喀土穆阿拉伯国家首脑会议确定的对以"三不政策"，即不承认、不和解、不谈判。1973年第四次中东战争时期，沙特运用石油武器积极对抗以色列。

与此同时，由于第四次中东战争初期阿拉伯国家逆转连败局面，以色列开始反思对阿政策，并做出相应调整，开始寻求与阿拉伯国家的和平。1977年埃及总统萨达特的耶路撒冷之行拉开了中东和平进程的序幕。虽然埃及的行动遭到了包括沙特在内的阿拉伯国家的普遍反对，但此后沙特的对以态度也有所改变，认为如果能够建立巴勒斯坦国，那么可以接受承认以色列。20世纪80年代，国际形势趋缓，在伊朗伊斯兰革命成功和两伊战争后，沙特开始参与中东和平进程。1981年8月沙特王储法赫德提出和平解决中东问题的八点建议，在此基础上，阿拉伯国家于1982年9月通过对以和平的"非斯计划"，这表明阿拉伯国家包括沙特其实已含蓄地承认了以色列在中东地区的存在[2]，"非斯计划"也是阿拉伯国家集体制订的第一个对以和平方案，是对先前"三不政策"的否定。1991年马德里中东和会后，沙特为扩大其影响力，积极支持阿以和平进程。1994年沙特与其他海合会成员宣布解除对以色列实施的间接抵制。沙特王储阿卜杜拉于2002年提出了中东和平计划，倡导阿以关系正常化。

---

[1] 参见徐向群、余崇健主编《第三圣殿以色列的崛起》，上海远东出版社，1994，第415页。
[2] 潘光等：《犹太民族复兴之路》，上海社会科学院出版社，1998，第222页。

以色列领导人则公开表达了对该计划的兴趣，有媒体还报道说以色列与沙特就此计划举行了秘密会谈。①

尽管十月战争以来，沙特不断缓和对以关系，并直接参与中东和平进程，但巴以和谈没有取得实质进展，沙特对以色列的批评从未停止。2004 年沙特外交大臣费萨尔亲王指责以色列在约旦河西岸修建隔离墙违反国际决议，并要求联合国加以阻止。2007 年 12 月沙特在参加中东问题国际会议时重申不会和以色列有任何接触，并强烈反对以色列在耶路撒冷扩建犹太人定居点的政策。因此，以色列虽然与一些阿拉伯国家之间的关系出现缓和态势，甚至进行秘密合作，但沙特的态度却一直非常谨慎，主张在巴勒斯坦问题未解决前不与以色列建立外交关系。

二　近年来以沙关系的改善

21 世纪以来，随着地缘环境的改变，沙特与以色列的关系也发生了微妙的变化。2002 年由沙特促成、得到阿盟集体认可的和平倡议公开"承认"以色列的生存权并愿意与其实现关系"正常化"，以换取以色列归还 1967 年以来所占阿拉伯土地，这为以沙关系改善提供了新的空间。自中东剧变爆发和伊朗核协议签署以来，以沙关系呈现出快速升温改善的迹象。2016 年 5 月，沙特前情报主管和前驻美大使图尔基·费萨尔（Turki bin Faisal）亲王和以色列总理前国安顾问、国防部退役少将亚科夫·阿米德洛尔（Ya'akov Amidror）一同出席华盛顿近东政策研究所举办的一场对话会，这场被媒体称为"两大世仇国家高级安全首长开创性的对话"② 讨论了巴勒斯坦问题，并对伊朗核问题和其他问题表达了共同担忧。随后不久，以色列总理回应称愿意与阿拉伯国家就"和平倡议"进行谈判，以反映自 2002 年以来

---

① Joshua Teitelbaum, "Saudi-Israeli Relations: Balancing Legitimacy and Security," *BESA Center Perspectives Paper*, No. 228, December 17, 2013.

② Raed Jarrar & Alli McCracken, "DC Meeting between Israel and Saudi Arabia Marks End of Arab Peace Initiative and Two-State Solution," *Mondoweiss*, May 4, 2016, http://mondoweiss.net/2016/05/between-initiative-solution/.

该地区发生的巨大变化。①

2016年7月22日，沙特退休将领安瓦尔·埃什基（Anwar Eshki）率领一个由学商两界人士组成的代表团访问以色列，尝试就沙特倡议与以方进行讨论。据报道，该代表团在以色列大卫饭店会见了以色列外交部总司长多尔·戈尔德，并就阿拉伯和平倡议进行交流。该报道称"虽然这并非一次正式访问，但却是一次非比寻常的举动，因为如未得到沙特政府批准，曾经的沙特政府高级顾问埃什基将军是不可能前往以色列的"。② 费萨尔亲王与以色列将军的对话和埃什基的访问表明沙特官员开始愿意公开接触以色列官员。与此同时，沙特则有意塑造积极的公众舆论，以扩大与以色列关系的民意基础。有报道称沙特正在进行一场媒体运动，试图打击该国的反犹主义。③ 沙特媒体随即出现减弱反以报道的现象，有专栏作家在文章中尝试重塑犹太人的形象，称《古兰经》中形容犹太人为刽子手、战争贩子和放高利贷者的叙述仅适用于特定时期的特定群体。④ 最近，总部位于沙特的伊斯兰世界联盟秘书长在穆罕默德·埃利萨（Mohammad Alissa）在致华盛顿大屠杀纪念馆馆长的信中抨击否认大屠杀的言行，认为纳粹大屠杀是最凶残的人类暴行。⑤ 媒体认为这是改善穆斯林和犹太人关系的大胆步骤，也是沙特与以色列关系升温的重要表现。

近年来，以色列和沙特虽无外交关系，但私下却进行着秘密接触与合作。

---

① Faraz Fateh, "Israeli-Saudi Relations Cemented by Red Sea Deal," *Middle East Monitor*, June 13, 2016, https：//www.middleeastmonitor.com/20160613-israeli-saudi-relations-cemented-by-red-sea-deal/.
② Toi Staff, "Former Saudi General Visits Jerusalem, Meets Israeli Officials," *The Times of Israel*, July 23, 2016, http：//www.timesofisrael.com/former-saudi-general-visits-jerusalem-meets-israeli-officials/.
③ Toi Staff, "Some in Saudi Media Criticize Anti-Semitism, Warm up to Israel," *The Times of Israel*, August 12, 2016, http：//www.timesofisrael.com/saudi-media-battles-anti-semitism-warms-up-to-israel/.
④ 魏凯丽：《以色列与沙特关系的转变对中以关系的影响》，《以色列时报》2016年9月7日，http：//cnblogs.timesofisrael.com/以色列与沙特关系的转变对中以关系的影响/。
⑤ Cristina Maza, "Saudi Arabia Muslim Leader Slams Holocaust Denial, Says Killing Jews Was Worst Atrocity Ever Committed," *Newsweek*, January 26, 2018, http：//www.newsweek.com/saudi-arabia-muslim-leader-slams-holocaust-denial-says-killing-jews-was-worst-792427.

有报道指出，埃什基很可能过去就秘密访问过以色列。① 2017 年 11 月 19 日以色列能源部部长尤瓦尔·施泰尼茨在接受军方电台采访时说："我们与许多阿拉伯国家、伊斯兰国家保持着关系，其中一些是秘密关系，通常对方不希望公开。发展这种关系的过程中，我们尊重对方的意愿，无论是与沙特还是其他阿拉伯或伊斯兰国家。"② 这是以色列高官首次公开承认与包括沙特在内的许多阿拉伯国家保持着"秘密联系"。③ 内塔尼亚胡在为已故总理举行的追悼会上也提及这一"秘密联系"，他说道："我们与阿拉伯国家富有成效的合作是秘密合作……我相信（这些关系）将结出果实，扩大和平的范围……最终它会发生，虽然它总是发生在表面之下。"④ 以色列总理前国安顾问亚科夫·阿米德洛尔在接受以色列军队电台采访时说："很明显，沙特阿拉伯还有许多与以色列利益相关的利益，我还想加上约旦，我认为这里有更多的共同利益，为各种关系奠定了良好的基础。"⑤ 2017 年 11 月，以色列国防军总参谋长埃森科特（Gadi Eisenkot）在接受采访时证实："以色列愿意与温和的阿拉伯国家交换情报"，并指出，"在某些问题上，我们和沙特阿拉伯之间已经达成了协议"。⑥

此外，作为沙特"2030 愿景"的一部分，萨勒曼王储计划耗资 5000 亿美元打造的"智慧城市"可能会加深沙特和以色列经济利益的融合。据报道，以色列公司正在与沙特王室就投资开发萨勒曼王储倡导的上述项目进行谈判，

---

① Kamran Bokhari, "Why is Saudi Arabia Trying to Get Closer to Israel?" *Center for Global Policy*, July 25, 2016, https://www.cgpolicy.org/articles/why-is-saudi-arabia-trying-to-get-closer-to-israel/.
② 《沙特和以色列关系似现"融冰"迹象》，中国网，2017 年 11 月 25 日，http://opinion.china.com.cn/opinion_77_174977.html。
③ Independent Bureau, "Meet the New Friend of Israel: Saudi Arabia," *The Independentin*, November 20, 2017, http://theindependent.in/meet-the-new-friend-of-israel-saudi-arabia/.
④ Yoel Guzansky, Khader Sawaed & Ari Heistein, "Can an Israeli-Saudi Détente Work?" *The National Interest*, January 16, 2018, https://www.yahoo.com/news/israeli-saudi-d-tente-235400020.html.
⑤ Faraz Fateh, "Israeli-Saudi Relations Cemented by Red Sea Deal," *Middle East Monitor*, June 13, 2016.
⑥ Moshe Yaalon & Leehe Friedman, "Israel and the Arab States," *The Council on Foreign Relations*, January 26, 2018, https://www.foreignaffairs.com/articles/israel/2018-01-26/israel-and-arab-states.

该项目旨在使沙特经济多样化，并将沙漠王国转变为贸易中心。①

2011年以来，以色列和沙特这两个互相仇视已久的"天然敌人"，其关系正发生着某种剧烈的变化，双方的接触从桌下摆上桌面，合作由秘密转为公开、由地区事务扩展到双边事务，两国关系正由敌对者转变成某种意义上的"朋友"。

三 以沙关系出现快速改善的促动因素

（一）共同的敌人——伊朗

1979年伊朗伊斯兰革命后，霍梅尼把以色列看作西方殖民主义在中东的工具而极力加以反对，并否认以色列国的合法性，致使两国关系急转直下。20世纪90年代以来，伊朗质疑以巴和平进程的公正性，不接受《奥斯陆协议》，这让以色列十分恼怒，视伊朗为"最危险的敌人"。两伊战争后，伊朗重启核计划，伊朗核问题成为两国关系摩擦、敌对的又一严重问题。2005年保守派领导人内贾德当选为伊朗总统，他多次否认纳粹大屠杀的真实性，声称要把以色列从地球上抹去，以色列则发誓阻止伊朗这个"邪恶政权"获得核武器。2011年中东剧变后，伊朗借中东乱局，在叙利亚、伊拉克、也门等地培植什叶派力量，扩大地缘影响。以色列高度警惕，将此视作对自己安全的严重威胁，积极寻找地区及域外盟友，共同遏制伊朗的"霸权扩张"。

沙特和伊朗在中东及伊斯兰世界都占有重要位置，各自为伊斯兰教两大派系逊尼派和什叶派的精神领袖。历史上，除阿拉伯帝国外，两国分属不同政权掌控，意识形态对立。石油经济兴起后，沙特和伊朗国力日盛，成为海湾大国，都有充当中东霸主的雄心，但由于教派冲突结下的世仇，两国都时刻提防对方，关系一直不睦。巴列维王朝时期，两国均为美国盟友，总体和大于斗。伊斯兰革命后，什叶派的伊朗强烈抨击君主制，认为"君主制等同于伪神、

---

① Ari Heistein, "The Prospects for Israel-Saudi Relations," *The Jerusalem Post*, January 20, 2018, https：//www.jpost.com/Opinion/The-prospects-for-Israel-Saudi-relations-539285.

偶像崇拜"①，并向周边输出革命，这让沙特极为愤怒和担忧，两国矛盾此后日渐加剧，相互敌视、对抗成为主调。中东剧变后，两国争斗愈演愈烈，在叙利亚、巴林、黎巴嫩、也门等国展开"代理人战争"②。两国斗争加剧及伊朗地区影响力持续上升，引发沙特人的恐惧与敌视。2015年一项民意调查显示，53%的沙特人认为伊朗是他们的主要对手，22%认为是"伊斯兰国"，而只有18%的人认为是以色列。③ 2016年1月沙特宣布与伊朗断交，两国关系降至冰点。政治分歧，信仰差异、教派斗争和地区博弈等一系列因素的叠加致使两国相互为敌。

敌人的敌人就是朋友，以沙之间的"亲密"互动意在共同制衡伊朗。2017年慕尼黑安全会议上，沙特外交大臣朱拜尔与以色列总理内塔尼亚胡一道指责伊朗加剧地区紧张局势。④ 2017年6月以色列前国防部部长摩西·亚阿隆在接受访问时说："我们和阿拉伯人……今天发现……处于同一条船上……除卡塔尔外，逊尼派阿拉伯国家与我们站在一起，因为我们都认为伊朗是我们的头号威胁。"⑤ 2017年11月，以色列国防军总参谋长埃森科特史无前例地在接受沙特新闻媒体专访时指出伊朗是"真实有力的地区性威胁"，以色列和沙特对此认知完全一致，"以色列已准备好与沙特分享共同宿敌伊朗的情报"。⑥ 最近有报道称，两国的情报合作已经取得了新的进展。⑦

---

① Abrahamian E. Khomeinism, *Essays on the Islamic Republic*, Berkeley: University of California Press, 1993, p. 24.

② Ali Hashemm, Saudis, "Iranians Benefit from Houthi Attack on Sanaa," *Al-Monitor*, September 24, 2014.

③ "Israel and Saudi Arabia's Delicate Courtship," *Chronicle of the Middle East & North Africa*, August 4, 2017.

④ "Iran Denies 'Hegemon' Plans, Denounces Saudi and Israel," *Al Jazeera News*, February 19, 2018, http://www.aljazeera.com/news/2018/02/iran-denies-hegemon-plans-denounces-saudi-israel-180218164231680.html.

⑤ JNi. Media, "Ya'alon: No More Arab Coalition Against Us, Also Containment Is Victory," *The Jewish Press*, June 5, 2017, http://www.jewishpress.com/news/eye-on-palestine/yaalon-no-more-arab-coalition-against-us-also-containment-is-victory/2017/06/05/.

⑥ Amos Harel, "Israeli Military Chief Gives Unprecedented Interview to Saudi Media: 'Ready to Share Intel on Iran'", *Al Jazeera News*, November 17, 2017, https://www.haaretz.com/israel-news/idf-chief-gives-unprecedented-interview-to-saudi-media – 1.5466066.

⑦ Benjamin Weinthal, "Report: Saudi Arabia Sought to Buy Israel's Iron Dome System," *The Jerusalem Post*, February 23, 2018, http://www.jpost.com/printarticle.aspx?id=533185.

有分析就此认为以色列和沙特在伊朗问题上结成了战略联盟。"沙特现在站在以色列人这一边，试图争取某种支持，特别是华盛顿方面的，可能是为了发动对伊朗的初步攻击。"① 特拉维夫大学国家安全研究所高级研究员科比·迈克尔（Kobi Michael）表示，"以色列是最为可靠的潜在盟友"，"沙特人很清楚，现在是和以色列做朋友的好时机"。他称沙特基于共同战略利益走近以色列，是"务实的阿拉伯阵营"。② 而阿拉伯联合名单党主席、议员阿亚玛·奥德赫认为，在沙特看来"内塔尼亚胡是对抗伊朗的最佳人选"③ 是唯一有能力煽动美国反对伊朗的人。2017年9月有关沙特王储秘访以色列的消息表明，加强两国关系的必要性正日益增加④，而抗衡伊朗成为以沙关系启动正常化进程的催化剂。

（二）美国中东战略的调整

以沙两国关系的升温离不开其共同盟国美国的推动。奥巴马总统上台后在中东进行战略收缩并主动与昔日仇敌缓和矛盾。2015年美国与伊朗就核问题达成了全面协议，使以色列、沙特两个盟友深感忧虑和不满，内塔尼亚胡在协议达成后说"这不是历史性的协议，这是一个历史性的错误"。⑤ 沙特外交大臣称该协议是"有缺陷的协议"。⑥ 由于同感遭盟友"背叛"，以、沙双方靠背相依，尝试加强合作、应对共同挑战。

特朗普上任后并未逆转中东战略收缩的总趋势，但美国不可能放弃中东，

---

① "Iran Denies 'Hegemon' Plans, Denounces Saudi and Israel," *Al Jazeera News*, February 19, 2018.
② TanchumAish, "Covert Israeli-Saudi Relations Exposed," *Jewish News Channel*, November 21, 2017, http://jewishnewschannel.com/2017/11/covert-israeli-saudi-relations/.
③ Khaled Abu Toameh, "Arab Knesset Member Complains: Saudi Arabia does not Want Downfall of Netanyahu," *The Times of Israel*, February 21, 2018, https://www.timesofisrael.com/arab-israeli-lawmaker-saudi-arabia-does-not-want-downfall-of-netanyahu/.
④ Bob Mason & Fxempire, "New Allies: Israel and Saudi Arabia?" *The Jerusalem Post*, November 6, 2017, http://www.jpost.com/Middle-East/New-Allies-Israel-and-Saudi-Arabia-513467.
⑤ Dalia Dassa Kaye & Jeffrey Martini, "The Days after a Deal with Iran: Regional Responses to a Final Nuclear Agreement," RAND Corporation, 2014, p. 14.
⑥ "Are Israel & Saudi Arabia Pressuring U.S. Toward War with Iran?" *Independent Global News*, March 22, 2018, https://www.democracynow.org/2018/3/22/are_israel_saudi_arabia_pressuring_us.

仍将竭力维护其在中东的霸权，撮合地区盟友联合自强，填补美国收缩后的力量空间。特朗普一改奥巴马时期与伊朗"对话"的态度，称伊朗仍是恐怖主义的主要来源，是美国的威胁，美国将重新评估对伊政策。① 特朗普到任后立即着手修复并巩固与盟友间的关系，将沙特、以色列作为就职后的首访国家。与此同时，美国还从中牵线搭桥，推动两个盟友改善关系。

2017年5月20日，特朗普出访沙特，沙特国王亲到机场迎接。21日，特朗普出席由沙特组织的"阿拉伯、伊斯兰和美国首脑会议"，并向与会阿拉伯和伊斯兰国家领导人发表演讲，呼吁谴责极端主义攻击，强调"真正直面伊斯兰极端主义"的时候到了，它是以色列、沙特共同的敌人。22日特朗普到访以色列，在耶路撒冷与内塔尼亚胡举行会谈，他表示沙特等阿拉伯国家对以色列的态度很积极，呼吁以色列方面能够与这些阿拉伯国家发展新关系。特朗普当天在同内塔尼亚胡的联合声明中说："我们希望以色列和平"，"现在我们面前有很多机会，必须抓住"。② 23日，特朗普呼吁以色列和阿拉伯国家形成联盟，共同打击中东地区的恐怖主义。内塔尼亚胡则表示，特朗普总统对推动以阿关系发展作用很大。2017年8月特朗普的首席中东顾问库什纳访问以沙两国的消息在媒体中引发两国可能开启外交关系的热烈猜测，美国政府迫切希望看到以巴恢复谈判，并希望以阿关系得到改善。③ 为此，库什纳10月底秘访沙特，为重启以巴和谈与以阿和解做出努力。④ 沙特全力支持美国的计划，美国则答应无保留支持海湾君主国、修改伊朗核协议、制定新的以巴和平方案。⑤ 因此，美国在促进以沙关系发展中发挥了巨大作用。

---

① George Friedman, "US Strategies in the Middle East," *Geopolitical Futures*, February 8, 2017.
② 《特朗普呼吁以色列与沙特等阿拉伯国家发展新关系》，中华网，2017年5月23日，http://news.china.com/news100/11038989/20170523/30555905.html。
③ Bob Mason & Fxempire, "New Allies: Israel and Saudi Arabia?" *The Jerusalem Post*, November 6, 2017, https://www.jpost.com/Middle-East/New-Allies-Israel-and-Saudi-Arabia-513467.
④ Jack Moore, "Jared Kushner and Trump Officials Made a Secret Visit to Saudi Arabia Last Week," *Newsweek*, October 30, 2017, http://www.newsweek.com/jared-kushner-trump-officials-made-secret-visit-saudi-arabia-695859.
⑤ "Saudi: Palestinian Abbas Must Endorse US' Plan or Leave," *The Middle East Monitor*, November 14, 2017, https://www.middleeastmonitor.com/20171114-saudi-palestinian-abbas-must-endorse-us-plan-or-leave-resign/.

（三）地区其他安全议题和沙特国内因素

现代中东长期处于动荡之中，矛盾错综复杂，置身其中的以沙不乏共同利益。哈马斯问题即是如此。以色列多次严厉打击哈马斯，将之称为"和平的敌人"，是"伊朗支持的致力于摧毁以色列的恐怖主义"。① 但以色列的打击促使哈马斯转向伊朗，成为伊朗借以扩大影响的工具，这并非以色列沙特所愿。忧虑至此，包括沙特等一些阿拉伯国家并未给哈马斯以实质支持，甚至将其视为"累赘"，旁观其失败。② 有评论抱怨说"与阿拉伯国家对抗的是一个包括哈马斯和真主党在内的伊朗—叙利亚联盟……帮助哈马斯会增强伊朗的野心，同时削弱其他国家的力量"③。2017年6月，沙特外交大臣朱拜尔呼吁"停止支持哈马斯这样的组织"。④ 因此，沙特并不喜欢哈马斯，从防范伊朗这点上来说，以沙在哈马斯问题上利益一致。同样的逻辑也适用叙利亚问题。2011年叙利亚内战爆发后，西方国家对叙利亚政府一致施压要求其下台，执政的阿萨德家族不得不强化对俄罗斯和什叶派盟友的依赖。沙特同为阿拉伯国家却第一个出来指责巴沙尔政权，理由是其血腥镇压反对派。沙特还联合海湾国家资助叙利亚反对派，甚至宣称要出兵叙利亚。⑤ 沙特这些动作背后指向的是叙利亚什叶派政府及其支持者伊朗。自以色列建国后，叙利亚多次参与对以战争，以色列则长期占领戈兰高地，以叙敌对关系从未解除。为防止北敌再起，以色列曾轰炸叙利亚的核反应堆，并在叙利亚内战中多次空袭叙境内军事设施，目标是恐怖主义和黎巴嫩真主党，特别是防止后者在叙境内协助政府军和伊朗革命卫队。⑥ 同

---

① 《以色列反对法塔赫与哈马斯组建联合过渡政府》，新华网，2012年2月7日，http://www.xinhuanet.com/world/2012-02/07/c_111494852.htm。
② 《卡塔尔称：有阿拉伯国家希望哈马斯落败》，《南方都市报》2009年1月13日，http://news.ifeng.com/world/special/jiasha/news/200901/0113_5302_965697.shtml。
③ Barry Rubin, "Hamas's Real Enemies," Project Syndicate, January 14, 2009, https://www.project-syndicate.org/commentary/hamas-s-real-enemies?barrier=accessreg.
④ Christopher M. Blanchard, "Saudi Arabia: Background and U.S. Relations," Congressional Research Service, November 22, 2017, p.36.
⑤ 《沙特称正在就出兵叙利亚与美国磋商》，新华网，2018年4月18日，http://www.xinhuanet.com/world/2018-04/18/c_1122701641.htm。
⑥ 〔以〕朱达·格罗斯：《以色列空袭叙利亚军事力量及真主党武器车队》，《以色列时报》2016年12月1日，http://cn.timesofisrael.com/以色列空袭叙利亚军事力量及真主党武器车队/。

时，伊朗支持的真主党与沙特的关系在过去几年里也很紧张，而无论是真主党还是伊朗都不承认以色列的生存权，以沙在地区事务上的这些共同利益，增加了双方的合作空间。

在巴以问题没有公正解决的前提下，沙特就冒着放弃伊斯兰领袖和两座清真圣寺保护人地位的危险与以色列接近，虽说是外部安全环境发生深刻改变所致，但沙特国内稳定发展也是重要影响因素。"阿拉伯之春"后，沙特面临巨大的内外压力，王室内部权斗对沙特稳定构成了重大风险，伊朗霸权扩张和邻国崩溃所带来的外部威胁，国际油价大幅度走低①，对沙特的经济和安全造成了严重的冲击，沙特不得不进行政治和经济改革。去年11月沙特宣布成立国家反腐委员会，由王储萨勒曼担任主席，在沙特掀起了一场反腐风暴。对叙利亚、卡塔尔、也门、黎巴嫩和巴勒斯坦事务的干涉消耗了沙特太多的精力，但沙特与伊朗地区争斗的势头难改，又不得不通过代理人继续与伊朗对抗，而目前沙特的经济与社会发展指标在许多方面已经落后卡塔尔、阿联酋等海湾兄弟，沙特正处于转型变革的十字路口，国内改革和发展不容有任何差错，否则对自身稳定和中东局势都会带来巨大影响，因此沙特需要一个稳定的内外环境，也需要以色列在沙漠中发展经济的技术经验，更需要努力稳定一个统一的逊尼派阵线，所以在面对什叶派国家强大的威胁下，沙特显得尤为脆弱，相比起对方，沙特更需要以色列，选择与以色列联手，并非仅是不得已为之，也符合现阶段沙特的国家利益和政治发展的需要。因此，沙特对以态度的改善是两国关系升温的关键。

然而，也必须看到，以色列和沙特都是中东地区主要强国之一，沙特在"阿拉伯之春"后又是阿拉伯世界在宗教和经济上最具影响力的国家，两个曾经世代为敌的国家突然打算握手言和、结伴同行，其影响必然会是颠覆性的，特别是对沙特的内政外交，同时也必然冲出双边层面，对阿拉伯人及整个穆斯林的心理认知、对中东地区政治格局、对大国在中东的利益博弈，都会产生难以估量的冲击。也正因为如此，两国关系的改善必然面临诸多不确定性，险阻重重、步履维艰。

---

① Yoel Guzansky & Erez Striem, "Saudi Arabia: A Buildup of Internal and External Challenges," *INSS Insight*, No. 768, November 18, 2015.

四 以沙关系持续改善面临的挑战

(一) 巴勒斯坦问题

长期以来，巴勒斯坦问题是以色列和沙特关系发展停滞的一个主要障碍。阿以数次爆发战争，积怨深久，巴以问题是其核心。沙特在阿拉伯世界和伊斯兰世界都具有重要影响，对以色列的态度转变必然会关涉到沙特在阿拉伯世界的威信和声望。沙特也曾提出在巴勒斯坦问题没有解决前，不会与以色列建立外交关系。最近，沙特外交大臣朱拜尔在接受采访时强调，2002年和平倡议仍旧是阿以发展全面正常关系的基础。[1] 该倡议"承认以色列"的同时要求以色列撤出1967年以来占领的所有阿拉伯土地，接受建立以东耶路撒冷为首都、主权独立的巴勒斯坦国，公正解决巴勒斯坦难民问题。倡议得到阿联成员的广泛认同，至今仍代表着阿拉伯国家在巴以问题上的立场。最近，沙特阻止了以色列参加利雅得国际象棋锦标赛也表明沙特在公开层面未改变其长期以来巴以问题立场。[2] 2018年4月萨勒曼国王发表声明重申支持巴勒斯坦事业，阿拉伯和平倡议是以沙两国关系全面化的先决条件。[3] 但从以色列方面来看，和平倡议所要求的撤出被占领土、耶路撒冷地位、难民问题等诉求得不到国内民意支持，基本上难以实行。因此在巴勒斯坦问题得到妥善解决之前，沙特想要推动与以色列的关系发生根本性改变，难度极大。沙特自然不愿意重蹈埃及覆辙，成为背叛阿拉伯人事业的罪人，丧失在逊尼派伊斯兰世界的领导地位。为了推进与以色列的关系，沙特必须着手解决巴勒斯坦问题。有报道称，2017年10月底，沙特王储萨勒曼在利雅得召见巴勒斯坦领导人阿巴斯，劝说后者接受库什纳的中东和平计划，并停止与哈马斯修复关系，否则就得辞职，但阿巴斯事

---

[1] Oren Lieberman, "How a Mutual Enemy is Changing Israel-Saudi Relations," *CNN*, November 26, 2017, https://edition.cnn.com/2017/11/25/middleeast/israel-saudi-relations/index.html.
[2] Ari Heistein, "The Prospects for Israel-Saudi Relations," *The Jerusalem Post*, January 20, 2018, https://www.jpost.com/Opinion/The-prospects-for-Israel-Saudi-relations-539285.
[3] Raphael Ahren, "Just How Groundbreaking Was the Saudi Crown Prince's Comment on Israel?" *The Times of Israel*, April 4, 2018, https://www.timesofisrael.com/just-how-groundbreaking-was-the-saudi-crown-princes-comment-on-israel/.

后对此予以否认。① 据说，库什纳的计划没有给予巴勒斯坦国家方案最低限度的公正，仅提及财政援助、释放在押巴囚、部分冻结犹太人定居点项目，却许诺以色列一系列战略好处，如结束沙特对以抵制。② 库什纳的提议显然与沙特2002年和平倡议的立场相去甚远，如推行必将削弱沙特在巴问题上的调停地位，激化巴内部矛盾，引发阿拉伯和伊斯兰世界的普遍不满。显然，沙特要想在与以色列关系正常化之前处理好巴勒斯坦问题同样困难巨大。

（二）伊斯兰世界长期普遍存在的反以仇以情绪

中东和平进程开启以来，以色列与阿拉伯国家保持着一种相对和平的状态，但以色列在大多数阿拉伯国家仍不受欢迎，有些仍将其视为必须消除的仇敌。与以色列建立官方关系或公开发展合作关系，这对"伊斯兰盟主"沙特来说，将引发巨大外交和道义风险，招致伊斯兰主义者的责难，从而给沙特王室带来致命挑战。这也是沙特不公开沙以私下合作的原因，伊斯兰民众长期普遍的反义情绪对以沙关系的发展非常不利。事实上，沙特与以色列接近的举动已经让许多阿拉伯人感到愤怒，他们指责以色列政府是巴勒斯坦人最危险的敌人，抨击沙特与以色列改善关系。"沙特阿拉伯正与巴勒斯坦人最坚定的敌人站在一起。无论用什么标准衡量，这都是可耻的。"③ 2018年4月沙特王储萨勒曼在出席联合国会议接受采访时说："我相信每个民族，在任何地方，都有权利生活在他们和平的国家。我相信巴勒斯坦人和以色列人都有权拥有他们自己的土地。"这一言论很快就激怒了许多巴勒斯坦人和阿拉伯人。巴勒斯坦好战组织指责萨勒曼之言意在为阿以关系"正常化"铺路。哈马斯高官艾哈迈德·尤素福（Ahmed Yusef）指责萨勒曼在阿拉伯世界"推销以色列"，认为"这是一个非常危险的问题……与以色列关系正常化的病毒已开始渗透到一些

---

① "Saudi: Palestinian Abbas Must Endorse US' Plan or Leave," *The Middle East Monitor*, November 14, 2017.
② Ibrahim Fraihat, "Why Saudi-Israeli Normalisation Could be Dangerous," *Aljazeera*, 2017, https://www.Aljazeera.com/indepth/opinion/saudi-israeli-normalisation-dangerous-171119083143078.html.
③ Khaled Abu Toameh, "Arab Knesset Member Complains: Saudi Arabia does not Want Downfall of Netanyahu," *The Times of Israel*, February 21, 2018, https://www.timesofisrael.com/arab-israeli-lawmaker-saudi-arabia-does-not-want-downfall-of-netanyahu/.

阿拉伯人身上"。他补充说，"巴勒斯坦人有能力挫败这些阴谋"。① 巴勒斯坦伊斯兰圣战组织同样谴责萨勒曼的言论，并称"巴勒斯坦人对巴勒斯坦的权利是绝对的"。② 伊朗领袖哈梅内伊则强调与以色列谈判是"背叛"行为和"令人难忘的错误"。③ 因此未来以沙关系提升必然面临地区反对势力的挑战，甚至引发极端分子制造不测事端来阻止以沙关系发展。另外，阿拉伯和伊斯兰世界的媒体也对沙特以色列关系改善持批评态度，它们认为沙特与以色列的接触政策误导阿拉伯民众，威胁巴勒斯坦人的事业，加剧伊斯兰世界的分裂，有利于以色列提升自身影响力。④ 舆论对以色列的普遍敌视言论，很大程度上反映了伊斯兰国家民众的情绪，这种情绪将始终束缚以沙关系改善的步伐。

（三）特朗普政府的美国优先主义

以沙关系走近的一个重要促因是美国尝试抽离中东并与伊朗达成核协议。特朗普执政后呼吁两个盟友发展新型国家关系，直接推动了以沙关系的发展。但美国中东的政策目标是维护自身利益，特别是特朗普政府主张美国优先论。美国在现有多边机制和成果中的横冲直撞，并不说明特朗普仅为标新立异而恣意为之。无论是退出TPP、北美自贸协定，还是借强征关税重谈双边协议，对叙利亚、朝鲜有打有拉，生意人特朗普蛮横无理而又收放自如的背后意在重塑对美有利的体制。美国政策给人的印象就是先搅浑搞乱既有秩序，再凭借实力坐地起价，完全不顾盟友感受，表现出鲜明的美国优先色彩。在中东，美国威

---

① Khaled Abu Toameh, "Palestinian Terror Groups Seethe over Saudi Crown Prince's Pro-Israel Comments," *The Times of Israel*, April 5, 2018, https：//www.timesofisrael.com/palestinian-terror-groups-slam-saudi-crown-prince/.
② Khaled Abu Toameh, "Palestinian Terror Groups Seethe over Saudi Crown Prince's Pro-Israel Comments," *The Times of Israel*, April 5, 2018, https：//www.timesofisrael.com/palestinian-terror-groups-slam-saudi-crown-prince/.
③ Toi Staff, "Knocking Saudis, Khamenei Calls Interacting with Israel 'Betrayal,' Backs Hamas," *The Times of Israel*, April 4, 2018, https：//www.timesofisrael.com/irans-khamenei-censures-talks-with-israel-as-betrayal-backs-hamas/.
④ Mohamed Abdelaziz, "Media Analysis of the Meeting between Prince Turki Al-Faisal and General Amidror," The Washington Institute for Near East Policy, May 20, 2016, http：//www.Washingtoninstitute.org/fikraforum/view/media-analysis-of-the-meeting-between-prince-turki-al-faisal-and-general-am.

胁退出伊朗核协议，宣称将驻以使馆迁至耶路撒冷等行为（目前两者都已兑现），看似都有点冒天下之大不韪，但其直接后果——再次孤立反美势力伊朗、修复同中东支柱以色列的关系、利用盟国的恐惧让其在服务美国战略上给予更多支持并购买大量美国军火，这一切都符合美国的利益。以色列和沙特当然希望借助美国甚至将美国和自己捆绑起来对付伊朗，但在世界主要力量特别是其西方盟友都不确定会追随的情况下，美国最终能走多远尚未可知，可以确定的是它必然会根据自身的利益而随时调整策略。譬如，伊朗核协议六方中其他五方如果同意继续维持协议，美国的退出就影响有限；如果美国迁大使馆一事应者寥寥，特朗普的举动就只是讨好以色列的一种姿态，当前事态确有此发展趋势。外界总以为特朗普不按常理出牌，政策不确定性很大，但这也只是对外界而言，特朗普政府肯定明白美国的政策目标和利益边界。当然，这种虚虚实实所表现出的政策不确定性也会带来误解和冲突的风险。如果以色列和沙特错估美国支持并联手同什叶派放手一搏，促发中东出现伊朗、土耳其、俄罗斯、叙利亚阵营与美国、以色列、沙特等海湾君主国阵营激烈对抗，甚至滑向动乱深渊，脱离美国掌控，这并不符合美国利益，也与特朗普上台后将应对大国竞争和发展本国经济作为施政主旨的初衷相悖。迄今，特朗普尚未抛出推进中东和平的一揽子计划，却因在支持以色列方面剑走偏锋，引发争议挞伐一片，令巴勒斯坦一方对其能否胜任中间人的角色产生怀疑。而沙特、以色列与伊朗及其代理人的冲突有失控并危及美国中东利益的风险，美国现任政府的中东政策尚有极大可塑空间。未来美国的中东政策将继续影响以沙关系，美国优先主义也会给以沙关系的发展带来不确定性。

（四）沙特民意及其稳定问题

阿拉伯世界普遍弥漫着反以情绪，这当然包括沙特。过去沙特官方一直宣传犹太人的可怕、恶毒，并禁止阿拉伯人与犹太人来往。否定大屠杀的言论在沙特也十分盛行，沙特的教科书中甚至将犹太人和猴子、猪相提并论。[1] 现在官方要说服其民众扭转反犹观念，并非易事。2018年2月，沙特当局逮捕了

---

[1] Cristina Maza, "Saudi Arabia Muslim Leader Slams Holocaust Denial, Says Killing Jews Was Worst Atrocity Ever Committed," *Newsweek*, 2018.

一名女性活动分子，原因是她指责王储企图以牺牲"巴勒斯坦问题"为代价，实现与以色列关系正常化。① 因此，沙特要想与以色列建立公开关系，必须考虑国内舆论和民众的态度，否则与以合作很可能会损害王室形象，成为权力稳定的巨大风险。还有，沙特是极端思想和恐怖分子的聚集地之一，以沙合作只会增加他们的影响力，从而威胁沙特国内安全。实际上，沙特政府对此小心翼翼。对于埃什基耶路撒冷之行，沙特外交官称其言论不反映沙特政府观点。埃什基自己也刻意保持低调，对外声称是出访拉姆安拉而非以色列，但当事情见诸报端后，他辩解说在大卫王饭店与以色列官员的会见发生在巴勒斯坦人的土地上。② 对于费萨尔亲王与以色列将军在华盛顿的对话，沙特媒体则直接用"费萨尔拒绝同以色列进行任何合作"的标题予以报道。③ 2017 年 11 月，对于以色列国防部官员称以沙存在情报合作一事，沙特外交大臣朱拜尔不置评论，仅强调两国之间没有外交关系。

在如此环境下，沙特却在国内外同时进行着多重激进行动：组织联军出兵也门、带头封锁孤立卡塔尔、以反腐名义逮捕数十名王子部长、誓言消除极端主义和推进文化经济能源改革。年轻王储掀起的反腐风暴、改革大潮和联以抗伊的大胆行动面临着多方面的挑战，极大地考验着沙特王室对国家的控制和治理能力。与阿拉伯人的仇敌以色列言和必然会给伊朗和极端势力削弱沙特在伊斯兰世界的地位提供强大借口。而国内的反腐和旨在打造"温和伊斯兰"的改革很有可能激起保守派的反对。已有新闻报道称美国议员要求联邦调查局调查库什纳秘密访问沙特期间是否泄露机密违反法律，理由是库什纳向沙特王储泄露了美国掌握的王室家族反对后者的名单。④ 坊间传闻沙特反腐行动涉及内

---

① "Saudi Officials Arrest Activist OverCriticizing Normalization of Ties with Israel," *Press TV*, February 8, 2018, http：//www.presstv.com/Detail/2018/02/08/551724/Saudi-Israeli-ties-activist-Noha-alBalawi.

② Kamran Bokhari, "Why is Saudi Arabia Trying to Get Closer to Israel?" *Center For Global Policy*, July 25, 2016.

③ Mohamed Abdelaziz, "Media Analysis of the Meeting between Prince Turki Al-Faisal and General Amidror," *The Washington Institute for Near East Policy*, May 20, 2016.

④ Emily Shugerman, "FBI Must Investigate Jared Kushner's Links to Saudi Crown Prince Mohammad Bin Salman," *Independent*, March 29, 2018, https：//www.independent.co.uk/news/world/americas/us-politics/jared-kushner-mohammad-bin-salman-links-saudi-arabia-us-visit-fbi-investigation-democrats-a8280001.html.

部权力斗争,而反腐正发生在库什纳访问之后。这从侧面可以看出,沙特王室面临着不少国内外危机,权力能否顺利交接、改革能否顺利完成也都孰难预料,沙特的民意倒向和内部稳定发展对未来的以沙关系走向将产生不小的影响。

结　语

以色列和沙特关系快速转暖出现在中东剧变发生后,这并非偶然,与两国在中东面临的安全环境发生重大改变密不可分。"阿拉伯之春"爆发后,中东世俗强人政治没落、伊斯兰政治力量上升、恐怖主义大行其道,区内外强国竞相角逐霸权,与以色列有外交关系的埃及和约旦都深受剧变波及,以色列外部安全环境变得异常复杂和严峻。在此情况下,长期主导中东格局的盟友美国却采取收缩战略,留下权力空间,而伊朗核协议的签署和经济制裁的移除为伊朗在中东扩展影响大开方便之门。这让与伊朗矛盾重重的以色列和沙特压力陡增,不得不联手应对。特朗普执政后意识到势力不断膨胀的伊朗是对自己中东利益的威胁,于是宣布退出伊朗核协议,修复同以色列、沙特的关系,并极力促成两者改善关系、共同抗伊。

以沙改善关系是两国相互需要的结果。沙特是阿拉伯世界的领袖,在敌意丛生的中东,以色列与其关系正常化,将会带动和其他海湾国家关系的改善,这将为以色列提供更多的地区贸易伙伴和更加开阔的外交安全空间。而联手抗伊将极大改善以色列在中东的战略环境和地位。中东剧变后,在遏制伊朗问题上,沙特更显脆弱,甚至比以色列更需要对方。与以色列关系改善将使其能借助对方力量牵制伊朗,减少自身压力,获取更多地区事务主导权,同时通过美以特殊关系实现美沙关系捆绑。通过安全合作,沙特还可以直接利用以色列的军事技术和情报网络对抗敌手。

但也应看到,两国关系要想进一步发展,还面临着巨大挑战和潜在风险。目前看来,巴以问题的解决困难极大、遥无定期,而在此之前,以沙关系也很难实现完全正常化。当然,未来以沙安全合作还会继续深化,其发展的程度取决于各种力量博弈所形成的新的地缘态势与力量对峙。

B.17
以色列与日本关系：历史与现状

伊蒙蒙　贾　森*

摘　要： 19世纪50年代以来，犹太人与日本交往不断加强。尽管日本曾出现反犹主义思想，但影响甚微，基本奉行现实且温和的对犹政策，双方历史关系较好。第二次世界大战以后，"不介入"外交原则与能源因素促使日本疏远甚至反对以色列，两国关系长期冷淡。冷战以后，日本在美国的压力下，利用阿以关系缓和的有利形势，积极改善与以色列的关系，双方关系迅速升温。目前，两国高层互访频繁，经济贸易持续发展，科研合作稳步推行，安全合作不断加强，文化交往日益深化，实现了互惠互利并增强了未来合作的信心。然而，以日关系也面临难以克服的障碍，特别是日本积极的中东政策与以色列强烈的安全需求存在难以调和的冲突。

关键词： 以色列与日本关系　科技合作　安全关系　影响因素

近几年，以色列在巴以争端、伊朗核问题上与传统的欧美盟国摩擦不断，而且欧美国家深受经济危机困扰，难以帮助以色列缓解"阿拉伯剧变"后所面临的地缘政治危机。与此同时，中国、印度及日本等亚洲国家的经济优势逐渐凸显，在中东的影响力稳步提升。有鉴于此，以色列积极"向东看"，努力加强与亚洲大国的关系。日本是传统经济强国，在金融危机冲击下仍是全球第

---

* 伊蒙蒙，郑州大学外语学院日本文化研究方向硕士生；贾森，郑州大学历史学院犹太—中东史方向博士生。

三大经济体,科技实力雄厚,颇受以色列的关注;以色列在高科技创新领域的杰出成就也深得日本的赞赏;两国对彼此的认可度较高,而且历史关系相对和睦,曾经历过因外界掣肘而不能如愿发展双边关系的缺憾,这使以日非常珍惜眼前的合作机遇,积极提升两国关系水平。

一 犹太人与日本的历史交往

近代以前,犹太人与东亚边缘的日本基本没有联系,双方有确切证据的交往始于近代。有资料显示两个皈依基督教的葡萄牙犹太人曾在16世纪到达日本。1853年,日本在美国佩里舰队的威胁下开埠通商,美国、俄国及中东的犹太人随后陆续来到日本的长崎、横滨和神户等港口定居经商,其中长崎和横滨犹太社团在19世纪90年代已建立会堂和公墓,长崎的犹太家庭多达100户,他们和俄国经济联系密切,故而在1904年日俄战争爆发后逐渐解体,横滨和神户犹太社团则不断壮大。然而,1923年关东大地震沉重打击了横滨犹太社团,神户成为日本最大的犹太社区所在地并且在第二次世界大战期间接纳了大批东欧犹太难民,同时容纳了阿什肯那兹与塞法尔迪犹太人,他们在神户拥有各自的会堂和宗教礼仪,当时日本管制下的哈尔滨和上海犹太社区不仅免遭屠戮,且保留了相对丰富的精神文化生活。因此,日本开国以后和犹太人的联系相当频繁。不仅如此,日本还形成了"亲犹"与"反犹"并存的现象。[①]

日俄战争期间,美国犹太银行家雅各·希夫(Jacob H. Schiff)曾向日本提供巨额贷款,对日军战胜俄国起了重要作用,明治天皇亲自宴请希夫表示感谢。[②] 日本国内由此萌发出强烈的"亲犹"情感。当然,西方的反犹思想也在"明治维新"以后传到日本。1885年,莎士比亚的《威尼斯商人》在大阪被译成日语且入选日本的英语教材,在当时的日本人看来,犹太人就是如夏洛克般"精明""狡诈""尖刻""吝啬"的商人形象,但日本近代资本主义的发展逐

---

① 金子マーティン:《神戸・ユダヤ人難民 1940-1941「修正」される戦時下日本の猶太人対策》,みずのわ出版,2003,第9页。
② 〔美〕马文·托克耶、玛丽·斯沃茨:《河豚鱼计划:二战时日本人与犹太人的秘密交往史》,龚方震等译,上海三联书店,1992,第28页。

渐改变了民众对夏洛克的成见,称之为"值得效仿和尊敬的新型企业家"。① 1919 年,日本出兵西伯利亚,接触到流行于白俄军队的反犹主义书籍《锡安长老议定书》,部分日本军官开始相信书中所谓犹太人控制世界的阴谋,但该书关于犹太资本家超强金融实力和政治影响力的描述更令日本人印象深刻。整体而言,"日本的反犹主义主要停留在纸面上"②,没有实施性的影响。1920年,日本驻英国大使珍田捨巳代表日本政府致函魏兹曼,支持《贝尔福宣言》。③ 1934 年,日本钢铁巨头鲇川义介炮制出"河豚鱼计划",企图在中国东北建立犹太人居留地,吸引欧美犹太资本家在东北投资,换取美国对日本侵华战争的支持。1938 年,日本"五相会议"通过的《犹太人对策纲要》基本肯定了"河豚鱼计划"。④ 尽管该计划随着日德同盟的建立而流产,但日本拒绝执行纳粹大肆屠杀犹太人的野蛮政策,哈尔滨犹太社区得以完整保留;⑤ 上海犹太难民社区亦躲过劫难,保留自己的精神文化生活;⑥ 而且日本驻立陶宛外交官杉原千亩在 1940 年向波兰及立陶宛犹太人发放数千份通过日本的过境签证,后者得以逃离纳粹魔爪,成为双方交往史中的一段佳话。⑦

二 冷战时期以色列与日本的关系

第二次世界大战后,以色列为了改善不利的地缘环境,积极谋求与日本建交,大卫·本·古里安曾说:"以色列和日本处于亚洲的两端,但广袤的亚洲

---

① Meron Medzini, *Under the Shadow of the Rising Sun: Japan and the Jews during the Holocaust Era*, Boston: Academic Studies Press, 2016, p. 11.
② 金子マーティン:《神戸・ユダヤ人難民 1940 – 1941「修正」される戦時下日本の猶太人対策》,第 9 页。
③ Yaacov Cohen, "Japanese-Israeli Relations, the United States, and Oil," *Jewish Political Studies Review*, Vol. 17, No. 1/2 (Spring, 2005), p. 136.
④ 金子マーティン:《神戸・ユダヤ人難民 1940 – 1941「修正」される戦時下日本の猶太人対策》,第 57 ~ 58 页。
⑤ 王志军、李薇:《20 世纪上半期哈尔滨犹太人的宗教生活与政治生活》,人民出版社,2013,第 265 页。
⑥ 王健:《逃亡与拯救:二战中的犹太难民与上海》,上海交通大学出版社,2016,第 195 ~ 219 页。
⑦ 金子マーティン:《神戸・ユダヤ人難民 1940 – 1941「修正」される戦時下日本の猶太人対策》,第 33 页。

大陆将他们连在一起，它们的思想中都包含着对亚洲命运的关切，这将它们绑成一体而非彼此隔绝。"① 1952 年，以色列得到日本的承认，立即在东京开设公使馆，成为首个与日本建交的中东国家；日本在 1954 年任命驻土耳其大使兼任驻以公使并于次年在特拉维夫开设公使馆。1963 年，两国将外交关系升为大使级。② 1967 年"六日战争"期间，日本在联合国大会上支持美国偏袒以色列的提案。③ 由此可见，以色列建国之初对以日关系寄予厚望；日本追随美国的亲以政策，对深化日以关系却谨慎迟疑。东京经济发展研究所研究员池田昭文认为，日本战后成为美国附庸且依赖中东石油，既要追随美国的中东政策，承认以色列；又要低调处理两国关系④，以免触怒阿拉伯产油国。这种观点值得重视却需要斟酌。20 世纪 50～60 年代，中东石油主要掌握在英美石油公司手中，石油尚未成为日本制定中东政策的核心要素。⑤ 日本低调对待以色列的主要原因在于其战后经济陷入崩溃且受美国管制，故而对内埋头经济建设，对外奉行"'低姿态、不介入'的小国主义外交政策"⑥，不愿卷入中东的纷争。20 世纪 70 年代以后，阿拉伯国家逐步控制石油主权，石油才成为日本处理中东外交的关键。1973 年，日本在阿拉伯国家的压力下，为确保石油安全，明确要求以色列撤出 1967 年所占领土，承认勒斯坦人合法权利。

"不介入"与石油因素造成以日关系几乎停滞。政治上，1952～1985 年，日本内阁大臣无人访问以色列；经济上，日本遵从阿拉伯国家的抵制政策，不向以色列派出官方经济代表团，不给以色列提供贷款，不在以色列投资，有些企业甚至拒绝向以色列销售阿拉伯国家尚未明文禁止的民用商品，但日本政府留有余地，不干涉企业的经营自主权。1969 年，外务省发言人曾表示："如果

---

① Ohad Cohen, "The Rise of Japanese-Israeli Economic Relations," *The Times of Israel*, March 2, 2015, http://blogs.timesofisrael.com/the-rise-of-japanese-israeli-economic-relations/.
② "Japan-Israel Relations," Ministry of Foreign Affairs of Japan, http://www.mofa.go.jp/region/middle_e/israel/data.html.
③ 金熙德:《日本对中东政策的的演变轨迹》，《日本学刊》2006 年第 4 期，第 26 页。
④ Akifumi Ikeda, "Japan's Relations with Israel," in Kaoru Sugihara & J. A. Allan, eds., *Japan in the Contemporary Middle East*, London: Routledge, 1993, p.146.
⑤ 李凡:《石油因素在日本中东政策中的作用》，《河北师范大学学报》1999 年第 1 期，第 95～96 页。
⑥ 包琴霞、臧志军主编《变革中的日本政治与外交》，时事出版社，2004，第 197 页。

一家公司希望与以色列做生意，我们既不反对也不会提供帮助。"① 所以，一些日企积极开展对以贸易，三菱、汤浅、东芝、夏普等都通过有名无实的虚拟公司，间接与以色列保持长期交易；富士重工与斯巴鲁公司等公司早在1967年便停止抵制政策，公开向以色列销售汽车；以色列还进口日本的船舶、纺织品、电子设备以及汽车零部件然后进行组装，艾拉－亚姆（El-Yam）和以星（Zim）航运公司与日本长期合作。两国贸易以此柔韧的方式暗中维持着且略有成效。从1973年至20世纪80年代早期，日本从以色列的进口额明显高于从叙利亚、苏丹、约旦、黎巴嫩、利比亚和埃及的进口总额。② 这虽不能改变以日关系大局，但两国在外界掣肘下，通过企业的非官方途径维持双边贸易的做法值得肯定。20世纪80年代中期以后，日本开始逐步改善两国关系，主要是因为日本在海湾地区的投资受到两伊战争影响，频遭呆账、坏账及拒付款项等不良事件，而且日本无法继续回避和美国关于对以政策的分歧，认为美国犹太人掌握日本对美出口，应重新考虑对以政策。③ 1985～1988年，以日内阁官员、商业团体实现互访，双方贸易总额在1988年达到16亿美元。日本应对阿以问题更为灵活，在1988年"因提法达"的处理上表现得十分明显，日本召见以色列大使谴责国防军伤害巴勒斯坦平民的行为，同时派遣科技、教育、宗教、经济、通信代表团访问以色列。海湾战争期间，日本冻结以色列在日资产的行为再次损害以方情感，但积极派遣派外务大臣出使以色列进行安抚，及时修复两国关系。

三　冷战以后以色列与日本关系的发展

冷战结束以后，美国在中东取得主导地位，撮合阿以双方走向和谈，为以日关系清除了一大障碍；就两国自身来讲，以色列在20世纪90年代已建立起

---

① Raquel Shaoul, "Japan and Israel: An Evaluation of Relationship-building in the Context of Japan's Middle East Policy," *Israel Affairs*, Vol. 10, No. 1 - 2 (2004), p. 275.

② Raquel Shaoul, "Japan and Israel: An Evaluation of Relationship-building in the Context of Japan's Middle East Policy," *Israel Affairs*, Vol. 10, No. 1 - 2 (2004), p. 276.

③ Yaacov Cohen, "Japanese-Israeli Relations, the United States, and Oil," *Jewish Political Studies Review*, Vol. 17, No. 1/2 (Spring, 2005), p. 144.

发达的高科技产业,在现代农业、军工技术、新能源、电子工业、计算机软件、生物医药、航空航天等领域取得了举世瞩目的成就。① 日本战后通过大规模引进欧美先进技术设备,实现了经济腾飞,但它自身成为发达国家后,可供引进的技术领域日渐狭窄,依靠技术引进驱动经济爆炸式增长的发展模式难以为继,只能选择创新发展的道路;② 这强化了日本发展对以关系的主观意愿。美国的敦促则加快了日本调整对以政策的步伐。1991 年 4 月,美国总统布什与日本首相海部俊树在洛杉矶会谈时,明确要求日本停止抵制政策。海部俊树随后发表对以关系声明,释放出改善日以关系的信号。③ 1995 年 9 月,日本首相村山富市访问以色列,成为以第一位访以的日本首相;以色列总理拉宾、内塔尼亚胡、外交部部长西蒙·佩雷斯随后相继访问日本。与此同时,两国的经济交流日益活跃。1992~1993 年,双方经济代表团实现互访,以色列商界积极与日本政商界展开对话,其中包括三菱、三洋、住友、索尼、东芝等著名大型公司;许多日本企业陆续派遣代表团调研以色列市场;两国资本合作势头旺盛,日本公司大笔投资以色列证券市场,还得到了日本财务省和东京证券交易所的鼓励。此外,两国陆续签订了《避免双重征税协定》(1993 年)、《外汇保险协定》(1997 年)、《航空协定》(1999 年)、《投资保护协定》等合作协议。总之,两国关系在 20 世纪 90 年代明显改善,为以后的合作奠定了基础。21 世纪以来,两国关系持续发展并取得丰硕成果。

(一)政治关系日益密切

2000~2017 年,以日政治关系持续发展,基本形成稳定的高层互访机制,两国每年都派遣政府首脑或部级官员访问对方。在此期间,日本主要有 2 位首相(小泉纯一郎、安倍晋三),5 位外务大臣(川口顺子、町村信孝、麻生太郎、玄叶光一郎、岸田文雄等),2 位经济产业大臣(茂木敏充、世耕弘成),2 位担当大臣④(丸川珠代、鹤保庸介)以及 7 位外务副大臣访问日本;以色

---

① 张倩红:《以色列史》,人民出版社,2014,第 387~391 页。
② 杨栋梁:《日本近现代经济史》,世界知识出版社,2010,第 413~415 页。
③ Akifumi Ikeda, "Japan's Relations with Israel," in Kaoru Sugihara & J. A. Allan, eds., *Japan in the Contemporary Middle East*, p. 145.
④ 担当大臣是日本为了解决某种具体问题而设置的职位,属于日本内阁成员。

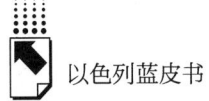

列方面则有奥尔默特、内塔尼亚胡2位总理以及7位副总理兼外交、国防或经济部部长,1位内政部部长、2位科技部部长访日,其中包括西蒙·佩雷斯、阿维格多·利伯曼等政界名流。① 2005年1月,日本外务大臣町村信孝访以色列,与总统摩西·卡察夫(Moshe Katsav)、总理沙龙、外交部部长西尔万·沙洛姆(Silvan Shalom)展开会谈,沙洛姆表示:"尽管以色列与日本相隔万里,双方仍有诸多相似之处。我们都是在第二次世界大战的灰烬中崛起的古老民族,在古老文化的基础上创造了兴旺、成功、发达的社会,我们的成就并不是依靠富裕的自然馈赠,而是丰富的人力资源。"② 双方在推动科学、技术、农业、文化合作,就共同关心的国际问题加强沟通等方面提出了具体可行的方案。2006年,日本首相小泉纯一郎访问以色列,以色列总理奥尔默特强调:"我深信这是两国关系的里程碑,有助于促进两国的关系,以色列和日本有许多共同之处,都是民主国家,都有追求和平的悠久传统,拥有共同的价值观。我们打算使两国的密切关系更上一层楼。"③ 2008年2月,奥尔默特回访日本,双方重点讨论了政治与经济关系、科技合作、中东和平进程中的合作问题。④ 时隔六年以后,以色列总理内塔尼亚胡于2014年5月正式访问日本,首相安倍晋三向媒体表示,"我与内塔尼亚胡总理决定进一步加强两国关系,使其中的潜力转化为现实"⑤。双方签订了《以色列—日本建立新型全面伙伴关系联合声明》,标志着两国关系步入新台阶。2015年1月,安倍晋三率领包括政府

---

① "Japan-Israel Relations (Basic Data)," Ministry of Foreign Affairs of Japan, http://www.mofa.go.jp/region/middle_e/israel/data.html.

② "Statement by FM Shalom after Meeting with Japanese FM Machimura," Israel Ministry of Foreign Affairs, January 16, 2005, http://mfa.gov.il/MFA/PressRoom/2005/Pages/Statement%20by%20FM%20Shalom%20after%20meeting%20with%20Japanese%20FM%20Machimura%2016-Jan-2005.aspx.

③ "PM Olmert Welcomes Japanese PM Koizumi," Israel Ministry of Foreign Affairs, July 12, 2006, http://mfa.gov.il/MFA/PressRoom/2006/Pages/PM%20Olmert%20welcomes%20Japanese%20PM%20Koizumi 2012-Jul-2006.aspx.

④ "Joint Statement on Deepening Relations between Japan and Israel on the Occasion of the Visit by Prime Minister Olmert to Japan," Ministry of Foreign Affairs of Japan, February 27, 2008, http://www.mofa.go.jp/region/middle_e/israel/joint0802.html.

⑤ Mizuho Aoki, "Abe, Netanyahu Agree to Join Hands on Defense, Internet Security," The Japan Times, May 12, 2014, https://www.japantimes.co.jp/news/2014/05/12/national/japan-israel-to-boost-defense-cooperation/#.WlzHlvnOn3R.

官员和企业高管在内的百人代表团访问以色列，内塔尼亚胡表示此次访问是历史性的，认为两国关系拥有无限的发展空间；安倍晋三回应说："经济领域是两国关系最具潜力之处。"① 2018年5月1日，安倍晋三率领高级商业代表团再次访问以色列，安倍本人受到内塔尼亚胡的亲切招待②，由此折射出两国政治关系之亲密，备受世人瞩目。频繁的高层互访在增进双方政治联系的同时也为两国关系的全面发展奠定了基础。

（二）经贸关系持续发展

第二次世界大战后，以色列和日本均创造了经济发展奇迹，不遗余力地发展对外贸易是两国共同的成功经验。2000～2016年，以日双边贸易额比冷战时期有了显著的提升，维持在14亿～33亿美元（见表1），而且贸易结构不断优化，贸易重心从钻石转向化工产品、电子电器、机器设备等领域。当然，其中也存在明显的不足，主要表现有：贸易额波动较大；整体增长幅度小；以色列始终处于"入超"地位，双方贸易地位不均衡，这些问题引起两国的重视，双方亦采取了相关措施，其中最引人注目的是将高科技行业作为提升经贸关系的突破口。

表1 以色列与日本进出口贸易额

单位：百万美元

年份	以色列向日本出口额	以色列从日本进口额	总额
2000	838.7	1186.7	2025.4
2001	800.4	1011.8	1812.2
2002	649.8	782.0	1431.8
2003	626.6	834.7	1461.3
2004	782.3	1197.0	1979.3

---

① "PM Netanyahu Meets with Japanese PM Shinzō Abe," Ministry of Foreign Affairs of Israel, January 18, 2015, http：//mfa.gov.il/MFA/PressRoom/2015/Pages/PM-Netanyahu-meets-with-Japanese-PM-Abe-18-Jan-2015.aspx.

② "Japanese PM Shinzō Abe Arrives in Israel on an Official Visit," Israel Ministry of Foreign Affairs, May 1, 2018, http：//mfa.gov.il/MFA/PressRoom/2018/Pages/Japanese-PM-Shinz%C5%8D-Abe-arrives-in-Israel-on-an-official-visit-1-May-2018.aspx.

续表

年份	以色列向日本出口额	以色列从日本进口额	总额
2005	799.1	1238.1	2037.2
2006	792.8	1292.3	2085.1
2007	769.6	1882.1	2651.7
2008	883.0	2226.7	3109.7
2009	527.6	1523.7	2051.3
2010	657.2	1779.6	2436.8
2011	900.8	2402.1	3302.9
2012	831.8	1727.3	2559.1
2013	727.8	1118.7	1846.5
2014	787.5	1294.0	2081.5
2015	769.1	1196.3	1965.4
2016	759.2	2354.2	3113.4

资料来源：以色列中央统计局，http://www.cbs.gov.il。

这是因为以色列创新实力突出，亟须拓展海外市场；日本科研资金充裕，面临亚洲新兴国家的竞争，希望利用以色列的创新技术促进产业优化升级。据以色列创新总局介绍，日本公司对以色列的生物、农业、情报、空间、医疗设备、电光材料、网络与信息维护、远程通信等技术的兴趣非同一般。① 2014 年 7 月，日本经济产业省与以色列经济部签订了一项"具有里程碑意义"的产业研发合作协定，旨在为两国私营企业的合作研发提供资金，帮助双方企业寻找合适的商业伙伴。② 2017 年 2 月，以色列财政部部长摩西·卡隆（Moshe Kahlon）和日本外务大臣岸田文雄签订了投资合作协议，摩西·卡隆表示："协议象征以日关系升温，是促进两国经济贸易的又一举措，期待日本前往以色列投资。"③ 这为日本投资以色列的初创企业创造了条件。

---

① "Israel & Japan Unite to Expand their Bilateral R&D Relationship," The Israel Innovation Authority, http://www.matimop.org.il/blog_Japan.html.
② "Japan-Israel R&D Cooperation Program," The Israel Innovation Authority, http://www.matimop.org.iluploadsattachments31985japanese_companies_catalog_edition3.pdf.
③ "Israel and Japan Sign an Investment Agreement," February 1, 2017, http://embassies.gov.il/tokyo-en/NewsAndEvents/Pages/Israel-and-Japan-sign-a-mutual-investment-agreement.aspx.

早在2014年2月，日本乐天商业集团就以9亿美元购买以色列网络通话软件Viber；① 2015年，日本在以色列的净投资达到50亿日元，折合约4570万美元。② 2017年，两国的投资协议引领了日本资金进军以色列的迅猛势头：该年5月，日本金融巨头欧历士（Orix）集团以6.27亿美元收购以色列欧玛特（Ormat）地热技术公司22%的股份；③ 6月，日本软银集团有限公司向特拉维夫—波士顿网络安全公司Cybereason投资1亿美元；④ 7月，日本丰田汽车公司在向以色列直觉机器人有限公司注资1400万美元，希望借助后者开发出成熟的人工智能、机器人和智能汽车自动驾驶科技；⑤ 与此同时，日本田边三菱制药公司以11亿美元的价格收购专门研发治疗帕金森症的药物与设备的以色列尼罗登（NeuroDerm）公司。⑥ 这也是目前两国之间资金最高的收购项目。⑦ 据以色列创新总局介绍，日本DNP印刷公司、村田电子零件制造厂、电报电话公司、理光办公设备公司、SMK无线电公司、东京电子有限公司、洋马柴油发动机公司等大型企业也积极在以色列寻求技术支持。⑧ 除此之外，许多日本公司还在以色列设立研发中心。科技不仅是促进以日经贸关系的重要引擎，而且成为两国的专门合作领域。

---

① Viva Sarah Press, "Japan's Rakuten Buys Israel's Viber for $900 Million," *ISRAEL21c*, February 14, 2014, https://www.israel21c.org/japans-rakuten-buys-israels-viber-for-900-million/.
② Hidemitsu Kibe, "Japanese Companies Show Keen Interest in Israeli Startups," *Nikkei Asian Review*, December 6, 2016, https://asia.nikkei.com/Tech-Science/Tech/Japanese-companies-show-keen-interest-in-israeli-startups.
③ Yoram Gabison, "Japans Orix Agrees to Buy 22% Stake in Ormat for $627 Million," *Haaretz*, May 4, 2017, https://www.haaretz.com/israel-news/business/japans-orix-agrees-to-buy-22-stake-in-ormat-for-627-million-1.5468511.
④ 《软银向网络安全初创公司Cybereason追加投资1亿美元》，新浪科技，2017年6月21日，http://tech.sina.com.cn/roll/2017-06-21/doc-ifyhfpat5660461.shtml。
⑤ Ryan Lawler, "Intuition Robotics raises another $14 million, this time from Toyota Research Institute," July 11, 2017, https://techcrunch.com/2017/07/11/intuition-robotics-14m-toyota/.
⑥ 《田边三菱$11亿收购NeuroDerm获帕金森潜力药》，新浪医药新闻，2017年7月25日，http://med.sina.com/article_detail_103_2_30358.html。
⑦ NoCamels Team, "Japanese Fund, Pharma Firm Looking For Investment Opportunities in Israel," NoCamels, November 29, 2017, http://nocamels.com/2017/11/japan-fund-pharma-israel/.
⑧ "Japanese Companies Seeking Israeli Technology & Partners," The Israel Innovation Authority, http://www.matimop.org.il/japan_partners.html.

(三)科技合作稳步推行

以色列和日本都奉行科技强国战略,强调自主研发的同时也非常重视国际合作。1994年12月12日,以色列总理伊扎克·拉宾与日本首相村山富市签订《以色列—日本科技合作协议》,该协议于1995年8月3日生效,有效期为十年;2005年8月1日名日本驻以色列大使小君恒田(Jun Yokota)与以色列副总理兼外交部部长西尔万·沙洛姆在耶路撒冷举行会谈,决定将协议再延期5年。日方认为:"以色列的科学技术属于全球上游水平,加强同以色列的合作对日本大有裨益。"[①] 2008年,以色列科技部与日本科学技术振兴机构(Japan Science and Technology Agency)签订科学合作谅解备忘录;2012年5月23日,以色列与日本在科技合作联合委员会上正式签订政府合作协议。

双方科学家在政府的支持下开展了一系列的联合研究,其中生命科学是优先合作领域。早在1994年12月,两国科学家就在以色列城市埃拉特召开神经科学联合会议,讨论神经机制的研究工作。2009年,两国正式发起"干细胞和脑科学联合研究"(见表2),以方投资45万美元,日本提供4500万日元,合作期限为3年(2009~2011),主要由双方高校及科研院所合作承担。2013年12月,以色列科技部与日本科学技术振兴机构又开展为期三年的"年龄相关性神经和精神疾病"联合研究(见表3),于2014年1月正式启动,以色列出资270万新谢克尔,日本提供6750万日元[②]。2015年1月,以色列魏兹曼科学研究院与日本理化学研究所在雷霍沃特召开大脑研究促进研讨会,以色列亚德林·杜达伊教授认为:"魏兹曼科学研究院的许多研究弥补了日本的不足,双方在很多方面有巨大的合作潜力,这对彼此都有利,希望我们在未来开展更多的合作。"[③] 由此可见,加强在生命科学领域的合作成为两国的共识。

---

① "Extension of Japan-Israel Science and Technology Cooperation Agreement," Ministry of Foreign Affairs of Japan, August 1, 2005, http://www.mofa.go.jp/announce/announce/2005/8/0801.html.

② "Japan-Israel Cooperative Scientific Research: Call for Project Proposals in the area of 'Age dependent Neurological and Psychiatric Disorders' as the first call for proposals in the second phase of Japan-Israel collaboration," Japan Science and Technology Agency, http://www.jst.go.jp/sicp/guidelines_is4th.pdf.

③ "Israel-Japan Conference to Foster Cooperation in Brain Research," Weizmann Wonder Wander, https://wis-wander.weizmann.ac.il/life-sciences/israel-japan-conference-foster-cooperation-brain-research.

表 2 "干细胞和脑科学联合研究"子项目和负责单位*

研究项目	负责单位	
胚胎干细胞和多功能干细胞在仙台病毒影响下对造血干细胞和皮肉细胞的影响	日本理化学研究所	迈蒙尼德医疗中心（RAMBAM Healthcare Campus）
神经传递中转运蛋白的生物结构	冈山大学	特拉维夫大学
维持胚胎干细胞多功能的因素	东京工业大学	魏兹曼科学研究院
神经系统中结合蛋白	大阪大学	魏兹曼科学研究院
成人大脑神经干细胞	京都大学	希伯来大学
肝细胞再生	庆应大学	希伯来大学
肿瘤预防和人类胚胎干细胞移植	东京药科大学	希伯来大学哈达萨医学中心（Hadassah Hebrew University Medical Center）
嗅觉结构与嗅觉神经	东京大学	魏兹曼科学研究院
中枢神经系统的染色质结构	群马大学	希伯来大学
自闭症模型的社交障碍神经机制	广岛大学	魏兹曼科学研究院

* "Strategic International Research Cooperative Program," Japan Science and Technology Agency, http://www.jst.go.jp/inter/english/project/country/israel.html.

资料来源：日本科学技术振兴机构，http://www.jst.go.jp/inter/english/project/country/israel.html。

表 3 "年龄相关性神经和精神疾病"子项目和负责单位

研究子项目	负责单位	
从核糖核酸探索肌萎缩侧索硬化标志的新途径	东京大学	巴伊兰大学
精神分裂症的深层发病机制	名古屋大学	魏兹曼科学研究院
老年抑郁症	广岛大学	希伯来大学哈达萨医学中心

资料来源：日本科学技术振兴机构，http://www.jst.go.jp/pr/info/info1004/index_e.html。

2013 年以来，两国的农业科技合作逐步展开。以色列农业部部长亚伊尔·沙米尔（Yair Shamir）与日本农林水产大臣林方正在当年 11 月宣布成立农业联合研究基金，用于渔业、温室种植、乳制品、废水处理等方面的研究；[1] 2017 年，两国农业部门还制定了详细的合作研究项目，主要有以下内

---

[1] Viva Sarah Press, "Israel and Japan to Collaborate on R&D in Agriculture," *Israel21c*, November 4, 2013, https://www.israel21c.org/israel-and-japan-to-collaborate-on-rd-in-agriculture/.

容：①庄稼生长初期的灌溉和影响评估；②农业废水的处理、使用及影响；③灌溉用水的水质对农业生产及农业环境的影响；④提高地表灌溉与滴管效率的方法，其中第三项是双方都面临的问题。① 两国显然是希望通过合作增强农业可持续发展能力。2016 年 12 月，以色列与日本又开启一项名为"信息技术创造灵活社会"的合作项目，以色列提供 240 万新谢克尔，日本出资 7020 万日元，重点攻关信息通信、电脑系统、数字模型，开发出更为先进的信息技术，在遇到自然灾害、经济下滑、社会巨变等灾难时，可以使城市基础设施、公共服务迅速恢复常态。② 这其实反映了以色列和日本利用现代科技维护公共安全的强烈诉求，而安全也是成为两国的新兴合作领域。

（四）安全合作不断加强

以色列和日本都具有强烈的安全意识，对自身处境的敏感性超乎寻常，两国能够理解彼此的安全诉求并加快合作步伐。首先，2010～2017 年，两国安全与防务部门的交往取得重要进展。以色列情报部部长达恩·梅里多尔（Dan Meridor，兼副总理）、国防部部长巴拉克（兼副总理）、公安部部长伊扎克·阿哈罗诺维奇（Yitzhak Aharonovitch）分别于 2010 年、2012 年、2014 年访问日本；巴拉克访日期间与防卫大臣田中直纪就防卫合作、安全保障以及朝鲜及伊朗核问题等方面交换了意见并达成一致。③ 日本方面，2010 年出访的防卫政务官长岛昭久成为首位访以的部级安全官员；2012 年又有防卫政务官英朗津浦、大野宏基和国家公安委员会委员长松原仁等 3 名官方访问以色列，频度之高是空前的。其次，两国军火贸易与联合研发打开新局面。日本早在 1967 年佐藤政权时期即颁布法令，严格限制武器出口。④ 然而，2013 年，日本内部经

---

① "Pilot Projects selected for the 'Japan-Israel Cooperation in Agricultural Research 2017'," http：//www. naro. affrc. go. jp/english/global-initiatives/mou/japan-israel/index. html.
② "Japan-Israel Cooperation Scientific Research：Call for Project Proposals in the Area of 'ICT for a Resilient Society'," Japan Science and Technology Agency，http：//www. jst. go. jp/sicp/Israel_CFP_ ICT1. pdf.
③ 日本防衛省「日イスラエル防衛相会談（概要）」，2012 年 2 月 16 日，http：//www. mod. go. jp/j/press/youjin/2012/02/16_ gaiyou. html。
④ 1967 年，日本前首相佐藤荣作执政时制定了严格限制武器出口的政策：不得向共产主义国家、联合国规定武器禁运的国家、与邻国有纷争的国家、陷入国际冲突的国家等出售武器。

过激烈讨论后决定向以色列出售产自美国的F-35隐形战机及配件,以色列媒体声称:"此事非同小可,是对以色列国防工业影响深远的革命性步伐。"①2016年,据日本媒体报道,以色列与日本正准备联合研发无人侦察机,将以色列侦察机技术和日本传感器技术合二为一②,这也成为两国防务关系的标志性事件。最后,两国网络安全合作发展较快。20世纪90年代以来,以色列逐步研发出全球顶尖的网络安全技术及相关产业并积极拓展海外市场。③日本信息化高度发达,但每年针对政府、军方、高校、企业、银行以及私人账户的网络袭击数不胜数。安倍晋三执政以后,将网络安全上升为国家战略的高度,决心研发世界顶级的网络安全技术,谋求国际话语权,既要立足国内又要争取国际合作。④因此,两国都愿意加强网络安全互动。2014年5月,内塔尼亚胡访问日本时表示,"如何保护贵国的银行账户、交通网络、发电厂不受网络攻击至关重要……以色列是全球网络安全中心,我们正在寻求与日本在内的其他国家展开合作"⑤,双方会谈后发表的联合声明中特别强调要加强网络安全合作及相关机构的往来;深化防务合作及两国防务部门的互动。⑥以色列还主动提出帮助日本解决举办2020年东京奥运会面临的网络安全问题。⑦2017年5月,日本经济产业省与以色列经济部最终签订网络安全合作备忘录,规定:双方要建立稳定的合作关系,通过召开各种研讨会介绍以色列的先进方案,共享网络安全知识与技术;彼此要通过联合演习、分享教学计划、专家出访等方式为对方培养网络安全技术人才;以色列经济部、国家网络总局(INCD)及相关企

---

① Elchanan Harel, "Japan: a New Player in the Global Defense Industry," *Israel Defence*, December 28, 2017, http://www.israeldefense.co.il/en/node/32403.
② "Japan, Israel Defense Officials Eye Joint Research on Drones, Unmanned Fighters: Sources," *The Japan Times*, July 1, 2016, https://www.japantimes.co.jp/news/2016/07/01/national/japan-israel-defense-officials-eye-joint-research-drones-unmanned-fighters-sources/#.WquEl6EYzwo.
③ 参见艾仁贵《以色列的网络安全问题及其治理》,《国际安全研究》2017年第2期。
④ 参见卢佳英、吕欣《〈日本网络安全战略〉简析》,《中国信息安全》2014年第4期。
⑤ Ari Yashar, "Netanyahu Warns of Iran-N. Korea Nuclear Cooperation," *Israel National News*, May 14, 2014, http://www.israelnationalnews.com/News/News.aspx/180606#.VWzSDJvGPIU.
⑥ "Japan-Israel Joint Press Release," Israel Ministry of Foreign Affairs, January 20, 2015, http://mfa.gov.il/MFA/PressRoom/2015/Pages/Japan-Israel-Joint-Press-Release-20-Jan-2015.aspx.
⑦ Ori Bar-Chaim & Camila Edry, "International Collaboration: Japan and Israel's Cyber Cooperation for the 2020 Olympic Games," *Cyber Security Review*, Summer 2016, p. 47.

业应充分协调,使日本能分享以色列的技术与知识;双方要恪守保密原则,不得向第三方泄露合作内容和相关技术。具体合作步骤由日本经济产业省商务信息政策局网络安全科、日本驻以色列大使馆以及以色列经济部亚洲太平洋司、以色列驻日本大使馆经济贸易处负责协调。① 2018 年,安倍晋三访以期间,双方再次就此达成共识,以色列将协助日本培养网络领域的专家。② 此外,由于近几年日本公民频遭恐怖分子的挟持或绑架,两国的反恐合作也在加快。

(五)文化交往不断加深

以色列和日本都拥有古老的历史文明,两国截然不同的宗教传统、文化内涵、历史景观等非常容易激发彼此的兴趣。2012 年以来,两国以庆祝建交 60 周年为契机不断推进文化交流,以色列驻日本大使馆于当年 5 月在东京市政歌剧院举办了的联欢晚会,还附带鸡尾酒晚宴展示以色列的饮食烹饪,并将扫罗·辛格等著《创新的国度》的日语版和萨本公司(Sabon)的化妆品赠予现场观众。③ 2014 年 5 月,两国签订联合声明,表示要以旅游促进双边互访,为两国文化交往增添保障,同年 10 月,耶路撒冷市政府举办了为期七天的"日本文化周"活动,展示日本传统的插花、相扑、书法、茶道、烹饪、武术及当代动漫、电影、音乐、舞蹈。④ 更为有趣的是,以色列迦密山有一座建于 20 世纪 50 年代的日本艺术博物馆,收藏了 7000 多件日本艺术品,大多属于江户时代,包括绘画、雕塑、木质印章、古书、陶瓷、金属器具、漆器、武士刀等,成为以色列了解日本历史与文化的重要平台。⑤ 2016 年,以色列对日文化

---

① 《日本国経済産業省とイスラエル国経済産業省との間のサイバーセキュリティ分野における協力覚書》,http://www.meti.go.jp/press/2017/05/20170508004/20170508004 - 6.pdf#search = %27% E6% 97% A5% E6% 9C% AC% E3% 81% A8% E3% 82% A4% E3% 82% B9% E3% 83% A9% E3% 82% A8% E3% 83% AB% E3% 81% AE% E9% 96% A2% E4% BF% 82% 27。
② 《安倍访问以色列:以方将协助日本培养网络专家》,环球网,2018 年 5 月 3 日,http://world.firefox.sina.com/18/0503/08/ESYD09143Z2RUXB7.html。
③ "60 Anniversary Gala Concert," Embassy of Israel in Japan, May 21, 2012, http://embassies.gov.il/tokyo-en/NewsAndEvents/Pages/60-Years-Anniversary-Gala-Concert.aspx.
④ "Japan Culture Week in Jerusalem," Embassy of Japan in Israel, http://www.israel.emb-japan.go.jp/html/JapanCultureWeekJerusalem2014.html.
⑤ Ilana Teitelbaum, "Meeting Japanese Culture Face to Face in Israel," *Israel21c*, October 25, 2010, https://www.israel21c.org/meeting-japanese-culture-face-to-face-in-israel/.

外交进入高潮，根据驻日大使馆的报道，2～7月，以色列在日本大约开展12场音乐会或舞蹈表演，上演4部动漫电影，漫画家阿萨夫·哈努卡（Asaf Hanuka）、托莫·哈努卡（Tomer Hanuka）与美国电影制片人博阿斯·拉维（Boaz Lavie）共同创作的漫画《神祇》被日本外务省授予国际漫画大奖，以色列还以漫画向日本民众介绍纳粹屠犹的历史。[①] 此外，以色列还在东京开设专供犹太清洁食物的饭馆，日本寿司在以色列颇受欢迎，证明双方人员往来已经达到一定的规模。此外，高校学术研究成为两国文化交往的重要途径，以色列希伯来大学、特拉维夫大学、海法大学都成立日本史专业或研究机构。截至2012年，以色列大概有30多名从事日本研究的教授、数十名日语语言教授、300多名主修日本研究的本科生与研究生。[②] 日本东京大学、神户大学、东京经济研究所等机构也开设了犹太—以色列研究。

四 影响以日两国关系的因素

以色列与日本建交66年以来，两国外交关系由最初的领事级上升至大使级，从一般外交往来发展到新型全面伙伴关系，经历了较为波折的历史过程，贯穿着有利条件和阻力相交织的复杂局面。以色列建国之前，犹太人与日本围绕犹太复国主义、日俄战争、第二次世界大战、纳粹大屠杀等展开了频繁的互动；第二次世界大战后，以色列与日本为维护国家利益，基于国民经济的发展、地区形势的更迭和国际形势的演变，不断调整外交政策，深刻影响了两国关系的走向。两国关系是历史与现实、有利条件和限制因素共同作用的结果。

（一）以色列与日本关系中的有利因素

首先，受地理位置和交通条件所限，犹太人与日本在古代联系较少，双方

---

① "Israeli Cultural Events Information," Embassy of Israel in Japan, May 26, 2016, http://embassies.gov.il/tokyo-en/NewsAndEvents/Pages/Culture-Mail-Magazine-Eng-20160530.aspx.

② Ben-Ami Shillony & Nissim Otmazgin, "Japanese Studies in Israel as a Micro-cosmos of Japanese Studies in the World," *Wochi Kochi Magazine*, http://www.wochikochi.jp/english/special/2012/06/Israel-Japan.php.

也因此没有复杂的历史纠纷；日本位于东亚文化圈，与西方及中东国家的一神宗教文化有着本质区别，没有根深蒂固的反犹传统。尽管日本出现过反犹主义思想，但主要属于西方传入的"舶来品"，本土缺乏滋生反犹主义的宗教、经济与种族土壤，双方交往基本不存在宗教隔阂；第二次世界大战期间，日本当局明确拒绝纳粹屠犹政策，日本及占领区的犹太人幸免于难，为当今以日友好关系铺设了丰富的历史资源。

其次，以色列和日本在经济、科技领域的合作空间非常广泛。当今的以色列是享誉世界的科技创新中心，也面临研发资金相对短缺、人才流失等问题，急需拓展海外市场；日本是全球第三大经济体，拥有巨额外汇储备，希望通过创新促进产业升级，振兴持续低迷的经济，十分青睐以色列的创新技术。以色列学者本·阿米·西洛尼（Ben-Ami Shillony）认为，"巩固日以关系是安倍促进日本创新，加快本国产业与市场多元化，从而挽救经济下滑和通货膨胀这一宏伟计划的重要一环"①，双方对彼此稳定的经济环境也颇为赞赏。更重要的是，日本与以色列一样，也拥有雄厚的科研实力，这使双方能够超越优势互补的范畴，上升至强强联合的高度，内塔尼亚胡曾表示："日本是全球工业和技术强国，是世界创新的领军人；以色列虽小，却是全球创新发明的中心，我深信双方齐心协力，有条不紊地统筹所有资源，能使两国更加繁荣发达。"②

再次，以日关系的加强还得益于彼此国家战略的调整。21世纪以来，以色列积极"向东看"，为以日合作增添了机遇；安倍晋三自2012年再度上台以后，决心全面恢复日本的大国地位，"经济"与"安全"是其核心考量。③安倍晋三推行的结构性改革措施强调科技创新的作用④，他本人曾说："日本把创新作为经济增长的引擎，以色列是创新技术的发明者，日本没有理由不和

---

① Chaan Liphshiz, "After Decades of Distance, Japan Seeks Closer ties with Israel," *The Times of Israel*, January 6, 2015, https：//www.timesofisrael.com/after-decades-of-distance-japan-seeks-closer-ties-with-israel/.
② Mizuho Aoki, "Abe, Netanyahu Agree to Join Hands on Defense, Internet Security," *The Japan Times*, May 12, 2014, https：//www.japantimes.co.jp/news/2014/05/12/national/japan-israel-to-boost-defense-cooperation/#.WqzeCqEYzwo.
③ 刘云、慕阳子：《大国战略：安倍的经济与安全政策》，《日本学刊》2013年第2期。
④ 陈友骏：《论"安倍经济学"的结构性改革》，《日本学刊》2015年第2期。

以色列展开合作"①；此外，"以色列精湛的国防和军事技术也非常适合日本加强军事实力的计划"②。因此，安倍的改革计划当然成为以日合作的契机。

最后，两国关系的发展离不开强大的美国背景。日本在战后初期处于美军单独占领之下，在阿以问题上跟随美国的步伐，不重视与阿拉伯国家的关系③，在1952年承认以色列。1973年第一次石油危机爆发以后，日本虽明确表态支持阿拉伯国家，但依据和平宪法拒绝向阿拉伯国家出售武器，而且继续保持和以色列的关系，在维持日美友好关系和避免阿拉伯国家敌意之间保持平衡成为日本对以色列政策的目标。④ 正是日美同盟关系促使日本在看重阿拉伯产油国资源和市场的同时也没有抛弃资源匮乏且市场狭小的以色列。20世纪90年代，美国主导巴以和谈以及美国的敦促快速扭转了日本的对以政策。与此同时，美国的默许也是近几年以日尖端武器交易、军工联合研发等敏感合作得以进行的重要因素。当然，两国领导人的个人因素也不可忽视，内塔尼亚胡和安倍晋三均属于右翼阵营，容易理解彼此的政治诉求，日本三菱化学株式会社社长曾说"安倍欣赏内塔尼亚胡的理念"，而且二者都成功获得连任，成为稳定两国关系的政治保障。

（二）以色列与日本关系中的制约因素

以日关系经历了较为曲折的历史过程，以往制约两国关系的不利因素仍然是难以克服的障碍。首先，以色列和日本都面临资源相对匮乏且国内市场狭小的困境，实现优势互补的空间有限，这是造成两国贸易缺乏后劲，波动幅度大，增长有限的重要原因。日本中东研究所首席研究员中岛勇认为，"日本对石油的需求总是胜过以色列所能提供的任何东西"⑤，一针见血地指出了以色

---

① Viva Sarah Press, "Japan Eyes Greater Economic Cooperation with Israel," *Israel21c*, January 21, 2015, https://www.israel21c.org/japan-eyes-greater-economic-cooperation-with-israel/.
② Chaan Liphshiz, "After Decades of Distance, Japan Seeks Closer ties with Israel," *The Times of Israel*, January 6, 2015, https://www.timesofisrael.com/after-decades-of-distance-japan-seeks-closer-ties-with-israel/.
③ 钮松、王九思：《冷战时期日本的中东政策及其困境》，《日本学刊》2011年第4期。
④ Akifumi Ikeda, "Japan's Relations with Israel," in Kaoru Sugihara & J. A. Allan, eds., *Japan in the Contemporary Middle East*, pp. 148–149.
⑤ Tova Cohen, "Japan, Israel Upgrade Relations as Arab Oil Influence Wanes," *Reuters*, September 5, 2016, https://www.reuters.com/article/us-israel-japan-tech/japan-israel-upgrade-relations-as-arab-oil-influence-wanes-idUSKCN11B11I.

列难以满足日本能源安全的尴尬局面。其次，两国在阿以问题上的分歧难以调和。日本早在1973年即宣布以色列应撤出1967年被占领土，成为日本历届政府在阿以问题上的基本主张。① 2018年5月，安倍晋三访以之际，再次强调日本支持两国方案，呼吁以色列停止建立定居点。② 这是内塔尼亚胡内阁难以接受的。最后，两国在伊朗问题上的立场不一。1979以后，伊朗与美以关系恶化，日本鉴于伊朗的石油储备与扼守霍尔木兹海峡的战略地位，基本保持对伊关系，提倡与其进行"批判性对话"。③ 2015年伊朗核问题全面协议达成之前，日本曾在美国与伊朗之间充分斡旋，努力缩小努力二者的分歧，"大批日本精英人士普遍预感到一个全新的伊朗充满各种机遇"。④ 这种态度与以色列存在巨大分歧。然而，日本在中东问题上难以屈从以方的要求，因为日本长期将中东视为恢复其大国地位的重要平台。20世纪90年代以来，日本就是通过海湾战争与伊拉克战争成功向海外驻军，在军事大国道路上迈出了重要一步。2012年安倍晋三上台以后，积极发展对以关系，争取科学技术资源，同时高调参与巴以和谈与伊朗核谈判，努力提升日本在中东地区的政治及外交影响力，它在中东的利益显然不是单纯的科技创新所能涵盖的。日本越发积极的中东政策也为以色列和日本的冲突埋下了伏笔。总而言之，日本谋求大国地位的战略目标与以色列的领土和安全诉求之间存在着难以调和的分歧。

结　语

自19世纪50年代日本开国以来，犹太人与日本的联系不断加深，双方关系相对和睦并经受第二次世界大战的严峻考验。冷战时期，以色列与日本在美

---

① Eisuke Naramoto, "Japanese Perceptions on the Arab-Israeli Conflict," *Journal of Palestine Studies*, Vol. 20, No. 3 (Spring, 1991), pp. 79-80.
② Noa Landau, "Netanyahu Claims Israeli Media Ignored Abe's Visit to Israel, 56 News Stories Prove otherwise," *Haaretz*, May 6, 2018, https://www.haaretz.com/israel-news/.premium-netanyahu-claims-media-ignored-abe-s-visit-56-stories-prove-otherwise-1.6055724.
③ Raquel Shaoul, "Japan's Energy Security Policy towards Iran (1979-2010)," in Mehdi P. Amineh & Yang Guang, eds., *Secure Oil and Alternative Energy*, Leiden: Brill, 2012, pp. 245-271.
④ Shirzad Azad, "Seeking a New Role: Japan's Middle East Policy under Shinzo Abe," *East Asia*, Vol. 34 (2017), pp. 287-305.

国的影响下迅速建交，但双方缺乏利益交叉点，特别是日本为保证能源安全奉行"亲阿反以"的立场，导致两国关系长期冷淡。冷战结束以后，日本改变对以政策，两国关系步入深度调整期，双方凭借同为美国盟友的有利条件，充分挖掘历史资源，利用经济科技领域的互补性，全面提升了两国关系，尤其是近几年以色列"向东看"与日本的大国战略不期而遇，扩展了两国的合作空间，这在未来仍是促进两国关系的重要因素。与此同时，两国关系始终存在难以逾越的障碍，特别是在巴以问题、伊朗核问题上，随着日本奉行更为积极的中东政策，双方将来难以避免在上述问题上产生分歧与摩擦。

中以关系篇

Sino-Israel Relations

B.18
中以关系70年历史回顾（1948~2018）

〔以〕谢爱伦（Aron Shai）*

摘　要： 中以两国历来友善，且在诸多领域都不乏合作，以色列可以向中国学习如何保护其国家利益和战略资产，这对于以色列来说确实是有必要的。以色列看到了"一带一路"倡议所带来的潜在机遇，并有信心为之做出重大而持久的贡献。一个强大的以色列可以使中国受益，中以关系持续发展壮大，再次证明了两国拥有诸多共同利益。

关键词： 中以关系　"一带一路"倡议　双边合作

---

* 〔以〕谢爱伦，以色列特拉维夫大学常务副校长兼艾森伯格东亚事务讲席教授，曾出版著作11本，同时也是其他许多书目的编辑。1972~2018年，他在各类学术期刊上累计发表文章50余篇。2017年，谢爱伦教授的新作《中国和以色列——犹太人与中国人、北京与耶路撒冷（1890~2016）》（希伯来语，将被译为英文和中文）出版。

随着"一带一路"倡议的推进,以色列和中国有了越来越多的项目合作,探讨共同修建埃拉特—阿什杜德铁路可能极大地提高本地区贸易的稳定性。建议中的铁路可以让船舶在埃拉特卸货从而绕过苏伊士运河,并通过阿什杜德港—海法高铁运送货物。这条 300 千米长的铁路比起通过苏伊士运河用船舶将货物运到地中海要快捷得多(虽然专家也指出了其缺点),而且通过阿什杜德港—海法铁路可将货物运至欧洲大陆。

2017 年 12 月 27 日,以色列公布了一项同中国市场合作的新计划,由农业部部长尤里·阿里尔(Uri Ariel)和总司长施罗莫·本·阿里亚胡(Shlomo Ben Eliyahu)牵头,该计划将在内格夫地区征收 24.7 万英亩土地(相当于 100 万杜纳姆),指定为中国种植作物。本·阿里亚胡在计划公布之前两周访问了中国,同中国农业部官员讨论了这一号称"百万杜纳姆项目"(the million dunam project)的计划。用于为中国消费者种植优质作物的土地将事先被收购。中方投资者将提供农场灌溉以及为此修建两个淡化水工厂的费用。以色列农业部门对维护干旱地区用水安全问题提出了关切。在讨论当前形势之前有必要对历史作一简要回顾。

一

综观 19 世纪 90 年代以来 120 多年的历史发展,我们看到犹太民族运动(犹太复国主义)和现代中国的民族运动,不论是在国民党时期还是在共产党领导下,有很大的相似性。从犹太复国主义来看,民族的或者民族主义的观念最初表现出多种形式,自由主义的、宗教的、现实主义的、社会主义的、马克思主义的等。

海外华人社团和犹太移民社团之间的关系有着奇妙的发展历程,他们之间存在着一种相互欣赏和尊重的深厚感情。他们在北美及其他国家都是成功的少数族群,有着相似的境遇,在面对威胁和排外主义时也清楚地认识到相互提携的必要性。

两个族群都同母国保持着宗教、历史和情感上的联系,但华人比犹太人更有优势,他们还可以生活在自己的土地上。虽然有很多人在过去几个世纪中移民到亚洲邻国或更远的地方,但作为一个族群,他们没有被全部从自己的土地

驱逐出去。而犹太人则不同,虽然在其故土上始终有犹太人存在,但大多数被迫流离失所,而留在巴勒斯坦的犹太人也是苦苦挣扎。正是这些历史现实促使犹太人于1948年重新建立了现代以色列国家。

一个有趣的现象是,在几千年的希伯来(以色列)文化中以及在古老的中国,都保留了书写的语言文字,这是一个民族存续其传统并不断发展的前提。两个民族的先哲智慧都广为传颂。在中国有孔子、老子和孟子,在希伯来传统中有《圣经》、《塔木德》、希勒尔、夏迈等。两种文化都崇尚思考和学习,憎恶战争和冲突。

犹太人和华人的融合可以追溯到几百年前,在中国的哈尔滨、上海、香港、内蒙古以及东北(满洲)等地都生活过大量的犹太人。开封的历史表明,犹太人在9~10世纪的唐代就来到中国,上千年间受到中国人的热情接纳,并逐步被同化。开封犹太人的中国化历程是一段独特的史实,不仅体现了儒家思想的包容,也是犹太原则同儒家思想相互整合的历史写照。

早在中华人民共和国成立之前,国民党统治下的中华民国同犹太国家的创建者们就建立了联系,这种联系一直持续到1948年以色列国正式宣布成立。南京政府同情犹太复国主义运动,现代中国的先驱孙中山先生早在1920年就表达了他对犹太复国主义运动的支持。在孙中山先生同犹太复国主义的倡导者西奥多·赫茨尔先生之间,我们看到很多相似之处。

以色列在1950年1月9日承认中华人民共和国之后,形势发生了很大的转变。如果分析20世纪经历的几个历史阶段,第一次世界大战、两次世界大战之间、第二次世界大战的动荡期以及"二战"结束后的短暂时期(其间中国和巴勒斯坦都经历了内战),我们看到在亚洲大陆的两端分别展开了争取民族独立的运动(指中国的民族民主运动和以色列的犹太复国主义运动),而这两场运动的设计师们面临的困境有着很多相似之处。

两场民族运动实际上都同协约国集团建立了联盟,共同反对轴心国集团。虽然他们参与"二战"的动因不同,但中国和犹太领导者都对各自民族的未来发展满怀期望,而战胜国列强给予他们的许诺也仅仅是部分得到了兑现。巴黎和会对中国人来说是极大失望甚至羞辱。我们应当在这样的历史背景下分析在中国发生的1919年五四运动等事件。也正是在这样的背景下,在巴勒斯坦的犹太人反英情绪日益高涨,最后导致发生了暴动,三个犹太地下组织试图把占领者赶出圣地。这是真正意义的反帝国主义运动。

然而,上述两个民族运动都面临着困境——他们都不能按照自己的意志反对欧洲列强,特别是英国,因为除了这些忘恩负义、剥削成性的殖民主义列强,当时席卷欧洲和东亚的风暴还带来了更可怕的敌人——纳粹分子和日本军国主义。两害相权取其轻,两个民族都不得不向旧殖民主义者妥协。事实上,他们不得不同他们合作,来应对更邪恶的威胁。

新中国和现代以色列都是历经巨大牺牲、不公和屈辱才得以建立,也都见证了国际社会在暴行面前的消极旁观。

1950年1月,在共产党在中国大陆取得胜利并宣布中华人民共和国成立以后,以色列出人意料地做出较为大胆的决定,即承认北京的新政权,成为西方最早承认新中国的国家之一。然而,北京对于巴以关系的看法却更为复杂一些。毛泽东、周恩来期望引领一个正在形成的亚非国家联盟,朝鲜战争于1950年6月25日爆发。一个星期后的7月2日,以色列内阁经过激烈讨论决定,以色列将支持关于朝鲜战争的联合国决议,随后以色列通过向联合国军提供医疗救助和食品的形式表示了(对联合国决议的)支持。也正因如此,以色列间接地站在了中国的对立面。但是以色列一直保持了朝鲜战争前的对华政策。比如说,自1950年9月19日起,在此后若干年中,以色列常驻联合国代表团一直投票支持恢复中华人民共和国在联合国的合法席位。

1953~1955年对中以关系至关重要。1953年末,当时以色列在缅甸仰光开设了代表处。随着朝鲜半岛紧张局势有所缓和,中华人民共和国在仰光的大使姚仲明联系了他的以色列同行大卫·哈科恩(David Hacohen)。哈科恩意识到他在仰光可以推动以色列同亚洲国家特别是中国实现关系正常化。哈科恩有意促进中以两国的贸易发展。逐渐地,两位大使的对话范围不断拓展,变得更加实际和具有建设性,关于经济和商务合作的交流也富有成果。哈科恩还在周恩来访问仰光期间同周进行了会见。

1955年1月,以色列派了一个商务代表团访问中华人民共和国。但是,同年在仰光召开的亚非会议决定将以色列排除在外,这导致中华人民共和国同以色列的关系几乎整个陷于停顿。一年后,苏伊士运河战争爆发,北京批评以色列支持帝国主义,中以关系在很长时间内处于冻结状态,出现了两国间的无关系时期(其间,以色列共产党是唯一同中国保持联系的以色列团体)。

在1950年代初期，以色列的决策者无法再忽视以驻美大使阿巴·埃班（Abba Eban）的警告。埃班认为如果继续按哈科恩大使所主张的路线"公平"开展对华关系，将不可避免地损害美以关系。经过内阁辩论，以色列放弃了哈科恩的对华"公平"政策，而是倾向于支持西方（美国）对中华人民共和国的立场，而后者主要是在冷战气氛之下形成的。

在1956年苏伊士运河战争以及1967年的"六日战争"期间，中以关系都没有任何实质性的进展。相反，中国在那10年中间更多支持了阿拉伯国家和巴勒斯坦的事业。

一直到1979年，中以关系才迎来了新时代的曙光。阿以外交局面的变化为中以合作的发展铺平了道路。1977年，埃及总统萨达特访问了以色列，1979年以埃签订和平条约。从那时起，中以关系得到稳步发展，尽管北京对以色列多次侵入黎巴嫩进行了严厉批评。

1989~1991年，中以关系得到长足发展。在特拉维夫开设了中国旅游代表处，一个以色列学术机构也在北京开设了代表处。此后，一系列因素成为中以两国实现关系正常化的催化剂，包括苏联解体、中国推进现代化进程并视以色列为可以助其实现现代化目标的合作对象、相信美国犹太游说集团的影响力、1991年海湾战争期间以色列虽受伊拉克飞毛腿导弹袭击但保持节制，以及后来的马德里巴以和谈等。此外，作为安理会成员，中国寻求在中东和平进程中发挥作用，因此，不同以色列建立完全的外交关系显得极为必要。

1992年，以色列同中国建立了正式外交关系。在北京和特拉维夫互设了使馆之后，两国经济和商务往来不断增多，规模从小到大。以色列在高科技、化工、通信、医疗光学、农业等领域的技术不断出口到中国大陆。中以贸易（其中3/4为中国对以出口）迅速增长。以色列对华出口中最大部分是高科技，已经有几个企业进入中国市场。以色列公司同其他国家的企业一样，进入中国市场并非一帆风顺而是在挫折中积累经验。

从1992年开始，美国政府就对以色列对华出售以产或源自美国的军用技术表示关切，特别是公开反对对华出售爱国者防空和导弹防御系统、狮式喷气式战斗机，以及费尔康预警机和哈比无人机。

在20世纪90年代中期，以色列同意向中国出售以产高级空中雷达系统——费尔康预警机，售价为2.5亿美元。以色列对华出售这一机型的决定引发美国防部严重关切。起初克林顿政府敦促以方取消供货并减少其他对中国军队的售武。此后，美方的压力不断增大。最后到2000年7月，以色列被迫取消了这笔交易，这一事件导致中以之间出现很大的外交裂隙。

同费尔康一样，以色列的哈比无人机是一种无人驾驶攻击机，完全是以色列技术的产品。1994年，以色列向北京出售了哈比无人机，并于2004年和2005年按服务和维修合同将飞机运回以色列。虽然这些都是合同的内容，但美国五角大楼对此表示反对。

虽然北京对以色列于2012年11月在加沙地带展开的名为"防务之柱"的军事行动表示强烈批评，但中以关系总体保持平稳。2012年8月，中国海军第十一批护航编队"青岛"号导弹驱逐舰、"烟台"号导弹驱逐舰、"微山湖"号综合补给舰组成的出访编队抵达海法，对以色列进行为期4天的友好访问。这是中国海军舰队首次访问以色列。之后内塔尼亚胡总理于2013年和2017年访华。

二

过去四年间，以色列国内就中国过去和未来在以投资、中国参与以经济和基础设施建设等问题展开了大讨论。这一讨论始于2014年中国国营光明食品集团收购以色列食品公司特鲁瓦（Tnuva）大部分股权。特鲁瓦公司最初是犹太复国主义运动组织在1926年创立的一个项目，也是犹太复国主义运动发展进程中的旗舰企业。虽然按协议规定特鲁瓦的核心机构将留在以色列，且董事会大部分、管理层以及首席执行官都会在以色列，但中方却牢牢掌握了公司的控制权。

在人们讨论特鲁瓦并购案期间，以色列国会议员、国会经济事务委员会主席阿维沙伊·布拉佛曼（Avishai Braverman）号召民众抗议将特鲁瓦卖给中国的国营企业。前以色列情报机构摩萨德负责人以法莲·哈尔维（Efraim Halevy）也持相似立场，认为食品安全属于国家重要利益，没有任何国家希望外国政府控制其食品工业的任何一部分。

因此，要促进同中国的贸易，以方必须采取措施排除政府层面的障碍。以官方致力于参与"一带一路"倡议,也作为首批成员加入了亚洲基础设施投资银行。毕竟中东地区特别是以色列将成为"一带一路"倡议的一个重要枢纽。中国产品可以在这里生产,中国对欧洲的出口可以从这里出发。以色列位于三大洲交会的重要地缘政治和地缘战略枢纽位置。从这个意义上说,应充分评估中国管理以色列的港口、埃拉特—阿什杜德港铁路,以及中国并购以色列保险、食品、高科技、医药和农业企业等的积极影响。

2016年3月底,中国国务院副总理刘延东率20个部长和副部长访问以色列,为两国签订自由贸易协定奠定了基础。其间,两国签订了互颁10年多次旅游签证协议。到2017年,中国赴以色列旅游人数增加了60%,达10万人次。

在此背景下,以色列总理内塔尼亚胡于2017年3月对中国的第二次访问意义重大。在这次重要访问中,习近平主席同内塔尼亚胡总理共同宣布将两国关系定位提升至中以创新全面伙伴关系。内塔尼亚胡盛赞中以全面伙伴关系,对中国的潜能、国际地位和历史作用给予高度评价。他表示,以色列虽然是个小国,但在发展技术方面作为中国的一个理想伙伴具有很大潜力,以色列的技术正在"几乎所有领域推动改变——包括生活方式、生命长度、健康状况、饮用水、食品、牛奶等等"。他希望以色列能从一项限制某些国家投资的政策中得以豁免。中国对以色列的技术有兴趣,而以色列需要中国的创新资本。以色列希望中国能降低其监管要求,以便以色列的技术能更容易进入中国市场。

内塔尼亚胡认为,中国的道路、公共设施以及工厂等基础设施基本完备,要保持持续发展,必须持续增加其产品和服务的附加值。因此他在访问期间强调,在中国努力引进新技术的过程中,以色列有能力帮助13亿中国人民极大地改善生活。他以中国的1亿辆小汽车为例,认为这是导致交通拥堵和重污染的最主要因素,如果采用以色列技术,问题可能得到极大缓解。内塔尼亚胡介绍了以色列一家名为"移动眼"的企业,这家企业新近以150亿美元的惊人市值被计算机芯片巨头英特尔收购,而另一家企业"位智"——一个被广泛应用的手机导航应用程序,在2013年被谷歌收购。他认为,中国在广泛应用此类技术惠及人民以减少道路交通事故和污染方面,做出了出色的甚至是卓越的成就。汽车驾驶人员可以更快捷地到达目的地,避免因路上长时间拥堵而造成过度浪费。总理率领的以色列代表团还推介了以色列的数字健康相关技术，认为所有中国人的医疗档案都可以通过计算机联网，方便人们到不同医院就医而无须重新进行全面体检建立新档案。医疗体系数据库管理可以提高相关服务质量，节约时间和成本。

习近平主席高度评价以色列是"世界著名的创新国家"，并表示促进创新驱动发展是"两国合作的优先方向"。在那次访问期间，以色列代表团同中方签订了一系列协议，内容从给2万名中国建筑工人发放签证，到在两国分别开设联合研究中心、开发人工智能技术应用等。双方还就在淡化水等方面建立合资企业等展开了谈判。

内塔尼亚胡访华代表团成员同中方共签署了25项官方协议。此外，以色列私营企业和中国公司在农业、医疗设备、高科技等领域还签署了20项合作协议，合同总金额达1亿美元。两国还就联合建设自由贸易区进行了谈判。内塔尼亚胡会见了阿里巴巴、联想、百度等大企业的领导，这些企业的资产总额达到1000亿美元。

以中双方还讨论了在第三国特别是非洲开展三方合作的可能性。两国都希望利用自己的优势向非洲国家提供帮助。

2017年3月21日，习近平主席呼吁"尽快"在以色列和一个独立的巴勒斯坦国之间实现和平。他重申"一个和平、稳定和发展的中东符合各方共同利益……中国对以方继续以'两国方案'为基础处理以巴问题表示赞赏"。内塔尼亚胡表示希望中国在中东事务中发挥更大作用，但他在这个问题上没有具体阐述。相对于复杂的政治问题，他似乎更愿意讨论创新、经济和金融等问题。

三

尽管如此，中以在战略问题上的谈判表明，形势正向积极的方向发展。中国同以色列在很多领域可以协作，以色列可以在保护其国家利益和战略资产方面向中国学习。为此，以色列应该像澳大利亚、加拿大、美国那样建立一个专门的全国委员会，对所有同外国企业（包括中国企业）有关的战略资产私有化和出售案例进行审查。对于"一带一路"倡议中的合作机会，以方应从长远国家利益出发对其长期成本和收益进行认真审查和评估。以色列的发展强大符合中国利益,这也进一步说明,以中两国不仅在维护中东稳定方面,而且在很多方面都拥有共同利益。

(本文译者徐鹤鸣,中华人民共和国外交部政策司干部;本文译校张淑清,鲁东大学历史文化学院教授)

B.19
2017年中国与以色列的关系

章 波*

摘　要： 2017年是中以建交25周年，内塔尼亚胡总理成功访华，中以双方宣布建立创新全面伙伴关系。在"一带一路"框架下，中以经贸合作发展迅速，中国公司承建的特拉维夫红线轻轨项目取得重大进展；海航开通上海和特拉维夫之间直飞航线，前往以色列旅游的中国游客大幅度增长；特拉维夫中国文化中心正式成立，两国人文交流日益频繁，双边关系达到空前高度。

关键词： 中以关系　经贸往来　人文交流　"一带一路"倡议

近年来，中以经贸关系快速发展，中国已经成为以色列在亚洲最大的贸易伙伴。以色列经济部统计数据显示，2014年，以色列从中国的进口额首次超过美国，达到81亿美元。2012～2015年，中国对以投资以每年100%的速度增长。2015年，以色列初创企业的主要资金来源——风险投资资金，有40%来自中国；当年，以色列50%的投资项目中有中国企业的身影。① 2017年是中以建交25周年。中以关系发展势头良好，在多领域亮点纷呈。

---

* 章波，中国社会科学院西亚非洲研究所创新工程项目"中国与西亚非洲国家关系的国际舆情研究"执行研究员。
① 禹洋：《"一带一路"开启中以经贸合作新篇章——访以色列外交部经济司以中经贸关系小组小组长希拉·英格哈德》，《经济日报》2016年9月26日，第15版。

一 2017年中以经贸和旅游合作

（一）2017年中以贸易额大幅度增长、中国企业在以工程项目顺利推进

2017年中以举行了第二、第三轮自贸区谈判。2017年双边贸易额为131.21亿美元，同比增长15.6%，中国对以投资规模超过65亿美元。[①] 中以自贸谈判正在进行。双方务实合作涵盖各个领域。例如，中国港湾建设集团正在承建以色列阿什杜德新港项目，中铁隧道集团和中国土木工程集团有限公司承建了特拉维夫红线轻轨项目，中国水电建设集团国际工程有限公司承建了以色列北部抽水蓄能电站项目。[②]

从表1可以看出，2012~2015年中国向以色列出口总额保持平稳增长，在2016年略有减少。中国从以色列进口总额相对稳定。总体来说，中国对以色列的贸易顺差较大。

表1 2012~2016年中国和以色列年进出口额

单位：万美元

	2016年	2015年	2014年	2013年	2012年
中国向以色列出口总额	818106	861595	773911	764530	698813
中国从以色列进口总额	317290	280203	314064	318132	292232
进出口总额	1135396	1141798	1087975	1082662	991045

资料来源：中华人民共和国国家统计局网站，http://data.stats.gov.cn/easyquery.htm?cn=C01。

2017年11月28~30日，中国—以色列自贸区第三轮谈判在以色列举行。双方就货物贸易、服务贸易、原产地规则及海关程序、卫生与植物卫生、经济

[①]《第四轮中以自贸区谈判在京举行》，中以直通车，2018年5月22日，http://ahyafo.cn/display/355345.html。

[②]《驻以色列大使詹永新在〈耶路撒冷邮报〉发表署名文章宣介"两会"》，2018年3月25日，http://www.fmprc.gov.cn/ce/ceil/chn/sgxw/t1545265.htm。

技术合作、电子商务、争端解决等议题展开磋商，并取得积极进展。①

随着中以经贸关系的迅速发展，两国政府间合作日益密切。2017年9月，中国财政部长肖捷与以色列财政部长摩西·卡隆在北京共同签署了中以清洁技术财政合作议定书，总额3亿美元。该协议将促进中以农业技术、智能绿色能源技术、环保科技等领域的合作。根据该合作议定书，以色列政府将向中方提供优惠贷款，用于引进以色列先进技术和设备，支持中国清洁技术领域的项目建设。②

在基础设施建设领域，"中国制造"助力以色列轻轨建设。2017年2月19日，以色列特拉维夫轻轨项目红线首台盾构机始发仪式在位于拉马特甘的施工现场举行，标志着项目建设进入快车道，象征着中以经济合作迈上新台阶。中铁隧道集团海外工程有限公司总经理王坤表示，特拉维夫轨道交通项目是中国承包商从中低端市场走向中高端市场的一个重要的标志性项目。以色列交通部部长卡茨说，中国公司是以色列很好的合作伙伴，以中还签署了有关基础设施建设合作的谅解备忘录。以色列以华传媒中心主任亚历山大·佩兹纳尔（Alexander B. Pevzner）表示，中国公司在大型工程建设方面经验丰富，尤其是装备质量过硬，"中国制造"获得以色列方面的认可。中国驻以色列大使詹永新表示，经济和技术方面的合作是中以两国关系的支柱之一。2012~2016年中国对以色列承包工程营业额逐年增加（见表2）。目前中国公司正积极参与以色列的基础设施建设，总体工程承包额超过30亿美元，涉及港口、轻轨等多个方面，特拉维夫轻轨红线项目是其中一个典范。③

表2 2012~2016年中国对以色列承包工程营业额

单位：万美元

	2016年	2015年	2014年	2013年	2012年
营业额	23162	15238	9535	4934	3254

资料来源：中华人民共和国国家统计局网站，http：//data.stats.gov.cn/easyquery.htm? cn = C01。

---

① 中华人民共和国驻以色列使馆经商处：《中国—以色列自贸区第三轮谈判在以举行》，2017年12月6日，http：//il.mofcom.gov.cn/article/jmxw/201712/20171202681463.shtml。
② 以色列驻华使馆经商处：《政府搭桥促进中以清洁技术领域合作》，2017年11月16日，http：//il.mofcom.gov.cn/article/zxhz/sbmy/201711/20171102671588.shtml。
③ 王云松：《中企用信誉赢得海外主包轻轨项目第一单，"中国制造"助力以色列轻轨建设》，《人民日报》2017年2月22日，第3版。

从图1可以看出，中以贸易额从1995年的30亿美元，快速增长到2015年的114亿美元。

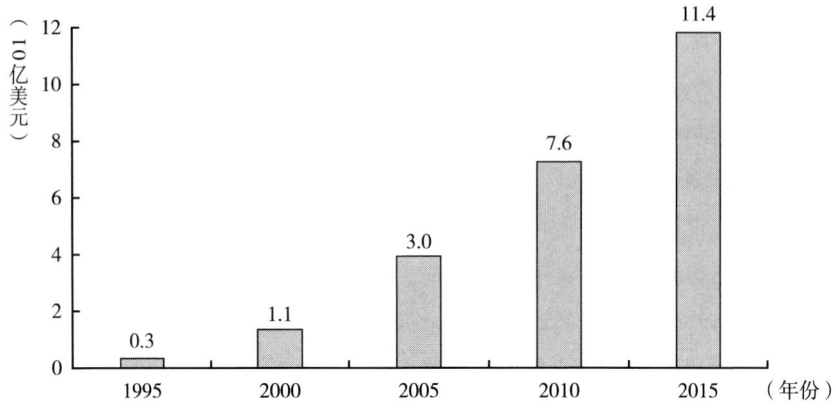

图1　1995～2015年中以贸易额

资料来源：中国海关总署，转引自Zhan Yongxin,"China-Israel Relations: Toward a Brighter Future," *The Jerusalem Post*, January 23, 2017, https://www.jpost.com/Opinion/China-Israel-relations-Toward-a-brighter-future-478577。

2017年9月12～14日，以色列水技术与环境大会暨博览会（2017以色列国际水技术展）在特拉维夫召开。中国水利部副部长田学斌率团出席大会开幕式。他在致辞中指出，中以两国在应对气候变化、水资源综合管理和节水灌溉等领域面临着很多相似的问题和挑战。以色列的滴灌等先进技术在中国多个省市生根发芽，为中国推动水利技术的革新和进步提供了有益的借鉴。中国愿意加强与以色列的交流合作，共同促进水技术创新，推动联合国2030可持续发展议程水目标的实现。由以色列经济与产业部主办的中国专场会议的议题为"以色列创新水技术在中国市场的应用"。[①]

中国电建水环境治理技术有限公司副总工程师田卫红表示，以色列的农业滴灌、水再生利用、城市水的智能化管理、海水淡化技术等都是可以和中国合作的领域。广东维尔科技股份有限公司董事长宁建强介绍说，该公司在

---

① 水利部国际合作与科技司：《田学斌出席以色列水技术与环境大会并访问罗马尼亚》，2017年9月18日，http://gjkj.mwr.gov.cn/jdxw/201709/t20170918_1000275.htm。

以色列有100多家合作伙伴,该公司从2003年开始和全球最大的农业灌溉企业耐特菲姆合作。贵州省环保厅环评处副处长钟晓表示,这次来参加以色列水技术展主要是学习以色列的先进技术。中国驻以色列大使詹永新说,解决中国面临的水问题,必须大力发展水科技,提升水技术创新能力。希望中以两国企业及科研院所能够抓住机遇,坦诚合作,让中以水技术合作惠及两国人民。①

2017年7月24日,陕西省人大常委会副主任胡悦在西安会见了以色列希伯来大学农学院前院长、土壤及水资源系教授尤纳·肯一行。他说,陕西是中国农耕文明的发祥地之一,特别重视提高水资源利用率与旱作农业产量,以色列的节水灌溉技术非常值得陕西学习和借鉴。真诚希望代表团一行能与陕西有关方面在多领域进行深层次交流与合作。②

2018年1月23日,"2018中国(哈尔滨)·以色列现代农业高峰论坛"在哈尔滨举行,中以现代农业产业园落地哈尔滨。哈尔滨市副市长赵革表示,哈尔滨既是曾经的"东方犹太家园",也是改革开放后较早开展对以合作的城市。近年来,哈尔滨始终把开展对以合作作为加快对外开放的重要内容,学习借鉴以色列先进发展理念,推动产业结构调整。由以色列企业技术入股方式合作建设、总投资56亿元人民币的中以现代农业产业园项目正式落户哈尔滨。该项目将进一步促进中以双方在现代农业领域的合作与交流。③

(二)中以旅游业合作快速发展

2017年是中以建交25周年,也是中以旅游合作飞速发展的一年。2017年9月11日以色列国家旅游部部长亚里夫·莱文在上海说,上海直飞特拉维夫的航班将在9月12日开通,中国"魔都"与以色列"不夜城"的相互联通,将带动更多中国游客前往以色列。9月11日,以色列旅游部与携程旅行网在

---

① 孙伶俐:《2017以色列国际水技术展落幕 中国元素成亮点》,2017年9月15日,http://news.cri.cn/20170915/31ccc557-49e5-f6f7-c3c6-16e1f9d5b691.html。
② 耿薇:《胡悦会见以色列客人》,《陕西日报》2017年7月25日,第2版。
③ 杨拓:《中国、以色列农业论坛举行:产业园落地哈尔滨》,中新网,2017年1月23日,http://news.sina.com.cn/o/2018-01-23/doc-ifyqyesy0354504.shtml。

上海签署合作协议。2017年中国再次蝉联全球增长最快的以色列入境游客源市场。①

9月12日海南航空由上海直飞特拉维夫航线成功首航。海航继开通北京至特拉维夫直航之后,又增开了上海至特拉维夫的直航,对中以两国人民的交流以及经贸关系是一个很大的便利,推动中以两国创新全面伙伴关系深入发展。② 以色列旅游部在中国丰富的市场营销活动和打造目的地品牌形象的创新方式,以及多条中国直飞以色列航线的开通等利好措施促使赴以旅游中国游客数量快速增长。

2017年共有18条新开通的直飞以色列航线,均获得了以色列旅游部的财政支持,其中包括9月12日开通的海南航空上海—特拉维夫直飞航线。以色列旅游部部长亚里夫·莱文表示,以色列采取了集中开拓新市场、建立品牌、启动新宣传、与大型网络旅行机构合作、向开通直航的航空公司提供资金支持等方式支持旅游业发展。③

2017年1~11月,前往以色列旅游的中国游客达10.5万余人次,与2015年同比增长139%。仅11月,就有1.4万余人次的中国游客赴以色列,是2015年同期的两倍以上。除了跟团游以及自由行,每年还有许多中国企业代表团访问以色列。为满足日益增长的中国出境旅游市场的需求,以色列推出10年多次入境签证、进行线上与线下推广。以色列国家旅游部也十分重视宣传推广,先后与马蜂窝以及百度旅游进行线上合作。7月和12月,以色列旅游部在微博、微信等社交媒体启动了"一生必游的应许之地"的线上品牌推广活动,吸引更多中国消费者访问以色列。④ 2017年,赴以旅游的中国游客数

---

① 许婧:《以色列携手业界发力中国旅游市场》,中新网,2017年9月11日,http://finance.chinanews.com/cj/2017/09-11/8328310.shtml。
② 王水平:《上海直飞以色列航线开通》,《光明日报》2017年9月15日,第10版。
③ 《2017年赴以中国游客总数破10万大关 达10.5万人》,《以色列时报》2018年3月20日,cn.timesofisrael.com/2017年赴以中国游客总数破10万大关达10.5万人/。
④ 武葳:《旅游成为以色列经济重要引擎,中国成为其成长最快的入境客源市场》,《中国旅游报》2018年1月19日,第6版,http://news.ctnews.com.cn/zglyb/html/2018-01/19/content_315318.htm?div=-1。

量接近14万人次。① 赴以旅游的中国游客数量从2000年的0.98万人次增长到2016年的7.93万人次（见图2）。

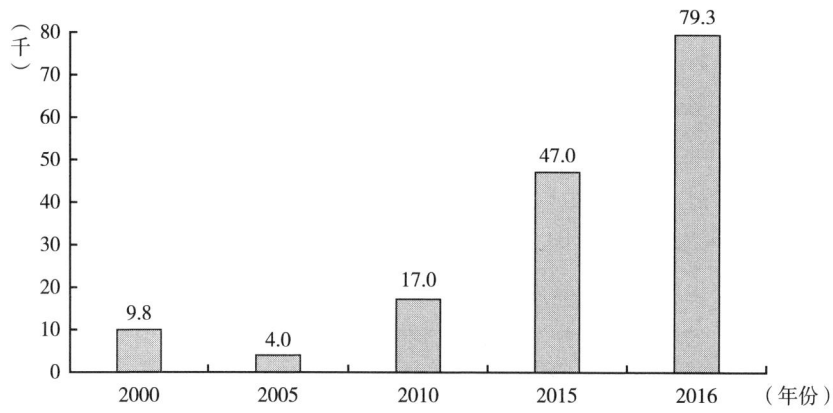

图2　2000~2016年赴以旅游的中国游客数量

资料来源：以色列中央统计局，转引自 Zhan Yongxin, "China-Israel Relations: Toward a Brighter Future," *The Jerusalem Post*, January 23, 2017, https://www.jpost.com/Opinion/China-Israel-relations-Toward-a-brighter-future-478577。

二　中以创新合作亮点纷呈

中以创新合作已成为当前两国关系的重点。中以创新合作联委会机制自2015年1月成立以来，两国在科技、教育、经贸、文化、卫生、农业等创新领域开展了卓有成效的合作。两国在创新领域合作已成为两国合作的旗帜，前景广阔。

（一）中以建立"创新全面伙伴关系"

以色列总理内塔尼亚胡应邀于2017年3月19~22日对中国进行正式访问。3月20日，国务院总理李克强同以色列总理内塔尼亚胡举行会谈。李克强表示，中方愿同以方做好发展战略对接，就建立中以自贸区抓紧商谈，争取尽早结束谈

---

① 《驻以色列大使詹永新在〈耶路撒冷邮报〉发表署名文章宣介"两会"》，2018年3月25日，http://www.fmprc.gov.cn/ce/ceil/chn/sgxw/t1545265.htm。

判。重点抓好中以创新领域合作。深化基础科学、现代农业、清洁能源、生物医药等领域的合作。内塔尼亚胡表示，以方愿发挥自身科技优势，拓展对华互利合作。以方希望加快以中自贸协定谈判，扩大双向投资，积极开展第三方市场合作。以方欢迎中方企业参与以基础设施项目建设，愿加强双边交通运输领域合作。以方对中方在中东和平进程中发挥的建设性作用表示赞赏。①

3月21日，国家主席习近平会见以色列总理内塔尼亚胡，宣布双方建立创新全面伙伴关系。习近平指出，中以双方要加强发展战略对接，在共建"一带一路"框架内，稳步推进重大合作项目，重点加强科技创新、水资源、农业、医疗卫生、清洁能源等领域合作。内塔尼亚胡表示，愿以两国建立创新全面伙伴关系为契机，充分发挥两国科技创新优势，深化双方合作。以方愿积极参与"一带一路"框架下基础设施等合作。以色列愿看到中国在中东事务中发挥更大作用。②

3月21日中以两国发表《中华人民共和国和以色列国关于建立创新全面伙伴关系的联合声明》，《声明》提出，中国正在实施创新驱动发展战略，以色列在创新、研发领域具有全球公认的领先地位。继续深化中以合作有巨大潜力，开拓和深化创新合作符合两国和两国人民的根本利益，对两国发展具有深远意义。《声明》特别列出12项举措，涵盖双边关系各个层面。"创新"成为内塔尼亚胡访华的主题词。③《声明》为两国关系发展指明了方向，明确了两国关系今后发展的目标和途径。

2017年3月21日，国务院副总理刘延东在北京会见内塔尼亚胡，并共同主持中以创新合作联合委员会第三次会议。刘延东表示，中以双方以创新合作为主题、以人文交流为纽带，各领域合作持续深化、富有成效，中以创新中心、中以常州创新园投入运行，双方联合资助近50个科研项目，产业对接全面推进。两国创新合作战略方向契合，理念相通，互补性强，合作潜力巨大。会后，双方共

---

① 杨晔、庞兴雷：《李克强同以色列总理内塔尼亚胡举行会谈时强调，加强创新引领加快商谈自贸协定为中以关系发展增添新动力》，《人民日报》2017年3月21日，第1版。
② 李伟红、饶爱民：《习近平会见以色列总理内塔尼亚胡》，《人民日报》2017年3月22日，第1版。
③ 伍岳、郑明达：《中国以色列建立"创新全面伙伴关系"》，新华网，2017年3月21日，http://news.xinhuanet.com/2017-03/21/c_1120668586.htm。

同见证了有关领域10个合作协议签署。① 2017年3月21日，全国人大常委会委员长张德江在会见内塔尼亚胡时说，中国全国人大重视发展与以色列议会的友好关系，愿共同努力，为推动中以关系全面深入发展做出积极贡献。②

2017年11月，以色列利库德集团主席、政府总理内塔尼亚胡、以色列运动党主席、前外长利夫尼、以色列共产党总书记阿梅尔等以色列政要来函，祝贺习近平主席再次当选中共中央总书记。③ 中以政治互信增强、民心相通加深。

习近平关于构建人类命运共同体的思想让人不禁联想到古代的犹太教义。在犹太思想和传统中有个"Tikkun Olam"的概念，意思是"修复世界"，即改善个体所处的团体、社会以及更大范围的世界。古代犹太思想与习近平思想之间存在的联系表明，犹太人和中国人之间在哲学和实践层面都存在极大的相似性。以色列首任总理本·古里安就曾宣布，如果以色列不能依靠自然资源帮助世界，她就要通过创新为全人类做出贡献。中国以特有的方式推进共同发展，这对全人类都有益。从以色列视角看，人类命运共同体理念显示出促进地区稳定与安全的卓越潜能。④

（二）中以创新和科技合作

近年来，四川省和以色列各层级交往频繁，科技文化交流和经贸合作日益深化。2014年11月17日，以色列驻成都总领事馆开馆。300多家四川企业与以色列有着直接经贸往来。2016年，四川省和以色列进出口总值47.04亿美元，同比增长近68%。⑤ "一带一路"倡议为中以合作带来了新的机遇。以色列与中国西南地区特别是四川省合作日益密切。

---

① 王卓伦：《中以创新合作联合委员会第三次会议举行刘延东和以色列总理内塔尼亚胡共同主持》，《人民日报》2017年3月22日，第3版。
② 杨晔：《张德江会见以色列总理内塔尼亚胡》，《人民日报》2017年3月22日，第1版。
③ 《一些国家和政党领导人继续致电或致函，热烈祝贺习近平当选中共中央总书记》，《人民日报》2017年11月3日，第3版。
④ 《习近平主席建立人类命运共同体倡议的以色列视角》，中以学术交流促进协会，2018，http：//sino-israel.org/updates/an-israeli-perspective-on-president-xis-initiative-of-building-a-community-with-a-shared-future-for-mankind/。
⑤ 陈曦：《中国—以色列高科技合作展开幕》，人民网，2017年9月7日，http：//sc.people.com.cn/n2/2017/0907/c345167-30707353.html。

2016年6月1日四川省政府访以色列代表团与以色列经济部签署了《四川省人民政府和以色列经济部科技创新合作协议》。该协议旨在加强双方在技术和产业研发方面的合作,提高科技创新能力,增强产业竞争力,加强在经济商业领域的合作,提升中国西部经济强省与创业国度的合作层次。以色列驻成都领事馆总领事蓝天明表示,"四川省是中国西部第一个与以色列签署此类产业研发协议的重要省份",他相信四川将掀起中以合作的新高潮。①

2017年9月7~9日第五届中国(绵阳)科技城国际科技博览会(简称"科博会")在四川绵阳举办。以色列是本届科博会的主宾国。以色列馆共有104家以色列企业参展,涉及农业、机器人、生命科学、通信与移动技术、汽车、航空和水科技等十余个领域。中以双方企业共对接110余场次,达成32个合作意向,协议成交额380余万元、意向成交额810余万元,涉及农业、智能制造、生命科学、清洁能源、投资和咨询等领域。②

9月7日在绵阳举行的中国—以色列(四川)经贸创新合作大会上,四川省与以色列共同发布《加强四川省与以色列创新经贸合作中国(绵阳)科技城行动计划》,明确未来将在十大重点领域加强合作,包括电子信息、人工智能、新能源汽车、航空、智能制造、新材料、生物医药、水处理、现代农业、清洁能源等。双方将打造一批高水平的川以合作平台,建立和培育各具特色的科技合作园区、孵化器、加速器等平台。同时,探讨建立各类产业合作基金,推动科技合作成果资本化和产业化。③

9月7日,国务院总理李克强和以色列总理内塔尼亚胡分别向第五届中国(绵阳)科技城国际科技博览会及以色列主宾国活动发去贺信。李克强在贺信中表示,2017年适逢中以建交25周年,也是中以创新全面伙伴关系元年。中方愿同以方加强创新合作,打造新的亮点和增长点,推动两国更好实现优势互

---

① 冯志文:《四川省与以色列签署创新合作协议》,《科技日报》2016年6月3日,第2版,http://digitalpaper.stdaily.com/http_www.kjrb.com/kjrb/html/2016-06/03/content_340608.htm?div=-1。
② 《第五届科博会以色列主宾国活动以色列馆成果丰硕》,2017年9月9日,http://zbg.ecuca.cn/?/article/info/id-63。
③ 梁天韵、梁现瑞:《朱鹤新出席中国—以色列(四川)经贸创新合作大会并致辞》,http://www.yaan.gov.cn/htm/openview.htm?id=20170908095105-755237-00-000。

补、互利共赢,也为全球创新合作与科技进步做出更大贡献。内塔尼亚胡在贺信中表示,以中两国均拥有古老灿烂的文明,都渴望通过进步和创造把握未来。① 在中以建立创新全面伙伴关系机制下,四川省与以色列创新和经贸合作热火朝天。

6月27日,为期两天的第三届中以科技创新投资大会在广东珠海开幕,前来参会的中以两国企业2700多家,其中以色列参会企业146家;13个中以合作重点项目现场签约金额达25亿美元。中以合作向深度和广度迈进。在深圳前海梧桐并购投资基金副总经理李骅恩看来,以色列创新生态链完整,有非常肥沃的创新土壤。在珠海从事硬件创业的"创客"陈希认为,以色列的科技创新"非常聚焦,技术非常实用,源头创新能力非常强"。6月27日举办了中以创新基金启动仪式。6月,珠海驻以色列经贸代表处挂牌成立。珠海市委书记郭元强认为,作为全球知名的创新国度,以色列科技实力雄厚,创新资源丰富,与珠海在生物医药、环境保护、农业及教育等领域契合度高、合作前景广阔。②

以色列是创新国度,中国有强大的产业制造能力、广阔的市场和高素质人力资源,创新合作成为两国合作最大亮点。两国建立了政府间经济技术合作机制和创新合作联委会,阿里巴巴、华为等中国企业纷纷投资以色列科技行业,以色列的滴灌、奶牛养殖、海水淡化等技术在中国得到广泛应用。③ 随着中国发展转型和"一带一路"建设的推进和中以创新全面伙伴关系的建立,两国创新合作将迎来更加广阔的天地。

(三)中国主办第三次巴以和平人士研讨会

中国在巴勒斯坦问题上秉持公正的立场劝和促谈。2017年7月,巴勒斯坦总统阿巴斯访华期间,习近平主席提出了中方推动解决巴勒斯坦问题的

---

① 《李克强和以色列总理内塔尼亚胡向第五届中国科技城国际科技博览会致贺信》,中国政府网,2017年9月7,http://www.gov.cn/guowuyuan/2017-09/07/content_5223301.htm。
② 李茹萍、喻剑:《第三届中以科技创新投资大会亮点纷呈:让创新活力交相融汇》,中国经济网,2017年6月28日,http://www.ce.cn/xwzx/gnsz/gdxw/201706/28/t20170628_23897749.shtml。
③ 詹永新:《友谊长青 关系常新》,《人民日报》2017年1月24日,第3版。

四点主张。坚定推进以"两国方案"为基础的政治解决；坚持共同、综合、合作、可持续的安全观；进一步协调国际社会的努力，壮大促和合力；综合施策，以发展促进和平。早在2006年12月和2013年12月，中国曾在北京和耶路撒冷两次举办巴以和平人士研讨会，为推动巴勒斯坦问题的解决启智献策。

2017年12月21~22日，第三次巴以和平人士研讨会在北京举行。巴以双方各8名和平人士达成《以两国方案为基础推动解决巴以冲突》的共识文件，确认"两国方案"是解决巴以问题的唯一可行路径。这次研讨会达成的共识反映了来自两个民族的理性声音，汇聚起双方致力于和平的力量。中方将继续以习近平主席提出的"四点主张"为指导，为推动巴以问题早日得到全面、公正和持久解决，实现中东和平发挥作用、贡献力量。① 中国是巴勒斯坦和以色列共同的朋友，中国能够在巴以和平进程中发挥重要作用。

三 中以人文交流取得新进展

2017年中以两国都举办了丰富多彩的文化活动，纪念中以建交25周年。

（一）在以色列举办的中以文化活动

2017年1月24日是中国与以色列建交25周年纪念日。当天，驻以色列大使詹永新应邀赴耶路撒冷出席希伯来大学举办的纪念中以建交25周年研讨会。詹永新大使在致辞中欢迎以色列各界人士抓住良机，搭乘中国发展的"顺风车"。希伯来大学常务副校长科恩等人阐述了中以关系的蓬勃发展以及中国"一带一路"倡议对以方的重要意义。②

2017年5月30日，由中国驻以色列大使馆与以色列赛艇协会主办，中国留学生会和希伯来大学孔子学院协办的"以色列龙舟节"在特拉维夫市雅孔河畔隆重举行。驻以色列大使詹永新在致辞中表示，以色列龙舟节举办4年来

---

① 《2017年12月25日外交部发言人华春莹主持例行记者会》，中国外交部，2017年12月25日，http://www.fmprc.gov.cn/web/fyrbt_673021/jzhsl_673025/t1521946.shtml。
② 《驻以色列大使詹永新出席希伯来大学庆祝中以建交25周年活动》，中国驻以色列国大使馆网站，2017年1月26日，http://il.china-embassy.org/chn/xzt/zyjj25/t1434094.htm。

广受欢迎，希望双方通过龙舟比赛加深了解，增进友谊，推动两国友好合作再上新台阶。①

2017年6月25日，"中国电影节"在以色列特拉维夫电影城开幕。首场电影是由陆川导演的野生动物题材纪录片《我们诞生在中国》。詹永新大使表示，中国在以色列举办电影节，既为双方电影界交流搭建了新平台，也为以色列人民了解中国文化提供了更多机会。这次"中国电影节"是中以建交25周年系列庆祝活动暨"中国文化季"重要项目之一，电影节期间将放映《夜孔雀》《三人行》《大圣归来》《罗生特医生》《唐山大地震》等中国影片。②

2017年11月26日，以色列特拉维夫中国文化中心举行揭牌仪式。以色列议长尤利·埃德尔斯坦发来祝贺视频，中国文化部副部长张旭等两国各界百余位嘉宾出席。埃德尔斯坦议长对中国文化中心正式揭牌表示热烈祝贺，认为这对以中两国关系具有里程碑式意义。张旭副部长表示，特拉维夫中国文化中心揭牌是中以建交25年来两国友好合作的重要成果，标志着中以人文交流合作进入了新阶段。特拉维夫中国文化中心是西亚北非地区继开罗之后的第二家中国文化中心。③

（二）在中国举办的中以文化活动

为庆祝中以建交25周年，以色列文化周2017年11月2日在成都启幕。以色列驻成都总领事馆通过举办摄影展、播放纪录片、组织讲座等多种形式让人们了解以色列文化。以色列驻成都总领事馆总领事蓝天铭说，2017年是中以建交25周年。以色列驻成都总领事馆争取将更多的文化项目引入西南地区，增进中以两国人民之间的交流、了解和友谊。④

2017年12月24日至2018年3月3日，以色列著名导演丹·沃尔曼（Dan

---

① 《詹永新大使出席2017年以色列龙舟节活动并致辞》，中国外交部网站，2017年6月1日，http://www.fmprc.gov.cn/ce/ceil/chn/gdxw/t1466893.htm。
② 《驻以色列大使詹永新出席"中国电影节"开幕式》，中国外交部网站，2017年6月27日，http://www.fmprc.gov.cn/ce/ceil/chn/gdxw/t1473521.htm。
③ 《以色列特拉维夫中国文化中心揭牌》，中国驻以色列大使馆网站，2017年11月28日，http://www.fmprc.gov.cn/ce/ceil/chn/zygx/t1514739.htm。
④ 杨珺：《以色列文化周在成都启幕》，中新社，2017年11月2日。

Wolman)的6部希伯来语影片在北京上映,在寒冷冬日的京城引起了一场以色列电影热。其中有根据以色列作家阿摩司·奥兹同名小说改编的《我的米海尔》。① 12月18日,广东以色列理工学院正式揭牌。广东省原省长朱小丹,李嘉诚基金会主席、汕头大学校董会名誉主席李嘉诚等共同为广东以色列理工学院揭牌。来自世界各地的300多名嘉宾和首届216名新生一起见证了这一重要时刻。②

结　语

中以关系有良好的历史基础和巨大的发展潜力。进入新世纪以来,以色列国内"向东看"的趋势日益明显,以方开始前所未有地关注中国的大国地位。在以色列观察家眼中,中国在重新崛起,以色列必须从宏大的战略框架中考虑以中关系。中以强健的经贸联系、持续的文化交流以及频繁的人员往来,都为两国关系的发展架设了桥梁。中以经济的互补性更成为以色列政府及智库关注的焦点。③ 通过建设埃拉特和阿什杜德之间的铁路,以色列将开辟连接红海和地中海之间新的陆路通道。中国港湾工程有限公司目前正在扩建以色列阿什杜德港。这都是中以共建、共享"一带一路"的重要内容。中国将在以色列和阿拉伯世界之间的和平进程起更加重要的作用。④ 以色列积极回应和对接"一带一路"倡议,以创始成员国身份加入亚洲基础设施投资投行。

作为"一带一路"沿线的重要节点国家,以色列社会稳定,经济繁荣,科技发达,对于共建"一带一路"具有重要地缘政治和经济价值。以色列可以发挥重要的战略支点作用,虽然中以两国关系有时会因第三方因素(美国、阿拉伯国家、伊朗等因素)的影响。尤其中以双边关系的发展受到阿以关系

---

① 钟志清:《〈我的米海尔〉:小说、电影和我》,《中国社会科学报》2018年2月8日,第6版。
② 《广东以色列理工学院揭牌仪式》,以色列驻广州总领事馆网站,2017年12月18日,http://embassies.gov.il/guangzhou/NewsAndEvents/Pages/GTIITinauration-.aspx。
③ 刘丽娟:《当代以色列人的中国观——基于以色列报纸及智库报告的考察》,《国际关系研究》2015年第2期,第135页。
④ 《中国和以色列:25年的友谊》,中以学术交流促进协会网站,2017年10月1日,http://sino-israel.org/updates/china-and-israel-a-quarter-of-a-century-of-friendship。

和美以关系的制约。但在新的形势下，上述两个外部因素均发生重大变化。一方面，以色列与沙特阿拉伯等阿拉伯国家的关系不断改善；另一方面，中东已进入"后美国时代"，以色列的精英阶层对中国参与中东事务充满期待。上述两个因素的变化，为中以深化高层互动、加强战略合作提供难得契机。面向未来，两国关系的发展有很大的空间与潜力。

B.20 以色列对中国"一带一路"倡议的响应

〔以〕罗伊·费德尔（Roi Feder）*

摘　要： 以色列在多个工业领域的技术实力不断吸引着中国和其他许多全球投资者的关注，以色列的能源开发、基础设施建设、物流和贸易领域大规模发展，地区地缘政治变化和以色列的金融能力的增强，都与中国的"一带一路"倡议密切相关。对于以色列来说，聆听、了解和调整与中国发展目标相关的涉及自身经济的阐释也同样重要。以色列可以帮助中国搭建更加互惠和互利关系的舞台，从而使自己的经济发展在与中国对接的多条轨道上制定出明晰的政策。本文探讨了未来几年以色列经济发展的潜在动因，以及如何能够更好地利用本国经济变化来响应中国的"一带一路"倡议，并推进两国的战略伙伴关系。

关键词： 中以关系　地缘政治　"一带一路"倡议

引　言

随着中国将可持续增长作为发展方向，以色列聆听、了解和调整与中国发展目标相关的涉及自身经济的阐释至关重要。如果做好充分阐释和战略定位，以色列可以帮助中国搭建更为互利互惠关系的平台，从而制定出一系列与中国

---

* 〔以〕罗伊·费德尔，安可国际（APCO Worldwide）以色列区运营总监，负责医疗、技术、金融服务和能源领域的全球政策问题。他定期向以色列外交部门提供简报，同时兼任以色列国家电视台评论员。他曾任以色列政府下属的"中国—印度—日本基金"（China-India-Japan Fund）高级顾问，协助以色列公司进入中国市场。

在多条轨道上相对接的政策。

众所周知，在过去的几年里，尖端技术和创新已成为中以关系蓬勃发展的基石，但双方都认为这种关系对两国未来潜力的拓展的作用仍非常有限，应该重新加以审视。虽然以色列在诸多行业的技术实力依然不断引起中国和许多其他全球投资者的关注，但其他经济部门应进一步界定两国之间长远的经济和政治关系。尽管"一带一路"倡议影响范围波及全球经济，但是中国还须关注以色列除科技部门之外其他经济领域的发展状况。尽管这些发展并没有清晰地描绘在国家路线图中，但它们将改变以色列与世界上第二大经济体国家——中国的关联度。以色列的能源开发、基础设施建设、物流和贸易领域的发展，以及地区地缘政治变化和以色列金融能力的增强，都将与中国的区域倡议和中以技术合作同等重要。

本文将探讨以色列未来几年潜在的经济动力，以及自身如何更好地利用本国经济变量，以便在符合中国自身利益基础上更好地界定与中国的战略伙伴关系。

首先，本文将探讨在以色列领海内发现近海天然气的重要性，也将评估如何利用这些丰富的天然气来增强以色列的经济实力，影响地区性的重大动态变量。本文也将展示能源在新经济发展中如何成为正在增加且价格实惠的制造业的催化剂。

本文将审视以色列金融机构部门的状况，该部门目前仅占以色列技术经济投资的一小部分，并可能成为国内和区域内固定资产项目融资的主要资产。以色列海运业的变化将改变以色列作为贸易中心的地位。它在地中海的两个现代化港口通过服务当地市场的进出口需求而蓬勃发展。然而，随着另外两个港口项目2021年的上线和中国"海上丝绸之路"倡议的确立，产能过剩将迫使当地海运业和贸易行业发生变化。

在经济发展的同时，以色列与阿拉伯邻国之间的地区和解以及与希腊和塞浦路斯联盟的加强，以色列与邻国之间就经济问题进行耐心协商。加之大型基础设施项目的建设，以色列通过天然气管道和水下电网的连接正在与地中海近邻区融为一体。由于它已在近东地区占有一席之地，这就为中国提供了更多的经济机会。以色列作为《经济学人智库BRI指数》投资风险低度排名第二的国家[1]，它可以成为中国寻求连接东西方重要地缘政治的纽带。

---

[1] "One Belt One Road, An Economic Road Map," *The Economist Intelligence Unit*, March 2016.

一 天然气可以成为一种博弈的动因

(一) 制造业繁荣

2018年1月28日,在以色列所属地中海经济水域发现的名为利维坦大型气田,它的主要业主德莱克集团(Delek Group)宣布,在内格夫沙漠正在研究建设一个投资40亿美元铝生产厂的项目的可行性。据媒体报道,德勒克集团计划在能源密集的工厂附近建一座1600兆瓦的发电厂,建成后该电厂将占以色列全部电力供应的十分之一。这个使用天然气的电厂可能是以色列最大的燃气发电厂,每年将从利维坦天然气储量中消耗7亿~20亿立方米的天然气。①

尽管尚未确定该工厂是否最终将建在以色列,但背后的理由不言而喻。在东地中海水域发现的大量天然气可用于拓展以色列及临近地区的制造业能力。因此,这种天然气的价值不仅满足国内目前对能源的需求,而且还能出口创汇,它被认为是提升以色列和地区制造业能力的主要催化剂。这种气体确实将推动国内和区域经济增长,还可以创造新的行业,例如铝品制造业。

谈到天然气的发现,人们关注的关键问题之一是市场在哪里,以及天然气公司如何将新发现的资源创造市场需求。很明显,其中一个答案就是建立一个国内市场,这一市场越来越依赖于天然气的生产、运输和居民需求。事实上,人们正期望着未来几年出台一项新政策,力求将以色列制造业工厂与更清洁、更节省成本的能源联系起来。尽管到目前为止,在以色列的688家工厂中,只有10家工厂与天然气基础设施相关,但通过大幅度增加以色列天然气基础设施数量的努力的意义就显得尤为重大。

以色列天然气管道公司(INGL)成立于2003年,是一家国有企业,其任务是向商业和住宅市场提供天然气,以及向邻国约旦、埃及和巴勒斯坦提供天然气。它计划在未来5年投资20亿新谢克尔(约5.74亿美元)用于发展基础

---

① "Delek Group to Open an Aluminum Factory and Energy Plant," *Globes*, January 28, 2018, https://www.globes.co.il/news/article.aspx?did=1001221316.

设施建设。① 专门开发和经营这种基础设施的公司就会有很多商机。

然而，德莱克集团声明，它正在证明发展国内能源市场会带来更多重大的机遇。在以色列沿海地区发现的大量天然气肯定既能满足靠近能源的制造业之需，也能满足欧洲和北非主要市场的制造业需求。

事实上，就铝本身的产量而言，以色列每年平均消耗量不过是5万吨。因此，该工厂90%的产量将被指定用于出口。以色列的邻国每年消耗200多万吨铝：土耳其的消费量为110万吨，意大利为90万吨，希腊为20万吨。德勒克集团的理念是通过制造业创造对天然气的需求，它正在探究其他天然气制品出口的途径。

中国企业是否认为这是制造业更接近能源和主要市场的方案？以色列能源市场能否成为中国可以推动区域合作的可行性经济支点？答案似乎是肯定的。以色列应考虑鼓励在国内、巴勒斯坦和约旦利用制造业建厂，而且这些工厂全部与以色列天然气电网相连。

（二）天然气管道网格

尽管国内市场提供的机遇可能会引起全球制造商的极大兴趣，但寻找出口机会仍然是以色列天然气公司谋求更大发展的关键所在，它们一直希望在开发这些气田进行进一步融资之前确保交易成功。

2018年2月19日，以色列和埃及在开罗签署了为期10年的出口合同，合同规定以方向埃方提供价值150亿美元，多达64亿立方米的天然气。该协议使以色列成为这个人口最多的阿拉伯国家的能源供应国，这也是在过去两年中，美国诺布尔能源集团（Noble Energy）和以色列德莱克集团共同合作与阿拉伯国家签署的出售以色列天然气的第二项主要交易。

这项与埃及签署的协议早于约旦与以色列天然气集团签署的协议，该集团于2016年9月与约旦电力公司签署了为期15年、价值100亿美元的天然气协议。该协议将为约旦提供来自利维坦（Leviathan）海上气田约45亿立方米的天然气，使以色列成为最大的天然气供应国。

尽管多年来约旦、埃及与以色列之间的关系龃龉不断，主要是涉及以色列

---

① "Israel Natural Gas Line Website," http：//www.ingl.co.il/?page_id=2.

和巴勒斯坦之间持续不断的冲突,但这些天然气协议的签订事实上强化了以色列与阿拉伯邻国之间互信、互依的关系。尽管这些交易在以色列与阿拉伯邻国的关系中突显重要性,但人们需要清醒地认识到,由伊朗支持、总部设在黎巴嫩的真主党恐怖组织对以色列气田攻击的任何威胁都可视为是对约旦和埃及的威胁。以色列与邻国这种微妙关系的变化,可以说天然气在其中扮演着重要角色。

直到最近几年,以色列才成为邻国天然气的供应国,这也成为改变此地区的又一战略要素。时针拨回到2011年,那时埃及自身拥有足够的天然气供应,还通过输气管道向约旦和以色列出口天然气。但是,反对前总统穆巴拉克的动荡和随后在埃及社会舞台上你死我活的政治斗争,以及伊斯兰激进分子在西奈沙漠地区破坏天然气管道的事件,严重遏制了埃及天然气的出口,使埃及天然气自身供应乏力并成为净进口国。尽管意大利埃尼公司(ENI)2015年在佐哈尔(Zohr)海域发现储量为30万亿立方英尺的大型气田,但埃及仍需要进口天然气以弥补每年500亿立方米使用量的不足。以色列天然气产量稳定,填补了这一突如其来的空白,成为可靠的天然气供应商,不仅满足了国内需求,还为西班牙、意大利和埃及工厂在埃及埃达库港口(Idiku)和达米埃塔港口(Damietta)共有的两个闲置的液化天然气设施提供服务,这两个设施运营起来可以使埃及成为地中海及周边地区在市场上的区域能源中心。

据美国地质调查局估计,靠近地中海地区的天然气储量可能超过340万亿立方英尺,这一数量超过美国本土已探明储量的总和。① 随着区域天然气供需关系正常化,最佳出口线路的规划也在进行当中。预计需要在整个地区建设大型基础设施项目,以便服务于当前和未来的能源需求。8月31日开罗与塞浦路斯初步签署了一项协议,铺设一条水下管道连接塞浦路斯阿芙洛狄忒(Aphrodite)气田和埃及海岸。这条管道可能在2020年投入运营,最终能使塞浦路斯从它最大的已探明天然气储量中投入生产。

由于地中海东部海域能源的前景如此广阔,吸引了大量海外利益和潜在投

---

① "Assessment of Undiscovered Oil and Gas Resources of the Levant Basin Province, Eastern Mediterranean," https://pubs.usgs.gov/fs/2010/3014/pdf/FS10-3014.pdf.

资，人们看好以色列能够在区域能源竞争中处于中心地位。

2017年12月初，以色列能源部部长同意支持从地中海东部海域新发现的气田向欧洲铺设一条海底天然气管道的项目。这个命名为"东地中海"的项目（East Med）包括设计一条2000千米长的管线，将地中海东部角落的黎凡特盆地的海上天然气通道引入希腊和意大利，此项目耗资高达60亿欧元。参与这条管线谈判的四个国家以色列、希腊、塞浦路斯、意大利发表了一项联合声明，强调各国将联合推动项目的研究、准入、建设、运营，着眼于签署政府间协议"2018年年内计划"（Within 2018）。① 随着欧盟寻求能源供应途径的多样化，它将投入数百万欧元支持这项可行性研究，这种支持使合作项目看起来比以往更具有可行性。

（三）通往欧洲的电力走廊

2017年10月，希腊和塞浦路斯官员宣布，在希腊和塞浦路斯监管机构批准后，连接以色列、塞浦路斯和希腊电网的电缆工程将于2018年第一季度启动。欧亚互联将分三期建设：塞浦路斯—以色列、克里特岛—阿提卡半岛、塞浦路斯—克里特岛。互联线路上的实际建设工程预计将持续12~24个月。近期电缆建设的首期工程及其相关设施开始动工。

作为"共同利益项目"（Project of Common Interest，PCI），欧亚互联被视为是连接欧盟国家能源系统的跨境项目。PCI旨在帮助欧盟实现其能源政策和气候目标：为所有公民提供负担得起的、安全的、可持续的能源，并根据《巴黎协定》实现经济的长期脱碳。② 欧洲委员会每两年制定一份新的PCIs清单。这个项目的特别之处是以色列作为非欧盟成员国是其中重要的一员。

事实上，近地中海地区大量天然气储量的发现，部分地阐释了以色列与塞浦路斯和希腊的关系。这三个国家在过去几乎没有共同利益可言，而今它们已经成为地区盟友。这种蓬勃发展的关系主要原因是三国对待土耳其方面

---

① "Greece, Italy, Israel and Cyprus Back Natgas Pipeline to Europe," *Reuters*, December 9, 2017, https://www.reuters.com/article/energy-mediterranean-natgas/greece-italy-israel-and-cyprus-back-natgas-pipeline-to-europe-idUSL8N1O537F.

② "European Commission Fact Sheet," November 24, 2017, http://europa.eu/rapid/press-release_MEMO-17-4708_en.htm.

立场一致。

以色列、希腊、塞浦路斯加强关系表现在三国定期举行联合军事演习,又强化与安全相关的其他合作。希腊和塞浦路斯也乐见以色列游客大量涌入本国,而这些游客曾经选择在土耳其海岸廉价的度假胜地度假。显然,三国关系日益密切的关键因素是这一区域天然气的发现和能源合作的前景所带来的共同经济利益。

向这些国家和欧洲出口天然气只是一项选择。天然气和其他能源还可以在这些国家发挥另外的作用,如发电可以直接输送到欧洲大陆,这条欧亚互联海底电缆长约1518千米,它将柏林和莫斯科连接起来,并将是世界上最长的海底电缆,能为大约300万户的家庭提供电力服务。

与海底电缆同时进行的项目是即将铺设一条容量高达160兆位的通信"量子电缆"。预计它将与2000兆瓦的欧亚互联网服务器同时运营,这将建立从以色列到欧洲大陆间的区域电网和数据超高速公路。[1]

虽然欧亚互联网线路可以被视作该地区主要能源发现的衍生品,但实际上它是独立的经济驱动力,并将成为进一步商业活动的催化剂。因此,尽管天然气的发现有助于增加发电量并为电缆供电,但这一倡议还应有助于推动其他能源发电,即可再生能源。以色列和周边国家的光照充足,开发替代能源潜力巨大。

随着这三个国家电网的连接,欧洲将成为以色列电力的直接市场,如果成功的话,这条电缆可能成为改变该地区能源格局的重要一环。

二 创建区域贸易中心

(一)一场海运业革命

当以色列交通部宣布计划在阿什杜德和海法建立两座新港口时,两座城市

---

[1] "Quantum Cable to Revolutionize Global Telecoms," *Eurasia Interconnector Press Release*, February 12, 2018, http://www.euroasia-interconnector.com/news-quantum_cable_to_revolutionise_global_telecoms1080/.

的市民欣喜若狂。在2013年的投标过程中，招标的港口运营商必须决断首选哪座城市。由于两座城市已有的现代化码头都在运转，阿什杜德和海法两位市长认为国家最终只会批准一个港口，他们需要游说国际航运公司将各自的城市作为首选。这项工作的具体内容是邀请国际媒体来城市参观、采访，以及发送函件给港口运营商，在国际海运业中"出售"港口时，招标方占据了优势。

最终，由于以色列政府同时批准建造两个新港口，所以邀请国际媒体和发送函件给运营商这样的宣传工作没有必要继续进行。阿什杜德的新港口由中国港湾工程公司建造，由瑞士TIL集团经营，而海法新港则由以色列沙皮尔集团建造，由上海国际港务集团经营，两座港口将于2021年投入运营。随着两个新港口即将开建，两座城市的经济将会进一步增长，两位市长备感振奋，两座将要旧貌换新颜的老港口城市市民也欣喜若狂。高管们萦绕在头脑中的问题是如何应对即将到来的竞争？如何重新改造港口来服务国内市场？

随着新港口启用的截止日期临近，旧港口的管理人员正在研判如何扩大进出港口航运流量。自1995年以来，以色列各港口的货物处理量每年平均递增3%，过去10年平均增长5%。[1] 令人担忧的是，这种增长还远远不够，而这两个新港口又会为国内市场造成运力过剩，但从长远来看，目前的市场增长率根本不足以满足预期的市场供应。

从作者与港口高管的多次对话中可以清楚地看到，通过以色列港口转运活动的大幅度增加，他们找到了应对这一挑战的方案，如果成功的话，以色列将成为区域贸易中心。21世纪拥有港口的以色列，凭借其极强的物流能力、极高的安全性、高效的服务和靠近市场的优势，通过提高自身与国际海运业的关联度，以色列很快就会在海运业中有革命化的提升。以马耳他自由港为例，此港建成于1988年，它是地中海地区第一个转运枢纽，目前它在欧洲顶级港口中排名第十二位，也是地中海地区第三大转运和物流中心。自由港超过95%的集装箱运输都是转运业务。[2] 然而，如果以色列的港口能够成功重聚业务焦

---

[1] "Cargo Movement into Israeli Ports," Israel Ports Company Website, http://www.israports.org.il/he/PortIsrael/Documents/%D7%A1%D7%94%D7%9B%20%D7%AA%D7%A0%D7%95%D7%A2%D7%AA%20%D7%9E%D7%98%D7%A2%D7%A0%D7%99%D7%9D%20%D7%9C%D7%90%D7%AA%D7%A8%202016%20.pdf.

[2] Malta Freeport Website, http://www.maltafreeport.com.mt/content.aspx?id=107934.

点,那么需要它与国际物流和贸易集团合作,以求把业务扩展到前所未知的更多行业领域。事实上,以色列港口公司是一家监督以色列港口发展的国有企业,它的愿景是以色列未来的港口作为区域和国际参与者,在与该地区其他发展较快的港口竞争时能够旗开得胜。①

(二)与阿拉伯世界的贸易往来

以色列港口的关注点可能被夸大了。虽然历史上以色列是一个"贸易岛",地缘上与中东其他地区紧密相连,但经济上却互不往来。然而,该地区的变化正在影响着以色列的地位和区域相关性。

2012年底,叙利亚内战造成约旦出口到土耳其(经那里到欧洲)的货物流通不畅,导致约旦卡车无法抵达叙利亚和黎巴嫩港口,也无法通过叙利亚穿越边界到达北部,从而进入土耳其。通过秘密安排,以色列政府允许约旦和土耳其贸易通道继续经过以色列,通过使用以色列船坞有限公司在海法拥有和经营的私人港口,从而完全绕开叙利亚和黎巴嫩。装满货物的卡车直接往返于以色列和约旦的边境谢赫·侯赛因口岸,在海法登船。

这条新开通的贸易路线无论从约旦到达西方国家市场,还是从土耳其到达阿拉伯国家市场,它们都通过以色列,这为以色列提供了一个成为地区贸易走廊的崭新机会。以色列成了欧洲与约旦和海湾国家之间事实上的陆上桥梁。据以色列统计局统计,以色列与约旦在2010年至2014年之间的贸易额增长超过350%。②

以色列和约旦之间贸易的增长成为一种催化剂,加快促成两国多年以来一直在讨论的项目。虽然项目取得了成功,但是由于种种原因人们对此项目的宣传保持低调。"约旦门项目"(The Jordan Gate Project)是两国共同努力建立自由贸易区的结果,这份蓝图首先肇始于1994年两国签订了和平条约,以及在1999年双方签署了项目合作协议。该项目位于约旦河谷北部的约旦一侧,包括一个工业园区,以色列和约旦双方将在此投资建厂房、仓储设施和工业区,设立海关和行政服务中心。以色列将建造一个物流中心和一个货物中转基地,

---

① "Israel Ports-Future Plans," Israel Ports Company Website, http://www.israports.org.il/he/PortsDevelop/Pages/default.aspx.
② "Despite the Threats: Trade with Jordan has Increased by Hundreds of Percent," Makor Rishon, October 27, 2014, https://www.makorrishon.co.il/nrg/online/1/ART2/636/984.html.

将货物转运到靠近地中海的以色列港口。这个工业区遵循两国自由贸易的原则，也遵循两国与美国达成自由贸易协定的原则，因此，它将享受美国授予合格工业区（QIZ）的海关豁免权。

"约旦门项目"（The Jordan Gate Project）的两部分将由一座325米长的桥梁连接起来，此桥正在约旦河上建造，并于2018年完工。工业区将成为本地区的首个同类项目，允许约11000个约旦人（可选择将数字加倍）和3000个以色列人在一个大型水族馆中共同工作，水族馆将获得特殊通行许可证，但不设过境点，从而无须使用护照。① 自由贸易区的地理位置除了具有明显优势之外，"约旦门项目"还提供了另外两大利好。首先是工厂将获得原产地证书（产品在约旦、以色列和中立国生产）。这样做的原因是能够隐藏约旦与以色列的任何经济合作，这些合作目前在阿拉伯世界依然十分敏感。它将允许以色列公司把产品出口到过去无法出口或只能通过第三方出口的国家。第二大优势是有望吸引各种类型的劳动力。约旦人和以色列人在一起共同工作，一方面促进双方人员技术的广泛交流；另一方面为跨国公司提供一项独特的机会来扩大自身在这一经济高效区的存在感和影响力，同时也为各国之间搭建了友谊的桥梁。

2018年，在自由贸易区连接以色列和约旦长约325米的桥梁即将完工，同时另一个重要项目也已投入运营，这就是横贯耶斯列谷（Jezreel Valley）的铁路线，它将地中海沿岸的海法与约旦边界附近的谢赫·侯赛因（Sheikh Hussain）过境点连接了起来。目前的客运线路联通了以色列北部的拿撒勒工业区和约克尼姆（Yoqne'm）的高科技集群区，它是延伸到边境的一条支线，获得了2019年度以色列国家预算的资助。在最近的新闻发布会上，以色列交通部部长以色列·卡茨说："我的愿景是将沙特阿拉伯、海湾国家和约旦连接到海法港口和地中海，这将使以色列成为海运中心，增强以色列的经济实力，这是一个很现实的愿景，我正在与美国政府和其他有关国际机构进行合作来推动这一愿景的实现。"②

---

① "Israel and Jordan have Almost Secretly Started Building a Free Trade Zone and a Bridge That Will Lead to it," *Globes*, January 14, 2018, https://www.globes.co.il/news/article.aspx?did=1001171416.

② Minister of Transportation and intelligence, Yisrael Katz, Speaking at the Calcalist Futures Conference, December 26, 2012.

铁路从某种程度上讲具有与交通意义同等重要的政治意义。前面提到在铁路末端附近可将大量货物从约旦运往以色列，这些货物通过卡车运送到以色列港口，并从那里出口到欧洲。除了目前提供客运服务之外，铁路还将提供货运服务。事实上，以色列政府期待着未来铁路跨越两国边界直通约旦，连接哈希姆王国的铁路网络。这样的话，铁路的联通有望复兴历史上著名的希贾兹铁路，在奥斯曼帝国时期，横穿约旦全境将叙利亚的大马士革与沙特阿拉伯的麦地那连在一起，并通过支线连接海法。

已有报道称，以色列和约旦官员正在讨论可否将约旦附近铁路线连接到两国边界。据不愿透露姓名的以色列官员称，约旦方面对经济合作项目表现出极大的兴趣，特别是对以色列建造的物流终端计划和2021年将在海法开放的新港口情有独钟。

三 金融能力与寻求投资

根据以色列资本市场、保险和储蓄管理局最近发布的一份报告，以色列金融机构（包括保险公司、养老基金和储蓄基金）管理了超过1.5万亿新谢克尔的资金（约合4300亿美元）。①

以色列公众节省下来的大笔资金是他们的定心丸，用以确保他们退休后生活得到保障。这些资金储存在基金会，由金融机构管理，常被转投于资本市场或政府不可转让债券等。

在过去的几年里，这些储蓄渠道中的资金大幅度增加，每年以色列公民储蓄超过500亿新谢克尔（约143亿美元），这一大笔资金放入机构的基金中。近年来储蓄额的增加源于以色列经济总体增长和两项立法。第一项立法规定，每个以色列工人，无论是工薪阶层还是自谋职业者，都必须将工资的一定比例存入养老金计划中。去年国家颁布了一项新政策，为儿童设定全国储蓄计划，只有年满18岁后才能使用这项储蓄资金。政府每月为每名儿童提供50新谢克尔的专用账户，父母还可以选择在此项计划的基础上增加额外的50新谢克尔。

---

① "2016 Annual Report by the Commissioner Israeli Capital Markets," Insurance and Savings Authority, http：//mof. gov. il/hon/documents/report2016_ chapter2. pdf.

这项基金由金融机构管理，保障以色列儿童的利益，这些儿童现在已拥有一笔启动资金为他们将来的成人生活做准备。

然而，资本市场、保险和储蓄管理局在报告中指出，这项管理基金的7.1%要作为现金和现金等价物或银行存款搁置起来，这笔资金价值为1070亿新谢克尔（约307亿美元），准备用于高于当前接近零利率的投资选择。金融分析师认为这是投资不佳、比例虚高的表现。他们还指出，这些海量的基金如何使用是对国内投资经理人的很大挑战，他们必须谨慎投资以确保储户和客户的收益。①

国际公司一直重视以色列资本的可使用性。在过去几年中，30家美国房地产公司通过特拉维夫证券交易所筹集了超过220亿美元的资金。最近，据以色列媒体报道，中国企业海航集团（Hainan Airlines，HNA）预计将在以色列筹集超过1亿美元的资金，它将成为首家在以色列上市的中国公司。

以色列金融机构一直是以色列政府批评的对象，以色列政府指出金融机构对国内市场的投资不够深思熟虑，尤其是对以色列高科技行业更缺乏远见，以色列高科技行业仅拥有1.5万亿新谢克尔，占投资总量的0.5%。随着以色列政府考虑对国内技术行业的投资建立激励模式，它也会考虑如何更好地把可用资金用于其他经济和政治目的。最近作者在与财政部官员的交谈中了解到，政府正在公开寻求以色列公民私人资本投资固定资产的项目，这将产生经济和地缘政治利益。以色列特别寻求一些有利于加强与发展中国家关系的项目，以此来获取政治支持。一些关于以色列加入亚洲基础设施投资银行和其他多边机构机会的想法，以及通过政府和私人资源参与和帮助去投资一些特定的项目都会对以色列经济和地缘政治利益带来不菲的价值。这一思路与中国的"一带一路"倡议有很大的契合度，也有利于中国在该地区的和平发展中发挥更大的作用。

结　语

根据经济学人智库（Economist Intelligence Unit）的评估，尽管以色列位

---

① "Where are, the Financial Institutions Putting the Public's Money?" *Globes*, February 17, 2017, http://www.globes.co.il/news/article.aspx?did=1001177152.

于动荡地区，但它仍是一座稳定的"岛屿"，在"一带一路"沿线国家中，以色列低投资风险度排名第二。① 中国和以色列在过去几年中加强合作，其原因是以色列是一个创新驱动型经济的国家，它可以为中国提供技术支持，帮助中国实现多种产业的升级换代。但是，除却技术因素之外，考虑到中国的战略愿景和计划，我们认为以色列自身的经济目标与中华人民共和国的目标相一致。以色列有潜力成为连接中国从远东经中东并通过地中海到达欧洲贸易路线的陆路桥梁。作为能源枢纽，以色列将成为这个地区重大基础设施项目的催化剂。中国寻求对"一带一路"沿线市场的国际项目的融资，以色列作为这一地区的经济强国，它不断增强的金融能力将与中国的联系越来越密切。

虽然大多数分析人士认为，尖端技术和创新将决定中国与以色列的关系，但作者坚信，以色列的立场是独特的，它将支持并受益于中国的"一带一路"倡议。人们不能只看到技术方面的合作，更应当看到以色列未来经济的驱动力，这样才能理解以色列为何发自内心地称赞习近平主席提出的这一倡议。

（本文译者臧德清，河南大学以色列研究中心研究人员；本文译校孔妍，郑州大学历史学院讲师）

---

① "One Belt One Road, An Economic Road Map," The Economist Intelligence Unit, March 2016.

B.21
"一带一路"倡议视野下的中以劳务合作

张礼刚 屈林晓*

摘 要: 中以两国劳务市场互补性较强,两国建交以来以色列一度是中国在中东地区最大的劳务市场,但是两国劳务合作长期受到诸多因素的制约,发展历程曲折。"一带一路"倡议提出后,以色列积极响应。亚投行的设立、中以劳务合作协议的签署为中以劳务合作带来了前所未有的机遇。中以劳务合作形成了政府引导和市场驱动相结合、企业和劳工个体为参与主体的合作机制,规模不大但在建筑行业优势突出。当前中以劳务合作也面临着诸如竞争激烈、中东局势动荡、非法劳工存在等问题。总体来看,中以劳务合作机遇与挑战并存,中以双方应加强政策沟通,贯彻落实双方劳务合作协议,本着互利共赢的原则实现以发展促和平的理念。

关键词: "一带一路"倡议 中国 以色列 劳务合作

国际劳务合作也称劳务或劳动力输出,是指一国的各类技术和普通劳务,为另一国的政府机构、企业或个人提供各种生产性或服务性劳动服务,并获取应得报酬的活动。[1] 劳务合作的主要形式包括承包工程、国际投资、技术服务、咨询服务等。中以建交以来劳务合作一直是中以经贸合作的重要部分,主要通过中国对以劳务输出和承包工程的形式开展,形成了一定的合作基础。

---

* 张礼刚,河南大学以色列研究中心教授;屈林晓,河南大学以色列研究中心硕士生。
[1] 卢进勇、杜奇华、李锋主编《国际经济合作教程》,首都经济贸易大学出版社,2016,第305页。

"一带一路"倡议的提出，使得中以劳务合作迎来新一轮发展机遇，但也存在着诸多挑战。本文旨在梳理中以劳务合作的历史与现状，总结新阶段中以劳务合作呈现的特点，分析其面临的问题，以期对未来中以劳务合作提出几点建议，有效规避风险，实现良好的发展前景。

一 中以建交以来两国劳务合作的兴起

以色列是第二次世界大战后新兴的移民国家，经过几十年的发展，以色列已经凭借高新技术一跃成为中东地区的发达国家之一，但是以色列国内的基础设施建设却很不完善。以色列的公路建设起步较早，目前覆盖范围较广，是以色列的主要交通方式。以色列的铁路属于国有，共有8条干线，但都很短，并且没有跨国铁路。以色列的机场和港口也都老旧且不足，亟待扩建更新。建国后经过多次"移民潮"，以色列的人口从50多万增长到了868万，但以色列的劳动力仍然不能满足国内的发展需求。一方面是因为人口基数小；另一方面，以色列的国民素质普遍较高，根据2017年《对外投资合作国别（地区）指南：以色列卷》公布的数据，以色列每万人中就有135名工程师和技师，在发达国家中名列榜首；20%的居民拥有大学学位，12%的居民拥有硕士以上的学位，仅次于美国和荷兰。[①] 因此，以色列本国的劳动力多集中在高新技术产业、知识型产业等非劳动密集型行业。与此同时，新移民的不断到来又导致以色列国内住房、公共交通等基础设施需求的激增。这就使得以色列在农业、建筑业以及服务业等领域的劳动力大量短缺，引进外籍劳工成为解决这一问题行之有效的办法。

从地缘环境来看，以色列北靠黎巴嫩，东邻叙利亚和约旦，南接埃及。阿以之间爆发了多次中东战争，以色列与周边阿拉伯国家的商贸关系很难展开，劳务合作也不可能有规模性的发展。而且巴以冲突也在这一地区犹太人和阿拉伯人更深广的社会——经济隔阂中体现出来。[②] "六日战争"后，西岸地区和加沙地带的巴勒斯坦居民逐渐进入以色列的劳务市场，20世纪90年代早期巴勒斯坦劳

---

① 商务部国际贸易经济合作研究院、商务部投资促进事务局、中国驻以色列大使馆经济商务参赞处：《对外投资合作国别（地区）指南：以色列卷（2017年版）》，第19页。
② Karin Amit, Netta Achdut & Leah Achdut, "Public Attitudes toward Policies Related to Labor Migrants in Israel," *The Social Science Journal*, Vol. 52 (2015), p. 517.

工人数迅速增长到 11 万人，占以色列劳动力的 7%。① 但是 1987 年第一次"因提法达"②爆发后，以色列政府转变外籍劳工政策，限制雇用巴勒斯坦劳工，开始从东欧、非洲、拉丁美洲以及亚洲等发展中国家引进外籍劳工。1992 年中以建交为双方劳务合作提供了一个契机，中以劳务合作逐步发展起来。

20 世纪 90 年代以色列迎来了苏联移民的浪潮，国内住房需求激增，加上第三次"因提法达"爆发，以国决定引进非巴勒斯坦劳工。根据以色列中央统计局和中华人民共和国中央统计局公布的数字，20 世纪末 21 世纪初中以劳务合作完成营业额持续上涨，2002 年达到最高值，有 15230 万美元，以色列成为中国在中东地区最大的劳务市场。劳务输出是这一时期中以劳务合作的主要方式，2001 年中国对以劳务输出数量达到最高值，有 1.5 万人，通过派出劳务获得的收入达 14144 万美元。

然而，受以色列本国经济政治的影响，2002 年以色列总理沙龙宣布"关闭天空"的重要政策，驱逐 5 万名非法外籍劳务人员以整肃劳务市场，大幅度削减外籍劳务人员配额以空出岗位给本国的失业者。③ 虽然 2008 年之前中国通过在以色列承包工程获得的营业额仍有所增长，但是通过承包工程和外派劳务到以色列的人员数量基本上呈逐年递减的趋势。中以两国的劳务合作走向低谷，中国对以劳务输出受到直接影响，通过外派劳务完成的营业额也急剧减少，2010 年只有 1258 万美元。在此期间，出于中以劳务市场展现出的强烈互补性，中国多次主动向以色列提出加强双边劳务合作，但是以方反应冷淡，中以劳务合作协商始终未能获得进展。

2011 年以后，尤其是"一带一路"倡议提出以来，中以劳务合作进入了"回暖期"。2011 年以方建筑行业出现"用工荒"，以色列建筑商呼吁引入中国劳工，以方政府开始对中以劳务合作表现出积极的兴趣。2013 年中国提出"一带一路"倡议，并于 2014 年牵头成立亚洲基础设施投资银行和丝路基金，目的是帮助沿线国家加快基础设施建设，带动区域经济发展。以色列观望一段时间后积极响应，最终于 2015 年 3 月正式申请加入"亚投行"。此后中以高层进行多次互

---

① Karin Amit, Netta Achdut & Leah Achdut, "Public Attitudes toward Policies Related to Labor Migrants in Israel," *The Social Science Journal*, Vol. 52（2015），p. 517.
② 阿拉伯语"起义"一词的音译，在巴以冲突中意指巴勒斯坦人反抗以色列的大规模暴动。
③ 李明欢：《谋生于合法与非法之间：在以色列的福建人》，《世界民族》2008 年第 4 期，第 52 页。

访，签署了多项协议，中国对以承包工程数量明显增加，2016年劳承包工程完成营业额达到2.32亿美元（见表1）。2011年之后到以务工的中国劳工数量也逐年递增，2015年已达2600人（见图1）。中以劳务合作展现出了良好的前景。

表1 1998~2016年中以劳务合作基本数据

年份	承包工程完成营业额（单位:万美元）	劳务合作完成营业额（单位:万美元）	年份	承包工程完成营业额（单位:万美元）	劳务合作完成营业额（单位:万美元）
1998	632	8328	2008	11863	2852
1999	1048	6492	2009	7055	1803
2000	672	8153	2010	149	1258
2001	1243	12064	2011	244	—
2002	1086	14144	2012	3254	—
2003	786	10910	2013	4393	—
2004	1543	8517	2014	9535	—
2005	5457	4947	2015	15238	—
2006	6205	4521	2016	23162	—
2007	3393	3838			

注：本表中的承包工程是指中国的企业或者其他单位承包境外建设工程项目的活动；对外劳务合作是指组织劳务人员赴其他国家或地区为国外的企业或机构工作的经营性活动。由于统计方式的变化，2010年以后的承包工程完成营业额和劳务合作完成营业额不再分别统计。"—"表示数据缺失。

资料来源：根据中华人民共和国统计局出版物《中国统计年鉴》相关数据制作而成，http：//www.stats.gov.cn/tjsj/ndsj/。

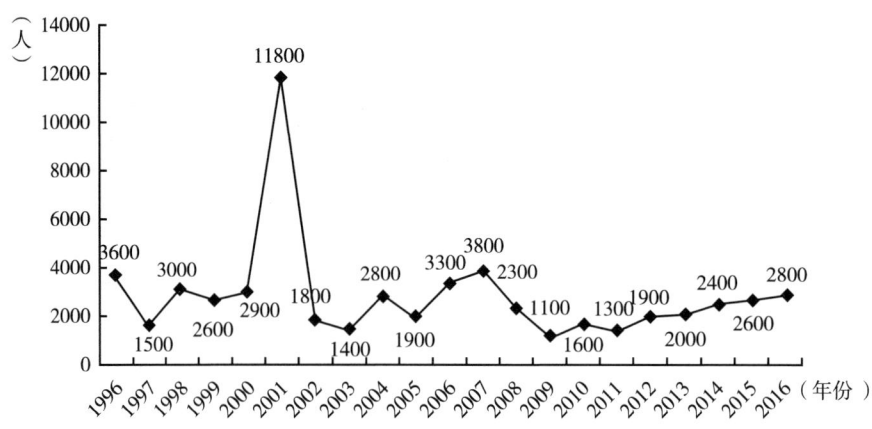

图1 1995~2016年到达以色列的中国劳工数量

说明：本表中的数据是指持有以色列合法签证的中国劳工。

资料来源：本图根据以色列中央统计局的相关数据制作而成，http：//www.cbs.gov.il/。

二 中以劳务合作的主要特点

由于以色列的人口基数小,劳动力紧缺,基建技术、设备较为落后,在中以劳务市场的关系中,中国劳务市场属于供应方,中以劳务合作主要有中国对以劳务输出和承包以方工程两种方式。

但是中以劳务合作受制于以方的外籍劳务政策,规模不大。以方的外籍劳务市场主要分布在农业、建筑业和家政服务业等劳动密集型行业。长期以来,以色列引进外籍劳工实行的都是配额申请制,每年由企业或法人向劳工事务局提供外籍劳工需求的相关证明,获得名额后与外国企业或劳务人员签订合同,最后由内政部发放签证。外籍劳工到达以色列后,内政部在办理工作签证时在签证页面注明雇主公司名称或雇主姓名及签证有效期,劳工不能随意更换雇主。以色列规定外籍劳工在以劳务的合法期限一般是两年,可以多次往返。劳务输出一直是中以劳务合作的主要方式,总体来看,中国对以劳务输出的规模并不是很大,一般不超过4000名。

中国对以输出的劳工受教育水平不高,分布地域不广。最早向以色列输出劳工的是福建省,随后辽宁、江苏、浙江、安徽、山东等地也有劳工到以劳务,东北曾向以色列派出一小部分护理行业人员。目前,山东省和江苏省成为中以劳务合作的重要省份。中国劳工的优势在于雇用成本较低、工作效率高、技术精湛,但是在以中国劳工多以中小学教育水平为主,综合素质相对较低。据调查,在亚洲主要的对以劳务输出国中,中国劳工的平均学龄最低,只有9.2年;而泰国、斯里兰卡、尼泊尔和菲律宾劳工的受教育水平均高于中国劳工,分别为9.9年、10.2年、10.9年、13年。[1] 以色列家政服务业对外籍劳工的语言和受教育水平要求都较高,这一领域的外籍劳工主要来自菲律宾。泰国劳工在以色列农业劳务市场占有绝对优势,罗马尼亚和中国劳工主要集中在建筑行业。

---

[1] Rebeca Raijman & Nonna Kushnirovich,"Labor Migrant Recruitment Practices in Israel," Final Report for the Emek Hefer Ruppin Academic Center and the Center for International Migration and Integration,March 2012,p. 36,Figure 2. 1.

中以劳务合作经过20多年的发展，虽然受到多种因素的制约，但已经形成了较好的合作基础。"一带一路"倡议提出后，中以劳务合作增添了新的活力，劳务合作双方往来频繁（见表2），合作机制更加完善，形成了如下特点。

表2 "一带一路"倡议提出后中以劳务合作双边重要往来

2015年12月	商务部合作司副司长石资明率团访问以色列，初步就协议和实施细则的框架和内容达成初步意向
2016年12月	以色列财政部、住房建设部、内政部移民局、外交部、以色列建筑工人协会组成的代表团来中国进行劳务合作协议签署前的洽谈
2016年12月底	中国对外承包工程商会会长房秋晨陪同以色列政府劳务考察团一行赴山东省、江苏省对中方试点业务合作单位进行实地考察
2017年1月3日	以色列再次派代表团来华，分别与商务部和承包商会就劳务合作协议文本进行了建设性磋商
2017年3月19日	以色列总理内塔尼亚胡率政府代表团对中国进行为期四天的正式访问
2017年3月20日	以色列总理内塔尼亚胡与中国国务院总理李克强举行会谈，见证多项合作协议的签署。其中包括《中以招募中国工人在以特定行业短期工作协议》。
2017年3月21日	中国对外承包工程商会会长房秋晨与以色列驻华大使何泽伟（Zvi Heifetz）分别代表中以双方协议执行机构共同签署了《关于招募中国工人在以色列国特定行业短期工作的实施细则（建筑行业）》

资料来源：根据中华人民共和国外交部公布的"中国同以色列的关系"制成，http://www.fmprc.gov.cn/web/gjhdq_676201/gj_676203/yz_676205/1206_677196/sbgx_677200/。

（1）政府引导和市场驱动相结合。2013年"一带一路"倡议提出后，中以政府进行多次友好互访，中以劳务合作协商工作取得重大进展。中方在劳动力、资金、市场和基建技术的优势是中以劳务合作进一步开展的基础，这一点得到了中以双方的广泛认同，中以双方都表示愿意以此为基础推动中国"一带一路"建设。2014年3月20日，驻以色列大使高燕平会见以色列交通部部长卡茨，就进一步加强两国在交通领域的合作进行会谈。卡茨表示热切地希望中国企业更多地参与以色列的港口、铁路等基础设施建设，服务于两国经济社会发展。① 2017年3月20日,以色列总理内塔尼亚胡与中国国务院总理李克强举行会谈,双方签署了包括《中以招募中国工人在以特定行业短期工作协议》在内的多项协议。21日,中以双方签署了《关于招募中国工人在以色列国特定行业短期工作的实施细则(建筑行业)》。随后以色列经济与产业部部长艾里·科恩(Eli Cohen)表示在三个月内引入6000名中国劳工作为中以劳务合作的试点项目,推进中以劳务合作。若项目进展良好,以色列将继续引入共两万名中国劳工赴以短期工作。② 2017年11月13日北京建工集团与以色列卡拉索房地产开发公司在以色列特拉维夫正式签署了一份住宅建设项目施工总承包合同。③ 这是中国企业和以色列房地产开发商首次签署此类合同,表明北京建工集团将作为施工总承包方进入以色列建筑市场承揽住宅类项目,该项目的实施对以后的长期合作有着奠基性的意义。这说明当前中以双方都认识到了劳务合作的重要性及其互利性,政府和市场成为中以劳务合作的双重驱动,中以劳务合作正式进入试点阶段。

(2)企业和劳工个体为参与主体。一直以来,到以劳务的中国劳工受制于以方外籍劳务政策,很难申请到劳务配额,大多数都是通过第三方中国公司,支付高额中介费获得到以劳务的资格。随着中以劳务合作协议的签署,以方政府直接向中国发放外籍劳务名额,劳工直接申请并参加考试,通过以方的随机抽选即可。2017年6月山东省商务厅发布赴以色列建筑劳务的工作要求,逾两万名中国建筑工人在中国对外承包工程协会官方网站报名,约7200人通过了随机抽选。8月在山东和江苏两地举行赴以中国建筑工人技能考试,竞争赴以的6000个名额。截至12月底,以方提供经抽选确定的赴以人员名单有5422人,剩余578名需抽选确定的人员名单因以方内部工作程序问题尚未落实。④ 通过自主报名,参加考试选拔到以劳务的中国劳工,说明劳工个体逐渐

---

① 《驻以色列大使高燕平会见以交通部长卡茨》,环球网,2014年3月25日,http://china.huanqiu.com/News/fmprc/2014-03/4929538.html。
② 周奕凤:《以色列或于未来三个月内试点引入6000名中国劳工》,《以色列时报》2017年3月26日,http://cn.timesofisrael.com/以色列或于未来三个月内试点引入6000名中国劳工/。
③ 《中企首次与以色列房地产商签署施工总承包合同》,新华网,2017年11月14日,http://news.xinhuanet.com/2017-11/14/c_1121953740.htm。
④ 《承包商会关于中国建筑工人赴以进展情况的通报》,中国对外承包工程商会,2017年12月27日,http://www.chinca.org/IsraelCSP/info/17122715104211。

成为中以劳务合作的参与主体。

中方企业承揽以方工程也是中以劳务合作的主要方式。根据以色列《招标管理条例》的规定,以色列国家的投资项目均采用招标投标方式,除非项目单位向主管部门申请以其他方式确定招标单位。筹建项目的信息会通过政府网站或媒体发布,企业看到信息后竞标。根据以色列的法律,承包工程的主管部门是隶属于经济部的工业合作局,获准承包工程的企业需要到该部门申请承包工程许可证,并接受该机构对承包工程的审查和项目监督。① 由于以方上述政策的限制,很多在以注册的中国公司不是建筑公司,没有申请外籍劳务配额的资格,不能作为承包商承担法律责任,只能提供劳务和劳务服务管理服务。2013 年之前,仅有中国土木工程集团和中铁十二局合作承建的卡迈尔隧道项目顺利竣工。2014 年后,中国企业承建以色列大型工程项目有了飞跃性的发展,中标 5 个大型工程项目,营业额十分可观。2016 年 10 月以色列财政部与住房与建设部宣布六家外国公司获得承担以色列住宅建设的资格,其中有五家中国公司中标,分别是:北京建工集团有限责任公司、江苏省第一建筑安装股份有限公司、光大国际建设工程总公司、江苏南通二建集团有限公司与中国华西企业有限公司。中标企业将有资格在以色列建造住宅,作为施工方,这些企业全权负责项目的设计与施工。而且根据协议,每家公司可雇用多达 1000 名从事房屋构架和建造的非以色列工人,这意味着中国将再向以色列输出 5000 名中国建筑工人。以色列之所以对外籍企业开放建筑劳务市场是因为这些企业将会带来他们训练有素的工人,他们不仅工作效率高,还会带来相关的科技和经验,更重要的一点是以方希望这些外籍建筑商能够促使以色列的公司提升自己的建筑技术。② 企业在促进中以劳务合作发展过程中起着越来越重要的作用。

(3) 建筑业领域优势突出。中国的建筑工人在以色列的劳务市场十分受欢迎,以 2017 年为例,以色列从中国招募的 6000 名工人主要是钢筋工、

---

① 商务部国际贸易经济合作研究院、中国驻以色列大使馆经济商务参赞处、商务部对外投资和经济合作司:《对外投资合作国别(地区)指南:以色列卷(2017 年版)》,第 55 页。
② Nimrod Bousso, "Israel Gives Green Light to Six Foreign Construction Companies," *Haaretz*, October 26, 2016, https://www.haaretz.com/israel-news/business/israel-gives-green-light-to-six-foreign-construction-companies-1.5453660.

木工、瓷砖工和抹灰工4个工种。而且在基建技术、设备方面，中国占有绝对优势。以色列交通部部长卡茨表示以色列目前处在基建快速发展阶段，正在建设新的机场、码头、铁路和公路，每年投资额40多亿美元。① 中国在建筑、铁路等行业有着成熟的经验技术和相关设施，中国建筑、中工国际、中国铁建、中材国际、中国港湾、中国水电等中资企业在该领域可发挥巨大潜能。2014年6月中国港湾工程公司中标以色列南部阿什杜德的新港建设项目。新港口项目合同金额近10亿美元，是中国企业在以色列承包的大型工程项目之一。港口建成后，预计吞吐量为100万，将成为以色列南部最重要的港口。② 2015年3月，上海国际港务集团股份有限公司通过投标成功获得海法新港码头为期25年的特许经营权，中铁隧道集团公司中标特拉维夫红线轻轨TBM段西标段。2016年中国水电建设集团国际工程有限公司中标克卡夫·哈亚邓（Kokhav Hayarden）抽水蓄电站建设项目，价值总额27亿元；中国土木工程集团有限公司中标特拉维夫红线轻轨项目东标段。"一带一路"倡议提出以来，中国在以色列的水电、铁路、港口建设中都中标了大型项目，说明中国的基建技术和高铁、轻轨技术在以色列有绝对的优势，获得了广泛的认可。2006~2017年中国承包（中标）以色列大型工程项目情况见表3。

表3 中国承包（中标）以色列大型工程项目

年份	项目名称	承建方	项目总额
2006年	特拉维夫红线轻轨项目	中国土木工程集团有限公司	约17亿美元
2006年	卡迈尔隧道项目	中国土木工程集团和中铁十二局集团合作承建	0.97亿美元
2014年	阿什杜德南港口项目	中国港湾工程有限责任公司（泛地中海工程有限公司）	约9.5亿美元
2015年	海法湾新港25年运营权	上海国际港务（集团）公司	（中方投资）数十亿新谢尔

---

① 杨志望：《中以"一带一路"合作添硕果》，新华网，2015年5月29日，http://news.xinhuanet.com/world/2015-05/29/c_1115451333.htm。
② 王水平：《中国为以色列建南部最重要海港》，《光明日报》2014年10月5日，第8版。

续表

年份	项目名称	承建方	项目总额
2015年	特拉维夫红线轻轨TBM段西标段	中铁隧道集团公司	49.9亿元人民币
2016年	克卡夫·哈亚邓（Kokhav Hayarden）抽水蓄电站	中国水电建设集团国际工程有限公司	27亿元人民币
2016年	特拉维夫红线轻轨项目东标段	中国土木工程集团有限公司	4.9亿元人民币
2017年	红海—地中海铁路	政府间协议	约300亿元人民币

资料来源：本表根据中华人民共和国驻以色列大使馆经济商务参赞处（http：//il.mofcom.gov.cn/）和环球网（http：//www.huanqiu.com/）、中国新闻网（http：//www.chinanews.com/）等各大新闻网站发布的相关新闻制成。

三 中以劳务合作面临的挑战

"一带一路"倡议提出以来，中国在双方政府高层的友好往来和劳务合作协议的框架下，发挥了在基建技术方面的优势，中以劳务合作取得了一定的发展，但是中以劳务合作仍然有许多方面的限制因素，需要有清晰的认识，谨慎规避。

首先，以方劳务市场竞争激烈。中以劳务合作主要集中在建筑行业，但是近些年以色列每年向建筑行业发放的外籍劳工配额一直保持在8000名左右，从而使中国对以劳务输出规模受到一定程度的制约，不利于中以劳务合作规模的扩大。另外，中以劳务合作还面临着以方劳务市场多元化的挑战。近30年来亚洲一直是以色列外籍劳工的重要来源地，泰国、菲律宾、印度等国家一直在以色列的劳务市场占有相当的份额。根据以色列近几年公布的数据，在以色列的亚洲外籍劳工中，中国劳工所占市场份额较小。以2016年为例，以方劳务市场共引进外籍劳工5.12万人，其中亚洲劳工就有3.4万人（见表4）。而在以色列所有的亚洲外籍劳工中，中国劳工只占8%左右，远远低于泰国、菲律宾、印度（分别为25%、21%、17%），甚至近年才开始对以输出劳务的斯里兰卡所占的市场份额也赶上了中国（见图2）。就政府保障层面来说，中以劳务合作双边协议签署较晚。直到 2017 年 3 月中以双方才签署了《关于招募中国工人在以色列国特定行业短期工作的实施细则（建筑行业）》。而早在 2011 年，以色列政府就与泰国和保加利亚政府分别签署引进劳工的双边协议。[①] 2015 年斯里兰卡也与以色列签署了引进劳工的双边协议。现阶段中以劳务合作仍然面临诸多方面的挑战。

表4　2016 年以色列外籍劳工组成

单位：千人

美洲 - 大洋洲	1.5
欧洲	17
非洲	0.2
亚洲	34
总计	51.2

资料来源：以色列中央统计局，"Entrants with Work Permits: by Country of Citizenship, Age, Sex and Year of Entry, 2016", http://www.cbs.gov.il/reader/shnaton/templ_shnaton_e.html?num_tab=st04_11&CYear=2016。

其次，非法中国劳工的存在。非法劳工的形成途径主要有三种：第一种是非法偷渡；第二种是通过中介公司（自愿或被骗）以旅游、求学等名义进入以色列非法滞留；第三种是合法劳工变成非法劳工：如劳工签证过期或离开原来的雇主签证自动失效。鲁宾研究中心（Ruppin Academic Center）发布的一项报告显示，根据 2012 年的一项调查，在以中国劳工中没有签证的占 3.1%。[②] 这个比例相对于以色列整个劳务市场的非法劳工的比例来说并不高。但是非法劳工流动性强、隐蔽性高，未被发现的非法劳工占有更大的比例，这些数据并不准确。非法中国劳工形成了有着自己机制、规则和职业范围的劳工

---

① 《以色列停止从中国引进劳务人员后，建筑工人出现严重短缺》，中华人民共和国驻以色列大使馆经商处，2014 年 4 月 9 日，http://www.mofcom.gov.cn/aarticle/i/jyjl/k/201204/20120408058113.html。

② Rebeca Raijman & Nonna Kushnirovich, "Labor Migrant Recruitment Practices in Israel," Final Report for the Emek Hefer Ruppin Academic Center and the Center for International Migration and Integration, March 2012, p. 87, Figure 4.1.

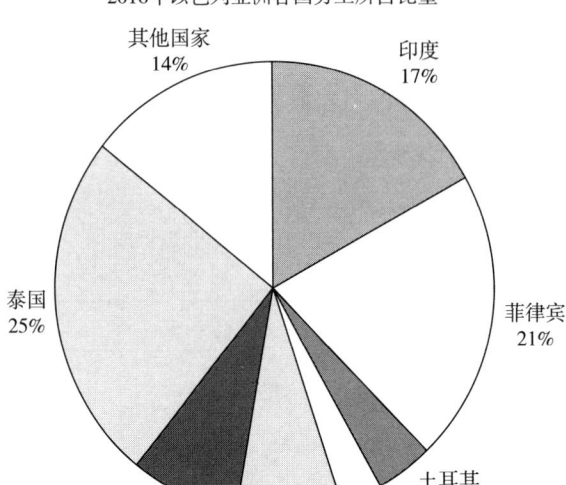

图 2　2016 年以色列引进外籍劳工的基本情况

说明：本图中数据只包含在以色列所有亚洲合法劳工，不包括非法劳工。
资料来源：以色列中央统计局，"Entrants with Work Permits, by Country of Citizenship, Age, Sex and Year of Entry, 2016," http://www.cbs.gov.il/reader/shnaton/templ_shnaton_e.html?num_tab=st04_11&CYear=2016。

市场。他们主要集中在小工厂、车间、小商店、餐馆、清洁工和其他家政服务行业。[①] 非法劳工没有任何人身保障和法律保障，遇到问题也不能通过合法途径来解决，他们可能成为威胁以色列社会稳定的因素。以方严厉打击非法劳工，一经发现就由移民局遣返回国。根据以色列中央统计局的统计，近年来以色列的非法劳工数量在不断减少，到 2016 年已经由 2011 年的 5.45 万人减少到 4.03 万人（见表 5）。非法劳工的存在会对扩大中国对以劳务输出规模产生不良影响。

---

① Russell Stone, ed., *Foreign Workers in Israel: Global Perspectives*, Albany: State University of New York Press, 2009, p. 133.

表 5　2011~2016 年以色列的非法劳工数量

单位：千人

年份	进入以色列的非法劳工数量	离开以色列的非法劳工数量	待在以色列的非法劳工数量
2011	17.3	1.4	54.5
2012	10.4	3.0	59
2013	0.1	2.8	53
2014	0.0	6.2	46.4
2015	0.2	3.3	43.2
2016	0.0	3.0	40.3

资料来源：以色列中央统计局，"Foreign Workers who Entered with Work Permits – 2016," http://www.cbs.gov.il/hodaot2017n/20_17_217t1.pdf。

再次，错综复杂的以、中、阿关系制约了中以劳务合作。中国对以色列在西岸地区扩建定居点的行动一直持反对立场，禁止中国的建筑劳工在西岸地区和东耶路撒冷工作。对此，中国官方给出的理由是为劳工个人的安全考虑。但是以色列外交部官方却认为真正的原因是政治的，事实是中国和其他国际团体将"定居点"视为非法领土和"被占领土"。① 因此长期以来，以色列政府虽然宣称渴望从中国引进劳工弥补建筑行业的需求，并以此作为政府增加供应量来降低房价的措施之一。但是以色列政府并不想签订一份明确支持抵制"定居点"的协议。② "一带一路"倡议提出后，中以双方经贸合作更加密切，中方多次就此问题与以色列政府进行协商，直到 2017 年 4 月以色列内阁才批准与中国签订相关协议。另外，中东地区国际关系纷繁复杂，大国利益交织，中以合作的大型工程项目有时会和周边的阿拉伯国家利益发生冲突。例如，2017 年 7 月以色列交通部部长卡茨通过政府间协议表示

---

① Barak Ravid & Yotam Berger, "Israel Accepts Chinese Demand Not to Employ Chinese Laborers in Settlements," *Haaretz*, April 23, 2017. https://www.haaretz.com/israel-news/israel-accepts-chinese-demand-not-to-employ-chinese-laborers-in-settlements – 1.5463998.

② Barak Ravid & Yotam Berger, "Israel Accepts Chinese Demand Not to Employ Chinese Laborers in Settlements," *Haaretz*, April 23, 2017. https://www.haaretz.com/israel-news/israel-accepts-chinese-demand-not-to-employ-chinese-laborers-in-settlements – 1.5463998.

"红海—地中海铁路"(Red-Med High-Speed Railway)① 由中国参与建设,但是该项目的落成可能会导致拥有苏伊士运河控制权的埃及直接减少运河的收入。因此中国在承建该项目的时候协调好与其他国家的关系,避免因利益冲突发生摩擦。

此外,中东局势不稳,中以劳务合作也有可能受到波及。目前中以劳务合作的许多大型项目都在进行阶段,必须要考虑整个中东大环境的影响,避免一些项目的流产。此外,还要注意保护中国劳工的人身安全。西岸地区和叙以边境地区局部冲突时有发生,恐怖袭击和宗教冲突也偶有发生,在以工作的中国劳工面临诸多安全、生活问题。

四 中以劳务合作的前景

中以劳务合作仍然有强劲的动力。就近些年以色列的劳务市场状况来看,以色列的劳动力需求总体仍然呈明显的上升趋势;而以色列国内的劳动力供应显然不能满足市场需求,自 2015 年至 2017 年第三季度,以色列国内劳动力供需比值(不按行业划分)基本上呈下降趋势(见图 3)。从各行业劳动力供需比值来看,以色列的管理行业、工程技术行业以及代理服务等行业的劳动力相对来说较为充足;而制造业和建筑行业的技术工人、服务和零售业以及专职人员的劳动力供应则相对显得不足。尤其是制造业和建筑行业的技工,基本上劳动供需比值为 1~2,即这些行业的每一个工作岗位在劳动力市场上只有 1~2 名可供选择的工人,其中还包括那些兼职工和正在寻找工作的劳动力,基本上处于供不应求的状态。② 由此看来,大量引进外籍劳工仍然是以色列解决本国劳务市场上劳动力不足的一个重要途径。

从中国的情况来看,改革开放以来越来越多的中国劳工从事跨国劳务。20

---

① 指连接红海沿岸之滨城市埃拉特和地中海之滨的阿什杜德港的货运铁路。该项目全长 350 千米,设计时速 250 千米,建成后来自亚洲方向的海运货物可直接通过铁路转运至地中海海域,最后运抵欧洲,对中以双方都有着重要的经济与战略意义,被称为"陆上苏伊士运河"。

② 以色列中央统计局,"Supply and Demand in the Labor Market in Israel in July-September 2017," http://www.cbs.gov.il/reader/newhodaot/hodaa_template_eng.html?hodaa = 201820002。

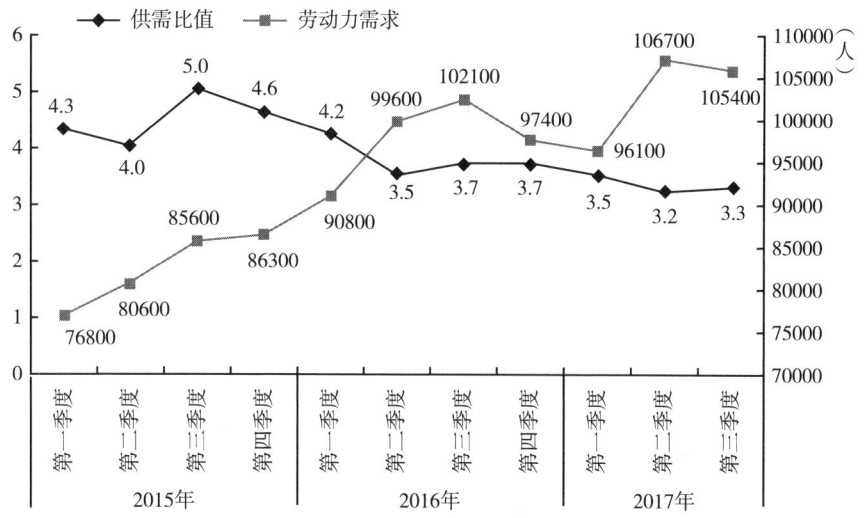

图3 2015~2017年以色列劳动力需求和供需比值

资料来源：以色列中央统计局，"Supply and Demand in the Labor Market in Israel in July-Semptember 2017," http：//www.cbs.gov.il/reader/newhodaot/hodaa_template_eng.html?hodaa=201820002。

世纪90年代中国的建筑业发展迅速，培养了大批优秀的建筑队伍和建筑工人，他们拥有先进的建筑技术和较高的工作效率。近年来，中国的高铁、轻轨技术飞速发展，遥遥领先世界，越来越多的中资企业，如中国土木工程集团有限公司、中铁隧道集团公司、中国港湾工程有限责任公司等，在基础设施建设方面拥有先进的技术、设备和高效的劳动力以及雄厚的资金，在国际劳务工程承包、投资等方面有着良好的基础，以色列急需这些行业的工人。

目前中以基建合作处于第一阶段，多项工程正在进行中，但是在第二阶段，以色列公司会获益更多。一旦铁路和港口落成，城市联通，以色列的公司就能在科技发展中更进一步。① 这将会成为以色列城市发展和绿色基建的推动力之一。对中国来说，中方在以色列基建方面的投资也一定会获得回报，但是

---

① Terrance Mintner, "China's Belt and Road Initiative：What's in it for Israel?" *The Jerusalem Post*, January 10, 2018, http：//www.jpost.com/Jpost-Tech/Business-and-Innovation/Chinas-Belt-and-Road-initiative-Whats-in-it-for-Israel-533408.

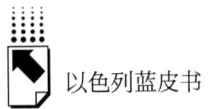

这些回报的形式将会是从以色列的高新科技和绿色产业中获得更多的商业机会。① 而且中国对以劳务输出增加了外汇收入，有利于中以双方技术、管理经验的交流合作。

虽然中国对以劳务输出前景广阔，但是在未来的发展中，还应从以下两个方面着手，以便使中国对以劳务输出健康有序发展。

第一，加强沟通，形成合作机制。"一带一路"倡议实施以来，中以双方在基础设施建设、劳务合作等领域签订了系列协议，中国公司中标多项大型工程项目（见表3），劳务合作完成营业额激增。但是目前中以双方仅仅签署了对以劳务输出的实施细则和基础设施建设的谅解备忘录，这意味着中以劳务合作并未形成稳定的合作机制和长远稳健的合作政策，很容易受中国或以色列政策变化的影响。因此中以政府应加强政府高层的对话，实现政策的放宽，体制的改进，谋求务实稳健的长远机制。

第二，完善法律制度，落实双方合作协议。中以劳务合作中的诸多问题部分是由于体制不完善、监管不力造成的，要为中以劳务合作提供制度保障。中国要完善关于外派劳务的政策法规，逐步建立起系统全面的对以劳务输出体系，另外还需要相关部门做到权责明确、执行有力。对于没有能力办理到以劳务的机构要进行整顿，对非法收取中介费、组织非法劳工的机构进行严厉的打击。以方也要放宽政策，逐步降低中国劳工申请到以色列劳务的中介费，减轻劳工的经济负担。中以劳务合作已经进入了试点阶段，在法律制度的框架下落实好双方的劳务合作协议对于推进以后的合作尤为重要。

---

① Terrance Mintner, "China's Belt and Road Initiative: What's in it for Israel?" *The Jerusalem Post*, January 10, 2018, http://www.jpost.com/Jpost-Tech/Business-and-Innovation/Chinas-Belt-and-Road-initiative-Whats-in-it-for-Israel-533408.

B.22
中资企业在以色列：投资环境及风险评估

邓 伟*

摘　要： 随着"一带一路"倡议的深入推进，中国与以色列在经贸、人文、创新等领域的合作盛况空前。中国对以投资、并购势头强劲，基础设施建设如火如荼。以色列积极引进中国资本，营造良好的投资环境，包括政治、经济、科技、人文、基础设施、营商环境等。但因双方产业结构、经营理念、市场规模、法律体系等方面存在较大差异，中资企业对以投资进展并不顺利，主要表现为内外风险递增，内部营运能力不足，外部抗风险能力太弱。2018年3月，中国政府发布的《企业境外投资管理办法》正式实施，将有助于减弱外部风险，抑制盲目投资。对于内部风险，则需要加强政府引导，建立防控机制，调整产业结构，提升企业的国际化水平。

关键词： "一带一路"倡议　中资企业　投资风险　防控机制

　　自2013年"一带一路"倡议提出以来，中资企业大量资本进入以色列，参与并购、风险投资和基础设施建设。投融资集中于传统和现代两种产业模式，聚焦现代农业、清洁能源、生物医药、数字技术、基础科学等领域。中以合作呈现百花齐放之势。由于中以两国政治、经济、文化等方面的差异，中资企业在以色列的投资面临多种风险。本文从介绍以色列的投资政策和投

---

* 邓伟，河南大学以色列研究中心博士生。

资环境入手,对中资企业在以色列的投资风险进行分析,以期为中资企业对以投资提供参考。

一 以色列的外资政策与投资环境

以色列因风险投资和创新能力而享誉世界。中国、美国、印度、日本等国纷纷向以色列高科技领域注资,意图抢占先机。在此背景之下,明晰以色列的外资政策和投资环境有助于企业降低风险,理性投资。

(一)外资政策

以色列商业的发展与政府出台的外资政策密切相关,它们相互促进,彼此推动。国外投资者必须熟悉其内容和程序,以降低外资政策所带来的风险。

首先,投资主管部门。以色列的投资主管部门是经济部,其下设的以色列投资促进中心负责协调各政府部门和有关机构的相关事宜,并以希伯来语、英语、俄语、法语和西班牙语五种语言为外国投资者提供帮助和服务。具体包括提供各种定制服务,为投资者的决策提供专业指导,帮助投资者在当地寻找合作伙伴,为潜在的投资者提供经济信息和资源等。① 以色列投资促进中心是根据《资本投资鼓励法(1959)》建立的,其职能在于鼓励资本投资于国家优先发展的领域,促进企业投身于创新产业并改善以色列边远地区的发展,刺激就业,增加特殊群体的就业率。② 鼓励和指导外资企业和个人在以色列注册公司,并就企业类型、主管部门、纳税申报、银行账户等提供相关咨询服务。③

其次,投资行业的规定。以色列的投资行业大致分为鼓励性行业、禁止性行业和受限行业三类。以色列鼓励投资初创企业、高科技产业、酒店行业和特

---

① "Invest in Israel-Investment Promotion Center," Israel Business Connection, http://www.israelbusiness.org.il/startingyourbusiness/assistingcenters/investmentpromotion.
② "Investments Center," Ministry of Economy and Industry, http://economy.gov.il/English/About/Units/Pages/IsraelInvestmentCenter.aspx.
③ "Legal Business Entities," Israel Business Connection, http://www.israelbusiness.org.il/startingyourbusiness/companyregistration/legal.

殊经济区。在酒店业,给予土地租用优惠。在特殊经济区域,政府负责提供水、电、通信等服务,对于满足特定条件的企业给予税收减免和财政补贴。[1] 禁止性行业包括二元期权行业,博彩业以及在网上销售有争议的产品。2017年10月25日,以色列议会投票禁止从事二元期权行业,2018年1月法律正式生效。[2]《以色列刑法典(1977)》第225条规定,任何组织或进行违禁游戏、奖券或博彩活动的人士,最高可被判3年监禁并处452200新谢克尔的罚款;第226条规定参与者最高可判处1年监禁并处29200新谢克尔的罚金。[3] 限制性行业包括国防工业、通信、电力以及铁路运输的某些领域。以色列的电力供应几乎都由以色列电力公司垄断,外资企业很难进入。国防企业包括国有企业和上市公司,工业部门包括生产用于增强空中、陆上和海上军事平台的电子系统、通信系统、航空航天系统等。[4] 这些尖端技术所涉及的领域极其敏感,投资者很难涉足。

再次,投资方式的规定。以色列政府鼓励投资,形式灵活多样。有合资、独资、入股、并购、风险投资、招投标等多种方式。合资企业依据《合伙条例》进行管理,在航运、海运、电信、广播、能源、旅游等领域,受到人员和资金方面的限制。[5] 独资企业可以在以色列设立分支机构或研发中心,但必须在1个月内注册为外国公司。并购无须专门的审查和批准,但某些行业会受到以色列反垄断局(IAA)的反垄断审查。投资者还可以成立投资基金,发现好的标的之后,及时入股,或者选择与以色列本地风险投资公司合作。[6] 招投标

---

[1] 商务部国际贸易经济合作研究院等编著《对外投资合作国别(地区)指南以色列(2017年版)》,第44页,http://fec.mofcom.gov.cn/article/gbdqzn/。

[2] Reuters, "Knesset Votes to Ban Binary Options Industry," *The Jerusalem Post*, October 25, 2017, http://www.jpost.com/Israel-News/Knesset-votes-to-ban-binary-options-industry-508336.

[3] Carl Rohsler, "The Gambling Law Review," Law Business Research, June, 2016, pp. 116 - 118, http://www.hfn.co.il/files/33644eb87c7b31fec816c438bc737c55/pdfFiles/The%20Gambling%20Law%20Review.pdf.

[4] "Israel's Defense Industries Sector," Leumi, http://english.leumi.co.il/static-files/Content%20Objects/Leumi%20English/Multi%20Media/116033_The_Israeli_defense_industry-0107.pdf.

[5] 商务部国际贸易经济合作研究院等编著《对外投资合作国别(地区)指南以色列(2017年版)》,第40~41页,http://fec.mofcom.gov.cn/article/gbdqzn/。

[6]《投资以色列的五种方式》,以色列商务旅游网,2016年3月11日,http://cn.bizisrael.com/biz/invest-israel/。

项目依据《招标管理条例》，由运输部、环保部、电信部、住建部、基础设施部等在媒体上发布信息，公司竞标成功之后，由以色列经济部下属的工业合作署负责发放工程许可证，并审查、监督工程项目。①

最后，对外国投资的优惠政策。以色列政府为了吸引投资者，出台了一系列优惠政策。具体包括税收减免、额外补贴、拨款、鼓励计划等。《资本投资鼓励法（1959）》对获准企业予以拨款和税收减免。开发区内的获准企业可获得10%~32%的固定资产费用支持，并可在7~15年内享受低至10%~25%的公司税优惠。②《工业研发鼓励法（1984）》对满足条件的企业给予一定的资助。《工业（税收）鼓励法（1969）》对涉及国民经济指定领域内的投资给予经费支持。对于从事固定资产或设施的投资者最多可享受投资总额20%的补贴，若对内格夫和特别优先发展区域进行投资，还可再获10%的补贴。年收入20亿美元以上的跨国公司若选择与以色列公司合作可得到创新局（首席科学家办公室）的资助，并享受无须缴纳土地使用费等优惠。③对于同以色列签订共同研发协议的国家，可以得到创新局的研发经费支持，在中以工业研发合作项目中，以色列创新局对研发活动提供20%~85%的经费资助。④鼓励计划包括：高科技孵化器、就业资助计划、雇用新移民资助计划、培训支持计划、工业企业鼓励计划、酒店翻新项目、动画和电视节目开发项目、小企业支持计划等。

（二）投资环境

以色列的投资环境较好，政府着力发展高科技初创产业和风险投资领域，鼓励外商投资和建立研发中心，并通过一系列举措优化外资环境。

首先，政治与文化环境。以色列的政治体制是议会制共和制，奉行立法、

---

① 商务部国际贸易经济合作研究院等编著《对外投资合作国别（地区）指南以色列（2017年版）》，第55页，http：//fec.mofcom.gov.cn/article/gbdqzn/。
② 国家税务总局国际税务司国别投资税收指南课题组编《中国居民赴以色列投资税收指南（2017年版）》，第28页，https：//www.yidaiyilu.gov.cn/zchj/zcfg/54349.htm。
③ 〔以〕贝美蕾：《以色列投资指南》，《中国投资》2017年9月30日，http：//www.chinainvestment.com.cn/type_gwqk/7732.html。
④ 商务部国际贸易经济合作研究院等编著《对外投资合作国别（地区）指南以色列（2017年版）》，第43页，http：//fec.mofcom.gov.cn/article/gbdqzn/。

司法和行政机构三权分立原则。根据世界经济论坛发布的《2017～2018年全球竞争力报告》，以色列的各项指数如下：政府公信力（50/137）、司法独立（14/137）、决策透明度（29/137）、法律解决纠纷能力（28/137）、知识产权保护（10/137）、腐败问题（23/137）。① 以色列的法律体系受到英美普通法系的影响，其与贸易相关的法律有《海关法》《自由进口法令》《贸易征税法》《投资法》《产权法》《劳动法》《金融法》《环境保护法》《动物福利法》等。税收体系中规定了主要的税赋和税率，增值税为交易价格的18%，资本所得税公司按25%～31%缴纳。以色列的官方语言为希伯来语和阿拉伯语，通用语言是英语。医保实行全民强制性医保。教育实行11年制义务教育，政府对教育的投入长期保持在国民预算的9%以上，占GDP的比重居世界第一。商业文化集中体现在：热情好客，直截了当，出人意料，充满自信，认真执着。以色列人注重人际关系，时常在早春的逾越节和初秋的犹太新年以及达成大型交易之后馈赠礼物，员工之间、上下级之间畅所欲言。着装方面，一般人较为随意，正统犹太教徒穿着保守，不与异性握手。②

其次，经济与经营环境。2017年，以色列经济总体形势较好，增长势头超过预期，经济增长率达到3%。以色列经济的优异表现与政府积极构建良好的营商环境密不可分。据2018年世界营商报告显示，以色列的营商环境排名54/190。开办公司成本较低，占人均收入的3.2%，共需4个流程，耗时12天（37/190）。办理施工许可（65/190）共需15个流程，209天，建筑物质量指数为13（最高质量为15）。电力供应（77/190）成本占人均收入的14.1%，共需6个流程，102天。资产登记（130/190）共需6个流程，81天。征信机构覆盖71.4%的人口。保护中小投资者排名第16位。纳税排名第99位，税率为利润的27%。跨境贸易（60/190）。破产处理（29/190）需要2年，费用为财产的23%。③ 以色列较好的营商环境吸引了来自全球各地的投资者；然而，

---

① Klaus Schwab, "The Global Competitiveness Report 2017–2018," *World Economic Forum*, p. 155, http：//reports. weforum. org/global-competitiveness-index/downloads/.
② "Doing Business in Israel," ExpatArrivals, http：//www. expatarrivals. com/israel/doing-business-in-israel.
③ "Doing Business 2018 Reforming to Create Jobs," *The World Bank*, p. 168, http：//www. doingbusiness. org/.

电费太贵，税种较多，税率太高，跨境贸易时间较长，从事施工所需人力、物力、财力和时间成本过高等因素又制约了企业的投资和经营。

再次，科技与基建环境。高科技产业是以色列经济发展的主要动力和来源，其主要亮点是行业发展迅速，政府资助形式多样，产业科技含量高，科技推广全覆盖。为了促进产业发展，创新局通过一系列计划和项目支持初创企业研发替代能源、高温太阳能生产系统、热能储存和超导性材料、开发废物回收利用新技术、实施大规模的海水淡化工程等。① 在农业领域，开发新型农产品和技术以提升国际竞争力。在电信产业，更新落后的设备，提供多样化的服务。在教育方面，增加新课程的高科技含量，确保全社会享受公平的科教资源等。在环境保护领域，鼓励研发治理污染和节能的新技术，加强气候变化以及水资源保护方面的国际合作。促进移民研究，加强与其他政府以及学术机构的合作。增加基础设施的科技含量，拓展全球工业研发合作，促进学术机构和高科技产业的融合，提升基础性研究的商业价值。以色列的科技水平助力基础设施发展。根据《2017～2018年全球竞争力报告》，以色列的基础设施（25/138）得分 5.4。公路（28/138）、铁路（40/138）、港口（43/138）、空运（30/138）、电力供应（23/138）、移动电话持有率（38%）、固定电话拥有率（14%）较往年均有所提高。②

二 "一带一路" 倡议下的中国对以色列投资现状

自 2013 年以来，中国对以投资盛况空前。2016 年，对以投资总量突破 165 亿美元③，直接投资存量达到 42.3 亿美元，以直接对华投资增至 3.8 亿

---

① "Government: Science Policy of the Government of Israel," *Israel Science and Technology Directory*, https://www.science.co.il/gov/Science-policy.php.
② Klaus Schwab, "The Global Competitiveness Report 2017 – 2018," *World Economic Forum*, p. 155, http://reports.weforum.org/global-competitiveness-index/downloads/.
③ Ferry Biedermann, "China is increasingly becoming key for Israel's high-tech industry," *CNBC*, July 18, 2017, https://www.cnbc.com/2017/07/18/china-is-increasingly-becoming-key-for-israels-high-tech-industry.html.

美元。① 2014 年，中国对以高新技术产业投资总量为 3.02 亿美元，2015 年升至 4.67 亿美元，2016 年增至 6 亿美元。② 2017 年为 5.96 亿美元。③

（一）中国企业对以色列的投资状况

中国企业对以投资经历了一个从以电子、钻石、化工等传统产品贸易为主不断向高科技、新能源、生物技术、现代医药等方向发展转变的过程。④ 这个过程伴随着"一带一路"倡议的提出而不断推进。2013 年以来，中国企业广泛参与对以并购、风险投资（VC）和工程承建，在扩大市场份额，追求投资回报的同时有效地促进了以色列的经济增长、改善了基础设施环境，提升了两国人文交流和经贸合作水平。

如表 1 所示，中资企业赴以大规模并购始于 2010 年前后，大致分三个时期。2010～2014 年是上升期，特点是投资金额小，参与项目少，并购集中在 IT 产业、农业化工、医疗器械制造等领域。2015～2016 年是活跃期，特点是交易量激增，并购领域迅速扩展，遍及食品、外科、生物农药、护肤品、手机游戏、保险和金融服务、卫星轨位资源、图像和视频识别、音乐和匿名通信、数据库安全等诸多领域。2017 年为急剧下降期，特点是投资项锐减，投资金额骤降，并购领域为眼科医疗器械、印刷电路板以及二维码技术。据《以色列时报》援引 IVC 中心数据显示，2015 年，中国在以并购交易占总交易额的 8%，2016 年，马云联合并购普雷提卡（Playtika）占全年交易额的 44%，2017 年中国在以仅有三项并购交易，交易额仅为总额的 3.5%，中国企业的参与度在美国、欧洲乃至日本之后。⑤ 值得注意的是，2017 年并购交易数量的急

---

① 《中国—以色列自贸区第三轮谈判在以举行》，国家质量监督检验检疫总局，2017 年 12 月 8 日，http://www.aqsiq.gov.cn/zjsj/tjxx/tjsj/201712/t20171208_508560.htm。
② 〔以〕贝美蕾：《以色列投资指南》，《中国投资》2017 年 9 月 30 日，http://www.chinainvestment.com.cn/type_hwtz/7752.html。
③ 〔以〕索珊娜·所罗门：《IVC 报告：中国在以色列经济占比仍"相对微小"》，《以色列时报》2018 年 2 月 26 日，http://cn.timesofisrael.com/ IVC 报告：中国在以色列经济占比仍相对微小/。
④ 肖宪：《"一带一路"视角下的中国与以色列关系》，《西亚非洲》2016 年第 2 期，第 95 页。
⑤ 〔以〕索珊娜·所罗门：《IVC 报告：中国在以色列经济占比仍"相对微小"》，《以色列时报》2018 年 2 月 26 日，http://cn.timesofisrael.com/ IVC 报告：中国在以色列经济占比仍相对微小/。

表1 2010~2017年中资企业在以色列的并购

日期	境内投资主体	省市	以色列企业（机构）	以色列企业经营范围	商业活动	金额（美元）	并购股比（%）
2010/2/3	深圳易方数码股份有限公司	广东	Pegasus	IT产业	并购	3000万	100%
2011/10/	中国化工集团	北京	Adama	农业化工	并购	24亿	60%
2013/5/31	复星医药（集团）股份有限公司	上海	Alma Lasers Ltd.	医疗美容器械制造	并购	2.2亿	95.20%
2013/12/	大族激光	广东	Nextec Technologies	激光测量	并购	624万	80.00%
2014/7/30	欧华美科	天津	Endymed	美容医疗器械	并购	3000万	100.00%
2014/12/10	三胞集团	江苏	Natali Seculife	医疗护理服务	并购	7000万	100%
2015/3/31	光明食品有限公司	上海	Tnuva	乳业食品	并购	21.6亿	77.70%
2015/10/12	XIO集团	中国香港	Lumenis	外科、眼科及医疗美容	并购	5.1亿	100.00%
2015/10/15	和邦生物	四川	S.T.K	生物农药	并购	9000万	51%
2016/4/	复星医药（集团）股份有限公司	上海	AHAVA	护肤品	并购	7700万	100%
2016/7/31	马云、史玉柱等多家公司联合		Playtika	手机游戏	并购	44亿	100%
2016/8/21	阳光控股有限公司	福建	Phoenix Holdings Ltd.	保险和金融服务	并购（意向）	4.9亿	52.30%
2016/8/24	信威集团	北京	Space-Communication Ltd.	卫星轨位资源	并购	2.85亿	100%
2016/9/10	碳云智能（iCarbonX）	广东	ImaguVisionTechnologies	图像和视频识别技术	并购	3200万	100.00%
2016/9/28	网易为首的中国财团		Blindspot	音乐应用及匿名通讯应用	并购	1.5亿	100.00%
2016/12/8	华为	广东	Toga Networks	IT产业	并购	4200	100.00%
2016/12/30	华为	广东	HexaTier	数据库安全	并购	3000万~5600万	100%
2017/4/19	康弘药业	成都	IOPtima	眼科医疗器械研发、生产、销售	并购（4阶段）	14亿	100%
2017/6/5	ADAMA与沙隆达财务重组	北京	Adama	杀虫剂、杀真菌剂、除草剂	并购	3500万	100%
2017/7/20	谱润	上海	Camtek	印刷电路板（PCB）	并购（PCB业务）	1000万	100%
2017/12/1	阿里巴巴集团	杭州	Visualead	二维码技术公司	并购		

数据来源：根据2017年对外投资国别指南，驻以商务参赞处，《以色列时报》，Innoation数据库和互联网资料整理而成。

剧下降与中国政府发布的《企业境外投资管理办法》有关。

民营企业是并购的主体,约占交易的九成以上,交易金额从624万美元到44亿美元不等,其特点倾向于投资高科技产业,投资项目多,时间跨度短;国有企业并购占比不到一成,其特点是钟爱传统行业,投资数量少,时间跨度长(中国化工集团并购历时近六年)。

中资企业在以色列高新技术领域的风险投资情况见表2。风险投资分两大类别。一类是直接注资高科技初创公司;另一类是与以色列风投基金合作,但不参与管理。前者倾向于获取技术以拓展国内市场,公司对所投行业和技术有所了解,便于实现对接;后者是为了追求高回报率,有专业的投资公司参与,也有业余的机会主义者。此外,还有两类的交集,阿里巴巴、联想集团既参投多个高科技公司,又与风投公司合作。阿里巴巴选择与耶路撒冷风投(JVP)合作,联想集团注资迦南基金等(见表3)。

第一类风险投资,分三个时期,2010~2013年是初期阶段,表现为投资金额小,参与项目少,集中于太阳能,手势识别技术等。2014年进入投资活跃期,表现为投资金额增大,参与项目增多,百度、奇虎、阿里巴巴、光大等知名企业共投资了7家以色列高新技术公司。2015~2016年进入高潮期,表现为投资项增加,总交易额提升,投资领域不断拓展,涵盖通信、视频、医疗、音乐、电子商务、互联网、物联网、虚拟现实、机器人等多个领域。值得注意的是,2017年风险投资领域表现良好,并未如并购一般急剧锐减。据《以色列时报》援引IVC中心发布的数据,中资企业参投以色列初创公司大多在2010年之后,2012年投资额为1.18亿美元,共12家企业参投,完成交易23项。2013年投资2.32亿美元,18家企业参投,完成交易22项。2014年投资额达到3.79亿美元,28家企业参投,完成交易40项。2015年投资额为4.67亿美元,39家企业参投,完成交易39项。2016年投资额共计5.43亿美元,达成42项交易。2017年投资额为5.96亿美元,34家中国企业参投,达成43项交易。①

---

① 〔以〕索珊娜·所罗门:《IVC报告:中国在以色列经济占比仍"相对微小"》,《以色列时报》2018年2月26日,http://cn.timesofisrael.com/ IVC报告:中国在以色列经济占比仍相对微小/。

IVC 数据与表 2 的分析相同,反映出中资企业参投以色列初创企业的两个趋势:投资额逐年递增,交易项逐年增加。

表2 2010~2018年中资企业在以色列高新技术领域的风险投资

年份	境内投资主体	商业活动	以色列企业(机构)	以色列企业经营范围	金额(美元)
2010	三花股份有限公司	投资	HelioFocus	太阳能产业	1050万
2013	平安创新投资基金	投资(8项)		高科技项目	1亿
2013	Giza等主导,小米(参与)	投资	Pebbles Interfaces	手势识别技术	1100万
2013	阿里巴巴集团(领投)	投资	Quixey	自动化应用程序搜索引擎	5000万
2014	中国平安和俄联邦储蓄银行	投资	eToro	社交贸易和投资市场	2700万
2014	阿里巴巴集团	投资	Visualead	二维码技术	500万
2014	上海GEOC、恒通、财富中国	投资	InSightec	超声治疗技术	1250万
2014	奇虎360	投资	Glide Talk Ltd.	即时通信	650万
2014	百度	投资	Extreme Reality	手势技术控制技术	
2014	百度	投资	Glide Talk Ltd.	即时通信	
2014	百度	投资	Pixellot	视频捕捉技术	300万
2014	光大和Catalyst合资基金	投资	Lamina	高科技项目	4200万
2015	百度	投资	Taboola	内容推荐平台	100万
2015	百度联合Carmel Ventures	投资	Tonara	音乐教育	500万
2015	阿里巴巴集团(领投)	投资	Quixey	自动化应用程序搜索引擎	6000万
2015	游族网络	投资	WakingApp	云端VR/AR创作平台	430万
2015	平安、涌金、中兴	投资	Rainbow Medical	医疗器械	2500万
2015	HTC和上海创瑞资本公司	投资	SurgicalTheater	3D图像手术演练系统	900万
2016	以岭药业	投资	HealthWatch	高科技健康监控内衣	2000万
2016	盛景集团(跟投)	投资	DiACardio	超声波仪器	195万
2016	光启GCI基金	投资(1期)	EyeSight、BV、AVI	智能交互、情绪分析、视频分析	5000万
2016	联想集团	投资	Neura	物联网	1100万

续表

年份	境内投资主体	商业活动	以色列企业（机构）	以色列企业经营范围	金额（美元）
2016	阿里巴巴集团	投资	Twiggle	智能购物搜索引擎	530万
2016	阿里巴巴集团	投资	Infinity AR	虚拟现实技术	1500万
2016	中国光大控股有限公司	投资	SatixFy	卫星通信技术	2500万
2017	白云山	投资	寻找中	生物医药	
2017	光启GCI基金	投资	寻找中	机器人、航空、物联网技术	2.5亿
2017	美的	投资	Servotronix	编码器、多轴运动控制器	1.7亿
2017	京东方	投资	Cnoga	无创医疗设备研发	5000万
2017	海思科（领投）	投资	Laminate Medical	植入型医疗器械VasQ	800万
2017	阿里巴巴集团	投资	Lumus	可穿戴显示设备	600万
2017	复星医药（集团）股份有限公司	投资	BondIT	人工智能投资平台	1425万
2017	睿盟希资本	投资	EyeYon	眼科医疗器械	650万
2018	阿里巴巴集团联合多家国际公司	投资	Nexar	人工智能道路状况分析	3000万

数据来源：根据2017年对外投资国别指南、驻以商务参赞处、IVC数据中心、《以色列时报》、Innonation数据库和互联网资料整理而成。

表3 2013~2017年中资企业与以色列风投基金的合作

年份	境内投资主体	商业活动	以色列企业（机构）	以色列企业经营范围	金额（美元）
2013	涌金集团	风险投资	Pitango Venture Capital	风险投资	1500万~2000万
2013~2014	百度、中国平安、奇虎360	风险投资	Carmel Ventures	风险投资	1.94亿
2014	盛景	风投基金	Canaan Partners Israel	风险投资	800万
2014	光大	风险投资	以色列Catalyst基金	风险投资	7500万
2014	桥道、常州市武进开发区	风险投资	PTL集团	风险投资	5000万
2014	平安创新投资基金	风险投资	IronSource	pre-IPO融资	8500万
2014	联想	风投基金	Canaan Partners Israel	风险投资	1000万
2015	阿里巴巴集团	风险投资	JerusalemVenture Partners	风险投资	1000万
2015	腾讯和人人网	风险投资	Singulariteam	风险投资	1.02亿
2016	和佳股份	风险投资	SHL		3000万
2017	上海机场与上海医药	医疗健康	寻找中	风险投资	

数据来源：根据2017年对外投资国别指南、驻以商务参赞处、《以色列时报》、Innonation数据库和互联网资料整理而成。

如表3所示,中以风投合作在2014年达到了空前的规模,中方有5~7家企业参与,其中包括中国平安、联想、百度、奇虎等知名企业。它们的投资规模不大,在1000万~8500万美元之间。2016年,中资企业有7.5亿美元投入以色列的风险资本。①

工程承建也是对以投资的方式之一,2006~2018年中资企业在以色列的工程建设情况见表4。在"一带一路"倡议之下,中资企业广泛参与了以色列公路、铁路、港口、住房、市政工程等基础设施建设。承建了海法公路隧道、基隆铁路隧道、阿什杜德新港、特拉维夫红线轻轨、海法新港、"十万平方米住宅"等多项施工条件复杂的工程。2018年2月27日,中铁集团中标以色列特拉维夫轻轨红线的总承包工程,总工期时长近三年半,中标金额为24.9亿新谢克尔(折合45亿人民币)。② 工程承建的特点是参与方多为大型国企,建设周期长,工程量大,投资额高,效果明显。它们不仅能有效地改善以色列的基础设施,还能有力地促进中以之间的技术和人文交流,正如2017年3月20日,以色列总理内塔尼亚胡在中国访问时所言:"基础设施的初期开发和后期维护都需要技术支持,以色列可以成为中国完美的合作伙伴……中国的能力、远见与以色列的技术、创新可以很好地结合在一起。"③

表4 2006~2018年中资企业在以色列的工程建设情况

日期	项目名称	承建方
2006/12 至 2009/7	海法市卡迈尔(Carmel)公路隧道项目	中土公司和中铁十二局集团合作承建
2011/9 至 2014/4	基隆铁路隧道项目	中土公司和丹亚·科布斯公司联合承建
2014/9/	阿什杜德新港建设项目	中国港湾工程有限公司

---

① 郑青亭:《以色列总理内塔尼亚胡:中以是"天作之合"愿意支持"一带一路"》,《21世纪经济报道》2017年3月22日,http://epaper.21jingji.com/html/2017-03/22/content_58515.htm。
② 《中国中铁45亿中标以色列特拉维夫轻轨工程》,《以色列时报》2018年3月6日,http://cn.timesofisrael.com/中国中铁45亿中标以色列特拉维夫轻轨工程/。
③ 郑青亭:《以色列总理内塔尼亚胡:中以是"天作之合"愿意支持"一带一路"》,《21世纪经济报道》2017年3月22日,http://epaper.21jingji.com/html/2017-03/22/content_58515.htm。

续表

日期	项目名称	承建方
2015	特拉维夫红线轻轨卡利巴地下车站项目	中国土木工程集团有限公司
2015/5/21	特拉维夫轻轨红线项目TBM段西标段	中铁隧道集团与SolelBonehInfrastructure联营
2015/5/28	海法新港(预计2021年投入运营)项目	上海国际港务集团(获25年特许经营权)
2016/4/	19个潜在房地产项目	以色列土地开发公司(ILDC)集团与匿名国企
2016/10/26至2021	以色列住宅设计施工项目(十万平方米)	北京建工、江苏龙信、光大建设、南通二建、江苏顺通
2017/11/	特拉维夫红线轻轨运营维护项目	中国铁建中土集团、深圳地铁集团与以色列艾格德巴士公司
2018/3至2022/9	以色列特拉维夫轻轨红线总承包工程	中铁隧道局集团有限公司与中铁电气化局集团有限公司

数据来源：根据2017年对外投资国别指南、驻以商务参赞处、《以色列时报》、Innonation数据库和互联网资料整理而成。

（二）中国对以色列投资迅速增长的原因

随着"一带一路"的深入推进和中以全面创新伙伴关系的建立，自贸区谈判的启动，中以两国在现有机制框架下展开全方位、深层次、宽领域的合作，中国对以投资迅速增长，惠及两国人民。

首先，"一带一路"倡议为加强经贸合作提供了坚实的保障。中以合作聚焦高新技术和互联互通，旨在促进就业，减少贫困，增加投资和贸易额，推进贸易和投资多元化，加强彼此间的政策沟通、设施联通、贸易畅通、资金融通、民心相通，围绕经贸、人文、能源、金融、生态、海洋、基础设施等领域展开合作。2013年以来，中以合作成果丰硕，两国在基础设施互联互通、贸易投资、金融支撑、人文交流等领域务实合作，推进一批重大项目和合作协议。扩大了各省市与以色列的沟通交流，拓展了合作领域和渠道，有助于加快中国西部落后地区的发展步伐，助推中国产业转型。有助于加速以色列技术和产品在中国市场的应用，促进其国内商业的发展。

其次,中以创新全面合作伙伴关系助推中以两国经贸合作。2017年3月21日,中国和以色列在北京正式宣布建立创新全面伙伴关系。为此,双方采取了一系列举措,包括密切领导人和高层官员的互访、创新合作联委会、经济技术合作机制,加快推动自贸协定谈判,加强民间创新能力等相关领域的进一步合作。① 中以政治互信的增强促进了经贸和投资的增长,创新合作机制的建立加快了资本的流动和技术的转移,提升了双方的合作层次与水平。

再次,以色列在科技创新领域表现突出,未来将吸引更多来自中国的投资。以色列的科技创新能力举世瞩目,诸多领域都处于世界领先地位。比如,网络安全、金融科技、物联网、云技术、"智能"物件、无人驾驶汽车、3D打印、机器人、增强及虚拟现实技术等。中国企业在对以投资过程中,始终聚焦高新科技产业,通过技术合作,提升自身的创新能力和发展水平。在投资、并购、基础设施建设领域着力应用新技术,学习先进的理念。在高科技领域,中资企业对以投资额逐年递增,交易项目不断增加。

三 中国对以色列投资存在的主要问题

在过去四年里,中国投资者对以色列共投资150亿美元。其中一些重要投资来自中国的大企业集团,比如复星国际有限公司、中国化工集团、光明食品集团、维港投资集团有限公司和中国光大银行。② 尽管中资企业对以投资势头强劲,但仍存在不足,表现为国有企业投资项少,私有企业投资额小等。上述问题除受自身条件制约外,还受到以色列经济结构、劳务输出的限制。

(一)国有大型企业对以色列投资数量较少

自2010年以来,民营企业对以并购过程中占比达到九成,国企对以投资并购数量不足一成(见表1)。国有企业的并购特点是数量少、周期长、金额大。中国化工集团的并购历时近六年(2011年10月完成对阿达玛(Adama)

---

① 《中以关于建立创新全面伙伴关系的联合声明(全文)》,国务院新闻办公室网站,2017年3月22日,http://www.scio.gov.cn/31773/35507/htws35512/Document/1545770/1545770.htm。
② 〔以〕贝美蕾:《以色列投资指南》,《中国投资》,2017年9月30日,http://www.chinainvestment.com.cn/type_gwqk/7732.html。

60%的股份收购,2016年8月,取得全资控制权,2017年6月5日,完成财务重组),金额超过38亿美元。① 相比之下,民营企业并购周期短,金额小,常采取联合并购。比如,2016年,阿里巴巴联合数十家企业以44亿美元收购以色列游戏公司普雷提卡(Playtika)。② 国有企业在以并购还表现为,央企数量有限,地方国企很少涉足,尽管偶尔有大额交易,但是交易项不足,且受到审查和限制。除并购之外,国企也参与风险投资。2013年,中国平安投资8个以色列高科技项目,合计1亿美元。2014年,光大集团等斥资4200万美元投资以色列高科技公司拉米纳(Lamina)。③ 2013~2014年,中国平安等3家公司对以色列卡迈尔风险投资公司旗下卡迈尔创投(Carmel Ventures)基金投资1.94亿美元。④

(二)中以经济结构差异大制约中企投资

中以产业结构存在差异。以色列在农业生产上具有技术优势,体现在运用大数据技术指导种植,使用先进的滴灌技术节水,利用害虫的天敌消灭害虫,利用光谱成像技术判断水果的质量等。中国在农业生产方面技术含量不高,土地利用率低,农产品质量较差;对以色列农业技术的需求较大,农产品需求较小。以色列的第二产业是以先进技术为基础的工业,处在全球价值链的中上游,更多地从事高端研发环节。中国多数制造业处于全球价值链较低端,处于加工组装阶段。以色列对华需求以轻工业产品和投融资为主,中国对以需求以高新技术为主。以色列第三产业发达,而中国则恰恰相反。中国要促进产业升级优化组合,必须依赖自主研发和对外合作。中国的比较优势在于,人口众多、国内市场庞大、资金充足、工业体系门类齐全、劳动力成本低。这些既可以吸引以色列企业对华投资,又能促进中资企业对以投资。

---

① 《中化子公司沙隆达并购以色列农化巨头企业Adama》,《以色列时报》2017年6月5日,http://cn.timesofisrael.com/中化子公司沙隆达并购以色列农化巨头企业adama/。
② 《中国财团44亿美元收购以色列游戏公司Playtika》,《以色列时报》2016年7月31日,http://cn.timesofisrael.com/中国财团44亿美元收购以色列游戏公司playtika/。
③ 《中国光大控股合资基金投资以色列科技公司》,《以色列时报》2014年8月22日,http://cn.timesofisrael.com/中国基金投资以色列科技公司lamina/。
④ 《中国百度、平安投资以色列Carmel风险投资基金》,中华人民共和国驻以色列经商参赞处,2014年11月3日,http://www.mofcom.gov.cn/article/i/jyjl/k/201411/20141100781629.shtml。

（三）承包工程项目面临劳务输出限制问题

以色列在承包工程项目方面，对于劳务输出有严格限制。以色列雇主必须得到政府的配额许可，才能引进外籍劳工。比如，2002年以色列实行"关闭天空"政策之后，建筑业对外籍劳工需求旺盛，但政府不断削减外籍建筑劳务，致使公司得不到政府的外籍劳务配额。① 不仅如此，政府还提出限制引进外籍劳务的政策，如加征所得税，向公司收取申请费，劳务保证金等，这些无疑都提高了劳务成本。以色列对建筑行业的劳务输入严格限制，也促使中国劳工提升专业素质，避免恶性竞争。

四 中国企业投资以色列的风险评估

以色列的地理位置、政治结构、外交政策、产业布局、商业理念塑造了其独特的国内、国际环境。尽管政治相对稳定、经济持续增长、军事实力不断增强、产业结构优化组合、商业理念先进，但是其所面临的各种风险并未完全消除。中国企业在以色列投资过程中仍要着重防范如下风险。

（一）经济风险

中资企业在以色列投资面临的经济风险，主要包含宏观经济风险、金融体系风险、政府债务违约风险以及外汇管制问题。2017年以色列宏观经济和财政状况持续向好，国内生产总值约3480亿美元（全球排名第32），人均GDP为39974美元（全球排名第22）。② 经济增长率为3.3%，失业率降至4%，工资上涨，物价稳定，财政政策审慎；但高房价（4%的增长）和社会凝聚力缺失持续存在。③ 金融体系的风险主要来自汇率、税率和利率。2017年，新谢克

---

① 王全火：《以色列劳务指南：政策与务实》，对外经济贸易大学出版社，2008，第135页。
② 国家税务总局国际税务司国别投资税收指南课题组编《中国居民赴以色列投资税收指南（2017年版）》，第1页，https：//www.yidaiyilu.gov.cn/zchj/zcfg/54349.htm。
③ "Economic Survey of Israel 2018," OECD, http：//www.oecd.org/eco/surveys/economic-survey-israel.htm.

尔升值并未影响到出口和投资,表现为投资增多,出口强劲,从4月开始,当局对外汇市场的干预措施有所减少。2018年企业所得税税率为23%。① 为鼓励外商投资,以色列降低企业所得税和股息税税率,允许加速资产折旧。以色列央行的利率自2015年3月以来,一直保持在0.1%,长期稳定的政策有利于经济的增长。② 债务风险方面,政府债务较高,必须控制公共债务的增长。2017年,以色列政府负债率为62.2%,全球排名是91/137。③ 外汇管制方面,2016年以色列政府颁布了零售外汇交易新规,只有获得以色列证券监管局(ISA)颁发外汇牌照授权的6家外汇经纪商才能从事零售外汇交易,但不限制以色列交易者和海外经纪商合作。④

(二)安全风险

以色列是世界上恐怖主义频发的国家,同时也是民族冲突较多的国家之一。以色列境内频繁的恐怖袭击和暴力冲突会给中资企业在以色列从事商业活动带来一定影响,它既威胁人身和财产安全,影响投资进度和收益,又会影响投资决策,甚至还会造成股市震荡,影响上市公司的退出交易。恐袭之后,媒体铺天盖地的报道也加剧了人们对于事发地的心理恐惧。中国政府出于保护驻外华人的生命安全的需要,提醒中国公民和驻以色列中资机构人员注意人身安全,往往也加剧了紧张气氛。尽管如此,这并未对大型企业对以投资造成不良影响。如今在以色列地区投资的企业除了中国化工、中国中铁、中国铁建等大国企外,复星医药、光明食品、华为、百度以及来自香港李嘉诚旗下的企业也纷纷进入巴以地区进行投资。⑤ 当前,赴以投资考察人员要加强反恐教育,注

---

① 国家税务总局国际税务司国别投资税收指南课题组编《中国居民赴以色列投资税收指南(2017年版)》,第12页,https://www.yidaiyilu.gov.cn/zchj/zcfg/54349.htm。
② 〔以〕Nitzan Cohen:《以色列央行利率三年维持0.1%的历史低位》,《以色列时报》2018年2月28日,http://cn.timesofisrael.com/以色列央行利率三年维持0~1的历史低位/。
③ Klaus Schwab, "The Global Competitiveness Report 2017 - 2018," *World Economic Forum*, p.155, http://reports.weforum.org/global-competitiveness-index/downloads/.
④ 叶其琛:《以色列ISA要求IB盈透停止未受监管外汇交易服务》,《金色财经》2017年8月1日,http://www.jinse.com/news/forex/50629.html。
⑤ 黄日涵:《在巴以争议地区投资,中企要小心》,《环球时报》2017年12月20日,http://www.ccg.org.cn/Research/view.aspx?Id=8136。

重信息搜集，做到预防为主。如果必须在敏感争议地区从事工程承包，最好选择和当地的企业合作。

（三）营运风险

中资企业在以色列从事投资的过程中，面临较高的营运风险。具体表现为企业内部缺乏组织性、团队协作能力差、尽职调查不充分、聘请顾问不称职、决策者不参与谈判、谈判时缺乏韧性、跨文化沟通能力不足等。东道国风险具体表现在企业文化差异、思维理念不同、产品喜好迥然、研发周期各异、同行恶性竞争等。中国企业在对以投资过程中不乏"盲目"投资、"跟风"投资、"想当然"投资、不知己不知彼导致大量资产流失。对限制性行业和劳工问题认识不足也可能导致投资失败。例如，2016年2月17日，复兴集团宣布放弃收购凤凰保险公司。① 在国际市场，中资企业同样面临日本、印度和美国的激烈竞争。2017年中国投资者在以色列的并购活动大幅度减少，日本成为以色列在东亚地区的最大投资方，两笔交易总额达到71亿美元。2017年1~7月中国境外投资额较2016年下降了44.3%。②

五 对中资企业投资以色列的若干建议

在"一带一路"大背景下，中国企业在以色列投资既需要有开拓进取的精神，又要有小心谨慎的态度：既要重视宏观大局，又要兼顾微观环境；既要与政府保持紧密联系，又要发挥企业能动性。

（一）加强对以色列投资政策法规的研究

中国投资者进入以色列投资前，应充分了解以色列的税务体制、劳工法律、环保要求、外汇管制、投资优惠等政策法规，有针对性地学习和研究。具

---

① 《复星终止收购以色列保险公司过半股权》，《以色列时报》2016年2月17日，http://cn.timesofisrael.com/复星终止收购以色列保险公司过半股权/。
② 〔以〕索珊娜·所罗门：《PwC报告：因中国投资减少，以色列2017并购交易额下降》，《以色列时报》2017年12月26日，http://cn.timesofisrael.com/PwC报告：因中国投资减少-以色列2017并购交易额下降/。

体来说，建立法律风险分析、预警和防控机制，改进评估方法，提高评估效率，拓宽信息渠道，加强沟通协调。为了更好地促进中资企业对以投资，两国可以在现有机制框架下，在特拉维夫和北京分别设立中以投资政策研究中心。还可以定期举办政策交流活动，投资法规学术研讨会，律师咨询会等活动。通过此类活动，将政府资源、研究机构、智库、咨询公司、律师协会等力量集聚一起，合力打造合作共赢的投资新平台，并以此为契机，加深两国投资政策法规之间的交流合作，以从法律层面推进中以自贸区谈判进程。

（二）加强政府的服务功能和政策引导作用

中资企业在"走出去"的过程中，面临着各种风险和挑战，政府需要发挥引领和服务的功能。具体表现在，调动各方积极性，整合各种社会资源参与"一带一路"对以投资合作，注重鼓励民营企业参与国际竞争，政府部门、金融机构要帮助企业拓宽融资渠道，给予信息支持，设立联络机构，提供法律帮助，践行合作精神。政府可以通过优惠政策鼓励有前途的企业到以色列投资合作。可以为企业和金融机构牵线搭桥，并承担一定的风险。以色列政府与初创企业共担风险却不共享收益的做法值得我们借鉴。可以在以色列设立投资联络中心，为对以投资企业提供智力支持及有偿服务。可以有偿为企业推荐、联络、聘请专家，其中包括经济学家、政治学家、国际问题专家、投资分析师、律师等，专家们采取一站式服务，对于资金困难的企业，可以申请免费的法律援助；当双方出现分歧时，政府可以出面调解和施压。可以加强政府、企业、科研院所之间的沟通协作，为对外投资出谋划策，为中资企业提供事前、事中和事后全程服务。

（三）积极鼓励有实力的企业投资以色列的重点领域

以色列受制于地缘、资源和市场。其重点发展的领域是高新技术，风险投资，基础设施和旅游业。其中前三个领域是中资企业投资的重点。在"一带一路"倡议之下，中以在高新技术，风险投资，能源、交通、通信等基础设施建设领域合作不断深入，以色列先进的技术和经验，与中国自身的发展战略对接。近年来，以色列政府一直在努力改善民生，开发边远地区，以减少地区间的差距。中资企业可以在节能减排、污染治理、管线铺设、天然气输送方面

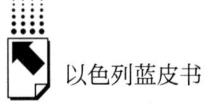

同以方展开合作。可以在公路、建筑领域使用可回收材料,通过高新技术在基础设施建设中的应用提高劳动生产率,降低成本,保护环境。以色列可以借助"一带一路"平台,将先进技术在沿线国家推广,如此既能优化对外投资环境,又能改善与周边国家关系。以色列旅游业发达,政府鼓励外资开设酒店,并为此出台了优惠政策,中资企业可以在有利可图的情况下进军以色列酒店业,拓展以色列的旅游业市场,以促进双边的经贸和人文交流。

附 录
Appendix

B.23 2017年国内以色列研究述评

吴丁洋 韩博雅[*]

2017年适逢中以建交25周年,以此为契机,中以两国在政治、经贸、人文、创新等领域的交流与合作迅速发展并取得重要进展。同时,中国学者对以色列问题的研究也取得了较为丰硕的成果。据不完全统计,在以色列研究方面,2017年国内学术界共出版著作33部,其中学术专著10部,学术译著11部,文学作品10部,研究报告集2部,发表期刊论文近70篇,硕博学位论文近40篇。研究内容涉及以色列历史、政治、经济、社会、宗教、教育、创新、安全、思想文化、对外关系等诸多领域。

一 著作

(一)学术专著

2017年国内共出版了3部有关以色列的通论性学术著作。张倩红、艾仁

---

[*] 吴丁洋,郑州大学历史学院世界史专业硕士生;韩博雅,郑州大学历史学院世界史专业硕士生。

贵的《犹太史研究入门》[①]是国内第一部犹太史研究指南。本书全面、系统地介绍了犹太史研究的各个方面，为犹太史爱好者和研究者提供了入门指导。除了概述犹太历史的基本框架、介绍犹太史的原始文献外，它还对犹太研究发展史和犹太研究取得的主要成果进行了梳理，同时提出了当前犹太史研究中的重点问题。该书附录也列出了关于犹太史研究的学术资源、关键词和推荐阅读文献，为读者深入了解犹太史研究提供了参考方向。李杰的《犹太人简史》[②]一书聚焦犹太教与犹太民族之间的紧密联系，从哲学和宗教学研究的独特视角探究犹太民族在漫长的历史中取得如此丰硕的文明成果的原因。该书以文学式的叙事语言对犹太民族文化进行了有益和有趣的探索。赵蕾的《犹太王国》[③]是"再现世界历史"系列丛书之一，该书包含有大量的图片信息，同时通过"上帝的选民""短暂的辉煌""颠沛流离的生活""坚守信仰的民族"四个章节让犹太民族的辉煌历史跃然纸上。

《圣经》依旧是国内学者研究的主要对象。《以赛亚之歌》[④]作为冯象新译《圣经》之先知书的阶段性成果问世，作者以《以赛亚书》译注为基础，结合自身经历，从法律理论和政治伦理的角度阐释了《以赛亚书》中的信仰困局。王思杰的《希伯来圣经中的审判研究》[⑤]以《希伯来圣经》中记载的古代涉及信仰界定、宗教仪轨和社会生活方方面面的法律规范以及有关审判的内容为研究对象，探究了古以色列民族的审判内容及其审判观念形成与发展的过程。

陈杰的《美国犹太文学的孤独与创伤研究》[⑥]从民族灭亡的恐惧、生存与成长的困境、家庭婚姻的不幸、战争阴霾的笼罩、信仰的迷茫与身份迷失五个方面对美国犹太文学进行了解读。作者认为，从孤独和创伤这一视角进行切入，可以更好地了解美国犹太作家和作品，而犹太民族的苦难以及对苦难的思考则是美国犹太作家着重表现的主题。

以色列经济、外交、军事和教育方面的研究也有许多的成果出现。贺雄飞

[①] 张倩红、艾仁贵：《犹太史研究入门》，北京大学出版社，2017。
[②] 李杰：《犹太人简史》，新世界出版社，2017。
[③] 赵蕾：《犹太王国/再现世界历史》，山东科学技术出版社，2017。
[④] 冯象：《以赛亚之歌》，三联书店，2017。
[⑤] 王思杰：《希伯来圣经中的审判研究》，法律出版社，2017。
[⑥] 陈杰：《美国犹太文学的孤独与创伤研究》，学林出版社，2017。

的《求异：从应许之地到创业国度》① 聚焦以色列经济，从历史和文化的高度阐述了以色列创新创业持续发展的内在动力，指出中国与以色列创新合作的巨大前景。闵捷的《以色列公共外交与软实力建设》② 则关注以色列外交，通过介绍以色列公共外交的理念创新、项目运作、机制建设和外交经验，为读者们解答了以色列国家建设取得辉煌成就的深层次原因。在推动"一带一路"的时代背景下，中国的公共外交水平亟待提升，该书对于以色列公共外交建设方面经验教训的总结为我国外交软实力建设提供了一些参考。另外，在教育领域，肖宪的著作《世界上最成功的教育——犹太教育启示录》③ 从犹太人的教育理念、教育方法、教育体制等方面探讨了犹太教育成功的秘诀及其启示，阐释了犹太教育对中国教育探索的借鉴意义。

此外，2017年国内在来华犹太难民研究上取得了重要成果。潘光主编的《来华犹太难民资料档案精编（四卷）》④ 和《来华犹太难民研究（1933～1945）：史述、理论与模式》⑤ 作为国家社科基金重大项目的阶段性成果及最终成果相继问世。前者囊括《文件报刊》《亲历记忆》《杰出人物》《专家视点》四册，《文件报刊》主要收集了三类文件报刊资料，即法律文件、救助文件和报章杂志，此外，还有20世纪80年代美国《纽约时报》对犹太难民重聚活动的报道；《亲历记忆》记录了来自中方外交人员、中外友好人士、日方外交官等对救助来华犹太难民的回忆以及犹太难民本人及其中国邻居对他们在华生活的回忆；《杰出人物》记载了来华犹太难民中的20位杰出人物对中国的贡献和他们对中国的深厚感情；《专家观点》由17篇关于犹太难民在华生活的论文组成，包含了参与"来华犹太难民研究"课题组的专家和国内外同行多年以来的研究成果。这些文献以丰富翔实的史料为犹太难民研究提供了新的视角。《来华犹太难民研究（1933～1945）：史述、理论与模式》分为史述、理论、模式三大篇章，系统地总结了犹太人来华避难的历史。史述篇系统地归

---

① 贺雄飞：《求异：从应许之地到创业国度》，东方出版社，2017。
② 闵捷：《以色列公共外交与软实力建设》，社会科学文献出版社，2017。
③ 肖宪：《世界上成功的教育——犹太教育启示录》，华东师范大学出版社，2017。
④ 潘光编《来华犹太难民资料档案精编》，上海交通大学出版社，2017。
⑤ 潘光：《来华犹太难民研究（1933～1945）：史述、理论与模式》，上海交通大学出版社，2017。

纳与分析了来华犹太难民的历史，理论篇从理论的角度对来华犹太难民与中犹关系进行了深入研究，模式篇归纳了纳粹大屠杀期间犹太人来华避难的一些主要特点，将其与犹太难民在世界不同地区避难的历史进行比较研究，提出了"中国模式"的概念并对此模式的五大特点进行了深入的分析。

（二）学术译著

2017年国内也出版了一批以色列研究译著，涉及历史、科技、思想文化等诸多领域。美国学者米切尔·巴德的《为什么是以色列》①是一部涉及以色列历史与现状的通论性著作。作者多年从事中东研究，沉淀了精深广博的专业知识。本书将政治争端、文化冲突和普通人的伦理困境交织在一起，还原出一个三维立体的犹太民族国家。该书在提供众多历史背景、人物故事、事件过程的基础上，为读者理解以色列及其在当今世界的地位和影响提供了一个崭新的切入点。

反犹主义与大屠杀的历史是讨论犹太历史时绕不开的话题。克劳斯·费舍尔的《强迫症的历史：德国人的犹太恐惧症与大屠杀》②采用跨学科的研究方法，再现了各种要素聚合发酵而成的一场灭绝性的种族杀戮。不同于传统的将大屠杀缘由归结于单一犹太恐惧症的观点，该书从中世纪以来的德国文化、基督教、仇外性、生物人种学等多方面阐释了纳粹大屠杀的历史渊源。杨·格罗斯的《邻人——波兰小镇耶德瓦布内中犹太群体的灭亡》③是几十年来波兰—犹太关系研究的重要成果，它以缜密的逻辑线复原和重构了波兰小镇屠杀犹太人的真相，并引导读者思考普遍潜伏的危险，为读者反思历史带来了全新的视角和立场。皮埃尔·伯恩鲍姆的著作《牲人祭——近代早期欧洲的犹太人想象》④通过对犹太人拉斐尔·利维悲剧命运的叙述，表明在民族国家构建的关

---

① 〔美〕米切尔·巴德：《为什么是以色列》，文奕、荣玉、李佳臻、欧阳玉倩译，社会科学文献出版社，2017。
② 〔美〕克劳斯·P.费舍尔：《强迫症的历史：德国人的犹太恐惧症与大屠杀》，佘江涛译，译林出版社，2017。
③ 〔美〕杨·T.格罗斯：《邻人——波兰小镇耶德瓦布内中犹太群体的灭亡》，中央编译出版社，2017。
④ 〔法〕皮埃尔·伯恩鲍姆：《牲人祭——近代早期欧洲的犹太人想象》，唐运冠译，浙江大学出版社，2017。

键时刻，源自不同信仰间偏见的地方冲突可能会被显著放大，反映出近代早期以法国为代表的欧洲民族国家形成的过程中犹太人所面临的艰难处境。汉娜·阿伦特的《艾希曼在耶路撒冷：一份关于平庸的恶的报告》[1]基于作者为1961年耶路撒冷地方法院对纳粹战犯阿道夫·艾希曼开展的一场旷日持久的审判的五篇报告写成。该书详细记录了这场引发全球关注的审判的全过程，同时结合对大量历史资料的分析，提出了"平庸的恶"的概念，表明恶的化身未必是狂暴的恶魔，也有可能是平凡、敬业、忠诚的小公务员。

以色列科技创新历来是国内关注的重点，2017年在这一方面也有译著出版。以色列学者阿姆农·弗伦克尔等的《创新的基石：从以色列理工学院到创新之国》[2]聚焦以色列理工学院的发展历程，体现出以色列理工学院在高精尖人才培养和以色列工业基础建设中的带头作用，以此反映大学在以色列经济建设中的重要地位。《创新的族谱——以色列新兴产业的演进》[3]一书用独特的族谱分析法研究以色列高科技产业。作者塞缪尔·埃利斯关注到产业演进动态的一面，并进一步认为族谱演进是了解新企业出现速率和范围的关键方法，族谱演进与机会结构、生产率和地理集群等因素同等重要。

犹太思想文化方面也有不少佳作被引入国内。以色列学者施罗默·桑德的《我为何放弃做犹太人》[4]是其"虚构三部曲"的最终章，作者在书中回忆成长经历，追溯犹太民族和以色列的历史，颇具胆量地对以色列犹太人身份界定的某些标签性、约定俗成的问题提出了自己的质疑和批判。除此之外，作者也展望了一种世俗的、非排他性的、超越犹太复国主义的以色列身份认同，一个由坦诚、慷慨的普世原则指引的未来。《现代性与犹太思想家》[5]基于法国学者卡特琳娜·夏利尔2013年于复旦讲座的文稿及另外三篇文章创作而成。该书通过对犹太民族在经历现代性进程中的社会历史浩劫之后所产生的民族复兴

---

[1] 〔美〕汉娜·阿伦特：《艾希曼在耶路撒冷：一份关于平庸的恶的报告》，安尼译，译林出版社，2017。
[2] 〔以〕阿姆农·弗伦克尔、〔以〕什洛莫·迈特尔、〔以〕伊拉娜·德巴尔：《创新的基石：从以色列理工学院到创新之国》，庄士超译，机械工业出版社，2017。
[3] 〔以〕塞缪尔·埃利斯：《创新的族谱——以色列新兴产业的演进》，龚雅静译，上海社会科学院出版社，2017。
[4] 〔以〕施罗默·桑德：《我为何放弃做犹太人》，喇卫国译，中信出版社，2017。
[5] 〔法〕卡特琳娜·夏利尔：《现代性与犹太思想家》，刘文瑾译，上海人民出版社，2017。

运动、历史反思和现代性批判的思考,将哲学与犹太思想的联系进行拓展,从多个层面反映了现代性与犹太思想之间丰富的张力。

此外,美籍犹太学者赫尔曼·迪克的《远东的漂泊者与开拓者——犹太人在中国和日本一个世纪的生活历程》① 则将关注点投向远东犹太社团的历史,通过揭示20世纪上半期犹太人在中国和日本的生活状况,为读者展现了中东铁路修建时期、俄国十月革命时期,尤其是第二次世界大战时期,犹太民族悲惨的命运和他们与中国人、日本人之间的复杂关系。同时,它也从一个侧面展示了早期哈尔滨和上海的城市历史与风貌。

丹·巴哈特的《耶路撒冷建城史》② 对耶路撒冷城市发展史进行了详细阐释和大量基础性研究。与其他同类著作不同的是,该书涵盖了过去两百年来不断深入的考古发现,其中的考古成果整理、考古复原、老地图、老照片等都是研究耶路撒冷城市发展史与建设史的第一手资料。美国考古学家理查德·A.弗罗因德的《跟着圣经去考古》③ 独辟蹊径,通过在圣地考古所得的大量实物证据,与《圣经》的记载进行比对,用《圣经》来引导考古发现,又用考古发现来探究《圣经》,由此将丰富多彩、包罗万象的古代社会、生活展现在世人面前。

(三)研究报告集

2017年,社会科学文献出版社皮书系列出版发行了国内第三部以色列蓝皮书——《以色列发展报告(2017)》④。该报告由张倩红主编,共分总报告、专题篇、创新篇、外交篇、中以关系篇和附录六部分,聚焦了2016年以色列的社会状况、经济情况与政治局势,对以色列的社会福利体系、替代能源的开发利用、高等教育的现状和特点以及智库建设等进行了专题研究,从国家发展理念、高科技产业现状和中以创新合作等方面分析了以色列的创新创业,并重点关注了以色列的外交动向及"一带一路"倡议下中以关系的新走向。该报

---

① 〔美〕赫尔曼·迪克:《远东的漂泊者与开拓者——犹太人在中国和日本一个世纪的生活历程》,王志军译,黑龙江大学出版社,2017。
② 〔以〕丹·巴哈特:《耶路撒冷建城史》,王骏译,同济大学出版社,2017。
③ 〔美〕理查德·A.弗罗因德:《跟着圣经去考古》,屈伯文、方舟译,上海三联书店,2017。
④ 张倩红主编《以色列蓝皮书:以色列发展报告(2017)》,社会科学文献出版社,2017。

告对于了解当前以色列及中东局势，进一步深化中以交流与合作有着重要的参考价值。

张俊华主编的《以色列政治经济报告》① 对以色列国内的政治经济状况进行了详细介绍。全书共分为十二个章节，对中以关系；美以关系；以色列的高科技产业、高等教育、安全政策、能源政策；以色列社会中的犹太性与民主性；犹太人大流散历史；中东地缘政治等问题进行了系统探究。这一著作提供了当前以色列的政治经济问题和中东形势变化的重要参考。

二 期刊论文

（一）以色列政治、安全与对外关系

1. 以色列政治问题

政党政治是以色列政治生活中的重要内容，在以色列国家的现代化进程中发挥着不可忽视的作用。邹志强、吴家斌的论文《以色列阿拉伯政党的发展困境与前景》② 从少数族裔的角度探讨了以色列民主政治的发展现状，文章指出由于历史遗留问题和巴以冲突的影响，以色列阿拉伯政党自诞生之日就长期面临着身份认同、右翼政党的压力和自身路线之争等重重困扰，发展空间不断被压缩。以色列阿拉伯政党的政治参与度虽不断提高，但其未来仍充满了未知。王喜满的《以色列共产党的晚期资本主义观与以色列的三重危机》③ 研究了以色列共产党的政治主张，认为以色列共产党对当今资本主义的认识，是独立运用马克思主义立场、观点和方法于时代特征和本国国情的具体表现。这是其制定正确路线、方针和政策的前提和基础，有利于其推动以色列和平、民主、平等和社会主义的历史进程。

2. 以色列国家安全

国家安全是一国生存与发展的前提和基础，孙梦雅的《以色列国家安全

---

① 张俊华主编《以色列政治经济报告》，中国社会科学出版社，2017。
② 邹志强、吴家斌：《以色列阿拉伯政党的发展困境与前景》，《和平与发展》2017年第2期。
③ 王喜满：《以色列共产党的晚期资本主义观与以色列的三重危机》，《辽宁大学学报》（哲学社会科学版）2017年第3期。

决策机制演进》①梳理了从"一人掌控"到"厨房内阁"再到"安全内阁"的过程中以色列对国家安全决策机制的不断调整与完善之路。作者认为以色列自建国以来,由于特殊的历史背景和地缘政治环境,始终将安全置于国家政治生活的前沿,其宝贵经验值得中国借鉴。以色列的国土安全一直面临着严重的外部威胁,慕小明的《以色列区域导弹防御系统发展述评》②重点分析了以色列近程、中程、远程导弹防御系统的技术和能力,探讨了以色列区域导弹防御系统的影响及发展趋势,同时指出以色列维护国家安全的根本出路应着眼于和谈与和解,而非一味加强防御。

艾仁贵的《以色列的网络安全问题及其治理》③对以色列网络安全现状进行了全面的考察,指出自2010年以色列制定国家网络倡议以来,以色列政军民三方紧密合作,不仅达到了经济与安全双赢的效果,也为其一跃成为在网络安全领域首屈一指的强国提供了保障,而以色列在网络安全建设方面所取得的成就为中国提供了全方位的启示。濮方圆的文章《以色列军事情报工作军民融合基本路径研究》④关注以色列军民关系,提出以色列军事情报工作军民融合的三种基本路径,即"军为民用"、"民为军用"和军民情报一体化。作者认为,无论采取何种路径,其原则都在于国家利益的抉择,其目的都是更好地推动本国国防和经济建设的共同发展。这种做法值得我国借鉴和参考。

3. 以色列对外关系

在"一带一路"的大背景下,中以关系的发展得到了越来越多的关注。佘纲正的论文《以色列与中国建交的历史考察——基于以色列国家档案馆涉华解密文件的解读》⑤借助以色列国家档案馆涉华解密文件梳理了以色列与中国建交的历史,文章认为,在不影响国家安全的大前提下,以色列始终把与中国建交视为其获得亚洲和第三世界承认的关键一环,所以大部分时间都坚持对华接触路线,并为之付出一系列的努力。陈广猛的《中国和以色列双边经贸

---

① 孙梦雅:《以色列国家安全决策机制演进》,《法制与社会》2017年第12期。
② 慕小明:《以色列区域导弹防御系统发展述评》,《国防科技》2017年第3期。
③ 艾仁贵:《以色列的网络安全问题及其治理》,《国际安全研究》2017年第2期。
④ 濮方圆:《以色列军事情报工作军民融合基本路径研究》,《情报杂志》2017年第2期。
⑤ 佘纲正:《以色列与中国建交的历史考察——基于以色列国家档案馆涉华解密文件的解读》,《西亚非洲》2017年第3期。

活动不对称的互补关系》①则聚焦中以经贸关系，文章认为双方的经贸关系具有较大的发展潜力，特别是中国在2013年提出"一带一路"倡议和以色列开启"向东看"的潮流之后，中以经贸关系更面临着难得的发展机遇。

以美关系方面，汪舒明在《美国犹太组织与美以特殊关系的"危机"》②一文中以奥巴马执政以来以美两国对于巴以和平进程和伊朗核问题的分歧为背景，以美国犹太组织致力于改善日益紧张的以美关系为落脚点进行论述。文章指出，领导人之间的个性和理念上的差异、国家利益的重要分歧，以及美国社会和美国犹太社团内部的分化现象，都给主流犹太组织有效管控美以关系"危机"带来了难度。孙德刚的论文《美国与以色列的安全合作关系探析》③则关注美以军事关系，概述了美以安全合作的基础、载体、以战略协作军事外交等为主的内容和当下所面临的阻力，认为两国的安全合作是常态，矛盾与分歧是特例，美以安全合作前景乐观，特朗普上台后，美国的中东外交势必实现"再平衡"，两国安全合作将达到新的水平。严双伍、吴向荣的《伊核全面协议达成后以色列在中东的战略地位》④一文，围绕伊核全面协议达成对以色列的战略地位、地缘政治和外交政策的影响进行了系统的讨论，文章认为，基于对伊朗实力上升的担忧，以色列不仅将加强与逊尼派阿拉伯国家的合作，还将通过加强与俄罗斯和中国的合作来对冲，从而影响中东地缘政治格局。

（二）以色列经济、社会与科教创新

1. 以色列经济

基布兹作为兼具犹太民族特性和社会主义性质的以色列社会经济组织，被誉为是"沙漠中的乌托邦"，在国家创建和经济建设中发挥了卓越的作用。崔守军、钟晓萍的《以色列基布兹变革探析》⑤一文起笔于基布兹的发展历程，详述了基布兹为扭转衰败之势而进行的转型革新运动，发现转型革新在实现人

---

① 陈广猛：《中国和以色列双边经贸活动不对称的互补关系》，《对外经贸实务》2017年第9期。
② 汪舒明：《美国犹太组织与美以特殊关系的危机》，《西亚非洲》2017年第3期。
③ 孙德刚：《美国与以色列的安全合作关系探析》，《西亚非洲》2017年第2期。
④ 严双伍、吴向荣：《伊核全面协议达成后以色列在中东的战略地位》，《武汉大学学报》（人文科学版）2017年第4期。
⑤ 崔守军、钟晓萍：《以色列基布兹变革探析》，《当代世界与社会主义》2017年第6期。

口净回流和盈利能力提升的同时，也引发了关于其"社会主义性质"是否改变的争论。文章认为，各种迹象表明基布兹的社会主义和集体主义性质未发生本质上的改变，仍是顽强生存于资本主义躯体中的"社会主义细胞"。段禄峰、魏明的《以色列基布兹农业合作社演进历程及经验借鉴》[1]则在回顾基布兹发展的基础上指出基布兹农业合作社在不断的发展变化中所展现出的讲合作、重产权、抓科技、强扶持的成功经验，对于正在兴起的中国新兴农业体系建设有着重要的启发。

对比研究方面，柳一桥的《美国、法国和以色列农业水价管理制度评析及借鉴》[2]和薛军、廖晓莉的《美国、以色列和巴西农业旱灾风险管理的经验借鉴》[3]分别将美、法、以三国的农业水价管理制度和美、以、巴三国的农业旱灾风险管理经验及其异同进行了对比分析，在总结经验启示的基础上，为中国农业发展提出了具体建议。

惠献波的《中国农业供给侧结构性改革的路径选择——基于以色列现代农业发展经验的思考》[4]以中国农业改革为出发点思考问题，从供给侧的角度将以色列现代农业发展经验归结于对农业科技创新、市场需求、劳动力素质、经济支持、成本与风险控制、组织形式多样化这六方面的重视。文章认为中国应借鉴以色列现代农业发展的成功经验与做法，促进中国农业生产更好地满足消费者日益增长的需求，不断升级和减轻生态环境压力，推动中国农业持续健康发展。

2. 以色列社会

高霞的论文《以色列公共历史与大屠杀记忆——以大屠杀教育为中心的考察》[5]考察了以色列社会中的大屠杀教育，文章认为以色列在国家建构和治

---

[1] 段禄峰、魏明：《以色列基布兹农业合作社演进历程及经验借鉴》，《世界农业》2017年第11期。

[2] 柳一桥：《美国、法国和以色列农业水价管理制度评析及借鉴》，《世界农业》2017年第12期。

[3] 薛军、廖晓莉：《美国、以色列和巴西农业旱灾风险管理的经验借鉴》，《世界农业》2017年第2期。

[4] 惠献波：《中国农业供给侧结构性改革的路径选择——基于以色列现代农业发展经验的思考》，《湖北广播电视大学学报》2017年第5期。

[5] 高霞：《以色列公共历史与大屠杀记忆——以大屠杀教育为中心的考察》，《历史教学问题》2017年第5期。

理过程中充分展现了大屠杀记忆的政治功用,竭力打造大屠杀记忆的公共空间。公众则借助纪念馆、纪念日、学校教育、历史遗迹、影像媒介等途径与历史互动,形成对大屠杀记忆的自我认知与评判。任小奇、王志华根据吉迪恩·格雷夫演讲整理出的《以色列社会对"犹太大屠杀"的记忆(1945~2000)》① 则系统回顾了以色列国内对大屠杀的研究成果,认为大屠杀对当今的以色列社会影响深远,随着时间推移,大屠杀作为集体创伤,已经成为以色列身份的一个中心要素与标志。

范鸿达的《以色列国际移民——背景、政策、实践、问题》② 聚焦以色列移民问题,文章认为以色列对国家"犹太属性"的强调在很大程度上影响了该国的移民政策,这对以色列国家的建立有一定的积极影响,但同时也为以色列社会带来了诸多矛盾和争论。张淑清的《以色列宗教女性主义思潮及其影响》③ 指出,以色列20世纪70年代出现的宗教女性主义思潮源于本国传统的社会文化背景并受到美国犹太女权运动的影响,它的出现对于传统犹太女性受教育机会的增加、社会地位的改善、甚至犹太教的重塑等方面都发挥了重要的作用。

此外,赵萱、刘玺鸿的《耶路撒冷阿克萨清真寺的人类学解读——从国家的遗产到遗产的文明》④ 以2012~2013年东耶路撒冷的田野调查为基础,从阿克萨清真寺的日常管理、土地日冲突事件以及盖德尔夜的宗教实践等方面探讨了现代民族国家与宗教文明之间复杂的互动过程,揭示出它们冲突与共生的本质。

3. 以色列科教创新

张倩红、刘洪洁的论文《国家创新体系:以色列经验及其对中国的启示》⑤ 着眼于以色列创新体系本身,指出学术、产业、政府的"三螺旋"创新架构在以色列的产业结构升级、人才培育、产权保护、基础设施建设等方面全面提

---

① 〔以〕吉迪恩·格雷夫、任小奇、王志华:《以色列社会对"犹太大屠杀"的记忆(1945~2000)》,《历史教学问题》2017年第1期。
② 范鸿达:《以色列国际移民——背景、政策、实践、问题》,《宁夏社会科学》2017年第5期。
③ 张淑清:《以色列宗教女性主义思潮及其影响》,《西亚非洲》2017年第4期。
④ 赵萱、刘玺鸿:《耶路撒冷阿克萨清真寺的人类学解读——从国家的遗产到遗产的文明》,《世界民族》2017年第6期。
⑤ 张倩红、刘洪洁:《国家创新体系:以色列经验及其对中国的启示》,《西亚非洲》2017年第3期。

升了国家创新的竞争力,以色列在完善国家创新体系中加大教育投入、注重研发能力、营造文化氛围等方面积累的许多成功经验对当下中国创新驱动发展战略的实施具有重要的借鉴意义。

艾仁贵的《以色列的高技术移民政策:演进、内容与效应》①一文系统地论述了以色列对待高科技移民的态度由被动转为主动的过程中相关政策的完善过程。文章认为,以"移民吸收+技术研发"为核心内容的高技术移民政策,为以色列补充了重要的人才资本,在以色列的经济起飞中发挥了至关重要的作用,也为后发国家实现创新发展目标提供了宝贵经验。李晔梦的论文《以色列的首席科学家制度探析》②则梳理了以色列首席科学家制度近半个世纪的发展历程,分析其组织架构及运作模式,指出该制度是以色列政府贯彻科技政策、建立国家研发体系的重要举措,体现了以色列发展模式的独特性。曾智的《以色列大学生创业环境构建及启示》③认为,以色列在创新创业方面取得耀眼的成绩,主要得益于其注重产学研结合、将科创理念融入高校、兼容并包、营造健康创业环境和良好创业氛围的正确做法,其在双创建设方面的经验值得中国借鉴。

以色列素来重视教育事业的发展,始终把教育放在举足轻重的位置,并在此过程中积累了大量的宝贵经验,尤其是在教育理念和行为模式的创新方面。董修元、孙玥的论文《以色列大学创新理念与机制——访萨拉·斯钟萨教授》④基于他们对以色列希伯来大学前校长萨拉·斯钟萨教授的访谈写成,文章深入探讨了以色列大学的创新理念、采取的做法、取得的成效和面临的挑战并总结了它们对中国高校创新发展的启示。胡玫的论文《以色列中小学科学与技术课程的经验与启示》⑤根据自身赴以考察的经历系统地总结了以色列中小学科学与技术课程的内容及特点,认为其体现出的创造性正是我国中小学教育中所欠缺的。范舒扬、何国梅的《以色列阅读教育及其对我国全民阅读的

---

① 艾仁贵:《以色列的高技术移民政策:演进、内容与效应》,《西亚非洲》2017年第3期。
② 李晔梦:《以色列的首席科学家制度探析》,《学海》2017年第5期。
③ 曾智:《以色列大学生创业环境构建及启示》,《教育评论》2017年第5期。
④ 董修元、孙玥:《以色列大学创新理念与机制——访萨拉·斯钟萨教授》,《西亚非洲》2017年第4期。
⑤ 胡玫:《以色列中小学科学与技术课程的经验与启示》,《课程·教材·教法》2017年第3期。

启示》① 则全面梳理了以色列阅读教育的内容及特点,指出轻松的阅读心态、浓厚的阅读氛围、丰富的阅读资源都是以色列阅读教育取得成功的重要原因,应该从强化阅读信仰、培育阅读习惯、开设阅读课程、推行国际阅读交流项目等方面发展我国的阅读教育。

(三)犹太历史与社会文化

1. 犹太历史

犹太民族分布广泛,犹太人在世界各地的活动有着悠久的历史,关于海外犹太人长久以来的生存状态及历史贡献的研究从未淡出学界的视野,2017年国内学者在此方面的研究收获颇丰。疏会玲的《古代晚期基督教社会犹太人的法律地位——基于罗马法的考察》② 和《七世纪拜占庭帝国犹太政策分析》③ 两篇文章讨论了犹太人在拜占庭帝国基督教社会的生活状况,前者认为犹太人在享受罗马法保护的同时,却日益沦为帝国的下等公民;犹太教维持合法宗教的地位,但也受到诸多限制。犹太人这一矛盾性法律地位的形成,在一定程度上是罗马法传统和帝国基督教化相互作用的产物。而后者则以边疆危机为切入点,对比了危机前后希拉克略对境内犹太人政策由宽容到压迫之转变,指出这一转变是以践行帝国宗教一体化为目的,同时也是为了归化犹太人以消除政治威胁。王永宝的《穆斯林社会中对于少数群体的保护问题探析——以犹太民族为例》④ 以犹太民族作为历史事例来检验《古兰经》与"先知"穆罕默德关于少数民族(特指非穆斯林群体)生活于穆斯林社会中所规定的相关原则和教导,分析了生活于穆斯林社会的犹太群体的状况,提出了关于穆斯林社会文化包容性的新认识。王玖玖在《中世纪盛期西班牙犹太人对主体社

---

① 范舒扬、何国梅:《以色列阅读教育及其对我国全民阅读的启示》,《中国出版》2017年第1期。
② 疏会玲:《古代晚期基督教社会犹太人的法律地位——基于罗马法的考察》,《历史教学问题》2017年第1期。
③ 疏会玲:《七世纪拜占庭帝国犹太政策分析》,《古代文明》2017年第3期。
④ 王永宝:《穆斯林社会中对于少数群体的保护问题探析——以犹太民族为例》,《世界民族》2017年第5期。

会的经济参与》①一文中指出在中世纪早期和盛期,犹太人的经济活动遍布西班牙的城市和乡村,与当地基督教徒的商业往来和借贷活动频繁,以此建立起牢固的经济关系一度缓和了犹太人在"迫害年代"中的危机。

犹太人在地理大发现和人类洲际远洋贸易中的历史贡献一直以来没有得到学界重视,艾仁贵的论文《犹太人对地理大发现的贡献和参与》②注意到这一不足,通过对西葡两国海洋征服活动的研究,探讨了犹太人在技术、资金、人员等方面对哥伦布远航的支持,认为其彰显了边缘少数群体在推动现代世界形成中的重要作用,进而成为某个民族以其独特经历影响人类文明发展进程的重要事例。作者的另一篇论文《港口犹太人对近代早期跨大西洋贸易的参与》③则将观察视角转换为地理大发现之后,讨论了港口犹太人对奴隶、蔗糖、烟草、钻石贸易活动的参与情况,认为港口犹太人作为殖民扩张与海外贸易的中坚力量,通过对跨大西洋贸易的参与推动着不同文明之间的交流与互动,这反过来又为犹太民族获得了广阔的活动空间与经济机会。

大流散时期,世界各地的犹太人与主体社会有着频繁的互动。王方的《论澳大利亚犹太人的历史变迁》④认为澳大利亚犹太人是一个特殊族群,他们在历史的变迁中不断壮大、在澳大利亚社会中发挥着重要作用,在彰显犹太人顽强拼搏和与命运抗争精神的同时,也昭示了兼容并蓄与相互融通是不同文化和文明交往的真谛。杨静的论文《19世纪末20世纪初俄裔犹太女性移民美国原因解析》⑤着眼于俄国犹太人,认为俄国频频爆发的反犹暴力事件是促使犹太女性移民美国的直接动因,此外,俄裔犹太女性还长期遭受社会、经济和文化压迫,伴随着美国诸多吸引因素的刺激,最终导致了该时期俄裔犹太移民女性移民美国的高潮。宋永成在《米霍埃尔斯之死与苏联对犹太人政策之变化》⑥一文中以犹太人米霍埃尔斯之死为切入点,认为其死亡从表面上

---

① 王玖玖:《中世纪盛期西班牙犹太人对主体社会的经济参与》,《贵州社会科学》2017年第11期。
② 艾仁贵:《犹太人对地理大发现的贡献和参与》,《世界民族》2017年第6期。
③ 艾仁贵:《港口犹太人对近代早期跨大西洋贸易的参与》,《世界历史》2017年第4期。
④ 王方:《论澳大利亚犹太人的历史变迁》,《西北大学学报》(哲学社会科学版)2017年第6期。
⑤ 杨静:《19世纪末20世纪初俄裔犹太女性移民美国原因解析》,《北方论丛》2017年第1期。
⑥ 宋永成:《米霍埃尔斯之死与苏联对犹太人政策之变化》,《陕西师范大学学报》(哲学社会科学版)2017年第6期。

看是因为斯大林私生活泄密事件,实际上这反映的是斯大林政府在考量内外形势后对苏联境内犹太人做出的政策改变。汪舒明的《战后美国犹太组织的"群际关系运动"及其影响》① 则梳理了美国犹太组织积极开展旨在维护少数族裔民权的群际关系运动的全过程,认为以"群际关系运动"为代表的犹太民权运动引领、支援了美国其他少数族裔开展的民权斗争,改变了美国主流社会歧视和排斥犹太人的态度和行为,有效提升了犹太人在美国的社会政治地位,锻造了更加自信、成熟、强大的犹太组织网络,塑造了犹太人在美国社会政治中的自由派形象和声望。

关于犹太复国主义与以色列建国,张倩红的《一百年后再看〈贝尔福宣言〉》② 一文认为中国学术界关于《贝尔福宣言》的评价曾经长期局限于一种"标签式的结论"。文章站在百年的历史节点,重新回顾了宣言的出台前犹、英、阿三方立场的变化,指出英国与犹太复国主义者的关系,更多的是犹太复国主义者的目标与英国战略利益的互相利用,再加上其他因素的交集互动,使得《贝尔福宣言》成为影响中东政治版图的一个不可忽视的因素。冯燚在《以色列建国前的巴勒斯坦共产主义运动》③ 中则注意到了犹太复国主义运动中的共产主义因素并全面考察和肯定了巴勒斯坦共产主义者为实现阿犹联合所做的努力。

此外,何敏怡、何天杰的《中国学者近期犹太史研究的一项跨学科成果——评〈犹太史研究新维度〉》④ 是对张倩红等的《犹太史研究新维度》一书的书评。文章认为,《犹太史研究新维度》一书吸纳了学界最新的研究成果,反映了当代犹太史研究受到西方史学深刻影响的学术境遇,体现了犹太学研究的跨学科发展趋势,为人们了解西方文明的早期成因、西方价值理念的源头提供了一个独特的视角,具有较高的学术价值。

2. 犹太社会与文化

在犹太社会研究领域,艾仁贵的论文《现代性何时进入犹太社会?——

---

① 汪舒明:《战后美国犹太组织的"群际关系运动"及其影响》,《史林》2017 年第 5 期。
② 张倩红:《一百年后再看〈贝尔福宣言〉》,《世界知识》2017 年第 23 期。
③ 冯燚:《以色列建国前的巴勒斯坦共产主义运动》,《阿拉伯世界研究》2017 年第 2 期。
④ 何敏怡、何天杰:《中国学者近期犹太史研究的一项跨学科成果——评〈犹太史研究新维度〉》,《出版广角》2017 年第 5 期。

有关犹太社会现代转型起点问题研究的演进》① 关注犹太社会现代化转型的问题,文章认为犹太史学界在有关犹太社会现代转型起点问题的研究上,经历了科学主义、民族主义、流散地本位、全球史的几重范式转变,透过近两个多世纪以来有关犹太社会现代转型起点问题研究的演进脉络,可以看到不同时代的犹太史学家对于现代性的回应,同时可见时代主题和身份认同对历史分期的深刻影响。陈红梅的文章《犹太民族与城市空间》② 指出,犹太民族是世界上最早城市化的民族,城市藏匿性、便利、充满机遇的特点为饱受排斥的犹太人创造大量经济文化成果提供了方便,而城市空间的人际疏离也在一定程度上治疗了大屠杀幸存者的身心创伤。

李晔梦的《探寻资本主义精神的犹太渊源——对桑巴特〈犹太人与现代资本主义〉的解读》③ 深入探究了资本主义兴起与犹太思想之间的关联性,围绕"桑巴特命题",总结了犹太人对现代经济生活的贡献以及犹太教对现代资本主义精神的启迪,与"桑巴特命题"相关的争论不仅推动了学术界进一步探索犹太人与资本主义的关系这一历史谜题,也深化了对犹太经济社会史以及资本主义起源与动力问题的探讨与思考。李晔梦的另一篇论文《同化主义语境下欧洲犹太知识分子的身份困惑——以卡夫卡为个案的考察》④ 则将卡夫卡的典型事例作为时代的缩影,放在19世纪至20世纪初欧洲犹太人同化的大背景下进行观察,揭示了在反犹主义浪潮一次次的拍打下,被同化的欧洲犹太知识分子对自身"犹太性"身份认知重新被唤醒过程中的困惑与挣扎,卡夫卡的经历再现了世纪之交欧洲犹太人的历史命运,从中可见犹太知识分子群体的内心体验。楚琳在《文化融合与文化均衡:美国犹太裔的文化选择与转向》⑤ 一文中,通过对美国犹太裔的人口特征、身份认同、政治主张等六方

---

① 艾仁贵:《现代性何时进入犹太社会?——有关犹太社会现代转型起点问题研究的演进》,《史学理论研究》2017年第4期。
② 陈红梅:《犹太民族与城市空间》,《世界民族》2017年第3期。
③ 李晔梦:《探寻资本主义精神的犹太渊源——对桑巴特〈犹太人与现代资本主义〉的解读》,《世界历史》2017年第3期。
④ 李晔梦:《同化主义语境下欧洲犹太知识分子的身份困惑——以卡夫卡为个案的考察》,《郑州大学学报》(哲学社会科学版)2017年第4期。
⑤ 楚琳:《文化融合与文化均衡:美国犹太裔的文化选择与转向》,《深圳大学学报》(人文社会科学版)2017年第6期。

面的论述，认为犹太文化在美国不具备内源性生成的条件，而在与外界多元文化的互动中也不得不做出传统与现实的合理化选择，对此，美国犹太人一直秉持着文化融合与自主并行发展的基本立场。

钟志清的论文《犹太人的"回归圣经"：19世纪圣经学术史上的一个有趣现象》① 指出，19世纪一些欧洲犹太学者在欧洲现代圣经批评日新月异而犹太人对圣经知之甚少的语境下，倡导"回归圣经"。其意义既包括"回归圣典"，即研读与阐释圣经文本，也包括"回归圣经时代"，即复兴或重建圣经时代的某种历史与精神特质。

（四）犹太教育、宗教及文学艺术

1. 犹太教育

史大胜、连洁、楚琳的论文《美国犹太学前少数族裔文化课程的目标、内容及实施路径——基于康州J幼儿园的调查分析》② 以田野调查和个案研究为基础，基于霍恩斯坦教育目标分类框架和"文化二分法"理论模式，对美国犹太学前少数族裔文化课程的目标、内容及实施路径进行分析，探讨了美国犹太学前少数族裔文化课程传承本土文化和多元文化的路径。

陈红梅在文章《身份、自我与禁忌：传统犹太母育研究》③ 中，以多部犹太作家作品为例，从禁忌的心理影响分析犹太母亲对于子女的日常教育。文章认为，刻板形象中的犹太母亲表现出对子女的关心与爱护，反映出美国犹太群体融入主流社会过程中的群体焦虑。

2. 犹太宗教

《希伯来圣经》是古代犹太人创造的经典之作，在漫长的历史岁月中一直作为信仰基础影响着犹太人的处事之道。厉盼盼在《哥特瓦尔德的马克思主义希伯来圣经批评理路》④ 中就哥特瓦尔德对《圣经》的观点展开论述，认为

---

① 钟志清：《犹太人的"回归圣经"：19世纪圣经学术史上的一个有趣现象》，《学海》2017年第5期。
② 史大胜、连洁、楚琳：《美国犹太学前少数族裔文化课程的目标、内容及实施路径——基于康州J幼儿园的调查分析》，《民族教育研究》2017年第3期。
③ 陈红梅：《身份、自我与禁忌：传统犹太母育研究》，《湖北民族学院学报》（哲学社会科学版）2017年第5期。
④ 厉盼盼：《哥特瓦尔德的马克思主义希伯来圣经批评理路》，《世界民族》2017年第2期。

哥特瓦尔德成功地将马克思主义理论运用于希伯来圣经批评之中，重构了以亚卫宗教为中心的古以色列社会历史。

胡浩、郑夏的论文《德国历史主义思潮对犹太教科学运动的影响》①指出，在德国历史主义的影响下，犹太教中兴起了一场科学运动，这场运动试图以科学的态度探讨重塑犹太教历史和维持犹太延续性等诸多重大问题，以期确立一种现代意义上的犹太认同，并致力于维护犹太历史的延续性。王宇的《现代犹太宗教暴力的根源、特点及影响》②系统地回顾了现代犹太教暴力因素产生的缘起与发展历程，认为当代巴以冲突暴力不断的重要原因之一，当属犹太宗教观念在中东激烈的矛盾冲突下的充满暴力性的重新诠释，而犹太教两世兼重的性质以及现代以色列国家的犹太性质、多党制等为犹太宗教暴力的兴起提供了助力。

另外，袁嘉惠的《梵二会议后天主教会对于圣约及犹太人回归的不同态度》③认为天主教第二次梵蒂冈大公会议通过的《我们的时代》宣言在动摇了以"取代论"为核心的基督教反犹主义教义的同时，也引发了对于犹太人回归圣地及建国问题的宗教合法性与政治正当性的探讨。胡丹丹的《犹太教免于自证其罪与免于强迫自证其罪特权之比较研究》④则系统地梳理了犹太教免于自证其罪的规定的缘起和发展变化，指出将犹太教免于自证其罪的规定与免于强迫自证其罪特权的比较，对于探寻免于自证其罪规定是否符合现在法律发展要求有着重要的内在价值。

在宗教问题的研究现状方面，李晔梦的论文《当代学者关于犹太教与基督教关系研究的新进展》⑤较为详细地梳理了近半个世纪以来国内外学者在犹太教与基督教的共性、基督教的犹太渊源、两教的互动关系及比较研究等领域的主要成果，肯定了学界在突破传统命题，开阔研究视野方面的

---

① 胡浩、郑夏：《德国历史主义思潮对犹太教科学运动的影响》，《史学月刊》2017 年第 11 期。
② 王宇：《现代犹太宗教暴力的根源、特点及影响》，《学海》2017 年第 3 期。
③ 袁嘉惠：《梵二会议后天主教会对于圣约及犹太人回归的不同态度》，《世界宗教文化》2017 年第 6 期。
④ 胡丹丹：《犹太教免于自证其罪与免于强迫自证其罪特权之比较研究》，《法制博览》2017 年第 12 期。
⑤ 李晔梦：《当代学者关于犹太教与基督教关系研究的新进展》，《世界宗教研究》2017 年第 5 期。

努力,在一定程度体现了中国视角,同时也指出,两教关系的研究中仍存在较为明显的偏见性话语,就国内而言,在研究的深度与系统性方面还亟待加强。

3. 犹太文学

2017年,国内学者对犹太文学领域的关注涉及了女性文学、叙事文学和文学理论等方面。孙鲁瑶的《犹太女性的知识及历史主体性重建——论〈普特梅瑟与赞西比〉对泥人文本的女性主义改写》[1]认为《普特梅瑟与赞西比》一书开创了犹太泥人文本研究的新角度,打破传统泥人叙事中的男性对话语权的垄断,使犹太女性的知识潜力和历史能动性得到发掘,此举具有相当的普适价值,充分表达了对两性平等话语权建构的愿景。

在叙事文学的研究方面,徐颖的论文《〈丹尼尔·德龙达〉对非利士主义的批判》[2]表达了艾略特对非利士文化进行的自内而外的审视和反思,认为本应与希伯来宗教传统一脉相承的基督教英国,却被信仰缺失的现代非利士人占据,而边缘犹太人中却出现护佑希伯来传统的"光明之子",为倾颓的基督教文明提供了光明的指引。钟志清的文章《阿格农的〈昨日未远〉与第二次阿里亚》[3]通过对小说文本的分析,将研究触及阿里亚甚至犹太复国主义运动所产生的负面影响,小说不仅呈现了第二次阿里亚这一现代犹太民族发展过程中的重要事件,而且敏锐地洞悉了其中蕴含的矛盾与悖论,反映了20世纪初到70年代犹太社会与文化的剧变。赵婧的《乔治·艾略特笔下的犹太复国主义》[4]一文认为,艾略特在经历了从反犹到亲犹的态度转变之后,在作品中构建犹太复国主义语境,反对当时欧洲社会流行的反犹思潮,试图通过文学的方式宣扬多元民族和谐共存的理念。赵娜的《他者、流亡与困顿:论〈微光世界的继承者〉中犹太知识分子的困境》[5]以《微光世界的继承者》一书为研究

---

[1] 孙鲁瑶:《犹太女性的知识及历史主体性重建——论〈普特梅瑟与赞西比〉对泥人文本的女性主义改写》,《国外文学》2017年第2期。
[2] 徐颖:《〈丹尼尔·德龙达〉对非利士主义的批判》,《外国语文》2017年第5期。
[3] 钟志清:《阿格农的〈昨日未远〉与第二次阿里亚》,《外国文学评论》2017年第4期。
[4] 赵婧:《乔治·艾略特笔下的犹太复国主义》,《安徽大学学报》(哲学社会科学版)2017年第2期。
[5] 赵娜:《他者、流亡与困顿——论〈微光世界的继承者〉中犹太知识分子的困境》,《西安外国语大学学报》2017年第3期。

对象，从知识价值、知识层级与性别政治意识形态等方面对犹太知识分子的困境进行了剖析，探究了大屠杀背景下欧洲流亡知识分子的边缘化和角色丧失的危机。而刘晓燕在文章《犹太移民美国民族身份的双重叙事建构》[1] 中则以美国作家乔伊斯·卡罗尔·欧茨的小说《掘墓人的女儿》为例，展现了美国犹太人双重身份构建在文学领域的表现，认为这并非一味地迎合或固守，而是来自于双重叙事的微妙平衡。

另外，付杰的《试析犹太史学传统对约瑟夫斯作品的影响》[2] 指出弗拉维乌斯·约瑟夫斯的作品以犹太民族的文化与历史作为主题，虽然带有明显的希腊-罗马史学色彩，但犹太史学对其的影响是决定性的，这一点从他对罗马民族与犹太民族各自未来的思考中可见一斑。

4. 犹太艺术

李晓昀的《从"道德焦虑"到文化焦虑——近年来波兰犹太电影研究》[3] 通过分析近年来波兰以大屠杀为主题的电影，考量其蕴含的对波兰民族历史、国家政治、个体道德、身份认同的敏感度、焦虑感及反思性，寻找影响波兰与犹太关系的深层次因素。吴立昕的《尼尔·西蒙戏剧创作中的犹太族裔文化表达》[4] 选取了尼尔·西蒙的作品《吹响你的号角》、"布莱顿海滩三部曲"、《迷失在扬克斯》进行分析，探究了西蒙在这些剧作中运用犹太文化、犹太主题的特殊性表达出对当代社会的思考和西蒙的这种双重文化身份特质的深层次内涵。

高晓倩的《上海流亡犹太戏剧与文化身份建构》[5] 从戏剧组织、戏剧演出、戏剧创作等方面考察了20世纪30、40年代上海犹太难民在戏剧中进行身份建构的努力以及由此引发的意识形态冲突，文章认为，戏剧是上海犹太难民文化生活中重要的一项，不仅展现了上海犹太难民的精神世界，还是其建构集体和个人身份的有效形式。

---

[1] 刘晓燕：《犹太移民美国民族身份的双重叙事建构》，《贵州民族研究》2017年第9期。
[2] 付杰：《试析犹太史学传统对约瑟夫斯作品的影响》，《史学理论与史学史学刊》2016年第2期。
[3] 李晓昀：《从"道德焦虑"到文化焦虑——近年来波兰犹太电影研究》，《当代电影》2017年第9期。
[4] 吴立昕：《尼尔·西蒙戏剧创作中的犹太族裔文化表达》，《戏剧文学》2017年第3期。
[5] 高晓倩：《上海流亡犹太戏剧与文化身份建构》，《中国比较文学》2017年第1期。

三 硕博学位论文

据不完全统计，2017年国内共发表相关硕博学位论文约40篇，研究主要集中于以色列的历史、宗教和文学艺术等领域，其中不乏佳作。

陈镜亦在《东欧犹太抵抗活动研究》[①]一文中列举第二次世界大战时期东欧纳粹德国控制区内犹太人的种种抵抗活动，并着重分析了其特点与影响。在作者看来，这一时期东欧犹太人的抵抗活动延缓了纳粹大屠杀进程，丰富了犹太民族精神，也为后来以色列的国家建构提供了凝聚力，但同时作者也指出了以色列政府过度运用大屠杀资源的危害。

李景然的论文《巴以和谈与国际社会促谈模式比较研究》[②]依据全球治理的理论，从国际组织和主权国家两方面来研究国际社会解决巴以冲突的历史，并比较了联合国的受制型、美欧的主导型和俄罗斯的务实型这三种促谈模式在政策立场、机制建设和项目运作等方面的异同及其对巴以和谈进程的不同影响。在此基础上，作者提出中国的建设型促谈模式的内涵包括政治上坚持"劝和促谈"、经济上坚持"援助合作"、人文上坚持"民心相通"，在"一带一路"框架下的促谈新路径，为中国参与全球治理提供了新思路。

对犹太人而言，犹太教不仅是宗教信仰，更是作为"犹太人的生活方式"而存在的。苑晓帅的《犹太教的祈祷研究》[③]中通过对历史的梳理和文本分析，对犹太教祈祷仪式规范化的背景、过程及困境与影响进行论述，认为祈祷在犹太民族中间历史悠久，祈祷的规范化在犹太人集体意识强化、对犹太教理解深化、生活方式转化等方面有一定的积极作用，与此同时作者也表达了对犹太教的祈祷仪式如何平衡其规范化的外衣和精神内核方面的思考。徐大伟的论文《弥赛亚犹太教初探》[④]则围绕弥赛亚犹太教的信念和实现、弥赛亚犹太教与犹太教、弥赛亚犹太教与基督教三个话题进行讨论，系统地回顾了弥赛亚犹太教从使徒时代的萌芽到

---

① 陈镜亦：《东欧犹太抵抗活动研究》，硕士学位论文，郑州大学，2017。
② 李景然：《巴以和谈与国际社会促谈模式比较研究》，博士学位论文，上海外国语大学，2017。
③ 苑晓帅：《犹太教的祈祷研究》，硕士学位论文，山东大学，2017。
④ 徐大伟：《弥赛亚犹太教初探》，硕士学位论文，山东大学，2017。

20世纪60、70年代的成熟中间所经历的起伏和变化，指出犹太教与基督教的夹缝中，继续为自己争取存在的合法性和合理性仍将是弥赛亚犹太教未来发展和神学建设的核心议题。李晓哲的论文《古以色列国与良渚文化社会发展模式异同研究——以撒玛利亚与良渚古城聚落形态对比研究为例》[1] 以撒玛利亚与良渚古城聚落形态为例进行对比研究，在社会结构与国家发展理论研究的基础上系统地梳理了撒玛利亚与良渚古城的发展脉络，指出两者间虽表现出一定的相似性，但由于社会内部的差异性发展，二者的性质并不甚相同，最终的发展方向也大相径庭。王强伟的《先知与圣人：古代犹太教与儒学比较研究》[2] 同样运用对比的研究方法，从概念、代表人物、宗教渊源、价值表达和政治参与等方面对文明之间的联系和差异、对话和交流进行探讨，尤其注重从宗教学的视角重新思考二者对于传统和人类文明的意义，以期在此基础上推进两种传统之间的相互认知与彼此理解，为文明对话提供理论基础。

在文学艺术领域，邢葳葳的文章《麦克·谢邦小说的犹太非自然创伤叙事》[3] 通过犹太人物分析、创伤犹太空间分析和叙述策略分析这三个部分探讨了谢邦对犹太创伤主题的独特艺术表现力。作者认为，谢邦在其小说中为犹太创伤主题找到了一个契合的书写可能，即非自然叙事，作为远离大屠杀和犹太流亡历史的美国犹太作家，他用非自然的陌生化书写，建立了美国犹太文学与欧洲大屠杀乃至中世纪欧洲犹太流亡史之间的一种历史继承和发展关系。李雪洁的论文《犹太教视域下勋伯格音乐研究》[4] 通过宗教的视角来阐述犹太教思想对勋伯格的音乐创作和艺术精神的影响，以此来理解勋伯格音乐及其对世界音乐发展的作用。

另外，王安东的论文《兵役经历如何激发创业激情：针对以色列国防军服役经历对企业家精神作用的案例研究》[5] 从服役经历与创业激情的联系入

---

[1] 李晓哲：《古以色列国与良渚文化社会发展模式异同研究——以撒玛利亚与良渚古城聚落形态对比研究为例》，硕士学位论文，山东大学，2017。
[2] 王强伟：《先知与圣人：古代犹太教与儒学比较研究》，博士学位论文，山东大学，2017。
[3] 邢葳葳：《麦克·谢邦小说的犹太非自然创伤叙事》，博士学位论文，上海外国语大学，2017。
[4] 李雪洁：《犹太教视域下勋伯格音乐研究》，博士学位论文，东北师范大学，2017。
[5] 王安东：《兵役经历如何激发创业激情：针对以色列国防军服役经历对企业家精神作用的案例研究》，硕士学位论文，南京大学，2017。

手，深入探究了以色列军队与该国高科技行业之间的独特关系。作者认为，以色列青年通过服兵役，将军中的职业培训、社会关系和行为规范带入工作中，从而给高科技行业的劳动力构成、组织和职能文化等带来深刻影响。论文通过对有服役经历的以色列企业家的访谈，同时引入领导力理论和认同理论建立了一个概念模型，由此解释了兵役经历对创业激情的培养。

四 学术会议

2017年适逢中以建交25周年，以色列总理内塔尼亚胡携众多以色列政要以及企业代表应邀访华，并于3月20日上午参加了在北京举行的"以色列总理商业创新论坛"。内塔尼亚胡发表讲话，表示了对中国以及中以合作前景的十足信心。随后，"以色列国如何调整其战略以结合中国'一带一路'政策"等多主题的分论坛同时展开，来自中以双方几十家企业与政府代表在养老医疗、科技创新等领域签署了多项合作协议。此次会议为推动中以友好关系、落实"一带一路"倡议提供了有力的支持。

2017年3月20~21日，由中国科技部、中国科学院、以色列科技与空间部联合主办，自动化所承办的首届中国—以色列脑科学与类脑智能科技合作研讨会在北京举行，中科院副院长张杰、以色列科技与空间部部长欧夫里·阿库尼斯、首席科学家亚历山大·布莱、中国科技部国际合作司参赞徐捷等出席会议开幕式并致辞。此次论坛后，两国科技部还将就共同资助合作项目和共建联合实验室签署新的合作协议。

2017年3月22日，译书《为什么是以色列》在北京举办新书发布会，此次发布会由社会科学文献出版社和南京大学犹太与以色列研究所主办，分为新书发布和学术研讨两个环节。与会专家学者围绕本书内容以及相关学术领域研究现状、人才培养、相互往来等多角度展开对话，以期为研究犹太文明提供更多元的视角。

2017年9月9日，由河南大学以色列研究中心、郑州大学历史学院及社会科学文献出版社共同举办的《以色列蓝皮书：以色列发展报告（2017）》发布会在京举行。社会科学文献出版社社长谢寿光、中以学术交流促进协会创始

人兼执行董事魏凯丽女士出席了发布会并发表致辞。中国中东学会副会长、郑州大学副校长、《以色列发展报告（2017）》主编张倩红在发布会上做主题发言。国内外诸多知名学者参加会议，就《以色列蓝皮书》的发布以及以色列研究相关问题进行了研讨。

2017年9月20日，为进一步响应国家"一带一路"倡议，深入贯彻落实《西安市"一带一路"建设2017年行动计划》，在西安市人民政府的支持下，由西安市投资合作委员会、国际技术转移协作网络联合承办的西安以色列创新合作专家研讨会顺利召开。中以专家围绕西安与以色列在各领域的创新合作进行了广泛讨论。此次研讨会力求将西安—以色列合作打造成为"一带一路"沿线重点示范机制，同时启动"西安—以色列国际科技创新合作线路图"计划，构建西安—以色列合作资源协作网络。双方希望通过广泛整合国内外资源推动西安与以色列建立创新、经贸、文化、科技等方面全方位的合作体系。

结　语

总体而言，2017年国内在以色列研究方面成果丰硕，内容涉及以色列的历史、政党政治、外交关系经济与创新、军情安全以及社会文化等方方面面，尤其是以《来华犹太难民研究（1933~1945）》为代表的来华犹太难民研究成果大量涌现，凸显了国内犹太以色列研究朝向专业化发展的趋势。另外，《以色列发展报告（2017）》连续第三年出版，获得了学界的好评，反映了中国对以色列的应用型现状研究得到了越来越多的重视。

与此同时，我们也应看到，这其中还存在一些不足之处。较多研究成果虽将目光侧重于现实层面，但没有从以色列历史乃至中东和世界历史大方向的深度剖析；而且，"一带一路"作为当前我国最重要的外交政策倡议，但国内现有的以色列研究对于国家大战略的敏感性仍显不足，对策性研究更为缺乏。总之，国内研究在提高研究水平、深化研究深度、强化咨询服务意识等方面仍有较大的提升空间。

B.24
2017年以色列大事记

梁明辉*

1月2日 以色列总理本雅明·内塔尼亚胡因涉嫌受贿接受调查。以色列警方调查人员在耶路撒冷总理官邸对内塔尼亚胡进行侦讯。主要调查内容为外国商人送给内塔尼亚胡的"价值数十万以色列币"的礼物,内塔尼亚胡则予以否认。

1月4日 以色列国防部的军事法庭做出判决,判定以军士兵阿扎里亚(Azaria)犯有过失杀人罪。阿扎里亚2016年曾涉嫌射杀一名巴勒斯坦袭击者,射杀过程被以色列一个人权组织当场录像,并在网络上传播,引起以色列社会的极大争议,最终导致军事法庭于2016年4月以过失杀人罪起诉阿扎里亚。据悉,以色列士兵阿扎里亚最终获刑18个月。

1月4日 联合国秘书长副发言人哈克在纽约联合国总部称,新任秘书长古特雷斯当天与美国当选总统特朗普通电话。特朗普对联合国安理会通过的谴责以色列在巴勒斯坦被占领土修建定居点的决议表示不满。

1月4日 中国驻以色列大使詹永新应邀出席以色列以中友协暨在华原住民联合会在特拉维夫大学举办的年度奖学金颁发仪式。以色列以中友协主席维纳曼、在华原住民联合会主席克莱恩、以中友协和在华原住民联合会会员、中以青年学生等200余人参加活动。

1月5日 中方同意派遣数千名建筑工人赴以色列进行劳务合作,中国劳工将主要服务于以色列的住房建设,以缓解当地的住房危机。据中国外交部消息,中方建筑工人在施工中将严格遵守联合国2334号决议的有关规定,不会参与巴勒斯坦犹太人被占领土的犹太人定居点建设。

1月6日 以色列常驻联合国代表丹尼·达农证实,以色列打算将今年交

---

* 梁明辉,郑州大学历史学院世界史专业硕士生。

给联合国的会费削减 600 万美元,以此表达对联合国上月通过反以决议的不满。

1月8日 耶路撒冷发生一起恐怖袭击事件,1名司机驾驶卡车冲撞一群士兵,此次袭击导致 4 人丧生、13 人受伤。以色列总理内塔尼亚胡当天表示,这名卡车司机是极端组织"伊斯兰国"的支持者。

1月9日 以色列总理内塔尼亚胡涉嫌受贿和欺诈的案件有了新的进展。以警方发现,内塔尼亚胡曾向以色列《新消息报》所有者阿尔农·莫泽斯提议以商业利益换取报纸对他的正面报道,有录音为证。内塔尼亚胡对此事保持沉默。

1月13日 当天下午,以色列战机空袭了位于叙利亚首都大马士革以西的一处叙利亚军用机场。机场遭到空袭后发生了多次爆炸,多辆救护车赶往现场。叙利亚政府军指挥部对以色列发出警告,并称以色列必须为大马士革附近军事机场发动的导弹袭击付出代价。

1月18日 中国驻以色列大使詹永新、文化部部长助理于群、特拉维夫市长罗恩·胡尔代、以色列外交部副总司长拉菲·卡宗及 600 余位各界人士共同观看了少林寺武僧表演团在特拉维夫苏珊德拉舞剧中心的演出。此次活动为中以建交 25 周年系列纪念活动之一。

1月22日 在美国新总统特朗普宣誓就职之后,以色列决定批准在东耶路撒冷占领区兴建数百个犹太人定居住房。巴勒斯坦总统府当天发表声明,强烈谴责以色列单方举动,并敦促国际社会向以色列施压,尽快执行反对定居点建设的联合国决议。

1月23日 3 名中国建筑劳工自以色列里雄莱锡安市(Rishon Lezion)火车站附近的建筑工地骑电瓶车返回宿舍途中,遭两名戴头盔的匪徒驾车拦截。匪徒使用手枪、铁锤和砍刀等工具将 3 名工人打伤并抢走现金后逃逸。

2月8日 以色列军方晚间发表声明,以色列最南端城市埃拉特当天深夜遭到 4 枚火箭弹袭击,以方"铁穹"火箭弹拦截系统拦下其中 3 枚,另外 1 枚在无人空地爆炸。作为报复,以色列战机 9 日凌晨轰炸了加沙南部与埃及相邻地带,造成 2 名巴勒斯坦人死亡、5 人受伤。

2月19日 中国驻以色列大使詹永新出席特拉维夫红线轻轨项目盾构机始发仪式,并与以色列交通部部长卡茨共同为盾构机揭牌、启动。该盾构机长

115米，直径7.54米，在中铁装备集团隧道掘进机产业中心生产组装完成后，乘船抵达特拉维夫。特拉维夫轻轨项目是以色列建国以来最大的政府特许基础设施建设项目，由中国中铁隧道公司与以色列本土公司组成联营体承包建设。盾构机的始发标志着项目建设进入了快车道。

3月8日 中国驻以色列大使詹永新会见了以色列科技与空间部部长奥菲尔·阿库尼斯。双方就两国关系、中以创新合作以及中以创新合作联委会第三次会议安排等交换了意见。

3月15日 耶路撒冷当天发生极端正统派犹太教徒抗议征兵事件，大批极端正统派犹太教徒集会抗议以色列征兵，拒绝服兵役。

3月16日 以色列军方发布消息称，该国空军对伊斯兰抵抗运动（哈马斯）的两处阵地实施了打击，以回应从加沙地带发射的火箭弹。

3月17日 叙利亚军方称叙军击落4架进入叙领空的以色列军机中的1架。而以色列方面则表示，以色列空军飞机在打击叙利亚境内几处目标后，遭到地面导弹射击。

3月19～21日 以色列总理内塔尼亚胡抵达北京，开始对中国为期3天的正式访问，与他同行的人员还有约90名各领域商界人士组成的商务代表团，堪称以色列出访的史上最大商务代表团。以色列总理商业创新论坛同期在北京万达索菲特酒店举办，近百家来自以色列各领域的企业，以及超过300名中国商界、政界代表出席，并进行中以企业创新合作的签约仪式。内塔尼亚胡还与万达集团董事长王健林、阿里巴巴董事长马云、百度董事长李彦宏等十几位中国顶尖企业代表举行早餐会。

3月21日 中国国家主席习近平当天在钓鱼台国宾馆会见以色列总理内塔尼亚胡，并宣布双方建立创新全面伙伴关系。中国和以色列在北京共同发表《中华人民共和国和以色列国关于建立创新全面伙伴关系的联合声明》。习近平主席指出，两国建立创新全面伙伴关系将进一步推动中以创新合作，更好实现优势互补，为两国人民带来更多实实在在的好处。

3月21日 叙利亚军方表示在戈兰高地击落1架侵犯叙利亚领空的以色列无人机。以色列军方证实无人机被击落。

4月2日 以色列政府当天宣布"大卫弹弓"中程导弹拦截系统在以色列投入全面运行。以色列总理内塔尼亚胡、国防部部长利伯曼以及以军将领和美国国防部官员等出席"大卫弹弓"启动仪式。

4月2日 以色列总统鲁文·里夫林在总统府会见到访的中国首席大检察官、最高人民检察院检察长曹建明一行。双方就加强高层互信、拓宽务实合作、厚植传统友谊，更好对接"一带一路"重大战略和中以创新合作的要求等方面进行了友好会谈。

4月27日 据叙利亚通讯社报道，叙利亚军方确认，当天凌晨发生在大马士革国际机场西南方向的爆炸系以色列空袭所致。

5月1~2日 以色列庆祝第69个独立日，大批公民聚集在城市空地观看以色列的空军表演。根据犹太历，2017年以色列独立日从5月1日日落开始，至5月2日日落结束。

5月4日 由以色列驻华大使馆主办的以色列国独立六十九周年庆祝活动在北京举行。以色列驻华大使何泽伟（Zvi Heifetz）等出席活动。

5月11日 以"梦想点亮未来"为主题的第十六届"汉语桥"世界大学生中文比赛以色列赛区决赛在特尔哈伊学院举行。来自以色列4所大学的10名推荐选手参加，此次活动由中国驻以色列大使馆以及以色列教育部联合举办。以色列各高校中文系和孔子学院的师生、以色列教育部代表及特尔哈伊学院院长约西·梅科里等150多人观摩比赛。

5月11~14日 全国政协外事委员会主任潘云鹤率团访问以色列。访问期间，代表团会见以色列议会副议长巴尔，与以色列议会外交与国防委员会主席迪科特等举行会谈，与以知名专家、学者就"一带一路"倡议举行座谈，访问希伯来大学，并考察中资企业。

5月14日 以色列警方当天在耶路撒冷老城打死1名持刀袭击以警察的约旦游客。以色列警方发言人卢巴·萨姆里表示，事件发生在耶路撒冷老城，1名袭击者持刀刺伤正在这一区域守卫的1名以色列警察，受伤警察随后向袭击者开枪射击。

5月22日 美国总统特朗普开始了其上任后对以色列的首次访问。以色列总统里夫林、总理内塔尼亚胡、议长埃德尔斯坦、首席拉比、各民族宗教领袖和全体内阁成员在特拉维夫机场迎接特朗普。此次访问首要目的是巩固美以友谊，寻求解决巴以和平的途径。特朗普还访问了耶路撒冷哭墙，成首位任上访问哭墙的美国总统。特朗普访问哭墙的行为在阿拉伯世界引发强烈反应。

5月25日 中国—以色列（吉林）经济技术合作交流会在长春开幕，与会者围绕农业领域的合作展开积极探讨并签署相关协议，双方还决定推动中以农企进行互动考察以深化合作成果。交流会期间，以色列公司还与吉林省相关企业签订了战略合作协议，以色列专家还将深入吉林省农场、农业现代化企业考察，对相关技术提出改进建议。近年来，以色列与中国的经济技术合作逐渐密切。

6月4~7日 中国国家宗教事务局局长王作安应邀率团访问以色列，与以政府部门和宗教界人士开展友好交流。在以色列期间，代表团还会见了以外交部、宗教事务部等部门负责人，并同以色列犹太教、伊斯兰教、亚美尼亚教会负责人等座谈，就维护宗教和谐、反对极端主义等议题进行深入交流。

6月6~7日 中共中央政治局委员、广东省委书记胡春华率广东省代表团访问以色列，出席中国（广东）-以色列经贸合作交流会，并会见以色列总理内塔尼亚胡等。胡春华此次率团出访的主要目的是为了进一步落实两国领导人达成的共识，加强与以各层次交流交往，扩大和深化粤以经贸合作。会议现场签署合作项目21个、金额14.65亿美元。

6月9日 山东省商务厅召开新闻发布会，公开招募钢筋工、木工、瓷砖工等建筑类劳务人员赴以色列务工，月薪约1万元人民币。山东省是中以建筑劳务合作试点省份之一。根据《以色列建筑领域集体协议（2015）》规定，赴以色列劳务人员每月工作182小时，最低工资标准将不低于5200新谢克尔/月、特殊存款基金720新谢克尔/月（合计约1万元人民币/月）。以色列雇主将为中国工人提供住所、医疗保险、交通补贴等法定福利。

6月12~13日 中国外交部条法司司长徐宏率团赴以色列，同以色列外交部法律顾问贝克举行中以外交部条法司长（法律顾问）首轮磋商。双方围绕外交法律工作、国际刑事法院、反恐、习惯国际法的识别、联合国与中东和平进程、国家豁免、安理会制裁及外空法等重要国际法问题进行了深入交流。在以期间，徐还分别拜会了以司法部副国家检察官沙斐尔、国际司司长凯普林斯基，就中以双边司法协助、引渡、遣返、资产追回等问题进行了交流。

6月16日 耶路撒冷老城发生两起袭击事件，造成以色列警察1死1伤，另有3名路人受轻伤；3名巴勒斯坦袭击者都被以色列警方打死。

6月20日 以色列总理内塔尼亚胡宣布，以色列已于当日开始在约旦河西岸开始新建犹太人定居点。这是以色列政府25年来首次在约旦河西岸新建犹太人定居点。

6月21日 白宫高级顾问、美国总统特朗普的女婿库什纳抵达以色列，同以色列总理内塔尼亚胡举行会谈，库什纳访以的目的是推动以色列和巴勒斯坦尽早重启和谈。

6月24日 叙利亚政府军司令部确认，当天以色列战机对叙利亚进行了袭击，导致靠近以色列的库奈特拉部分军事设施及居民楼遭到袭击，造成了人员伤亡和物资损失。

6月28日 "中国（内蒙古）—以色列科技合作与技术转移大会"在内蒙古自治区呼和浩特市举办，来自以色列15家科技企业代表和内蒙古79家科技企业、高校、院所机构代表共计300余人参加。此次会议由自治区科技厅与以色列驻华大使馆共同主办，旨在进一步加强内蒙古与以色列战略对接。

6月29日 以色列前总理奥尔默特的律师当天表示，正在狱中服刑的奥尔默特已获准提前出狱。律师称，假释委员会已经批准奥尔默特提前出狱，预计他会在7月2日获释。去年2月15日，因腐败受贿及妨碍司法公正获罪的奥尔默特开始服刑，成为以色列建国以来首位入狱服刑的前总理。

7月6日 据以色列国防军高级军官透露，以色列将于今年年底前建成新的网络司令部。近年来，以色列加快组建网络战力量和开发网络攻防技术，完善网络空间战略和网络作战理论，具备了较强的网络战实战能力，其政府和军事部门的网络系统也被认为是世界上最安全的网络之一。

7月16日 以色列警方在通往圣殿山的入口以及阿克萨清真寺门口加装金属探测器，并将在该区域加设摄像头。负责管理阿克萨清真寺等宗教设施的伊斯兰宗教基金会瓦克夫表示强烈不满，并认为以色列警方此举将导致"现状发生改变"，因而拒绝向警方开放阿克萨清真寺大门。同时要求穆斯林在以色列警方新增安保设施拆除前不要前往阿克萨清真寺。

7月21日 约旦多个城市爆发大规模反以色列游行，数万民众涌上街头，抗议以色列近期对耶路撒冷老城穆斯林"尊贵禁地"（以色列称为圣殿山）采取的行动，要求以色列立即停止此类行径。

7月22日 由于以色列单方面在阿克萨清真寺门口加装金属探测器，巴勒斯坦国总统阿巴斯当天在约旦河西岸城市拉姆安拉宣布，停止巴勒斯坦与以色列的联系。

7月23日 以色列媒体称加沙向以色列境内发射1枚火箭弹,火箭弹在空中爆炸解体,并未造成人员伤亡和财产损失。以国防军证实了这一消息,但无法确认是否是加沙哈马斯所为。随后,以色列国防军在约旦河西岸地区展开例行军事行动,拘捕了9名巴勒斯坦伊斯兰抵抗运动(哈马斯)成员。有以色列媒体披露其中包括哈马斯高级官员,行动中还有另外20人被拘捕。

7月25日 以色列总理办公室当天凌晨发表声明称,以色列安全内阁已经决定拆除安装在耶路撒冷老城圣殿山入口处的金属探测门。

8月6日 以色列对外宣布将计划关闭卡塔尔半岛电视台驻该国的工作站。以色列当局指责半岛电视台在最近发生在圣城耶路撒冷的冲突事件中报道不实,有着涉嫌"支持恐怖主义、为以色列敌对势力服务"的嫌疑。

8月14日 广东以色列理工学院在汕头举行2017年开学典礼。汕头市人民政府副市长林依民、以色列驻广州总领事馆领事南可安等出席会议。据了解,广东以色列理工学院今年共录取内地新生222人。

9月5日 以色列国防军开始在以北部地区开始为期10天的军事演习,以军方称此次军演规模为近20年来之最。军演于当地时间5日凌晨开始,持续至14日。具体地点在以北部与黎巴嫩边境附近,参演士兵多达数千人,动用的装备包括军舰、无人机、战斗机和直升机等。

9月7日 叙利亚政府军表示,以色列当天对位于叙利亚西部的一处军事设施发动空袭,造成2人死亡。叙利亚危机爆发以来,由于叙政府军和叛军经常在边境地带交火,常有来自叙利亚的流弹落入以色列境内,以色列也多次对叙境内军事目标实施打击。

9月7日 以"军民融合·科技创新·开放合作"为主题的第五届中国(绵阳)科技城国际科技博览会开幕式在四川绵阳举行,此次会议由以色列担任主宾国。李克强总理和以色列总理内塔尼亚胡向第五届中国科技城国际科技博览会致贺信。

9月19日 以色列国防军发言人罗嫩·曼尼利斯说,以军当天使用"爱国者"拦截导弹,击落一架试图从叙利亚进入以色列领空的无人机。曼尼利斯说,无人机为伊朗制造,黎巴嫩真主党武装利用其搜集情报,从叙利亚进入以色列领空前被击落。

9月20日 以色列总理内塔尼亚胡在联合国大会上发言称,以色列致力于实现与包括巴勒斯坦在内的所有阿拉伯邻国的和平。内塔尼亚胡承认,已准备同美总统特朗普就解决中东地区冲突开展合作,双方在此前一天举行会晤。

9月26日 以色列警方消息称,约旦河西岸当天发生袭击事件,造成3名以色列人遇害,1人受伤。警方表示,1名巴勒斯坦人在约旦河西岸定居点入口处对以色列安全人员开枪,造成3人死亡,1人受伤。开枪者随后被击毙。

10月10日 以色列国防军北方一处基地遭窃,至少24支枪榴弹和数千发5.56毫米子弹被盗。军方称,以色列军队近年来曾多次被盗,盗贼往往把从陆军基地偷来的枪支弹药通过各种渠道转交给恐怖分子及其他犯罪组织。

10月12日 美国宣布退出联合国教科文组织,称该组织"对以色列存在偏见",同时表示该机构需要进行改革。联合国教科文组织方面对美国的决定表示遗憾。就在美国宣布退出后不久,以色列表示将同美国一道退出。

10月17日 以色列文物管理局考古学家乔·尤齐耶尔博士在当天举行的新闻发布会上表示,他们在对西墙进行考古发掘时,发现了1座被掩埋1700年左右的约15米宽、8米高的墙体。通过分析鉴定出土的陶片和钱币,他们推断墙体建于古罗马时期。

10月16日 以色列总理内塔尼亚胡当天发表声明称,以色列空军战机当天空袭了位于叙利亚首都大马士革以东约50千米的一个叙远程地空导弹阵地。以色列空军发表声明称,以军在此次空袭中使用4枚炸弹,摧毁了叙军一个萨姆-5高空远程地空导弹连。以军战机当天早些时候曾遭到该导弹连的袭击。

10月23日 德国政府发言人塞伯特当天表示,德国已批准向以色列出售3艘潜艇,并将会为这项总额为15亿欧元的交易提供高额的政府资助。此前,这项交易谈判因涉嫌腐败问题而被德国总理默克尔暂停3个月。这笔交易将对以色列充实海军装备产生积极影响。

10月25日 以色列当地时间25日批准在东耶路撒冷一处犹太定居点新建176套住房。这一定居点位于阿拉伯人聚居的贾巴勒穆卡贝尔社区内。以色列的单方举动引发巴勒斯坦的强烈谴责。

10月25日 驻以色列大使詹永新应约会见以色列财政部部长摩西·卡隆。詹大使向卡隆介绍了中国党的十九大的有关情况,表示中国将在以习近平总书记为核心的新一届党中央领导下继续深化改革,扩大对外开放,与包括以色列在内的世界各国进一步发展友好合作关系。卡隆对中国共产党第十九次全国代表大会的成功召开表示祝贺。双方还就共同推进中以劳务合作等事宜交换了意见。

11月2日 为庆祝中以建交25周年，为期一周的以色列文化周活动在成都启幕。以色列驻成都总领事馆将通过举办摄影展、播放纪录片、组织讲座等多种形式让人们了解以色列文化。

11月3日 巴勒斯坦"伊斯兰圣战组织"（杰哈德）表示，以色列炸毁通向加沙地带隧道的死亡人数上升至12人。该隧道在加沙南部城市汗尤尼斯附近的边境围栏下。该隧道为2014年巴以战争后所建，以色列军队已经对该隧道监视了一段时间。

11月5日 以色列国防军当天在南部奥弗达空军基地开始举行代号为"蓝旗"的大规模空军联合演习，美国、希腊、波兰、德国、法国、意大利、印度等多国空军参加。

11月7日 以色列政府称，为应对外部的威胁，正在沿与约旦的边界修建30米高的隔离墙。以色列国防部表示，沿约旦边界修建的隔离墙高30米，总造价8500万美元，已在以约边界15千米长的地区排除了数十枚地雷。

11月9日 耶路撒冷市政规划和建设委员会当天批准在东耶路撒冷一处犹太人定居点新建240套住房。耶路撒冷副市长梅厄·图尔杰曼说，此举旨在增强阿拉伯人聚居的东耶路撒冷地区犹太人的存在感。

11月13日 以色列旅游部在广州启动冬季路演。参加此次路演的有30余家来自以色列各地的地接社、酒店、航空公司，及特色产品资源商如化妆品、钻石公司等代表。今年1~10月，造访以色列的中国游客已超过93000人次，同比去年增长了54%，相较于2015年同比增长142%。

11月30日 当天下午，杰哈德向位于加沙地带东北部一处建设中的以军防御阵地发射了10~12枚迫击炮弹，以军方随即针对杰哈德和伊斯兰抵抗运动（哈马斯）的阵地发动了地面和空中轰炸。

12月6日 以色列国防军当天宣布，从美国引进的9架F-35战机正式列装以色列空军"金鹰"140中队。以方表示，以色列空军需要高质量的空中力量来应对中东地区不断演变和复杂的挑战。

12月6日 美国总统特朗普当天宣布承认耶路撒冷为以色列首都。多方担

忧此举将增加中东地区的不稳定性。以色列总统、总理分别发表声明。以总统里夫林在声明中称，特朗普的决定是对以色列明年建国70周年"最合适最美丽的礼物"。以总理内塔尼亚胡在声明中感谢特朗普"公正而勇敢的决定"，称其为"实现和平的重要一步"，并称当天（6日）为以色列"历史性的一天"。

12月7日 以军计划在耶路撒冷周围重新部署作战部队，以应对美国总统特朗普宣布承认耶路撒冷为以色列首都后可能引发的动荡局面。以军表示，根据总参谋部对当前局势的评估，军方决定在耶路撒冷附近的撒玛利亚和犹地亚两个地区加强部署数个营的作战部队。以军还制订了应对突发事态的预案，部分快速反应部队进入戒备状态。

12月7日 巴勒斯坦民众当天走上东耶路撒冷、约旦河西岸和加沙地带街头，抗议美国总统特朗普6日宣布承认耶路撒冷为以色列首都。

12月8日 美国总统特朗普单方面宣布承认耶路撒冷为以色列首都，令以巴局势急转直下，也加剧了巴勒斯坦伊斯兰抵抗运动（哈马斯）和以色列之间的冲突。当地时间8日晚，哈马斯再向以色列连发两枚火箭，以方随后强硬回击，并空袭了哈马斯的据点。

12月9日 以色列国防军发表声明，截至当天傍晚，巴勒斯坦抗议示威活动规模较8日大幅度下降。以国防军8日夜间空袭了加沙地带，作为对巴勒斯坦伊斯兰抵抗运动（哈马斯）火箭弹袭击的回应。

12月9日 以色列国内因总理内塔尼亚胡的贪腐丑闻，引发大规模示威。过万示威者当天集结于特拉维夫街头，手持标语、高喊口号，要求内塔尼亚胡下台及入狱，此举令内塔尼亚胡陷入腹背受敌的境地。

12月14日 以军新闻处发布消息称，以色列出于安全理由于当天关闭了与巴勒斯坦加沙地带的边界。据报道，所采取的决定涉及两个过境点——凯里姆沙洛姆及埃雷兹。

12月23日 以色列总理内塔尼亚胡正式宣布，以色列将于2018年底退出联合国教科文组织。据报道，内塔尼亚胡已指示以色列驻联合国教科文组织代表提交一封正式的信，宣布以色列有意离开教科文组织。

12月30日 以空军当晚出动战机轰炸了巴勒斯坦伊斯兰抵抗运动（哈马斯）位于加沙地带南部的一个观察哨所。以色列国防军称，此次军事打击是对前一日哈马斯向以南部发射火箭弹的回应。

B.25 以色列主要统计数据

马丹静*

目 录

- 表1 全球犹太人口分布情况统计（2017年1月1日）
- 表2 1882~2016年世界犹太人口及以色列犹太人口统计
- 表3 2017年上半年以色列月移民人数及来源地统计
- 表4 以色列主要经济指标统计（2017年）
- 表5 以色列和经合组织成员国人均GDP指数、购买力平价和价格水平指数统计（2017年）
- 表6 以色列和经合组织成员国发展指标统计（2016~2017年）
- 表7 以色列国内生产总值、实际收入和贸易得失统计（2010~2017年）
- 表8 以色列国内生产总值和国民收入统计（2011~2017年）
- 表9 以色列进口商品和服务统计（2011~2017年）
- 表10 以色列出口商品和服务统计（2011~2017年）
- 表11 以色列政府消费支出统计（2011~2017年）
- 表12 2018年彭博社创新指数排行榜（前50名）

---

* 马丹静，河南大学以色列研究中心副教授。

表1 全球犹太人口分布情况统计（2017年1月1日）

单位：人

国家和地区	总人口①	核心犹太人口 (Core Jewish population)②	双亲是犹太人的人口③	符合回归法的人口④
全球	7414801000	14511100	17645650	23311000
美洲国家合计	997031000	6470600	8965100	13406500
百慕大	65000	100	200	400
加拿大	36200000	390000	450000	700000
美国	323900000	5700000	8000000	12000000
北美国家合计⑤	360231000	6090100	8450200	12700400
巴哈马	400000	300	500	800
哥斯达黎加	4900000	2500	2800	3400
古巴	11200000	500	1000	2000
多米尼加	10600000	100	200	400
萨尔瓦多	6400000	100	200	400
危地马拉	16600000	900	1200	1800
牙买加	2700000	200	300	500
墨西哥	128600000	40000	45000	65000
荷属安的列斯	365000	300	500	800
巴拿马	4000000	10000	11000	13000
波多黎各	3400000	1500	2000	3000
维尔京群岛	110000	400	600	800
其他	28725000	200	300	700
中美加勒比海国家合计	218000000	57000	65600	92600
阿根廷	43600000	180500	270000	350000
玻利维亚	11000000	500	700	1000
巴西	206100000	93800	120000	180000
智利	18200000	18300	21000	30000
哥伦比亚	48800000	2200	2800	3600
厄瓜多尔	16500000	600	800	1200

续表

国家和地区	总人口	核心犹太人口（Core Jewish population）	双亲是犹太人的人口	符合回归法的人口
巴拉圭	7000000	1000	1300	1900
秘鲁	31500000	1900	2300	3500
苏里南	500000	200	400	800
乌拉圭	3500000	16900	20000	27500
委内瑞拉	31000000	7600	10000	14000
南美国家合计⑥	**418800000**	**323500**	**449300**	**613500**
欧洲国家合计	**818470000**	**1359100**	**1771100**	**2722500**
奥地利	8800000	9000	14000	20000
比利时	11300000	29300	35000	45000
保加利亚	7100000	2000	4000	7500
克罗地亚	4200000	1700	2400	3500
塞浦路斯	1200000	100	200	400
捷克	10600000	3900	5000	8000
丹麦	5700000	6400	7500	9500
爱沙尼亚	1300000	2000	2600	4500
芬兰	5500000	1300	1600	2200
法国⑦	64640000	456000	530000	700000
德国	82600000	116500	150000	275000
希腊	10800000	4200	5500	7000
匈牙利	9800000	47500	75000	130000
爱尔兰	4700000	1600	2000	2800
意大利	60600000	27300	34000	48000
拉脱维亚	2000000	4800	8000	16000
立陶宛	2900000	2600	4700	10000
卢森堡	600000	600	800	1200
马耳他	400000	100	200	400
荷兰	17000000	29800	43000	60000
波兰	38400000	3200	5000	10000
葡萄牙	10300000	600	800	1200
罗马尼亚	19800000	9200	13500	20000
斯洛伐克	5400000	2600	3600	6000
斯洛文尼亚	2100000	100	200	400

续表

国家和地区	总人口	核心犹太人口 (Core Jewish population)	双亲是犹太人的人口	符合回归法的人口
西班牙	43300000	11800	15000	20000
瑞典	9900000	15000	20000	30000
英国⑧	65800000	289500	330000	410000
欧盟28国合计	**506740000**	**1078700**	**1313600**	**1848600**
白俄罗斯	9500000	10000	18000	33000
摩尔多瓦	3600000	3400	5700	11000
俄罗斯⑨	144300000	176000	290000	570000
乌克兰	42700000	53000	97000	200000
苏联共和国合计	**200100000**	**242400**	**410700**	**814000**
苏联欧洲部分合计⑩	**206300000**	**251800**	**426000**	**844500**
直布罗陀	30000	600	700	900
挪威	5200000	1300	1500	2500
瑞士	8400000	18700	22000	28000
西欧其他国家合计⑪	**14130000**	**20600**	**24200**	**31400**
波黑	3500000	500	800	1200
马其顿	2100000	100	200	400
塞尔维亚	7100000	1400	2100	3500
土耳其⑫	79500000	15300	19300	23000
其他	5300000	100	200	400
巴尔干半岛国家合计	**97500000**	**17400**	**22600**	**28500**
亚洲国家合计	**4356300000**	**6486600**	**6693850**	**6918700**
以色列⑬	8230200	6057700	6245750	6433800
西岸⑭	2904400	393300	397500	401700
加沙⑮	1789100	0	0	0
以色列和巴勒斯坦合计⑯	**12923700**	**6451000**	**6643250**	**6835500**
以色列国合计⑰	**8631900**	**6451000**	**6643250**	**6835500**
亚美尼亚	3000000	100	200	400
阿塞拜疆	9800000	8100	10500	22000
格鲁吉亚	4000000	1700	4500	8700
哈萨克斯坦	17800000	2800	4800	9600
吉尔吉斯斯坦	6100000	400	700	1500
土库曼斯坦	5400000	200	300	600
乌兹别克斯坦	31900000	3400	6000	10000

续表

国家和地区	总人口	核心犹太人口（Core Jewish population）	双亲是犹太人的人口	符合回归法的人口
苏联亚洲部分合计[18]	86600000	16700	27000	52800
中国[19]	1386100000	2700	2900	3500
印度	1328900000	5000	6000	8000
印度尼西亚	259400000	100	200	400
伊朗	79500000	8500	11000	13000
日本	125300000	1000	1200	1600
菲律宾	102600000	100	200	400
新加坡	5600000	900	1000	1400
韩国	50800000	100	200	400
叙利亚[20]	17200000	100	200	400
中国台湾地区	23500000	100	200	400
泰国	65300000	200	300	500
其他	812576300	100	200	400
亚洲其他国家合计	4256776300	18900	23600	30400
非洲国家合计	1203000000	74000	81900	96900
埃及	93500000	100	200	400
埃塞俄比亚	101700000	100	500	2500
摩洛哥	34700000	2200	2500	2900
突尼斯	11300000	1100	1200	1400
北非国家合计[21]	331000000	3500	4400	7200
博茨瓦纳	2200000	100	200	400
刚果（金）	79800000	100	200	400
肯尼亚	45400000	300	500	900
马达加斯加	23700000	100	200	400
纳米比亚	2500000	100	200	400
尼日利亚	186500000	100	200	400
南非	55700000	69300	75000	85000
津巴布韦	16000000	200	600	1000
其他	460200000	200	400	800

续表

国家和地区	总人口	核心犹太人口（Core Jewish population）	双亲是犹太人的人口	符合回归法的人口
撒哈拉以南非洲国家合计[22]	872000000	70500	77500	89700
大洋洲国家合计	40000000	120800	133700	166400
澳大利亚	24100000	113200	125000	155000
新西兰	4700000	7500	8500	11000
其他	11200000	100	200	400

注：①数据来自人口资料局（2017），2016年年中估计，经过微小调整。
②包括所有在被询问时承认自己是犹太人的，或者被同一家庭的其他成员认可为犹太人，并且没有其他宗教信仰的人；也包括父母一方是犹太人，本人又没有什么宗教信仰或民族认同的人。
③包括核心犹太人、据说有部分犹太血统的人和其他所有现在已不是犹太人，但双亲中有一个是犹太人的人。
④包括犹太人、犹太人的子女、犹太人的孙子孙女，和他们各自的配偶，不管他们是否具有犹太身份证明。
⑤包括因境内的核心犹太人口不足100而未被列入的国家和地区。
⑥包括因境内核心犹太人口不足100而未被列入的国家和地区。
⑦包括摩纳哥。
⑧包括海峡群岛和英属马恩岛。
⑨包括亚洲地区。
⑩包括上面已经算入欧盟国家之内的波罗的海国家。
⑪包括因境内的核心犹太人口不足100而未被列入的国家和地区。
⑫包括亚洲地区。
⑬包括东耶路撒冷和戈兰高地，不包括西岸。
⑭⑮2017年1月1日，作者对巴勒斯坦总人口的估计数字进行了修订，修订后的结果是：西岸（不包括东耶路撒冷）：2448800人；加沙：1750600人；总计：4199400人。西岸人口也包括377200个犹太人以及8300个犹太家庭的非犹太成员，总计385500个犹太人及其他人。而报告显示的西岸总人口2834300人中包括巴勒斯坦人、犹太人和其他居民。
⑯不包括外国劳工和难民。
⑰由以色列法律制度界定的以色列常住（合法）总人口，不包括外国劳工和难民。
⑱包括因境内的核心犹太人口不足100而未被列入的国家和地区。
⑲包括中国香港和中国澳门。
⑳包括黎巴嫩的犹太人口。
㉑包括因境内的核心犹太人口不足100而未被列入的国家和地区。
㉒不包括苏丹和埃塞俄比亚，这两国算在北非国家中。
资料来源：《美国犹太年鉴》，Sergio DellaPergola, "World Jewish Population, 2017," in Arnold Dashefsky & Ira M. Sheskin, eds., *American Jewish Year Book 2017*, New York: Springer, 2018, pp. 356-362。

表2　1882~2016年世界犹太人口及以色列犹太人口统计

年份*	以色列犹太人口（千）	世界犹太人口（千）**	以色列犹太人口在世界犹太人口中的比例(%)***
1882年	24	7800	0
1900年	50	10600	1
1914年	85	13500	1
1916~1918年	56	13800	0
1922年10月23日	84****	14400	1
1925年	136	14800	1
1931年11月18日	175****	15700	1
1939年	449	16600	3
1948年5月15日	650	11500	6
1955年	1590	11800	13
1970年	2582	12630	20
1975年	2959	12740	23
1980年	3283	12840	25
1985年	3517	12870	27
1990年	3947	12896	31
1995年	4522	13164	34
2000年	4955	13212	38
2005年	5314	13538	39
2010年	5803	13925	42
2011年	5901	14011	42
2012年	6000	14119	42
2013年	6104	14215	43
2014年	6219	14312	43
2015年	6335	14411	44
2016年	6446	14511	44

注：*除非另有说明，否则都是截至当年年底的数据；**修正后的粗略估计。以色列之外国家的犹太人口指的是核心犹太人口，包括认为自己是犹太人，或者父母是犹太人，本人又没有什么宗教或民族认同的人；***以色列犹太人在世界犹太人口中的百分比；****英国委任统治时期的人口普查数据。

资料来源：以色列中央统计局，http：//www.cbs.gov.il/reader/shnaton/templ_shnaton_e.html?num_tab = st02_11&CYear = 2017。

表3 2017年上半年以色列月移民人数及来源地统计

单位：人

	来源地	上半年移民人数	移民月份					
			1月	2月	3月	4月	5月	6月
	合计	7406	1044	1228	1401	914	1485	1334
	亚美尼亚	13	4	1	0	6	0	2
	立陶宛	14	3	1	5	4	0	1
	拉脱维亚	26	6	0	2	9	7	2
	爱沙尼亚	3	0	1	0	0	2	0
	白俄罗斯	426	66	57	63	58	88	94
	乌克兰	2956	349	438	590	252	734	593
	俄罗斯	3546	539	623	669	513	608	594
	摩尔多瓦	93	19	21	17	13	14	9
	格鲁吉亚	77	26	20	10	7	9	5
	阿塞拜疆	44	6	11	9	9	3	6
东欧	哈萨克斯坦	55	3	6	8	23	8	7
	土库曼斯坦	7	1	0	6	0	0	0
	乌兹别克斯坦	83	3	41	12	14	3	10
	吉尔吉斯斯坦	10	0	0	4	0	4	2
	罗马尼亚	6	1	2	0	0	1	2
	南斯拉夫	1	0	0	0	1	0	0
	克罗地亚	3	0	1	0	0	0	2
	保加利亚	6	0	0	2	0	2	2
	阿尔巴尼亚	5	5	0	0	0	0	0
	捷克	4	1	1	0	2	0	0
	斯洛伐克	1	0	0	0	1	0	0
	匈牙利	27	12	4	4	2	2	3
	合计	1691	319	287	302	246	218	319
	希腊	6	1	0	1	1	0	3
	德国	58	9	12	8	15	1	13
	奥地利	16	4	4	2	1	4	1
西欧	瑞士	31	7	8	6	3	6	1
	芬兰	2	1	0	0	0	1	0
	瑞典	11	5	3	3	0	0	0
	挪威	1	0	0	0	1	0	0
	英国	173	28	19	51	19	29	27
	爱尔兰	1	0	1	0	0	0	0

续表

	来源地	上半年移民人数	移民月份					
			1月	2月	3月	4月	5月	6月
西欧	荷兰	24	5	4	8	4	1	2
	比利时	52	3	10	15	8	11	5
	卢森堡	1	0	0	0	1	0	0
	法国	1211	227	203	197	181	152	251
	葡萄牙	5	0	2	0	3	0	0
	西班牙	47	10	15	3	2	7	10
	意大利	52	19	6	8	7	6	6
北美	合计	924	122	155	167	148	160	172
	加拿大	100	13	17	22	11	24	13
	美国	788	99	136	135	130	134	154
	墨西哥	36	10	2	10	7	2	5
中南美洲	合计	640	157	110	133	114	77	49
	巴拿马	5	1	4	0	0	0	0
	委内瑞拉	48	11	15	8	8	3	3
	哥伦比亚	27	7	8	3	2	4	3
	厄瓜多尔	3	0	0	1	2	0	0
	秘鲁	11	4	0	2	2	1	2
	玻利维亚	2	0	1	0	0	1	0
	巴西	346	88	60	68	60	37	33
	乌拉圭	35	3	4	6	15	3	4
	阿根廷	152	41	15	41	24	27	4
	智利	11	2	3	4	1	1	0
非洲部分国家	合计	331	48	50	20	13	13	187
	埃塞俄比亚	178	4	0	0	0	0	174
	南非	152	44	50	19	13	13	13
	非洲其他国家	1	0	0	1	0	0	0
亚洲部分国家	合计	90	6	3	7	6	5	63
	塞浦路斯	7	4	0	1	2	0	0
	印度	79	2	1	4	4	5	63
	中国	2	0	2	0	0	0	0
	韩国	2	0	0	2	0	0	0
大洋洲	合计	108	35	20	16	9	19	9
	澳大利亚	108	35	20	16	9	19	9
南美其他国家	合计	5	—	1	4	—	—	—

续表

来源地		上半年移民人数	移民月份					
			1月	2月	3月	4月	5月	6月
非洲其他国家	合计	50	—	10	29	2	6	3
亚洲其他国家	合计	12	1	4	2	1	2	2
其他国家和地区	合计	243	39	42	35	28	50	49
	土耳其	189	25	30	24	22	48	40
	泰国	6	1	0	1	3	0	1
	新加坡	2	0	1	0	0	0	1
	中国台湾地区	1	0	0	1	0	0	0
	中国香港地区	3	0	1	1	0	0	1
	乌干达	1	0	0	0	0	0	1
	津巴布韦	2	0	2	0	0	0	0
	刚果	1	1	0	0	0	0	0
	波兰	4	1	0	0	2	0	1
	塞尔维亚	4	1	1	0	0	0	2
	摩纳哥	1	1	0	0	0	0	0
	哥斯达黎加	7	2	2	1	1	1	0
	萨尔瓦多	2	1	0	0	0	0	1
	洪都拉斯	1	1	0	0	0	0	0
	多米尼加	1	0	0	1	0	0	0
	巴哈马	2	0	1	0	0	0	1
	瓜德罗普	5	0	0	4	0	1	0
	巴拉圭	6	0	4	2	0	0	0
	法属波利尼西亚	5	5	0	0	0	0	0
总计	总计	11500	1771	1910	2116	1481	2035	2187

资料来源：以色列移民吸收部，http://www.moia.gov.il/Hebrew/InformationAndAdvertising/Statistics/Documents/2017/OLIM1A.xls。

表4 以色列主要经济指标统计（2017年）

		1月	2月	3月	4月	5月	6月
零售业	零售商品收入指数（基数：2011=100）	126.4	117.7	138.9	131.2	130.4	132.8
	连锁商店销售指数（基数：2008=100）	120.2	108.5	130.6	129.4	120.9	122.9

续表

		1月	2月	3月	4月	5月	6月
旅游业（千）	旅游酒店入住人次-以色列人	9512	9368	10799	13805	12792	15220
	旅游酒店入住人次-游客	7975	8376	11129	11472	13060	10874
	乘飞机到达的游客	2281	2510	3066	3706	3631	3296
出口商品（百万新谢克尔）	除船舶、飞机、钻石之外的商品	181298	151015	194098	149792	173638	157618
	制造业、采石、采矿业（不包括钻石加工业）	175109	144312	188330	145574	170081	166988
制造业、采石、采矿业生产产品（基数：2011=100）		123.7	113.3	104.4	124.4	100.8	113.5
雇工岗位合计（基数：2011=100）		116.6	116.6	117.9	116.7	118.4	119.7
进口商品（百万新谢克尔）	除船舶、飞机、钻石、燃料之外的商品	198059	179207	196256	176044	195982	186196
	消费品	48820	48235	52002	43892	49333	47460
	耐用品	17874	16535	20398	17474	21874	20484
	经济产业的投资商品（飞机和船舶除外）	39821	37374	42491	37735	41512	38305
	进口机器和设备	28852	28093	27550	24610	25784	24773
	原材料（钻石和燃料除外）	109222	93388	101575	94250	104585	100206
消费品价格指数（基数：2016=100）	除住房、水果和蔬菜之外的消费品	99.6	99.4	99.6	99.8	100.3	99.7
	除住房之外的消费品	99.6	99.5	99.7	100.0	100.6	99.6
	全部消费品	99.8	99.8	100.1	100.3	100.7	100.0
		7月	8月	9月	10月	11月	12月
零售业	零售商品收入指数（基数：2011=100）	130.1	144.8	132.8	133.8	137.2	143.3
	连锁商店销售指数（基数：2008=100）	123.0	133.8	131.5	124.8	131.1	126.5
旅游业（千）	旅游酒店入住人次-以色列人	17377	21950	14267	14108	10937	12925
	旅游酒店入住人次-游客	10350	8794	8123	14567	13670	9130
	乘飞机到达的游客	2947	2781	3026	4486	3664	3067
出口商品（百万新谢克尔）	除船舶、飞机、钻石之外的商品	148537	168791	147124	154741	170834	179666
	制造业、采石、采矿业（不包括钻石加工业）	147782	167244	145603	152626	167690	179969

续表

		7月	8月	9月	10月	11月	12月
制造业、采石、采矿业生产产品（基数：2011=100）		120.0	114.5	113.2	107.9	107.0	121.0
雇工岗位合计（基数：2011=100）		120.2	117.3	115.9	116.7	117.5	—
进口商品（百万新谢克尔）	除船舶、飞机、钻石、燃料之外的商品	209636	214489	181252	197956	187712	214032
	消费品	53472	55957	46129	48804	46190	49606
	耐用品	24114	20984	17030	19081	18511	22451
	经济产业的投资商品（飞机和船舶除外）	50345	47059	43620	44732	41024	56908
	进口机器和设备	31882	33373	33407	33192	29983	41092
	原材料（钻石和燃料除外）	105628	111257	91367	104238	100325	107237
消费品价格指数（基数：2016=100）	除了住房、水果和蔬菜之外的消费品	99.3	99.4	99.2	99.6	99.5	99.6
	除了住房之外的消费品	99.2	99.5	99.4	99.8	99.5	99.4
	全部消费品	99.9	100.2	100.3	100.6	110.3	100.4

资料来源：以色列中央统计局，http：//www.cbs.gov.il/hodaot2018n/22_18_057t1.pdf。

表5 以色列和经合组织成员国人均GDP指数、购买力平价和价格水平指数统计（2017年）

	购买力平价和价格水平指数		人均GDP指数 经合组织=100
	购买力平价（1）	价格水平指数（2） 经合组织=100	基于购买力平价
以色列	3.77	119	88
经合组织整体	—	100	100
奥地利	0.798	102	120
澳大利亚	1.52	132	110
意大利	0.712	91	91
冰岛	140	149	121
爱尔兰	0.806	103	174
美国	1	114	136
比利时	0.808	104	110
德国	0.778	100	116

续表

	购买力平价和价格水平指数		人均GDP指数 经合组织=100
	购买力平价(1)	价格水平指数(2) 经合组织=100	基于购买力平价
丹 麦	7.36	127	116
荷 兰	0.808	104	121
匈牙利	138	57	65
英 国	0.703	103	100
土耳其	1.38	43	63
希 腊	0.594	76	63
日 本	98.2	100	100
卢森堡	0.891	114	239
墨西哥	9.29	56	42
挪 威	10.2	141	139
新西兰	1.48	119	92
斯洛伐克	0.487	62	73
西班牙	0.656	84	87
波 兰	1.78	54	66
葡萄牙	0.583	75	74
芬 兰	0.897	115	104
捷 克	12.9	63	84
法 国	0.798	102	98
韩 国	879	88	88
加拿大	1.26	110	106
瑞 典	9.12	121	116
瑞 士	1.21	140	149

注：（1）购买力平价是用1美元等于多少个国民货币单位来表示的；（2）价格水平指数是购买力平价与汇率的比率。

资料来源：以色列中央统计局，http：//www.cbs.gov.il/hodaot2018n/08_18_069t21.pdf。

表6 以色列和经合组织成员国发展指标统计（2016～2017年）

	失业率百分比（%）		私人消费支出价格②		经常账户平衡③		国内生产总值①		人均GDP①
	2016	2017	2016	2017	2016	2017	2016	2017	2017
奥地利	6.1	5.4	1.2	2.0	2.1	2.0	1.4	3.0	2.6
澳大利亚	5.7	5.6	1.0	1.4	-2.6	-1.1	2.5	2.5	0.7
意大利	11.7	11.2	0.0	1.3	2.7	2.8	1.1	1.6	1.3
冰岛	3.0	2.8	1.0	-1.9	7.8	4.9	7.4	5.1	4.0
爱尔兰	7.9	6.4	1.3	1.2	3.3	3.0	5.1	3.6	2.7
美国	4.9	4.4	1.2	1.6	-2.4	-2.4	1.5	2.2	1.5
比利时	7.9	7.2	1.5	1.9	0.0	-0.4	1.5	1.7	1.0
德国	4.2	3.7	0.6	1.7	8.3	7.9	1.9	2.5	2.4
丹麦	6.2	5.8	0.5	1.5	7.3	8.5	2.0	1.9	1.9
荷兰	6.0	4.9	0.8	1.7	9.0	9.4	2.1	3.3	2.9
英国	4.9	4.4	1.4	2.2	-5.9	-4.7	1.8	1.5	0.8
希腊	23.5	21.7	-1.0	0.7	-1.1	0.4	-0.2	1.4	1.3
日本	3.1	2.8	-0.4	0.0	3.7	3.9	1.0	1.5	1.9
以色列	4.8	4.2	-0.4	0.1	3.8	3.0	4.0	3.4	1.4
卢森堡	6.4	6.0	-0.1	1.8	4.8	3.7	3.1	3.0	2.1
挪威	4.7	4.3	3.2	1.5	3.9	4.5	1.1	2.1	1.5
墨西哥	3.9	3.6	4.4	6.3	-2.1	-1.8	2.7	2.4	1.4
新西兰	5.1	4.7	0.6	1.5	-2.5	-3.0	3.5	2.6	1.7
西班牙	19.6	17.2	-0.1	1.9	1.9	1.6	3.3	3.1	3.2
葡萄牙	11.0	9.1	1.0	1.2	0.7	-0.3	1.5	2.6	3.0
芬兰	8.8	8.7	0.9	0.6	-1.4	-0.4	1.9	3.1	2.6
法国	10.1	9.4	0.0	0.8	-0.9	-1.5	1.1	1.8	1.4
加拿大	7.0	6.4	1.0	1.1	-3.3	-3.1	1.5	3.0	1.9
瑞典	6.9	6.6	1.0	1.9	4.5	4.7	3.1	3.1	2.0
瑞士	4.9	4.8	-0.2	0.1	9.8	10.2	1.4	0.8	0.2
土耳其	10.9	11.1	6.4	9.3	-3.8	-4.0	3.3	6.1	5.0
经合组织整体	6.3	5.8	1.1	1.9	0.2	0.3	1.8	2.4	1.9

注：①每年与前一年相比的百分比变化；②根据私人消费支出的隐性物价指数（每年与前一年相比）；③所占GDP百分比。

资料来源：《经济合作与发展组织经济展望102》，法国巴黎；以色列中央统计局，http://www.cbs.gov.il/hodaot2018n/08_18_069t20.pdf。

以色列主要统计数据

表7 以色列国内生产总值、实际收入和贸易得失统计（2010~2017年）

年份	单位：百万新谢克尔				环比增长（%）		贸易收入在GDP中所占百分比（%）
	国内生产总值（按当前价格计算）(1)	国内生产总值（按前一年的价格计算）(2)	贸易收入（按前一年的价格计算）(3)	实际国内总收入（按前一年的价格计算）(4)=(2)+(3)	国内生产总值(5)	实际收入(6)	(7)=(3)/(2)
2010	873466	860335	-6282	854053	5.5	4.7	-0.7
2011	936134	919027	-14019	905008	5.2	3.6	-1.5
2012	992110	956692	7211	963902	2.2	3.0	0.8
2013	1056119	1033815	2695	1036511	4.2	4.5	0.3
2014	1103485	1092851	403	1093255	3.5	3.5	0.0
2015	1162530	1132487	25397	1157884	2.6	4.9	2.2
2016	1220331	1208585	8705	1217290	4.0	4.7	0.7
2017	1262906	1261321	-6231	1255090	3.4	2.8	-0.5

注：计算时扣除了进出口净税，也扣除了进口的国防用品和钻石贸易所得。因四舍五入问题，数据存在细小误差，保留原数据。

资料来源：以色列中央统计局，http：//www.cbs.gov.il/hodaot2018n/08_18_069t2.pdf。

表8 以色列国内生产总值和国民收入统计（2011~2017年）

单位：百万新谢克尔（按当前价格计算）

年份	国内生产总值(1)	扣除：支付国外的净收入(2)	国民总收入(3)=(1)-(2)	固定资本消耗(4)	国民净收入（按市场价格计算）(5)=(3)-(4)	生产商品和进口商品的净税收(6)	国民净收入（不包括生产商品和进口商品的净税收）(7)=(5)-(6)
2011	936134	12173	923961	124899	799062	132406	666656
2012	992110	24290	967820	133960	833860	136102	697758
2013	1056119	20458	1035661	138047	897614	145288	752326
2014	1103485	7890	1095595	145180	950415	157110	793305
2015	1162530	10072	1152458	151466	1000991	161085	839906
2016	1220331	14717	1205614	157580	1048034	167853	880181
2017	1262906	10501	1252405	164052	1088353	166581	921772
与前一年相比的百分比变化							
2012	6.0	—	4.7	7.3	4.4	2.8	4.7
2013	6.5	—	7.0	3.1	7.6	6.7	7.8
2014	4.5	—	5.8	5.2	5.9	8.1	5.4
2015	5.4	—	5.2	4.3	5.3	2.5	5.9
2016	5.0	—	4.6	4.0	4.7	4.2	4.8
2017	3.5	—	3.9	4.1	3.8	-0.8	4.7

注：因四舍五入问题，数据存在细小误差，保留原数据。

资料来源：以色列中央统计局，http：//www.cbs.gov.il/hodaot2018n/08_18_069t11.pdf。

表9 以色列进口商品和服务统计(2011~2017年)

单位:百万新谢克尔(按当前价格计算)

年份	商品到岸价,不含进口的国防产品				商品离岸价,不含进口的国防产品(5)	进口国防品离岸价(6)	服务			合计(不含进口的国防产品)(10)=(5)+(9)	总计(11)=(10)+(6)
	其他商品(1)	钻石(2)	燃料、船舶、飞机(3)	合计(4)=(1)+(2)+(3)			其他(7)	出国旅游(8)	合计(9)=(7)+(8)		
2011	176662	36282	49133	262077	250445	8716	59716	13481	73197	323642	332358
2012	181044	29062	63159	273265	260873	10387	71250	15165	86415	347288	357675
2013	169700	29823	54823	254346	243159	10357	62293	16382	78675	321834	332191
2014	175142	30763	46702	252607	241508	11375	68531	18510	87041	328549	339924
2015	178683	24445	29647	232775	221782	11354	72070	23307	95377	317159	328513
2016	194296	25084	24500	243880	232126	11814	73712	26221	99933	332059	343873
2017	195830	20710	29123	245663	233596	9262	77720	26960	104680	338276	347538

资料来源:以色列中央统计局,http://www.cbs.gov.il/hodaot2018n/08_18_069t10.pdf。

表10 以色列出口商品和服务统计（2011～2017年）

单位：百万新谢克尔（按当前价格计算）

年份	商品					服务				总计（不含初创企业）	总计
	制造业（不含钻石）①	农业	钻石	合计	其他服务②	旅游业	合计（不含初创企业）	合计			
2011	187919	4949	39333	232201	90566	14159	103239	104725		335440	336926
2012	197866	5257	32127	235250	106100	16311	118170	122411		353420	357661
2013	186482	5425	33269	225176	109419	16752	117582	126171		342758	351347
2014	188769	4977	33327	227073	111540	16871	126604	128411		353677	355484
2015	187850	4556	28032	220438	124469	18624	141038	143093		361476	363531
2016	182873	4433	28472	215778	135377	18206	147041	153583		362819	369361
2017	180253	4306	24348	208907	139206	20097	153136	159303		362043	368210

注：①包括采矿和采石业；②包括初创企业和外国劳工的消费支出。
资料来源：以色列中央统计局，http://www.cbs.gov.il/hodaot2018n/08_18_0699.pdf。

表 11 以色列政府消费支出统计（2011～2017年）

单位：百万新谢克尔，按当前价格计算

项目	年份	2011	2012	2013	2014	2015	2016	2017
国防消费	进口国防产品	10458	12446	12533	13814	13781	14182	11163
	扣除:销售额	2879	3190	2529	3449	2509	4017	3656
	其他采购	21957	22314	23126	24829	25218	27037	28362
	生产税	2061	2187	2247	2290	2421	2593	2661
	职工报酬	21600	22433	23481	23969	24820	25560	26292
	合计	53196	56189	58859	61453	63732	65354	64822
民用消费	固定资产消耗	17525	18942	19825	20591	21338	21734	22018
	其他净采购	58782	63922	69029	72196	75992	80397	86740
	生产税	4863	5284	5575	5798	6109	6360	6830
	职工报酬	75046	81132	86802	90592	94613	98809	105507
	合计	156214	169280	181231	189178	198051	207300	221094
个人消费合计		107288	116915	126169	132014	138270	144647	153780
集体消费合计		102122	108554	113920	118616	123513	128008	132136
总计		209411	225469	240089	250631	261783	272655	285916

注：职工报酬包括对政府要支付的退休金数额的估算。因四舍五入问题，数据存在细小误差，保留原数据。

资料来源：以色列中央统计局，http：//www.cbs.gov.il/hodaot2018n/08_18_069t6.pdf。

表 12 2018年彭博社创新指数排行榜（前50名）

排名	经济体	总得分(0～100)	七大参数项及单项排名						
			研发强度	制造业附加值	生产效率	高科技公司密度	高等教育效率	科研人员比率	专利注册
1	韩国	89.28	2	2	21	4	3	4	1
2	瑞典	84.70	4	11	5	7	18	5	8
3	新加坡	83.05	15	5	12	21	1	7	12
4	德国	82.53	9	4	17	3	28	19	7
5	瑞士	82.34	7	7	8	9	11	17	17
6	日本	81.91	3	6	24	8	34	10	3
7	芬兰	81.46	8	16	10	13	19	6	4
8	丹麦	81.28	6	15	11	15	26	2	10
9	法国	80.75	12	35	14	2	10	21	9
10	以色列	80.64	1	27	9	5	41	1	19

续表

排名	经济体	总得分(0~100)	七大参数项及单项排名						
			研发强度	制造业附加值	生产效率	高科技公司密度	高等教育效率	科研人员比率	专利注册
11	美国	80.42	10	23	6	1	42	20	2
12	奥地利	79.12	5	8	15	26	12	12	5
13	爱尔兰	77.87	22	1	1	18	20	14	33
14	比利时	77.12	11	22	13	10	37	13	21
15	挪威	76.76	19	37	19	11	23	8	14
16	荷兰	75.09	17	26	20	6	47	15	18
17	英国	74.54	20	40	23	14	8	18	15
18	澳大利亚	74.35	14	46	16	17	17	3	20
19	中国	73.36	16	19	40	12	4	42	6
20	意大利	68.88	25	20	22	20	32	36	23
21	波兰	68.74	35	13	37	16	14	34	24
22	加拿大	67.98	21	32	26	23	45	16	22
23	新西兰	67.40	31	36	18	25	43	22	11
24	冰岛	67.11	13	28	2	—	27	9	26
25	俄罗斯	66.61	32	33	44	22	5	28	16
26	马来西亚	64.79	26	17	36	24	36	33	34
27	匈牙利	64.37	24	10	42	18	48	32	35
28	捷克	63.47	18	3	25	—	33	24	28
29	西班牙	63.06	29	25	27	36	6	31	31
30	葡萄牙	61.38	28	31	32	42	7	23	37
31	希腊	61.37	36	45	34	28	15	26	39
32	卢森堡	60.65	27	38	3	—	50	11	13
33	土耳其	60.26	34	21	30	34	13	43	30
34	立陶宛	59.04	33	14	33	—	9	29	43
35	罗马尼亚	58.94	48	12	31	27	24	47	38
36	爱沙尼亚	58.76	23	24	29	—	22	27	42
37	中国香港	57.05	41	50	4	29	31	25	29
38	斯洛伐克	56.88	30	8	35	—	39	30	45
39	马耳他	54.27	40	43	7	37	29	38	47

续表

排名	经济体	总得分(0~100)	七大参数项及单项排名						
			研发强度	制造业附加值	生产效率	高科技公司密度	高等教育效率	科研人员比率	专利注册
40	拉脱维亚	53.65	46	39	28	40	30	39	32
41	保加利亚	51.54	37	34	41	39	38	37	48
42	克罗地亚	51.24	39	30	39	44	35	41	41
43	突尼斯	49.83	44	41	46	41	16	40	44
44	塞尔维亚	48.93	38	29	47	43	44	35	46
45	泰国	47.83	45	18	45	31	25	48	—
46	乌克兰	47.28	47	48	50	32	21	46	27
47	塞浦路斯	47.01	49	49	38	30	40	45	40
48	南非	46.98	42	47	43	35	49	50	25
49	伊朗	46.09	50	42	49	38	2	49	36
50	摩洛哥	44.84	43	44	48	33	46	44	49

资料来源：彭博社、国际劳工组织、国际货币基金组织、世界银行、经济合作与发展组织、世界知识产权组织，https：//www.bloomberg.com/news/articles/2018－01－22/south-korea-tops-global-innovation-ranking-again-as-u-s-falls。

Abstract

Israel's domestic situation was relatively stable in 2017. A kind of continuity was maintained by the Netanyahu government in its administrative strategy, but there still existed some uncertain elements. In the economic aspect, the growth rate of Israel's GDP slowed down, dropping to 3.4%; the tourist industry and the high-tech industry were still the bright spots of Israeli economy. In the social area, the Israeli government actively promoted social integration and made great effort to eliminate poverty. The unemployment rate reached its nadir; people's happiness index maintained a high level and the nation's innovative vitality remained as before. As far as politics was concerned, Israel's social integration and state governance faced bigger challenges; corruption charges against Netanyahu escalated with more details discovered and the uncertainty of Israeli political situation was on the rise. In the security sphere, the fact that American president Donald Trump recognized Jerusalem as Israel's capital and announced the transfer of American embassy from Tel Aviv to Jerusalem caused a new round of unrest in Israeli-Palestinian conflict. In the diplomatic area, faced with an increasingly complicated geopolitical environment, Israel continued to adopt a realistic but flexible foreign policy. It actively developed relations with its traditional allies like the United States and the European Union. In the meantime, it tried to improve its relationship with Sunni Arab countries like Saudi Arabia, and attach great importance to developing ties with Asian countries, such as China, Japan and India.

In 2017, the bilateral exchanges between China and Israel maintained positive. Cooperation and communications were achieved in politics, trade and economy, culture and innovation. Both countries were committed to enhancing their strategic links, promoting major cooperative programs in the framework of co-building "One Belt One Road" and expanding bilateral pragmatic cooperation in both depth and width. On the 25th anniversary of the establishment of diplomatic relations between China and Israel, Israeli Prime Minister Netanyahu paid an official

visit to China and deepened the political mutual trust between the two countries. In 2017, the bilateral trade between China and Israel grew steadily. Israel's imports and exports to China reached 13. 121 billion U. S. dollar, with a year-on-year growth of 15. 6% , while China's status as Israel's largest trading partner in Asia and third largest partner in the world was further strengthened. As far as cultural exchanges were concerned, Sino-Israel cooperation in higher education made steady progress. The two countries signed several intercollegiate cooperation agreements. It is noteworthy that the innovation cooperation between China and Israel moved towards a new height. Following the establishment of the China-Israel Joint Committee on Innovation Cooperation, Chinese President Xi Jinping and visiting Israeli Prime Minister Benjamin Netanyahu announced on March 21, 2017 the establishment of an innovative comprehensive partnership between the two countries. Israel became the second country which developed an innovative partnership with China, just after Switzerland.

In view of Israel's significant influence in the Middle East and its clout in the international affairs, combined with the practical need of enhancing bilateral cooperation and exchanges, and promoting innovative comprehensive partnership between China and Israel, our research group, with the research members of the Key Research Institute of Humanities & Social Science in Henan Province-Center for Israel Studies at Henan University as the main body, integrates the relevant academic resources in China, and incorporates foreign think tank scholars and experts recommended by Sino-Israel Global Network & Academic Leadership (SIGNAL). Together we present the fourth Blue Book of Israel-Annual Report on Israel's National Development (2018).

This report includes six parts: general reports, special topics, innovation, foreign policy, China-Israel relations, and the appendix. The first part general reports, summarizes Israel's social, economic and political developments in 2017. It analyzes Israel's overall situation and basic domestic condition in this year. Furthermore, it teases out global Jewry's state of development in 2017. The second part special topics, looks at Israel's economic development, security situation, maritime issue, poverty problem and Chinese teaching conditions. The third part innovation, revolves around Tel Aviv's smart city construction, the high-tech startup ecosystem of Tel Aviv metropolitan area, the unique fingerprint of

Abstract

Israel's innovation culture, and Israel's military industrial system. The fourth part foreign policy, analyzes Israel's diplomatic situation, and its relations with US, France, Saudi Arabia and Japan. The fifth part China-Israel relations, reviews the 70 years' history of Sino-Israel relations, and discusses issues like the new progress in Sino-Israel relations, Israel and the Belt and Road Initiative, Sino-Israel labor service cooperation and the investment of Chinese enterprises in Israel. The sixth part appendix, incorporates a review of China's research on Israel in 2017, a chronicle of events and statistics of Israel in this year.

This report dissects and analyzes Israel's current hot topics, major events and basic national conditions. It uses a methodology that combines quantitative and qualitative studies, and makes deep and systematic probes in Israel's economic profiles, social dynamics, political tendencies, and foreign relations in 2017 from both macro and micro perspectives. This report pays close attention to innovation, startups, and Israel and the Belt and Road Initiative. It plays an important advisory role and has immeasurable reference value for gaining a full understanding of contemporary Israeli society and enhancing exchanges and cooperation between China and Israel.

Keywords: Israel; Domestic Situation; Foreign Relations; Sino-Israel Relations; Belt and Road Initiative

Contents

I General Reports

B. 1 Israel's Society, Economy and Politics in 2017
    Zhang Qianhong, Liu Lijuan and Deng Yanping / 001

  Abstract: In 2017, Israel faced a more complicated international situation and geopolitical environment, and the threat of terrorism was on the rise. Nevertheless, its social governance went well, its political situation was stable, and its security situation remained under control. Specifically speaking, people's livelihood index in Israel, such as employment rate, price, income level, educational benefits and other indicators showed good momentum; its national pride and happiness index ranked high in the world and its GDP growth rate reached 3.4%. Besides, its macroeconomic indicators and financial environment were favorable, and the vitality of its innovative economy continued. However, the "Jewish Nation-State Bill" had once again stirred Israeli politics and society; corruption scandals of Netanyahu underwent further fermentation, challenges from Iran, Palestine and Syria continued to grow, and Israel's international image encountered more questions. All these issues put the political wisdom of Netanyahu government to a serious test. Focusing on the social, economic and political situations of Israel, this report illustrates the overall situation and basic national condition of Israel in 2017. It displays the dynamics of current Israel's social development.

  Keywords: Israel; Overall Situation; Netanyahu Government; Geopolitical Environment

B. 2 WJC-The State of World Jewry in 2018 *Robert Singer* / 034

Abstract: In 2017, the state of world, according to Robert Singer, CEO and Executive Vice President of the World Jewish Congress, continues to demonstrate the effects of the two most significant moments of Jewish history in the 20th century-the Holocaust and the creation of the State of Israel. World Jewry is today almost equally divided between the Jewish State of Israel (6.5 million) and the Diaspora. The largest Jewish communities are found in the United States, France, Canada, the United Kingdom, Russia, Argentina, Germany, Australia and Brazil. Intellectually, commercially, and politically, Jewish communities around the globe are, for the most part, successful and able to benefit from cooperation with, and support from governments across the world. The World Jewish Congress (WJC) plays a key role in their diplomatic successes, representing more than 100 Jewish communities on six continents to governments and international organizations on the core issues facing the Jewish people. Despite being only a fraction of a percentage of the world's overall population, Jews continue to have a disproportionate impact on world affairs and academia. The reasons behind such success are multifaceted and complex. Perhaps the best explanation is the very strong value Jews place on education. Amid these positive developments, however, there are also challenges: anti-Semitism is on the rise again, particularly in Europe, in its traditional form and under the guise of anti-Zionism. Still, the Jewish people's remarkable ability to survive and prosper-after rebuilding itself from countless instances of persecution-is cause for cautious optimism.

Keywords: Jews; Israel; Zionism; Anti-Semitism; Holocaust; World Jewish Congress

II Special Topics

B. 3 Report on Israel's Economic Development in 2017

Song Ruijuan / 056

Abstract: In 2017, the Israeli government adopted a series of positive economic policies such as prudent monetary policy, moderate budgetary expenditure, and active tax policy to regulate the national economy. In order to promote economic development, the Israeli government focused on reducing tax burdens, lowering commodity prices, improving people's livelihood, and supporting loose small budgets. Meanwhile, it was committed to stabilizing interest rates and raising people's incomes so as to stimulate domestic demand and employment. The economic growth rate in 2017 slowed down compared with 2016, but the overall development momentum was good. The unemployment rate was at the lowest point in history, the per capita GDP was increasing, and the wage level was on the rise. More than anything else, the performance of the tourism service industry and high-tech industry were as strong as ever.

Keywords: Israel's; Economic Situation; Tourism; High-Tech; Import and Export

B.4 Report on Israel's Security Situation in 2017

Liu Weiran / 075

Abstract: Influenced by Israeli-Palestinian conflict and the geopolitics in the Middle East, the overall security situation of Israel in 2017 remained very severe. Firstly, the number of settlements built by Israel in the West Bank reached a new height, which made the tension between Israelis and Palestinians even tighter. Secondly, in 2017, the number of Palestinian terrorist attacks against Israel increased. The peak of terrorist attacks occurred in December after President Trump recognized Jerusalem as the capital of Israel. Thirdly, with the collapse of the "Islamic State" and the formation of large power vacuums in Syria and Iraq, Iran took the opportunity to expand its influence in these areas, which posed a threat to Israel's security environment. It is noteworthy that Israel adopted a new counter-terrorism law in 2016, which integrated Israel's relevant laws in the criminal, administrative, and civil fields, constructed a systematic anti-terrorism legal system, and thereby regulated Israel's domestic legislations. However, due to its broad definition of terrorist organizations and severe punishment of terrorist attacks, the new counter-terrorism law drew a lot of criticism from Israel's leftist and Arabic parties.

Keywords: Israel; Security Situation; Counter-Terrorism Law; Israeli-Palestinian Relations; Terrorist Attacks

B. 5　Sinai Terrorism and Israel's Anti-terrorism Strategy
　　　　　　　　　　　　　　　　　Zhang Jingwei, Xie Zhiheng / 093

Abstract: The flourishing of terrorism in the Sinai Peninsula after the Arab Spring was caused by many reasons. Rigorous natural environment of Sinai, weak control and management brought by the quasi-demilitarized state and lack of order provided a suitable soil for the growth of terrorism. The sharp decline of Egyptian government's control of Sinai after Mubarak stepped down from power, the impotence of government in counter-terrorist activities and poor management were key reasons for the rise of terrorism in Sinai. Besides, the expansion of ISIS and Al-Qaeda as well as the negative effects of the United States' counter-terrorism strategy were regarded as the external elements for the development of Sinai terrorism. The flourishing of Sinai terrorism posed a direct threat to Israel's security and social stability. It undermined the peace treaty between Israel and Egypt, and made the Israeli-Palestinian issue as well as the security situation in surrounding countries more and more complicated. In response, Israel took a series of counter-terrorist measures, such as fortifying Israel's defense system in its southwestern borders, strengthening security cooperation with Egypt whilst seeking supports from other Arab countries; further deepening counter-terrorism cooperation with its Western allies and adjusting Israel's foreign policy in the Middle East. Nevertheless, terrorism in Sinai is still out of control and will in a long run remain a threat to Israel's security. In consequence, pursuing common security through cooperating with Arab countries will be Israel's new counter-terrorism approach choice.

Keywords: The Sinai Peninsula; Terrorism; Israel; Israel-Egypt Relations

B. 6　The Sea as a Major Component of Israel's Strength

Shaul Chorev, *Ehud Gonen* / 113

Abstract: Today, in the second decade of the 21st century, it is clear that the maritime domain constitutes a significant component of Israel's security and wellbeing. This domain present challenges, as well as opportunities. One of the main components in which the sea is important to Israel is security. Israel is an economic island, with virtually all of its foreign trade transported by sea. It is therefore impossible to overstate Israel's interest in maritime security. In addition to its heavy dependence on the sea lanes for the import and export of goods, new maritime security challenges have arisen as Israel's offshore gas facilities are developing and as the regional political environment is becoming more complicated. The Eastern Mediterranean and neighboring regions like the Red Sea continued to suffer from a lack of stability: The civil war in Syria has become a regional war in which a number of countries and non-state actors are involved. Given the increasing role of the sea in Israel's resilience, the accelerating economic development of the maritime environment, and the increasing security needs related to the sea, it is critical to find balance between various needs that exist alongside economic development, such as the protection of the ecosystem and the maritime heritage.

Keywords: Israel; Maritime Security; Maritime Strategy; Offshore Gas Discoveries

B. 7　Israel's Poverty Problem and Its Response Measures

Deng Yanping / 130

Abstract: Due to the high cost of social life, the large gap between the rich and the poor, the insufficient labor participation rate as well as the influence of Israeli-Palestinian conflict, the poverty in Israel was in a serious state compared with other OECD countries. In response to public and political pressures, the Israeli government enhanced its measures to handle the poverty problem. Speical attentions were paid to improving the social security system and reducing the living cost, including housing cost by encouraging free competition in the market. As the social policy and social data from 2016 to 2017 shows, besides steadily increasing social expenditure, the government of Israel had taken new measures. Firstly, the National Insurance Institute made an adjustment on the child saving plan. Secondly, the general disability allowance increased in response to the long struggle of the public. Thirdly, the housing department formulated a long-term strategic plan purported to provide 1.5 million sets of housing in the future. Moreover, the long tradition of philanthropy continued to play a pivotal role in the process of poverty reduction. Despite the above-mentioned measures, the current social policy and social expenditure are still at a low level compared with other welfare states. There is a long way to go for the government of Israel to reduce poverty.

Keywords: Israeli; Poverty; Committee for the War against Poverty; the National Insurance Institute; Aiding the Poor with Science and Technology

B.8 The Status Quo of Israel's Chinese Teaching and Its Existing Problems

Wang Yu, Yang Yiran and Xiang Yang / 157

Abstract: Ever since the establishment of the department of Asian Studies at Hebrew University in 1968, Chinese teaching in Israel has obtained a remarkable progress and Israel has become one of the most important centers for Chinese studies in the Middle East. With the development of Sino-Israel relations after 1990s, there emerged a "Chinese Fever" among the Israeli people and Chinese teaching played an important role in promoting Sino-Israel bilateral diplomacy, trade, economy and innovation. But in the course of development, problems emerged in Israel's Chinese teaching, such as lacking language environment and teaching staff. For the sound development of Sino-Israel relations and friendship, the two countries should work together to solve problems existed in Israel's Chinese teaching.

Keywords: Sino-Israel Relations; Israeli Education; Chinese Teaching

Ⅲ Innovations

B.9 Tel Aviv's Smart City Model and Its Construction Path

Ai Rengui / 173

Abstract: Driven by the information revolution, Tel Aviv used its well-developed innovation ecosystem and took the lead in developing smart cities in Israel. Tel Aviv's smart city construction combined the top-down and bottom-up approaches and revolved mainly around the Digi-Tel project, which was an aggregation of a series of concrete projects. As far as the construction path was concerned, projects affiliated with the Digi-Tel project could be structured in four basic levels: citizen participation, smart infrastructure, intelligent transportation and ecosystem. By embarking on a smart city initiative, Tel Aviv has not only consolidated its status as a center of innovation and vitality, but also enhanced its city image to a large degree. "Smart City" has now become the new brand for the Startup City.

Keywords: Tel Aviv; Smart City; Digi-Tel project; ICT

B.10 High-Tech Startup Ecosystem of Tel Aviv Metropolitan Area

Liu Hongjie / 196

Abstract: Relying on innovation-driven development, Israel has been hailed as a "High-Tech Start-Up State", while Tel Aviv's metropolitan area is playing a central role in driving the "Start-Up Nation". Since the 1990s, the metropolitan area of Tel Aviv has formed a high-tech industrial cluster that agglomerates and decentralizes within the geographical space. That is to say, while the metropolitan area serves as the core of Israeli high-tech industry agglomeration, the high-tech industry within the region is constantly developing to a balanced and decentralized spatial layout. The highly competitive Tel Aviv start-up ecosystem is an important reason for the rapid development of the high-tech industry within the region. The Tel

Aviv ecosystem is world-famous; its many indicators such as performance, talent, global market connectivity, capital and entrepreneurial experience are in the top ranks of the world. Recently, the ecosystem has been increasingly improved, forming an interactive urban entrepreneurial network led by the government, driven by the universities and participated by the whole society. Although the high-tech industry has achieved rapid development under the impetus of Tel Aviv ecosystem, it still faces many challenges.

Keyword: Tel Aviv; Metropolitan Area; High-Tech Industry; Start-Up Ecosystem

B. 11　Water Wizards: The Origins of Israel's Unique Innovation Fingerprint　　*Laura Shenkar* / 219

Abstract: Water scarcity has been a defining challenge for Modern Israel, one that drove the fledgling State to develop a unique approach to innovation. Israeli innovation has, in turn, brought Israel forward as a world leader in advanced technology-from communications and electronics to biotechnology and agriculture. The story of Israel's global leadership in water is not only one of cutting-edge, modern technology. At its core, Israeli water innovation is grounded in the nation's history, tapping into a century of struggle against seemingly impenetrable barriers that is at the essence of the country's identity. This paper illustrates how the existential challenges of water scarcity before and after the founding of Modern Israel drove a host of water innovations and in turn, a culture of radical innovation that has shaped Israeli technology development in its military and then in commercial internet and communications start-ups.

Keywords: Israel; Innovation Culture; Desalination; Agricultural Irrigation; Cleantech

B.12　Israel's Military Industrial System and Its Characteristics

Song Ruijuan / 231

Abstract: Israel is one of the countries with advanced military industry in the world. Despite Israel's small size and population, its military industry level and military R&D capability are in the top ranks of the world. Under the pressure of war and geopolitical conflict, Israel has established a complete military industrial system. Its military industry possesses several major features: putting great emphasis on international cooperation in R&D, placing high investment in scientific and technological R&D, paying special attention to the harmonious docking between military industry and civilian industry, and attaching great importance to the development of cyber security industry and the application of artificial intelligence. Israel's advanced military industrial system not only provides an important guarantee for Israel's homeland security, but also brings significant benefits to the state's economy and diplomacy.

Keywords: Israel; Military industry; R&D; Military-Civilian Cooperation

Ⅳ　Foreign Policy

B.13　Israel at Critical Strategic Junctures

Amos Gilead, Tommy Steiner / 254

Abstract: Currently, Israel is experiencing one of the most positive strategic outlooks and defense situations since its establishment. However, Israel's current positive strategic outlook may turn out to be deceptive as it can rapidly change. The evolving global and regional strategic landscapes are creating an intricate mix of both unprecedented opportunities and emerging potential risks that could materialize and pose an existential threat for Israel. The mounting principal threat facing Israel is Iran and its proxies that are supported by Russia. This article explores the global and Middle Eastern geostrategic trends from an Israeli perspective and examines the key dimensions of Israel's principal strategic threat emanating from Iran. Finally, the article offers possible courses of Israeli action for addressing this threat considering the global and regional trends.

Keywords: Israel; Strategic Outlooks; Existential Threat; Iran

B. 14 US-Israel Relations In 2017 *Oded Eran* / 265

Abstract: Since its creation in 1948 the United States has been, to varying degrees, a cornerstone in Israel geo-strategic concept and edifice. Israel accepted the United States as a mediator, a facilitator. When American policy makers sought to broaden their role, friction arose between Jerusalem and Washington. The Trump era certainly brought relief to the relations between Israel and the U. S. which witnessed serious tension during the Obama 2009-2017 presidency. The communication between the two governments improved and so too their ability to solve points of disagreement. It should however, be stated that the closeness of the two governments does not denote identical strategic goals and policies. While both countries may differ on foreign policy issues, for example, Israel has no better ally than the U. S.

Keywords: Israel-US Special Relationship; Donald Trump; American Jews

B. 15 Israel's Current Relations with France *Yang Biao* / 272

Abstract: In recent years, the relationship between Israel and France has taken on a wave-like development. The "labeling policy" cast a shadow on the bilateral relations. Terrorism and the rise of French right-wing forces have aggravated the anxiety of French Jews, which lead to the continuous immigration of French Jews to Israel. Israeli government's acceptance of French Jewish immigrants directly influenced the development of relations between Israel and France. France's support for the UN 2334 resolution caused dissensions between these two countries as well. With the weakening of the United States' influence in the Middle East, France tried to exert influence on Palestine and Israel, and replace the U. S. to dominate the Middle East peace process. While Israel was unenthusiastic to France's attempt to dominate the Middle East peace process, new disagreements emerged between these two countries

surrounding the issue of Jerusalem. All these elements to some degree affected the normal development of Israel-France relations. Nevertheless, with president Macron coming into power, the relationship between these two countries began to get warm. Frequent political and economic exchanges poured fresh vitality into the bilateral relations; common and real interest on counter-terrorism as well as economic and trade cooperation drove both countries to set aside disputes and seek consensus and cooperation. This article focuses on the current relations between France and Israel. It teases out the divergences and conflicts between France and Israel in recent years, and analyses the reasons why disagreements arise between these two countries. Furthermore, it will make a brief forecast of the future development trend of Israel-France relations.

Keywords: Israel-France Relations; Macron Administration; Influence Factors; Anti-Semitism

B. 16 Improvement of Israel-Saudi Relations and
Its Motivating Factors   *Xie Zhiheng, Li Qiao* / 288

Abstract: Historically speaking, Israel and Saudi were two hostile countries who saw each other as enemies. Nevertheless, there have been remarkable changes in Saudi-Israel relations since the beginning of the 21th century, evolving from secret contacts and cooperations in particular areas to frequent bilateral interactions and public cooperations in recent years. Their relationship has also been transformed from traditional enemies to some kind of "allies". In recent years, Iranian nuclear issue and the aftermath of upheavals in the Middle East have accelerated the formation of de facto anti-Iran alliance in which Israel and Saudi share common interests. Saudi-Israel relations are thus improved step by step with the help of their common ally, the United States. As two influential countries in the Middle East, the change of Saudi-Israel relations not only has repercussions on the bilateral level but also affects the geopolitical situation in the whole area. However, there are still obstacles on the road to normalization of Saudi-Israel relations, such as the Palestine issue, the universal anti-Israel feelings among Muslims, and the uncertainty of US policy in the Middle

East and the domestic stability of Saudi Arabia. Generally speaking, there are clear signs that Saudi-Israel relations will get better and better. Moreover, there are motivations and conditions for further improvement of Saudi-Israel relations. Nevertheless, difficulties lying ahead surpass achievements that have already been made. Israel and Saudi Arabia could strenghthen their alliance in the security area while neither of them will promote the normalization of their bilateral relations in a short period.

Keywords: Israel-Saudi Relations; Iran Nuclear Issue; Palestine Issue; US's Middle East Policy

B. 17　Israel-Japan Relations: Past and Present

Yi Mengmeng, Jia Sen / 306

Abstract: Since the 1950s, the exchanges between Jews and Japan have continued to increase. Although anti-Semitic ideas once emerged in Japan, it never had significant influence. Japan basically pursued a realistic and moderate policy toward Jews. Therefore, the relationship between Jewish people and Japan was relatively good in history. After World War II, the "non-intervention" diplomatic principle and energy factors prompted Japan to alienate and even antagonize Israel, so for a long time the relationship between these two countries remained cold. With the end of the Cold War, Japan, under the pressure of the United States, took advantage of the favorable situation following the mollification of Arab-Israeli relations. It actively improved its relations with Israel, and in consequence, Israel-Japan relations heated rapidly. At present, the two countries have frequent high-level exchanges of visits, constant economic and trade exchanges, steady progress in scientific research cooperation, enhanced security cooperation and deepened cultural communications. These activities not only bring benefits to each country, but also enhance their confidence in future cooperation. Nevertheless, Israel-Japan relations face impenetrable obstacles. There is an irreconcilable conflict between Japan's active Middle East policy and Israel's strong security demands.

Keywords: Israel-Japan Relations; Scientific and Technological Cooperation; Security Relation; Influence factors

V Sino-Israel Relations

B. 18 China and Israel-Strange Bedfellows (1948 -2018):
A Seventy Year Retrospective   Aron Shai / 326

Abstract: The geo-political, economic and diplomatic questions facing Israel in light of China's re-emergence, assertiveness and the Belt and Road Initiative (BRI) are how exactly to assess and contend with China's appearance in the Middle East, particularly with regard to its increased involvement in Israel's economy and development. As Israel's relations with China continue to expand and warm, one point is clear, Jerusalem cannot risk losing Washington's support. From the Chinese viewpoint, improved relations with Israel and the Jewish people perhaps risk bringing into focus China's challenges with its Muslim minority. China and Israel enjoy many areas of synergy, and a great historical affinity. Israel can learn from China about protecting its national and strategic assets. It too should take all necessary steps to preserve its own national interests. When looking at opportunities within the Belt and Road Initiative, Israel sees great the potential to make a significant and long lasting contribution. China-Israel relations can continue to grow and thrive-a strong Israel can benefit China, proving once again that the two countries share many interests.

Keywords: Sino-Israel Relations; Belt and Road Initiative; Bilateral Cooperation

B. 19 Sino-Israel Relations in 2017   Zhang Bo / 335

Abstract: 2017 is the 25th anniversary of the establishment of diplomatic relations between China and Israel. During Prime Minister of Israel Netanyahu's visit to China, China and Israel announced the establishment of innovative comprehensive partnership. Under the framework of the Belt and Road Initiative, economic and trade relations between China and Israel developed rapidly. The red line light rail constructed by Chinese company in Tel Aviv has made great progress. Hainan airlines launched direct flights from Shanghai to Tel Aviv; Chinese tourists travelling to Israel increased significantly. Besides, the China Culture Center was opened in Tel Aviv and cultural exchanges between these two countries became more and more frequent. Generally speaking, China-Israel bilateral relations reached an unprecedented height in 2017.

Keywords: Sino-Israel Relations; Economic and Trade Exchanges; Cutural Exchanges; Belt and Road Initiative

B. 20   Israel's Relevance to China's Belt and Road Initiative

Roi Feder / 350

Abstract: While Israel's technological prowess in countless industries continues to attract attention from Chinese and many other global investors, other sectors of its economy should further define the long-term economic and political relationship between the countries. Massive development of energy resources, infrastructure, logistics and trade capabilities, along with regional geopolitical shifts and financial accessibility, are all slated to become as important for China's regional initiatives as is technology. It is just as critical for Israel to listen, understand, and calibrate its own economic narrative as it relates to China's goals. Israel could help to set the stage for a relationship much more reciprocal and mutually beneficial, allowing for the development of a clear Israeli policy on multiple fronts vis a vis China. This article explores Israel's potential economic drivers in the coming years and how the country could better leverage the changes in its own economy to better define its relationship as a strategic partner to China's own interests. It will also explore how these shifts are helping to redefine relations to the rapprochement between Israel and its Arab neighbors and the strengthening alliance with Greece and Cyprus which combined should be understood as a regional geo-economics game changer.

Keywords: Sino-Israel Relations; Geopolitics; Belt and Road Initiative

B.21 Sino-Israel Labor Service Cooperation under the Framework of the Belt and Road Initiative

Zhang Ligang, Qu Linxiao / 363

Abstract: Since the establishment of diplomatic relations between China and Israel, Israel had once been China's biggest labour market in the Middle East. There are strong complementarities between Chinese and Israeli labor markets, but there are also factors which restrict the development of Sino-Israel labor service cooperation. Israel responded actively to China's Belt and Road Initiative. The establishment of Asian Infrastructure Investment Bank (AIIB) and the signing of Sino-Israel Labor Service Cooperation Agreement bring unprecedented opportunities to the development of Sino-Israel labor service cooperation. In this process, new cooperation mechanism has been formed, with government as the guide, market as the driving force, enterprises and individual labors as the participating subjects. Although the scale of Sino-Israel labor service cooperation is small, its advantages in the construction industry are prominent. Nevertheless, problems also exist in Sino-Israel labor service cooperation, such as fierce competition, upheavals in the Middle East and existence of illegal workers. Generally speaking, opportunities and challenges coexist in Sino-Israel labor cooperation. Both sides should strengthen their policy communications, implement the bilateral labor cooperation agreement, and realize the idea of promoting peace through development on the basis of mutual benefit and win-win results.

Keywords: Belt and Road Initiative; China; Israel; Labor Service Cooperation

B.22 Chinese Enterprises in Israel: Investment Environment and Risk Assessment

Deng Wei / 379

Abstract: With the further advancement of the Belt and Road Initiative, China and Israel have unprecedented cooperations in various fields such as economy, trade, culture and innovation. China's investment and merging momentum in Israel are strong; its infrastructure construction in Israel is in full swing. In response, Israel actively absorbs Chinese capital and creates a favorable investment environment, which constitutes sub-environments of politics, economy, science and technology, culture, infrastructure, and business. However, due to the differences in industrial structure, business philosophy, market size, and legal system between these two countries, Chinese enterprises' investment in Israel does not go smmothly. It is mainly manifested by increasingly high internal and external risks, low internal operational capacity and weak external anti-risk capability. In March 2018, the Administrative Measures for Outbound Investments by Enterprises issued by Chinese government went into effect. It will reduce external risks and curb blind investment. For internal risks, it is necessary to strengthen government guidance, establish a prevention and control mechanism, adjust the industrial structure, and enhance Chinese enterprises international level.

Keywords: Belt and Road Initiative; Chinese Enterprises; Investment Risk; Prevention and Control Mechanism

Ⅵ Appendix

B. 23　Review of Israel Studies in China in 2017

Wu Dingyang, Han Boya / 399

B. 24　Chronology of Israel in 2017　　　　*Liang Minghui* / 423

B. 25　Key Statistics of Israel　　　　　　　*Ma Danjing* / 433

社会科学文献出版社　　皮书系列

❖ 皮书起源 ❖

"皮书"起源于十七、十八世纪的英国,主要指官方或社会组织正式发表的重要文件或报告,多以"白皮书"命名。在中国,"皮书"这一概念被社会广泛接受,并被成功运作、发展成为一种全新的出版形态,则源于中国社会科学院社会科学文献出版社。

❖ 皮书定义 ❖

皮书是对中国与世界发展状况和热点问题进行年度监测,以专业的角度、专家的视野和实证研究方法,针对某一领域或区域现状与发展态势展开分析和预测,具备原创性、实证性、专业性、连续性、前沿性、时效性等特点的公开出版物,由一系列权威研究报告组成。

❖ 皮书作者 ❖

皮书系列的作者以中国社会科学院、著名高校、地方社会科学院的研究人员为主,多为国内一流研究机构的权威专家学者,他们的看法和观点代表了学界对中国与世界的现实和未来最高水平的解读与分析。

❖ 皮书荣誉 ❖

皮书系列已成为社会科学文献出版社的著名图书品牌和中国社会科学院的知名学术品牌。2016年,皮书系列正式列入"十三五"国家重点出版规划项目;2013~2018年,重点皮书列入中国社会科学院承担的国家哲学社会科学创新工程项目;2018年,59种院外皮书使用"中国社会科学院创新工程学术出版项目"标识。

中国皮书网

（网址：www.pishu.cn）

发布皮书研创资讯，传播皮书精彩内容
引领皮书出版潮流，打造皮书服务平台

栏目设置

关于皮书：何谓皮书、皮书分类、皮书大事记、皮书荣誉、
皮书出版第一人、皮书编辑部

最新资讯：通知公告、新闻动态、媒体聚焦、网站专题、视频直播、下载专区

皮书研创：皮书规范、皮书选题、皮书出版、皮书研究、研创团队

皮书评奖评价：指标体系、皮书评价、皮书评奖

互动专区：皮书说、社科数托邦、皮书微博、留言板

所获荣誉

2008年、2011年，中国皮书网均在全国新闻出版业网站荣誉评选中获得"最具商业价值网站"称号；

2012年，获得"出版业网站百强"称号。

网库合一

2014年，中国皮书网与皮书数据库端口合一，实现资源共享。

权威报告·一手数据·特色资源

皮书数据库
ANNUAL REPORT(YEARBOOK) DATABASE

当代中国经济与社会发展高端智库平台

所获荣誉

- 2016年,入选"'十三五'国家重点电子出版物出版规划骨干工程"
- 2015年,荣获"搜索中国正能量 点赞2015""创新中国科技创新奖"
- 2013年,荣获"中国出版政府奖·网络出版物奖"提名奖
- 连续多年荣获中国数字出版博览会"数字出版·优秀品牌"奖

成为会员

通过网址www.pishu.com.cn访问皮书数据库网站或下载皮书数据库APP,进行手机号码验证或邮箱验证即可成为皮书数据库会员。

会员福利

- 使用手机号码首次注册的会员,账号自动充值100元体验金,可直接购买和查看数据库内容(仅限PC端)。
- 已注册用户购书后可免费获赠100元皮书数据库充值卡。刮开充值卡涂层获取充值密码,登录并进入"会员中心"—"在线充值"—"充值卡充值",充值成功后即可购买和查看数据库内容(仅限PC端)。
- 会员福利最终解释权归社会科学文献出版社所有。

卡号:218692523346
密码:

数据库服务热线:400-008-6695
数据库服务QQ:2475522410
数据库服务邮箱:database@ssap.cn
图书销售热线:010-59367070/7028
图书服务QQ:1265056568
图书服务邮箱:duzhe@ssap.cn

基本子库
SUB DATABASE

中国社会发展数据库（下设12个子库）

全面整合国内外中国社会发展研究成果，汇聚独家统计数据、深度分析报告，涉及社会、人口、政治、教育、法律等12个领域，为了解中国社会发展动态、跟踪社会核心热点、分析社会发展趋势提供一站式资源搜索和数据分析与挖掘服务。

中国经济发展数据库（下设12个子库）

基于"皮书系列"中涉及中国经济发展的研究资料构建，内容涵盖宏观经济、农业经济、工业经济、产业经济等12个重点经济领域，为实时掌控经济运行态势、把握经济发展规律、洞察经济形势、进行经济决策提供参考和依据。

中国行业发展数据库（下设17个子库）

以中国国民经济行业分类为依据，覆盖金融业、旅游、医疗卫生、交通运输、能源矿产等100多个行业，跟踪分析国民经济相关行业市场运行状况和政策导向，汇集行业发展前沿资讯，为投资、从业及各种经济决策提供理论基础和实践指导。

中国区域发展数据库（下设6个子库）

对中国特定区域内的经济、社会、文化等领域现状与发展情况进行深度分析和预测，研究层级至县及县以下行政区，涉及地区、区域经济体、城市、农村等不同维度。为地方经济社会宏观态势研究、发展经验研究、案例分析提供数据服务。

中国文化传媒数据库（下设18个子库）

汇聚文化传媒领域专家观点、热点资讯，梳理国内外中国文化发展相关学术研究成果、一手统计数据，涵盖文化产业、新闻传播、电影娱乐、文学艺术、群众文化等18个重点研究领域。为文化传媒研究提供相关数据、研究报告和综合分析服务。

世界经济与国际关系数据库（下设6个子库）

立足"皮书系列"世界经济、国际关系相关学术资源，整合世界经济、国际政治、世界文化与科技、全球性问题、国际组织与国际法、区域研究6大领域研究成果，为世界经济与国际关系研究提供全方位数据分析，为决策和形势研判提供参考。

法律声明

"皮书系列"(含蓝皮书、绿皮书、黄皮书)之品牌由社会科学文献出版社最早使用并持续至今,现已被中国图书市场所熟知。"皮书系列"的相关商标已在中华人民共和国国家工商行政管理总局商标局注册,如 LOGO( )、皮书、Pishu、经济蓝皮书、社会蓝皮书等。"皮书系列"图书的注册商标专用权及封面设计、版式设计的著作权均为社会科学文献出版社所有。未经社会科学文献出版社书面授权许可,任何使用与"皮书系列"图书注册商标、封面设计、版式设计相同或者近似的文字、图形或其组合的行为均系侵权行为。

经作者授权,本书的专有出版权及信息网络传播权等为社会科学文献出版社享有。未经社会科学文献出版社书面授权许可,任何就本书内容的复制、发行或以数字形式进行网络传播的行为均系侵权行为。

社会科学文献出版社将通过法律途径追究上述侵权行为的法律责任,维护自身合法权益。

欢迎社会各界人士对侵犯社会科学文献出版社上述权利的侵权行为进行举报。电话:010-59367121,电子邮箱:fawubu@ssap.cn。

社会科学文献出版社